JAIME GIL DE BIEDMA

Retrato de un poeta

Miguel Dalmau

JAIME GIL DE BIEDMA

Retrato de un poeta

CIRCE

Primera edición: Noviembre, 2004
Primera reimpresión: Diciembre, 2004
© Miguel Dalmau, 2004
© de la presente edición: CIRCE Ediciones, S.A.,
                                    Sociedad Unipersonal
                                    Milanesat, 25-27
                                    08017 Barcelona

ISBN: 84-7765-227-9

Depósito legal: B. 41.744-XLVII
Fotocomposición gama, s.l.
Arístides Maillol, 9-11
08028 Barcelona
Impreso en España

Derechos exclusivos de edición en español para todos los países
del mundo.

Cubierta: Jaime Gil de Biedma
© Colita fotografía

A Paz Alarcón,
partidaria de la felicidad.

«Un gran poeta es la menos poética de las criaturas.»

Oscar WILDE

Entonces, ¿por qué no contar lo que ocurrió?

Robert LOWELL

Tríptico, 1978

Una mañana de verano, cierto caballero maduro, calvo y de fina barba blanca entró en la Fundación Miró de Barcelona para visitar la exposición dedicada a Francis Bacon. Cuentan que iba solo, elegantemente vestido, y que se detuvo largo rato en las salas. Aunque Jaime Gil de Biedma desconocía la historia que inspiraba aquellos cuadros, su atmósfera le resultó familiar. ¿Qué hacía esa figura masculina sentada de refilón junto a un espejo? ¿Acaso no contemplaba su cara destruida? El poeta identificó sus propios versos en aquel rostro confuso y tumefacto. Durante el recorrido fue reconociéndose en nuevas pinturas, como si Bacon hubiera sabido expresar las obsesiones secretas de su tormentosa vida privada. Esos cuadros de hombres solos en habitaciones anónimas transmitían una sensación de claustrofobia e inquietud que Gil de Biedma conocía demasiado bien.

Entonces lo vio. Era un tríptico de gran tamaño formado por tres paneles, aparentemente sin relación alguna. En el primero, el izquierdo, un caballero burgués desciende un escalón desde la oscuridad, ataviado con un sombrero de copa. Lleva un periódico bajo el brazo y parece salir a la calle tras abandonar una importante cita de negocios. En el panel central, una sábana agujereada y manchada de sangre cubre un escritorio sobre el que descansa una lámpara de mesa. Lo que se ha escrito allí ha sido escrito con sangre. Pero el estudio aparece desoladoramente vacío. En el panel derecho, por último, dos cuerpos irreconocibles copulan febrilmente sobre un camastro, en una amalgama de ternura y brutalidad. Es la batalla sexual en pleno apogeo, la ferocidad del juego amoroso, que el pintor había sabido expresar desde el olímpico desapego del Tiempo. Más allá del cuerpo no había nada. Sólo el silencio.

Gil de Biedma contempló aquel tríptico y se sintió repentinamente desnudo. Acababa de ver un cuadro que parecía resumir la historia de su propia vida. También él era ese respetable caballero, ocupado en asuntos de interés para la comunidad; también él había tenido un escritorio bajo la lámpara hasta que lo abandonó dejando un rastro de sangre; también él conocía, los ardores y amarguras de la carne que pasa. Durante años había padecido una anárquica *nostalgie de la boue,* como si buscara angustiosamente un amor que podía bendecir y destruir su arte. Y ahora, al fin, creía haberlo encontrado. Pensó entonces que si algún día alguien le hacía un retrato, debía pintarle de esa manera... Tres paneles de color, tres historias, tres figuras separadas por un fino marco dorado, que sólo en la distancia explicaban el personaje.

Jaime Gil de Biedma abandonó el museo, salió a la montaña de Montjuïc y observó la ciudad que se abría a sus pies. Mientras caminaba por el paseo hasta el balcón de Miramar, reflexionó de nuevo sobre el tríptico de Bacon. Aunque los hombres vivan una existencia velada, el arte debe apartar los velos. El poeta llegó a la conclusión de que había dejado de escribir sin haberlo conseguido y ya era demasiado tarde. Pero tampoco le importó. El sol brillaba sobre su cabeza romana y la memoria le trajo uno de aquellos versos de Auden que tanto le agradaban:

... No hay vida sexual en la tumba.

Luego miró hacia los árboles frondosos de las Ramblas y supo que, más allá de la poesía, aún le quedaban fuerzas para amar.

INFANCIA Y CONFESIONES

«Yo nací (perdonadme)
en la edad de la pérgola y el tenis.»

JAIME GIL DE BIEDMA

Jaime Gil de Biedma con su nodriza, 1930.
(Archivo J. Gil de Biedma)

ÁLBUM DE FAMILIA

Barcelona. Otoño de 1933. El niño abre los ojos. Es como una cámara fotográfica con el obturador abierto: pasiva, minuciosa, incapaz de pensar. Acaba de despertarse de la siesta junto a su hermana Blanca, en una habitación trasera de un piso señorial de la calle Aragón. El niño ha abierto los ojos porque la luz de la tarde irrumpe a través de la galería que se vuelca a los jardines de un gran patio interior del Ensanche. El niño siente el calor cercano de su hermana y el cariñoso sol en los párpados. De pronto, Modesta entra en la habitación, abre el ropero y una fragancia purísima inunda el cuarto. El niño percibe el olor de la ropa de la criada y su corazón brinca de una extraña felicidad. Medio siglo después dirá: «Supongo que ésa fue la única vez que olí el olor de la mujer.» Pero en esta tarde otoñal el niño no piensa nada: sólo capta la imagen de Modesta y el olor a ropa limpia que lo invade todo con el aroma de las flores. Algo se activa en su cerebro. Entonces el pequeño escucha una vocecita que le surge del alma: «Eti, ¿cuándo iremos a San Rafael?» Modesta sonríe, se acerca hasta la cama y le da un beso en la mejilla. «Iremos en verano –responde–, en verano.» Luego abandona el cuarto con la ropa limpia en el regazo, dejando en el aire el perfume benigno de las hadas.

Eti se llamaba en realidad Modesta Madridano. El primer recuerdo consciente de Jaime Gil de Biedma se remonta a esa tarde lejana a la hora de la siesta, cuando descubrió el olor de la ropa de la criada y sorprendió su propia voz preguntándole por la casa de San Rafael, la villa del abuelo, que con el tiempo simbolizaría su paraíso perdido. El poeta comentó en más de una ocasión que sus primeros recuerdos no estuvieron ligados a sus padres sino a Modesta, a quien los niños llamaban Eti. La presencia de aquella mujer, por tanto, debe considerarse fundamental a lo largo de su infancia, y desde una perspectiva freudiana el hecho merece atención. Al parecer, en la familia la criada ejercía el papel de la madre y, en cambio, la madre encarnaba el papel del padre. Si el profesor Freud hubiera tenido a Jaime Gil en el diván, habría anotado con gesto ceñudo esta declaración de su paciente: «Yo me he educado con criadas. En mi caso, lo que usted describe como madre era la criada que me cuidaba; lo que usted describe como padre era la madre, y el padre era una entidad imponderable que andaba por ahí.» Empecemos, pues, por la figura de menor relieve del triángulo que delimitó su niñez, ese páter familias cuyo reino se extiende hasta el área más alejada de la casa. Luis Gil de Biedma y Becerril...

Había nacido en Madrid el 28 de febrero de 1898 y era hijo de Javier Gil y Becerril e Isabel Biedma. Su padre era un joven y prometedor abogado, unido por lazos empresariales al llamado Grupo Comillas. Además de trabajar para este importantísimo *holding* de la época –que incluía la Compañía Transatlántica, la Compañía Tabacos de Filipinas o La Hullera Española– el abuelo del poeta acabaría siendo senador vitalicio por el partido conservador. De su matrimonio nacieron cinco hijos, el menor de los cuales –Luisito Gil– quedó huérfano a edad muy temprana. Tras estudiar en el madrileño colegio del Pilar, fue enviado a los Agustinos de El Escorial donde pasó interno la adolescencia. Existe un puñado de cartas suyas enviadas a la familia, que nos hablan de una larga estancia feliz en el monasterio. En ellas afloran ya algunas de sus cualidades: don de gentes, sentido de la amistad, profundo afecto por la familia, una gran capacidad para gozar de la vida y una gracia inusual para referir toda clase de anécdotas.

Sabemos que el padre del poeta fue un muchacho muy alegre, que sentía pasión por la velocidad. De haber nacido en la familia del fotógrafo J. H. Lartigue habría sido *le frère Zissou*: el hermano intrépido que ingenia artefactos de cuatro ruedas o se encarama a los primeros aeroplanos, frágiles y livianos como cometas. Hay dos fotografías en tonos sepia que lo atestiguan: un jovencísimo Luis, impecablemente vestido, posa a lomos de una motocicleta; en la otra, aparece al volante de un primitivo bólido de carreras, que sugiere una fuga llena de estruendo a través de una arboleda que se pierde a sus espaldas entre una gran nube de polvo. Este joven de la alta burguesía concluirá los estudios de Derecho en la antigua Universidad de San Bernardo de Madrid. Como a otros compañeros, los libros no le impiden llevar la vida regalada de los de su clase, incorporando los placeres de la modernidad. Mientras Europa arde en llamas, estos señoritos madrileños practican la equitación y juegan al tenis, se desplazan en flamantes automóviles, beben cócteles y bailan cuerpo a cuerpo. Han crecido en la música clásica y en la zarzuela, en una tradición verbenera hecha con los ecos del pasodoble y el chotis... Pero empiezan a seguir los ritmos negroides del jazz. ¡Ritmo! La palabra le cae como un guante a Luisito Gil de Biedma, que aprende a tocar el piano de forma autodidacta y ameniza las reuniones interpretando con voz de tenor las canciones de moda.

Pero el destino dicta su ley. De nuevo hay guerra en África y su quinta será la primera que no pueda acogerse al pago de la cuota de exención para eludir el servicio militar. El padre del poeta, pues, llega a Marruecos en un momento crítico, cuando España se halla enzarzada en una guerra colonial muy cruenta. La tribus rifeñas, dirigidas por Abd-el-Krim, hostigan sin tregua a los destacamentos y guarniciones españoles que se habían extendido temerariamente hacia el corazón del Rif. Las hermanas Gil de Biedma guardan algunas fotografías de la aventura militar de su padre en la época del desastre de Annual. En ellas no queda rastro de *le frère Zissou* que amaba la velocidad ni del pianista de las fiestas mundanas: es un oficial más que lucha por la patria y se detiene a descansar junto al muro de un blocao. En aquel fortín reina una atmósfera calurosa y polvorienta, con hombres sudorosos, hambrientos y mal pertrechados. Luis tiene ahora –delgado y con bigote– cierto aire stevensoniano. En otra foto se le ve sonriente, avanzando junto a unas solitarias vías de ferrocarril, en un paraje desierto. Lleva rifle, cantimplora, botas de campaña y un sombrero para protegerse del sol africano. Una venda cubre parcialmente su muñeca izquierda. «A papá le hirieron en el frente –recuerdan sus hijas–, pero no le quedaron secuelas.» Existía una tercera imagen terrible, que se perdió para siempre. Era Luis Gil de Biedma a caballo, contemplando desde un montículo el campo de batalla sembrado de cadáveres de cientos de soldados españoles.

De vuelta en Madrid, Luis procura olvidar el dolor de la derrota y recobrar el pulso de aquella vida feliz anterior a la guerra. Aunque el desastre de Annual ha supuesto una hecatombe para la conciencia nacional, este joven abogado mantiene a flote sus sueños de crear una familia. La guerra le ha enseñado mucho y se siente más vivo que nunca. A menudo se retira a descansar a una casona familiar en La Nava de la Asunción, en la provincia de Segovia, y recorre en automóvil los pueblos de la comarca. Es época de fiestas, música, mujeres bonitas. Una tarde se desplaza hasta Sepúlveda, donde le invitan a tomar un refrigerio en casa del señor Zorrilla, notable republicano. En el transcurso de la velada, queda prendado de una hermosa muchacha de cabellos oscuros, que charla alegremente con varias amigas. Por primera vez el sonido de esa voz da alas a sus pies, como la música a la danza, y Luis Gil de Biedma se encamina con garbo de señorito hacia aquella desconocida.

¿Quién era aquella misteriosa muchacha? Se llamaba María Luisa Alba Delibes y había nacido en Valladolid el 18 de septiembre de 1897.

Era hija del político Santiago Alba y Bonifaz y de una señorita vallisoletana de origen francés. El abuelo materno era un ingeniero de Toulouse que se instaló en España para construir la vía férrea entre Valladolid y Santander. «Mi bisabuelo se vino a España a poner trenes –decía el poeta bromeando– que es lo que hacían entonces los franceses cuando en su tierra no sabían qué hacer.» En su familia había también un músico ilustre, el compositor Léo Delibes, autor de *Lakmé*, que incluye uno de los más bellos dúos de la historia de la ópera. Con el tiempo, aquella rama daría otro artista de renombre: el escritor Miguel Delibes, primo hermano de la madre del poeta.

María Luisa Alba pasó la infancia en Valladolid, donde su padre había abierto bufete de abogado y era concejal del Ayuntamiento: de allí partiría luego a Madrid para desarrollar una brillante carrera política. Anglófilo convencido, Santiago Alba envió a sus hijas a estudiar a Inglaterra, siguiendo los pasos de otros vástagos de la alta sociedad. Luisa llegó a Londres antes de la Gran Guerra y permaneció en un internado de monjas católicas situado en el barrio residencial de Hampstead. Allí recibió una esmerada educación británica que hizo de ella, según sus hijas, «una mujer muy moderna para la época». Solía contarles episodios de su estancia londinense: el trauma de la sociedad inglesa tras el hundimiento del *Titanic*, en 1912, las ruidosas manifestaciones de las sufragistas, o sus lecturas en la biblioteca del colegio, alumbrada aún por viejas lámparas de gas. De niño, Jaimito escuchaba fascinado esas historias de labios de la madre, que tuvo que regresar a España en 1914 tras el estallido de la Primera Guerra Mundial. Ya en nuestro país prosiguió los estudios en un colegio religioso de San Sebastián, donde trató de aclimatarse a una educación férrea y conservadora. Pero aquella muchacha medio inglesa dio muestras allí de un temple decidido. Una tarde las monjas criticaron duramente la política de los liberales ante sus alumnas y Luisa se levantó del pupitre, salió del aula y abandonó el colegio para siempre. Recuerda Ani Gil que «mamá no volvió nunca más. Políticamente era una mujer de ideas bastante avanzadas».

Tras la muerte de su esposa, don Santiago Alba contrajo matrimonio con doña Rosario Boceta y Ruiz-Zorrilla, dama elegante de gran belleza que había conocido en París. La madrastra de Luisa era una mujer de mundo, con un gran gusto para los vestidos y las antigüedades. Convenció al marido para adquirir un palacete en la calle Príncipe de Vergara, y se lanzó a la conquista del todo Madrid. En la familia Gil de Biedma la envolvió siempre un aura de *femme fatale*, que hacía decir al poeta, jugando con su apellido, que «Doña Rosario era más Zorrilla que Ruiz». Pero también es cierto que era una mujer ambiciosa e inteligente, que tocaba el piano con maestría y dominaba el arte de recibir. Sea como fuere, su fuerte personalidad acabó planteando conflictos con las hijas menores de don Santiago, quien decidió enviarlas a Barcelona, donde se instalaron en un gran piso del Paseo de San Juan. Entretanto, María Luisa permanecía aún en Madrid y una tarde se marchó a Sepúlveda para asistir a las fiestas del pueblo. No podía imaginar que allí le aguardaba el amor. Aquel apuesto joven que se le acercaba ahora con paso alegre tenía una mirada que no había visto nunca: desprendía un brillo pícaro y a la vez tierno. Era afable. Y el corazón de Luisa empezó a latir, arrebatado por una extraña forma de vals.

El anuncio del noviazgo de Luis Gil de Biedma y María Luisa Alba fue largamente comentado en aquella zona de Castilla. Dice Ani Gil: «Fue como una especie de *shock* porque mi madre era de familia liberal y mi padre era hijo de un político conservador. En aquella época esas cosas pesaban mucho. Entonces todo era mucho más rígido. No era el mismo tipo de gente. La familia de papá estaba llena de militares, obispos, curas y cosas de ésas. Eran como los Montesco y los Capuleto.» Aquellos jóvenes enamorados tenían, sin embargo, muchas afinidades. Además de pertenecer a la misma clase, ambos eran hijos de senadores, habían perdido a la madre prematuramente y habían pasado la adolescencia en internados religiosos. Podían hablar horas de su experiencia con las monjas inglesas o los sacerdotes españoles, de los vaivenes políticos que sacudían los cimientos de sus casas, de los viajes al extranjero, o de la guerra de África, donde él había visto el rostro de la muerte y en la que el padre de ella se había jugado el prestigio para rescatar con vida a los numerosos soldados españoles, encarcelados en las cárceles rifeñas tras el desastre de Annual.

Las fotografías del noviazgo muestran a una pareja de jóvenes atractivos, elegantes, felices. Es obvio que cultivan su amor y aman la vida. Les gusta pasear cogidos del brazo por los parques madrileños o remar en bote de madera sobre las quietas aguas del Estanque del Retiro. A veces él la convence para huir en automóvil a la Sierra y ella le acompaña para contemplar el crepúsculo mientras aspiran juntos el aroma de los pinos. ¿Cuántas noches soñó él con abrazar a una mujer así, bajo el cielo estrellado de África?

La boda de los padres del poeta fue recogida ampliamente en la prensa de la época. Aunque la ceremonia se celebró en la intimidad en atención al delicado estado de salud del padre del novio, las imágenes y las crónicas reflejan el aire solemne de una boda de la alta sociedad. Aquella tarde María Luisa Alba entró en la iglesia del Santísimo Cristo de la Salud, en Madrid, cogida del robusto brazo de su padre, don Santiago Alba, ministro de Estado. En el altar le aguardaba el joven jurisconsulto Luis Gil de Biedma, ataviado con uniforme militar de gala en cuyo pecho lucía varias medallas. El novio contempló con emoción la figura de aquella mujer morena, bellísima, que avanzaba entre dos hileras adornadas con centros de flores blancas. Entonces ella le sonrió dulcemente al ponerse a su lado. Antes de que el obispo de Segovia iniciara la ceremonia, Luis Gil se fijó en aquellos ojos y en el brillo de los dos hilos de perlas que caían sobre el vestido, de moaré lamé de plata. Luisa estaba más bonita que nunca, pensó. Y se sintió orgulloso de haber tomado la decisión más importante de su vida. Corría el 4 de abril de 1923.

Aquella misma noche los recién casados partieron hacia la residencia familiar de verano, en San Rafael, y luego fueron a pasar unos días a La Nava de la Asunción. Tras visitar a los parientes que no habían podido asistir a la boda, emprendieron un viaje por Europa. A su regreso, Luisa Alba esperaba una niña...

Modesta abandonó el cuarto del fondo y enfiló con paso firme el largo pasillo hacia la cocina. Había que pensar en la merienda de los niños: siempre se levantaban de la siesta con hambre de lobo, sobre todo Jaimito, que era un grandísimo glotón. Eti sentía por él un cariño especial. Había sido un bebé precioso y se complacía en llamarle «mi Tatón». Aún recordaba aquel buclecillo que le caía sobre la frente y aquellos ojazos azules. ¡Vaya crío! ¿Qué mosca le habría picado para preguntarle en pleno diciembre por San Rafael?

Otoño de 1934. El niño abre los ojos. Acaba de despertarse en la nueva habitación que comparte con su hermano Luis. Aunque ya no duerme con Modesta en el cuarto de atrás, que daba a la galería, Eti sigue en la casa y ahora le enseña por primera vez un álbum de fotografías. De su mano, el niño se asoma a un paisaje de vidas anteriores a la suya, historias que la criada le cuenta con el cariño de una madre. Tatón observa atentamente una foto de sus padres tomada en un día soleado de primavera. Estamos en junio de 1929. El señor Gil de Biedma conduce un Chrysler amarillo y negro por la avenida de los tilos que lleva hasta Miramar. Desde su llegada a Barcelona en 1927, aquél es uno de sus rincones favoritos: le gusta escaparse con su esposa a la montaña de Montjuïc y detenerse en el mirador que se abre al puerto y a la ciudad mediterránea. Se siente feliz paseando con Luisa por los jardines, antes de tomar un aperitivo con ella bajo las sombrillas del restaurante al aire libre. Lejos de casa, juegan a ser los novios que fueron no hace tanto tiempo. Hablan en voz baja, se cogen de la mano, se miran a los ojos, ajenos a las voces extrañas de la gente.

Aquel futuro que soñaban en sus paseos madrileños aflora hoy a su memoria. Al principio residieron en Madrid, pero luego el señor Gil de Biedma recibió una oferta de la Compañía de Tabacos de Filipinas y se trasladaron a vivir a Barcelona. Dos años después, el padre del poeta percibe allá arriba una atmósfera de prosperidad. Bastaba ver aquel magnífico Duesenberg *sport* con doble parabrisas, que rodaba majestuosamente sobre la grava del paseo... Bello como una máquina de guerra. ¿Acaso no era un símbolo de esa Barcelona entregada a los fastos de la Exposición Universal? En momentos así Luis Gil volvía a sentirse como el *frère Zissou*, de su adolescencia, un devoto del progreso. ¡Qué prodigio de ingeniería el Graff Zeppelin que sobrevolaba majestuosamente la ciudad! Y luego, al caer la tarde, se encendían los pilares luminosos de la avenida de María Cristina, entre los monumentales pabellones, y un haz de grandes luces multicolores se proyectaba hacia el cielo desde el Palacio de Congresos, iluminando la noche. Sí. Aquella montaña brillaba como el oro, pensó él mientras contemplaba en silencio la urbe que se extendía a sus pies. Después de todo, había valido la pena fundar aquí una familia. Luego brindó por su suerte, apuró el vaso de vermut y acompañó a su mujer hasta una pérgola llena de rosas. De pronto, ella sintió algo en el vientre y Luis Gil miró sus pacientes ojos de embarazada. «Ojos míos –le dijo sonriendo–, es hora de volver a casa.»

El niño observó aquella foto de sus padres en Montjuïc. Mucho después recrearía la escena en un poema que evoca con ironía la nostalgia de una edad feliz y de dinero fácil: los años en que la *pax* burguesa reinaba en los hogares y las fábricas de Cataluña:

> Algo de aquel momento queda en estos palacios
> y en estas perspectivas desiertas bajo el sol,
> cuyo destino ya nadie recuerda.

Pero en 1934 el niño no piensa nada y se entretiene mirando el álbum, sentado junto a Modesta. Es como una cámara con el obturador abierto; pasiva, minuciosa, incapaz de entender. Si la criada le explicara todo lo que ha ocurrido desde aquella mañana de 1929, se quedaría extasiado como quien oye un maravilloso cuento. Ahora ella pasa la página y Tatón descubre la fotografía solitaria de un niño. «¿Y éste, Eti?», le pregunta. «Éste es el otro Jaimito», responde la criada antes de cerrar el álbum. Los señores Gil de Biedma no hablaban a sus hijos de aquella historia triste. Pero Modesta acabó contándole al niño que tuvo un hermano que se llamaba Jaime: una criatura preciosa que murió de fiebres tifoideas en La Nava cuando aún no había cumplido los dos años, poco antes de que naciera el poeta, el 13 de noviembre de 1929. Según el novelista Juan Marsé: «A Jaime le cabreaba mucho que le hubieran puesto el nombre de su hermano muerto.» Pero lo cierto es que ese hermano se convirtió en un mito y su desaparición abrió una brecha temporal entre los hermanos mayores (Marta, Carmen y Luis) y las tres pequeñas (Blanca, Ana María y Mercedes). El nuevo Jaimito quedó allí, según él, «un poco como el alma de Garibay, entre cielo y tierra». Y aunque por edad se encontraba más cerca de las pequeñas, su carácter despierto le acercó a los mayores... «De ahí mi situación vacilante en el esquema familiar y el no saber dónde estaba...» Durante el período anterior a la guerra civil Jaime Gil mantuvo, pues, una oscilación de identidad y de posición dentro de la familia que, mucho más tarde, pasó a ser decisiva en el proceso de formacion de su carácter. ¿Qué habría dicho el profesor Freud de este niño al que bautizaron con el nombre de un hermano muerto y que pasó la infancia entre dos orillas? Probablemente que su vida iba a estar marcada a fuego por la búsqueda de una identidad.

Modesta devolvió el álbum de fotos a su sitio. Había mucho que hacer en aquel piso tan grande. Por primera vez Tatón no la siguió: se quedó quieto en la silla, mientras el soplo de un pequeño fantasma le rozaba la cara.

Otoño de 1935. El niño es enviado al colegio. La experiencia supone un simulacro de expulsión del paraíso, tras unos primeros años a cargo de criadas e institutrices. Pero en el trayecto diario a la escuela descubre una ciudad fabulosa. Siempre habría de recordarla así: «Barcelona era una ciudad que estaba muy bien para un niño pequeño por la arquitectura modernista... Era como un cuento de hadas: ver, de pequeño, una casa como la de les Punxes –una especie de castillo de Rin, situado en la Diagonal–, o el conservatorio de música que quedaba cerca de mi casa, era enfrentarse a un lugar encantado... Para un niño era una ciudad absolutamente fascinante; era muy hermosa.»

De aquella Barcelona anterior a la guerra apenas quedó rastro en la obra de Gil de Biedma. Pero sabemos que su proyecto de escribir unas Memorias tenía muy en cuenta el escenario urbano de su infancia. Ese escenario incluía otros enclaves tan barceloneses como la plaza de Cataluña, donde Jaimito solía jugar por las mañanas cuando aún no iba al colegio. El recuerdo más nítido de su padre se ubica precisamente allí, en el Hotel Colón de la plaza, que fue un lugar mítico de la burguesía catalana hasta 1936. Los burgueses disfrutaban de su espléndida terraza –con una especie de mampara de cristal que se retiraba en primavera y verano y que en invierno permitía observar la plaza sin sentir el frío–, delante de la cual se estacionaban los automóviles. «El recuerdo más vivo de mi padre es el de estar jugando en la plaza de Cataluña, salir de allí para regresar a casa y, al atravesar la acera, encontrarme con él que bajaba a la terraza del Colón.»

¿Qué hacía el señor Gil de Biedma allí? Probablemente, tomaba el aperitivo con algún amigo tras abandonar a mediodía su despacho en la Compañía de Tabacos de Filipinas. La situación del país era un tema de preocupación general y llenaba buena parte de las conversaciones. Como hombre de ideas conservadoras, Don Luis había asistido con mucho recelo a la proclamación de la República en 1931. Luego la revolución de Asturias en 1934 había avivado los fuegos separatistas en Barcelona, y ahora la división radical de las fuerzas políticas estaba invadiendo las calles. ¡Qué lejanos le parecían hoy los tiempos de su llegada a la ciudad! En la terraza del Hotel Colón seguía brillando el amable sol de otoño. Pero Luis Gil tenía serios motivos de inquietud, tras recibir noticias de primera mano. El mismísimo Santiago Alba, su suegro, se debatía en el ojo del huracán. Las fotos de ese huracán forman parte de nuestra historia.

EL ABUELO ALBA

La madre del poeta sostuvo siempre que Jaime había heredado la gran inteligencia del abuelo, don Santiago Alba y Bonifaz. ¿Quién era este hombre excepcional por cuyas manos había pasado nada menos que el destino de España? Había nacido en Zamora en 1873 en el seno de una familia de terratenientes. Su padre, el senador César Alba, quiso darle una amplia formación y le obligó a estudiar una carrera a la par que aprender un oficio. Santiago eligió la carrera de Derecho y el oficio de tipógrafo. Antes de concluir los estudios, que amplió al campo de la economía, el joven comenzó a colaborar con algunos periódicos de la comarca. Gracias al apoyo financiero de su abuela, cumplió el sueño de adquirir *El Norte de Castilla*, diario de Valladolid, que atravesaba entonces una situación precaria. Alba supo modernizarlo y en poco tiempo el nuevo diario se impuso en la ciudad y provincias vecinas, hasta convertirse en el mejor espejo de su vida económica, política y social. Eso lanzó a Alba a las arenas de la política, donde tuvo una ascensión fulgurante: en 1897 fue elegido concejal del Ayuntamiento de Valladolid; en 1900 salió diputado a Cortes, y de diputado pasó a gobernador de Madrid tras el atentado fallido contra el rey Alfonso XIII, en 1906. A los treinta y tres años fue nombrado ministro de Marina, y posteriormente desempeñaría las carteras de Gobernación, Estado, Instrucción Pública y Hacienda.

En los períodos en que no ocupó cargos públicos, el abuelo del poeta trabajó en su bufete particular. Era abogado asesor de bancos, grandes sociedades anónimas, ferrocarriles, etc., e intervino a menudo en los abundantes litigios derivados de la apertura de la Gran Vía de Madrid. A principios de los años veinte lo encontramos al frente de la cartera de Estado, tratando de imprimir un viraje a la gestión española en África –librándola de la presión de los militares– para darle una orientación más civil y más humana. Pero el 13 de septiembre de 1923 el general Primo de Rivera lleva a cabo un golpe de Estado, anula la Constitución y se erige en Dictador. Inmediatamente, Santiago Alba se convierte en cabeza de turco y padece la persecución del general, quien le declara «enemigo público número uno» y amenaza con fusilarle. Dos días después del golpe, Primo de Rivera explica en *El Imparcial* las razones de su ira contra «el depravado y cínico ministro», y asegura tener «pruebas concluyentes de sus inmoralidades». En realidad, el general no le perdonaba su política «antimilitarista» en Marruecos, tras el desastre de Annual, ni los enfrentamientos con el empresariado catalán, cuyas figuras más ilustres habían apoyado el golpe militar.

Durante años Modesta, la criada, contó a los niños cómo ella en persona tuvo que hacer entrega a los militares de las llaves del ministerio, mientras su señor cruzaba precipitadamente la frontera francesa. Podemos imaginar la escena: San Sebastián, cuatro de la tarde, un día de sol. Las calles de la ciudad rebosan de gentes tranquilas. Santiago Alba abandona el país a bordo de un gran Packard abierto de color negro, seguido por el coche de los miembros de la escolta que le corresponde como ministro de Estado. El Packard no se detendrá hasta llegar a la puerta del Hôtel de Paris, en Biarritz.

El Dictador nombró entonces un juez instructor que al mando de un grupo de investigadores se dedicó a buscar pruebas incriminatorias. Se indagó en los ministerios que había regentado Alba, se efectuaron registros domiciliarios en su casa y en su bufete, le confiscaron sus bienes, le incautaron libros de contabilidad, se fiscalizaron las sociedades financieras de que formaba parte, se encarceló a varios amigos suyos, y se requirió a todos los bancos que operaban en España a fin de que facilitaran información sobre los movimientos de sus cuentas corrientes. La investigación duró más de tres años, en los que Santiago Alba siguió llevando sobre sus espaldas el estigma de ser el enemigo público número uno de la sociedad española. Sin embargo, la comisión no pudo hallar un solo indicio de responsabilidad criminal y el Tribunal Supremo acordó el libre sobreseimiento de la causa. La justicia dictó, pues, un fallo totalmente absolutorio, motivo por el que Gil de Biedma solía decir que «mi abuelo fue el único español que podía presentar una sentencia pública del Tribunal Supremo que le declaraba un hombre honrado».

Durante seis largos años, este caballero permaneció en el destierro. Pero a raíz de la caída de Primo de Rivera, en 1929, el rey Alfonso XIII aprovechó una visita a París para pedirle que regresara a España y se pusiera al frente del Gobierno de la nación. El Rey sabía que Santiago Alba era el único gran político español que no se había gastado durante la Dictadura, uno de los pocos capaces de detener el vendaval republicano. Pero la oferta llegaba demasiado tarde. Y Alba renunció a ella, argumentando que la única solución era una monarquía democrática al estilo de las europeas, parlamentaria y constitucional.

La República se proclamó el 14 de abril de 1931 y el abuelo decidió volver a España. Como antiguo monárquico se retiró inicialmente de la escena política, pero regresó al foro, según él, ante la «peligrosísima coyuntura republicana». Fue elegido diputado para las Cortes Constituyentes por las fuerzas de derecha y posteriormente se unió al Partido Radical en la creencia de que era el llamado a moderar los extremismos, como ocurría en la Cámara francesa. Poco después fue nombrado presidente de las Cortes españolas. Corría 1933. Recordaba don Santiago que el día de la votación vio alzarse del hemiciclo a un joven diputado, que se acercó hasta la mesa presidencial para depositar su voto. En la papeleta abierta se leía: «Santiago Alba Bonifaz.» Aquel diputado era José Antonio Primo de Rivera, quien, desvinculándose por una vez de sus camaradas de extrema derecha, quiso apoyar a quien tanto había padecido la injusta persecución de su padre, el Dictador caído. Don Santiago nunca olvidaría ese gesto: años más tarde hizo laboriosas gestiones para convencer a su amigo Léon Blum –jefe del Gobierno francés– para que influyera en el Frente Popular español con el fin de liberar a José Antonio, jefe de la Falange, del pelotón de fusilamiento.

Durante la República, don Santiago Alba no pudo encarrilar el Congreso: sobrevino la crisis del estraperlo, cayó el jefe del Gobierno, Alejandro Lerroux, y el presidente de la República, Niceto Alcalá Zamora, encargó a Alba formar un nuevo gobierno. Ante la trágica situación aceptó, «pero no estaban los jefes políticos a la altura de las circunstancias», diría después, y no pudo realizar su tarea. A partir de entonces la nave del Parlamento fue a la deriva y la lucha política se tiñó de sangre. El asesinato del diputado de derechas José Calvo Sotelo hizo ver a Alba la inminencia inevitable de una catástrofe y abandonó de nuevo el país.

El 18 de julio de 1936 estalló la guerra civil. A los pocos días un viejo político español paseaba abrumado por la Promenade des Émigrés de

San Juan de Luz. Era don Santiago Alba, contemplando el cielo ensombrecido por las humaredas de los incendios de Irún. Temporalmente lo dejaremos allí, con el corazón roto de dolor, atento a los ecos del terrible seísmo que devora a sus paisanos.

¡GUERRA!

El levantamiento militar sorprendió a los Gil de Biedma en San Rafael, en el límite entre Madrid y la provincia de Segovia. Como cada año la familia había ido a pasar las vacaciones de verano a El Robledal, la hermosa villa del abuelo paterno, con su enorme jardín, erigida a la sombra de los bosques de la Sierra de Guadarrama. Allí recibieron, el mismo 18 de julio, las primeras noticias confusas y alarmantes. Dice el poeta: «Yo recuerdo que los mayores llevaban horas escuchando la radio y que, como los niños estorbábamos, nos mandaron a merendar a la Peña Juan Plaza... Bueno, pues creo que volvimos a casa dos horas antes de que las milicias republicanas ocuparan la peña.» El 19 por la mañana los Gil se llegaron hasta el cruce de carreteras de Ávila y Segovia para presenciar el paso de la Columna Serrador, que iba a ocupar el Alto de los Leones. Estaban a punto de librarse las primeras batallas que tuvieron lugar en el centro de España.

Aquella misma tarde Jaimito y sus hermanos se encontraban dando clase de inglés con *miss* Irene, en el salón Imperio de la casa. De pronto, sonó una explosión ensordecedora que hizo retumbar los muebles y los cristales. Según él: «Mi hermano tuvo una reacción muy parecida a la del personaje de *La prima Angélica* que, en la misma situación de bombardeo inesperado, grita: "Cerrad las ventanas, cerrad las ventanas."» Cuando su hermana Marta se levantó rauda para cerrarlas, se produjo una segunda explosión. Entonces se abrió la puerta y la madre irrumpió en el salón. «Todos al sótano», dijo, y bajaron corriendo a refugiarse con las institutrices. Durante cuatro largos días la familia permaneció recluida en la parte subterránea del edificio, mientras bombardeaban el cruce de carreteras que llevaban al Alto de los Leones. Las hermanas del poeta recuerdan aquellas jornadas inciertas, angustiosas, que los refugiados pasaron conversando en voz baja y rezando el rosario. Entretanto, las bombas sonaban cada vez más cerca.

La mañana del 24 de julio la situación se hizo insostenible y los adultos decidieron el traslado a la vecina población de El Espinar. Sin embargo, apenas tuvieron tiempo de acomodarse en el nuevo domicilio: al día siguiente se produjo la penetración de la Columna Mangada, del Ejército republicano, y ocuparon el pueblo. Los Gil de Biedma tuvieron entonces que permanecer ocultos varias horas en un cuarto de baño que daba a la huerta. Aquella tarde hubo un contraataque de los nacionales que, tras un combate encarnizado, desalojó a la columna republicana y volvieron a quedar a salvo. Aquella misma noche la familia emprendió la huida a Segovia. A través de la ventanilla el pequeño Jaime pudo observar la carretera atestada de coches y camiones abandonados, cuyas siluetas surgían fantasmales de la oscuridad. El descubrimiento del caos bélico será un recuerdo «muy impresionante». Luego cayó dormido.

Al llegar a Segovia se planteó el difícil problema del alojamiento, porque en palabras del poeta, «éramos una tribu»: los padres, siete hijos, la tía Isabel, cinco primos, el servicio y las dos institutrices. Al final optaron por una solución salomónica: los padres, la tía y las pequeñas se alojaron en casa de un abogado amigo de la familia; a las dos hermanas mayores las llevaron con *miss* Irene a casa de una solterona que vivía cerca de la catedral, y Luisito y Jaimito fueron acogidos con sus dos primos por una parienta lejana llamada María Lezea. Esta vieja dama vivía con una amiga solterona en un caserón del siglo XVIII, cerca de la Academia de Artillería. El poeta describiría luego aquel edificio de la calle Muerte y Vida como «fascinante». En la parte trasera había un jardín de grandes proporciones, con malvas reales, y a lo largo de las tres salas que dividía el jardín corría el edificio de las caballerizas.

Durante seis días inolvidables los niños vivieron en aquel «palacio» de aire viscontiniano. La casa era inmensa, de modo que jamás llegaron a ver las habitaciones de María Lezea y su amiga, dedicadas casi por entero al rezo del rosario. Pero se aficionaron a perderse en un laberinto de pasillos, salas y habitaciones vacías. Jaimito estaba fascinado con «los tres salones isabelinos» que daban a la calle. El mobiliario sobrio y a la vez señorial, el péndulo del reloj golpeando las horas en el salón antiguo. El Tiempo.

Entretanto, el señor Gil de Biedma había alquilado una casa que daba a la ladera del Eresma. Una vez allí sus hijos no tardaron en habituarse a la realidad de la guerra: la tapia daba al jardín de un hospicio ocupado por la JAP, cuyos miembros lucían camisas de color caqui y realizaban ejercicios de instrucción. Los propietarios de la casa vivían al otro lado y tenían un hijo que había perdido una pierna en los duros combates del Alto de los Leones. Una de las aficiones de los niños era espiar cualquier movimiento en el edificio vecino que revelara la presencia del héroe mutilado. Para entonces, España estaba ya sumida en un auténtico baño de sangre y los hermanos Gil de Biedma empezaron a incorporar a sus juegos acciones inspiradas en la contienda. Dice Jaime: «Mi hermana mayor, y mi prima, organizaron un hospital de sangre en una habitación del sótano que daba al jardín. El herido grave favorito era mi hermano Luis que en cuanto empezábamos a jugar se declaraba herido. Era un herido modelo porque deliraba, y en su delirio gritaba "¡a mí la legión!" y repetía el tracatra de las ametralladoras.»

Por las tardes los niños salían a pasear con las institutrices y generalmente iban por los barrios de San Esteban y la Trinidad, que «son de una belleza impresionante». Jaimito descubrió así una ciudad bien distinta al Ensanche de Barcelona... Calles recogidas y estrechas, marcadas por un tiempo provinciano; palacios austeros, conventos, iglesias y torreones medievales. Una ciudad de sólidas fachadas de piedra, con blasones de la nobleza castellana... *Miss* Irene y la *fräulein* alemana de los primos también se adentran fuera de la muralla por la Puerta de Santiago, buscando las orillas del río. El poeta sostiene que las institutrices «debían ser cultas porque mi amor por la naturaleza procede de esa época y recuerdo haber sentido, durante esos paseos con ellas, que aquello era muy hermoso». Los bellísimos alrededores de la ciudad dejarán en él un huella imperecedera. El valle frondoso que rodea el cerro sobre el que se alza la fortaleza del Alcázar; o el paraje de la Alameda del Parral, aún con sus olmos centenarios y sus chopos inclinados sobre la ribera, los castaños, arces, saúcos... ¿Cuántas veces Jaimito no corrió entre aquellos árboles o arrojó guijarros sobre las aguas verdes? Desde allí regresaban luego a la ciudad, que surgía altiva como la nave de un astillero medieval.

Recuerdan las hermanas Gil que al anochecer las gentes se congregaban en los dos bares del centro –el Negresco y La Suiza– para tomar el aperitivo. Entonces llegaban los músicos de la banda de Artillería, se subían al templete del quiosco de la plaza Mayor e interpretaban el pasodoble de los Voluntarios, el *Cara al sol* y la *Marcha real.* Era el gran momento de exaltación patriótica de la jornada, la hora de los bulos y noticias sobre el incierto discurrir de la guerra, hasta que el reloj del Ayuntamiento daba las nueve y los segovianos de bien se retiraban a descansar. Aparentemente, la guerra civil ha olvidado este delicioso rincón del mundo. Sin embargo, Marta recuerda que: «Yo me examiné en el instituto de Segovia con Luis-hermano, en plena ofensiva roja. Oíamos los cañonazos. Los catedráticos estaban muertos de miedo y no sabíamos si iban a aparecer los soldados de un momento a otro.»

Pero lo cierto es que no aparecieron ni ocasionaron destrozos con sus obuses. Todo siguió tranquilo, quieto, inalterable. El poeta contaba que, a principios de septiembre, se acercaron con las institutrices hasta el monasterio del Parral y, tras hablar con uno de los frailes jerónimos, descubrieron que «los monjes no se habían enterado de que había estallado la guerra en España».

EN LA NAVA

Una semana más tarde, el administrador notificó al señor Gil de Biedma que la casa de La Nava ya estaba en condiciones de recibirles. Don Luis había previsto trasladar a los suyos a aquel pueblo perdido, cuando los calores del verano se hubieran apagado y la situación en el campo estuviera definitivamente tranquila. A finales de septiembre, pues, la familia abandonó Segovia con destino a La Nava de la Asunción –a menos de una hora en automóvil– sin sospechar que habrían de pasar allí tres largos años.

Cuando los padres llegaron a la Casa del Caño, pensaron con nostalgia en la magnífica villa El Robledal. Aquí todo era distinto: un caserón castellano del siglo XVIII, vetusto y destartalado, que necesitaba una profunda reforma. Sin embargo, don Mariano, el administrador, había dirigido personalmente las tareas de limpieza, y, tras la primera inspección, doña Luisa quedó satisfecha. Todo estaba impecable: los suelos de la planta baja se habían limpiado con arena y asperón, los del piso de arriba, con cera; los muebles brillaban como el ámbar, y los cristales revivían con el último sol de verano.

A los pocos días los niños se sintieron felices en su nuevo reino. ¡Qué altos eran los muros de la propiedad! En aquel escenario circulaban, además, extraños personajes: la Tía Isabel Vieja, hermana del abuelo, o Eusebio, su fiel cuidador en las horas oscuras, que la acompañaba a veces hasta el jardín. Marta recuerda que el jardín era entonces una enorme huerta con hileras de legumbres y árboles frutales, que acabó siendo una formidable despensa durante la contienda. Muchas tardes los niños solían perderse en él para jugar a la guerra. Había también un desván que Jaimito frecuentaba en secreto, lleno de escupideras y de trastos viejos. Los juegos bélicos, pues, propiciaban el descubrimiento de rincones que les permitían escapar de las miradas adultas. Blanca cuenta que a los niños se les vistió en seguida con el uniforme de requeté* y se les compró una bandera nacional con la que empezaron a desfilar marcialmente por las avenidas del recinto. Dicen que el pequeño Jaime se sentía muy ufano luciendo aquel uniforme. A veces Eti, la criada, se asomaba a una de las ventanas del caserón y le veía desfilar, menudo y culón, hasta la gran puerta que daba a la plaza. Aquel crío le tenía robado el corazón. «¿Requeté? –le preguntaba desde arriba– ¡Requetegordazo!» Y las mejillas de Jaimito se encendían orgullosas de saberse un soldado valiente.

* Requeté: Cuerpo de voluntarios que lucharon en las guerras civiles españolas en defensa de la tradición religiosa y monárquica.

Al avanzar el curso de la guerra, se produjeron pequeñas convulsiones en la Casa del Caño. *Miss* Irene volvió a Inglaterra mientras que la *fräulein* alemana regresó a su país. La partida de las institutrices cerró, pues, una época de educación aristocrática para los nietos de don Santiago Alba. Blanca Gil asegura que las vieron partir «con gran alegría», como si su marcha les librara definitivamente de sus obligaciones. Pero no fue así: las chicas fueron enviadas al internado de monjas de la Asunción en Elizondo, en Navarra, y a primeros de 1937 los hermanos Gil de Biedma se hallan inscritos ya en el centro educativo del pueblo. La formación que el poeta iba a recibir en el antiguo Grupo Escolar Alfonso XIII distaba mucho de la que pocos meses antes se había impartido en aquellas mismas aulas. El espíritu había cambiado con la llegada de los nacionales, que abominaban de los avances pedagógicos republicanos. Pero, al menos, los maestros garantizaban una buena escuela elemental.

Cada mañana los hermanos Gil daban un corto paseo hasta la plaza del Cristo donde se hallaba el colegio y se mezclaban con los chicos de La Nava. Antiguos compañeros recuerdan que no eran muy distintos de los otros alumnos. Dice Tomás Marugán: «A Jaime le he visto llegar con sus zapatos grandes, de goma, como todos los chicos», a lo que Austreberto Gutiérrez responde: «Nosotros íbamos con alpargatas de tela.» Matiza Tomás: «Sí, de tela. Pero tampoco iban al colegio como señoritos. Iban como chicos normales.» La mayor diferencia residía en el trato deferente de los profesores y en la suavidad en el castigo a sus diabluras. A Jaime le gustaba mucho jugar al moscardón. Pregunta Austreberto: «¿Usted sabe qué es hacer el moscardón? Meterse el dedo en los oídos y estar "mmmmmm", dando la vara sin oír nada. Pero entró don Alejandro por la puerta... "¿Quién está haciendo el moscardón?" Y todo el mundo a callar porque allí no había acusicas de ninguna clase. Y menos, acusar a Jaime... Cobrábamos todos menos él.» Rara vez, por tanto, fue castigado a ponerse de rodillas en el encerado, o recibió las collejas y capones que recibían los demás. Recuerda Tomás que era un niño muy travieso y que «no dudaba en saltar en los charcos para salpicar a la gente».

Desde el principio la adaptación a la escuela fue buena. En el pueblo no se les conocía como Gil de Biedma, sino por el apodo «los Becerriles», en alusión al apellido materno del padre. Y los Becerriles «eran amables y siempre se les respetaba más que al resto de la clase». Hubo, por tanto, cierto *metus reverentialis* hacia los descendientes de la condesa de Sepúlveda. Pero Jaime Gil no fue un principito lánguido y solitario: sus antiguos compañeros reconocen que «pegarse se pegaría con cualquiera. A lo mejor le pegabas tú o te pegaba él». Este trato diario con las gentes del campo forjó en parte el temperamento del poeta. En posteriores situaciones de su vida, no solía comportarse como un individuo apocado ni pusilánime. Mucha de su timidez endémica, de su debilidad, se compensó con el gesto de pasar a la acción con los puños y las palabras. Aunque viviera en un reino de almohadones regresaba del colegio con las rodillas peladas.

Incluso en un lugar como La Nava, los hermanos intuyeron el drama que se desarrollaba más allá de los muros del jardín. El padre instaló un mapa en el salón y cada noche, tras escuchar en la radio el «Parte Nacional de España», se clavaban banderitas siguiendo las novedades del frente. Blanca recuerda que cuando los nacionales tomaban alguna ciudad enemiga, había manifestaciones de júbilo en las calles del pueblo y se colgaban telas de vivos colores en los balcones del caserón. Pero el destino de la guerra seguía en el aire. ¿Qué estaba pasando en Madrid? Los rojos habían sacado fuerzas de las piedras y a ellos sólo les quedaba rezar. Durante aquellos tres años, pues, la oración fue el barómetro de los temores e incertidumbres de los adultos. Como buena familia de derechas, los Gil de Biedma rezaban interminables rosarios a lo largo del día y elevaban preces por la suerte de los seres queridos. Recuerda Jaime: «Y cuando parecía que ya había terminado y nos íbamos a poner a comer, entonces decían "Sagrado Corazón de Jesús, ¡Salvad a España!", y a ver quién era el guapo que comía entonces: era como sentarse en un volcán.»

Lejos de la disciplina doméstica los niños gozaban, en cambio, de mayores libertades. El poeta comentó en una ocasión que pasó la guerra descargando balas y quemando pólvora, vaciando cartuchos y arrojando a las hogueras los *peines* de los máusers. En los confines de su reino afortunado existía presencia militar. Eran las huellas de antiguos combates o el sangriento rastro de alguna ejecución llevada a cabo durante la noche. Aunque el frente quedara lejos, los crímenes en la retaguardia habían llenado de cadáveres los caminos y las tapias de los cementerios. El recuerdo de la muerte rondaba por todas partes. En su poema «Intento formular mi experiencia de la guerra», Jaime Gil evoca un episodio macabro a su regreso de una visita a Segovia:

> A la vuelta, de paso por el puente Uñés,
> buscábamos la arena removida
> donde estaban, sabíamos, los cinco fusilados.
> Luego la lluvia los desenterró,
> los llevó río abajo.

Pero si Segovia se transformó pronto en zona tranquila, en Valladolid siguieron derramándose muchas lágrimas. Había allí una fuerte presencia de Falange, cuyos miembros llevaban a cabo siniestras razias más allá de los límites provinciales. Ani Gil recuerda la llegada de camiones a La Nava con individuos de uniforme azul que castigaron duramente a los sospechosos de filias republicanas. «Se paseaban por aquí y cortaban el pelo a las mujeres. Las rapadas estaban muy mal vistas, pero mi madre recogió a una que era hija de un exiliado y la tuvimos en casa de criada.» Desgraciadamente, no todos tuvieron la misma suerte: muchos naveros dieron con sus huesos en la cárcel, otros fueron fusilados, y algunos recuerdan las palizas y los tragos de aceite de ricino que bebieron sus mayores.

Aunque se perteneciera al linaje de los Becerriles, apoyar a los vencidos entrañaba riesgos. Se cuenta que Don Luis Gil de Biedma dio refugio en La Nava a un pariente lejano de San Sebastián, que era republicano. Vivía allí, recluido, aprovechando aquel asilo providencial que había hallado en el corazón de Castilla. Pero una mañana acompañó al padre del poeta a Segovia y éste fue increpado por los fascistas: «¿Qué haces tú con ese rojo cabrón?» Hubo algún forcejeo. Y sólo el aura aristocrática de la familia les permitió salir airosos del trance. Todo este drama cruel, recuerda una hija, «a mi padre no le hacía feliz. Además mi abuelo Santiago no podía volver de Francia. Y mi madre estaba preocupadísima». Don Luis debió de pensar entonces en aquel error de la historia. Pertenecía al bando de los nacionales y era un hombre de orden. Sin embargo, su conciencia se debatía en un serio dilema moral. En los primeros tiempos de guerra los milicianos habían cometido crímenes abominables. Cierto. Pero ¿qué estaban haciendo ahora esos jovenzuelos vestidos de azul? ¿Acaso aquella parte de Castilla no vivía ya en paz? Los nobles ideales que defendían en sus himnos falangistas, ¿debían imponerse con palizas, culatazos y humillaciones? No. Aquélla no era la enseñanza suprema del perdón cristiano. Tampoco podía ser la semilla de la nueva España. Era algo diabólico. La barbarie.

En este clima, Luis Gil fue nombrado juez militar de Segovia. En realidad ya había ejercido de magistrado en Barcelona durante la República, donde se dedicó principalmente a celebrar matrimonios civiles. Pero era, por temperamento, la persona menos adecuada para ejercer de juez militar en tiempos de guerra. Parecía que su corazón ancho y generoso iba a ser arrastrado por la historia, condenándole a impartir una justicia implacable. Pero afortunadamente no fue así. En muchas provincias españolas el señor Gil de Biedma habría tenido que firmar numerosas sentencias de muerte. Segovia, en cambio, era un oasis conservador donde todo quedó resuelto en las primeras jornadas de lucha cuando aún se encontraban en San Rafael. Según Ani Gil: «En Segovia hubo muy poca cosa, porque siempre fue nacional. Mi padre nunca condenó a nadie.» Marta reconoce, por su parte, que «siempre hemos comentado que papá tuvo

30

mucha suerte». En efecto. Mandar gente al paredón le habría arruinado la vida.

Don Luis tuvo que intervenir, nos obstante, en un caso que cimentó la leyenda de su bondad en toda la comarca. En las cárceles franquistas de Segovia había una veintena de condenados a muerte de La Nava, que eran resineros. Aunque no habían cometido delitos de sangre –«no se cargaron al cura ni al rico del pueblo», dice Ani–, habían sido detenidos por los nacionales en la primera semana de guerra. Por esas fechas los militares sublevados recorrían los pueblos de la provincia, destituyendo gestoras o concejales de izquierdas y practicando numerosas detenciones. Pese al clima de terror, varios naveros irrumpieron en un pinar y talaron algunos árboles que colocaron en plena carretera para impedir el paso de los camiones de la sección de tropa de la Academia de Segovia. No tenían armas: sólo los pinos para enfrentarse al enemigo. Cuando llegaron las primeras camionetas falangistas de Cuéllar y de la guardia civil se entregaron sin apenas oponer resistencia. Ése era todo su delito. Pero se les condenó a muerte.

Los primeros ejecutados fueron el dirigente Ciriaco Serrano, Quintín Maestro y Leocadio Villagrán, que fueron pasados por las armas en el paredón del cementerio de Segovia al amanecer. Para evitar nuevos crímenes la mujer de uno de los detenidos –Inés, *la Patalona*– acudió a ver al señor Gil de Biedma. Cuentan sus hijas que «la Patalona era una especie de Pasionaria, una mujer impresionante que había convencido a los resineros para que cortaran los pinos y los pusieran en medio de la carretera». A Don Luis no le sorprendió aquella visita porque conocía el temple de acero de la Patalona. La escuchó atentamente y prometió hacer todo lo que estuviera en su mano.

A la mañana siguiente se despertó muy temprano. Luego salió al balcón del caserón, observó aquel pueblo modesto y tranquilo y lo sintió como suyo. Por un instante volvió a pensar en aquellos infelices que habían tenido el arrojo de enfrentarse a tropas armadas, talando cuatro pinos que en el fondo garantizaban su sustento. Conmovido, tomó una decisión. Si sus vecinos lo veneraban como a un señor feudal, él debía corresponderles porque eran buenos vasallos. Entonces pidió a Eusebio que sacara «la forita» –gesto idéntico a ensillar el caballo y disponer lanza y armadura– y le dijo a su fiel escudero que le acompañara a la ciudad. Allí, se tomó una buena copa de chinchón en La Suiza, salió a la plaza y luego se dispuso para la batalla. ¿Acaso no descendía del conde de Sepúlveda? Sí. Sus antepasados tuvieron entrada en palacio. Isabel II, Alfonso XII, María Cristina de Habsburgo... Todo el mundo lo sabía. Y sabían también que él había combatido en Marruecos contra los moros en barrancos sembrados por el miedo. Nadie iba a detenerle. Era juez e iba a luchar por la justicia. No sabremos nunca lo que tuvo que bregar para conseguir la victoria, pero al caer el sol los resineros gozaban de un generoso indulto. Según los historiadores locales, sus gestiones fueron «oportunísimas», y los más viejos del lugar aún recuerdan que «salvó a mucha gente».

Aquella noche, Don Luis volvió a asomarse a la ventana de su dormitorio y observó más allá de los imponentes muros de su propiedad. Una bombilla desnuda brillaba solitaria en mitad de la noche. Las casas estaban cerradas y apenas pudo distinguir la silueta de los tejados dormidos. Pero sintió un orgullo infinito al pensar que Inés, *la Patalona*, seguía despierta e iba a bendecir sus huesos hasta el final de sus días.

LA LOCA DE LA CASA

Sabemos por el propio Jaime Gil de Biedma que tuvo idea de escribir sobre la tía de su padre, un personaje fundamental durante aquellos años de guerra civil. ¿Quién era esa anciana mujer a quien los niños llamaban Tía Isabel Vieja? Hermana del senador Javier Gil Becerril, había sido una jovencita madrileña muy recatada, que sucumbió repentinamente a un extravío de la razón y empezó a padecer graves síntomas de monomanía religiosa. Se contaba en Segovia que una noche de invierno irrumpió desnuda en la plaza del Ayuntamiento, en plena tormenta de nieve, reclamando a voces la presencia del obispo. A principios de siglo aquel escándalo se pagaba invariablemente con el manicomio, pero su hermano decidió evitarle el horror y la «encerró» de por vida en La Nava de la Asunción.

Durante treinta largos años Isabel Gil permaneció recluida en el pueblo, lejos de los suyos. Pero no le faltaron los cuidados de don Mariano, el administrador, y de su esposa; disponía además de un ama de llaves, Cecilia, y un mocetón muy fuerte, Eusebio, que había sido contratado a su llegada para velar por ella en las recaídas de su enfermedad. Según Blanca, la tía Isabel llevó una existencia muy solitaria en aquel caserón de piedra. «Los inviernos eran entonces muy largos y muy fríos.» Los pasaba sola en su dormitorio o en el gabinete, con el único confort de un brasero. Allí apuraba las horas, recortando fotos y crónicas de sociedad de la revista *Blanco y Negro*; también hacía calceta o se dedicaba a pintar pájaros. Las paredes de su reino podían hablarnos mucho de su inmensa soledad, ya que su trato con el servicio rara vez rebasaba las normas de la época. Pero con la primavera salía de la casa para cuidar de un rosal rojo que crecía al pie de su ventana y luego aprovechaba para dar largos paseos por las avenidas de aquella huerta que ella creía un jardín. En ocasiones se hacía acompañar por el ama de llaves fuera del recinto y se llegaban caminando hasta la cruz de piedra, entonces en el término del pueblo. La tía Isabel se quedaba un buen rato allí, en silencio, contemplando ensimismada la vieja cruz que se elevaba hacia el purísimo cielo castellano.

Cuando los Gil de Biedma se instalaron en la Casa del Caño, en 1936, la locura de la tía Isabel parecía haberse disipado con la niebla. Tras una vida de enclaustramiento en el pueblo, la vejez le sonreía ahora con la aparición de una bulliciosa familia, que la incorporó pronto como un personaje muy querido. Recuerda Blanca que «las pequeñas comían muchos días con la Tía Isabel Vieja y les encantaba, porque metían los pies cerca del brasero». Para los niños la cómoda de la tía era un mueble fabuloso donde la anciana guardaba los recortes de prensa acumulados durante años y estampas de santos cuyas vidas evocaba con fervor. La tía les enseñó además a jugar a la brisca y a los alfileres. Recuerda Ani: «Íbamos mucho a verla a sus habitaciones porque pintaba y nos contaba muchas cosas.» Esta afición por la pintura fue evocada por su sobrino poeta: «Pintaba biombos con pájaros, garzas y flores. Recuerdo que durante el sarampión me prestó uno de sus biombos. Yo hacía puntería con unas bayonetas de madera contra los pájaros y flores del biombo, y es una de las cosas de las que más me he arrepentido: destrozar aquel biombo.» Las hermanas Gil dicen que era una mujer muy inteligente; también la recordaban como «muy agradable y muy simpática». En relación a su enfermedad no hay un veredicto unánime. Para Jaime, la tía «llevaba treinta años completamente loca», aunque reconoce que «al llegar nosotros estaba bastante bien». Ani comenta que «yo no la recuerdo nada loca», pero añade que «le daban locuras». Blanca abunda en esta hipótesis, lo que hace pensar en una personalidad esquizofrénica sujeta a brotes intermitentes que alteraban una existencia marcada por la normalidad.

En una ocasión, la tía Isabel trepó al álamo blanco del jardín y se mantuvo como una diosa en su pedestal, mientras la familia, las criadas y los campesinos se congregaban junto al árbol rogándole que bajara al suelo. Otra vez se metió en el gran horno de leña, ocultándose como una niña traviesa. Estos episodios deleitaban a los niños, cuyo cariño crecía con la complicidad. De vez en cuando la anciana sucumbía a sus viejas manías religiosas: eran tormentas pasajeras que ensombrecían el cielo de su alma. En estas fases de extravío uno de sus comentarios recurrentes era: «Las gallinas se van a comer a los jesuitas. Sí, hijos. Se los van a comer a todos.» Entonces su sobrino Luis alzaba los ojos implorante a Dios, rogando en silencio que pasara la tormenta. Al final, la Tía Isabel Loca volvía a cuidar de su rosal, como si las huestes ignacianas jamás hubieran existido.

A medida que la guerra tocaba a su fin, Tía Isabel Loca volvió a padecer graves síntomas de enajenación mental. A lo largo de los años había sentido los zarpazos de la muerte, llevándose en silencio a muchas gentes de su mundo. La Parca era implacable: niños y ancianos del pueblo, amigas de Segovia, religiosas de Madrid... Los personajes de su obra se iban desvaneciendo, engullidos por el ave mortal que sobrevolaba el país. Aquellas muertes cercanas hacían presagiar que ella iba a desaparecer al próximo golpe de guadaña. Sin embargo, su cerebro desarrolló la idea contraria: que era inmortal. Según el poeta, «le entró la obsesión de que no iba a morirse nunca, que sólo morirían los demás y ella se quedaría sola». Esta obsesión se adueñó por completo de su mente. Un domingo de otoño, al volver de la iglesia con toda la familia, una ráfaga de viento sopló con fuerza a la entrada de la casa. Entonces la tía Isabel oyó una voz en su interior y comprendió que aquellas figuras que contemplaba –los Luises, los niños, las criadas– ya estaban muertes. Presa de la alucinación, creía que la puerta del cielo era la puerta del jardín y que sólo su familia podía franquear el umbral. Angustiada, vio cómo todos ellos iban entrando en el Paraíso, mientras ella se quedaba fuera de la casona. Recuerda Jaime que su tía: «Tuvo una crisis y cayó retorcida de desesperación.» El descubrimiento de la locura humana supuso para él «mi primer domingo atroz».

Es probable que estos últimos brotes se reprodujeran ante el temor de perder de nuevo a los suyos. La guerra estaba casi decidida y la Tía Isabel Loca sabía que la familia Gil de Biedma soñaba ya con volver a Barcelona. En el fondo, jamás le había gustado aquel pueblo y la perspectiva de ser inmortal en La Nava se le hizo insoportable. Pero antes de morir, aquella octogenaria recobró por completo la razón. Días antes le había dicho a la madre del poeta: «Hija, no te quedes aquí. El pueblo afea, entontece y embrutece.» Como Don Quijote, había vivido loca y murió cuerda. La enterraron en el cementerio de La Nava de la Asunción.

AÑOS TRIUNFALES

El 26 de enero de 1939, las tropas nacionales tomaron Barcelona. La caída de la ciudad fue recibida con gran alegría por la familia Gil de Biedma, que inició los preparativos del regreso. Como los padres estaban ansiosos por volver, partieron rápidamente hacia Cataluña dejando a sus hijos en La Nava. Aunque Madrid se mantenía aún en poder de los republicanos, la guerra estaba ganada y Don Luis se dirigió en coche hacia Burgos, corazón de la España de Franco. Allí le aguardaban los suyos, pensó, los vencedores. Y apretó el acelerador, ebrio de velocidad, como si corriera a darles un abrazo. Entonces ocurrió el accidente.

Los niños habrían de recordar siempre el retorno abrupto de sus padres. El auto se había salido de la carretera y volvieron a casa con el rostro desencajado: él tenía la cadera rota y ella, la pierna. Durante la convalecencia, que se prolongó varias semanas, Jaimito y sus hermanos soñaban a todas horas con ir a Barcelona. La promesa de una nueva vida era representada por Eti con colores maravillosos. Iban a marcharse pronto a una ciudad grande, preciosa, donde pasearían los domingos –«a lucir el garbo»– por el elegante Paseo de Gracia. Sí. E iban a vivir en una casa con escalera de mármol y estudiarían en colegios grandes como castillos. El niño escuchaba la voz de la criada, contándoles maravillas a sus hermanas en la cocina. ¿Y él? ¿Recordaba algo de Barcelona? «Sí, tengo muchos recuerdos –declaró en 1984–, casi todo son imágenes de luminosidad.» Es la luz mediterránea reflejándose en los balcones acristalados del Ensanche o irrumpiendo por la galería interior de su casa, aquella tarde lejana en que le preguntó a Modesta por San Rafael.

Pero cuando en octubre de 1939 Jaimito regrese, Barcelona le descubrirá otros rostros, y el hallazgo de esa otra ciudad se convierte en una obsesión. Al principio el niño se dedica a mirar los pisos de las casas. Acostumbrado a la arquitectura rural castellana, los edificios urbanos le abruman con sus grandes proporciones. Pero ahora ya sabe contar y se pierde practicando sumas en las alturas del edificio de la Telefónica, los inmuebles de la calle Aragón o los bancos del centro. Aquel primer año de posguerra adquiere también la costumbre de observar las entradas de las casas del Ensanche. Suele hacerlo a la vuelta del colegio, sentado junto a la ventanilla del tranvía, que cruza la ciudad mientras cae la noche. El niño se fija en aquellos portales, con sus puertas de hierro historiadas, percibiendo en ellos una especie de coloración submarina. Le intriga, además, la garita de la portera en el fondo del portal, el perfil de las escaleras que sube a un lugar misterioso, inaccesible, como una nebulosa bajo el agua. Es otra clase de luz, que se transformará en el recuerdo urbano más presente de aquellos años. «Barcelona es la luz submarina de los portales del Ensanche vistos al volver del colegio.»

La imagen encierra implícitamente una carga simbólica. En la ciudad hay algo velado, sumergido. La Barcelona de los años treinta era, según él, «de cuento, alegre y simpática». Pero el pequeño empieza a descubrir otra mucho más sombría, cuyo reflejo se prolongará durante una década; «la Barcelona que yo recuerdo de los años cuarenta es una ciudad triste y sucia... Hasta qué punto influía la posguerra y la derrota, y hasta qué punto influían mis tres años en el pueblo y encontrarme metido en una gran ciudad después, no lo sé. Probablemente, influían ambas cosas». En todo caso la Barcelona republicana ha perdido la guerra, y la derrota se percibe en el aire cuando Jaimito abandona el confortable piso de la calle Aragón. Sólo después tendrá conocimiento de la historia. La entrada de las tropas de Franco había dejado en la ciudad un séquito de militares, falangistas, civiles, curas y funcionarios que barrieron hasta los cimientos el espíritu cosmopolita de la metrópoli. Este proceso incluía también la prohibición del catalán, que había sido hasta entonces la lengua cultural y sentimental de Cataluña. Ahora los franquistas practicaban una represión sin precedentes, amparados en su ideario de vencedores.

> Media España ocupaba España entera
> con la vulgaridad, con el desprecio
> total de que es capaz, frente al vencido,
> un intratable pueblo de cabreros.

EL OASIS FRANCÉS

Por tradición familiar Jaime estaba destinado a cursar el bachillerato en un colegio religioso; pero sus padres decidieron mandarle a un centro laico –Estudios Generales Luis Vives– en la parte alta de la ciudad. En aquella zona, se erigían imponentes colegios religiosos construidos a finales del siglo XIX en los que se formaban los hijos de la burguesía. El Luis Vives, en cambio, era inmune a la atmósfera rígida y puritana que exhalaban aquellos edificios neogóticos, donde una legión de «padres» jesuitas y «hermanos» de la Salle impartían con mano de hierro los principios del nacionalcatolicismo. Aunque el señor Gil de Biedma comulgaba con el credo de Franco, al final les inscribió en el Luis Vives porque allí estudiaban algunos vástagos de las familias de su círculo social. De hecho, el colegio se alzaba en una vieja masía del siglo XVIII y entre sus muros se acogía a la *crème* de la sociedad catalana. Ilustres apellidos de la nobleza, el negocio del textil, la industria, la banca o la clase notarial acudieron a sus aulas. Eran los Rivière, los Sagnier, los Salisach, los Garí, los Maragall, los Viladomiu... Niños que acudían a la escuela en coche particular –Buick, Packard–, cuyas puertas abrían chóferes con guantes y gorra de plato.

En este ambiente elitista se educó el futuro poeta. El ex ministro Alberto Oliart lo recuerda incluso en la época de párvulos, en el período anterior a la guerra: «Por un momento tuve la visión de un niño rubio, gordito, jugando en el jardín del colegio.» Pero la mayoría de testimonios nos remiten ya al bachillerato, es decir, de octubre de 1939 a junio de 1946. A lo largo de esos años Jaime Gil recibió una educación insólita para la España de posguerra. Mientras compañeros suyos de generación, como Carlos Barral o los hermanos Goytisolo, eran obligados a formar en el patio de los jesuitas y entonar himnos fascistas antes de entrar en clase, los alumnos del colegio Luis Vives se comportaban como cualquier muchacho francés de entreguerras. El Luis Vives era, en realidad, un centro educativo de inspiración gala, con fuerte presencia de *mesdemoiselles*. En aquel lugar el idioma de Molière era la *lingua franca* que se oía en las aulas y los pasillos, y el pequeño Jaime debía apurar el paso cuando *Mlle.* Yvonne le azuzaba con su eterno «*Vite, vite, vite*», para que entrara en clase. Se ha dicho que Gil de Biedma hablaba un francés de *nurse*: era el francés de *Mlle.* Yvonne, su maestra, y el de sus hermanas, que circulaban por el colegio: *Mlle.* Denis, escurridiza como una anguila, y la bondadosa *Mlle.* Suzanne, encargada del material escolar. Este idioma amable asociado a las mujeres sonaba muy distinto en el vozarrón imperioso de *Mr.* Thibergen: el profesor de educación física. Era un belga musculado, bajito y enérgico, que les hacía sudar de lo lindo con sus tablas de gimnasia al aire libre... *Un, deux, trois, quatre. Un, deux, trois, quatre...* En otras ocasiones Thibergen aparecía con su batería de aparatos –potro, caballo, plinto– para los exámenes. Y puso en serios apuros a aquel niño un poco grueso que odiaba la gimnasia.

Académicamente, el colegio Luis Vives impartía una enseñanza de calidad: todos los profesores eran licenciados y la proporción era de un maestro por cada docena de alumnos. El rigor docente del centro contrastaba con su escasa adhesión a la ideología del Régimen. Es cierto que Jaimito y sus compañeros recibían cada mes la visita de un miembro de Falange, vestido con uniforme azul, pero no tuvo que formar con los otros para escuchar la consigna del día ni rendir honores a los jerarcas locales del Frente de Juventudes que visitaban los colegios de toda España. Según un antiguo alumno, «incluso en la posguerra nos dieron una enseñanza liberal». La educación religiosa tuvo, en cambio, mayor relieve, aunque siempre en tonos bastante laxos. Pese a que el Luis Vives no dispuso nunca de capilla, los alumnos rezaban el rosario y recibían el sacramento de la confesión gracias a un sacerdote que se desplazaba allí los viernes por la tarde. «Aquel cura nos confesaba en el despacho de secretaría. Montaba una barraquita, con una silla, un biombo y el reclinatorio. Era como un vendedor ambulante.» A la mañana siguiente, los chicos acudían a misa a los capuchinos de Sarriá.

Parece claro que la religión sólo era una asignatura más, a cargo del padre Fernando, que nunca hizo de ella la fabulosa máquina represiva que operaba en el resto del país. Hasta los Ejercicios espirituales tenían lugar en el mismo colegio cuando un padre jesuita tomaba las aulas durante varios días –era la excepción– para arrojarles sermones apocalípticos. ¿Qué efecto tuvo sobre él? Es probable que algún alumno fuera inmune a esas filípicas aterradoras, pero no Gil de Biedma. En su familia el catolicismo estaba muy presente, con sus misas y rezos cotidianos, y cuando el jesuita le exhortaba a la confesión general –«Haz una confesión que abarque toda tu vida»– sentía el ardor de la culpa y el plomo del desasosiego. Había pecado, es cierto, y de un modo que no tenía el valor de confesar. En esos momentos de angustia, era preferible el potro de tortura del forzudo Thibergen.

En lo deportivo, el Luis Vives contaba con excelentes instalaciones: una pista de baloncesto, otra de balonvolea, dos campos de fútbol, dos canchas de tenis y una pista de equitación. Pero como en cualquier otro colegio, el deporte rey era el fútbol, algo que para Jaimito supuso una verdadera contrariedad. Según su amigo Carlos Güell de Sentmenat: «En fútbol era malísimo, ja, ja, malísimo. Intentó jugar alguna vez, pero luego se hartó y en el recreo daba vueltas por ahí.» Su torpeza con el balón le impulsó entonces a practicar la equitación y el tenis. Para otro ex alumno, «el tenis sólo lo jugaban cuatro finolis, y los de hípica eran unos gilipollas que apestaban a caballo». Jaime Gil se convirtió así en uno de esos finolis que exasperaban a los numerosos fanáticos del balompié. Esa fascinación por los deportes de élite acabaría siendo una de las grandes aficiones de su vida.

En 1942 fue inscrito como socio del Real Club de Polo de Barcelona, el más selecto de la ciudad. A lo largo del bachillerato acudió semanalmente a aquellas pistas de la avenida Diagonal –aún llena de solares, huertas y descampados–, en compañía de su amigo Carlos Güell. «Jugábamos constantemente al tenis», recuerda este descendiente directo del primer marqués de Comillas. «Más bien le ganaba yo, pero él tenía mejores golpes. Tenía un *drive* muy bueno, un poco *liftado*, algo que entonces no hacía nadie, mientras que mi estilo era más habilidoso, de picardía. Llegamos a ser bastante buenos. Jugamos el Campeonato Social, formando pareja de dobles.» Mucho después, en el poema «Infancia y confesiones», Gil de Biedma escribirá:

> Yo nací (perdonadme)
> en la edad de la pérgola y el tenis.

Nació, por tanto, en un tiempo muy anterior a la popularización de este juego en España. El tenis de Gil de Biedma es aún un deporte de élite, que sólo practica una clase acomodada en media docena de clubs. Es el deporte de gentes como Adolfo Bioy Casares en Argentina, que observa escrupulosamente su elegante ritual. Antes del saque, Jaime alzaba la voz para avisar al contrario: «*Play*», decía; y el otro respondía: «*Ready*», si ya estaba listo. *Play-Ready*. ¿Cuántas veces no sonó en la cancha este brevísimo diálogo que precede a la batalla? El joven tenista pudo haber escrito mucho sobre aquel juego, sobre las impresiones y horas de camaradería, el placer de ser dos. El tenis era, también, la áspera superficie de tierra batida, el aroma embriagador de la bola, el ruido seco de los golpes. *Play-Ready*. Jaime y Carlos. Los dejaremos allí, intercambiando raquetazos en la pista, mientras los marcadores rectangulares anotan el tanteo de los años.

EL PALACIO DEL MARQUÉS

La amistad de los Gil de Biedma con el clan Güell-Comillas se remontaba al siglo XIX en los tiempos de la Restauración alfonsina. Desde el primer antepasado ilustre del poeta –don Atanasio de Oñate y Salinas–, primer conde de Sepúlveda, las familias habían mantenido relaciones amistosas y comerciales. De ahí nació el vínculo de Jaime Gil con Carlos Güell de Sentmenat. En los años cuarenta, los dos amigos se visitaban durante las vacaciones y Jaimito iba cada mes de agosto a Comillas a pasar un par de semanas. Carlos Güell recuerda que se alojaba en Las Cabanucas, una de las casas erigidas en el recinto del palacio del marqués, y se instalaba en una habitación con su equipaje donde no faltaban el bañador y algunos libros. En contraste con La Nava, esta población costera había sido residencia estival de Alfonso XII. A Gil de Biedma le gustaba descender al pequeño puerto pesquero donde aún persistía la leyenda de los antiguos pescadores de ballenas, o perderse entre las casas solariegas del pueblo, cerca de la plaza medieval. Comillas era, además, un delicioso enclave modernista, cuyos principales arquitectos –Gaudí y Domènech i Montaner– habían construido algunas obras por encargo del marqués: el Capricho de Gaudí, la Universidad Pontificia o el cementerio que se alzaba sobre una suave colina cerca del mar. ¿Cómo era su vida allí?

Las actividades de aquellos muchachos ricos se centraban en excursiones por la ría, la práctica del tenis y los baños en el mar. Incluso en verano, el Cantábrico puede ser frío, pero Jaime se lanzaba al agua casi todos los días. Carlos Güell le veía adentrarse vigorosamente en las olas azules... «Le gustaba mucho bañarse. Nadaba bien. Tenía un buen *crawl*. Pero nunca supe dónde lo había aprendido.» Otro miembro de la familia, el editor Antonio López de Lamadrid, aporta este testimonio: «Me contaron que se bañaba mucho. Aquel mar era peligroso. Pero Jaime parecía no tenerle miedo al Cantábrico.» El editor habla también de unos veraneos muy clásicos, ortodoxos, y deduce que «Jaime se debía reprimir bastante. No le conozco ninguna aventura sentimental». Sabemos, eso sí, que se integró en el grupo de adolescentes que acudían a jugar a una bolera llamada La Rabia y a iniciarse en los ritos del alcohol, bebiendo vino en algunas tabernas.

1944, 1945, 1946, 1947... Gil de Biedma acudió a su cita estival en Comillas y mantuvo siempre un excelente recuerdo. Cuando en los años setenta se reencontró con Antonio López de Lamadrid, «me hablaba de aquellos veranos en Comillas con enorme cariño, como si hubiera sido muy feliz».

ALMA MÁTER (I)

A principios de los ochenta, el poeta declaró que había elegido la carrera de Derecho porque en su juventud «sólo estudiaban Filosofía y Letras las monjas y los curas. Derecho era una especie de salida para todo y, además, con aquella situación política que vivíamos, era una carrera que tenía gran parte de literatura de ficción». Muy en su línea, Gil de Biedma recurre a un argumento ingenioso que no abarca toda la verdad. Lo cierto es que en su familia existía una larga tradición de abogados, que se habían dedicado luego a la política, los seguros y el mundo empresarial. Su padre había optado abiertamente por lo último y ahora Don Luis era subdirector de la Compañía de Tabacos de Filipinas. Jaime estaba, pues, llamado a estudiar leyes: jamás hubiera podido imponer su voluntad de estudiar Filosofía y Letras –un deseo bastante difuso–, porque aquella opción no tenía el menor porvenir. La carrera de abogado, en cambio, estaba de moda y la mayoría de estudiantes de Derecho eran vástagos de la alta y media burguesía.

Otoño de 1946. ¿Cómo era el Gil de Biedma que llegó a la universidad? Un estudiante de muy buen aspecto, bien trajeado, con su pañuelo en el bolsillo de la americana y un prendedor de oro en la corbata. Elegante siempre, según Alberto Oliart, «pocos iban así a la facultad: sólo los hijos de la *high society* de Barcelona». Todo él respiraba fuerza, salud y bienestar. Otro compañero, el librero anticuario Mariano Castells, insiste en el rasgo de la elegancia y añade que «era un muchacho fornido, de estructura ósea muy amplia, guapo, con ojos muy bonitos y el cabello ondulado». Oliart siempre recordaría aquel primer encuentro con él en el patio de Derecho: «Guardo la impresión de un Jaime jovencísimo, con un aire impostadamente seguro, pero que en el tono de voz, en la manera de mirar o de cortarse ante la respuesta de su interlocutor, dejaba adivinar un no sé qué de timidez.»

Al principio este rasgo se agudizó entre los muros de aquel vetusto edificio, donde el alumnado era mucho más numeroso que en el colegio Luis Vives. Para la mayoría de sus compañeros, el paso de un centro religioso a la universidad supuso ascender a un tipo de élite; para Jaime, en cambio, fue como adentrarse en un territorio superpoblado, de leyes más severas. Pronto pudo ver que el panorama educativo era desolador en comparación con su antigua escuela de inspiración francesa. En aquella universidad de posguerra tampoco quedaba nada de la tradición liberal republicana, y el nivel científico de los profesores era harto deficiente: muchos habían sido elegidos más por su fidelidad al Régimen que por su valía académica, y, salvo alguna excepción, solían anteponer sus compromisos profesionales a sus tareas docentes.

La vieja universidad de Barcelona se había convertido, pues, en una fábrica de licenciados que en el futuro iban a trabajar en el seno del régimen franquista. Era, por tanto, una institución terriblemente politizada, sujeta además al control interno del SEU. El llamado Sindicato Español Universitario era una organización de estudiantes vinculada a la Falange, y el único espacio público autorizado –junto con la Iglesia católica– para desarrollar actividades culturales. Por desgracia, acogía tanto a individuos bien intencionados como a brutos de mentalidad fascistoide que trataban de imponer su ley. Desde el principio, Jaime Gil tuvo noticia de las tristes hazañas que algunos miembros del SEU perpetraban en la facultad: en una ocasión, cogieron a un hijo de Carrasco y Formiguera –político catalán fusilado por Franco– y lo obligaron a punta de cuchillo a beber una botella de aceite de ricino; otras veces increpaban a compañeros pertenecientes a familias de tradición monárquica o liberal con insultos y amenazas al estilo de las juventudes mussolinianas. Según el poeta José Agustín Goytisolo «no hacía falta ser un provocador antifascista: bastaba con señalarse mínimamente para que te provocaran ellos».

Es obvio que estaba demasiado vivo aún el recuerdo de la guerra civil. Entre los hijos de los vencedores, escribió Gil de Biedma, los más inteligentes «éramos capaces de construirnos un sistema de inhibiciones que anulara la interpretación que de ella daban nuestros padres, pero no de saltar la barrera y buscarnos otra». Las formas posibles de disidencia ideológica eran, por tanto, muy escasas. Había, claro, la nostalgia juanista, esa fe casi estética en un quimérico restablecimiento de la monarquía. Pero abrazar la causa era fuente de complicaciones. En el primer curso, Jaime

Gil y sus amigos –Senillosa, Linati o Rojas– tuvieron graves enfrentamientos con los falangistas en el patio de Derecho. Cuenta Alberto Oliart: «Jaime lucía una insignia de Juan III en su chaqueta de alpaca. Y un día se le acercó un tipo del SEU, con la camisa azul, ordenándole que se quitara aquella mierda. Entonces Jaime le respondió que la única mierda era su insignia con el yugo y las flechas. Y el tipo de Falange le pegó un rapidísimo puñetazo a traición. Jaime era muy fuerte: no se arrugaba nunca. Pero aquel golpe le conmocionó y tuvimos que bajarlo al bar para que se recuperara.»

A la mañana siguiente el grupo de Gil de Biedma fue a entrevistarse con el barón de Viver, jefe de los juanistas de Barcelona, en su despacho del Banco Central. El barón les recibió cordialmente, escuchó sus argumentos y pronunció un breve *speech* que convenció a todos; pero luego, cuando se apelotonaban en la puerta al salir, Viver les dio recuerdos para sus padres y «aquello fue absolutamente anticlimático», recuerda Jaime. Acababan de descubrir que no tenían escapatoria: o se aliaban con los matones fascistas en nombre de la nueva España o volvían al cálido nido familiar. Para colmo, los primeros miembros del Opus Dei circulaban ya por los patios en busca de adeptos, aprovechando un statu quo en el que nadie tenía valor de expresar la menor duda religiosa. Aquella universidad no podía ofrecer a los intrépidos ningún sustento político ni moral. La promoción de Gil de Biedma y las que le sucedieron fueron probablemente las más anodinas de la posguerra, ya que, según el novelista Juan Goytisolo, «los últimos rescoldos de resistencia se habían extinguido en medio del humo y ceniza de una paz mentirosa y los primeros chispazos de rebeldía juvenil no habían brotado aún».

Jaime Gil no fue un extraordinario estudiante de Derecho: ese honor recayó sobre Alberto Oliart, el número uno, a quien llamaban «el Matrícula». Pero era un alumno que sorteó holgadamente los obstáculos de la carrera gracias a su inteligencia y, sobre todo, a una memoria privilegiada. Estos rasgos no pasaron inadvertidos a los catedráticos de turno –Octavio Pérez Vitoria en Derecho Penal, Antonio Polo en Derecho Mercantil– ni a otros miembros del cuerpo docente. En primer curso un joven profesor auxiliar, Fabián Estapé, le propuso asistir al seminario de Economía que impartía en la cátedra de Historia del Derecho. Estapé tenía un olfato especial para reconocer el talento, y ya había descubierto a Alberto Oliart y a otros alumnos brillantes que integraban la aristocracia del aula.

Estapé era por entonces un prometedor adjunto a cátedra –«una especie de animal salvaje y agresivo», dirá el poeta Carlos Barral, cuya astucia, socarronería y talante anticlerical destacaban entre un profesorado manso y acomodaticio. Gracias a él, Gil de Biedma obtuvo no sólo conocimientos de Economía Política, sino insospechadas lecciones de literatura y filosofía. Según Mariano Castells: «Estapé podía hablarnos de Marx o analizar las perspectivas del laborismo inglés y luego del pensamiento de Ortega, Bergson, Croce, Kierkegaard o Jaspers.» Juan Goytisolo recordaba, por su parte, que Estapé le había iniciado en la obra de Anatole France, editada por Aguilar en Argentina, pero rigurosamente prohibida en España. Sea como fuere, aquellas reuniones con Estapé despertaron en el poeta un buen número de curiosidades y con el tiempo Estapé sería su confidente en las primeras tormentas de su vida sentimental.

EL LEÓN VUELVE PARA MORIR

Desde 1936 una sombra empañaba la felicidad de los Gil de Biedma. El abuelo. La suerte de don Santiago Alba y Bonifaz constituía el mayor motivo de tristeza para su hija, doña Luisa, que suspiraba por su retorno. Aunque las hermanas Gil sostienen que «el abuelo había recaudado mucho dinero en Francia para la causa de Franco», el Régimen permanecía indiferente a su destino. Cuando las tropas nazis tomaron París, el anciano se desplazó hasta San Juan de Luz, en la frontera, con el propósito de regresar a España: ya no se sentía tranquilo en suelo francés. Entonces tramitó su regreso con el cónsul de Bayona y, previa deliberación del Consejo de Ministros en Madrid, se le concedió finalmente la autorización para cruzar la frontera de Irún. Corría 1941.

Doña Luisa estaba exultante de alegría. ¡Cinco años! Una eternidad para esta mujer que adoraba a su padre más que a nadie en el mundo. Ahora volvía a hablar de él con verdadera pasión, pero sin las congojas recientes del pasado. Elogiaba su apostura, su inteligencia, su instinto político. Todas aquellas virtudes renacían en el recuerdo como si nada hubiera cambiado. Incluso Modesta contaba a los nietos algunas historias de la época en que estuvo a su servicio y Jaimito la escuchaba muy atento. En relación a su deuda con Eti, el poeta escribirá después:

Le debo además una visión de mi abuelo que me le ha hecho [sic] más próximo, porque me hizo comprender la intensidad de su pasión por su segunda mujer, por Rosario –«la Bruja», como la llamábamos nosotros de pequeños, o «la Pompadour», como la llamaba mi padre cuado era novio de mi madre. Imagino a don Santiago en 1917 –era ministro de Hacienda y trabajaba al día catorce horas–, negra la barba igual que limaduras de hierro, centelleantes los ojos verdes, entrando tardísimo en el hall de la casa de la calle del Príncipe de Vergara, y subiendo la escalera y llamando a su mujer, tal como Modesta le imitó: con voz grave, o ronca de deseo, que apagaba la primera sílaba del nombre y resonaba en todas las habitaciones –... *Sario ... Sario! ... Sario!!*

Pero la segunda esposa de don Santiago había desaparecido en las horas amargas, fiel a su aura de *femme fatale*. Enferma de tuberculosis, falleció en el sanatorio de Davos, tras un tórrido *affaire* con uno de los médicos del centro.

En la hora del retorno, el abuelo volvía a casa con su tercera esposa, Mariana Arrieta, que había sido su secretaria en las Cortes. Según los testimonios, doña Mariana era una mujer encantadora e inteligente, que le acompañó al exilio erigiéndose en el báculo de su vejez. El destino, sin embargo, iba a mostrarse nuevamente adverso. Al llegar a Madrid, don Santiago Alba no pudo alojarse en su palacete, desvalijado por los anarquistas, y aquel mismo día se instaló en el Hotel Ritz donde almorzó con su cuñado, el marqués de Albaicín. Tras el almuerzo se retiró a descansar a sus habitaciones, cuando de pronto sufrió el ataque de un grupo de jóvenes falangistas. Los agresores cerraron la puerta, lo maniataron a una butaca y le sometieron a burlas y vejaciones: le raparon al cero, le abofetearon y le forzaron a beber una botella de aceite de ricino. Aquel anciano quedó maltrecho en la silla y sufrió un fuerte *shock* a resultas del cual –eso creía el célebre doctor Marañón– se le declaró la enfermedad de Parkinson. El atentado fue urdido desde las esferas por una alta personalidad, y se cree que movieron los hilos el hermano del escritor Agustín de Foxá y uno de los propietarios de un famoso restaurante madrileño. Santiago Alba se vio obligado a huir con su esposa a Estoril.

Doña Luisa, al recibir la noticia, sintió un puñal en el corazón, y a partir de entonces la inquietud se adueñó de los Gil de Biedma. Un antiguo amigo del poeta recuerda que «en aquella casa flotaba una sombra. Habían ganado la guerra, pero se daba la paradoja de que vivían en el miedo». Hubo, en efecto, temor a nuevos ataques de escuadrones de la Falange. Aunque el abuelo estuviera ya en Portugal, se había levantado la veda. Ellos mismos podían ser las víctimas. ¿Qué debió de pensar don Santiago en su nuevo exilio? Que España era una madrastra cruel. A veces recordaba sus años juveniles, vigorosos, plenos, cuando había servido de modelo a la escritora Emilia Pardo Bazán en su novela *Dulce dueño*. Allí él encarna la voluntad dominadora: «Buena estatura; no muy grueso aún, por más que demuestre tendencia a doblar; moreno; de castaña y sedosa barba; tan descoloridas las sienes como la frente; de ojos algo salientes, señal de elocuencia; la inteligencia y la voluntad se reflejan en su fisonomía. Desde el primer momento, la cabeza recuerda la de San Juan Bautista en el plato; la hermosa cabeza que asoma, lívida, a la luz de las estrellas, por la boca del pozo en *Salomé*. Cosa altamente estética.» ¿No anuncia este retrato algo de la cabeza del poeta?

Santiago Alba tenía entonces un brillante porvenir. Tras el desastre del 98, el joven político había denunciado los males de la Restauración, acogiéndose al movimiento «renovador». Defendió entonces la fórmula de Joaquín Costa –«Escuela y Despensa»– para combatir el secular retraso español. El término «Despensa» aludía a una política que atendiera los problemas económicos de aquel país en el que la mitad de la población se acostaba con hambre. Y «Escuela» era, en realidad, la empresa cultural que debía acompañar a las reformas de la economía. En «Infancia y Confesiones» su nieto escribe:

> Mi infancia eran recuerdos de una casa
> con escuela y despensa y llave en el ropero,

Es un modo sutil de recordarnos la nobleza de su cuna, pero también un homenaje implícito al abuelo, que había soñado con una España que venciera para siempre a sus demonios.

Finalmente, don Santiago Alba pudo volver a España en 1943. Las gestiones corrieron a cargo de su yerno, Luis, quien solicitó protección policial al ministro de Justicia, un antiguo compañero de aulas del colegio de los Agustinos de El Escorial. Normalmente, el político se alojaba en algún balneario del País Vasco. Pero cuando iba de visita a Barcelona, las hermanas Gil recuerdan haber visto a dos miembros de la brigada social, embutidos en sus gabardinas, bajo los faroles de la calle Aragón.

Doña Luisa Alba comenzó entonces a acariciar la idea de que Jaime recogería la antorcha de aquel anciano enfermo de ojos húmedos y manos temblorosas. Un amigo sostiene que «en aquella casa el abuelo era un ídolo y todos parecían empeñados en lavar su honor». Es probable que el poeta estuviera muy influido inconscientemente por este sueño materno y durante un tiempo aspirara a hacerlo realidad. A menudo se acercaba para charlar con ese caballero que vestía con pulcritud un terno gris claro. El tiempo había borrado la barba juvenil de limaduras de hierro, pero conservaba aún el bigote bien cuidado con parte de su antigua barba, recortada hasta cubrir justamente el mentón. En 1956, Gil de Biedma escribió en su Diario: «Recuerdo la ternura que me inspiraba mi abuelo don Santiago en sus últimos años, cuando le miraba bostezar: parecía un leoncito viejo.»

TODO POR LA PATRIA

A mitad de carrera, Jaime Gil inició el servicio militar. En aquel tiempo la *mili* de los universitarios consistía en dos estancias veraniegas de tres meses en un campamento de promoción, y, posteriormente, obtenido el título, en un servicio de seis meses en calidad de alférez en cualquier guarnición o destacamento del país. La quinta del poeta debía haberse incorporado al campamento de Santa Fe del Montseny, que era el correspondiente a Cataluña y Baleares, pero ese emplazamiento estaba agonizando y aún faltaban un par de años para inaugurar el nuevo, cerca de Tarragona. Durante este lapso, los estudiantes catalanes fueron distribuidos por el resto de España. En verano de 1949, pues, Jaime marchó al campamento de la Milicia Universitaria de Robledo, en La Granja, como caballero aspirante a oficial de complemento en el arma de Infantería. Ningún otro destino le habría hecho más feliz que aquél, situado a pocos kilómetros de su amada Segovia y cerca de los lugares míticos de su niñez: San Rafael, El Espinar, La Nava...

Claro que eso no iba a librarle de la férrea disciplina militar ni de una realidad opuesta a todo lo que había vivido hasta entonces: la monótona tabla de gimnasia por la mañana, seguida de las horas de instrucción en orden cerrado en la explanada polvorienta de la plaza de armas, o en orden abierto, en los alrededores del campamento. Luego la comida, con su rancho de pésima calidad, y por la tarde, las clases de teórica al aire libre, a la sombra de cualquier árbol, impartidas por el capitán. Según numerosos testimonios, aquel ejército era un tanto desharrapado, con un material bélico anticuado y deficiente y cuyos oficiales vivían aún la resaca de la guerra civil. Era todavía el Ejército franquista de 1939, no desmovilizado, que idolatraba al Caudillo.

Sorprendentemente, Gil de Biedma se adaptó al clima de la vida militar, pese a la falta de libertad de la vida espartana. Hay que señalar que en aquel batallón de más de mil aspirantes él formaba parte de los cuarenta «elegidos» de una sección que el folclore campamental dio en llamar la «Línea Pérez», y como miembro de ésta le tocaba la parte más dura de la instrucción. En ese grupo –similar a las actuales COE (Cuerpo de Operaciones Especiales)– no era infrecuente despertar a gritos al soldado para efectuar una marcha nocturna de treinta kilómetros, con el fusil al hombro y la mochila cargada a la espalda. También era habitual reunirlos de noche en el páramo y ordenarles alcanzar en solitario la cumbre de una colina, donde debían arrojar un bote de humo a modo de señal luminosa en un tiempo récord. Pese a la dureza de los ejercicios del capitán Ariza, aquel joven de ojos azules se adaptó a las maniobras con insospechado espíritu castrense. Según Alberto Emo, antiguo compañero de armas, «Jaime nunca se tiró atrás por nada. Jamás le vi hacer ninguna tontería en el servicio como los demás. Tampoco le oí quejarse. Y siempre cumplió con su deber». Su único motivo de desaprobación era el rancho, que juzgaba «sencillamente infame». Pero pronto algunos soldados hallaron la fórmula para mejorarlo. Emo recuerda que solían saltar la empalizada del campamento para internarse en el coto de caza de Franco y allí capturaban furtivamente conejos: «Había tantos que hubiéramos podido cogerlos con las manos. Luego alguien encendía unas brasitas y los asábamos en el fuego.» Era, sin duda, la operación más audaz de la Línea Pérez. Y tras el festín, Gil de Biedma regresaba a la tienda a gozar del merecido descanso del guerrero.

Sin embargo, los conejos de Franco no podían compararse a los ágapes de Segovia. Durante los permisos de fin de semana, Jaime y Alberto huían a la ciudad del Eresma y se instalaban en un hotelito familiar cerca de la plaza del Azoguejo. Apenas llegar, se regalaban el paladar en los comedores de Casa Cándido, Mesonero Mayor de Castilla, amigo personal del padre del poeta. Es fácil imaginarlos saboreando una jugosa ración de cochinillo, regada con buen vino, junto a una de las ventanas que dan al majestuoso acueducto romano. Dice Emo: «El cochinillo le volvía loco. Era su debilidad.» Por desgracia, sus efectos sobre Alberto eran demoledores, y en una ocasión le produjo un súbito acceso de fiebre: «Me metí en la cama con cuarenta grados. Entonces Jaime cogió una silla, se sentó a mi lado y estuvo toda la noche cuidándome y velándome sin pegar ojo hasta la salida del sol.» En todo aquel verano Alberto Emo no advirtió nada extraño en la conducta de Gil de Biedma. Al contrario. «Era un hombre leal y viril. Un gran amigo. Una persona sensacional.»

En el campamento, se relacionó también con otros compañeros que conocía de Barcelona. Las hermanas Gil recuerdan alguna escapada de Jaime a La Nava, aprovechando un permiso, junto a Antonio Senillosa. Este joven monárquico era extraordinariamente habilidoso para eludir toda clase de servicios y su indiferencia despertaba las iras groseras del capitán. «Senillosa: se me están hinchando los cojones. Es usted un inútil, incapaz de dar un palo al agua. ¿No va a hacer ni siquiera una mariconadita? ¡Venga, hombre! ¡Mueva el culo! ¡Haga una mariconadita!» Y Senillosa, impertérrito, respondía: «Si usted me echa una mano, capitán, yo, encantado.» A menudo Gil de Biedma habría de contar esa anécdota, rubricándola con una sonora carcajada.

INVIERNO EN SALAMANCA

A finales de verano de 1949, regresa a Barcelona tras la jura de bandera. Allí le aguarda la familia y algunos compañeros de aulas con los que empieza a trabar amistad. Hay uno, Carlos Barral, por el que siente predilección; es un tipo apuesto, inteligente, algo excéntrico, con el que suele charlar de literatura. Esta amistad nueva anuncia muchas horas de camaradería en una ciudad gris, devastada aún por el recuerdo de la guerra. Y así será a lo largo de aquel curso de 1950.

Pero en otoño Gil de Biedma decide ir a Salamanca para concluir la carrera de Derecho. ¿Por qué lo hizo? He aquí uno de los misterios que rodearán la vida del poeta. Según su hermana Ani, «supongo que se marchó a Salamanca porque era una universidad de mayor renombre que Barcelona. Si luego quería irse a Oxford, la licenciatura por Salamanca tenía más valor». Es una hipótesis. Pero en aquel tiempo cambiar de universidad planteaba serias dificultades administrativas y generalmente se reservaba para casos extraordinarios. Según Mariano Castells: «Se hacía siempre por un motivo muy fundado, no por capricho. El proceso era muy complejo porque te ponían muchos obstáculos y debías exponer razones muy sólidas. Por ejemplo, la inquina a muerte de un catedrático que hubiera jurado en clase que no te aprobaría jamás.» No parece que fuera el caso de Jaime, cuyo expediente era bueno. Su amigo Oliart coincide con Castells: «Era muy difícil que te concedieran el traslado de matrícula. ¿Por qué se fue? No lo sé. Imagino que quiso separarse de Barcelona y poner distancia por razones de tipo personal que nunca me contó.» ¿De qué huía Gil de Biedma?

En noviembre de aquel mismo año se instala en Salamanca, en el Colegio Mayor Hernán Cortés. Allí permanecerá varios meses, alternando los estudios con una de sus mayores aficiones: la lectura. En verano se dirige al nuevo Campamento de Los Castillejos (Tarragona) para cumplir la segunda fase del servicio militar. Y en otoño regresa a Salamanca, donde obtiene la licenciatura de Derecho.

BARCELONA '52

La señora Gil de Biedma seguía teniendo depositadas grandes esperanzas en su hijo, y al ver aquel diploma por Salamanca un fluido de satisfacción recorrió sus venas. Indudablemente, era el vivo retrato del abuelo Santiago: inteligencia, memoria, don del habla, facilidad para la escritura. También sabía rodearse de los jóvenes más cultos e inteligentes de la facultad: Carlos Barral, Alberto Oliart, Antonio Senillosa, Román Rojas, Alfonso Costafreda, Jaime Ferrán... Eran los llamados, pensó la madre, pero su hijo llegaría más lejos porque era el Elegido. El señor Gil de Biedma, por su parte, era menos ambicioso en sus aspiraciones. Valoraba mucho las virtudes del hijo pero intuía sus defectos: cierta debilidad de espíritu, pereza y tendencia a la dispersión. ¿Qué hacía siempre con un libro de poemas bajo el brazo? Se conformaba con que Jaime siguiera sus pasos en la Compañía de Tabacos de Filipinas. Era su destino.

Pero antes debía concluir la última fase del servicio militar, que se iniciaba en primavera. Aquel invierno Jaime Gil se dedicó principalmente a la literatura y luego partió para Orense. Tras una brevísima estancia en el Campamento del Cumial, regresó a Barcelona como «miembro de la Embajada que ha de asistir a los Comicios Eucarísticos en esa noble ciudad». El poeta alude así al Congreso Eucarístico Internacional de 1952, que fue descrito por la prensa norteamericana como «la mayor concentración de católicos de todos los tiempos». En efecto. Miles de fieles de todo el mundo acudieron a la Ciudad Condal para rendir un fervoroso homenaje a la Eucaristía, y trescientos obispos, arzobispos y cardenales de varios países se sumaron a aquella gran cita religiosa que supuso el apoyo definitivo del Vaticano a la dictadura de Franco.

En la familia Gil de Biedma el Congreso es vivido con entusiasmo. Don Luis siente una profunda emoción ante aquellos fastos religiosos y se suma con los suyos a las multitudinarias exaltaciones pías. Desde 1929, la capital catalana no había acudido a una cita tan relevante y el padre percibió de nuevo el aroma de la victoria. La pesadilla era cosa del pasado: la diabólica República, la guerra fratricida y los años de miseria tocaban a su fin. ¿Acaso no se habían suprimido las cartillas de racionamiento? He ahí el mejor síntoma de la resurrección del país, pensó, como haber levantado las restricciones de agua y luz que imperaron en la dura posguerra. Barcelona volvía a ser una ciudad próspera y católica. Es más: se diría que la ciudad entera tiene un aire de familia, la suya, poblada ahora de sacerdotes, monjas, capellanes, que se agolpan con beatitud junto a las cruces y los podios erigidos en las plazas. Todos se hincan de hinojos ante el paso de la gran custodia de la catedral de Toledo, y siguen en procesión la carroza del cardenal legado de Su Santidad Pío XII o el palio del Caudillo.

Pero aunque el poeta interviene en los fastos con el uniforme de gala de alférez, sus sentimientos son opuestos a los del padre: sólo cumple órdenes, no le guía el impulso de su alma. En realidad hace tres años que ha perdido la fe. Tampoco está tan ciego como para ignorar otra verdad muy distinta a la oficial, una verdad simbolizada por esa ciudad sumergida que vislumbró una noche de su infancia en el Barrio Chino... Noche que se representará en otro panel del cuadro. Es cierto que Barcelona ha sido engalanada. Pero se han blanqueado también los sepulcros de los muertos vivientes que vagan por el área metropolitana: chabolistas, prostitutas, chulos, mendigos e indeseables. Muchos de los personajes de su propia vida, su vida secreta, han sido confinados, tras masivas redadas, lejos del alcance de las miradas decentes. Y Gil de Biedma reflexiona sobre esa forma de hipocresía colectiva que le impone nuevos silencios.

Antes de regresar a Orense, transmite a sus padres el deseo de iniciar la carrera diplomática. El plan es bien recibido, sobre todo por doña Luisa, cuyo hermano, Jaime Alba, llegó a ocupar el puesto de embajador en Londres, Washington y Manila. Dada la situación española, piensa ella, quizá sea mejor que su hijo predilecto demuestre su valía en el extranjero. El padre acepta. Siete meses después, Jaime Gil toma el avión con destino a Inglaterra.

LECCIONES INGLESAS

Londres. Enero de 1953. Un joven abogado de Barcelona llama a la Embajada de España para comunicarse con el agregado de prensa, Francisco José Mayans. Lleva en el bolsillo una carta de recomendación del poeta Vicente Aleixandre, en la que éste le ruega a su amigo Mayans que se haga cargo de ese joven que aspira a ser diplomático. Aleixandre piensa que Mayans es el hombre indicado para allanarle el camino: también Paco cultiva la poesía y conoce los elegantes vericuetos de las embajadas. Aquel mismo día el viajero se aloja en su casa, en el 91 de Eaton Place.

Desde el principio Gil de Biedma se siente muy a gusto en compañía de Mayans, que se erige en el cicerone perfecto. Es un hombre amabilísimo, de excelentes maneras y posición acomodada. Será él quien le conduzca por toda clase de sitios y personas, «desde los clubs estirados hasta las *boîtes de nuit*, y desde el típico matrimonio inglés huxleyano hasta el anciano lord *"que m'importe"*».*

Inicialmente, Jaime sucumbe a la tentación de aplicar los cánones continentales en Inglaterra, pero a las pocas semanas comienza a sentir cariño por la gente. Escribe a Barral: «El convivir con ella es algo muy agradable. No creo que exista país donde el aburrirse resulte, como aquí,

---

* «Me da igual.»

una ocupación verdaderamente satisfactoria.» Londres le agrada. Quizá no sea una bella ciudad en el sentido griego –una *polis*– pero la encuentra enormemente peculiar. Según él, «tiene un estilo irreductible». Y ese estilo, con todo lo que representa, calará hondo en su ánimo. Durante varios días visita los principales museos y se adentra en la espesura de Hyde Park, donde las *nurses* de abrigo largo y sombrero empujan briosamente los cochecitos de los bebés afortunados. También acudirá al hipódromo junto a Paco Mayans, dejándonos una fotografía en la que aparece de espaldas a la pista, con la mirada somnolienta y la boca en bostezo reprimido. Aunque es un extranjero, Gil de Biedma asimila rápido el estilo de vida británico. Si le observamos detenidamente, este joven viste ya de forma atildadísima: se diría que lleva media vida en Inglaterra. La Inglaterra, claro es, que estudia en Oxford o Cambridge, que acude a la ópera al Covent Garden, se deja ver en el *derby* de Ascott o en el torneo de Wimbledon, y que gusta de acudir al estadio de Lord's para presenciar los encuentros de cricket. «Íbamos a ver partidos de polo a Cowdlay Park. Yo era muy fan», recuerda Mayans. Este mundo elegante, señorial, cautiva de inmediato al señorito de Barcelona. Y lo hará para siempre. Tras su paso por la isla, no volverá a ser el mismo. En lo sucesivo vestirá con elegancia comedida, se aficionará a la ginebra, moldeará sus sentimientos y la forma austera de expresarlos. Pero, sobre todo, descubrirá un idioma –el inglés– que en algunos aspectos será su segunda patria.

El 15 de febrero de 1953 se instala en Oxford. La leyenda asegura que estudió varios meses en la universidad más antigua del Reino Unido. Pero no fue así. Según Mayans: «Jaime nunca estuvo inscrito en ningún *college* porque era muy difícil que admitieran a un extranjero y la solicitud debía hacerse con mucha antelación.» Pero es cierto que residió allí medio año, donde aprendió a hablar el inglés. Aquel lugar conservaba un maravilloso aire *clerc* de finales de la Edad Media y del Renacimiento, y desprendía aún el suave aroma a siglos de juventud. El poeta se habituó pronto a ese universo de prados y edificios góticos, torreones medievales, calles empedradas, mansas colinas, sauces junto al río y muchachos de blanco que leían o pintaban sobre un infinito tapiz de hierba. Aunque Oxford era una ciudad grande, él sostuvo siempre que «tiene un estilo de rectoría encantador».

¿Cómo es su vida? En carta a Barral cuenta que lleva «una vida anglohoraciana, descansada, feliz». Es la prueba de que, en efecto, ningún compromiso académico nublaba su horizonte. Oxford le resulta bello, pese a que el gótico inglés no sea santo de su devoción: «Es bello antes que nada por su continuidad, que me hace recordar, un poco tristemente, los cortocircuitos de nuestra cultura española.» Desde Inglaterra piensa lo que podría haber sido una universidad como la de Salamanca. Siglos de sabiduría y juventud sin interrupciones... Aulas y paraninfos donde nunca hubiera resonado –como en 1936– el grito del general Millán Astray: «¡Abajo la inteligencia! ¡Viva la muerte!» Esta nostalgia por una España culta se ha activado notablemente a raíz de su encuentro con el grupo de españoles que se reúnen en torno al matrimonio Jiménez-Cossío.

Mucho después, en su última aparición pública, Gil de Biedma habría de recordar su primera visita a Wellington Place, un breve pasaje sin salida en el centro mismo de Oxford. Evocaría aquella tarde de febrero cuando se detuvo ante el jardín de la casa donde vivían don Alberto Jiménez Fraud y Natalia Cossío: dos figuras del exilio, impulsores de la legendaria Residencia de Estudiantes de Madrid. «Me impresionó lo extraordinariamente guapos que eran Natalia y don Alberto a una edad en que, efectivamente, "*Beauty is truth*",* no una ventajosa conjunción de accidentes físicos.» Aquel encuentro resultó fundamental en su formación humanística. Acostumbrado al paternalismo de los mayores, se sentía un poco azorado ante las muestras de interés y respeto que le prodigaban: «Ser tomado en serio era una experiencia seria y una experiencia insólita.» El poeta pudo comprobar que el matrimonio Jiménez-Cossío representaba lo más noble de la España republicana. Pese a los rigores del exilio, seguían siendo los mismos personajes cultos y tolerantes que habían sido en Madrid, veinte años atrás, cuando animaban «el más deslumbrante ensayo de dignificación universitaria que ha conocido nuestro país». Ningún joven inquieto hubiera podido resistir su hechizo.

A los pocos días Gil de Biedma se ve atrapado en la órbita de aquella casa. «Iba a Wellington Place sin previo aviso, dos, tres veces por semana, seguro siempre de encontrar la misma invariable acogida afectuosa», una acogida que los anfitriones reservan a todos los visitantes. En meses sucesivos conocerá allí a una variedad de ingleses y españoles, que charlan en el cuarto de estar y a veces bajo el sol fugaz del jardín. En 1988 definiría aquellas horas de la tarde como «horas de deleitosa conversación inteligente o divertida, nunca trivial». Porque en ellas le hablaron de la Residencia de Estudiantes, donde crecieron Dalí, Buñuel y García Lorca, o de figuras que los anfitriones habían conocido a lo largo del tiempo: Chesterton, H. G. Wells, Unamuno, Max Jacob, Keynes, Valéry... El aspirante a diplomático absorbe cada palabra como una verdad de fe y se imbuye de aquellas lecciones plenas de cultura. De nuevo Inglaterra le descubre el rostro de la España truncada.

Tras una estancia veraniega en París, regresa a Barcelona con el aspecto de un joven abogado británico. Según su hermana Ani, «volvió de

* «Belleza es Verdad», alusión a una idea de Keats.

Londres hecho un inglesito». Y como buen inglés, empezó a soñar con países exóticos y lejanas embajadas.

EL APRENDIZ DE CÓNSUL

En otoño de 1953 viaja a Madrid para preparar su ingreso en el Cuerpo Diplomático. Aunque su expediente académico no es excelente, será admitido en el prestigioso Colegio Mayor César Carlos tras laboriosa mediación de su amigo Mayans. En aquel tiempo el César Carlos era el único colegio mayor del país donde se alojaban exclusivamente licenciados o doctores que aspiraban a los altos cuerpos del Estado. Situado al final del Parque Metropolitano, el centro se alzaba en un barrio tranquilo, de casas pequeñas, y contaba con tres hotelitos contiguos donde residían los jóvenes opositores. De allí surgieron treinta o cuarenta embajadores, cuarenta abogados del Estado, ochenta catedráticos de universidad y una buena docena de ministros. Gil de Biedma no podía competir con aquellos fenómenos, que ingresaban con el aval de una licenciatura salpicada de matrículas de honor, pero contó con la baza de ser un poeta en ciernes, vástago de una familia con influencias. Allí estuvo desde noviembre de 1953 hasta junio de 1954.

¿Cómo era la vida del aspirante a diplomático? Muy similar a la de un opositor a notarías o a abogado del Estado. Los alumnos debían ponerse en manos de uno de los pocos preparadores de Madrid y pasaban con él unas cinco horas diarias en régimen intensivo de estudio. A lo largo de ese año, el preparador les iniciaba en el temario –los noventa y nueve temas de Cultura general– y supervisaba de cerca sus progresos. Era el encargado, pues, de orientar y corregir los numerosos ejercicios escritos. Esta labor, sin embargo, estaba condicionada totalmente por la ideología del Régimen y cualquier joven opositor debía atenerse, por tanto, a unas cláusulas de hierro. Si Jaime había soñado convertirse en un cónsul al estilo británico, ya podía olvidarse de ello porque al menor descuido, allí estaba el preparador advirtiéndole: «Esto no encaja con el espíritu...»

Aunque se daba un amplio repaso a la cultura, la orientación era claramente nacional católica. Sabemos que se dedicaban varios temas a la polémica entre Bartolomé de las Casas y Ginés de Sepúlveda, por ejemplo, sobre la colonización española de América, pero prevalecían las tesis de éste frente a la postura indigenista de aquél. Recuerda Paco Mayans que en la Escuela Diplomática había personajes «integristas y ultramontanos», como el historiador José María Dousinague, cuya formación le impulsaba a desarrollar una serie de temas abstrusos o de enunciado tan delirante como *La raíz teológica de la diplomacia española*. Para un joven universitario formado en la ortodoxia, aquello no representaba problema alguno. «Pero a Jaime le costaba mucho adaptarse. Era un hombre genial, de gran talento y muy juerguista. Encajaba mal con aquel ideario y con el sistema atroz y horrible de las oposiciones.» Cierto que en su círculo lo consideraban «*très spirituel*», es decir, un hombre de gran ingenio. Pero era incapaz de acomodarse a la rutina del colegio mayor. Le había tocado compartir habitación con un historiador medieval llamado Santos Lejarreta, piadosísimo, que era su antimateria. Cuando Jaime regresaba furtivamente al alba tras una noche de excesos, se topaba con Santos, ya en pie, dispuesto a acudir a la iglesia. «Buenas noches», decía el poeta, a lo que el otro replicaba nervioso: «No. Buenos días.»

Gil de Biedma no renunciaba, pues, a sus costumbres bohemias pero iba a resultarle difícil compaginarlas con la vida académica. Cientos de horas de estudio, de encierro, de concentración, constituían un plan superior a su naturaleza... Y la perspectiva de un examen final donde podía tocarle escribir sobre *La raíz teológica de la diplomacia española* debió resultarle un verdadero calvario. Con todo, sabe mantener las apariencias y en una carta al poeta Jorge Guillén le comunica que «es posible que el próximo junio salga hacia Norteamérica para pasar allí dos meses». También le informa de su propósito de acercarse hasta Wellesley para hacerle una visita. Es la prueba de que confiaba aún en su futuro como diplomático.

Sin embargo iba a rubricar su paso por la escuela de un modo singular. Cuentan que Gil de Biedma llegó a presentarse a los exámenes y fue suspendido en el ejercicio de cultura y composición española. Que un hombre de su talla intelectual saliera por la puerta de servicio ha acabado siendo un baldón mayor para la Escuela Diplomática que para él mismo. Pero hay mil formas de verdad. Poco antes del examen apareció en París un artículo firmado por Vicente Aleixandre, donde sostenía que Jaime Gil estaba llamado a ser el mejor poeta en lengua castellana de la segunda mitad del siglo XX. Aleixandre no era precisamente un intelectual del Régimen, que lo toleraba como un mal menor, y cuando el director de la escuela, muy próximo a Franco, tuvo noticia del artículo, se molestó bastante y colocó al joven abogado barcelonés en el punto de mira. Aunque no se ha hallado el texto de Aleixandre, algunos compañeros del César Carlos recuerdan que el rumor de un veto a Jaime por su afinidad con el poeta del 27 tomó cuerpo en fechas cercanas al examen. Dado que no era el único alumno afín a Aleixandre, cabe pensar que todo fue un bulo de colegio mayor para explicar lo que aconteció después. Lo cierto es que Gil de Biedma, en la hora decisiva, perpetró una *boutade* digna de Dalí cuando le pidieron que glosara por escrito los encantos de aquella ciudad que como aspirante a diplomático encarnaba sus ideales. Mientras los otros opositores cantaban las excelencias de los bulevares de París, los parques de Londres, las ruinas de Roma o los palacios de Viena, él redactó una impecable composición dedicada al pueblo de Arévalo.

Ya desde la infancia esa pequeña localidad de la provincia de Ávila se contaba entre sus lugares más queridos. Recordaba a menudo sus escaparates iluminados, y las tiendas de antigüedades que tanto agradaban a su madre. También le fascinaba el castillo, la plaza de la Villa, las ermitas y las iglesias. Arévalo era rico en arte mudéjar y aún parecía flotar en sus calles el alma de los antiguos moradores musulmanes. Jaime había descubierto, además, sus delicias culinarias: el cochinillo, el cocido, las legumbres de la Moraña, los quesos, las tortas y las mantecadas. ¡Arévalo! ¿Existía un destino mejor? Quizá no para un espíritu como el suyo. Pero las autoridades académicas interpretaron aquel canto como una provocación y lo suspendieron. ¿Por qué lo hizo? Nadie lo ha expuesto mejor que su hermana Ani, en uno de sus raptos castizos: «Sabía que los diplomáticos eran unos esnobs y lo hizo para cagarse en ellos.» Así fue. Tal como había venido, el sueño de residir en el extranjero como un personaje de novela inglesa se desvaneció para siempre.

En casa de los Gil de Biedma la noticia fue recibida sin grandes dramatismos. En el fondo el padre prefería que se dedicara a los negocios, mientras la madre albergaba la firme convicción de que su hijo iba a triunfar en la vida, hiciera lo que hiciese. Después de todo, era el Elegido. Jamás admitirían el fracaso. Pero aquel verano, mientras Jaime estaba en París, los padres tuvieron tiempo para reflexionar. ¿Qué ocurría exactamente con su hijo?

ALMA MÁTER (II)

En otoño de 1954 el poeta regresa a Barcelona y se instala de nuevo en el domicilio familiar de la calle Aragón. Concluye así un período de cuatro años, en los que ha visitado dos grandes capitales europeas y varias ciudades españolas. Además, ya puede hablar con fundamento del Ejército y la Escuela Diplomática, o presumir ante los amigos de sus conversaciones con maestros de la talla de Vicente Aleixandre y Jorge Guillén. Pero no debemos engañarnos: en cierto sentido el balance resulta insuficiente para un hombre de su talento. Volver a casa con el único bagaje de los «Versos a Carlos Barral» –un puñado de sonetos escritos en el cuartel–

no puede hacer felices a unos padres que consideran la poesía como una afición pasajera. ¿Eso es todo lo que trae tras la primera salida al mundo? Don Luis empieza a sentir decepción y su esposa se debate en un dilema. Esperaban, sin duda, mucho más del nieto más brillante del abuelo Alba. Lástima que los verdaderos logros –el amor, la poesía inglesa, el perfume de la libertad– deban permanecer en secreto o sean en España un lujo sin porvenir.

Cuando Jaime percibió aquella atmósfera de desencanto, trató de satisfacer a su manera las expectativas convirtiéndose en profesor universitario. Por mediación de Fabián Estapé quiso incorporarse como profesor auxiliar a la cátedra de Derecho. El recuerdo feliz del matrimonio Jiménez-Cossío había avivado en él la nostalgia republicana –ya no era un monárquico juanista– y ahora miraba con nuevos ojos al titular, don Luis García de Valdeavellano. Discípulo del célebre historiador Claudio Sánchez Albornoz, era éste un hombre de formación germánica que había sobrevivido académicamente al vendaval de 1936. El poeta recordaba sus rigurosas exposiciones en el primer curso de carrera. Pero siete años después se acercó con afecto a la figura de aquel republicano marginado, sin bufete para ejercer la profesión y recluido en la universidad. Valdeavellano poseía el espíritu de los pedagogos refomadores de la Institución Libre de Enseñanza: hablaba de Giner de los Ríos, Manuel Bartolomé Cossío y de tantos otros que propiciaron el período de formidable expansión cultural anterior a la guerra civil. Si Jaime entraba finalmente en su departamento, iba a volver un poco a aquellas tardes amenas en Wellington Place.

Pero el destino cambió. Valdeavellano obtuvo la cátedra en Madrid y fue sustituido por José María Font Rius, cuyas simpatías por el Régimen –católico y de derechas– le convirtieron en un mal aliado. Cuando Fabián Estapé le propuso incorporar a Gil de Biedma como profesor, el nuevo catedrático arguyó que no podía aceptar la propuesta porque «me han explicado cosas muy feas de él». Estapé tuvo entonces que llevar la mala nueva al poeta, que se limitó a decir: «Ese tío es un mierda, un cabrón y un carca.» Aquello no era Oxford. Había vuelto a la España de Franco.

Treinta años más tarde Jaime Gil le dijo a la hispanista Shirley Mangini que había ejercido la docencia en la universidad. Pero no se han encontrado pruebas de ello. Sabemos, eso sí, que se matriculó en la Facultad de Económicas, donde aprobó algunas asignaturas... Pero renunció a seguir. Parece como si a cada nuevo revés se creara un nuevo compromiso que luego se diluía en la nada. Hay motivos para pensar que estuvo buscando alguna forma de aplazamiento, el retraso a su definitiva incorporación a la vida adulta marcada por el padre. Todas estas aspiraciones truncadas –diplomático, profesor, economista– indican claramente que quiso disponer de un trabajo estable fuera de la órbita familiar. Su deseo de independencia revela asimismo que buscaba algo –quizá a sí mismo– hasta que la busqueda se interrumpió. Un íntimo amigo sostiene aún que «Jaime quería evitar su destino».

Al acabar el año entra a trabajar en el bufete de abogados Semir, por recomendación paterna. Según Ani Gil: «Quiso ser profesor universitario, pero mi padre puso muy mala cara.» Esta claudicación obedecerá, pues, a un doble motivo: de un lado, evitar un serio enfrentamiento con el padre; del otro, asegurarse unos ingresos que le permitan vivir con holgura. «Recuerda que la verdadera libertad sólo es independencia económica», le comentó a una amiga por esas fechas. Cuando Don Luis le proponga ingresar en Tabacos de Filipinas, aceptará con el corazón dividido entre la alegría y la resignación. Sabe que la poesía no aporta dinero. «Quería tener una manera de vivir que no le acosara mucho», recuerda su hermana. Y ser el hijo del director era el mejor modo de lograrlo.

EL CONDE DE SEPÚLVEDA

Durante la década de 1950, la familia del poeta vive una época de gran esplendor gracias a que el señor Gil de Biedma se halla en la cúspide de su carrera profesional. Es un caballero respetado y querido, que viaja por el mundo dando un importante impulso a la Sección de Comercio Exterior de la empresa. Cuando sus ocupaciones le dejan, se refugia en La Nava de la Asunción en compañía de la familia y de los amigos.

La llegada de Don Luis al pueblo coincide siempre con la de su hermano Pepe, que regresa de sus vacaciones en San Sebastián. Hay una fotografía de Jaime, junto a su tío, con raquetas de tenis, que nos habla de una afición común. Pero no es la única. Porque don José Gil de Biedma y Becerril –tercer conde de Sepúlveda– es un personaje que despierta en los sobrinos un grandísimo afecto y una simpatía incondicional. Abogado en su juventud, fue luego diputado a Cortes en 1913. Padre de cinco hijos, «era una persona encantadora, que se llevaba de maravilla con papá», recuerda Mercedes Gil. Aunque había perdido en subasta a pliego cerrado la Casa del Caño, aceptó con elegancia la derrota y jamás tuvo hacia su hermano Luis el menor atisbo de acritud. Al contrario, adquirió pronto una hermosa casa en El Ardido, en la misma comarca, para gozar de su compañía.

Cuando heredó el título en 1947, se sintió inmensamente feliz. Enamorado de Castilla y sus tradiciones, cuentan que gustaba de comportarse como un noble medieval. Las hermanas Gil de Biedma recuerdan algunas perlas de su jugoso anecdotario que agradaban mucho al poeta. Enfermo de artrosis, rehuía los tecnicismos médicos en favor de frases del tipo: «Me crujen las choquezuelas como a don Pedro el Cruel.» Además, le encantaba hablar el castellano antiguo en las conversaciones ligeras. Desde niño, Jaimito se acostumbró a sus «Castilla que face los homes e los gasta», o «Mis mesnadas por el Rey de Castilla», que le hacían sonreír. Jinete extraordinario, su pasión por los caballos sólo era comparable a la que su hermano Luis –*le frère Zissou* de esta historia– sentía por los automóviles. Una de sus aficiones era contemplar la salida otoñal de su inmenso rebaño de ovejas por las cañadas de la Mesta camino de Extremadura. Algunos años, varias ovejas habían quedado preñadas fuera de época. Y el pastor debía darle la mala noticia:

–Señor conde, el carnero se ha cepillado a varias ovejas y están preñadas.

–¡Voto a Bríos! ¡Mis doncellas mancilladas! –tronaba el conde.

Otro de sus pasatiempos era organizar cacerías, que algún lugareño describe hoy «como las de la película *La escopeta nacional*». El conde de Sepúlveda recordaba aún las batidas decimonónicas de su niñez en La Nava... Aquellos tiempos de la berlina, las escopetas de chimenea y las acémilas para transportar provisiones... En relación a ello, los amigos del poeta aseguran haber visto varias fotos antiguas enmarcadas en el salón de la casa en las que aparecía el sobrino del Káiser en el transcurso de una partida de caza en las tierras de la familia. Aunque los tiempos habían cambiado, el conde era muy estricto con el ritual cinegético: no perdonaba el protocolo de la rifa de puestos y sus cacerías de Redonda solían ser una experiencia placentera para todos. Jaime no era un gran cazador, pero procuraba acudir al tiro de las palomas o la perdiz. Cuando las escopetas enmudecían, era el momento del almuerzo campestre, con despliegue de cestas, peroles, manteles y vajillas, y entonces «Jaime nos contaba cosas divertidas de Salamanca o Inglaterra». Tras los ojeos de la tarde, iban a la finca de El Ardido, donde tío Pepe exponía con mucha solemnidad el *tableau de chasse* y luego se regalaban con una gloriosa merienda. La velada proseguía, charlando y bebiendo, hasta que el padre del poeta se sentaba al piano para interpretar las canciones de su juventud.

Al igual que Don Luis, el conde de Sepúlveda se hacía acompañar siempre por su «agradador», un individuo del lugar como Constancio, Pedro o Santos, que escuchaban cada una de sus palabras y seguían celosamente sus indicaciones. El conde, además, tenía por costumbre organizar eventos festivos para los suyos en las tierras vecinas. Durante una semana, los moradores de El Ardido y los de la Casa del Caño participaban no sólo en competiciones deportivas como gymkhanas y el llamado Rally de Burros; también había un campeonato de golf en el Soto de Ardido, comidas de *gourmets* y un baile de disfraces en el que intervenía incluso el servicio, para clausurar la temporada. En 1956 los Gil de Biedma llegaron a filmar una película doméstica –*Los Gil en el Oeste*– con participación colectiva, ataviados para la ocasión. «Hubo de todo: caballos, pesecuciones, búsqueda de oro, robo de ganado, boda y baile final», recuerda Blanca.

Pero el conde de Sepúlveda era infatigable. Gustaba de representar in situ algunos hitos de la historia castellana: la llegada de Isabel la Católica a Segovia para visitar a su hermano Enrique el Impotente, o la batalla de Olmedo. Existe una foto de Jaime atravesando un páramo infinito con otros miembros de su familia, el día que revivieron la batalla bajo las órdenes de su tío. Cuentan que un pastor irrumpió inesperadamente en el escenario con sus ovejas, pero antes de que pudiera articular una disculpa, se le acercó el conde de Sepúlveda y le dijo desde el caballo: «Buen hombre, ¿tendría inconveniente en cederme sus doncellas para representar las mesnadas del rey Juan?»

RAMBLAS, 109

A finales de junio de 1955, el poeta recibe una carta de la Compañía de Tabacos, donde se le comunica que el Consejo de Administración ha acordado elegirle para el servicio de la misma e incorporarlo a la secretaría oficial del Excelentísimo Sr. Director: Don Luis Gil de Biedma. La creciente diversidad de las actividades de la empresa reclama savia nueva, y el joven abogado pasa, pues, a trabajar en un despacho situado en un edificio decimonónico de Ramblas, 109. De este modo la saga continúa, piensa el padre, y los Gil seguirán manteniéndose en la órbita del Grupo Comillas respetando la tradición. Apenas una semana más tarde, el hijo recibe la primera nómina: 2.737 pesetas y 50 céntimos. Un sueldo muy estimable para un abogado sin la menor experiencia empresarial.

Cada mañana Jaime acude junto a su padre a la sede de la dirección de la compañía. De haber nacido en otra familia se habría encaminado probablemente a otro puesto de trabajo, y de no haber sido el hijo del director le hubiera correspondido una sección más bien gris, quizá el departamento de contabilidad. Pero Gil de Biedma no va a quemar las horas en una sala ancha, alumbrada por luces de neón. Jamás se le verá encorvado sobre una mesa de madera, llena de montañas de folios y libros de cuentas, mientras sus compañeros golpean febrilmente sobre el teclado de las Underwood, y las máquinas calculadoras expulsan largas tiras salpicadas de cifras que ruedan hasta el suelo.

No. El Elegido se librará de esa condena. Cada mañana tomará el ascensor hasta el primer piso y entrará en la sala de recepción. Luego atravesará un espacio señorial, con sofás de piel, alfombras orientales y lámparas doradas. Detengamos la escena un instante. ¿Qué ve? Las paredes están recubiertas por madera de caoba, y dos pequeñas bibliotecas flanquean una chimenea sobre la que se alza el imponente retrato del marqués de Comillas, ataviado con uniforme militar de color rojo. Justo a la izquierda de ese retrato se abre la puerta del despacho. Cuando el escritor García Márquez vea todo aquello después, bromeará con él sobre «esa compañía tuya de Joseph Conrad».

Aquella mañana de 1955 el poeta no podía sospechar que iba a permanecer allí hasta 1989. Miles de horas en el mismo despacho, elegante y austero. Miles de horas ante la mesa compacta, situada entre dos ventanales –uno a su espalda y otro en el lateral izquierdo– que se abren al bullicioso paseo de las Ramblas. Miles de horas observando distraído los cuadros que cuelgan de las paredes, con estampas de la vida rural de las plantaciones filipinas. Miles de horas sentado en un asiento de verde piel oscura, mientras un antiguo reloj que descansa en un mueble de madera dicta lentamente los ejercicios del tiempo.

RUMBO A ORIENTE

El 9 de enero de 1956 el abogado Jaime Gil parte en comisión de servicio a Filipinas. Lleva una carta para sus superiores en Manila donde se les ordena que atiendan y faciliten su misión y le provean de los fondos que le sean necesarios durante su estancia en el Archipiélago. ¿Cuál es exactamente esa misión? Acompañar a Fernando Garí, consejero delegado, en la renovación de la empresa. La Segunda Guerra Mundial había desencadenado una gravísima crisis en Tabacos: la ocupación japonesa y la posterior liberación norteamericana supusieron la destrucción de casi todas sus fábricas e instalaciones, incluido el viejo edificio que albergaba la sede central en Manila. Tras el Armisticio de 1945, la compañía emprendió la ardua tarea de reconstrucción, abriendo nuevamente sus centros de compra de azúcar y tabaco y poniendo en funcionamiento las industrias filiales. Cuando Gil de Biedma llega a Filipinas, el proceso está en marcha pero las estructuras permanecen ancladas en el pasado: los tiempos demandan una política más acorde con la situación real del país.

Fernando Garí sostiene con humor que «nos eligieron porque yo tenía experiencia comercial en Japón, y éramos jóvenes y nos gustaba volar en aquellos aviones de hélice». Hay algo de verdad en ello: los antiguos ejecutivos eran hombres de barco, hechos a largas travesías marítimas que se prolongaban más de un mes. Jaime, en cambio, se imaginaba a bordo de algún aeroplano de un film de la Metro, camino del lejano Oriente, y se sentía feliz. Recuerda Garí que los viajes eran una odisea. Salían del aeropuerto de Barcelona en un avión de Iberia hasta Roma. Allí hacían una pequeña escala de cuatro o cinco horas, antes de tomar otro avión de compañías como Air France, Skandinavian o Pan-American, para proseguir el viaje. Generalmente, la ruta era Tel Aviv-Teherán-Calcuta-Karachi. En Pakistán descendían del avión y se alojaban en unos barracones militares junto a la pista, donde podían lavarse y descansar en un camastro. Luego volaban hasta Filipinas vía Saigón-Bangkok. El viaje duraba alrededor de 45 a 47 horas, antes de divisar la amplia bahía de Manila.

A los diez días de su llegada, Gil de Biedma escribe a su amigo Barral:

> Querido Carlos,
> heme aquí, antipodizado y sin memoria: no sé quién soy, acaso el general Polavieja –aunque me parece improbable. Te escribo desde la oficina, mientras en torno cantan el vals de los ventiladores. Realmente, no es este clima para letraheridos: mi cabeza pierde filo y mi caligrafía lleva camino de convertirse en algo infantil. El pulso se altera; escribo más despacio –comprendo por qué los chinos escriben, o escribían con pincel.

Aparte de hablar de literatura, le comenta que «aquí es imposible –por ahora al menos– el comercio intelectual; hay que decidirse entre la vida social y la natación –yo he escogido la segunda». ¿Cómo es la vida en Filipinas? Cada mañana este abogado sale del Hotel Bahía y se dirige a su despacho de la sede central de la compañía, en el número 212 de Marqués de Comillas Avenue. Son las ocho en punto. Allí trabaja hasta la una, hora en que abandona el edificio y va con Fernando Garí y otros empleados a almorzar al Casino Español. En este establecimiento colonial, próximo a Tabacos, sirven comida hispano-filipina a precios económicos: pescado frito, pollo, arroz o cerdo guisado. A las dos y media regresan al despacho y siguen trabajando hasta las cinco. Desde el principio, Garí impuso la costumbre de que los jefes permanecieran una hora más en la oficina, elaborando un balance del día y planificando la jornada siguiente. Pero este primer paso fue recibido allí con bastante reticencia por los miembros del viejo *staff*. Fernando Garí se lanzó a elaborar un nuevo organigrama, distribuir mejor las responsabilidades y planear negocios con nuevas empresas del país y Estados Unidos. A las seis, Jaime Gil salía del despacho y no regresaba hasta el nuevo día.

Muy pronto, Garí descubrió el enorme potencial de su ayudante y decidió aprovecharlo en aquella fase crucial de renovación de las estructuras de la compañía. Le asombraba, sobre todo, su conocimiento extraordinario de la naturaleza humana: «Era muy inteligente y brillante. Pero además tenía una gran penetración psicológica. Captaba el perfil de la gente al primer golpe de vista y sabía de antemano quién podría causarnos problemas. Algo fundamental en el mundo de los negocios.» Fernando Garí asegura que Gil de Biedma rara vez se equivocó en sus apreciaciones y fue su colaborador más estrecho durante varios años. «Yo siempre lo llevaba arriba y abajo conmigo para que me ayudara. Me sentía más seguro.» Durante cinco meses permanecerá en Filipinas, alternando su trabajo en Manila con visitas regulares a varias islas del Archipiélago. Esta actividad le resulta tan apasionante como agotadora. Y es que Jaime sigue llevando en Oriente esa triple existencia que empieza a ser habitual en su vida: la empresa, el amor, la literatura. En una carta a Barral escribe: «Creo que toda consideración puritana está aquí fuera de lugar.»

DE VUELTA AL HOGAR

A finales de mayo el abogado se dirige al aeropuerto de Manila para tomar un avión de Air France con destino a Europa. En la terminal vuelve a pensar en aquellas viejas películas donde el héroe viajaba a países lejanos. ¿Cuál era la imagen que abreviaba la acción? Una línea recta, avanzando como una flecha de mercurio, sobre un mapa salpicado de nombres exóticos: Saigón, Bangkok, Karachi, Teherán... En Persia, el viajero descubre un paisaje español, de planicies pardas; también el aire es finísimo y el olor a vegetación tan breve y penetrante como en España. Pero, sobre todo, llama su atención la cantina del aeropuerto –que no sirve alcohol– presidida por un retrato del Sha. A los pasajeros de Air France les han colocado una cinta azul en la cabeza y una especie de escapulario al pecho con el número de identificación de su vuelo. Gil de Biedma escribe en su Diario: «La cantina parece el refectorio de un colegio de jesuitas en un día de comunión general. Y los persas me parecen españoles, más españoles que yo: todos tienen cara de guarda jurado.»

Más adelante sobrevuelan una ciudad junto a un río, en mitad del desierto: Bagdad. El poeta aguza la vista y reconoce a lo lejos una gran mezquita en el corazón de una explanada. «Y pienso que el nombre mágico pertenece más a María Montez, tal como yo la recuerdo, que a este pobre sitio.» De nuevo la memoria del cine de posguerra. La línea de mercurio avanza: Beirut, el Mediterráneo, las islas griegas, Roma. Durante el viaje, Jaime Gil ha podido leer *Winesburg, Ohio*, de Sherwood Anderson. Pero al abandonar Ohio y a las gentes solitarias de Winesburgo, descubre que «empiezo a sentir claustrofobia, y a la vez el horror de la llegada». Afortunadamente, ha previsto hacer una escala en Roma, para descansar y conocer mejor la Ciudad Eterna. Tres días después sube de nuevo al avión. En este punto debería sonar *A rivederci, Roma*; pero en sus oídos fluye *Mostly, Martha*, como un eco cada vez más lejano de las islas Filipinas. La nostalgia es moderada. Pero en el fondo Gil de Biedma es un sentimental. Cuando descubra desde la ventanilla del avión la silueta montañosa del Tibidabo, sentirá «una asombrosa alegría». La ciudad de su infancia se extiende bajo el crepúsculo: reconoce los lugares como el niño que recorre con el dedo los mapas: el puerto medio vacío, las Ramblas, el castillo de Montjuïc, los pinos del Prat perdiéndose a lo lejos, junto a la infinita línea de la costa.

Esta alegría será, sin embargo, breve. A los pocos días le escribe a Paco Mayans: «Llevo desde el 30 de mayo en una Barcelona color paloma de cemento, viviendo un clima indeciso, aún veteado de frío... El runrún de las criadas de abajo, que rezan un rosario interminable, me desvela nostálgico de islas y de cuerpos oscuros.» Retengamos dos ideas: a) una Barcelona color paloma de cemento, descripción exacta ya que ése es precisamente el color de la ciudad; b) el runrún de las criadas rezando el rosario. Es el símbolo de la *pax* burguesa, el retorno al respetable nido burgués de la calle Aragón. El abogado ha vuelto, y anota el proceso en su diario: «mis regresos a la familia se ordenan siempre según el mismo canon: recepción jubilosa, libre conversación general; luego, sin saber muy bien cómo vinimos, acalorada disputa, generalmente con mi padre».

¿Qué ocurre? Durante años el desinterés de Jaime por la compañía entristeció a Don Luis. Pero la incorporación de aquél a Tabacos no ha traído la armonía en sus relaciones. Es cierto que hablan con frecuencia de la empresa, pero siguen sin entenderse y ahora el padre descubre, con irritación, que también en ese terreno sus ideas son distintas. En todo caso, el conflicto paterno-filial dista mucho de resolverse. A Don Luis le subleva el camaleonismo del hijo, su capacidad de adaptación a un nuevo ambiente. Esta cualidad valiosa –una manifestación de la *negative capability** que tanto conviene al poeta– le suena a pura «novelería». El padre

---

* Para G. de B.: «Lo que caracteriza el modo de actuar del poeta es la capacidad negativa; según Keats, los poetas son la gente menos poética del mundo porque no son nadie, son la pura disponibilidad.»

esperaba de él una adaptación a la europea, de estilo colonial, pero no que el hijo volviera de Filipinas sentimentalmente identificado con aquel país. Al igual que a su regreso de Oxford, la actitud de Jaime les molesta –también a doña Luisa– e incluso le acusan de falta de sinceridad. ¿A qué juega el Elegido? Hace tres años volvió de Inglaterra convertido en un inglesito, y regresa ahora de Manila embriagado por las brisas orientales. Hay algo de esnobismo en ello, un impulso voluntarioso de forjarse un personaje especial. Y los padres lo saben. En enero despidieron a un joven abogado español; en junio reciben a un aventurero tostado por el sol, que llega con las maletas llenas de camisas bordadas, libros en inglés y una pequeña colección de discos chinos. Esos discos suenan lánguidamente en su cuarto, donde el poeta, tumbado en la cama, fuma el mejor tabaco del mundo. En el patio del inmueble señorial, las letanías de la marquesa de Lamadrid se funden en el aire con las escalas pentatónicas de las arpas birmanas.

Será un espejismo pasajero. Pronto se encuentra de nuevo en mitad de la vida «reducido a habitar esa zona de luz que hay entre la oficina y la noche». Desde su vuelta ha habido cambios en la compañía: el administrador general queda de asesor, y la Comisión Ejecutiva, a través de Fernando Garí, toma la responsabilidad directa de todos los asuntos de Manila. Se nombra un secretario de la comisión para Filipinas: Jaime Gil de Biedma. De este modo se consolida la reorganización de esta área empresarial y ellos se aseguran el regreso a Oriente. Los cambios no desagradan al poeta, que aspira a divertirse en su nuevo puesto. «Se aviene muy bien con mi vocación de *Père Joseph*, con mi amor al orden y con mi amor a lo imprevisto.» Para un hombre que cada mañana sucumbe al tedio del trabajo, cualquier novedad es bien recibida, y la perspectiva de residir seis meses al año en Asia le resulta tan apasionante como liberadora. Pero entretanto ha de resolver sus compromisos en el despacho, amén de escribir regularmente su Diario y atender a la correspondencia íntima. Londres, Roma, Manila...

EL ABOGADO SERIAMENTE ENFERMO

A finales de junio Jaime Gil recibe una noticia inesperada, de indudables consecuencias para su futuro. Tenía previsto ir a la Costa Brava de fin de semana, cuando el médico de cabecera le descubre una lesión pulmonar. En su Diario refleja las primeras impresiones: «El idiota soy yo, por haber ido a que me hicieran un reconocimiento cuando nadie me lo pedía. Ya me han cogido, ya me han metido en esa noria de médicos, enfermeras, radiografías y parientes.» Esta reacción es típica de su temperamento. Verse privado del placer inmediato de ir a Tamariu le sume en una furia silenciosa e irracional. Su padre prepara inmediatamente una cita con un médico amigo –el doctor Reventós– y previene al hijo de que Reventós es un reputado tisiólogo, pero también una persona de carácter difícil y lengua áspera. Dice Jaime: «La noticia me regocijó porque ofrecía una posibilidad de desahogo.» Y añade algo que sólo reconocerá mucho después: «Entré en su consulta decidido a no cooperar, a no facilitar más datos que los que la Convención de Ginebra estima permisibles a un soldado que ha caído prisionero, y me comporté exactamente como un mulo que supiese que se encuentra ante el veterinario, es decir: como un niño malcriado.»

Pero el doctor Reventós detectó en seguida el perfil intransigente del poeta: era el clásico individuo aquejado de una falta de simpatía absoluta por la condición de enfermo. El resultado de la visita descoloca al paciente: el galeno le atendió con una naturalidad exquisita y benévola, «como si yo fuese un mulo y él un médico. Me sedujo inmediatamente». Aun así, Gil de Biedma iba a tardar en asimilar el diagnóstico, con su tributo de reposo y tratamiento. «Si me quitan la diversión, que me quiten el trabajo», exclama. Pero el doctor Reventós ha dejado en él una semilla que parece extraída del jardín del abate Galiani: «*Plus que de guérir, il importe d'apprendre à vivre avec nos maladies.*»* Durante los próximos meses, este abogado enfermo va a tener que aprender a convivir con el bacilo de Koch.

La noticia de la enfermedad cayó como una bomba en el domicilio de la calle Aragón. Los padres, las hermanas, el servicio, todos conocían los estragos que la tuberculosis había causado a lo largo de las eras: su aura de enfermedad mortal persistía aún en la memoria y un eco amenazador pesaba ahora sobre el Elegido. Felizmente, la ciencia había avanzado desde la guerra y el doctor Reventós era garantía de sanación. No obstante, los primeros tiempos fueron difíciles a causa del carácter intransigente del enfermo. En su Diario aparecen irritadas anotaciones: «Furioso. El doctor Reventós dice que tendré que estar en cura por lo menos tres meses y que me despida de volver a Filipinas antes de un año.»

A Gil de Biedma le molesta mucho la abrumadora orquestación de la enfermedad. «Todos se sienten autorizados a gratificarme con su simpatía.» La palmada de ánimo de uno, el consejo del otro, el vaticinio de

---

* «Más que curar, lo importante es aprender a convivir con nuestras enfermedades.»

aquél le irritan lo mismo que un insulto. De poco sirve, pues, el adagio del abate Galiani. No se acostumbra. Y aunque es consciente de que ha estado muy impertinente con los médicos, su ánimo no halla sosiego. El plan de trasladarse a La Nava, como quieren sus padres, tampoco le tranquiliza. Al contrario: «la idea de tres meses de privación sexual se me hace interminable», escribe en secreto. Aparte del tratamiento, el médico ha prescrito dos meses de reposo en la cama. ¿Qué va a hacer el señorito impaciente? No le queda más remedio que empezar a resignarse e incorporar a su rutina un nuevo sentido del tiempo. Desde niño una ansiedad incurable mueve sus pasos: «Eti, ¿cuándo iremos a San Rafael?» En cierto modo no ha cambiado. Por eso, entrar en una vida donde todos los días poseen idéntico valor y el tiempo es vasto y disponible le desconcierta por completo.

Pero, al menos, el mal humor va desapareciendo y se prepara para la convalecencia como quien emprende un largo viaje en avión: «Estar enfermo tiene interés. Pasar de poder hacer todo, y que hacerlo no signifique nada, a ponderar cada posible consecuencia de cada esfuerzo físico, no es mal paso. Y es también sorprendente y extraño haber tocado el fondo de la mina de mi salud.» ¿Qué clase de excesos ha cometido? En días sucesivos las páginas de su Diario recogen nuevas reflexiones sobre la enfermedad: «Que saldré a la superficie, que cerraré la herida del pulmón, no lo dudo; pero confío además en recobrar la bella despreocupación. Volverme para siempre aprensivo sería un incordio.» «Sospecho que hasta que mi vida pierda el encanto de la novedad no podré trabajar.»

Desde el primer momento, una legión de amigos acude a visitarle: José María Castellet, Carlos Barral, Jaime Salinas, los hermanos Goytisolo, Fred Aguilar, Fernando Garí, Lorenzo Correa... Y entre las mujeres, Cucú Mata, que le presta el libro *Dylan Thomas in America*. Para regular el flujo de visitas, la madre vigila de cerca y pide a cada visitante que permanezca justo lo necesario. Sin embargo, el hijo anota en su cuaderno: «Ya no me siento millonario en tiempo. Los días pasan muy aprisa y otra vez padezco la sensación desmoralizadora de ir a remolque de mis ocupaciones, siempre con algo pendiente.» Ha de concluir su informe sobre la Administración General de Manila, que motivó su viaje, y desarrollar algunas partes del Diario íntimo escrito en Filipinas. Desde que ha caído enfermo su quehacer literario es casi nulo salvo la lectura, un hábito que recupera en la cama con una voracidad y una alegría que había olvidado. El poeta, pues, descansa en su cuarto, rodeado de libros, escuchando discos o recibiendo a sus camaradas. Uno de los pasajes de su Diario capta uno de esos momentos en clave fotográfica:

Entran ahora Jaime Salinas y Carlos Barral, que me ven escribiendo en este cuaderno y dicen, desde la puerta, que quieren pasar a la posteridad.

–¡Quietos un momento!... ¡Ya está!

Este amigo juguetón, ingenioso, cordial, guarda escaso parecido con el enfermo irritable que ha de soportar su familia: «Me siento pesaroso por mi madre: mi enfermedad la preocupa, aunque se esfuerce en no mostrarlo, y mis silencios y sequedad en el trato con ella y con mi padre, la duelen.» En cierto modo Gil de Biedma también está jugando con ellos malvadamente, como al anunciarle a doña Luisa que piensa dejarse barba. En aquella casa la idea suena a puñetazo bolchevique: madre e hijo discuten, y la madre acaba llorando. Jaime se siente entonces «imbécil», por haber querido divertirse impacientándola. Pero sus sentimientos hacia ella fluctúan a veces entre el cinismo y la provocación: «Cada vez que me ve coger un libro o abrir este cuaderno, se marcha sin decir palabra. Admirable persona.» Sólo después sus reflexiones alcanzan interés general: «Por qué, para qué la relación entre padres e hijos ha de ser lo que es: el juego de los despropósitos, jugado entre seres que se quieren. Un fundamental malentendido que hace posible la vida en común y la hace, a la vez, insuficiente para todos.»

Tras dos semanas en cama, el enfermo acude de nuevo a visitar al doctor Reventós. Desde que tuvo la varicela en 1940 no había conocido un encierro tan prolongado. Cuando sale a la calle, le acometen los vértigos del marinero en tierra. Anota en el Diario: «En automóvil, en compañía de mi madre, debo de ofrecer la viva imagen del odioso burguesito proustiano. Me siento tibio por dentro y vagamente feliz.» Ese soplo de felicidad pasará al corazón de doña Luisa cuando el doctor Reventós confirme que se ha reducido en dos tercios la lesión pulmonar. El enfermo se erige entonces en centro de felicitaciones. Pero la voz de su conciencia le susurra: «Si sigo así, me quedo sin proyectos literarios.» Aunque el pulmón va cerrando sus heridas, la idea de que convalezca en La Nava permanece inalterable.

A principios de agosto, Jaime Gil se halla ya en la casa de campo familiar. La llegada le ha supuesto un trastorno –está cansado del camino– y la primera noche le vence un estado de ánimo remoto que él define como «inmediatez sentimental de todos los recuerdos, adolescencia». Al calor de ese encuentro con *le temps retrouvé*, buscará el origen de ese sentimiento mórbido que le invade siempre al llegar a la Casa del Caño. En Barcelona, nos dice, el pasado es irreversible y sucesivo, se ordena por jornadas que ascienden como peldaños hasta el presente. En La Nava, en cambio, «el tiempo se deposita en estratos intactos, diferenciados y suficientes: cada uno es como una isla griega. Ninguna imagen más lejana, ninguna más borrosa, todas durando en el mismo ámbito. *Adagios of islands*». Esta metáfora de los recuerdos, vistos como islas desde el aire, nació cuando el poeta sobrevolaba el Egeo a su regreso de Oriente. Son momentos de ayer moteados como islas sobre el mar azul –o negro– de la memoria. La memoria de La Nava. Y un poema de Hart Crane... El amigo de García Lorca, que desapareció en el mar.

LA VIE DE CHÂTEAU

Gil de Biedma se instala en una habitación de la casona, que convierte de inmediato en su cuartel general. Si ha de guardar cama varias semanas, pretende vivir del modo más confortable y placentero. Le han preparado un nuevo cuarto, que le encanta, con chimenea reformada y vigas relucientes. En una carta a Barral escribe: «Tengo una cama estupenda, hecha con el copete de un órgano de una iglesita de pueblo.» En esa habitación desplegará solemnemente sus baterías: un pequeño cargamento de libros, un tocadiscos portátil, varios discos de zarzuela y música barroca, una máquina de escribir, un montón de folios blancos, el Diario y una cámara fotográfica. Más allá de la noble puerta de madera, los miembros del servicio –con Modesta al frente– se afanan por cuidarle y atenderle. ¡Qué distinta la vida aquí, lejos de Barcelona! Todo se pliega a un orden más antiguo y sereno. Y el Elegido se sumerge en la bonanza líquida de los primeros días.

La ventaja de Jaime, piensa Eti, es que pasa las horas entretenido con sus librotes: no es uno de esos enfermos que se muere literalmente de aburrimiento. Al contrario. Si le dan un libro, se entretiene a solas hasta que el reloj isabelino del salón da las doce de la noche. Claro que son libros bastante raros. A veces la criada echa una mirada de reojo a los títulos que el enfermo acumula sobre la mesa: *Cántico*, de un tal Guillén, en español, y varios otros títulos en francés e inglés, cuyo significado desconoce. Hay uno, eso sí, que le produce un vuelco al corazón: *Bolshevik Revolution*. Modesta deletrea en silencio mientras Jaime se afeita en el baño: «*BOLSHEVIK*. ¡Diantre! ¿No es eso BOLCHEVIQUE? ¡Madre mía! Este Jaimito, leyendo libros prohibidos. ¡Mira que si se vuelve un rojazo! Así empezó la República», piensa ella, mientras ahueca la almohada, por leer cosas que venían del extranjero. Si Don Luis lo supiera... Pero Eti no dirá nada. Nunca dijo nada: sabía como nadie guardar un secreto.

Modesta viene de otro mundo. Pero Jaime Gil ama ese mundo mucho más de lo que la criada puede suponer. Según el poeta, uno de los mayores atractivos de Eti reside en su conocimiento de la historia de España. Por eso escribe: «Evoca un país que parece más grande de lo que es porque está quieto y es destartalado y lo habita una sociedad pequeña.» Este país se le antoja como el palacio de los marqueses de Argelita, donde ella sirvió de «niñerita» a principios de siglo. ¡Y con cuánta gracia lo recuerda Modesta Madridano! Es el Madrid alfonsino, con berlinas a la puerta de las casas, tiendas de coloniales y de cordonería en los pisos bajos de los caserones de los Grandes, con sus marquesas viudas en la planta noble, apartamentos de gracia y favor en los altillos, en donde viven curas y administradores e hijos bastardos de algún señorito y de criadas de toda la vida. En este Madrid de zarzuela, una jovencísima Eti sirvió chocolate caliente a los invitados de los marqueses: un coronel de Estado mayor, el padre Coloma... También verá a Gloria Laguna pasear por la Castellana con fieltro gris y traje sastre, fumando una tagarnina, mientras la piropean salvajemente los soldados del Regimiento de Wad-Ras. Desde niño Jaime Gil se ha acostumbrado a oír esas historias madrileñas. Ella las contaba al calor de la lumbre en las frías tardes de invierno.

Durante varias semanas el enfermo permanece recluido en aquella habitación. Luego sale de la casona y se dedica a leer en el atril que ha dispuesto frente a un sillón del jardín. El Diario le acompaña siempre y, mientras escribe, el perro *Belarri* descansa junto a sus pies. Agosto muere con las primeras tormentas. Llega el frío. A lo largo de septiembre Gil de Biedma experimenta una clara mejoría y aprovecha para salir con su padre en la *araña* a dar un paseo. Evocación de unos caminos vinculados para siempre a la infancia: «No puedo evitar el sentimiento de que entonces pertenecía a estos lugares de un modo que ahora sólo apenas imagino», escribe. En ocasiones recibe, además, la visita de los primos de El Ardido, siempre cordial. El trato con ellos, sin embargo, acentúa en su propia familia ciertos rasgos de la alta burguesía que él aborrece. Cierto que son extraordinariamente educados y provistos de amables sentimientos, pero jamás abandonan sus principios de clase. Durante la comida se habla de un episodio que ocupa por esas fechas las primeras páginas de la prensa nacional: el regreso de un grupo de refugiados españoles, a bordo del buque *Semíramis*, que permanecía en Rusia desde la guerra civil. El retorno de esos compatriotas despierta en los Gil de Biedma horrorosas desconfianzas. No hay sombra de solidaridad. La prima Malu le ha dicho: «Chico, no sé para qué les dejamos venir, ya podían quedarse allí para siempre.» A Jaime le sorprende que su madre piense exactamente lo mismo en nombre de «no sé qué remota posibilidad de qué remota amenaza para ella y su marido y sus hijos y su casa y su encantadora seguridad...». El escritor acaba enzarzándose en una discusión «absurda» con toda la familia.

Estas fricciones se producirán pocos días después, durante la visita del matrimonio Kindelán. De nuevo la política. Pero esta vez la polémica resulta menos agria. Anota en el cuaderno: «Ignoro si las gentes de mi clase empiezan a interesarse por las ideas de los demás o si sencillamente empiezan a acostumbrarse a ellas, que también sería un progreso.» Es obvio que un hombre que lee libros sobre la Revolución rusa y luce barba no puede sintonizar plenamente con almas conservadoras, aunque sean de su misma sangre. Tras las confrontaciones vuelve la calma. Ahora el poeta registra impresiones dignas de un noble francés: «Escribo en *el Jardín de los Melancólicos*. La familia Gil de Biedma y sus invitados han ido de cacería a Redonda y la casa es un oasis. El servicio pasea exultante de felicidad.» El enfermo se dedica entonces a satisfacer los deseos de los criados, que le piden que les saque alguna fotografía. También aprovecha para leer y dejar pasar el tiempo. Aburrido de trabajar en su estudio sobre Guillén, sucumbe a cierto desasosiego: «La idea de la muerte sigue visitándome, debe ser la melancolía del otoño.»

El verano toca a su fin. Jaime alterna la escritura con excursiones por la comarca. La visita al castillo de Coca le inspirará uno de sus comentarios más duraderos: «Creo que quiero con tal fuerza al castillo de Coca que, si pudiese, me acostaba con él... Cuando lo recorro siento algo que es sensual. ¿No es extraño amar físicamente a un edificio?» En su caso no. En realidad, Jaime Gil lo ha querido siempre y ha pasado largas horas de encierro en La Nava aguardando el momento de abrazarlo de nuevo. Ahora siente la salud en el paisaje. Respira. Y se mueve dichoso en todas direcciones. Una mañana sale en camioneta por el camino viejo de Valladolid y recorre la orilla derecha del Eresma hasta la ermita de Sacedón. El encuentro con aquel paraje desconocido le cautiva profundamente. La sierpe del río discurre entre álamos dorados, y más allá el mar de pinares se extiende hasta el horizonte. La sierra azul de Guadarrama, lejos.

Cuando vuelve a la casa ha cobrado nuevas fuerzas para proseguir con su estudio sobre Guillén. Pero en un rapto de lucidez comenta: «Voy descubriendo que la mejor manera para acabar harto de un poeta es escribir sobre su obra.» No sabe aún hasta qué punto el veredicto será premonitorio. Sin embargo hay jornadas en las que trabaja durante casi seis horas y se confiesa «muy entusiasmado». Este ritmo poderoso se ve alterado de nuevo con las idas y venidas de sus padres. Y una vez más entra en colisión con ellos. Los motivos suelen carecer de importancia, pero doña Luisa se entristece hasta las lágrimas al comprobar la perversidad de su hijo predilecto. «Intento convencer a ella y a mis hermanas de que los malos sentimientos son cosa natural que es mejor sacar afuera de algún modo inofensivo, para acostumbrarse así a reconocerlos cuando se presentan, como suelen, disfrazados de virtud.» Gil de Biedma tampoco pierde ocasión de interpretar de forma provocadora los acontecimientos que inquietan en la escena internacional: el conflicto del canal de Suez, o la invasión de Hungría por los tanques soviéticos. Imagina ya el nuevo orden europeo, donde el comunismo del Este reforzará su posición en Europa. «Esto me entretengo en decírselo a mi familia, para reventarles la alegría.»

¿Qué le pasa? Regularmente le acosan sentimientos hostiles hacia los suyos. Se diría que no encaja del todo y no parece dispuesto a remediarlo. Le molesta, por ejemplo, el nulo sentimiento de autocrítica de las clases acomodadas: «no aciertan a discernir en su propia intimidad ni un solo impulso reprobable, ni un solo brote de egoísmo». La historia les ha puesto en el trono: estrellas y constelaciones danzan a su alrededor. Hay, además, otro factor de descontento: la estancia en La Nava concluye y el enfermo se siente más nervioso de lo habitual. Se había acostumbrado a la idea de que el tiempo era vasto y disponible. Pero en pocos días habrá vuelto a Barcelona, la rutina de siempre. El balance, con todo, es satisfactorio: se ha recuperado y ha podido escribir con una libertad desconocida.

Finales de octubre. Días despejados que «son de una belleza quebradiza, angustiosa». El poeta se mueve entre deseos contradictorios. «Miedo y deseo de marchar», anota en su Diario. Ignora que La Nava terminará siendo ese lugar mítico al que todo ser humano acaba siempre por volver.

NEGOCIOS EN ORIENTE

En abril de 1957 regresa a Filipinas y se instala en un amplio apartamento en Manila. Hasta 1962 el abogado Jaime Gil visitará el Archipiélago un par de veces al año, generalmente en primavera y en otoño. La Compañía de Tabacos sigue inmersa en una etapa de modernización. En esta nueva fase dos son los principales objetivos: el primero, un reajuste de la estructura general de sus actividades e inversiones, poniéndolos más en consonancia con las necesidades y con las condiciones socioeconómicas del país. Fruto de ello será la venta, en 1958, de la extensa hacienda Luisita en San Miguel, cerca de Tarlac, a un importante grupo filipino. El segundo, estrechar lazos con los grupos capitalistas y empresariales filipinos que impulsan la industrialización nacional. Esta política cristalizará en 1961 en la incorporación de una nueva sociedad, Tabacalera Industrial & Development Corp. of the Philippines (TIDCO), a la cual Tabacalera y otros elementos afines aportan su cartera de acciones de Central Azucarera de Bais, Compañía de Celulosa de Filipinas, Tabacalera Insurance Co. y Salt Industry of the Philippines.

Gil de Biedma vivirá, pues, aquel período apasionante de la historia moderna de la compañía, y desde su puesto en Manila intervendrá en numerosas gestiones, a las órdenes de Fernando Garí. Pero incluso en aquel marco dinámico y exótico su rutina es un tanto desvaída. A menudo, sucumbe al deseo de morder un poco de vida nueva y emplea el tiempo libre, según él, «*looking out for experiences*».* Todo indica que no consigue adaptarse a la colonia extranjera, aunque guarde escrupulosamente las apariencias y cumpla con sus compromisos. En carta al poeta Gabriel Ferrater, figura relevante del cuadro, escribe: «La cuestión aquí es escapar de los españoles, pero ni siquiera eso basta: hay que escapar de los blancos en general.» A Jaime no le satisface integrarse de lleno en la colonia occidental, con sus prejuicios burgueses, unidos al colonialismo, a los privilegios de clase y lo que él llama el culto a las amistades de colegio. Por tanto, no le queda más remedio que huir hacia los otros, hacia los filipinos, tarea nada fácil porque, a su juicio, «ha de ser uno quien tome cada vez la iniciativa». Pero esta conducta empieza a desatar rumores en el núcleo más rancio de la colonia.

LA FAMILIA FELIZ

La Nava de la Asunción. Abril de 1963. Como cada año la familia Gil de Biedma acude a la casona segoviana para pasar la Semana Santa, donde esta vez se respira el aroma de las grandes ocasiones. Los padres celebran el cuarenta aniversario de boda, en compañía de los hijos y los primeros nietos. Las imágenes de aquel día muestran a una familia acomodada, numerosa y feliz. Incluso en el campo, los Becerriles se visten de gala para la ocasión: Don Luis ofrece todavía un excelente aspecto, aunque empieza a ser un hombre cansado, y doña Luisa irradia felicidad. Ha llovido mucho desde la boda, piensa Modesta, mientras observa a aquellos seres tan queridos posando en grupo ante el fotógrafo en el Jar-

* «Al acecho de experiencias.»

72

dín de los Melancólicos. ¡Qué alegría verlos aquí, en la Casa del Caño! Todos juntos. El fotógrafo dispara, el grupo tarda un poco en disolverse, entre risas, y Eti entra de nuevo en el caserón.

Pero aquella noche Don Luis toma una última copa junto a la chimenea y se abandona a reflexiones dictadas por la melancolía. Tiene muchos motivos de satisfacción, es cierto, pero hay algo que ensombrece su ánimo: un secreto inconfesable que no puede compartir con su esposa. El único. Un secreto que rodea la vida del Elegido y le hace sufrir en constante soledad. Doña Luisa siempre ha tenido una idea muy alta de Jaime. La mejor. Es un hombre culto, sensible, inteligente, responsable. En pocos años ha ascendido en la empresa: abogado en 1955, secretario de la Comisión Ejecutiva para Filipinas en 1956, secretario general adjunto en 1958, secretario general del consejo en 1959, y apoderado y secretario general del consejo en 1961. En seis años ha multiplicado su sueldo por seis. Y ahora es un alto cargo respetado en toda la compañía.

Pero Don Luis conoce otra verdad. Desde la primera mañana que su hijo entró en la sede de Tabacos, ha estado en cierto modo bajo sospecha. Primero, por ser un recomendado, el hijo del director; segundo, por vulnerar el código no escrito de la colonia blanca en sus viajes a Filipinas; tercero, por señalarse políticamente contra el Régimen, participando en lecturas poéticas en la universidad y ofreciendo su apoyo a un manifiesto de los intelectuales antifranquistas... Pero, sobre todo, por su tormentosa vida privada –el Secreto– que algunos comentan en voz baja en el edificio de Ramblas, 109. Según un antiguo empleado: «Alrededor de Jaime había un secreto. Rumores en los lavabos, frases misteriosas en los pasillos, sonrisas hipócritas cuando entraba en las oficinas... Este secreto flotaba sobre su cabeza como una nube negra.»

Ajena a ello, doña Luisa mantiene hacia el hijo un cariño y una admiración sin límites. Jaime ha publicado ya su primer libro de poemas, *Compañeros de viaje*, escrito, piensa ella, en un maravilloso castellano como el del abuelo. Son palabras de familia, gastadas tibiamente. Sí. Y si protesta contra el Régimen, le asiste todo el derecho. Después de todo, doña Luisa es una liberal: nunca le ha gustado el general Franco. Conoce bien a los militares: son una raza aparte, y ya tuvo que sufrirlos en la época de Primo de Rivera. Claro que tampoco le satisface que su hijo se junte con los comunistas. Mala gente. Ni unos ni otros. Ha de ser libre. Y en cuanto a la vida privada del Elegido, está convencida de que es un donjuán, como el abuelo Santiago. Incluso esas enfermedades malfamadas que tiene –tuberculosis o sífilis– ella las interpreta como heridas de guerra. ¿Por qué preocuparse por él, precisamente en un día tan dichoso?

UN DICTADOR PARA UN MILAGRO

En abril de 1964 se cumplieron veinticinco años desde el final de la guerra y el Régimen se dispuso a celebrarlo con metales de apoteosis. Fue la fiesta de los «XXV Años de Paz». Gil de Biedma tardó nueve meses en analizar el fenómeno, pero lo hizo en un texto memorable, «Carta de España», publicado en el semanario neoyorquino *The Nation*, en 1965. Escribe:

> «25 años de paz», tal ha sido la consigna desde todas las fachadas, tapias, pantallas y periódicos que ha fatigado los ojos de los españoles hasta filtrárseles en la conciencia. De la paz habría mucho que hablar. Pero los 25 años son irrefutables. No vale decir, como dicen aún algunos frívolos, que Franco es simplemente un individuo grotesco que tiene buena suerte, porque eso no es más que la versión invertida de la imagen de Franco, hombre providencial, difundida por la propaganda. ¿Puede, en efecto, imaginarse nada más providencial que 25 años de buena suerte?

Incluso los acérrimos enemigos del Régimen tienen que admitir que el milagro económico empieza a ser un hecho. Este milagro, como sabemos, se produjo por una confluencia de factores favorables: la represión de la clase obrera, el éxito del plan de estabilización, la emigración masiva a Europa, el aumento espectacular de la oferta laboral interna, así como el flujo de turistas por nuestras fronteras. Pero cuando el poeta revise el fenómeno a fondo, lo hará desde un ángulo inusual en los hombres de letras. El poeta es un nieto de don Santiago Alba: conoce el derecho, la economía, la política... Nadie ha sintetizado con tanta lucidez aquel proceso crucial de transformación en España. Resumámoslo así:

a) Entre 1956 y 1959 el Régimen parecía haber entrado en una fase de disolución final.

b) Entre 1960 y 1962 los españoles comienzan a entender que el régimen franquista sólo acabará con la muerte de Franco o con su abandono voluntario del poder.

c) La llegada de los tecnócratas al Gobierno transforma el dudoso futuro económico español en un presente soleado, al menos para las derechas. En lugar de modernizar a fondo la industria, por ejemplo, los inversores muestran una afición desmedida por la especulación en terrenos y la construcción de hoteles y apartamentos. Son los tiempos del crecimiento urbano, el boom de la construcción, la euforia turística. La derecha española se sumerge en lo que Gil de Biedma llama «un estado casi voluptuoso de buena conciencia».

d) La izquierda se resiente. Las masas están tan ocupadas en sobrevivir –ya sea en su puesto de trabajo o emigrando del campo a la ciudad o de la ciudad al extranjero– que no hay fuerzas para más. La creciente prosperidad española trae, como ocurrió en Europa, una desradicalización de las clases trabajadoras, algo que el abogado de Tabacalera sintetiza en esta irónica pregunta: «¿Quién se va a tirar al monte cuando se puede meter en un tren a Alemania?»

e) La bonanza económica elimina de las conciencias españolas el «mito de la segunda vuelta», es decir, la idea de que los vencidos en la guerra tratarían por la fuerza política de regresar en olor de multitud, cambiando simbólicamente el desenlace de la contienda del 36. Los vencedores tienen miedo a ese mito, los perdedores sienten esperanza. Pero tanto el miedo como la esperanza serán barridos por el rumor de los primeros Seat 600. El símbolo auroral del nacimiento de la clase media.

El hombre que escribe «Carta de España» tiene treinta y cinco años. Según Alberto Oliart: «Jaime hizo un análisis tremendamente agudo de lo que estaba pasando. Tenía una cabeza perfecta, muy inteligente, una capacidad de análisis increíble y una lucidez política excepcional.» En un país democrático podría haberse dedicado a la política, cumpliendo así el viejo sueño materno. Según el crítico José María Castellet: «Yo he conocido a tres personas muy inteligentes en mi vida: el filósofo Sacristán, el poeta Ferrater y Jaime. Pero él tenía algo que no tenían los otros: inteligencia práctica. Sabía las coordenadas del mundo en que vivía. Y que, por tanto, el horizonte del mundo también gira alrededor del dinero.»

A LA DERIVA

La bonanza económica española coincide con un período álgido en la Compañía de Tabacos de Filipinas. A principios de la década, Tabacos consolida su programa de expansión de actividades comerciales en el ámbito internacional, a la vez que aumenta el volumen de sus inversiones en España, participando de modo muy activo en la etapa de desarrollo que vive el país. Aunque en esos años (1962-1968) Gil de Biedma no viaja a Filipinas, se desplaza regularmente a Madrid para los Consejos de Dirección y visita distintos países –Estados Unidos, Inglaterra, Holanda...– en misiones comerciales.

Hacia finales de la década de 1960, sin embargo, se produce una grave crisis en la compañía que la sitúa al borde de la quiebra. Según don Manuel Meler, antiguo presidente, influyeron varios factores. En primer lugar, algunos altos cargos de la Bolsa del Azúcar en Nueva York intervinieron en una estafa relacionada con el cargamento de dos buques de la compañía –el *Union Skipper* y el *Spetsai*– que transportaban alrededor de diez mil toneladas de azúcar a granel cada uno para su venta en América. La compañía sufrió entonces una importante pérdida económica, que sólo recuperó dos años más tarde tras un azaroso proceso judicial. Paralelamente, el presidente guineano Macías se adueñó de las propiedades de Tabacos en Guinea: plantaciones de veinte mil hectáreas de cocales y bananos, así como la Factoría de Santa Isabel –hoy Malabo– con todas sus modernas instalaciones. Por último, Tabacos perdió el *barter* que mantenía con Japón, el cual se remontaba a principios de los años cincuenta. Esta cuenta abierta de trueque permitía efectuar intercambios comerciales entre los dos países sin necesidad del habitual gasto de divisas. Cuando el Gobierno japonés anuló el *barter*, se impuso el comercio libre y la compañía perdió, por así decir, la hegemonía de los negocios con Tokio.

La coyuntura negativa en el desarrollo de las actividades comerciales de la empresa generó una gran deuda con importantes entidades bancarias de España, Filipinas y Estados Unidos. En esta fase crítica se solicitó a los bancos que el corto plazo de créditos fuera convertido en largo plazo. Pero mientras los bancos de Estados Unidos y Filipinas aceptaron la propuesta, los españoles se mostraron bastante reticentes a llegar a un acuerdo. Así las cosas, el Gobierno decidió salvar a la Compañía de Tabacos y finalmente los bancos españoles ofrecieron su colaboración. Gracias a ello pudieron abordarse otros frentes de crisis. Ante todo, se necesitaba un nuevo director: una figura de la casa, con probada experiencia que aportara proyectos renovadores. Tras analizar a fondo la situación, se sugirió el nombramiento de don Manuel Meler. Esta elección iba a resultar fundamental para la compañía y, sobre todo, para Jaime Gil de Biedma, quien halló en el nuevo director un camarada extraordinario que habría de mostrarle su lealtad hasta la muerte. Meler tenía a gala ser un hombre íntegro, conservador, tradicional: sus ideas eran las propias de un hombre que había prosperado bajo el Régimen de Franco; pero era lo bastante tolerante para valorar a las personas de talento al margen de su filiación política. Sabía perfectamente que Jaime Gil era un escritor de izquierdas, un tipo más próximo a «poetas rojos» como García Lorca o Alberti que al clásico ejecutivo de empresa. Sabía además que había tenido problemas en los despachos de Tabacos, y en las comisarías. Pero este caballero español reconocía a una legua el señorío, la clase, la inteligencia. Y no se dejó engañar por el aura luciferina de Gil de Biedma.

El nuevo director pudo comprobar en seguida las excepcionales cualidades del hijo de Don Luis. Según él: «Tenía una memoria privilegiada:

se acordaba de las caras y de los nombres. Dicen que la memoria fotográfica es cosa de reyes; pues bien, Jaime poseía esa virtud borbónica. Y además conocía la historia que había debajo. «Cada vez que se me acercaba un desconocido en Manila, Hong Kong, Moscú o Nueva York, él me susurraba el nombre y el cargo. Luego me decía: "Estuviste comiendo con él en tal sitio", o "Con éste tuviste una discusión hace dos años", "Éste no aceptó el acuerdo con los americanos" o "Con éste tuvimos un problema de patentes". Era un archivo viviente que me acompañaba a todas partes. Un lujo.» Alberto Oliart, por su parte, recuerda una reunión del Fondo Monetario Internacional, en 1976, a la que él asistió como consejero del Banco Hispano Americano: «Al acabar se ofreció una cena de la alta sociedad y pude comprobar que la disección que Jaime me había hecho antes de todas las personas que iban a ir fue perfecta.»

MANO A MANO

En los veinte años siguientes (1969-1989) el poeta se convierte en el más estrecho colaborador de Manuel Meler y juntos recorrerán el mundo. Resulta una tarea inabarcable consignar todos sus desplazamientos a lo largo de esas dos décadas. Baste decir que en 1977, por ejemplo, Gil de Biedma efectuó seis viajes a Madrid, dos a Nueva York, dos a Manila, uno a París, otro a Luxemburgo, otro a Las Palmas, otro a San Francisco y el último a Hong Kong. Meler recuerda numerosas incidencias a lo largo del tiempo:

> Estuvimos a punto de matarnos varias veces en el avión: nos fallaron los motores en Osaka y en Barcelona al despegar; tuvimos cuatro amenazas de bomba; se estrelló la avioneta que acababa de dejarnos en una plantación filipina... ¿Qué hacíamos? Pedíamos dos *whiskies* y a vivir. También pescamos más de veinte terremotos. Era tremendo. Hubo uno de 7,8 en la escala de Richter que nos vació la piscina de nuestra residencia virreinal y destruyó las casas de Old Manila. De los tifones, ni te cuento. He visto a Jaime cerca del Bulevard Rojas, en plena tormenta, sacándose la ropa y quedándose con el slip para poder correr hasta el hotel.

Meler evoca en particular los viajes a Rusia y Estados Unidos. Según él, Gil de Biedma visitó Nueva York un mínimo de dos veces al año, en viajes de negocios que se prolongaban hasta San Francisco. En Nueva York se instalaban en un hotel próximo a la Quinta Avenida, situado detrás del mítico Waldorf Astoria. Era un hotel de primera categoría, grande y elegante, que a «Jaime le gustaba mucho por su estilo inglés». Allí, siempre había importantes asuntos que atender, porque la compañía española disponía de dos asientos en propiedad en la Bolsa del Azúcar.

Una jornada neoyorquina del poeta solía ser así: a las siete de la mañana la recepcionista le despertaba por teléfono. Jaime se duchaba, se afeitaba y se vestía de ejecutivo; luego desayunaba en el comedor del hotel, y a las ocho en punto llegaba con el presidente de Tabacos a las oficinas de la compañía, en el 99 de Wall Street. Allí, el apoderado –Armand Hazard– les ponía al corriente de los últimos negocios azucareros, relativos a la venta de importantes partidas de azúcar procedentes de los grandes ingenios filipinos de Bais y Carlac. Meler recuerda que eran negocios de envergadura: fletar buques enteros con partidas de ocho o diez mil toneladas de azúcar, con destino a diferentes países del mundo. Ello obligaba a mantener tratos regulares con entidades bancarias como el Bank of America o el Chase Manhattan Bank. Y en esas reuniones participaba activamente Gil de Biedma.

A las doce en punto cesaban las actividades por espacio de treinta minutos. Entonces la secretaria les ofrecía unos sándwiches triangulares de pan inglés con jamón york, queso o *foie-gras*. Jaime almorzaba, pues, con los otros compañeros, pero «aquel sistema no nos iba en absoluto», dice Meler. En alguna ocasión comieron en el Club de Directivos, ubicado en el piso 24 del edificio de la Pan-Am... Era la excepción a una insípida rutina de canapés. La jornada laboral proseguía luego hasta las cinco de la tarde, hora en que regresaban al hotel. Debido al horario americano, no les sobraba mucho tiempo: el justo para refrescarse, descansar un poco y vestirse para las citas de la noche. Era entonces cuando aquellos caballeros españoles podían cenar a gusto en restaurantes de lujo como Madrigal, La Côte Basque, o en un establecimiento especializado en cocina francesa ubicado en una planta del rascacielos 777 desde la que se contemplaba una magnífica panorámica de Central Park.

En América existía la costumbre de que los bancos invitaran a comer a sus clientes más importantes; pero Gil de Biedma no soportaba que la Dirección General del Chase Manhattan Bank prohibiera el alcohol en aquellos banquetes de empresa. Recuerda Meler: «Jaime se ponía enfermo con esas cosas. Me decía: "¿Cómo voy a tomarme una langosta de Maine con este vaso de leche?"» Y convenció a Meler para enviar la siguiente nota al director del banco, el legendario David Rockefeller: «Los señores Meler y Gil de Biedma ruegan encarecidamente no ser invitados a ninguna otra comida que no vaya regada con abundante vino francés.» En la próxima cita, los banqueros americanos les convocaron en un restaurante de Wall Street, que era el favorito de Al Capone.

Jaime Gil sentía predilección por La Côte Basque, el selecto restaurante de *monsieur* Soulé, en el lado este de la calle cincuenta y cinco. Según el novelista Truman Capote, era uno de los pocos restaurantes de Manhattan que tenía «clase contrastada». Y, de hecho, podía verse al autor de *A sangre fría* departiendo allí con alguno de sus cisnes románticos: Lee Radziwill, Gloria Vanderbilt, Jacqueline Kennedy o Elizabeth Taylor... Este Nueva York de Capote era el de las figuras glamourosas de la *jet*. Pero el poeta sólo se cruzó con él de manera tangencial cuando cenaba en La Côte Basque o acudía a la joyería Tiffany's donde un hombre refinado como él podía adquirir, excepcionalmente, algún mechero de plata para sus amores secretos.

A diferencia de Nueva York, la ciudad de San Francisco «nos encantaba». Manuel Meler cuenta que solían hospedarse en un hotel ubicado en mitad de una colina lejos del mar. Cada mañana tomaban un taxi e iban al centro a las oficinas de la California Packing Co. o a visitar algún banco. Al descender del auto, Gil de Biedma le decía siempre: «San Francisco es la única ciudad del mundo donde cada taxista pronuncia de manera distinta el nombre de Fray Junípero Serra.» Tras las gestiones matinales trepaban a uno de los clásicos tranvías victorianos –el 516– y bajaban hasta los muelles del Fisherman's Wharf. Era una zona turística muy concurrida donde los dos ejecutivos almorzaban en Dimaggio's, frente a los barcos pesqueros amarrados al puerto. Otras veces se llegaban hasta el cercano Pier 39 para saborear el pescado del Pacífico. «Jaime y yo éramos muy poco carnívoros. Nos gustaba mucho el buey de mar. El marisco le volvía loco.» Podemos imaginarlos allí, charlando de negocios, junto a los amplios ventanales con vistas a la bahía. ¿Qué quedó de esas horas?

Meler recuerda buenos momentos en California. Y eso pese a que los inicios fueron poco alentadores. Corría enero de 1969 cuando visitaron San Francisco por primera vez. En aquella ocasión aún no estaban habituados a la altura de las aceras y Jaime dio un mal paso, cayó al suelo y se fracturó un tobillo. Aquellos dos españoles no esperaban lo que ese percance suponía en Estados Unidos. Nada estaba centralizado, comenta Meler. «Le llevé a urgencias, pero no lo diagnosticaron del todo. Tuvimos que ir en taxi al radiólogo, y luego coger otro taxi hasta la consulta del traumatólogo. Nos tiramos toda la mañana para que le pusieran la escayola. Jaime estaba negro. Decía: "Estos yanquis cabrones, hijos de puta. ¿Éste es el país del futuro? ¡Joder! ¡Qué cabronada!" Jaime era un aristócrata, pero te aseguro que podía ser muy llano en sus apreciaciones.»

A mediados de los setenta aquella fractura era un mal recuerdo. Ahora los dos ejecutivos disfrutaban en su tiempo libre de los encantos de la ciudad: el barrio victoriano, el imponente Golden Gate recortándose contra un crepúsculo de fuego, los veleros surcando las aguas de la bahía, la pagoda iluminada del Museo de Cera, en Chinatown, los viejos tranvías deslizándose por Powell Street, y la majestuosa Coit Tower, como un centinela de piedra, brillando serena bajo la luna. Éste era el San Francisco típico, cuyas postales daban la vuelta al mundo y que el poeta enviaba a veces a Barcelona con unas líneas cordiales e ingeniosas para sus amigos. Pero había otra ciudad oculta, que no pasó inadvertida a Gil de Biedma: una ciudad canalla que Manuel Meler no descubrió nunca y en la que él se adentraba con la sangre fría de un preso de Alcatraz.

LA AMENAZA DEL CANGREJO (I)

En estos años, la amistad entre el poeta y Manuel Meler se extiende más allá del marco empresarial. El presidente deposita toda su confianza en él y ambos intercambian a menudo sus confidencias... Familia, salud, dinero... Jaime sabe que Meler padece del corazón y le preocupan las jornadas agotadoras que jalonan sus viajes de negocios. Por eso van siempre juntos. Según un antiguo administrador de Tabacos: «El señor Meler decía que era mejor viajar con otro porque si yo falto de repente, siempre quedará un persona de la compañía que conozca los tratos y acuerdos suscritos.» Aunque el presidente usaba con frecuencia a otros apoderados –como el director de finanzas– su preferido era Gil de Biedma, según él, «porque su cerebro lo abarcaba todo».

Felizmente, no hubo que recurrir a él en circunstancias funestas. Pero en 1978 Manuel Meler cayó enfermo y se le diagnosticó un cáncer de colon. Los pronósticos eran bastante pesimistas y Jaime Gil se sumió en el desasosiego. En las semanas siguientes la enfermedad constituirá su mayor fuente de preocupación. Ante todo teme perder al amigo, al camarada leal en cien batallas comerciales; pero también a su principal valedor en la empresa. El horizonte profesional se torna entonces sombrío. ¿Quién va a permitirle, por ejemplo, acudir tarde al despacho tras una noche de excesos? Peor aún, ¿quién resistirá las presiones que seguirán llegando contra él a la sede central de la compañía? El poeta sabe que no habrá otro como Meler. Por eso, el Diario del 78 refleja sus sentimientos hacia el enfermo y su profunda inquietud personal. También la participa a otros amigos: a la escritora Ana María Moix llegó a decirle: «Si le pasa algo a Meler, me marcharé de Tabacos», resolución que también comunicó a Juan Marsé y a varios miembros de su familia. Dice su hermana Ani: «Lo pasó muy mal con la enfermedad de Meler. Se hubiera ido.»

Luis Gil de Biedma,
durante la campaña
de África.

Los padres del
poeta formalizan
su compromiso
matrimonial,
Madrid, 1923.
*(Fotos: cortesía
familia Gil de Biedma)*

LA MUJER
Y LA CASA MODERNA
Boda de la señorita de Alba con D. Luis Gil de Biedma. Nuevos modelos de vestidos para «sport» y Casino. Labores.

En la iglesia del Santísimo Cristo de la Salud se celebró el día 4, por la tarde, la ceremonia del casamiento de la señorita María Luisa Alba y Delibes, hija del ministro de Estado, D. Santiago, con el joven jurisconsulto D. Luis Gil de Biedma, hijo del ilustre político don Javier Gil Becerril, en representación del cual actuó de padrino su hijo D. José, diputado a Cortes y secretario del Congreso.

Fué madrina doña Obdulia Bonifaz, viuda de Alba, abuela de la novia, y firmaron el acta matrimonial como testigos de la señorita de Alba su hermano D. César, su tío D. Adolfo Delibes, el pre-

LA SEÑORITA DE ALBA, HIJA DEL MINISTRO DE ESTADO, Y D. LUIS GIL DE BIEDMA, CON EL SEÑOR OBISPO DE SEGOVIA, LA SEÑORA DE ALBA, SUS HIJAS Y SU MADRE, LA SEÑORA VIUDA DE ALBA

sidente del Consejo, marqués de Alhucemas, y don Basilio Paraíso; y por parte del novio, el conde de Sepúlveda, vizconde de Güell, D. Fernando Moreno y D. Antonio Muguiro.

Momentos después de exponer el Santísimo Sacramento penetraron en el templo, transformado en blanco jardín, la novia, guapísima con sus galas de desposada, que realzaban su belleza de hermosos ojos y pelo negro, adornándose con dos hilos de perlas que caían sobre el traje de *moiré lamé* de plata.

Ocupaban la primera fila al pie del presbiterio las personas de la familia íntima de los contrayentes. Allí vimos a la señora de Alba, tan bonita como siempre; vestía elegantísima *toilette* de *crêpe mordoré*; a sus hijas, Carmen, Josefina y Kate Alba y Delibes, guapísimas las tres, y al ministro de Estado.

Bendijo la unión el doctor Castro Alonso, obispo de Segovia, quien pronunció elocuentes palabras.

Por encontrarse todavía convaleciente la señora de Alba y delicado de salud el Sr. Gil Becerril, se celebró la boda en la más absoluta intimidad de ambas familias.

Los recién casados salieron por la noche para San Rafael, y más tarde emprenderán un viaje por Europa.

A las muchas felicitaciones que recibieron unimos la nuestra, muy afectuosa.

LOS RECIÉN CASADOS, SEÑORES DE GIL DE BIEDMA, CON SUS HERMANAS, LAS SEÑORITAS JOSEFINA, CARMEN Y KATE ALBA

La prensa de la época recoge la noticia de la boda
de los padres del poeta, abril de 1923.
(Cortesía: familia Gil de Biedma)

Luisa Alba Delibes,
madre del poeta.

El abuelo
don Santiago Alba Bonifaz,
a su regreso del exilio.
(Fotos: cortesía familia Gil de Biedma)

Don Luis Gil de Biedma, director general
de la Compañía de Tabacos de Filipinas.

La familia Gil de Biedma en la Rambla de Cataluña.
(Fotos: cortesía familia Gil de Biedma)

Jaimito jugando
con su hermana Blanca.

Jaime en el Club Náutico
de San Ildefonso en 1941.
(Fotos: cortesía familia Gil de Biedma)

Jaime en La Nava, noviembre de 1950.

Vista del caserón de La Nava desde la piscina.
(Fotos: cortesía familia Gil de Biedma)

Jaime Gil en su habitación del 91 de Eaton Place,
luciendo un batín «príncipe de Gales». Londres, 1953.
(Foto: F. Mayans)

El poeta con su padre en el jardín de La Nava. Verano de 1956.
(Cortesía: familia Gil de Biedma)

Salón de los Gil de Biedma, en Barcelona.
(Fotos: cortesía familia Gil de Biedma)

Jaime con su hermana Ani
en una puesta de largo
en el domicilio familiar.

Esta decisión es radicalmente opuesta a la que le produjo la marcha de su padre: si la jubilación de Don Luis en 1967 supuso para él una experiencia liberadora, «trabajaba más a gusto cuando ya no estaba su padre», recuerda el editor Manuel Lombardero –la eventual muerte de Meler le condenaba a una servidumbre contraria a su temperamento.

La enfermedad del presidente obliga además a plantearse la búsqueda de un sucesor: en esas semanas inciertas, se celebran cónclaves apresurados donde accionistas mayoritarios y altos directivos buscan al hombre ideal para ponerse al frente de la compañía. Sorprendentemente, el nombre de Gil de Biedma suena con insistencia como director, pero esta posibilidad le aturde –él habla en su Diario de «pereza»–, y se encomienda a la Fortuna para que nombren a otro. Sin embargo, la idea de que ese otro pueda ser un joven ejecutivo procedente del nuevo accionariado le inquieta tanto o más que aceptar el cargo. ¡Qué ironía! El poeta tampoco desea estar a las órdenes de un *wonder boy* que le imponga el ritmo frenético del *yuppie* agresivo norteamericano. En el fondo sólo le sirve Meler. Pero éste se halla luchando contra el destino. Jaime atravesará entonces nuevos momentos difíciles, hasta que el enfermo, restablecido, vuelva a ponerse al frente de la empresa. Al fin Gil de Biedma respira tranquilo. Pero las páginas de su Diario inédito indican que sentía la suerte de Meler como propia y revelan hasta qué punto el cáncer del amigo estuvo a punto de alterar el curso de su propia vida.

TRAS EL TELÓN DE ACERO

A mediados de los años setenta, Jaime Gil conocerá la Rusia de Breznev: un país que aún respira los ideales de la Revolución y que mantiene un pulso muy fuerte con Estados Unidos por la hegemonía mundial. En sus primeros viajes se instaló con Manuel Meler en el Hotel Metropole, cerca del cuartel general del KGB; posteriormente, en el también céntrico Hotel Intourist, y por último en el Hotel Rossiya, más moderno, a medio camino entre el río Moscowa y la Plaza Roja. Desde sus habitaciones los hombres de Tabacos consiguen algo excepcional en aquella época: que el Gobierno ruso les ceda unos amplios locales frente al Ministerio de Comercio donde instalarán varias oficinas, un comedor y una sala de exposiciones para una nueva sociedad hispano-soviética: Sovihispán. Esta sociedad será pionera en los intercambios comerciales con la URSS. Y el poeta tuvo en ella el cargo de secretario general.

Sabemos por Manuel Meler que Gil de Biedma solía acompañarle a menudo a Moscú, a veces como escala en sus viajes a Oriente. Le gustaba la capital, con sus crepúsculos de fuego reverberando en las cúpulas de la catedral de San Basilio y las torres rojizas del Kremlin. Pero al regreso de una estancia en Japón, ocurrió un episodio que le irritó profundamente. Dice Meler: «Jaime iba mucho a tiendas de antigüedades de Tokio y compró allí una especie de acuarela sobre pergamino preciosa. Al volver a Moscú, la colocó en una carpeta para que no se arrugase y la guardó en su habitación. Pero mientras estábamos en la oficina, los servicios de seguridad entraron en el Hotel Rossiya y lo registraron todo. Le abrieron la maleta y le arrugaron el pergamino. Jaime cogió un cabreo monumental. Me decía: "Esto es lo peor de los comunistas, que son el colmo de la desconfianza. ¿Qué coño hacemos aquí? ¿No estamos comerciando con ellos? ¿No somos sus socios? Esos tíos ven espías por todas partes."»

Pero salvo este incidente, el poeta se sentía próximo al alma rusa. Cierto que las presuntas maravillas del socialismo real habían dejado de interesarle y su desencanto del comunismo –con el que había flirteado en su juventud– era notorio. Sin embargo, la Rusia eterna conservaba para él el oro del sol de invierno. En Rusia compró su gorro de piel de astracán, que acabó siendo uno de sus fetiches; en Rusia adquirió también un precioso samovar con el que preparaba el té a los amigos que acudían a visitarle a la casa de Ultramort. Y cuando Ana María Matute regresó entusiasmada de un viaje por la URSS, él le comentó algo que expresa sus propios sentimientos: «Sí, chica. En la Unión Soviética hay muchos logros sociales. Pero lo que te ha deslumbrado es el palacio de los zares y la catedral de San Basilio. La nostalgia de un tiempo dorado. No te engañes: los zares eran unos cabrones, pero estos comunistas son odiosos.» Su hermana Ani confirma que «a los comunistas no los podía ver». ¿Qué había ocurrido para que un poeta de izquierdas, comprometido, abominara de aquel modo?

EL CUADERNO RUSO

Gil de Biedma escribió bastante en la URSS y cualquier biógrafo habría confiado hallar un pequeño tesoro entre sus papeles soviéticos. Pero el hallazgo resultó un tanto descorazonador. Esta decepción provenía principalmente de los propios cuadernos en su calidad de objetos. Era fácil imaginar agendas lujosas de piel, con letras doradas y anotaciones sembradas de ingenio. En cambio, sólo aparecieron un par de libretas de cartón y papel cuadriculado. En modo alguno era lo que cabía esperar de un hombre elegante como Jaime Gil, sino más bien la herramienta de una secretaria o un oscuro oficinista. Pero tras la lectura, la decepción se trocó en una extraña forma de felicidad. Aquélla era, sin duda, la caligrafía del poeta, y aunque el texto como tal era lo menos poético del mundo, exhalaba una forma de literatura desconocida. Una serie de notas tomadas a vuelapluma, para informar luego al presidente de la compañía sobre el curso de las negociaciones con el Gobierno de Moscú: «Empezamos a presentar operaciones para su autorización de pago y cobro de divisas, lo cual nos imposibilita entregar mercancías en terceros países y descargas de barco sin autorización Ministerio. Estas operaciones se montan en una semana y sufren variaciones al realizarse, *ergo* cualquier retraso en *answer* ministerio las imposibilita...»

Las páginas del bloc seguían hasta detenerme en una frase enigmática: «Posibilidad hacer cambios en alta mar. Es considerada arriesgada.» ¿Qué clase de cambios? Misterio. Probablemente se trataba de un trasvase de mercancía de un barco a otro. En todo caso, las notas incluían a menudo alguna palabra en inglés, como si este idioma fuera su particular taquigrafía. Al acabar la lectura, era evidente que el principal interés de estos cuadernos residía en mostrar la faceta de Jaime Gil como hombre de empresa: sus intuiciones, sus diagnósticos, sus remedios, a veces in extremis, para detener una crisis:

> Hay que trasladar a Consejo lo siguiente: que mientras gobierno no esté en Sov, recurrirán a todos los controles para paralizar. Necesario Consejo formule una posición sobre esto, porque nuestros gastos anuales sólo se pueden mantener si, aparte servicios flota, mantenemos las otras actividades. Si no se soluciona, hay que radicalmente reestructurar, pues a partir de este mes empezamos a generar pérdida diaria (abstracción hecha de que 81 todavía dé beneficio).
>
> Cerrar Moscú y quizá Las Palmas, y dedicarlas únicamente a suministrar vituallas a flota con unos márgenes de 150 m y unos gastos mínimos de 120 ó 130. Proceder con cargo a beneficios a liquidar personal, liquidación activos etc.– Si no, quiebra total en 6 u 8 meses.

¿Qué extraña poesía se ocultaba en esas palabras? ¿Qué misterioso código, ajeno al lector habitual? Quince años después de su muerte muchos lectores creían conocer un poco a aquel hombre: Jaime Gil de Biedma. Pero quizá debamos admitir que una parte importante de su vida –con su propio lenguaje y su propia historia– se nos escapaba por completo. Y se resistiría ya para siempre.

EL TEMIBLE SEÑOR XAN

En la era Meler, el poeta se dedicó más que nunca a la empresa. Pero algunos negocios en Oriente resultaban tan laboriosos como la composición de un poema épico. Cuentan que en 1984 se produjo una situación que puso a prueba la capacidad de resistencia de Gil de Biedma. Una mañana el presidente Marcos llamó al presidente de Tabacos para anunciarle que un grupo chino-filipino, presidido por su hermano Pacífico, tenía interés en comprar la central azucarera de Bais. Meler comprendió en seguida que Marcos había iniciado una política destinada a que la riqueza de Filipinas revirtiera lo máximo en las gentes del país. Y no pudo negarse. Ahora los empresarios españoles debían fijar un precio e iniciar las conversaciones con Pacífico Marcos y un misterioso magnate chino llamado Xan. A lo largo de dos años –1982-1984– los presidentes de ambas compañías mantuvieron arduas negociaciones en Manila, Hong Kong y Nueva York... Y el poeta tomó parte en ellas, como lugarteniente de Meler. Cuando al fin llegaron a un acuerdo, los empresarios se reunieron en Londres para cerrar defnitivamente el negocio.

Pero una vez allí el señor Xan hizo una contraoferta, obligando a reanudar de buen principio las negociaciones. Instalados en una *suite* del Hotel Hilton, Manuel Meler, Jaime Gil y la secretaria Conchita Torrabadell permanecieron encerrados durante varios días enfrentándose al grupo de Xan. Por su dominio del inglés, el autor de *Compañeros de viaje* se mantuvo en el centro del fuego cruzado, en aquellas jornadas cruciales en las que estaba en juego una operación de cientos de millones de dólares. Dice Meler: «Fue horroroso. No salíamos de allí ni para comer. Nos subían unos bocadillos y unas cervezas, y después de la cena la sesión seguía hasta la madrugada. Dormíamos tres o cuatro horas, y volvíamos a la carga a la mañana siguiente.» Aunque Gil de Biedma disfrutaba enzarzándose en tratos comerciales con los chinos porque, según él, «a los chinos no les importa lo que tú ganes sino obtener el precio que ellos tenían previsto antes de la operación», el señor Xan era un temible adversario. De nada le servía asomarse a los amplios ventanales que daban a Hyde Park en busca de un bucólico horizonte de árboles. La tensión se le hizo intolerable y la bestia dormida abrió los ojos.

Durante años, el poeta se había acostumbrado a una vida en la que los negocios le eran llevaderos si le quedaba luego una parcela íntima de libertad. Pero esta vez no podía efectuar las habituales expediciones nocturnas... El Secreto. Peor aún, no podía siquiera pasear, beber o llamar a un amigo, como había hecho siempre. Entonces su Mr. Hyde se apoderó de él. Así lo recuerda Meler: «De pronto, Jaime se sentó en el suelo y explotó: "Ya no aguanto más", dijo, y se quedó tirado sobre la moqueta de la *suite*. Perdió los nervios. Estaba destrozado. No lo había visto así en mi vida.» Roto, desbordado, con los estribos al rojo vivo, aquel hombre de cincuenta y cinco años se encontraba a merced de la histeria. ¿Cuánto vapor llevaba acumulado? Eran décadas de severo autocontrol de silencio, de mordaza. Sólo cuando el señor Xan aceptó las condiciones, las aguas volvieron a su cauce. El negocio de mayor envergadura de la era Meler había concluido con éxito. Y el eco de la negociación llegó hasta Barcelona. Según Meler: «En varias ocasiones le quise nombrar subdirector pero siempre se negó. "Yo no soy un ejemplo para nadie –me decía–, tú sabes que me cuesta mucho ser puntual, me faltan dotes de mando y no sé montar negocios. Soy un intelectual."» Cuando algunos íntimos preguntaban a Gil de Biedma por qué le habían mantenido en la compañía, pese a su vida privada, él se limitaba a responder: «Porque hice buenos negocios con los chinos.»

La junta

Las grandes operaciones en el extranjero contrastan con la calma y el tedio que presiden su vida en el despacho de Barcelona. En una ocasión Jaime declaró a Ana María Moix: «Mi trabajo consiste en ser secretario general de una compañía, como Stalin. Se me considera especialista en los asuntos de Filipinas. Contesto cartas, hago actas, digo lo que pienso si me lo preguntan. Ésta es la parte más divertida... Mi trabajo aquí es más aburrido... Me aburre bastante. Pero me ha hecho más listo.» La periodista Maruja Torres recuerda que Gil de Biedma le comentó que pasaba las horas «empujando papeles con la nariz».

Pero una vez al año los tambores de la actividad redoblaban también en el despacho de las Ramblas. Cada mes de junio el presidente de la compañía debía leer un discurso ante la Junta General de Accionistas. Una semana antes, don Manuel Meler se encerraba en un hotel a las afueras, con un grupo elegido de colaboradores: Jaime Gil de Biedma, los consejeros de los departamentos de finanzas, comercio, tabacos..., la secretaria Conchita Torrabadell, el interventor y dos taquígrafos. Durante cuatro días elaboraban el discurso en el que Meler debía dar cuenta del ejercicio anual y de las perspectivas para el próximo año. Aunque las reuniones tenían lugar cerca de Barcelona –los balnearios de Caldas y La Garriga o algún hotel en la costa–, Gil de Biedma vivía las horas previas con especial nerviosismo. Según cuenta Juan Marsé: «Esos días le sentaban como un tiro. Le jodía estar encerrado todo el tiempo con la gente de Tabacos y se ponía el parche antes de la herida. Pero el resto del año no se quejaba.»

¿Qué función cumplía durante el encierro? Según algún testigo, se limitaba a ser un mero corrector de textos. Meler lo confirma: «Yo dictaba y Jaime corregía. Le daba forma, ¿eh? No se metía en cuestiones de fondo, pero luego perfeccionaba el estilo. Y aquello era como una pieza literaria.» Otro testigo, Antonio García Castellá, matiza: «Aunque no elaborara el fondo, el señor Gil de Biedma aportaba ideas, discutía, contrastaba opiniones con los expertos y siempre era escuchado con muchísimo respeto por todos.»

Sea como fuere, Manuel Meler se presentaba el día señalado en el salón de actos de un edificio de la avenida Diagonal para presentar el balance ante centenares de accionistas. La mayoría de ellos ignoraba que las palabras del presidente habían sido pulidas y revisadas por uno de los orfebres más finos de la literatura española:

SEÑORES ACCIONISTAS

Una vez más comparecemos ante vosotros, conforme al grato deber que los Estatutos Sociales y la Legislación vigente nos imponen, para informaros de las actividades de la Compañía a lo largo de su 104.º Ejercicio Social, cerrado el pasado día 31 de diciembre de 1985.

No ha sido un año fácil en Filipinas, debido a las circunstancias económicas y políticas que todos conocéis; y la evolución de los mercados tabaqueros internacionales no facilitó tampoco el trabajo de nuestra División de Tabaco en Rama. No obstante, lo mismo esta última que la Administración General de Manila, concluyeron el año con resultados positivos satisfactorios.

Mención aparte merecen los obtenidos por nuestra División de Comercio Exterior, que durante los años pasados se había resentido de la crítica situación del comercio internacional, sin obtener la adecuada remuneración a su dinamismo y capacidad de iniciativa. En 1985, finalmente, la División ha obtenido sensibles beneficios, corroborando la decisiva ventaja que para nuestra empresa supone la diversidad de sus actividades y de los mercados y mercancías en que opera...

Tras la junta general, el poeta respiraba tranquilo. Y volvía a la normalidad engañosa de su vida.

EL DOCTOR BUCHINGER

Aunque ya ha cumplido medio siglo, Jaime Gil no renuncia a sus viejos hábitos y sigue cometiendo excesos con la comida, el tabaco y el alcohol. Además abandona lentamente la práctica deportiva y comienza a engordar peligrosamente. Si cinco años antes mantenía un estado de forma aceptable, ahora es un caballero de rostro orondo, cuello grueso y vientre abultado. En estas condiciones decide acudir a la Clínica Buchinger de Marbella para someterse a una cura de adelgazamiento. Le han comentado que la clínica funciona desde 1973 en la Costa del Sol y su línea terapéutica se basa en el ayuno como método de prevención y curación de enfermedades. Que un hombre como Gil de Biedma prescindiera voluntariamente de la ingestión de alimentos puede darnos una idea aproximada de su estado de ánimo, casi tanto como sus opiniones sobre la juventud, la vejez o el paso del tiempo. El mayor hedonista de nuestra poesía será pionero en múltiples ayunos: cada verano se encerrará un par de semanas en este centro absolutamente germánico, «el de los nazis», le llama él, donde el aporte cotidiano se limita a zumos de frutas, caldos de verdura, miel y algún complemento dietético.

En agosto de 1981 entra por primera vez en aquel edificio erigido en las estribaciones de la Sierra Blanca, de estilo rústico andaluz. El centro dispone de una cincuentena de habitaciones y una infraestructura muy avanzada: salas de masaje e hidroterapia, gimnasio, comedores, sauna, piscina climatizada, pista de tenis, sala de cine, aulas de conferencias, salón social, etc. Pero al poeta le seduce, también, el denso bosque mediterráneo que rodea la clínica y las deliciosas vistas al mar. Dos semanas después los efectos de su estancia en la Buchinger se revelan casi milagrosos. Gil de Biedma pierde mucho peso, abandona el alcohol, regula su organismo: sus niveles de colesterol, triglicéridos, glucosa y ácido úrico se estabilizan. Se siente nuevo... En realidad, hacía años que no se encontraba así.

Aquellas aguas le limpian además de las profundas heridas de la vida: las heridas de un artista que conoce bien el lugar que el dolor ocupa entre los hombres. ¿Acaso no lleva miles de horas de sufrimiento a la espalda? En efecto. Ese dolor nace principalmente de los muertos y de los amores perdidos... Pero también de ocultar al mundo uno de los paneles del cuadro. En estas condiciones, sólo las aguas le proporcionan sosiego. Aquí siente brotar el dolor por sus poros viejos y la sauna se puebla del vapor de sus fuegos fatuos. Cuando abandona la Clínica Buchinger, sale más delgado, fuerte y rejuvenecido. Dicen que también salía más humano, sereno, como si su Mr. Hyde se hubiera mudado a otro lugar.

MANCHAS TROPICALES

Con el tiempo, el nombre de Ultramort se ha convertido en el título de un poema. Pero en primavera de 1985 Ultramort sólo era un refugio de la campiña ampurdanesa, al que Gil de Biedma acudía a descansar los fines de semana. En esta época es un hombre de mediana edad, gastado prematuramente por la vida. Durante decenios ha viajado mucho, ha charlado mil veces hasta el alba y rara vez duerme solo. Pero en el fondo ha escrito poco, quizá demasiado poco para lo que se esperaba de su voz transparente. La pregunta suena por primera vez. ¿Por qué a los cuarenta años acabó sumergiéndose en el silencio? Según el poeta Luis Antonio de Villena: «La empresa le absorbió muchas energías. Recuerdo que una vez le dije: "Respeto que quieras ser ejecutivo; pero prefiero escribir un artículo a las cuatro de la tarde cuando me levanto, que despertarme a las ocho como tú para ir a ver cómo está el tabaco en Nueva York." Y él me respondió: "Bueno. Son dos maneras de entender la vida".» Para entonces, su vida literaria estaba hecha de silencio.

Pero ese silencio, paradójicamente, es el germen que en 1985 sigue alimentando su leyenda. Son muchos los que quieren robarle unas palabras. Sentirle. Conocerle... El fenómeno no es nuevo. ¿Cuántos se acercaron hasta él a lo largo de los años? A veces el poeta los recuerda: Juan Goytisolo, Miguel Barceló, Salvador Clotas, Francisco Rico, Juan Marsé, Terenci Moix, Manuel Vázquez Montalbán, Pere Gimferrer, Guillermo Carnero, los hermanos Panero, Luis Antonio de Villena, Félix de Azúa, Vicente Molina Foix... Y ahora una nueva generación de jóvenes que podrían ser sus hijos. Esta mañana de primavera uno de ellos –el poeta Àlex Susanna– se encuentra con él en la casa de Ultramort. De pronto, Gil de Biedma abre ligeramente su batín y le comenta a su invitado: «¿Has visto? Me han salido unas manchas en la piel.» Recuerda Susanna que observó fugazmente aquellos lunares en la pantorrilla del poeta. Eran como sombras de color malva. «Pero no le dimos la menor importancia y seguimos desayunando al calor del samovar.»

EL JUEGO DE HACER VERSOS

El poeta en su biblioteca.
(© Colita fotografía)

EL ALEPH

Barcelona. Primavera de 1934. El niño mira distraído el cuaderno. Es como una cámara fotográfica con el obturador abierto: pasiva, minuciosa, incapaz de entender. ¿Qué ve? Lo ignora. Y ante la visión inquietante del signo, trata de librarse del abrazo de aquella mujer. La señorita Teodora lo sujeta con fuerza para que no se escape corriendo por el pasillo. ¡Qué crío tan rebelde! Llevan toda la mañana así: ella, alzándolo del suelo para sentarlo sobre su falda, y él escurriéndose como un gato bajo la lluvia. Al final, la señorita logra convencer a aquel niño rechoncho para que se quede quieto frente a la mesa. Entonces el dedo de ella señala el cuaderno y el brillo de una varita transforma el signo misterioso en la primera letra del abecedario. Luego Jaimito oye la voz de la señorita Teodora pronunciando largamente el sonido A.

En 1956, el poeta volverá a encontrarse con ella en la isla filipina de Cebú. Ahora es una monja teresiana de edad madura, que luce unos llamativos calcetines y se abalanza sobre él para cubrirle de besos. Gil de Biedma no la ha olvidado. Escribe en su Diario: «La señorita Teodora me enseñó a leer cuando yo tenía cuatro años. Me enviaron al colegio un año después y la perdí de vista, para mi desesperación pues la quería mucho.» En esta hora del reencuentro, ella le pregunta qué ha sido de él en todos estos años –«Ya sé que eres abogado y poeta», le dice con orgullo. Jaime asiente, pero reconoce en silencio que la «horrible descripción» es por completo exacta. Mientras conversan en el sofá, bajo un calor de justicia, él mira furtivamente los calcetines de Teodora Mesa. Por la noche anotará en su cuaderno: «Pienso que yo adoraba a esta persona, que tenía ciega confianza en ella, que vivía en ella. Me pregunto qué ocurriría si tomase su pregunta al pie de la letra y de verdad le contara qué ha sido de mi vida en todo este tiempo.»

LA PAGODA DE CRISTAL

San Rafael. 24 de julio de 1936. Modesta Madridano ordenó a los niños que se dieran prisa y aquella misma mañana salieron huyendo de la villa del abuelo. Según el poeta, la situación era insostenible y sus padres decidieron buscar refugio en El Espinar; pero en la huida los hermanos abandonaron precipitadamente muchos de sus tesoros: muñecas de porcelana, aros, trenes de juguete, osos de peluche, collares de cristal, triciclos... Al instalarse en La Nava de la Asunción se impuso una triste realidad: allí no había juguete alguno. Esta ausencia de diversiones convencionales acabó teniendo un efecto beneficioso sobre Jaime, que compartieron otros miembros de su generación: despertarles el hábito de la lectura. Según el propio Gil de Biedma: «Había allí muy pocos libros, y eso estuvo bien, porque me obligó a releerlos. Encontré una colección llamada *Marujita,* en la que había muchos enanos de esos que viven en las setas; y también, de la misma editorial, novelas del Oeste en las que un personaje le decía a otro que sus perspectivas no eran muy halagüeñas, y yo no sabía qué era lo uno ni lo otro.» Marta Gil recuerda que tuvieron que aguzar el ingenio para inventar otras diversiones como jugar a tiendas con las nietas de don Mariano, el administrador. Cuando Jaimito no juega con ellas, se dedica, pues, a leer los volúmenes de la colección *Marujita,* que «le encantaban», recuerda su hermana Marta, y también lee unas novelitas que le mantienen en vilo toda la tarde para asombro de los mayores. «Este crío será una eminencia –le comenta Eti a doña Luisa–, se lo digo yo, que conocí a Unamuno.» ¿Eminencia? El niño captura en el aire esa palabra, que brota a menudo de labios de la criada. Pero en seguida vuelve a un *saloon* del *Far West.*

1937. Aquel primer invierno de guerra Tatón leyó, además, dos obras que resultaron decisivas: el *Quijote,* de Cervantes, y *La pagoda de cristal,* del capitán Gilson. Recuerda su hermana Mercedes que «Jaime leía el *Quijote* con cinco años y se reía sin parar». Y aunque probablemente se trataba de una adaptación infantil, lo cierto es que gozó muy pronto con los delirios del Caballero de la Triste Figura. Aunque en términos generales es feliz en La Nava, el recuerdo de San Rafael se intensificará meses después. Las tardes son largas, frías, y el niño continúa releyendo los libros que tiene a su alcance, especialmente *La pagoda de cristal.* Al final de la novela el protagonista volvía a casa, y esta posibilidad de retorno estimula la añoranza del lector, proporcionándole la primera pauta imaginativa que encuentra para su experiencia de exiliado. Durante varias semanas Jaimito se entregará a un recurrente *daydreaming.** Cada mañana, al despertarse, permanece en la cama

---

* «Soñar despierto», en inglés.

un rato con los ojos cerrados y se esfuerza en imaginar «que todo lo ocurrido desde el 18 de julio lo había soñado aquella noche, y que al abrir los ojos me encontraría en el cuarto de El Robledal». En su memoria el jardín de aquella casa aún desprende el aroma a tilos y enredadera. El Espinar, Segovia, La Nava son sólo los pliegues del fuelle de un acordeón que su fantasía comprime a voluntad. Pasarán años antes de que otras matas de enredadera cubran los muros de la Casa del Caño. Y se desplace su idea de Paraíso.

En todo caso, *La pagoda de cristal* se erigió, según él, en «un libro fundamental en mi vida», ya que despertó su imaginación a los paisajes remotos de Oriente. En aquel humilde pueblo de Segovia el poeta se familiarizó pronto con las calles de Hong Kong, con los *coolies* y los *rickshaws*, e incluso los principios del taoísmo. Pero aquel libro de aventuras le dio algo mucho más importante:

> me proporcionó un mito, una pauta ordenadora de mi incipiente experiencia de la guerra y de la vida, que me ayudase a sobrellevar una y otra. Aquel muchachito británico –con todo lo que significaba entonces ser británico–, imprevistamente arrancado de la confortable rutina colonial, abandonado a sí mismo entre la pululante y abigarrada inmensidad urbana de Cantón, peregrino por montañas infestadas de bandidos, que al fin lograba rescatar a su padrino secuestrado, ¿acaso no me devolvía, magnificada y aclarada, la imagen de mi propia experiencia infantil redicalmente alterada por la guerra? En el feliz desenlace, en el regreso final al orden dorado y apacible de la legendaria Hong Kong, adivinaba yo una intimación consoladora: ganaríamos la guerra, volveríamos a Barcelona.

Probablemente, no deseaba huir de La Nava ni tampoco regresar a una ciudad mediterránea que iba desvaneciéndose en las brumas de la memoria. Pero es obvio que la nostalgia de El Robledal se había adueñado de él. «Durante los años de guerra mi imagen del paraíso era San Rafael», y San Rafael era el paraíso fatalmente perdido, abandonado a su suerte como un buque a la deriva. En algún lugar de la casa del abuelo, Jaimito había abandonado su particular *Rosebud*, un recuerdo feliz, con la forma de un triciclo, de sable de abordaje, de carabina Winchester o cabellera sioux. Ante la imposibilidad de recobrarlo, comenzó a desarrollar una doble personalidad. Sabemos que en la escuela era un niño como los demás: estudiaba, cometía diabluras, jugaba a la pelota y a las canicas. Sus compañeros le oyeron mil veces emplear el argot de este juego popular: «¡Primera! ¡Pie! ¡Matute y guá!» Pero al caer la tarde ese mismo niño se extasiaba ante las deliciosas ilustraciones de *La pagoda de cristal*. Luego, caía la noche. Y en la cama cerraba los ojos para ver las lejanas luces de Cantón, que acabó siendo «la fabulosa ciudad de mi infancia».

En la madurez, Gil de Biedma pudo escribir acerca de aquellas primerísimas lecturas en el texto «De mi antiguo comercio con los héroes», donde expuso estas conclusiones: la primera, que para leer bien y conservar la fe en la literatura no hay nada como tener pocos libros al alcance. La segunda, que los niños leen exactamente para lo mismo que los adultos: para intentar comprender la vida, imaginándola, y para consolarse de ella. La tercera, que para leer *Moby Dick*, el *Quijote* o cualquier otro gran libro tenemos por delante toda la existencia, mientras que para leer apasionadamente *La pagoda de cristal, Los tigres de Mompracem* o *Las minas del rey Salomón* sólo disponemos de poquísimos años. Dice el poeta: «Quien los desperdicie, se habrá privado de la única profunda aventura de lector que a esa edad puede tener, y que sólo puede tener a esa edad; su experiencia literaria y su experiencia de la vida quedarán para siempre incompletas.» Los años de guerra, pues, son los años de la construcción de un mito. Es el recuerdo nostálgico de El Robledal, azuzado por las aventuras del pequeño héroe de Gilson. Según Jaime Gil, el mito es, sobre todo, «una tentativa de comprensión de la vida y una consolación de ella». Pero el único mito vivo para un niño burgués de la época era el de los Reyes Magos. Al saber que los Reyes no existían, «el recurso a las novelas se hizo entonces definitivamente necesario».

La escritora Ana María Moix asegura que «Jaime no era un nostálgico», pero se refiere obviamente al poeta maduro: un hombre desencantado y escéptico frente a las cláusulas onerosas de la vida. El Gil de Biedma niño, en cambio, era la nostalgia vestida de pantalón corto. Aunque tuvo una infancia idílica, fue lo suficientemente sensible para añorar lo que había dejado atrás como tantos niños de la guerra. No es casual, por tanto, que esta experiencia le abriera las puertas a la poesía. En el primer grado del colegio, había leído pequeñas piezas poéticas como «El burro flautista». Pero su revelación de la poesía tal como la entendió después –«expresión sorprendente porque incorpora algo que uno ha sentido muchas veces sin saber que era posible expresarlo así»– tuvo lugar aquel primer invierno en La Nava. Curiosamente, no fue a través de ningún libro sino de una frase pronunciada por alguien a modo de refrán, que él capturó al azar en el jardín. Ese refrán expresaba nada menos que lo que su pequeño corazón sentía cada mañana en el cuarto, pensando en la casa perdida del abuelo:

Cómo a nuestro parecer
cualquiera tiempo pasado
fue mejor.

El héroe de *La pagoda de cristal* pensaba lo mismo.

HA ESTALLADO LA PAZ

El sueño infantil se había cumplido. Los Gil de Biedma ganaron la guerra, pero antes de volver a Cataluña presenciaron el Desfile de la Victoria en Madrid, la primavera de 1939. El pequeño Jaime no olvidaría nunca el paso marcial de las tropas de Infantería, los carros de combate y la caballería de mehala galopando con alalíes y estandartes desplegados en el Paseo de la Castellana.

> ... y la más hermosa
> sonríe al más fiero de los vencedores.

Tras pasar el verano en La Granja, la familia regresó finalmente a Barcelona en el mes de octubre. Aunque en 1936 los milicianos anarquistas habían saqueado los principales hogares burgueses, el piso de la calle Aragón no había sufrido graves daños. Por lo visto, el portero del edificio había ocultado algunos objetos de valor y el resto pudo ser recuperado por doña Luisa en los hangares donde se exponía el botín de guerra incautado a los republicanos. Lentamente las aguas volvieron a su cauce: el padre se reincorporó a su puesto de consejero en Tabacos; las niñas fueron a la escuela, y Jaimito comenzó el bachillerato en el colegio Estudios Generales Luis Vives, junto a su hermano Luis.

En aquel oasis francés recibieron una esmerada educación de las *mesdemoiselles* y de profesores con título universitario. Apenas les rozó, por tanto, la férrea educación franquista. Un antiguo alumno recuerda al Gil de Biedma de los primerísimos años como «un niño gordito, dulce y bueno al que llamaban "el Croqueta"». No sabemos si este apodo alimentó en él algún trauma o le sumió en hondas aflicciones. Pero la categoría del centro y la posición social del alumnado invitan a creer que Jaimito no padeció el trato vejatorio de sus compañeros. Además, tenía un hermano mayor de trece años al que recurrir en caso de apuro. Luis. Quizá no eran inseparables, debido a la diferencia de edad y de temperamento... Pero el niño recordaba sus primeros tiempos en la escuela, antes de la guerra, cuando le separaban cada mañana de su hermano «y se me hacía un nudo pertinaz en la garganta». Luis era entonces su único vínculo con la casa familiar. El escudo protector.

Ahora ya no lo necesitaba. Tenía un buen amigo en Carlos Güell de Sentmenat, cuya familia había acogido al señor Gil cuando se instaló en la ciudad. ¿Qué mejor amigo para Jaime que un vástago de los Güell? Juntos se inscribieron en el Real Club de Polo para montar a caballo y practicar el tenis. Formaban un buen tándem –«Play» «Ready», ¿recordáis? Sí. Carlos fue el principal amigo de Jaime hasta su entrada en la universidad.

ENTRE CANDILEJAS

A principios de la década de 1940 los Gil de Biedma pasaron varios veranos en La Granja de San Ildefonso, al pie de la Sierra de Guadarrama. En aquel tiempo, La Granja conservaba aún un aire de vetusto caserío madrileño, con edificios de piedra y tejados de pizarra, que se erigían en las proximidades del Palacio Real. Cuenta la leyenda que el palacio había sido construido por el primer Borbón, Felipe de Anjou, para aliviar en el corazón de Castilla su melancolía de la corte de Versalles. Hay algo ciertamente versallesco en la magnificencia del lugar, con jardines que evocan el estilo de los *châteaux* franceses y las *ville* italianas. Hasta el final de su vida, el poeta amó el suntuoso empaque de este escenario que fue residencia veraniega de los monarcas españoles en los siglos XVIII y XIX. Le gustaba pasear entre los elegantes parterres, umbrías frondas y fuentes rumorosas. Aunque el palacio estaba entonces algo abandonado, los jardines mantenían intacta su belleza. Allí acudían los niños a pasear junto a las criadas, y Jaimito se extasiaba ante las estatuas de mármol de los jardines y las figuras mitológicas en bronce que surgían del agua. Pronto empezó a reconocerlas por sus nombres: Apolo, Neptuno, Minerva... Y le parecían seres bendecidos con el soplo ardiente de la vida.

Pero La Granja no sólo era un bellísimo refugio para solaz de reyes, sino un pueblo de trazado urbanístico lineal que se había convertido en la residencia de verano de la alta aristocracia madrileña y de grandes señores que construyeron en él sus moradas estivales. Marta Gil recuerda que solían jugar con los Martínez Bordiu, los Armada, los Casares..., un grupo de «niños bien» que practicaban el tenis y la natación. Uno de los hermanos Casares era amigo de Jaime y le enseñó a nadar, una actividad que llegó a ser su práctica deportiva favorita.

Pero en la memoria familiar aquellos veranos en la Sierra están asociados para siempre al teatro. Según Marta Gil: «Mi padre era un loco del teatro y le encantaba actuar.» Había, en efecto, una vena histriónica en el señor Gil de Biedma, una vis cómica que acompañaba con las inevitables gotas de suspense. Mucho después, su hijo evocaría una escena habitual de su infancia barcelonesa, protagonizada por el padre: «los domingos por la mañana, mientras se afeitaba y se recortaba el bigote (tenía un bigote como el de Alfonso XIII), aprovechaba la ocasión para contarnos, en el cuarto de baño, historias de lord Winsey, de Arsène Lupin, y Nick Carter. Recuerdo aún el final de una de ellas: "... ¿y quién era el hombre malvado de la bicicleta? Misterio, misterio, misterio... hasta el próximo capítulo"». Y luego cerraba la puerta, dejándoles con el corazón en vilo.

La Granja, 1942. A menudo Jaimito acude con sus hermanas a la hermosa casa del marqués de Valdeiglesias, padre del director de teatro Luis Escobar. Allí éste les inicia en los arcanos teatrales y les enseña a recitar sobre el escenario para que intervengan en las primeras funciones. Desde entonces, el poeta sucumbió al virus teatral que le acompañó para siempre. En la sección central de su célebre poema «No volveré a ser joven», recurre a la clásica metáfora de definir la existencia como una representación escénica:

> Dejar huella quería
> y marcharme entre aplausos
> –envejecer, morir, eran tan sólo
> las dimensiones del teatro.

En todo caso, las enseñanzas de Luis Escobar –gran animador del teatro español de posguerra– no cayeron en el vacío. También debieron influir los consejos de otro ilustre veraneante de la Sierra, Edgar Neville, y de su compañera, la actriz Conchita Montes... Porque el 25 de noviembre de 1943 encontramos a Jaimito Gil sobre las tablas del teatro Comedia de Barcelona, donde interviene en la obra *En Flandes se ha puesto el sol*, de Eduardo Marquina. Es una función de aficionados, organizada con fines benéficos, y allí está, vestido de negro, interpretando el papel de Albertino. El pequeño actor acaba de salir por el portón de un castillo de piedra: le rodean nobles, alabarderos y un grupo de aldeanos. Pero sus versos encendidos vuelan hacia la dama, que interpreta Vicky Garí, con su larga cabellera rubia de aire virginal. Al acabar, una voz entusiasta se eleva sobre los aplausos del público. Es la voz de Don Luis, que con sus ovaciones premia la representación del hijo.

EL NUEVO PARAÍSO

Las hermanas del poeta recuerdan que veranearon un tiempo en La Granja porque el clima de La Nava era excesivamente caluroso y la casona pertenecía aún al padre y a sus dos hermanos. Pero a raíz de la venta del Pinar Grande, en 1940, los hermanos Gil de Biedma y Becerril recibieron tres millones de pesetas –un capital para la época– que les proporcionó liquidez para plantearse una solución a gusto de todos. El Pinar Grande era, en realidad, la joya de la corona. Pero, con el dinero de la venta, Don Luis pudo quedarse la casa en propiedad exclusiva en la subasta que mantuvo con sus hermanos a la hora de la sucesión patrimonial. El padre se convirtió así en propietario de la Casa del Caño, la Ribera de los Alisos, el pinar y los plantíos de La Nava.

Cuando sus hijos recibieron la noticia se volvieron locos de alegría. Después de todo, en aquella casona habían pasado los años de la guerra y habían aprendido a amarla. Ahora era completamente suya. Con el título de propiedad en la mano, Don Luis anunció solemne: «Yo convertiré esto en un vergel...» Alrededor de la Casa del Caño había un parterre con boj y un gran álamo blanco en el centro. Pero más que un jardín era una huerta donde abundaban los árboles frutales; también crecían las acacias y las moreras –que soportan mejor la sequía– y una noria movida por un burro perezoso. Una niña vestida de negro obligaba a dar vueltas y más vueltas al animal para que nunca faltara el agua. Era Segunda Ajo García, huérfana de guerra cuyo padre había estado al cuidado de la huerta. Sesenta años después ella recuerda a los Becerriles: «Eran gente muy buena. Y Jaime era un niño muy travieso y muy tremendo. Yo estaba siempre junto al burro para que nunca les faltara el agua. Y desde la noria les veía jugar con sus bicicletas por los senderos del jardín. Eran como príncipes. Y todo me parecía una película.»

¿Qué había ocurrido? Pues que el padre había decidido convertir la finca en la admiración de toda la comarca. Y en otoño de 1941 se lanzó a ello con entusiasmo. Éste era el plan. Primero, eliminar la huerta, en cuya parte trasera construyó una pista de tenis que fue la primera cancha privada de la provincia. Luego contrató a un grupo de jardineros de La Granja para que diseñaran un jardín de aire palaciego. Gracias a ello, la antigua huerta se transformó en un parque con elegantes parterres, en cuyo centro había una rosaleda. Una fotografía aérea de La Nava nos descubre este oasis de asombrosa frondosidad en el corazón de la estepa castellana, el Jardín de los Melancólicos. Aquí pasará el poeta algunas de las mejores horas de su vida. Horas silenciosas de lectura y escritura, momentos de contemplación ensimismada del cielo, en esta parte del cuadro. En cuanto a las reformas de la casa, iban encaminadas a hacerla habitable en todas las épocas del año. La vieja cocina se transformó en *living*, se habilitaron habitaciones para huéspedes, se construyeron tres cuartos de baño y una nueva cocina, y en el piso superior se trasladó el antiguo comedor –reconvertido en el dormitorio de los padres– junto al gran salón que daba a la calle Real. Doña Luisa se encargó personalmente de supervisar las obras tanto de carpintería como de decoración. Aún recordaba sus años juveniles, cuando iba con su madrastra Rosario, recorriendo los anticuarios de la provincia para adquirir los muebles del palacete madrileño de su padre. «Mamá tenía un gran gusto para las antigüedades y Jaime heredó esa afición», recuerda una hermana. Tras la reforma de la Casa del Caño, el chalet de El Robledal desapareció definitivamente como espacio mítico. Y, según Gil de Biedma, «entonces empezó el mito de La Nava».

EL LECTOR RAMPANTE

Barcelona. Junio de 1943. ¿Qué es esta actividad que invade el gran apartamento de la calle Aragón? Desde que los niños han acabado la escuela, el servicio se afana preparando baúles, cestos y maletas. «¡Nos vamos a La Nava!», exclama Eti, y lo repite cien veces, a cada momento, como si ellos no lo supieran, como si en realidad no lo esperaran ansiosamente, desde que el sol primaveral comenzó a brillar en la ciudad, trayendo en el aire la promesa del verano. Recuerda Blanca Gil que su madre era presa del nerviosismo en vísperas del viaje. «Le entraba "el mal de las maletas"», dice, ante la templanza de Eti, que permitía a los niños que se llevaran libros, juguetes, ropa de invierno y todo, absolutamente todo, lo que quisieran para gozar de las vacaciones. Al fin y al cabo, era Modesta quien se adelantaba cada verano con Jaimito y las hermanas pequeñas, emprendiendo un larguísimo viaje en tren a Madrid.

Aunque los Gil de Biedma viajaban en primera, el trayecto de catorce horas era bastante fatigoso: los vagones crujían y rechinaban, los pasillos oscilaban de forma tambaleante, y al llegar a los túneles como el de Argentera había que cerrar las ventanas –por mucho calor que hiciese– para no sucumbir ahogados por la carbonilla. ¡Qué aventura! El pequeño Jaime miraba insistentemente la ventana, tras la cual se extendía el infinito paisaje de la meseta recocido bajo el sol. A veces atravesaban humildes pueblos y el niño descubría a otros como él jugando cerca de las vías: iban casi desnudos, descalzos, como crías de simios con sus vergüenzas al aire. Horas, pueblos, paisajes. Nada. Después de la cena, Eti les preparaba los pijamas... «Ahora a dormir», les decía. Luego el beso. La noche siempre era misteriosa a bordo del tren: al otro lado de la ventanilla el mundo había desaparecido. Sólo alguna luz solitaria, en mitad del páramo, brillaba a lo lejos en el corazón de la negrura más absoluta. Luego los pasajeros se dormían con el traqueteo hipnótico del convoy.

Jaimito se despertaba en el mismo lugar: una inmensa extensión vacía, como un océano de cuero. Pero al acercarse a Madrid los suburbios se alzaban mostrando las heridas abiertas de la guerra. No podía saber aún que miles de almas malvivían entre aquellas ruinas, buscando refugio en sótanos y cuevas, hacinadas de forma inhumana. Personas sin muebles, sin vestidos, sin alimentos, a merced de la tuberculosis, de las ratas, los parásitos, y dedicándose a pequeños hurtos o a la mendicidad. Sólo sabía que ellos eran distintos, y que Eti acababa de entregarle un pañuelo empapado en colonia para quitarse los restos de carbonilla. Luego, al entrar en la estación, la criada iba a sacar la cabeza por la ventanilla, agitando su pañuelo, para saludar a «Pinocho», que era el criado que había acudido a recibirles. Desde Madrid tomaban entonces un tren correo hacia La Nava.

Durante dos semanas Jaimito y las niñas vivían en la más completa libertad lejos de los padres. ¿Qué habría sido de ellos sin Modesta? También les acompañaban algunos primos: Ani Moreno, Piedi Sepúlveda, Cari y Lita Mengotti o Pili e Ignacio Muguiro, que se quedaban allí todo el verano. En aquel tiempo el héroe favorito del niño era Tarzán, pero no se sentía muy a gusto trepando con los otros en las lianas que cruzaban los árboles del jardín, y prefería subir al nogal para leerles en voz alta *La leyenda del Palacio*. Ahora ya no soñaba con la China sino con un caserón perdido en un pueblo, propiedad del marqués de Lozoya. Cada vez que Eti se asomaba a la puerta, ahí estaba el «requetegordazo», hipnotizándolas con esa historia de fantasmas. ¡Menudo crío! Una eminencia. Según Ani Gil, «Nos hacía subir a todas al árbol para leérnoslo y nos quedábamos allí arriba aleladas por la emoción». Claro que no era su única lectura. Las hermanas recuerdan que «Jaime leía todo lo que caía en sus manos: revistas, tebeos, las historias de Celia...». Dicen que disfrutaba por igual de las aventuras de El Coyote como de las novelas rosa de la colección Pueyo. A diferencia de Carlos Barral, por ejemplo, no sólo tuvo una formación de altos vuelos intelectuales sino que conocía de memoria todas aquellas novelitas de Deli, Magali y Pérez y Pérez que leían las niñas de la época. Comenta Mercedes Gil que su hermano devoraba novelitas rosa sencillamente porque se hartaba de jugar a Tarzán y porque «leía tanto lo bueno como lo malo». Y nada mejor que echar a volar las palabras encaramado a un árbol del Jardín de los Melancólicos.

Aunque no era el chico más intrépido del grupo, el baño era sagrado para él. Al principio, los Gil de Biedma se bañaban en el pilón de la noria bajo la atenta mirada de Segunda, la niña huérfana vestida de negro. Pero en 1943 construyeron la piscina, que tanta importancia había de tener en la vida del poeta. Recuerda Blanca Gil que tardaba en llenarse una eternidad porque no había más agua que la del pozo de la noria, que servía para regar la huerta, el jardín y satisfacer todas las necesidades de la casa. El viento, entretanto, traía el polvo de las eras, más allá del muro, y enturbiaba demasiado aprisa la tranquila superficie del agua. Pero no les importaba: podían pasarse horas allí dentro, jugando al escondite submarino o nadando de un extremo al otro. Recuerda Marta que Jaimito salía a menudo de la piscina y, para emular al héroe de la película *Raza*, se lanzaba continuamente al agua al grito de: «¡Arriba España!»

A veces, al caer la noche, permanecía rezagado en la piscina. Le gustaba observar entonces la casona iluminada, que se alzaba tras los geométricos setos del jardín. Sentía el agua tibia acariciándole la piel, mientras los músculos de la cara aleteaban con la brisa de la noche. Allí estaban todos, la familia, moviéndose a ritmo de ballet. Veía sus figuras cuzando fugaces el marco de la ventana... Papá, mamá, Marta, Carmen, Luis hermano... Hasta que Eti abría la puerta de la cocina y gritaba su nombre a la oscuridad del jardín: «¡Tatón, a cenar!» Y el hechizo se quebraba, como la quietud del agua.

EL PRIMER DON

Hay que preguntarse ahora si Gil de Biedma dio muestras de talento literario en el colegio. Pero apenas quedan indicios para confirmarlo. El cierre del centro Luis Vives y la pérdida de sus archivos han impedido acceder al expediente académico del autor de *Las personas del verbo*. Tampoco la familia Gil conserva el boletín de notas donde figuraban sus calificaciones escolares. Sin embargo, su compañero Carlos Güell certifica su innegable disposición para la literatura: «Jaime era un magnífico estudiante de Letras. Hablaba muy bien. Destacaba por su expresión, destacaba por su cultura y porque tenía un afán de lectura enorme. En matemáticas era muy flojo, ¿sabe? Pero en latín era muy bueno.»

Quizá debamos insistir en este detalle fundamental: Jaime Gil hablaba muy bien. No es extraño. Después de todo era nieto de don Santiago Alba, el orador que mantuvo con Cambó uno de los duelos parlamentarios más apasionantes del reinado de Alfonso XIII. En 1943 el anciano político pudo regresar finalmente a España y conocer a sus nietos. Sabemos que Jaimito mantuvo largas conversaciones con el abuelo, quien le habló de su lejana juventud, cuando se dedicaba en cuerpo y alma al periodismo. De sus labios conoció el poeta los tiempos heroicos de *El Norte de Castilla*, la época en que don Santiago incorporó a su periódico firmas tan ilustres como Zorrilla, Núñez de Arce, Ramiro de Maeztu, Unamuno o la Pardo Bazán. Charlar con el abuelo, pues, no sólo era conocer de primera mano la trágica historia de España... «De todas las historias de la Historia / sin duda la más triste es la de España, / porque termina mal»..., sino revivir el decurso de su literatura a través de sus nombres principales.

En aquella familia hasta Modesta, la criada, se permitía el lujo de exclamar: «¿Unamuno? ¡Qué republicanote y qué simpático!»

Pero en realidad, el amor por la palabra se remontaba a lo más hondo de su infancia. Ya en San Rafael, antes de la guerra, le fascinaba escuchar a los mayores, el modo refinado y culto de expresar las ideas o simplemente contar la pequeña historia de cada día. En aquel tiempo se hablaba mucho mejor: los señores, las criadas, los empleados, las campesinas, los sacerdotes, las visitas... Y en casa de los Gil de Biedma, además, se hablaba de manera intachable. El poeta siempre reconoció esa virtud familiar: «Yo, de cuando era chico y adolescente, recuerdo que en mi casa se hablaba mucho y bien, se hablaba para entretener y de una manera deliberada, para producir un efecto estético.» Más tarde reflexionó sobre la influencia del habla sobre la escritura: «La palabra como hecho estético es algo previo y fundamental para la literatura escrita. Donde no se habla bien es difícil que se escriba bien. Y hablar bien significa hablar de una manera divertida, inteligente, coherente y que produzca un efecto estético en los oyentes. Un placer en el hablante.» Según su amigo Luis Marquesán: «En aquella España ignorante Jaime heredó una cultura de conversación muy desarrollada. Los Gil eran muy habladores, se estimulaban entre ellos, disfrutaban contándose historias.» El primer don, pues, lo llevaba en la sangre.

UN CHOTIS EN BARCELONA

Jaime Gil cursa primero de Derecho, pero mantiene contacto con amigos del bachillerato –como Carlos Güell– que estudian la carrera en otra facultad. Aunque no se siente identificado de lleno con los de su clase, sigue llevando su misma vida social, esa que ya conocemos: tenis, equitación, patinaje, bolos... También frecuenta la ópera, donde varios amigos disponen de palco: los Güell, los Comillas, los Pons, los Carreras... Según el escritor Eduardo Mendoza, la burguesía de Barcelona, a falta de una corte, había creado en el Gran Teatro del Liceo un ámbito donde pudieran entablarse amistades, celebrarse negocios, concertarse matrimonios y fraguarse intrigas en una atmósfera propicia, a la vez pública y secreta. Si Jaime deseaba relacionarse con alguna señorita para contraer luego matrimonio, aquél era el lugar más apropiado.

Claro que también podía encontrarla en las fiestas de la alta sociedad. Pero cuando las veladas se celebraban en casa, le invadía a veces una sensación de extrañeza en relación a su mundo. Un amigo de la época recuerda que «Los Gil de Biedma dominaban perfectamente el arte de recibir. Tenían otra manera de comportarse en sociedad. Tenían mayor dominio y soltura que los burgueses catalanes de posguerra. Sus fiestas eran estupendas.» ¿Entonces? Quizá una de las claves resida en el carácter del padre, dotado de una simpatía y don de gentes extraordinarios. Porque en aquellos *parties* el señor Gil de Biedma no sólo agasajaba espléndidamente a sus invitados, sino que se erigía en el alma de la reunión. En los momentos álgidos se incorporaba al pequeño grupo de músicos contratados y cogía las maracas que agitaba con ritmo caribeño. Las hijas recuerdan también su intervenciones con otros instrumentos, como la «sierra» o el «swanie». Aquéllos eran los momentos más celebrados; luego, en *petit comité*, se sentaba al piano para interpretar tangos, cuplés, pasodobles y otra canciones de su juventud, como el *Chotis de la Encarna*:

> Una chalequera de la calle del Peñón
> con un chulón
> se fue a un salón...

Don Luis se deleitaba además con la famosa *Canción de la pulga*, donde una señora de abundantes carnes, cubierta apenas con un vaporoso *deshabillé*, buscaba una pulga por todo su cuerpo hasta hallarla, en pleno goce solitario, en lo angosto de sus partes íntimas. Entonces Jaime observaba detenidamente a su padre, camino de la apoteosis. Sí. Era todo un señor, un caballero divertido y adorable, que «se llevaba a las mujeres de calle», según un testigo. ¿Qué imagen debería tener este hombre en el segundo panel de nuestro cuadro? Recuerda Blanca Gil que «le encantaba ir bien vestido: zapatos a medida, de Miranda; trajes de Cid; ropa interior, camisas y americanas de punto de Bel; sus inevitables sombreros cubriendo la calva: flexible gris o marrón de *sport*, jipijapa en verano, algunas veces *canotier* imitando a Maurice Chevalier, su artista preferido junto a Josephine Baker. Cuando salía de noche con su abrigo azul marino y el Lock traído de Londres estaba fantástico». Elegancia, simpatía, *charme*. Las criadas del inmueble de la calle Aragón ponderaron a menudo sus exquisitos modales: «Cuando nos lo encontrábamos en la entrada, nos abría la puerta y nos dejaba pasar como si fuéramos señoras y nos daba palique en el rellano. ¡Diferencia con los marqueses de otros pisos! Él era el marqués.»

Amante de la buena mesa, Don Luis disponía de una surtida bodega –una rareza en la España de posguerra– y era feliz descorchando los mejores vinos en las ocasiones señaladas. También preparaba cócteles –afición que heredaría Jaime– para agasajar a sus amigos. Las tertulias en su compañía eran una auténtica delicia: contaba chistes, retruécanos, recitaba de memoria el *Tenorio* y *La venganza de don Mendo*, y era un fanático de la zarzuela. Según su hija Blanca: «Era eminentemente sociable; se encontraba a sus anchas lo mismo en una cena "de alto copete", como decía Eti, que jugando al mus con el cura o fumándose un pitillo emboquillado de esos que siempe ofrecía a un pastor que se había encontrado en el campo o a un resinero del pinar.»

La fiesta continúa. Risas, aplausos, voces, se mezclan en aquel gran salón donde el humo de los puros filipinos y los cigarrillos americanos van creando una densa atmósfera de felicidad. Pero Gil de Biedma se siente a veces inquieto. ¿Qué le importa que Don Luis reúna muchas de las cualidades que integran la sustancia moral de un padre? ¿O que pueda vencer al mismísimo Falstaff? Tampoco es capaz de ver que su propio hedonismo proviene de los genes gozosos de su progenitor. El hijo rara vez llegará a reconocerlo. En el fondo no quiere ni puede admitirlo... Y aunque así fuera, le molestaría profundamente asumir la deuda. Para crecer necesita otros escenarios, quizá lugares ocultos, sensaciones secretas. ¿Cómo va a competir con ese caballero que se sienta al piano y canta los cuplés más picantes? Jamás tendrá su gracia, ni su voz, ni su talento musical. ¡Pobre Jaime! Está atrapado entre dos figuras muy potentes: una madre vigorosa, liberal y de sólidos principios, y un padre conservador, lleno de encanto, que apura la copa del vivir con un señorío inigualable.

A este joven de mirada azul le sobran motivos para matar al padre... Debería huir cuanto antes de esta jaula dorada. Por eso abandona sigilosamente el Salón Azul; luego coge el abrigo y escapa escaleras abajo en dirección a la calle. Una vez más, la impaciencia le ha impedido tomar el ascensor. Pero mientras baja los peldaños, aún tiene tiempo de oír la lejana voz de Don Luis, acompañándose al piano:

> Crispulín, Crispulín,
> te buscamos, monín...

LAS OTRAS AULAS

Universidad de Barcelona. Otoño de 1948. Los alumnos más cultos se reunían por entonces en el bar de la facultad, en improvisada tertulia literaria que sería el germen de otras reuniones de mayores vuelos. A sus mesas se sentaban cachorros de la poesía como Carlos Barral, Alfonso Costafreda, Jaime Ferrán y Alberto Oliart. La llegada de Gil de Biedma introdujo algunas novedades. Según Barral: «Jaime dio a la tertulia de la universidad un irritante tono aristocrático. Con desprecio de las proletarias cervezas enjugadas en pastelillos de ternera, él consumía copa tras copa ginebra pura, que lo tornaba locuaz y agresivo, cáustico, como siempre ha sido.» Ahora bien, es improbable que Jaime tuviera ya, en los años cuarenta, esa afición inmoderada por la ginebra, bebida que debió incorporar a sus hábitos más tarde tras su paso por Inglaterra. Pero lo imaginamos perfectamente bebiendo copas de brandy Soberano y manteniendo una «pose» altiva ante los otros.

Algunos testigos coinciden en que en una tertulia algo numerosa, su comportamiento podía resultar desconcertante y hasta molesto. Barral ha descrito acertadamente un rasgo que no pasó desapercibido a cuantos le conocieron: «Jaime era una persona incómoda en sociedad. Ante un auditorio de más de dos interlocutores se sentía irreprimiblemente impelido a avasallar con su inteligencia.» Cierto que aquellos jóvenes se abandonaban al impulso de lucirse en peroratas sobre poesía, pero el contraste de personalidad de Jaime –la distancia entre lo público y lo privado– era, si cabe, más acusada que en los demás. Parece claro, pues, que en público era desusadamente agresivo, como si estuviese continuamente necesitado de justificación. Es fácil verlo como un animal acorralado que hace un uso desmedido de todas sus fuerzas, obligando a sus contricantes a entrar en territorios donde se sabe fuerte. Y allí, escribe Barral, «conseguía casi siempre quedar encima sin haber llegado a convencer. Sobre todo si se tiene en cuenta que estábamos en la etapa en que se prefiere el ingenio a la inteligencia». Gracias a ello, Gil de Biedma desarrolló en la universidad una dialéctica mortífera que acabaría siendo legendaria. Recordaba el político Joan Reventós que «en la facultad tenía fama de ser inteligente, de ser un alumno con un buen expediente académico y emplear "mala leche" en el diálogo. Era un leñero. No estaba hecho de una sola pieza. Tenía muchos altibajos: a veces era despectivo y otras, cariñoso».

En su familia el poeta aprendió el arte de la conversación. Pero ¿de dónde surgía aquella pulsión irrefrenable de destrozar al adversario? En Jaime Gil rara vez hay una sola respuesta. Quizá una de las razones de su comportamiento obedece a que deseaba recuperar cuanto antes el terreno perdido. Cuando empieza a cruzar aceros con sus compañeros, éstos ya integraban una pequeña célula literaria –Jorge Folch, Carlos Barral, Alberto Oliart– y sólo la trágica muerte de Folch dejó un hueco profundísimo que Jaime ocupó de la mano de Barral. Pero el faro poético de aquella facultad era entonces Alfonso Costafreda, camarada de aulas llegado de Madrid, quien les dio a conocer la obra de autores de la Generación del 27, como Vicente Aleixandre, Dámaso Alonso o Luis Cernuda.

Se olvida a menudo que Gil de Biedma tuvo un acercamiento algo tardío a la poesía. Cuando en otoño de 1948 el poeta Aleixandre viajó a Barcelona para pronunciar dos conferencias –una en la universidad y otra en el Ateneo– Jaime brilló por su ausencia. Tampoco estuvo entre los alumnos que acudieron a venerar el maestro al Hotel Gran Vía: Costafreda, Barral, Oliart y Ferrán. Perdió así la oportunidad de vivir una anécdota inolvidable. Cuando Aleixandre le preguntó a Ferrán por el tipo de poesía que estaba escribiendo, el joven repuso muy serio: «Endecasílabos largos, deshilachados en mis últimos amores.» Más tarde Jaime lamentaría no haber asistido a aquellas dos lecturas del maestro: «Por aquella época yo no había escrito un solo verso, no leía poesía jamás y estaba por completo en ayunas de la existencia del poeta. Ni siquiera recuerdo haber leído en los periódicos de entonces alusión alguna a su visita.» Pero aquellas lecturas de Aleixandre acabarían siendo para él como un suceso mitológico, algo transcurrido en otro plano de la realidad, del que Jaime Gil, «con una ceguera digna de personaje de novela del padre Coloma», se reveló por completo ignorante.

Tampoco participó en los inicios de la tertulia de la plaza Real, donde algunos alumnos de Derecho –habituales del bar de la facultad– se reunían a primera hora de la tarde para conversar con autores algo mayores, como Juan Eduardo Cirlot, que les introdujo en los arcanos del surrealismo. Cuando finalmente lo haga, su actitud será la de un gato en territorio ajeno. Según Alberto Oliart: «Siempre nos trataba con deferencia, quizá con un punto de admiración, a Carlos Barral y a mí. Aunque era inteligente en sus intervenciones, mantenía siempre ese aire suyo de melancólica inseguridad.» Gil de Biedma, por tanto, tuvo que ponerse al día, recurriendo a las únicas armas a su alcance: la inteligencia, el ingenio, la lengua afilada. Aquellos compañeros hablaban ya de los poetas del 27, de Antonio Machado, de Rilke, de Rimbaud, de Mallarmé... Basta un símbolo para demostrarlo. Alojado en una humilde pensión estudiantil, Alfonso Costafreda guardaba en su maleta un volumen de *Alcools*, de Apollinaire, junto a sus pocas camisas impecablemente planchadas. ¿Qué libros de literatura tenía Jaime en su cuarto de la calle Aragón?

PURO TEATRO

Admitámoslo. En los dos primeros años de carrera, Gil de Biedma se mantuvo impermeable al clima poético que se respiraba en la universidad. Al principio parecía más interesado en recobrar su viejo gusto por el teatro a través de algún grupo *amateur* que floreció a la sombra de los claustros. En aquella facultad de Derecho había alumnos de talento, como el jovencísimo Adolfo Marsillach, que formaba tándem con otro compañero de aulas –Giovanni Cantieri–, un falso italiano de origen catalán que escribía dramas en sus ratos libres. Fue precisamente a la salida de una de sus representaciones –*Donna Primavera*–, cuando Jaime entabló conversación por primera vez con un personaje clave en su vida: Carlos Barral. Al parecer, había sido una representación bochornosa, tanto por parte del autor como del grupo universitario que la montaba y por parte del público. Cada vez que el héroe debía invocar el amor botticelliano, la platea entera vociferaba: «¡Donna Primavera, Donna Primavera!», entre jipidos y estruendosas carcajadas. Según Barral, aquella noche «habíamos pateado y gritado sin piedad hasta lo intolerable». Luego, coincidieron a la salida, «avergonzados» por su conducta, y pasearon juntos hasta la madrugada. En ese primer encuentro hablaron de literatura cuando Carlos gobernaba el diálogo y de filosofía moral cuando Jaime tomaba la palabra. Los dos acababan de leer *La rama dorada*, de Frazer, y se entretuvieron conversando sobre el mundo griego. Para Barral: «El de Jaime fue un encuentro importantísimo. Hasta aquel momento, ¿y cuánto tiempo después?, era la persona con la que descubría tener más cosas en común, de tal modo que las disidencias eran rabiosas, las diferencias irreconciliables. Pero lo importante era el sentimiento de que sus fuerzas intelectuales funcionaban de modo muy parecido a las mías.»

Gil de Biedma se relacionó, también, con otro grupo *amateur* –el Teatro de Cámara de Barcelona–, cuya aportación a la escena barcelonesa tuvo bastante trascendencia en la posguerra. Había sido fundado por dos jóvenes audaces –Antonio de Cabo y Rafael Richart– que se presentaban al mundo como directores de escena, una credencial deslumbrante pero de aval incierto. Probablemente, habían aprendido el *métier* gracias a Juan Germán Schroder: un dramaturgo culto y amable, que se había erigido en faro de los jóvenes con inquietudes artísticas y que contribuyó a devolver a los escenarios de Barcelona la dignidad perdida. No le fue difícil animar a De Cabo y Richart en su proyecto, que no tardó en dar los primeros frutos. Los fundadores del Teatro de Cámara consiguieron, además, algo muy valioso: la autorización para organizar representaciones únicas de las obras más significativas que se estrenaban en el extranjero. Gracias a ello, recuerda Marsillach, «la censura permitía unas mínimas licencias de texto y de montaje que jamás hubiese tolerado en los teatros comerciales». El propio Marsillach intervino en algunos montajes del Teatro de Cámara: *A puerta cerrada*, de Sartre; *Un tranvía llamado deseo*, de Tennessee Williams, y, posteriormente, *El bello indiferente*, de Cocteau. Sabemos por Mariano Castells que Gil de Biedma asistió a las representaciones de *La ciudad sumergida,* de Schroder, y de *El gran dios Brown,* de E. O'Neill. El antiguo discípulo de Luis Escobar no iba, desde luego, a perderse aquello por nada del mundo. Pero hay motivos para creer que fue a la mayoría de esas funciones no sólo porque suponían una bocanada de aire fresco sino porque había caído, cerca de los escenarios, en las redes del amor.

BAUTISMO DE FUEGO

Cuando aquel amor murió, Jaime Gil se alejó de los escenarios y volvió su mirada a los compañeros letraheridos. Allí estaban los de siempre, intercambiándose libros de poemas: fue entonces cuando se acercó a Barral. En relación a ello, el editor escribe: «Yo creo que aquella amistad fue uno de los factores que lo empujaron definitivamente a la literatura. Obligado a hablar de poesía todo el tiempo, no le quedaba otro recurso que escribirla.» A los pocos días, Jaime le mostró algunos poemas que eran todavía meras aproximaciones. Pero había dado un paso de gigante.

A diferencia de otros poetas, Gil de Biedma siempre fue muy honesto al evocar las circunstancias de su nacimiento poético: «tenía unas copas encima y me di cuenta de que podía ser poeta porque tenía en la cabeza un poema». Nada más. Es una declaración rotunda pero en sordina, sin las amplificaciones habituales del ego. Desde ese primer poema, escrito en la primavera de 1949, mucha de su poesía brotará de esta confluencia de coordenadas: el alcohol y la maduración mental. En su caso, el alcohol actúa como savia creadora de ideas, pero también como espita que regula sobre el papel un torrente verbal preconcebido. Solía decir que muchos poemas los había escrito mentalmente y los había almacenado en la memoria. Cierto. Pero la coyuntura emocional siempre es determinante. Y en 1949 aquel joven parece abocado a los versos. Sus conversaciones literarias con Barral, los consejos del profesor Estapé, la muerte del abuelo Santiago, su amor secreto, la pérdida de la fe religiosa y su inminente incorporación a filas son factores que van calando en el ánimo. Las hermanas Gil de Biedma recuerdan unos primeros versos de Jaime inspirados en una imagen del campo segoviano: «Sábanas de boda pobre / aletean en el río.» ¿Fue ésta la imagen primera? ¿Unas sábanas tendidas al sol, tras la noche nupcial de unos labradores? Es posible. Pero cuando el poema brote en toda su frondosidad, desprenderá los aromas del Lorca temprano:

En el chopo,
palomar de plata viva,
la luz encuentra su nido.

Cabalga la piedra el agua
en abrazo fugitivo.

Sábanas de boda pobre
aletean en el río.

El chopo,
péndulo estremecido.
La luz tirita de frío.

Hay ritmo y musicalidad al servicio del paisaje. Oímos el rumor del agua. Pero escuchamos también la voz del señorito... Porque las sábanas de las bodas ricas no se tienden bajo el sol de los campos.

Desde el principio, este señorito fue sumamente escrupuloso en la elaboración de sus poemas. No era un poeta torrencial ni de caudalosos versos. Al contrario. Podía quemar muchísimas horas puliendo las palabras hasta convertirlas en perlas. Pero este método de trabajo resultaba excesivo para sus compañeros, quienes en función de rivalidades universitarias podían ser bastante cáusticos. Así, Mariano Castells recuerda que «Carlos Barral y Jaime Gil irrumpían en las reuniones con un verso o un poema inacabado y nos sometían a la tortura de su lectura para analizarlo después. Parecía que llegaran Rimbaud y Baudelaire. Se lo tomaban muy en serio. Cualquier cagada de mosca iba a misa, ¿comprendes? Y nosotros debíamos escuchar aquello con la máxima reverencia». Álvaro Rosal recuerda, por su parte, que «Jaime llegaba a casa con un papel escrito donde figuraba un único verso. El verso, en realidad, no era más que una de esas frases suyas que luego hicieron fortuna. Pero nos la leía diez veces hasta arrancarnos una opinión». El editor Jaime Salinas experimentará lo mismo seis años más tarde: «Con eso de la poesía, Carlos y Jaime eran pesadísimos. Escribían un verso al mes, ¿verdad?, y estaban con ese verso, y ya por fin pasaban a otro. En parte era pesado y aburrido. Pero a mí la poesía de Jaime me gustaba.»

Parece claro que necesitaba el juicio de un amplio grupo de lectores. Y en sus inicios recurrió a varios frentes: a) poetas consagrados, como Vicente Aleixandre o Jorge Guillén; b) camaradas de letras, como Carlos Barral, Alfonso Costafreda y Alberto Oliart; c) compañeros con instinto literario, como Mariano Castells o Juan Goytisolo; d) miembros de su círculo familiar, y e) amantes. El hombre que en 1948 ignoraba todo sobre la poesía se ha convertido en 1950 en lector voraz y en incipiente poeta. La metamorfosis se produce en menos de dos años. En 1981 Gil de Biedma declaró: «Creo que la vocación de escribir es un resultado de la vocación de lector. Y a partir de ahí entra en juego un elemento significativo que define a todo escritor: el narcisismo. A lo que aspira uno cuando escribe, inicialmente y de modo inconsciente, es a leerse a sí mismo. Uno empieza a escribir para sí mismo, a leerse a sí mismo como si fuera otro.»

EL ESTUDIANTE DE SALAMANCA

En noviembre de 1950, se instala en Salamanca. Oficialmente marcha allí para concluir los estudios de Derecho y obtener su licenciatura en la universidad española de mayor prestigio. Pero hay algo oscuro en esa decisión que tiene algo de huida. Según el profesor Estapé: «Hubo que gestionar el traslado de matrícula, que era muy laborioso, argumentando en la solicitud un cambio de residencia familiar, lo cual no era cierto. Sus padres jamás se movieron de Barcelona.» ¿Entonces? Alberto Oliart, por su parte, nos ha hablado ya de «motivos personales» no especificados, y otros amigos se preguntaron a menudo por qué Jaime Gil abandonó la Univesidad de Barcelona. Hay razones para pensar que huía de las sombras del amor.

En todo caso, en otoño encontramos al fugitivo en el Colegio Mayor Hernán Cortés, de Salamanca. Allí sigue un horario regular, pero como detesta la rutina introduce en sus hábitos lo que él llama «voluptuosidades pequeñitas». De un lado se hace despertar a las ocho como los demás, y se lava y afeita cuidadosamente. Pero luego regresa a la cama, donde permanece hasta las diez, embutido en un capote para combatir el frío. «¿Qué haces?», le preguntan sus compañeros, y él responde: «Castigando mi despertar.» Le gusta comenzar el día de esta forma, a cubierto, y leyendo lo que le viene en gana. Aquel estudiante se venga del castigo de madrugar con el placer de leer. ¡Y cuánto placer le procura su venganza! Sabemos que aquel año leyó *La república* y otros diálogos de Platón; las comedias de Aristófanes, las tragedias de Sófocles y Esquilo, *El origen de la tragedia*, de Nietzsche, *Providencia* de Jaeger, y *Cántico* de Guillén, en la edición de 1945. Así pues, alterna los clásicos con obras de filosofía, antropología y poesía.

Pero será Guillén, el poeta puro, quien le procure las mejores horas. Porque su obra *Cántico* es un himno a la creación, al goce de existir. Sus poemas celebran la armonía del universo, donde el individuo se integra maravillado, siempre a merced del amor, siempre a merced del asombro.

110

¿Cómo va a permanecer indiferente Gil de Biedma ante esa rotunda afirmación de la vida? Según el propio Guillén, «*Cántico* atiende a los instantes en que no sucede sino el fenómeno extraordinario de la normalidad». Y Jaime absorbe por cada poro sus palabras. Esas dos horas de lectura cotidiana le enriquecerán para siempre.

Observémosle allí, tumbado en la cama con el libro en la mano, mirando fugazmente hacia el exterior:

> Mi ventana, tan subida,
> tan alta sobre esta plaza,
> asistirá a nuestra vida:
> hoy jugamos otra baza.

Ahora el estudiante se acerca al cristal. La obra *Cántico* acaba de inspirarle sus propios versos. Poesía llama a poesía. Es invierno. La bruma se aligera sobre los tejados y Jaime Gil distingue la catedral a lo lejos. La ciudad, clara de piedra y de frío, despierta como un animal dormido. Abre la ventana. En el aire soleado va el sonido levemente: trajín, rumor de gente, misa rezada y rumor en el mercado. Salamanca le aguarda. Cuando dos años después escriba a Barral desde Oxford confesará: «Nada hay aquí comparable en compostura humanística, en retraída elegancia al Patio de Escuelas Menores con su estatua de Fray Luis en el centro.» Este rincón delicioso reúne para él las maravillas de una ciudad, hecha de piedra ardiente y atmósfera serena. Ahí va el Elegido, envuelto en su gabán, paseando por el puente romano que cabalga sobre el Tormes. Y desde el pretil contempla las riberas del «deleitoso río» que cantó Garcilaso.

Es primavera. ¿Acaso no lo veis ahora sentado en la terraza del café Novelty? Bajo las arcadas de la plaza Mayor, deambulan incesantemente los estudiantes, los soldados, las señoritas... Pero cuando cae la noche, se encienden los viejos faroles y las arcadas se pueblan de sombras hasta volverse misteriosas como alcobas. Gil de Biedma va al acecho de algunas sombras. En el poema «Ampliación de estudios» escribirá:

> ... y yo me asomaba para ver a lo lejos
> la ciudad, sintiendo todavía
> la irritación y el frío de la noche
> gastada en no dormir

También aquí el poeta abraza la luz y las tinieblas. Pero nada sabemos. En la primera carta a Barral sólo le transmitió su sensación de tedio y el propósito de hallar un nuevo amor: «¿Sabes que ya casi deseo empicorotarme nuevamente? *Quand je n'aime rien, je ne suis rien,** y me aburro un poco: tener complicaciones sentimentales es una solución muy satisfactoria en invierno... De estudios no hablo: he descubierto que sólo estudio bien si estoy de mal humor. Es un sedante espléndido.» El Gil de Biedma salmantino es un hombre que castiga su despertar, pero también el que se matricula en un cursillo de Filología Hispánica para ahuyentar sus tardes de melancolía. Aunque alguna conferencia resulta de su agrado, la mayor parte de los catedráticos le resultan «unos sentimentales cloróticos». Les atribuye, pues, la enfermedad de las adolescentes, caracterizada por la palidez del rostro y empobrecimiento de la sangre. «Algo terrible», bromea, «y el peor un catedrático de Arte que habita en este Colegio. Uno se siente completamente indefenso; cualquier tarde puede cazarte en el Bar y asestarte frases como ésta: Salamanca es el gótico que se resiste a morir y el renacimiento que le cuesta trabajo nacer». Jaime Gil ama esta ciudad, pero le irritan los tópicos que secularmente se han vertido sobre ella. En lo sucesivo, será implacable con las manifestaciones almibaradas de la cultura y hará burla de los lugares comunes.

¿Qué representa Salamanca en su vida? Aquí vive una crisis de expectación heroica, la incertidumbre insidiosa de su futuro. Son los últimos meses de su etapa estudiantil, esa vida de joven sin trabajo y con algún dinero en el bolsillo. Más tarde lo evocará en el mismo poema «Ampliación de estudios». Pese a que Salamanca resulta irreconocible, Gil de Biedma dejó una pista para identificar la ciudad. Según el político y escritor Salvador Clotas: «Jaime me comentó que había borrado las huellas –algo muy habitual en él– pero había mantenido la imagen de las "diminutas confiterías peregrinas".» En la hora del recuerdo, el sabor de las rosquillas de Ledesma se funde con la voz de un catedrático, los pasos que resuenan en una callejuela tortuosa o el cristal lívido de una ventana. Este joven estudiante percibe en Salamanca que Cronos ha volteado por primera vez el reloj de arena. Por eso, le invade aquí un sentimiento de absolución. Dudas, efusiones, voluptuosidades. Acaba de entender que le queda muy poco tiempo para seguir siendo un burguesito en rebeldía.

LA MONTAÑA PERDIDA

En verano de aquel mismo año prosiguió el servicio militar en el Campamento de Los Castillejos, en la sierra de Tarragona. El poeta tuvo que

---

* «Cuando no me gusta alguien, no soy nada».

adaptarse de nuevo a un ambiente castrense de tiendas de campaña, botas polvorientas y letrinas. Lejos de lo que él llama «las islas del amor», pasó tres meses en aquella montaña perdida, según él, atrapado en «los promontorios del más espeso aburrimiento». Como sargento de la 8.ª Compañía de Infantería se encargó de la instrucción de «los malditos»: los reclutas que llegaban al campamento. Pero los placeres bajo la bandera fueron escasos. Su antiguo compañero Alberto Emo recuerda que «la comida de Castillejos era mejor que la de La Granja», aunque ambos seguían soñando con el cochinillo de Casa Cándido en Segovia. El único consuelo de Jaime era la lectura, pero el calor era tan intenso que en ocasiones le faltaban las fuerzas. En una carta a Carlos Barral escribe: «Mi cerebro es ya en todo similar al de un comandante mayor, la inteligencia decrece.» Sólo el artista que hay en él permanece íntegro e improvisa algunos versos durante las clases teóricas, que anota en las sufridas cuartillas de su cuaderno de Táctica y Topografía. «¿Sabes mi mayor castigo? Tengo dos poetas en mi tienda», confiesa. Y luego concluye: «Compruebo que mi panteísmo y la creencia de que no soy más que una individuación temporal que ha de volver al Gran Todo, su verdadera patria, debería servirme de consuelo en todo esto pero que en realidad no es así: el velo de Maya me sofoca. Yo, Yo, Yo. Yo iracundo, aguantando con mi epidermis personal todo el larguísimo verano castrense.»

Su mayor deseo es aprovechar un permiso y escaparse a Calafell para ver a Barral: el amigo más querido. Un baño en la costa le hace olvidar los rigores de la milicia. Luego al calor del vino, Jaime le repite una coplilla que los veteranos cantan a los novatos, que llegan temerosos a Castillejos:

> Los malditos de este año, flores de pitiminí;
> no necesitan bromuro, porque la tienen así.

OFICIAL Y POETA

Otoño de 1951. El alférez Gil de Biedma regresa a Barcelona con la licenciatura de Derecho bajo el brazo. En seguida se reúne con sus antiguos compañeros de facultad, que celebran una tertulia semanal en el bar Boliche del Paseo de Gracia. En este local con trazas de viejo café, coincidirá con Carlos Barral, Alberto Oliart, los hermanos Ferrater, Alfonso Costafreda, Jaime Ferrán, Enrique Badosa o José Agustín Goytisolo. Les une el amor por la poesía y su rechazo al ambiente de una España que vive hipnotizada con los espectáculos taurinos, los partidos de fútbol y los seriales radiofónicos.

En meses sucesivos, no obstante, acontecen episodios que invitan al optimismo general. El Régimen de Franco recibe el reconocimiento por parte de la ONU y se firman los primeros acuerdos con Estados Unidos. El país comieza a parecerse al film *Bienvenido, Mr. Marshall,* donde las gloriosas rutas imperiales daban paso a carreteras secundarias que traían el capital extranjero. Sin embargo, los tertulianos del Boliche no son felices: siguen padeciendo síntomas de asfixia. ¿Qué hay de la ansiada libertad? De momento se limitan a charlar de literatura y de proyectos literarios, como si el reciente eco de la huelga de tranvías se esfumara ante la promesa de un verso afortunado. El propio Gil de Biedma habla ardorosamente de Guillén, o se comunica por escrito con Barral mediante poemas improvisados que los dos amigos se intercambian bajo la mesa del bar.

Sea como fuere, no ha perdido el tiempo en Salamanca y muestra a los amigos los primeros poemas de valor. Según el profesor Estapé, «Jaime rompió a poeta en el salón de mi casa». Es un modo bastante gráfico de recordar que fue él –y no otro– quien le aconsejó que escribiera poesía para ahuyentar los fantasmas amorosos que le atormentaban. Pero el Gil de Biedma de 1952 ha rebasado la etapa de reminiscencias lorquianas y recoge los mejores ecos de Guillén e incluso de Antonio Machado. En Salamanca ha escrito tres poemas que formarán con el tiempo un ciclo de doce, titulado «Las afueras». Aunque parezcan lejos del poeta maduro, reconocemos los primeros destellos de un modo personal de expresar las emociones. Así, en el tercer poema, evoca la ciudad portuaria que había dejado atrás. Esa Barcelona innombrada, con sus tardes de puerto, donde sucumbió al desamparo errante de los muelles:

> Más, cada vez más honda
> conmigo vas, ciudad,
> como un amor hundido,
> irreparable.

A PROPÓSITO DE *LAYE*

La tertulia del bar Boliche coincide en el tiempo con la aparición de la revista *Laye*: una de las publicaciones que iluminaron el sombrío panorama literario de posguerra. Inicialmente era un boletín cultural del SEU (Sindicato Español Universitario) destinado a los doctores y licenciados de Cataluña y Baleares. En sus inicios atendía, por tanto, a aspectos pedagógicos y culturales; pero en una segunda etapa ensanchó sus horizontes hacia la cultura extranjera. Los tertulianos del Boliche vivieron de cerca esta reconversión gracias a dos de sus colaboradores –José María Castellet y Manuel Sacristán– que ya conocían de la facultad. Ellos fueron quienes les invitaron a colaborar en la revista que, al depender de la Delegación Nacional del Movimiento, no estaba sujeta –en teoría– a los rigores de la censura. Según Juan Goytisolo, *Laye* se convirtió así en «un espacio de discusión en el que, con las precauciones de rigor, se podía criticar en términos cada vez más claros el estancamiento, indigencia y opresión de la vida cultural española». En *Laye* se respiraba además un aire vivificante: en sus páginas convivieron análisis sobre la obra de Heidegger o Jaspers, por ejemplo, con traducciones de la poesía de Eliot al catalán o estudios sobre Rilke, Sartre, Joyce y Simone de Beauvoir. Era una revista laica, liberal, de cuño europeo, bastante insólita en la España de Franco.

¿Qué aporta Gil de Biedma? Recién llegado de Salamanca, publica en sus páginas un poema del ciclo «Las afueras»; a principios de 1952, el artículo «Pedro Salinas y su poesía», y un año más tarde, una docena de composiciones titulada «Según sentencia del tiempo». Estas últimas aparecerán en forma de *plaquette*, editada por las publicaciones de la revista. El poeta alterna aquí el soneto, el romance y el poema en verso libre. Pese a las influencias de Jorge Guillén y Miguel Hernández, destaca su primer poema importante: «Amistad a lo largo.» Es un recuerdo de las veladas con los amigos –noches de gentiles palabras– que concluye con un hallazgo vital de tonalidades sombrías. «Ay el tiempo! Ya todo se comprende.»

En *Laye*, pues, Jaime Gil y sus compañeros publicaron sus textos más tempranos. Entre 1951 y 1953 se dedicaron asimismo a preparar una estrategia que les diera fuerza dentro de la revista hasta convertirla, según la escritora Carme Riera, «en la plataforma ideológica y poética del grupo». Pero muy pronto aquellos jóvenes arreciaron sus críticas a la política cultural del Régimen, deslizando notas despiadadas contra «los genios» entronizados por la prensa oficial. En seguida, los periódicos madrileños alzaron sus voces condenatorias, exigiendo el cierre de la publicación. Artículos como «Los cuervos no nos sacarán los ojos», publicado en un diario de Falange, expresaban el sentimiento hostil de una prensa que se sentía traicionada por aquellos *angry young men**** que habían osado vulnerar las reglas de los vencedores. *Laye* cayó herida de muerte. Y a raíz de un artículo de Enrique Badosa sobre Miguel Hernández, se produjo la suspensión definitiva. Una vez más, las autoridades franquistas habían impuesto su ley. Pero ante la imposibilidad no sólo de exponer las causas del

---

* «Jóvenes airados.» Alusión a un movimiento literario inglés de la década de 1960.

cierre sino siquiera mencionar el hecho, los redactores de *Laye* se las ingeniaron para trazar en la portada una larga franja mortuoria con una cita de Garcilaso: «Sufriendo aquello que decir no puedo.» La verdadera libertad seguía siendo un espejismo.

EL MAESTRO GENTIL

A principios de enero de 1952 el poeta se desplaza en avión a Madrid con Alberto Oliart, quien le ha prometido presentarle a Vicente Aleixandre. Mientras sobrevuelan la España de posguerra, Gil de Biedma observa complacido a las azafatas –«esas musas de ágiles rodillas»– hasta que le brotan los primeros versos:

> Con el aire en lo alto se aparece
> la condición del aire.

Los dos amigos llegan a Madrid eufóricos, juveniles, embriagados por una intensa sensación de felicidad. Tras la cena acuden al teatro a ver una obra francesa, *El complejo de Filemón*, que ambos juzgan bastante divertida. A la mañana siguiente se presentan en el domicilio del maestro Aleixandre, en la calle Velintonia, 3. ¿Qué iban a buscar allí? Según el novelista García Hortelano, Aleixandre «ejerció de *maestro* en los años del silencio y la opresión» y tuvo un papel decisivo en la formación de jóvenes escritores. Una legión de ellos, en efecto, recibieron de él sus mejores enseñanzas. En carta a Barral, el propio Jaime describe así la atmósfera de Velintonia: «El Poeta vive en una casa estilo indefinido ocre y blanca. Hay que atravesar un ralo palizuelo donde en primavera verdean las enredaderas. El interior es burgués –huele a rosa diaria, como diría el amado Jorge–, sobre algún mueble se aburren porcelanas inmóviles.» En seguida, el anfitrión, ataviado con un pantalón de franela y una rebeca gris, les hace pasar a una salita íntima donde destacan libros de Rimbaud y Baudelaire. Es la hora de las charlas y las lecturas. Gil de Biedma leerá entonces algunos poemas que, según Oliart, agradaron bastante al maestro. En uno de ellos se alude a una chiquilla segoviana que tiene diez años y aprende a bordar. Y Aleixandre, conmovido, se entrega allí mismo a un arrebatado impromptu lírico:

> Mari... que borda... sorprendente...
> lejana... ignorando que todos...
> somos ella.

El pecho de Jaime se ensancha de orgullo: por primera vez un poema suyo inspira a los grandes. Pero aquella misma noche, en su habitación, escribirá: «La deliciosa Mari, que ya no tiene 10 años –¡Ay, el tiempo pasa!: a estas horas debe bordar perfectamente–, que vive en Segovia con su padre, un honrado Guardia Civil, sin más cuernos que los del Reglamento.» Y celebra su victoria con una sonora carcajada. Pero lo cierto es que la visita a Vicente Aleixandre le deja un gran sabor de boca. El poeta andaluz es un hombre «verdaderamente encantador», que brinda certeros consejos y anima a los dos jóvenes con comentarios generosos y magnánimos. La leyenda es cierta. Al salir, Gil de Biedma reconoce que ha hablado con «el hombre de mayor sensibilidad poética que jamás he conocido». Y regresa a Barcelona.

En Semana Santa volvemos a encontrarlo en Madrid. Cada vez que viaja allí se reúne con los amigos catalanes –Alberto Oliart y Jaime Ferrán– que residen ya en la capital. En otra carta a Barral le cuenta los pormenores de una velada con ellos en el Casino Militar. El tono certifica su ingenio. Al referirse, por ejemplo, a la nueva novia de Oliart escribe: «ella estuvo más callada que una encina extremeña, y bien sabe Dios que para Alberto –igual que para ciertos pensadores alemanes la paz es sólo una preparación para la guerra– el silencio no pasa de ser una pausa respiratoria». Sabemos que aquel mismo día Jaime Ferrán, le convenció para preparar las oposiciones de ingreso a la carrera diplomática juntos.

Desde Madrid, marcha a La Nava a pasar las vacaciones y allí sucumbe a una intensa fiebre creadora. En apenas tres días concluye cuatro poemas y presiente que ha capturado el tema que se anunciaba en los últimos versos del poema «Amistad a lo largo». Dice: «He dado con un filón tan importante como "Las afueras", éste llevará un título que me presta Anaximandro: "Según sentencia del tiempo." ¿Bello, verdad?» Como otras veces, ahora está en paz con la musa: tras la furia, la conciencia tranquila y el ánimo en sosiego. La sombra gentil de Aleixandre sobrevuela el Jardín de los Melancólicos.

DESCUBRIENDO A MR. ELIOT

Gil de Biedma no olvidaría nunca que Francisco José Mayans le abrió las puertas de Inglaterra. Pero no quiso revelar que Mayans le introdujo también en el majestuoso palacio de la poesía inglesa. En 1948 este agregado de embajada había publicado ya un libro de poemas –*Estancias amorosas*– en la colección Adonais y era un buen conocedor de la lírica anglosajona. Recuerda Mayans que «cuando Jaime me leyó sus primeros versos, le recomendé la obra de varios autores ingleses contemporáneos. Había algo en su forma de ser que era muy británico. Y aunque escribía muy influido por Guillén, le presté algunos libros de mi biblioteca para que practicara el idioma y conociera la cultura del país».

En el apartamento de Mayans efectúa, pues, la primera incursión en aquel territorio nuevo: un libro de memorias, *World within World*, de S. Spender, cuyos poemas también lee aquel invierno de 1953; además descubre a Auden a través de sus *Collected Shorter Poems*, y la antología *The Faber Book of Modern Verse*, en edición de 1936. Pero, sobre todo, encuentra a Mr. Eliot, que acabó siendo para él «el mayor artista entre todos los poetas del siglo xx». Aunque el año anterior había conocido algunos poemas suyos en la traducción de Vicente Gaos, ahora lo lee en la lengua original y queda deslumbrado. En pocas semanas devora *The Waste Land, Four Quartets, Selected Prose* y *The Use of Poetry and the Use of Criticism*. El poeta ignora aún que las nuevas lecturas marcarán su vida. Sólo sabe que esta literatura le cautiva con su música, le arrastra por senderos de expresión desconocidos y le invita a indagar en el drama del hombre contemporáneo... Ese hombre que mide su vida con cucharillas de café.

A lo largo de aquellos meses el poeta padece una intensa fiebre eliotiana que le convierte, según propia confesión, en un «eliotiano furioso». La primera lección de Mr. Eliot será incorporada por él como una auténtica declaración de principios: «Poesía sigue siendo una persona que habla a otra.» La música de la poesía es, por tanto, la música de la conversación. Otra enseñanza capital proviene de Auden: «La diferencia fundamental entre la literatura griega clásica y la literatura moderna es que el héroe de la literatura clásica es siempre un personaje público, y el de la literatura moderna, un personaje privado.» Este descubrimiento también resultará determinante en su futura concepción poética. Treinta años después declaró a Gerardo Irles: «Vestirse de poeta con túnica y hablar de que el poeta canta por todos son ganas de colocarse en situaciones de martes de carnaval.»

A su vuelta de Oxford, este joven abogado se ha imbuido de la sensibilidad, el esnobismo y las maneras de la burguesía intelectual inglesa. Pero no podemos hablar aún de una influencia real en el plano artístico. Es cierto que ha descubierto un filón inagotable en los pasajes meditativos y narrativos del último Eliot, o en la perfeccion técnica de Auden. Pero según él: «Una influencia profunda no es una inyección de cafeína: no opera instantáneamente, en contra de lo que la gente piensa. Uno tiene que ganarse las influencias. Lo que uno aprende de los demás poetas hay que ganárselo, y llegar a estar influido por alguien cuesta años.» Implícitamente, Gil de Biedma introduce aquí un matiz revelador: el que separa la verdadera creación del tosco quehacer mimético. Desde 1953 se ganará con esfuerzo sus galones, en un país, España, cuya poesía ha crecido secularmente de espaldas a la literatura anglosajona. Hablando de los *Cuatro cuartetos* le comentó a Àlex Susanna: «Al principio fui seducido, sobre todo, conceptualmente. La primera lectura me produjo un gran impacto. Pero fue como leer un ensayo denso y difícil. Luego me sedujo su *phrasing*, su prodigioso tono y registro poético.» En una entrevista posterior reconoció que «desde que los conocí, es lo que durante años estuve intentando imitar». Otro tanto podría decir de Auden. Pero sólo a finales de los cincuenta se percibirán las primeras huellas de los nuevos maestros.

Entretanto, Jaime Gil se halla leyendo en su habitación de Londres. Es una noche de invierno de 1953. Paco Mayans se ha retirado a descansar y él se ha quedado solo. Afuera cae la lluvia. Y un relámpago cegador ilumina el cielo de la página:

> *Time present and time past*
> *Are both perhaps present in time future,*
> *And the time future contained in the time past.*
> *If all time is eternally present*
> *All time is unredeemable.* *

CASTELLET Y *LA CHANSON*

Cuando regresa de Inglaterra, participa a los amigos sus hallazgos. Es la época de los primeros viajes al extranjero y cada uno aporta, en intercambio fecundo, su contribución literaria particular. La tertulia del Boliche y las colaboraciones en *Laye* van adquiriendo así un tono cosmopolita que con el tiempo será uno de los rasgos generacionales del Grupo de Barcelona. Pero más allá de afinidades –Barral por Alemania, José Agustín Goytisolo por Latinoamérica o Gil de Biedma por Inglaterra–, la ciudad de París se erige en meta obligada de todos. A lo largo de siglo XX, la capital francesa había acumulado un sólido prestigio cultural, que revive ahora con los fuegos del existencialismo. Aunque la experiencia inglesa de Jaime le marcó más profundamente que cualquier otra, su estancia parisina –aquel verano de 1953– le abrió horizontes desconocidos. Según

---

* «El tiempo presente y el tiempo pasado / están quizá presentes los dos en el tiempo futuro, /y el tiempo futuro contenido en el tiempo pasado. / Si todo tiempo es eternamente presente / todo tiempo es irredimible.»

Carme Riera, «París era la posibilidad de acceder a una cultura normalizada, de tener libros sin necesidad de acudir al contrabando, de leer sin cortapisas y de gozar también de otros placeres, como los de la carne, menos triste allí, ya que la moral, de acuerdo con el laicismo que dominaba en los países civilizados de Europa, era mucho más relajada.» A la vuelta, el viajero ya puede decir a los amigos:

> Ahora voy a contaros
> como yo también estuve en París y fui dichoso

París será en lo sucesivo mito y nostalgia, una geografía emocional. De su recuerdo habrán de alimentarse aquellos jóvenes en las horas vacías. Aunque el poeta se traslada a Madrid para preparar su ingreso en la Escuela Diplomática, los aires parisinos persisten durante el invierno de 1954 y en verano visita de nuevo la capital francesa. Allí se deslizará entre dos vigorosas corrientes: la francesa y la anglosajona. De un lado, inicia la traducción de *The Use of Poetry and the Use of Criticism*, donde Eliot procede a la revisión de la literatura inglesa del pasado y establece un nuevo orden de poetas y poemas, restaurando en su significado justo la aportación de los autores clásicos: Dryden, Wordsworth, Coleridge, Shelley, Keats... Pero al mismo tiempo, Gil de Biedma sucumbe de nuevo a los perfumes de la *chanson*: Edith Piaf, Georges Brassens, Juliette Greco... Gracias a ellos comprende que Europa también salía de una guerra, alzándose penosamente de sus ruinas. Y en aquel clima de miedo y esperanzas, la canción francesa era como un himno rebelde, entre canalla y nostálgico. No es casual que Jaime la llame «rosa de lo sórdido», en el poema donde la evocará más tarde:

> Eras lo no esperado que se impone
> a la imaginación, porque es así la vida,
> tú que cantabas la heroicidad canalla,
> el estallido de las rebeldías
> igual que llamaradas, y el miedo a dormir solo,
> la intensidad que aflige al corazón.

Para la juventud de los primeros años cincuenta las canciones de Kosma y Prévert les impulsaban a ponerse en pie. Después de todo, escribirá Gil de Biedma, «Nosotros, los más jóvenes, como siempre esperábamos / algo definitivo y general». Y la revolución, en efecto, podía brotar en el abrazo furtivo, de pie en un quicio oscuro, o en la lectura gozosa de textos comprometidos.

Muchos de esos textos les llegaron de la mano de José María Castellet: figura muy respetada en el círculo de *Laye* por su sólida fomación intelectual. Parte de su prestigio se remontaba a 1949, cuando publicó un atrevido artículo sobre *El segundo sexo*, de Simone de Beauvoir. Más tarde, el descubrimiento de obras como *¿Qué es la literatura?*, de Jean-Paul Sartre, o textos fundamentales como *L'Âge du roman américain*, de Claude-Edmonde Magry, le impulsaron a rechazar abiertamente la literatura burguesa en favor de obras *engagées*. Castellet se convirtió así en el crítico más avanzado del país, el más europeo e izquierdista, y como tal contemplaba los postulados estéticos e ideológicos como un todo.

En años sucesivos, Castellet haría circular revistas como *Europe* o *La nouvelle critique*, que Jaime Gil y sus compañeros leyeron con avidez. Aquellas lecturas fueron el complemento necesario a *la chanson*, cuyas canciones iniciáticas eran escuchadas con gravedad litúrgica por esos jóvenes letraheridos que se reunían ahora en el Bar Club. Según Carme Riera, la tertulia tenía lugar los domingos por la mañana en el salón interior de un bar que, el resto de la semana, se utilizaba en horas nocturnas como bar de alterne. Dice en favor del dueño que ofreciera sus salones a unos hombres unidos por la literatura y el rechazo al Régimen, porque bajo la batuta de Castellet la tertulia adquirió pronto un tono marcadamente político. Podía recomendar a sus pupilos las últimas novedades francesas, al tiempo que su vecindad sentimental con el Partido Comunista le hacía abogar por el compromiso social. La literatura, por tanto, cedía a menudo protagonismo a sucesos políticos que se comentaban cada semana en el bar. Con los años, se hablaría allí de algunos episodios clave de aquella década: la «caza de brujas» desatada en Estados Unidos, la posición de Francia en Argelia, la crisis del Canal de Suez o la derrota francesa en Indochina. Todos estos acontecimientos internacionales evidenciaban las fisuras clamorosas del sistema capitalista... Lo que les indujo a pensar que China y la Unión Soviética eran un paraíso de solidaridad.

Recuerda José Agustín Goytisolo que en el Bar Club se percibía «el clima de un nido de conspiradores». Y no le falta razón: aparte del carácter clandestino de la tertulia, se produjeron con frecuencia las visitas de algunos personajes misteriosos, cuya identidad era secreta y que traían noticias del extranjero. Eran por lo general diplomáticos, militantes comunistas o políticos liberales que daban brillo e intensidad emocional a unas charlas caracterizadas por el deseo de acabar con la Dictadura. Esta voluntad de cambio no era, con todo, patrimonio exclusivo de España. De hecho, rebeldes de medio mundo deseaban unir sus fuerzas para combatir las lacras del sistema capitalista, democrático o no. A raíz de un número especial de la mítica revista *Les Temps Modernes* (1955), los tertulianos comprendieron al fin que su insatisfacción generaba energía y que esa energía sólo podía canalizarse adecuadamente militando en el Partido Comunista.

¿Qué pensaba Gil de Biedma? Como otros compañeros, sentía una adhesión sentimental al marxismo, dictada en parte por el deseo de librarse del pecado original de su clase. Según el poeta Ángel González: «La situación de privilegio en la que vivió la guerra civil y sus consecuencias llegaron a crearle un difuso sentimiento de culpabilidad que le empujó a tomar posiciones muy claras contra la dictadura, muy radicales precisamente en el momento en que consolidamos nuestra amistad.» Jaime Gil no fue el único. Juan Goytisolo asegura que su aproximación al marxismo vino dictada en gran parte «por el deseo de hacerme perdonar la mancha original de mi clase y pasado infamante de la familia». Otros escritores de la época, como los hermanos Carandell, han aludido en ocasiones al sentimiento de culpa que les embargaba por haber crecido en el bando de los vencedores. No es extraño, pues, que en el poema que abrirá su libro *Moralidades*, el poeta se dirija a varios amigos –Carlos Barral, Ángel González, Alfonso Costafreda, Gabriel Ferrater, Blas de Otero, José Agustín Goytisolo o José Manuel Caballero Bonald– con esta dedicatoria:

> a vosotros pecadores
> como yo, que me avergüenzo
> de los palos que no me han dado
> señoritos de nacimiento
> por mala conciencia escritores
> de poesía social.

¿COMUNISTA O ARISTÓCRATA?

Invierno de 1956. El poeta viaja a Filipinas donde permanecerá alrededor de medio año. Como en el caso de Inglaterra, el viaje a Oriente representa un hito en su formación personal. A la vuelta de Manila cuenta anécdotas a sus familiares y revive en el salón episodios llenos de exotismo. Otro tanto hará con los amigos, a quienes lee incluso algunos pasajes de su diario secreto. Lo filipino, pues, incide con fuerza en varios planos de su vida. Incluso el político. Hasta entonces, Gil de Biedma se había mostrado bastante indiferente a la miseria española de posguerra. No era asunto suyo. Además, ¿qué podía hacer él ante la proliferación de mendigos y tullidos que vagaban por las calles vencidas? Nada. Aquellas patéticas presencias, con muñones y harapos, habían poblado sus primeros años, recluyéndole aún más en su «pequeño reino afortunado». Pero en Filipinas el señorito abre definitivamente los ojos, aprende a mirar con sensibilidad adulta y siente un repentino rapto de solidaridad. Todo ello sucede cuando su poesía frecuenta aún cumbres elevadas –la pureza de Guillén o los arcanos de cierto simbolismo–, lejos de las miserias terrenales. Treinta años después analizará este fenómeno en una charla en Madrid: «Me ocurrió una cosa que tuvo mucha importancia, que fue mi primer viaje a Extremo Oriente y el descubrimiento del Tercer Mundo, del subdesarrollo económico, del primitivismo, que me produjo un *shock* muy profundo, que está más o menos expresado en poemas que ahora a mí me gustan poco, pero que marcaron mi huida a lo que se llamaba entonces –y se sigue llamando– la poesía social.»

Quizá debamos recordar que en su generación hubo numerosas caídas del caballo. José Hierro conoció el silencio de plomo de las cárceles franquistas; Caballero Bonald, la miseria de los vendimiadores andaluces; José Agustín Goytisolo, las chabolas de gitanos en Montjuïc; Ángel González, la vida áspera del minero asturiano... En la España de Franco no era necesario viajar a Asia para descubrir un escenario tercermundista: bastaba viajar al Sur, como Juan Goytisolo, donde los campesinos de Almería vivían en condiciones similares a las del continente africano. Pero Jaime necesitó marchar a Oriente para adquirir plena conciencia de los abismos sociales. Hasta entonces había mantenido cierta actitud de señor feudal: él estaba en la cúspide y los campesinos de La Nava o los obreros barceloneses eran poco más que los siervos de la gleba. Pero en Filipinas la miseria surgía aterradora, fruto de un despótico sistema colonial. Y el Elegido lo vio. Eran los suyos, los ricos, quienes atravesaban los caminos polvorientos de las plantaciones a bordo de un Cadillac, mientras los indígenas doblaban el espinazo bajo un sol de justicia. Según un amigo de Manila, aquel espectáculo comenzó a incomodarle hasta el punto de hacérsele intolerable.

Las lecturas de Sartre, el viaje a Filipinas y las conversaciones con Castellet le llevan entonces a plantearse su ingreso en el Partido Comunista. Para ello ha de obtener el *placet* de Manuel Sacristán. En el Diario del 56 se insinúa el interés del poeta por tantearle y su falta de coraje para hacerlo: «Observo que me sigue cohibiendo y que le guardo el mismo respeto que en mis tiempos de estudiante.» ¿Quién es ese hombre que le inhibe tanto y despierta a la vez su admiración? Manuel Sacristán había sido en su juventud un acérrimo falangista y ferviente católico, pero tras su paso por Alemania experimentó una asombrosa metamorfosis que hizo de él un notable difusor del marxismo. Sabemos que Gil de Biedma admiraba sus dotes dialécticas y su capacidad de razonamiento, y llegó a mostrarle algunos de sus primeros poemas. A mediados de los cincuenta, Sacristán fue elegido por el Partido Comunista para organizar la primera célula universitaria de Barcelona, formada, entre otros, por el escritor Luis Goytisolo y el sociólogo Salvador Giner. A su prestigio de seductor intelectual unirá Sacristán el aura de líder clandestino. Y él se lanza a tantear el terreno.

Sin embargo, algo falla. Jaime Gil reconoce en su Diario que «el sesgo que yo he dado a la conversación para decirle lo que no le dije el otro día, le ha sorprendido. En fin, que me he precipitado». Sacristán está lejos de considerar seriamente las inquietudes políticas del poeta. «Sospecho que me tiene por un ser bastante frívolo», escribe éste con cierta desilusión. Pese a todo, hará nuevas aproximaciones a otros miembros del partido, hasta que finalmente fracase en el intento. Según Ángel González: «Sólo la torpeza de algunos responsables de la política cultural del PC que rechazaron la solicitud de Jaime para ingresar en sus filas, le salvó de cometer lo que hubiese sido otra torpeza aún mayor.» De acuerdo. Pero esta opinión de 1990 no puede hacernos olvidar un hecho –el rechazo comunista– que para Gil de Biedma supuso un fuerte revés. En el fondo, se sentía atraído por los escritores ingleses de los años treinta –Auden, Spender e Isherwood– y nada le hubiera resultado más grato que abrazar no sólo sus postulados poéticos sino políticos. En aquel momento, combatir el franquismo en la clandestinidad, militando en el partido, habría dado a su vida un sesgo más romántico.

Cuando se le cerraron las puertas, afloró de nuevo su lado señoritil y se lanzó a cultivar su vertiente más esnob. Había encontrado un formidabe cómplice en el futuro editor, Jaime Salinas, que residía en una villa isabelina del barrio del Putxet. En los tres años de mayor efervescencia (1956-1959) el anfitrión recibió allí a Jaime Gil, Carlos Barral, los hermanos Ferrater, Ángel González y numerosas aves de paso. Recuerda Salinas: «Jaime y yo compartíamos el mismo interés por la vida anglosajona, también un cierto esnobismo que era, en realidad, un desprecio al provincianismo español que ignoraba lo que sucedía en el resto del mundo.» La anglofilia común sella su complicidad y los dos amigos crean juntos un pequeño código inaccesible a los demás. Tras una noche de alcoholes, por ejemplo, no se despiertan con resaca, sino que hablan de *sense of impending doom.**

En realidad, sólo era un juego. Pero a veces llegaban a extremos que podían resultar «irritantes», según un compañero de fatigas. Todo empe-

---

* «Sensación de inminente fatalidad.» Jaime lo empleaba también ante un silencio gélido y sepulcral.

zó con la lectura de *Noblesse oblige*, un libro de la novelista Nancy Mitford, donde se divulgaban los usos y vocabulario de la aristocracia inglesa. En esta obra, Mitford incluía un jugoso repertorio de lo que es correcto en la nobleza –«*U*», en inglés, por *upper-class* o clase alta– y lo que no lo es –«*non-U*», *non-upper-class*–, que ilustraba toda una forma exquisita de ver el mundo. La diferencia de lo que es «aristo» y de lo que es plebeyo resultó muy del agrado de Gil de Biedma. Por ejemplo, enviar cartas por avión es algo de lo más vulgar –«*non-U*»–, porque un aristócrata jamás debe tener prisa. Tampoco emplea términos como *mirror* (espejo) o *notepaper* (papel de cartas), sino *looking-glass* y *writing paper*. Son detalles que permiten reconocer al verdadero aristócrata del insoportable advenedizo. En seguida el poeta y Salinas deciden incorporar este baremo social, pero lo usan de una forma algo más laxa como sinónimo de lo que es presentable y lo que no es de recibo. Pronto ese código se extenderá al círculo de amistades, que juzgan al prójimo –aquellos tristes españoles de los cincuenta– por su linaje, el acento, los giros del habla y sus modales en sociedad. Según el erudito Francisco Rico, «Utilizaron aquello una larga temporada. Cuando les hablaba de alguien, me decían siempre: "¿Pero es '*U*' o no es '*U*'?" Podían aplicarlo a todo. Para que Jaime te considerara seriamente debías ser "*U*". Una tarde de lluvia me comentó: "Recuerda que un auténtico aristócrata jamás usa el paraguas"».

PIAZZA DEL POPOLO

A finales de mayo de 1956 efectúa una breve escala en Roma, procedente de Filipinas. Tras cinco meses en un país donde todo comienza cada día, le invade el deseo de embriagarse de historia acumulada. Pero la ciudad le desborda: «Roma y su dosis casi mortal de pasado me llenaron de miedo», escribe. ¿Cómo no encontrar irreal ese olor «a dignatario eclesiástico y aristocracia negra» que exhala la Ciudad Eterna? Afortunadamente, el encuentro con María Zambrano contribuirá a hacer su estancia más llevadera.

Pensadora de élite, María Zambrano era considerada por una minoría la filósofa más notable entre los discípulos de Ortega y Gasset. Como otras figuras de la España republicana, había abandonado el país y sobrevivía en los eriales del exilio. Pero su aura llegaba hasta los poetas jóvenes. Devotamente, Gil de Biedma acude a visitarla a su domicilio en Piazza del Popolo, donde escucha los pensamientos vivos, hondos, casi cegadores de aquella sacerdotisa de palabra clara: «El que ha sabido mirar, siquiera un árbol, ya no muere», «La esperanza es la substancia de nuestra vida, su último fondo», «Sabio es el que está maduro para la muerte»... Aquella misma noche María Zambrano le conduce al templo de Venus, donde el mirto crece en el solar de las columnas. El poeta se maravilla: aquella calma de siglos le aleja de sus temores romanos. Entonces la pensadora enciende su larguísima boquilla y comienza a hablar del Larario de Roma y de las ofrendas al pie de la estatua de Nerón. Veinte años después, Gil de Biedma declaró a la revista *Thesaurus*: «María era capaz de crear una especie de intensidad a su alrededor. Iba siempre con una boquilla y un cigarrillo que se acababa de una sola chupada. Yo soy una persona que más bien mira hacia abajo y, de repente, María dio una larga aspiración a su cigarrillo y dijo: "¡Qué hermosa está Venus esta noche!" Yo buscaba una estatua, y resulta que era la Venus astral...»

El recuerdo más perdurable de su estancia romana crecerá así bajo la sombra de Zambrano. La noche de su despedida, ella le invita a cenar a una *trattoria* cercana a su casa, y en el transcurso de la velada rememora su experiencia de la guerra. De sus labios Jaime conocerá los pormenores amargos de la derrota y el éxodo. Es el preludio de una anécdota que le cuenta ella: su emoción al escuchar una multitud cantando *La Internacional*, durante una reciente manifestación del PCI en su amada Piazza del Popolo. Es la misma canción oída en otra plaza, en otros pueblos de la España republicana de su juventud. ¿Cómo había podido olvidar aquella esperanza? El poeta queda impresionado por el vigor de la escena, la voz de la exiliada, su maestría en el arte de narrar. Dice él: «Me sentí dignificado, exaltado a una altura significativa, purificado de todo deseo trivial.» La escena le conmueve tanto que, tras despedir a María Zambrano a la puerta de su casa, se sentará luego en la terraza y escribirá de un tirón una veintena de versos. Es «el monstruo de un poema que me gustaría escribir, contando lo que ella me contó», anota en el cuaderno. Aunque no logra dar con el tono, florecen ya los algunos fragmentos de *«Piazza del Popolo»*, uno de sus más célebres poemas sociales.

> Cierro
> los ojos, pero los ojos
> del alma siguen abiertos
> hasta el dolor. Y me tapo
> los oídos y no puedo
> dejar de oír estas voces
> que me cantan aquí dentro.

EL ARTISTA SERIAMENTE ENFERMO

En junio de 1956 Gil de Biedma recibe la noticia de que ha contraído la tuberculosis. Inquieto por temperamento, reniega de la enfermedad hasta que descubre en ella un inesperado caudal de horas. Autores a los que admira, como María Zambrano, deben su cultura a convalecencias muy leídas. ¿Qué le impide hacer lo mismo y ponerse al fin a trabajar? Proyectos, sin duda, no le faltan: leer, escribir poemas, proseguir el diario y redactar un estudio sobre el poeta Guillén, que le ronda desde hace años. Aunque en Barcelona no puede atender todos los frentes, el traslado a La Nava le proporcionará un ambiente propicio para sus intereses literarios. Algunos amigos temen que no soporte aquel nuevo encierro. Tiene demasiada energía, demasiada impaciencia, demasiada sensualidad: le creen incapaz de permanecer tres meses recluido en una casa de campo. Pero se equivocan. A los pocos días el enfermo se ha acostumbrado a su nueva vida y se complace en entregarse a lo que los notarios franceses llamaban *la vie de château*, que consiste en *bouder à la besogne** y en escribir y esperar cartas. La obligación de permanecer en la cama no le resulta una limitación. Al contrario. Ha descubierto que puede desenvolverse a sus anchas dentro de ella y ser feliz. Escribe a Gabriel Ferrater:

> Oigo música, leo bastante, escribo –esto casi parece el curriculum vitae de Sitwell en Penguin–, trabajo en mi estudio sobre *Cántico*. En fin, que por fin llevo una vida de letraherido integral, sin nostalgias ni deseos de placer. Es curioso lo fácilmente que me he acostumbrado a la castidad. Lo único que hago es comer con cierto exceso, y es que ello ha venido a convertirse no sólo en mi único placer carnal sino en mi único ejercicio físico; no extraña, pues, que coma con una glotonería y con una deshonestidad de dignatario eclesiástico.

El hombre que en Salamanca se abandonaba a voluptuosidades pequeñitas comienza a sentirse aquí como un verdadero aristócrata. Recibe cartas de Paco Mayans, Carlos Barral, María Zambrano, Natalia Cossío... Y percibe desde la cama el mundo que le rodea: el rumor de las hojas azotadas por el viento, el bochorno de la tarde, el olor del jardín. Este artista enfermo pasa gran parte del día en soledad, hasta el punto de que su vida es casi un continuo soliloquio. Sin embargo, esa vida se le antoja tan ajena como cuando estaba en la oficina: «En ningún momento la confundo

---

* «Poner mala cara al trabajo.» En francés antiguo, «acto sexual» o «favor sexual».

conmigo», escribe en su diario. Pese a la afluencia de recuerdos, no se identifica plenamente con ellos. Y al tratar consigo mismo no encuentra en él más realidad que la que encuentra en cualquier otro:

> Creo que he perdido el sentimiento de mí mismo y que me voy volviendo neutro como un alma en pena, como una abstracción que no acaba de encarnarse en nada de lo que pienso, digo y hago. Es un aburrimiento, aunque acaso sea lo normal a mi edad y en mi situación. Acaso, a partir de cierto momento en la vida, el único modo de sentirse uno mismo consista en casarse, o en cometer adulterio, o en tener una lenta enfermedad mortal y una pequeña fortuna.

En este deseo de poseer un pequeño patrimonio es fácil reconocer –incipientes y en sordina– las primeras notas de «*De vita beata*», uno de sus poemas más recordados. A medida que transcurren los días, Jaime Gil se pliega a un horario muy estricto que le reconforta: se despierta a las nueve, escucha el concierto para trompeta de Haydn, desayuna, recibe una inyección de estreptomicina, lee poesía hasta las once, toma notas para su libro sobre Guillén, se lava y afeita antes de las dos, almuerza con acompañamiento de música, escribe de cuatro a siete y media –poesía, diario o cartas– y desde las ocho hasta la cena aborda «lecturas graves» como *The Bolshevik Revolution*, de E. H. Carr, libro que Modesta observa siempre con recelo cuando entra en su cuarto. La cena también se efectúa con acompañamiento musical. Luego, emprende «lecturas ligeras», como *Joseph Andrews*, de Fielding. Y de nuevo poesía –las *Sátiras* y *Epístolas* de Boileau– antes de dormir.

Se siente tan cómodo con esta nueva vida que su mayor preocupación reside en «el espantoso transtorno que va a ser levantarme de la cama». En carta a Barral escribe: «Es una lástima que el descubrimiento de los antibióticos me haya recortado este período de vida ancha y larga hasta dejármelo en tres meses. ¿Imaginas qué cosas uno debe llegar a hacer, siguiendo esta vida tres años? Yo creo que para los poetas antiguos tener un mecenas era seguramente algo así.»

Pero cuando tras un mes de cama abandone su refugio, le invadirá una felicidad enorme y apacible. Instalado bajo el álamo blanco del jardín, el árbol de Tía Isabel Loca, renuncia a la escritura y se entrega a la maravillosa lentitud de un día clásico de agosto. No hay nubes. Escribe en su diario: «Distingo cada olor y cómo varía y se suma a todos los otros: el de la tierra caliente, el de la acacia a mi espalda, el de los setos de boj que ahora ya sé a qué huelen: a siglo XVI.» La última frase es puro Gil de Biedma. Le basta una hora al aire libre para alcanzar una armonía desconocida. «Ponerme al paso ha sido el gran regalo de la enfermedad.» En efecto. Le ha descargado del trabajo cotidiano en el despacho de Tabacos y le ha permitido aprovechar esas tres horas de calma diaria que en Barcelona dilapidaba sin contemplaciones. «Lo que ocurre es que no quería, porque en circunstancias normales no me siento capaz de lidiar conmigo mismo. El no poder parar quieto, la incapacidad para demorarme a saborear y el histerismo erótico son manifestaciones de esa incomodidad fundamental», reconoce. El bacilo de Koch, pues, parece haber templado su carácter impaciente. Recluido en los confines de la propiedad, es dueño y señor de su inteligencia. Así lo comunica a Gabriel Ferrater en este párrafo admirable:

> Estos días, no sé por qué, estoy contento de mí, pero no, no es eso exactamente lo que me pasa: quiero decir que me *divierto conmigo* –en los dos sentidos: etimológico y actual–. Me figuro que tú te habrás divertido alguna vez contigo. Es una de las cosas más agradables de este mundo. Levantarse, por ejemplo, hacer el *tour du propriétaire** de nuestra inteligencia y encontrar que los corderos se han reproducido, que los gansos están bien cebados para el *foie-gras*, que las vacas dan leche en abundancia, que las uvas están maduras y la pradera verde. En fin que todo se ha reproducido y puja por sí solo: la delicia de que el propio pensamiento nos guarde sorpresas –que se da, ay, tan raramente. La satisfacción de ser inteligente, que es una verdadera satisfacción (más que satisfacción: fruición) fisiológica, como digerir bien.

Esta nueva vida, a tempo de minué, le permite además perderse en divagaciones más o menos metafísicas. Incluso se anuncia un aforista ligero que ulteriormente no prosperó: «Lo más bonito del pasado es el orden y lo bien que por fin se reparten los papeles.» «La historia siempre está a favor de lo que ha sucedido.» «El presente siempre ofrece el mismo espectáculo desmoralizador: el del tonto que ha logrado hacerse con una razón y está dispuesto a no soltarla...» Ahora Jaime Gil alterna la lectura de los *Ensayos* de Pound con los paseos en el jardín donde juegan sus sobrinos. Pero, en el fondo, se deleita cada vez más en el lecho... Algo que produce malestar entre las mujeres de su familia: «como buenas españolas les encanta consolar a los enfermos y el modo orgiástico en que manifiestamente disfruto de mi enfermedad les parece irreverente, casi volteriano». Para colmo, decide dejarse barba para disimular el pliegue graso de la barbilla... En aquella España de bigotes fascistas, el gesto constituye

---

* «La ronda del amo».

una rareza que apenas sobrevivirá al final del verano. Escribe en el Diario: «Llevar barba es una placer de erudición. Con ella y con el pelo un poco largo, cada mañana me disfrazo de alguien. He sido Cánovas en los días de Vicálvaro, Enrique III de Francia y un diádoco. Hoy he vacilado entre Sir Walter Raleigh y un *souslieutenant* del primer Imperio –quizá el mismo Henri Beyle.»

A finales de agosto cae una lluvia torrencial durante toda la noche. El cielo se vuelve profundo y un viento frío invade La Nava. El verano está pasando sin haberse detenido y el Jardín de los Melancólicos no ha llegado a agostarse. El poeta se pone entonces un pantalón de franela y el inseparable suéter a rombos de colores que le regaló Paco Mayans en Inglaterra. Con esa indumentaria, con los kilos de más y una barba «tan complida» como la del Cid ofrece un aspecto imponente y satisfactorio. Ha descubierto los placeres de recitar el *Cantar de Mío Cid* y esta ocupación, escribe, «me hace siempre saltar las lágrimas». Años más tarde cautivó a los auditorios recitando su propia poesía, pero esta habilidad le debe mucho a su convalecencia, donde meditó sobre las particularidades fonéticas del idioma: «La monotonía acentual y la pobreza vocálica del castellano desaparecen si se lee en voz alta. Importa saber acelerar y retardar, y descubro algunos estupendos cambios de tono.» La buena de Modesta oye la voz del enfermo, que clama desde lo alto:

> En tierra de moros prendiendo e ganando
> e durmiendo los días e las noches tranochando
> en ganar aquelas villas mio Cid duro tres años.

Y se santigua para sus adentros.

El tiempo empeora en la Casa del Caño: cielo encapotado, vientos y lluvias. El poeta renuncia a salir al jardín y permanece en su habitación donde su madre ha ordenado encender la chimenea. Ahora siente el calor cercano de la lumbre, mientras observa a través de las ventanas abiertas el goteo de los árboles y el vuelo de los gorriones. «Me siento completo», dice, y aprovecha aquella doble reclusión para avanzar en sus planes de escritura. En pocos días concluye una nueva sección del poema *«Piazza del Popolo»* y escribe el primer capítulo de su libro sobre Guillén. Sólo las irrupciones esporádicas del padre le apartan de sus papeles. Don Luis comprueba el aspecto saludable del hijo. En breve, piensa, habrá de reincorporarse a la compañía. El verano ha concluido.

HAPPY BIRTHDAY?

De camino a Barcelona, Gil de Biedma se detiene en Madrid donde se reúne con Carlos Bousoño. Luego, en el tren, lee una separata –*La poesía como género literario*– que acaba de regalarle el poeta asturiano. La lectura le mantiene despierto, en estado de ebullición mental: «Es curioso –escribe–, para ponerme a tener ideas, necesito siempre arrancarme en contra de las ideas de otro. La disconformidad, o cuando menos el no estar del todo de acuerdo, es lo que me dispara. Dejado a mí mismo, no pensaría –y probablemente tampoco escribiría casi nunca.» La confesión es esclarecedora porque desvela los mecanismos reactivos que mueven su intelecto. Este hombre que mantiene un largo conflicto consigo mismo, ¿cómo va a permanecer indiferente ante la exhibición olímpica de los demás? Lo suyo es el contraataque, devolver con fuerza la pelota, luchar contra las ideas ajenas como un tenista en la red. Pero la discrepancia con los otros resulta decisiva: acabará situándole en las latitudes poéticas anglosajonas que enriquecerán, gracias a su mediación, la moderna lírica española.

A principios de noviembre lo encontramos en la Ciudad Condal. Este otoño sus pilares son el trabajo en la compañía y el proyecto Guillén. En carta al maestro de Valladolid escribe un párrafo muy elocuente: «Le confesaré que recuerdo con bastante nostalgia los meses vividos en la calma conjunta de la enfermedad y el campo, cuando encontrar horas para mi trabajo literario no suscitaba más problema que el de *l'embarras du choix.** Como me conozco y sé que la ciudad me influye muy mal, no estoy demasiado descontento por ahora con mis obligaciones de convaleciente.» El médico le ha obligado a guardar doce horas diarias de reposo, «que no son por desdicha las de oficina», comenta, y esa libertad tan restringida es un factor que le obliga a permanecer en su cuarto con la pluma en la mano. Quizá debamos insistir en una frase de la carta a Guillén: «la ciudad me influye muy mal». En efecto. ¡Cuánto se conoce el poeta! La ciudad es el invento humano más alejado del Jardín del Edén. «Lo malo es esta vida de ciudad», escribirá en su Diario después. Aquí no tiene escapatoria: ha de convivir con su Secreto.

El 13 de noviembre Gil de Biedma cumple veintisiete años. Escribe en el Diario que ha alcanzado una edad considerable porque el suceso «en vez de entristecerme –como me entristecieron otros cumpleaños–, me ha fastidiado. Incomoda esa patente de responsabilidad civil en que la edad se va convirtiendo». Le molesta el sermón rancio de los padres: su insis-

---

* «El dilema de elegir».

tencia para que siente definitivamente la cabeza, se responsabilice y contraiga matrimonio. La idea no le seduce en absoluto. Aquel mismo verano había escrito a Gabriel Ferrater: «Considero altamente peligroso ese prurito matrimonial que te ha atacado. El matrimonio está bien como un lujo vital, pero enfocado en plan de solución es el mayor disparate de la vida –aunque no sé por qué hablo de esto, *c'est pas mon métier;** pero, en fin, te recomiendo que no intentes casarte hasta que se te hayan pasado las ganas.» Dos años después del fracaso en la Escuela Diplomática, el Elegido sigue sin responder a los sueños familiares: Don Luis y su esposa están algo inquietos. Sin embargo, el hijo les proporciona ocasionalmente algunos momentos de alegría. Cuando aparezca por esas mismas fechas un artículo en *La Vanguardia* elogiando su traducción de *The Use of Poetry and the Use of Criticism*, los padres se sentirán muy halagados. Pero él escribe en su Diario: «Si escribir *no* es una actividad que se pueda tomar en serio, ¿por qué demonios toman tan absolutamente en serio la letra impresa? Si alguna vez llego a tener una reputación literaria, la disfrutarán ellos más que yo.»

A sus veintisiete años, el poeta tiene un nuevo puesto en la compañía; acaricia nuevos proyectos artísticos, y como otros jóvenes intelectuales mantiene una postura «resistencialista»: algo que «Está muy bien, aunque no deja de ser un poco cómico», comenta a un amigo. Pero el principal hito literario de aquel otoño será la visita de Vicente Aleixandre a Barcelona. El encuentro resulta, como siempre, muy fructífero, y cuando Jaime Gil regrese de noche a su casa lo hará de un humor espléndido. Sabe que le aguardan unos días junto a Aleixandre y otros amigos, jornadas en las que asistirá a su conferencia del Ritz, le verá de nuevo en casa de Barral e irán con él de excursión a Tarragona. El poeta sevillano sigue siendo el «lector pacientísimo» que conocieron en Madrid, el mejor confidente y consejero de los escritores noveles. Tampoco olvida que Aleixandre es un gran poeta. Le cuesta algún remordimiento –la palabra es suya– reconocer que le quiere mucho, porque «la gente joven apreciamos más las cualidades de inteligencia que las cualidades de carácter».

Poco después, anota en su Diario: «Nostalgia de la poesía. ¿Cuándo volveré a escribir?» Es una inquietud recurrente. «Estos días he pensado mucho en mi libro de versos. Temo que se atasque una vez más, a la espera de otra tuberculosis.» La preocupación por su quehacer poético se agrava al enterarse por Carlos Barral de que José María Castellet planea excluirle de la *Antología* que está preparando, porque es un poeta inédito. Al día siguiente, convoca en su casa a Barral, Castellet y Juan Ferraté para

* «No es mi problema».

leerles los poemas escritos en La Nava de la Asunción. Cuando el crítico escucha los versos de «Lágrima» o *Piazza del Popolo*, comprende que el anfitrión no sólo es un poeta en activo sino un poeta muy afín a la poesía social. ¿Por qué no habría de figurar en su *Antología*? Aquella misma noche Jaime Gil registra en el Diario una entrada deliciosa: «Mis padres y mis hermanas fueron al Liceo, el servicio aprovechó para ir a ver a Lola Flores.» Las últimas páginas reflejan sus deseos por concluir los planes literarios. A veces surgen altibajos, pero prevalece siempre la férrea voluntad de escribir. También se respira en él cierto escepticismo ante sus verdaderas posibilidades: «cuando me asaltan remordimientos los acallo diciéndome que el año pasado hice menos»... Y al final, un propósito: «Yo pediría que 1957 sea tan bueno como su predecesor, que me entristece despedir. Temo a los años impares: suelen ser estériles.»

LOS CONJURADOS

Enero de 1957. El primer motivo de esterilidad va a creárselo él mismo. Ha decidido pasar unos días de vacaciones en La Nava, junto a Gabriel Ferrater y el pintor filipino Fred Aguilar. Allí se debate entre seguir trabajando en alguno de los poemas largos que le faltan para completar su libro o «consagrar esos días a la vagancia». Al final, optará por agasajar a los invitados y descubrirles los encantos de la comarca. Fiel a sus pasiones, les conduce hasta el castillo de Coca, en fase de restauración. Verlo restaurado, según él, será como «realizar uno de mis acariciados sueños de infancia». ¿Cuántas veces no deseó que aquel castillo volviera a la vida? Ahora recorren el foso, las bóvedas, los torreones mudéjares, y descubren una antigua inscripción en piedra, perdida en el tiempo: «amor myo».

Entretanto estallan brotes de agitación en la Universidad de Barcelona, que el Régimen atribuye a una conspiración monárquico-marxista vinculada al ámbito estudiantil. Se ha discutido mucho si existió verdaderamente tal complot o fue algo soñado por la policía franquista. Pero sabemos que a Gabriel Ferrater le atribuyeron el papel de líder intelectual en la sombra. Fijemos ahora, brevemente, el foco sobre su figura. Nacido en Reus, Ferrater había colaborado como crítico de arte en la revista *Laye* y poseía una vastísima cultura que abarcaba múltiples áreas del saber humano. En cierto sentido, la Brigada Social tenía motivos para sospechar de él. El tal Ferrater ¿no tenía por costumbre encontrarse en las tabernas de barrio con estudiantes del partido? En efecto: allí estaban, entre otros, Salvador Clotas y Manuel Vázquez Montalbán. ¿Acaso no escondía un diccionario de ruso en su casa, que le fue incautado luego en un registro domiciliario? Y sobre todo, ¿no habían leído en su agenda la frase «reponer vodka», repetida hasta la saciedad? Aquello era una clara consigna soviética, en clave, destinada a reunir a los conjurados. El temible inspector Creix fue hilvanando los hilos de la trama, mientras el sospechoso seguía en La Nava, charlando hasta el alba junto a la chimenea del salón. En su borrachera, Jaime y sus invitados no podían saber aún lo que ocurría en Cataluña ni que un descuido de Sacristán –firmando un artículo comprometedor con el seudónimo «Ferrater»– había puesto a la policía tras sus pasos.

Cuando Gil de Biedma regresó a Barcelona, reinaba un clima de represión: amigos como Antonio de Senillosa ya habían sido detenidos y la maquinaria policial funcionaba de manera implacable. Aquella misma noche varios *jeeps* de la guardia civil rodearon el caserón de La Nava en busca de Ferrater, pero se marcharon con las manos vacías porque éste ya se hallaba en Madrid. Inquietas, las gentes del pueblo volvieron a murmurar en voz baja. Ni en los peores momentos de la guerra, nadie se había atrevido a molestar a los moradores de la Casa del Caño. ¿En qué líos andaba metido el hijo de Don Luis? Finalmente, Ferrater fue detenido en un tren a la altura de Guadalajara y trasladado con gran despliegue policial a los siniestros calabozos de la Dirección General de Seguridad de la Puerta del Sol. Recuerda Barral que no le interrogaron porque era la festividad del Ángel de la Guarda, fecha en que «la policía no pregunta ni tortura». Así que lo condujeron esposado, en un lentísimo tren correo, hasta Barcelona. Y quedó preso en la comisaría de Vía Layetana.

Al día siguiente dos miembros de la policía secreta se personaron en el domicilio de los señores Gil de Biedma, en la calle Aragón. Se produjo entonces una de las escenas más gloriosas de la vida del poeta, tanto que muchos niegan que tuviera lugar. Hoy sabemos que ocurrió. Aquella tarde sonó el timbre de la casa y el fiel mayordomo, Pepito, acudió a abrir la puerta. Habló con aquellos individuos de semblante hosco y gabardina oscura, les hizo pasar al recibidor y luego fue al cuarto de Jaime.

–Señorito Jaime –dijo, solemne–. La Brigada Político-Social pregunta por usted...

–Que me esperen en el Salón Azul.

El mayordomo obedeció la orden y les condujo hasta un salón suntuoso con muebles tapizados de seda y grandes lienzos barrocos ricamente enmarcados. Recuerda Pepito que «les ofrecí la copa que a esa hora se tomaba en la casa, pero la dejaron a medias». Cuando el señorito hizo su triunfal aparición, el inspector y su ayudante estaban tímida e incómodamente apoyados en el reborde de los asientos, desarmados por el sentido reverencial del dinero. ¿Ése era el poeta rojo y de vida disipada? No podían creerlo. De modo que aquélla era la guarida del peligroso incendiario, el refugio de un petardista que conspiraba contra Franco, el cómplice de Ferrater... ¡Qué locura! Un piso de quinientos metros cuadrados en pleno centro de la ciudad; un mayordomo con su impecable chaleco a rayas; un gran salón con chimeneas de mármol y una alfombra persa del perímetro de una pista de tenis. Debía haber un error. Seguro. Tras un breve interrogatorio, en el que el sospechoso les dio a entender que estaban robándole su precioso tiempo, se retiraron deshaciéndose en un mar de excusas. «Buenas tardes, y usted perdone.» ¿Cómo iban a detener al sobrino del conde de Sepúlveda?

La presencia de un mayordomo en la vida de Gil de Biedma fue a menudo motivo de extrañeza e incredulidad; también suscitó recelos, envidia y desprecio. Pero Pepito estaba siempre allí, servidor fiel en todas las horas, y era un hombre de instinto poco común. Cree Barral que fue suya la iniciativa de conducir a «los sociales» al salón para intimidarles en un escenario de aire palaciego. En todo caso, hay otra anécdota vinculada a Pepito, que el cuadro reclama. Cuando el gran historiador Américo Castro regresó fugazmente del exilio para ver a su hijo, algunos jóvenes marxistas quisieron agasajarle en el Bar Club.

–No –repuso Jaime–. En esta cueva no. ¡En mi casa! Mañana mismo.

Y al día siguiente les ofreció una merienda exquisita en el domicilio de sus padres. Aparte del té y el café, se sirvió ginebra en abundancia y varias bandejas de melindros. Pero lo que más sorprendió a don Américo fue aquel mayordomo, majestuoso y servicial, navegando por toda la casa con aplomo británico. Recuerda Salvador Giner que, a la salida, el historiador exclamó: «¿Y éstos son los rojos que hay en Barcelona?» Según otras versiones, habría dicho: «¡Cómo ha cambiado España! ¡Hasta los comunistas tienen mayordomo!»

A las pocas semanas del «incidente Ferrater», encontramos de nuevo a Gil de Biedma en Filipinas desde donde envía una carta a Barral en la que le ruega que le mande noticias sobre nuestro país: «Lo único que sé es que han desvalorado la peseta en un 8%, lo cual, habida cuenta de lo desvalorada que estaba ya, no se puede decir que sea mucho. Espero que este mes no hayan detenido a Gabriel ni una sola vez.» En apariencia, parecía llevar el asunto con humor. Pero la angustia de los días posteriores a la detención de Ferrater acabarán inspirándole nuevos versos. A mediados de abril, escribe en Manila la primera sección del poema «De ahora en adelante»:

Como después de un sueño,
no acertaría
a decir en qué instante sucedió.
                              Llamaban.
Algo, ya comenzado, no admitía espera.

Que el poema discurra luego en otra dirección no anula la primera impresión de sobresalto. En «El miedo sobreviene», de la misma época, la alusión al sentimiento de temor es más completa y explícita: «El miedo sobreviene en oleada / inmóvil.» Y al final sólo queda la raíz, «... algo como una antena dolorosa / caída no se sabe, palpitante».

HACIA LA LITERATURA

Barcelona, junio de 1957. Al volver de Filipinas, el poeta conoció el panorama de los últimos meses. El balance de la rebelión estudiantil, intelectual y de las minorías políticas era catastrófico. Escribe Barral: «Comenzábamos a admitir la probable perennidad del franquismo y la humillación a que nos sometía y a desconfiar de toda acción que no fuera dictada por la voluntad de sobrevivir en el terreno de la cultura.» Aunque la brutalidad fascista de posguerra tendía a solaparse, el medio repugnante «nos ahogaba y nos seguiría ahogando». Desde entonces, los amigos se encerraron en eso que Barral llama pomposamente «la seriedad de la obra insojuzgada y bien hecha». La conjura del 57 tuvo, pues, el efecto de impulsarles a dudar de posibles actividades políticas, aunque Gil de Biedma hiciera un último intento aún de ingresar en el Partido Comunista. Ahora bien, tampoco debemos interpretar esa renuncia colectiva como una penosa claudicación. De hecho, siguieron leyendo *Les Temps Modernes*, que les ilustraba sobre el debate exterior y las opiniones de la izquierda europea. Desde el castillo de la inteligencia insumisa, además, podían convertir la poesía en un arma de combate que, como una piedra pulida, quebrara la superficie inmóvil de las aguas franquistas. A la larga, los poemas de esa época llegaron a ser el principal alegato de su inconformismo; pero también emplearon la pluma para redactar o firmar documentos de protesta y de defensa de los derechos humanos.

La transformación de la cosa pública e histórica inspiró algunas de las conversaciones de Jaime Gil y Carlos Barral en el verano de 1957. El matrimonio Barral había sido invitado a pasar unos días a La Nava, y allí se entretuvieron en analizar la situación española, entre baños en la piscina y paseos a caballo por el pinar de El Jinete. Tanto Jaime como Carlos conocían bien sus respectivas realidades: el uno, un abogado de la alta burguesía, con un cargo directivo en la mayor multinacional del país; el otro, un editor emergente, que empezaba a descubrir el placer agridulce de la vida familiar. Estos nuevos compromisos iban a hacerles difícil seguir llevando la vida de antes, y en este contexto la adhesión definitiva a la literatura no sólo se perfila como un territorio de expresión artística sino de desarrollo personal. En los meses siguientes abordan distintos proyectos; también consumen muchas energías en intrigas de política literaria, ya sea en España o el extranjero. Las amistades romanas de Gil de Biedma –la pensadora María Zambrano, el hispanista Dario Puccini– les permiten acercar su obra a revistas de prestigio como *Il Contemporaneo* o *Nuovi Argumenti* de Alberto Moravia. El poeta pretende incluso que esta última dedique un número extraordinario a la nueva literatura española, donde ellos estarán presentes.

Pese a estas actividades, los dos amigos mantienen, en el fondo, una distancia irónica respecto a sus intrigas, que algunos consideran «maniobreras». Cualquier gesto público será revisado y autocensurado en la intimidad. En este aspecto, los Diarios póstumos de Barral son altamente reveladores. En febrero de aquel mismo año, Enrique Badosa había organizado un coloquio en la sede de *El Noticiero Universal* con diversos poetas catalanes de su generación. Al día siguiente Barral escribe: «Nada digno de notar durante el día sino la actitud de alguno de nuestros amigos en el coloquio de esta noche en el *Noticiero*. El letraherido local sufre como la nodriza con los pechos llenos. Jaime quería evacuar sus últimos descubrimientos sociológicos, fruto de sus conversaciones con Ferrater en La Nava, Goytisolo (era realmente penoso oírle) sus tonterías políticas, y yo mismo mis tonterías "antropológicas" sobre la literatura... Provincia.» En otro tono, Gil de Biedma escribe este párrafo a Barral tras leer su poema *«Piazza del Popolo»*, traducido al italiano y publicado en *L'Unità*: «¡Esto es ya como ingresar en la "Compañía internacional de coches-cama y de los grandes resistencialistas europeos"! En secreto te diré que ya aspiro a desplazar a Celaya.» Su deseo de usurpar el trono del pope de la poesía social ya nace cuestionado desde la cuna. En cierto sentido, ni él mismo acaba de tomárselo en serio. Sin embargo, un testigo oculto recuerda que «Jaime y Carlos estaban obsesionados con la gloria literaria. "Hay que poner tienda –decían siempre–, si no la ponemos, esto se va al garete." Parecía que estuvieran hablando de un negocio». Y la tienda literaria de la época era el realismo social.

En 1958 el poeta fue rechazado definitivamente por el Partido Comunista. Desencantado, se acogió entonces al consuelo de la militancia inte-

lectual. No obstante, Carlos Bousoño apunta: «Yo no acabo nunca de creer en las izquierdas de los aristócratas.» De hecho, Bousoño tuvo alguna
influencia en el modo en que el poeta barcelonés iba a encarar la poesía
comprometida. «Me acuerdo que estábamos en un bar de Madrid y le
dije: "La diferencia entre la poesía social de hoy y lo que hicieron en el siglo XVIII europeo reside en que en el XVIII eran los representantes de una
clase social determinada los que se quejaban, asumiendo su condición
aristocrática o de alta burguesía. Ahora no. Ahora se fingen obreros y esto es una falsificación. Lo que hacen es mentir. Lo que habría que hacer,
Jaime, es proclamar: 'Yo soy un burgués y me parece muy mal la burguesía'."» Este sencillo razonamiento debió estimular a un hombre que
siempre tuvo muy en cuenta las opiniones de Bousoño ya fuera para
adoptarlas o para rebatirlas a muerte.

Pero aquel día no discutió. Después de todo, el tema de la mala conciencia era un asunto muy próximo a autores de su agrado: Auden, Spender, Day Lewis y Mac Neice que lo trataron durante la década de 1930.
Bousoño, pues, no hizo más que recordarle que colocarse una máscara
obrera sobre su piel de señorito iba a restar credibilidad a su poesía, y que
era necesario ensuciar el propio nido para zafarse de los tópicos de la literatura social. El hallazgo de Gil de Biedma fue, sobre todo, incorporar la
ironía: aprender a escribir en verso «que me avergüenzo de los palos que
no me han dado».

LA NOVELA QUE NUNCA ESCRIBIÓ

Aunque Jaime va puliendo sus herramientas poéticas, sucumbe ocasionalmente a otros cantos de sirena. En enero de 1958 su amigo Barral le
comenta que está ideando una novela, y la historia le subyuga de tal
modo que le propone «que la escribamos en colaboración». El tema central de la obra es la eclosión de la adolescencia de un muchacho de clase
acomodada: un motivo que ambos conocen bien. El argumento es el siguiente: el joven X cursa estudios en un colegio religioso de Barcelona.
A raíz de una falta, es obligado a permanecer en casa durante el plazo de
un mes. En los días de castigo va descubriendo la intimidad de la vida familiar, esa larga sucesión de horas en que las figuras domésticas le muestran facetas desconocidas. El castigo le permite además efectuar algunas
escapadas al submundo urbano y descubrir el rostro oculto de la ciudad.

Gil de Biedma se identifica al instante. No importa que carezca de experiencia en centros religiosos. Al contrario: se diría que tiene una anti-

gua espina clavada. Dos años antes había escrito en su Diario las impresiones que le produjo una visita al colegio de los jesuitas de Sarriá: «Es un mundo sórdido y siniestro, pero no había estado nunca: la ex posibilidad de haber ido allí de niño me fascinó. Pasé la procesión imaginándome antiguo alumno, asumiendo la violencia y el resentimiento de Carlos, en un perfecto ejercicio de composición de lugar.» Ahora ese antiguo alumno –Carlos Barral– acepta novelar aquel mundo cerrado en su compañía. Durante varias semanas los amigos discuten la trama, se adentran por senderos y meandros –Jaime pretende que el protagonista sea un novicio– y regresan al camino principal. Lógicamente, Barral será el encargado de escribir la parte ambientada en las aulas del colegio; Gil de Biedma aspira a trazar la vida de la casa, esas horas borrosas de la adolescencia que modelaron su sensibilidad. Nadie como él puede transmitir la respiración de un gran domicilio burgués del Ensanche. Está entusiasmado.

Dos meses más tarde la novela se halla plenamente perfilada, pero el poeta no ha intervenido demasiado en el proceso debido a su habitual viaje de invierno a Filipinas. No obstante, Barral ya había previsto que «en el caso de que nuestra idea común no prospere, a cualquiera de los dos va a serle útil». Y así fue. El 10 de marzo de 1958 Jaime Gil le escribe desde Manila: «El viaje no demasiado caluroso y no demasiado pesado. Antes de caer en el letargo propio de estas travesías aproveché para variar y añadir unos versos a la cabeza de víbora que ya conoces. No sé si llegaré alguna vez a tener el reptil entero. ¿Qué te parece?»

> Alguna vez recuerdo ciertas noches de junio
> casi borrosas, de mi adolescencia
> (era en mil novecientos me parece
> cuarenta y ocho).
> Porque en ese mes
> sentía siempre una inquietud, una angustia pequeña
> igual que al empezar el calor
> y sobre todo
> una disposición vagamente afectiva.

El poema reptil se titulará «Noches del mes de junio». Y desde los primeros versos refleja una atmósfera de cautiverio adolescente similar a la de la novela que tramaba con Barral. La historia les permite, ante todo, expresar lo que sintieron en su época estudiantil, y que vuelve ahora precisamente cuando están inmersos en la vorágine de la vida adulta. Sus deberes profesionales no logran ocultar el hecho –más bien lo contrario– de que atraviesan un estado regresivo con predominio de las emociones de la adolescencia: ansiedad, turbación erótica, preocupación obsesiva por uno mismo... En los últimos meses han hablado mucho de ello. Y ahora pretenden escribirlo.

Aunque en carta a Barral hable de poesía, sus inquietudes creadoras rebasan fugazmente los límites de la literatura comprometida. Quizá aspire a desbancar a Celaya, como dice, pero está componiendo un poema a la estela solitaria de Cernuda. Durante la escritura de «Noches del mes de junio» informará puntualmente al amigo, quien le sugiere a vuelta de correo cambios para mejorarlo. Así, el verso «igual que al empezar el calor» se convierte en «lo mismo que el calor que empezaba», de la versión final. En ella brillan ya algunos hallazgos expresivos que serán luego su sello característico. Sólo Gil de Biedma puede evocar las noches de estudiante solitario abreviándolas en el verso «sin un alma que llevar a la boca». Verso que prende en el ánimo y activa la mente. Verso que no se olvida.

A la sombra de la novela, escribirá también otro poema, «Ampliación de estudios», centrado como sabemos en su época de Salamanca. El protagonista del poema ya no es el mismo que nos sedujo en la pieza anterior. Allí recordaba lejanas noches de primavera, llenas de soledad; aquí, en cambio, «las mañanas de cristales lívidos», tras una noche fría de insomnio. Se intuye que algo ha cambiado. Quizá el diablo le ha escuchado por fin, quizá tenga ya un alma que llevarse a la boca, quizá empiece a encontrarse a gusto en su nuevo papel de «burguesito en rebeldía». No importa. Sólo sabemos que hay dos años de lapso entre ambas vivencias –Barcelona 1948 y Salamanca 1950–, y apenas unos meses en la escritura de los poemas. ¿Qué debemos pensar? Aunque Gil de Biedma no llegaría a escribir su *Bildungsroman*, el proyecto de Barral le obligó inconscientemente a hurgar aún más en los pliegues de su memoria, hasta componer aquel mismo invierno dos admirables poemas sobre los claroscuros de su propia juventud.

REUNIÓN EN COLLIOURE

Se ha hablado tanto del homenaje a Antonio Machado, que hay que vencer la tentación de abandonar brevemente el pincel. Pero ¿podemos prescindir de un encuentro que fue la primera cita importante de la joven –y no tan joven– resistencia intelectual española? Según Juan Goytisolo la idea nació en Francia, donde algunos miembros del Partido Comunista le convencieron de la importancia de juntar las dos Españas

–interior y exiliada– en torno a un mito de la talla de Machado. Se pretendía así reunir a escritores e intelectuales antifranquistas de todas las tendencias, ya que el poeta sevillano había sido una gran figura civil cuyo trágico destino encarnaba el de la España vencida. A tal efecto, se creó en París un comité honorífico de adhesión al acto, en el que figuraron Pablo Picasso, Jean-Paul Sartre, Simone de Beauvoir, Louis Aragon, André Malraux, Raymond Queneau, François Mauriac... El 20 de febrero de 1959 un grupo entusiasta se dirigió desde ambos lados de la frontera hacia Collioure, el bellísimo pueblecito de la costa francesa donde el autor de *Soledades* había muerto veinte años atrás. Recuerda Ángel González que se desplazó en el coche de Gil de Biedma, con Luis Marquesán y un musicólogo mexicano de filiación homosexual, que amenizó el viaje «con una serie de historias divertidísimas que lamento no haber anotado en mi libreta. Jaime se rió como un loco porque el mexicano alardeaba de haberse acostado con todos los poetas españoles del exilio».

Al llegar a Collioure se reunieron con los otros viajeros: Blas de Otero, José Ángel Valente, José Manuel Caballero Bonald, José Agustín y Juan Goytisolo, Carlos Barral, Alfonso Costafreda, Carlos Sahagún, Antonio de Senillosa, Tuñón de Lara y el misterioso Federico Sánchez, nombre de guerra del comunista Jorge Semprún. Más tarde, el grupo se dirigió a la pensión de madame Quintana donde había muerto el poeta, como hito previo a la visita al cementerio francés. Allí se pronunciaron prédicas fúnebres en medio de un tenso y emotivo silencio, y luego el grupo celebró un almuerzo multitudinario con brindis a la libertad. Reconoce Caballero Bonald que esos días «se bebió por largo», y el exceso de alcohol produjo situaciones indeseadas entre los peregrinos. Gil de Biedma y Barral se hallaban conversando con el director de *El socialista* de Toulouse, un viejecito adorable, cuando irrumpió en su mesa, espesamente borracho, José Antonio Novais, corresponsal de *Le Monde* en Madrid. Éste le echó en cara al viejo su nostalgia republicana con frases groseras e impertinentes. La acusación fue subiendo de tono, mientras el viejo palidecía por momentos y se acurrucaba detrás de la taza de café. Escribe Barral:

> Jaime Gil perdió la paciencia. Se puso violentamente en pie e increpó a Novais que no entendía nada y que fue levantado de su silla a tirones de solapa. Luego Jaime lo fue empujando hacia la puerta mientras le hablaba con voz rota y quemada. Yo les seguí y los alcancé justo en el momento en que Jaime, crecido por la indignación y con fuerzas insospechadas, levantaba al periodista por el cuello de la chaqueta y el fondillo de los pantalones y lo arrojaba violentamente al asfalto, barrizoso bajo la llovizna.

Pero salvo este incidente, aquellas jornadas transcurrieron entre la emoción y la camaradería. Los poetas se perdían por la playa de grava rumorosa al pie del recinto templario o charlaban largamente en las sobremesas del Hôtel des Templiers, cerca del mar azotado por el viento. El fruto de aquellas conversaciones, la singularidad del momento, comenzó a despertar en ellos la conciencia de ser un grupo diferenciado. Se habló, es cierto, de la inminente liquidación del franquismo –un sueño recurrente– y del reciente triunfo de la revolución cubana. Pero Caballero Bonald recuerda que allí se preparó también «la salida a la palestra de lo que vino a llamarse, no sin alguna mordacidad de alta madrugada, la "operación realista"». En todo caso, el homenaje a Machado en Collioure fue, sobre todo, un acontecimiento que alcanzó una considerable resonancia a efectos políticos. Dice Caballero Bonald: «Nos hicimos una foto que, en términos nada hiperbólicos, casi ha dado la vuelta al mundo.» En ella algunos de los principales poetas españoles de esa generación posan sentados en plena calle, bajo el tímido sol de invierno. El mismo sol que había inspirado los últimos versos de Machado, la víspera de su muerte, veinte años atrás:

Estos días azules y este sol de la infancia.

CONVERSACIONES POÉTICAS

El mayordomo entró en la habitación del señorito Jaime para entregarle el correo del día. El poeta reconoció la caligrafía meticulosa de Camilo José Cela y abrió el sobre con impaciencia. El escritor gallego le invitaba a participar en unas Conversaciones Poéticas, convocadas para la luna llena de mayo, en la isla de Mallorca. Aquel bárbaro era incorregible, pensó, tras leer la frase «los poetas se encontrarán conversando de poesía y con la poesía –novia eternamente fiel, trébole de la soltera– en Formentor y en la paz y la concordia». ¡Formentor! ¿No era ése uno de los lugares más bellos del Mediterráneo? Cela prometía otros alicientes: alojarse en hotel de primera, charlar en cualquier lengua y, sobre todo, «tomar copitas», eufemismo de beata que el destinatario tradujo de inmediato al código dionisíaco. Ante la perspectiva de diálogo poético, concordia y bebidas finas, Gil de Biedma experimentó una sensación cercana a la euforia. Aquel mismo día llamó a Barral.

Aún reciente el recuerdo de Collioure, la Fortuna parecía haberse puesto en movimiento. Pero los dos amigos no podían imaginar entonces que aquel encuentro iba a quedar como símbolo de la literatura *de qualité*. Rara vez se han reunido una pléyade tal de literatos, como aquella semana en el mítico Hotel Formentor: Dámaso Alonso, Vicente Aleixandre, Gerardo Diego, Carlos Bousoño, Gabriel Celaya, José Hierro, Blas de Otero, Carles Riba, Camilo José Cela, Robert Graves, Anthony Kerrigan, Blai Bonet, Carlos Barral, Jaime Gil, José Agustín Goytisolo... Aunque Cela había prometido unas jornadas informales, hubo cinco sesiones de trabajo donde se abordaron temas de actualidad poética. Cada tarde los invitados se encaminaban al Club de los Poetas: un pequeño pabellón del hotel, erigido bajo los pinos, en una rinconada rocosa que daba al mar. Y allí se topaban, invariablemente, con un papagayo cuya jaula había instalado Cela a la entrada del edificio. Cuenta José Agustín Goytisolo que el papagayo se llamaba *José María de Heredia*, en honor del poeta modernista, y que se explayaba en insultos groseros cuando algún ilustre tomaba la palabra. Aquella semana, pues, el loro dejó oír sus gritos con frecuencia, que fueron de enojada discrepancia cuando intervinieron Vivanco, Riba y Bousoño... Lo que hizo, sin duda, la felicidad de Gil de Biedma.

Al concluir las sesiones, los poetas deambulaban por salones y jardines intercambiando ideas en su mundo celeste. En aquel paraíso, Jaime Gil, Carlos Barral y José Agustín Goytisolo conocieron o reforzaron vínculos con poetas de la Generación del 27 o autores extranjeros como Robert Graves o Giuseppe Ungaretti, que a partir de entonces les tuvieron en consideración. Luego, cuando «los famosos» se retiraban a descansar, ellos seguían la fiesta en el bar eternamente abierto del Club. Allí, en aquel pabellón iluminado junto al mar, bebían sin freno, amparados en la exquisita tolerancia del servicio. La velada se prolongaba hasta el alba, con los amigos conversando o recorriendo la playa de arenas suavísimas. Aparentemente, todo era culto, sereno. Pero si uno de aquellos «famosos» se hubiera despertado a causa de las voces y se hubiese asomado a la ventana de la habitación del hotel, habría descubierto esta increíble escena pagana: bajo la luz absoluta de la luna, al final del jardín en declive, ya en la playa, un grupo de jóvenes aplauden la proeza de un loco que, desnudo y ebrio, se ha arrojado al mar en busca de una mujer. Todos pueden verla desnuda, altiva, emergiendo de las aguas brillantes... Poseído, el loco se acerca nadando hasta ella y al llegar abraza apasionadamente sus muslos de mármol. Por una vez la expresión «muslos de mármol» es justa: la diosa es en realidad una estatua, que alguien puso hace años en un escollo a pocas brazadas de la costa. Ha sido esa Venus, sí, una figura lunar, lo que ha encendido el ardor del loco, del poeta, de Carlos Barral. Al verlo, Gil de Biedma vive un nuevo estallido de felicidad que con el tiempo resonará en estos versos del poema «Conversaciones poéticas»:

Fue entonces ese instante de la noche
que se confunde casi con la vida.
Alguien bajó a besar los labios de la estatua
blanca, dentro en el mar, mientras que vacilábamos
contra la madrugada. Y yo pedí,
grité que por favor que no volviéramos
nunca, nunca jamás a casa.

Entonces Barral disuelve el abrazo, abandona la roca solitaria de la estatua y vuelve a la orilla, en la que es recibido con una salva de aplausos que quiebran el manso rumor de las olas.

EL AEROLITO

Hasta 1959, Gil de Biedma y sus camaradas barceloneses eran unos perfectos desconocidos en el panorama cultural español. Desde que habían entrado en la escena literaria en la revista *Laye*, el reconocimiento del *stablishment* les resultaba esquivo: cada letra impresa suya era una tarea casi titánica y esta situación les quitaba el sueño, tal como atestigua la correspondencia entre él y Carlos Barral de la segunda mitad de los años cincuenta. Colocar sus poemas en publicaciones como *Ínsula*, *La torre* o *Proa* les había obligado a cumplir trámites muy engorrosos, acaso porque se les seguía viendo como un grupo marginal, de extravagantes con respecto a la tradición y a la norma. Según Barral: «Lo tenemos olvidado, pero no debía ser tan sencillo publicar en aquella época si uno pretendía zafarse de los bajíos políticos y de los entre nieles de las capillas y banderías.» Cierto. Al pensar, por ejemplo, en la colección Adonais –que era el medio de difusión de la joven poesía española– encontramos una colección editada por el Opus Dei, de libros microscópicos «y en la que había que convivir con todos los Pérez de la cuerda granadina», sostiene Barral. Ni siquiera la influencia allí de Vicente Aleixandre garantizaba unas condiciones editoriales ampliamente satisfactorias, como las entendemos hoy.

Recuerda Carme Riera que Jaime Gil ya había intervenido en 1955, secundando a Barral, en la polémica literaria más candente del momento: La Poesía como Comunicación – La Poesía como Conocimiento. Según ella, el principal objetivo no era otro que «llamar la atención» y lo intentaron mostrándose reacios a los postulados estéticos que defendían la mayoría de los poetas incipientes o consagrados. Esta actitud les serviría de «punto de apoyo para la afirmación personal», pero no bastó para lanzarles en sociedad ni tampoco tuvo demasiada trascendencia. Por el contrario, el homenaje a Machado en Collioure y las Conversaciones Poéticas de Formentor les colocaron al fin en el mapa poético del país. En pocos meses el viejo debate sobre la poesía pasó a un segundo plano y ellos fraguaron el desembarco en la capital.

Madrid. Noviembre de 1959. En aquel tiempo el poeta José Hierro trabajaba en el Ateneo madrileño. Entre sus muchas actividades figuraba una tertulia literaria que bajo el lema «Los Jueves poéticos», aportó una buena dosis de dinamismo en los años de indigencia cultural. A una de sus sesiones serían invitados tres poetas catalanes de expresión castellana: Goytisolo, Barral y Gil de Biedma. A falta de otra etiqueta, José Hierro los bautizó como «los poetas industriales», término que hizo fortuna y que sugería no sólo sus inquietudes sociales sino su vínculo con el mundo empresarial de Barcelona. Aquella tarde de noviembre Bousoño hizo la presentación y luego los invitados tomaron la palabra. Según el testimonio de Caballero Bonald: «Los tres leyeron con las aptitudes declamatorias algo mermadas sendas muestras de su todavía exigua obra y se comportaron como debían comportarse unos antifranquistas de cuño burgués, esto es, con una sinuosa mezcla de petulancia, lucidez y condescendencia.» Bousoño recuerda que Gil de Biedma interrumpió su lectura para extraer un pañuelo que llevaba oculto en la manga: aquel gesto les pareció a todos entre amanerado y esnob. El toque «*U*». El Elegido, en realidad, estaba interpretando concienzudamente su papel.

Sin ser apoteósico, el acto tuvo al menos un éxito de público y supuso la puesta de largo madrileña de aquellos poetas señoritos. Casi cuarenta años después, José Agustín Goytisolo recordaba que su actuación causó cierto revuelo en los círculos capitalinos, porque el credo poético de los tres amigos estaba muy alejado de Castilla. «Nosotros hablamos de las letras protestadas, de la huelga de tranvías, y de las casas de prostitutas. Los demás sólo hacían referencia a la encina, la meseta y esas cosas.» Ante semejante exhibición, algunos se preguntaron en voz baja: ¿qué hace ese pajarraco con barba de chivo cantando el cuerpo desnudo de una criada? ¿Y ese otro del bigotillo negro comparando a la matrona de un burdel con la mujer fuerte de la Biblia? Esos jóvenes eran osados, no hay duda... Y cuando el rollizo de ojos azules recitó «Idilio en el café», alguien se estremeció suavemente con los últimos versos:

> Ven. Salgamos fuera. La noche. Queda espacio
> arriba, más arriba, mucho más que las luces
> que iluminan a ráfagas tus ojos agrandados.
> Queda también silencio entre nosotros,
> silencio
>   y este beso igual que un largo túnel.

Más tarde el propio Gil de Biedma le escribirá a Barral: «Tus poemas fueron recibidos por el público con el mismo estupor con que un cantero de Orense recibiría un aerolito.» Pero el veredicto valía para los tres.

COMPAÑEROS DE VIAJE

Durante la presentación madrileña en el Ateneo, se vio a Gil de Biedma leyendo poemas directamente de un libro. Era, en realidad, su primer poemario, publicado apenas dos meses antes. *Compañeros de viaje.* Hay dos razones que le impulsaron a escoger el título. De un lado, el término *compagnons de voyage*, que procede de *«L'albatros»*, un célebre poema de Baudelaire donde esas aves, verdaderos príncipes de las nubes, son los poetas: los ángeles caídos. Del otro, «compañeros de viaje» alude a los camaradas de aventura política y recoge una expresión de Lenin para designar a aquellos burgueses que apoyaban la Revolución. Aunque el autor haya sido rechazado por el Partido Comunista, mantiene intactas sus convicciones. En España impera una dictadura y los compañeros de viaje le necesitan en este tramo crucial del camino. En el prólogo del libro escribe: «un libro de poemas no viene a ser otra cosa que la historia del hombre que es su autor, pero elevada a un nivel de significación en que la vida de uno es ya la vida de todos los hombres».

Poesía y compromiso son los dos potentes motores que mantienen en el aire el aeroplano. En el primer poema, «Amistad a lo largo», el poeta evoca las horas de camaradería literaria –ese vuelo común de los albatros– jalonadas por las noches en que encendían juntos las palabras, que luego abandonaban para subir a más:

> ... empezamos a ser los compañeros
> que se conocen
> por encima de la voz o de la seña.

Pero esa complicidad de cámara, esos ágiles contrapuntos de quinteto mozartiano, van adquiriendo a lo largo del libro la riqueza orquestal de una sinfonía. La emoción privada de los amigos se hace cada vez más pública, comprometida, militante, pero sin recurrir a metales heroicos. Los últimos poemas hablan de injusticia, de sufrimiento anónimo, de esa tierra oscurecida por la que vaga el hombre. Es el caso de «Lágrima», donde el poeta se solidariza con el dolor de tantos seres injuriados que avanzan por un camino hostil. Al final Gil de Biedma acaba entregando alas a la esperanza. En piezas como «Por lo visto», *«Piazza del Popolo»* o «Canción para ese día» el hombre se siente vivo en las calles, canta en las plazas extranjeras, suelta palomas... Va a sonar la hora.

Jaime Gil insistió a menudo en que el libro describía un itinerario personal inscrito en lo colectivo. «Es un viaje desde el final de la adolescencia a la edad adulta. Es también una evolución de tipo ideológico-político, pero eso es menos auténtico en la realidad de lo que resulta en mi libro.» Claro que no todos supieron verlo así. Apenas un año antes José Luis Cano –fundador de la colección «Adonais» y director de la revista *Ínsula*– recogió en su cuaderno la opinión de Aleixandre, que acababa de leer el manuscrito de la obra: «A Vicente le gusta poco y piensa que se resiente de haber sido compuesto en épocas muy distintas. Le parece mejor poeta Carlos Barral, a pesar de su hermetismo. A Jaime lo ve como un estupendo crítico, pero no cree en su futuro de poeta, como cree en el de otros jóvenes, sobre todo Claudio Rodríguez. Me dice que Jaime le ha confesado que él y Barral se inclinan a una postura comunista. Vicente ve sólo en esta posición una pose esnobista y una manera de tranquilizar sus conciencias, como hijos mimados de una burguesía acaudalada.»

Gil de Biedma no llegó a admitir públicamente que el libro reflejaba además sus inquietudes religiosas. Pero en carta a Gabriel Ferrater del 19 de junio de 1956 confiesa que los doce poemas de la sección «Las afueras» fueron desde el principio: «un poema sobre el instinto religioso» y luego desliza una disculpa: «En fin, piensa que mis veleidades religiosas son agua pasada.» No obstante, como el libro contaba en parte «la historia de la crisis final de mi adolescencia», el adiós a la fe tuvo en él, aunque en la sombra, un papel central. En todo caso, el itinerario de *Compañeros de viaje* queda sintetizado en estos versos autobiográficos del poema «De ahora en adelante»:

> Así que apenas puedo recordar
> qué fue de varios años de mi vida,
> o adónde iba cuando desperté
> y no me encontré solo.

Al despertarse, encontró una causa, un sentido colectivo.

Sabemos por el novelista García Hotelano que la primera sección del poema «Por lo visto» circuló como octavilla por las calles de Barcelona para incitar a la huelga a finales de los cincuenta. En aquella ciudad gris, un caballero con sombrero se agachó para recoger del suelo uno de los muchos papeles que revoloteaban como pájaros en el cielo de las Ramblas. Intrigado, leyó:

Por lo visto es posible declararse hombre.
Por lo visto es posible decir no.
De una vez y en la calle, de una vez, por todos
y por todas las veces en que no pudimos.

De pronto, Don Luis Gil de Biedma tuvo una terrible corazonada: había algo en aquellos versos que le resultaba vagamente familiar. Pero no, su hijo nunca se hubiera atrevido a apoyar a los comunistas. Un Gil de Biedma, imposible; un nieto de don Santiago Alba, jamás. Sin embargo, aquella tarde regresó a casa con el corazón en vilo. ¿Cuántos secretos le ocultaba el Elegido?

LA ANTOLOGÍA

El año 1959 fue crucial en la carrera literaria de Gil de Biedma y los otros miembros del Grupo de Barcelona. Se diría que a la sombra de Antonio Machado su suerte comenzó a cambiar, ya que el homenaje en Collioure impulsó el proyecto editorial que a la postre les daría a conocer. Si la Generación del 27 había surgido a raíz del Homenaje a Góngora y con el apoyo de la *Antología* de Gerardo Diego, nada impedía que ellos recurrieran a Antonio Machado como símbolo de sus propias aspiraciones. Tras el homenaje en Francia, sólo les faltaba la antología e iba a ser José María Castellet el encargado de coordinarla. En realidad, el crítico catalán llevaba años intentando reunir la última poesía española en un volumen, pero hasta 1959 no se le presentó la ocasión gracias a una editorial de prestigio emergente: Seix Barral. Se ha discutido mucho sobre el acierto de la obra, y el propio Jaime Gil admitió que fue una operación de política generacional: «En un momento dado decidimos autolanzarnos como grupo, en una operación absolutamente publicitaria, no literaria.» La finalidad de la antología era, pues, «llamar la atención sobre unos determinados poetas mediante su presentación en paquete y con prospecto». También hubo otros móviles menos honorables, como reconoce Barral, en esta hábil maniobra de taller. Existió «una cierta voluntad de desquite por parte de todos», con excepción de Castellet. Quizá no les faltaban motivos, ya que la cultura dominante siempre les había visto como «una especie de negritos confinados en lejanas islas a los que se dispensa por educación el favor de un rincón de página», escribe el editor. Y ésa era la clase de afrenta que tipos como Barral o Gil de Biedma llevaban tolerando demasiado tiempo.

En el mundo literario se aguardaba con cierta expectación la antología de Castellet. Pero cuando fue publicada bajo el título *Veinte años de poesía española (1939-1959)* se alzaron las primeras voces. Aunque toda antología obedece a los gustos de su autor, los criterios de Castellet –afines al realismo crítico– se revelaron para muchos excesivamente coyunturales. ¿Qué venía a demostrar? ¿El ocaso del simbolismo y la hegemonía del realismo social? De acuerdo. Pero bajo ese rasero se excluyeron a los autores que no cultivaban una literatura comprometida con la izquierda. Esta obsesión por los postulados sartrianos del *engagement* fue el germen de algunas injusticias: se excluyó a Cirlot, el gran surrealista, por permanecer al margen de la lucha contra la Dictadura, y a poetas afines al Régimen como Panero o Rosales, de innegable calidad. Incluso un premio Nobel como Juan Ramón Jiménez fue arrojado a las tinieblas exteriores.

A las arbitrariedades dogmáticas del antólogo, se sumaron las opiniones de Barral, Gil de Biedma y Goytisolo, que intervinieron activamente en las tareas de selección. De este modo, la antología acabó por convertirse en un peligroso artefacto en manos de quienes la manipulaban. Hubo razonamientos literarios, cierto. Pero Barral reconoce que influyeron en exceso motivos de antipatía personal o suposiciones políticas e ideológicas; también los deseos terribles de venganza, azuzados por la generosa circulación del alcohol. La mayor víctima de ello fue Alfonso Costafreda. A finales de los cuarenta, Costafreda había sido la gran esperanza poética de su generación. Pero llevaba diez años «exiliado» en Ginebra, como funcionario internacional de la OMS, y su estrella poética se había extinguido. Su presencia en la antología, según Barral, «urgía más que a todos nosotros».

Pero Gil de Biedma le impuso el veto. «Fueron vanas las repetidas intervenciones de Goytisolo y mías, a veces agudas y hasta violentas, en defensa de su inclusión, alegando la justicia y la conveniencia», insiste el editor. Jaime se mantuvo impertérrito, ante la pasividad discreta de Castellet. Alegaba, con gran despliegue de argumentos, que la poesía de Alfonso Costafreda, ya lejana en el tiempo, era ajena a la poética del compromiso. Sin embargo, los motivos ocultos de su rechazo eran muy otros. Años antes, Gil de Biedma le había mostrado unos poemas suyos a Costafreda, y éste le comentó con su sarcasmo habitual que le había gustado uno, pero que se sentía capaz de mejorarlo en un cincuenta por ciento. Según Caballero Bonald, el poeta barcelonés «sufrió uno de sus hiperestésicos ataques de vanidad y no toleró la chanza». Aunque el episodio se remontaba, probablemente, a cinco años atrás, Jaime Gil tenía aún las heridas del orgullo abiertas. Cuando dispuso de una pequeña cantidad de poder literario, vio la ocasión de vengarse y no la dejó pasar. Esta venganza demoró la resurrección poética de Costafreda. Según Alberto Oliart: «Jaime tenía estas cosas, de guardar rencor durante mucho tiempo. A Costafreda le hizo un daño tremendo.» Barral comentaba que aquello produjo en Costafreda una dolorosa frustración «de la que no se repuso nunca».

Fue, sin duda, una de las acciones más ruines en la vida literaria del poeta. Pero en un texto de desagravio reconocería luego su error, destacando la elegante conducta de Costafreda: «De aquella mala jugada data mi aprecio por un rasgo suyo que Barral siempre había elogiado: la nobleza. Cuando supo de dónde venía el golpe, y por qué, lo encajó sin reproche. Fuimos, al fin, definitivamente amigos.» Sea como fuere, la *Antología* de Castellet generó por igual adhesión y rechazo. Desde la sombra, Vicente Aleixandre trató de neutralizar las maniobras del llamado «grupo catalán», apoyando a varios jóvenes poetas andaluces. En el círculo de Aleixandre empezaba a declinar la estrella de «Gil de Biedma y su grupo de esnobs comunistas».

EL SÓTANO NEGRO

En invierno de 1960 encontramos a Gil de Biedma en un pequeño apartamento situado en los bajos del 520 de la calle Muntaner. Ya ha cumplido treinta años y siente la necesidad de independizarse. Ahora bien, como en aquel tiempo los jóvenes sólo abandonaban la casa familiar para contraer matrimonio, llevó inicialmente el asunto en secreto. Según Jaime Salinas: «Jaime me dijo: "En este país vives en casa hasta que te casas. Si se enteran de que tienes un cuarto, un estudio, dan por supuesto que es un picadero. Pero todas las noches, aunque sea de madrugada, hay que volver a casa."» Por eso, «la familia ignoraba que hubiera alquilado un estudio». Su hermana Marta lo confirma: «Oficialmente el sótano no existía. Mi padre no sabía nada hasta que le mandaron una factura confundida de unas lámparas y se organizó una gordísima.» La noticia irritó a Don Luis, que ya no albergaba la menor duda sobre las inclinaciones bohemias del hijo. Su forma de entender la vida entraba en colisión con sus principios. Pero no podía hacer nada y sólo rezaba para que el Elegido, al menos, cumpliera en Tabacos de Filipinas.

El 22 de marzo de 1961, el poeta escribe a Juan Ferraté: «Si vienes por aquí verás que ahora tengo un apartamento muy bonito, un sótano, Muntaner arriba, muy cerca de la plaza de la Bonanova. Como las reservas de bebidas suelen ser más abundantes que en casa de los amigos casados, el sábado por la tarde suele venir bastante gente.» Desde que se ha instalado en este refugio, la mayoría de antiguos tertulianos de la casa de Barral acuden a él para tomar una copa antes de la cena. ¿Cómo era aquel sótano negro, que acabó siendo un espacio de resonancias míticas? Según varios testigos, se componía de una sala de estar, dormitorio, baño y una diminuta cocina. En palabras de Juan Marsé: «La puerta era angosta y el techo bajo, y nada más entrar, a la izquierda, unas estanterías de libros sugerían la idea de un pasillo con acceso a la salita. Había un diván arrimado a la pared, una mecedora, un par de comodísimas riñoneras y una mesa escritorio.» En este extraño lugar, las paredes son blancas y las puertas están esmaltadas en negro. Hay unos pocos muebles nobles, pero jamás entra la luz de día. Tampoco hay teléfono, ni ventana a la calle ni un viejo reloj. Aunque para algunos aquel sótano era una ratonera, Gil de Biedma se siente muy a gusto en su nido secreto. Después de todo, es un escorpión que merece ser observado de cerca. Aquí está, sentado en el balancín. A su lado, sobre la mesa del escritorio, una docena de holandesas mecanografiadas y corregidas a mano –«que, sin embargo, no solía dejar al alcance de nadie», dice Marsé–, algunos ejemplares de *Ínsula*, una bandeja con vasos, la botella de ginebra y una pequeña jarra de agua. Todo está a punto para el ritual de ser en amistad.

Durante los cinco años siguientes recibirá en el Sótano Negro a numerosos personajes. Aparte de los asiduos Barral, Ferrater, Marsé y Salinas, le visitaron José M.ª Castellet, los hermanos Goytisolo, Juan García Hortelano, Gabriel Celaya, Ángel González, Mario Vargas Llosa y un buen número de jóvenes como Salvador Clotas, Terenci Moix, Álvaro Rosal, Francisco Rico, Miguel Barceló, Jorge Herralde, Jaime Camino, Félix de Azúa y algunas mujeres intrépidas –Helena Valentí e Isabel Gil– impulsadas también por unas rabiosas ganas de vivir.

Un día cualquiera de los años sesenta: los amigos beben ginebra, fuman tabaco negro y charlan animadamente mientras la voz gutural de la Dietrich canta de fondo *Lili Marleen*. El Sótano Negro es la *cave* donde se toman las primeras copas nocturnas; luego los amigos salen a cenar por el barrio. En aquel tiempo, la zona conservaba aún el sabor del antiguo pueblo de San Gervasio, y era fácil encontrar en sus calles varias casas de comidas como Can Massana o Can Tonet. Según Carlos Barral, iban a Can Tonet dos o tres veces por semana, como prolongación natural del sótano negro. Era un restaurante pintoresco con un patio cubierto por una encañizada, con cierto aire de *trattoria* italiana. Allí el viejo Tonet les recita de memoria una larguísima carta que concluye siempre igual: «... conejo con caracoles y entrecot de ternera como eran en el año treinta y cinco». El viejo Tonet, además, lleva una libreta especial titulada «Cuenta de novelistas», donde anota las deudas de los comensales. Al acabar la cena, los amigos regresan al sótano para culminar la velada.

Quizá debamos recordar aquí la naturaleza endogámica del grupo. En general, sus miembros no solían frecuentar otros círculos de gente; tampoco eran asiduos espectadores de cine ni seguidores de los ciclos de teatro o de conciertos que se organizaban en la ciudad. Para ellos, el placer supremo fue siempre la conversación. Escribe Barral: «El motivo de nuestra reunión era el espectáculo de la inteligencia, la acrobacia de la cultura y del ingenio, en unos por la voluntad de afirmarse, en otros por la de brillar y seducir [...] Hablábamos, discutíamos sin más objeto que el de rodar, de ejercitar nuestras facultades, de excitarlas, más bien, tras las horas de opacidad de la vida diaria. El sótano era un lugar catártico.» Al calor del alcohol, las ideas se aceleraban como neutrones; también las manías y pasiones intelectuales. El Nido del Escorpión bullía entonces como un acelerador de partículas. Dentro, los jóvenes aprendieron «a parar la oreja», recuerda Marsé, y disfrutaron lo suyo ante la exhibición de reiteradas anécdotas y chismes «celebrados no por su gracia, sino por la gracia verbal de quien los cuenta».

Se ha dicho que aquel sótano con divanes y *caqueteuses*** estaba aculotado de conversaciones como de alquitrán la cazoleta de una pipa. Y es cierto. Barral comenta que la casa «era realmente muy subterránea, casi clandestina, como una poza inundada de palabras y de gestos, un lugar muy sensible a los estados de ánimo y cuyas paredes reflejaban como un espejo las maniobras de cada personaje en el intrincado juego de las relaciones». En el Sótano Negro, en fin, todos permanecen fieles al papel que los otros les tienen designado: Gabriel Ferrater, exhalando el azufre de la inteligencia antes de improvisar unos versos: «*La pluja i una noia al meu costat, sota un paraiguas foradat*»; Jaime Salinas, pulcramente sentado en el diván, comentando con Gil de Biedma algunos chismorreos de la vida social española de los años veinte; Carlos Barral, vestido con camisa de soldado, soñando con leones marinos; Ángel González, cantando rancheras y corridos mexicanos:

> Si Adelita se fuera con otro,
> la seguiría por tierra y por mar...

---

* Del francés *caqueter:* «charlar, cotorrear». En este caso, «confidentes»: canapés de dos asientos, cuya forma permite a una persona sentarse enfrente de otra.

EL PRIMER MOSQUETERO

Cuentan que Gil de Biedma no solía tropezar con rivales de altura hasta que encontró a Gabriel Ferrater: «el *sparring* perfecto». Entre 1955 y 1963 se vieron con asiduidad y llegaron a convertirse en camaradas inseparables. Al principio Ferrater no escribía poesía y sus intereses se centraban, como sabemos, en la pintura y la crítica de arte. Pero tanto él como su hermano Juan estaban muy versados en literatura. Alto y desgarbado, Ferrater vestía de un modo antiguo, anterior a la guerra. Según el poeta: «Parecía un personaje apolillado, como de tertulia de Ateneo. Iba con un bigote ridículo, un sombrero viejo... Se parecía mucho a Valéry.»

Aunque Ferrater le llevaba más de siete años, descubrieron pronto sus hondas afinidades. Aparte de la inteligencia y el ingenio, les unirá su afición a la ginebra e idénticos gustos literarios. Más tarde Jaime declaró: «Nunca hablábamos de cosas personales. ¡Nunca! Siempre de cosas científicas o literarias. Entonces Gabriel quería ser escuchado y admirado. Siempre estaba en escena.» Pero reconocerá después que aquella relación fue para él sumamente fructífera. La conversación con Ferrater y los libros que le aconsejaba «me hicieron llegar antes a ser yo mismo», asegura. En otras entrevistas volverá a elogiar al amigo: «Era una persona supremamente inteligente y el lector con más cultura literaria que he conocido en mi vida. Gracias a Gabriel llegué antes a muchas cosas, o sea, que me hizo ganar tiempo.» En este punto sorprenden dos aspectos: primero, que un hombre de su inteligencia y orgullo juzgue a otro de «supremamente inteligente». Segundo, que insista en un detalle insólito en el plano cultural: el ahorro de tiempo. A este joven impaciente el largo aprendizaje no le interesa demasiado. Se diría que pretende satisfacer su hambre literaria del mismo modo que sacia otra clase de apetitos. Inmoderadamente. Antes que *gourmet*, Gil de Biedma es un *gourmand*: un glotón. Pero este glotón suele acudir a restaurantes de cinco tenedores. Y Ferrater se comporta como el chef supremo. En 1985, Juan García Hortelano comentará que Gabriel Ferrater «era una persona de una cultura y de un talento y de una vitalidad y generosidad increíbles. Sabía de todo y bien. Era además muy simpático, todo en él era bueno... salvo quizá que no quería vivir mucho». Otro novelista, Mario Vargas Llosa escribió: «"Genio" es una palabra de letras mayúsculas, pero no sé con cuál otra describir esa monstruosa facultad que tenía Gabriel para aprender todo aquello que le interesaba y convertirse, al poco tiempo, en un especialista... Tal vez con "genialidad" fuera "desmesura" la palabra que mejor le convenía.»

Pero cuando se le preguntó a Jaime Gil por la importancia de Ferrater en su obra, introducirá un matiz algo contradictorio. Por un lado, le reconoce su maestría en el plano literario e intelectual, pero del otro, se ampara en el tardío despertar poético de Ferrater –en 1958– para negar su influencia. Dice: «Lo que hicimos fue montar una conspiración entre los dos para hacer el tipo de poesía que nos interesaba.» Y la poesía que les interesa bebe de muchísimas fuentes. Los dos amigos suelen conversar de Àusias March y la lírica medieval catalana, de «El mal poema» de Manuel Machado, cuyas piezas recitan borrachos de madrugada, de Mr. Eliot, siempre, de John Berryman, de la *Antología Palatina*, de los ensayos de Trilling, Empson y Richards, del penetrante Langbaum o el excéntrico Barón Corvo. Aman con fervor a Baudelaire, se deleitan con Auden y se estremecen de euforia con Villon. A partir de esas charlas se crea entre ellos una intimidad de *fellow conspirators*, como decía Ferrater, de cómplices en un mismo complot. Para entender el supuesto fundamental de ese complot hay que recurrir a la nota que incluyó el propio Ferrater en 1960 al final de su primer libro de poemas *Da nuces pueris...* y cuyo eco resuena en estas palabras de Gil de Biedma: «Además de muchas otras cosas, un poema inexcusablemente ha de tener el mínimo de sentido que se exige de una carta comercial, puesto que el lenguaje no es sólo un medio de arte, sino también, antes que nada, un bien utilitario del patrimonio público; conviene, pues, guardarse de hacer juegos con el sentido de las palabras de la tribu.» Era su lado práctico. En 1986 insistirá aún en ello. «El idioma es un bien del patrimonio público y uno no tiene derecho a jugar con él. Porque el final de ese proceso es salir a la calle y preguntar dónde está el Gobierno Civil y que te manden al edificio de Correos.» Ya en el terreno propiamente literario, creía que: «Se ha de tener poco estilo, nada más que el que nuestra educación nos ha dado.»

Los dos poetas aspiran así a alejarse de mucha de la poesía en que se formaron y también de la obra de sus contemporáneos peninsulares. En palabras de Ferrater: «Se puede perdonar que un poeta sea deficiente en alguna cosa, pero no encuentro disculpables a tantos poetas de hoy que se reservan para la poesía sus estupefacciones y cuya poesía ofrece de ellos una imagen tan disparatada que no puede corresponder a la de ninguna persona real. Una vida no se conserva sino permanece muy atenta a las leyes del dinero y a los movimientos de los hombres y las mujeres.» Esta ansia de ruptura radical con los maestros queda sintetizada en pocas líneas: «Ahora comprendo que es absolutamene legítimo separar el fondo y la forma de un poema, y no veo por qué tendría que esforzarme en confundir un viaje por el Infierno con el patrón estrófico de la terza rima.» He aquí la clave de la conjura: refutar en la práctica uno de los principios estéticos más sagrados de la poesía, desde Mallarmé: el de que en poesía, cuando el poema es bueno, resulta imposible distinguir entre la forma y el fondo. Gil de Biedma volverá a ello en su ensayo *El ejemplo de Luis Cernuda*, publicado en 1962: «En la práctica, todos distinguimos. Y no sólo eso: la distinción –más o menos consciente– entre fondo y forma es un elemento primordial en nuestro disfrute de lectores; sin él no podríamos apreciar cómo, y hasta qué punto, ha logrado el poeta concertar uno y otra.» El secreto es el tono del poema, la búsqueda de la voz.

Cuando los amigos traman su complot, el modelo de Mallarmé se les antoja, pues, totalmente caduco. No quieren seguir ya la estela del simbolismo francés, tampoco la del surrealismo ni de la Generación del 27, salvo Cernuda, ni la de los poetas españoles que desde 1945 tratan de hacer una poesía distinta de la anterior a la guerra civil. Pretenden ir más lejos. Pero muy en la línea reactiva de ambos, decidirán hacerlo a la contra. El propio Gil de Biedma anunciará así sus antítesis programáticas, a la sombra de Gabriel: «contra la autonomía estética del lenguaje, contra quienes reservan la poesía para sus estupefacciones, contra el exceso de estilo, contra la identidad de fondo y forma, contra la abstracta formalización de la experiencia». De un modo u otro, pensaban en la mayoría de los poetas españoles del momento, incluidos varios amigos suyos.

En los primeros tiempos de ese complot era difícil prever que los dos conjurados iban a establecer las bases de la principal revolución poética ocurrida en España en la segunda mitad del siglo XX. Pero hoy ya podemos afirmarlo sin temor, basándonos en un hecho irrefutable: tanto Gabriel Ferrater en lengua catalana como Jaime Gil de Biedma en castellano señalaron un camino que ha venido a ser la tendencia dominante en los actuales modos poéticos... la llamada «Poesía de la experiencia». Y su revolución, recordémoslo, no tuvo lugar en ninguna universidad, ni en ninguna academia, ni en ninguna publicación oficial ni en los cenáculos literarios madrileños o andaluces. Fue fruto del luminoso encuentro entre dos amigos, de su afición desmedida por la literatura conversada, por el intercambio fértil de ideas vivaces y productivas, por una complicidad total, que se fraguó en un sótano negro de Barcelona, entre humo de Ducados y botellas de Giró.

UNA LÁMPARA SOBRE GUILLÉN

En 1960 el poeta publica *Cántico: el mundo y la poesía de Jorge Guillén*. Se cierra así una década de fascinación por la obra guilleniana, que se remontaba a noviembre de 1949 y se fraguó en el invierno salmantino de 1950. Pero Jaime Gil ya no es el mismo. Aquel adolescente en crisis que deseaba abrirse al mundo, se halla ahora inmerso plenamente en él, moviéndose en los tres paneles del cuadro. Se diría que ha concluido con esfuerzo esta obra de cien páginas para saldar una vieja deuda con su maestro. Sin embargo, *Cántico* será su estudio crítico más extenso y contribuyó a situarle entre los jóvenes teóricos más lúcidos de la literatura española.

En seguida, manda un ejemplar del libro a varios miembros de la Generación del 27 y en especial a Guillén, acompañado de una carta donde le explica: «He escrito un libro sobre *Cántico* porque *Cántico* ha sido un ingrediente importante en mi vida.» Pero aunque su pasión por Guillén se haya enfriado mucho, aguarda con impaciencia la respuesta. Entretanto, la obra circula de mano en mano y la mayoría de opiniones son favorables. El temible Juan Ferraté le escribe con entusiasmo desde su cátedra en Santiago de Cuba: «Me parece que has escrito algo estupendo... has acertado admirablemente en el enfoque básico del tema (inmediatez y reflexión, ley de la poesía de Guillén) y en la descripción del carácter *dramático* de los poemas (de la mayoría de ellos, por lo menos) de "Cántico".» Pero lo que le ha seducido, sobre todo, es el método que emplea Gil de Biedma para simplificar su exposición y reducirla a lo verdaderamente esencial. No es un libro académico: es el libro de un grandísimo lector que sabe escribir muy bien. Ferraté intuye ya el valor de una prosa que llegará a ser paradigma de claridad. A vuelta de correo el autor le responde: «Tu afición a mis "comentarios" guillenianos me ha satisfecho mucho.»

Sin embargo, el maestro Guillén tarda en dar señales de vida. ¿Qué pasa? Debería ya haber leído el libro. ¿Por qué no le escribe? Lo hará por fin, dos meses después del envío, en carta de tono simpático y cordial. Jaime Gil la lee con emoción. Pero el último párrafo le produce desconcierto. El poeta de Valladolid se despide deseándole que «en 1980 alguien dedique a la poesía de Jaime Gil de Biedma un libro similar al que J.G.B. ha dedicado a la poesía de Jorge Guillén». Aunque él se permite bromear con los amigos acerca de la ambigüedad del párrafo final –«que me parece se corresponde con el tercer uso de los estudiados por Empson»–, se sabe descubierto. En el fondo, el maestro no está contento. Y Carlos Bousoño explica las razones: «El libro empieza con gran entusiasmo por Guillén, que es el que sentía Jaime en la época de estudiante. Pero luego, según se acercaba a la poesía social, le fue interesando menos. Es muy divertido leerlo porque es absolutamente incoherente en el tono: se percibe su admiración primitiva hacia Guillén y el lento descenso a un punto de aprecio bastante escaso.» Cierto. La valoración final sobre Guillén no es un medallón de oro sino una moneda incierta que Gil de Biedma lanza en el aire. Persiste aún el aprecio por su obra, pero no le tiembla el pulso al escribir: «Se trata de una poesía contemporánea que inserta sus primeras y más fuertes raíces en una tradición cuya supervivencia ahora estorba.» Las últimas líneas del ensayo acaban abriendo aún más un interrogante con sabor a herida.

La respuesta ambigua de Guillén debería, pues, haber dejado el asunto en tablas. Pero eso no va con Gil de Biedma. Su vanidad no admite medias tintas. Y a partir de ahí fue alimentando un sentimiento negativo hacia el maestro de Valladolid, que le duró casi veinte años. Dice Ana María Moix: «Era típico de Jaime. A Guillén no le había gustado su libro, y él se fue cabreando cada vez más. Llegó a decirme que Guillén no le interesaba en absoluto.»

COLLIURE. POESÍA DE COMPROMISO

Ante los años impares, el poeta no ocultaba su temor de que pudieran acabar siendo estériles. Pero 1961 no resultó serlo. Es cierto que dimite del comité de lectura de Seix Barral al que se había incorporado el año anterior. Pero inicia un ensayo extenso sobre la poesía de Espronceda, escribe cinco poemas –«Albada», «Un día de difuntos», *«Barcelona ja no és bona»*, «La novela de un joven pobre» y *«Trompe l'oeil»*– y publica *Cuatro poemas morales*. En relación a ellos, el poeta Luis Cernuda le comentará desde el exilio que «me han gustado mucho» y los califica de «hermosos»... «todos me parecen poesía completa, humana e impura», a salvo de la llamada «poesía pura», como la de Guillén, que había imperado en su juventud. Ante esta carta, Gil de Biedma se siente halagado. ¿Qué importan los elogios leves de Guillén si consigue el aprecio inestimable de Cernuda?

No. 1961 no será un año estéril. Verá también el lanzamiento de una nueva colección de poesía –*Colliure*– en la que él tiene activa participación. Según Carme Riera, *Colliure* pretendía demostrar a los poetas madrileños la capacidad de gestión del grupo de Barcelona. Y Jaime Gil reconoció más tarde que fue una maniobra de autopromoción «dirigida contra el grupo de los poetas de *Ínsula*, y tácitamente, contra Claudio Rodríguez, a quien luego se incluyó en el grupo». La colección constituyó, pues, la segunda «maniobra de taller» del grupo barcelonés, tras la *Antología*, y les permitió publicar sus poemas sin tener que peregrinar en lo sucesivo por las editoriales del país. El *staff* de *Colliure* estaba formado por el crítico José M.ª Castellet como director, Jaime Salinas, editor, Gil de Biedma y José Agustín Goytisolo como consejeros y Carlos Barral como responsable de la impresión y distribución de libros desde Seix Barral. Castellet explicó que la iniciativa supuso un pequeño éxito económico y literario, porque *Colliure* fue la primera colección de poesía cuya distribución renunciaba al cauce artesanal en favor de los canales reservados tradicionalmente a los otros libros. Gracias a ello, no tardó en erigirse en alternativa al monopolio poético de la capital. Y en febrero de 1962, la mismísima revista *Ínsula* elogiaba desde Madrid la aportación de aquellos jóvenes autores dedicados a una literatura testimonial y comprometida. En sus páginas se les reconoce el mérito de percibir con ojo crítico el mundo que les rodea y su afán por «ir hacia la inmensa mayoría».

Quizá *Colliure* nació como un instrumento arrojadizo o una plataforma de lanzamiento generacional. Pero es difícil hallar objeciones a un proyecto que acabaría publicando no sólo a sus impulsores catalanes sino a poetas valiosos como José Manuel Caballero Bonald, Gabriel Celaya, Gloria Fuertes, Ángel González, Jesús López Pacheco o José Ángel Valente. El valenciano Francisco Brines recuerda aún el interés afectuoso de Gil de Biedma por incorporar alguna obra suya a la nueva colección: «En aquel tiempo yo era un joven poeta muy poco conocido, y Jaime insistió para que le mandara mis últimos poemas. Aquello fue el principio de nuestra amistad.» En un coloquio de 1985, Brines aseguró que *Colliure* había sido el sello del grupo, no sólo por aunar a unos autores determinados sino por presentar de ellos «la obra más precisamente cívica». Y esta tendencia de poesía cívica era distinta de la poesía social de la generación anterior. Cierto que ambas apelaban a una toma de posición en aquel momento histórico desoladoramente gris. Pero a diferencia de sus mayores, los jóvenes de *Colliure* introdujeron un factor esencial... la autocrítica en cuanto miembros de una clase social determinada. «Nosotros pretendimos hablar desde la propia persona, desde nuestra propia experiencia de clase, en cuanto intelectuales burgueses», declara Gil de Biedma en 1978. «Hablar en nombre de los obreros nos parecía no sólo un disparate, sino lo más asocial que se podía hacer», insistirá en 1981. Cuando se refiere a ellos como señoritos de nacimiento que, por mala conciencia, escriben poesía social, ya no están, paradójicamente, escribiendo poesía social como Celaya. Han aprendido a burlarse de sí mismos. Y a hacer de la ironía su principal arma de combate.

EL ARTISTA NUEVAMENTE ENFERMO

Otoño de 1961. Tras su estancia anual en Filipinas, el poeta regresa a Barcelona donde a las pocas semanas se le declara una enfermedad venérea. Acosado por la dolencia, el invierno de 1962 le resulta especialmente duro pero la literatura le proporciona cierto consuelo. A finales de enero recibe un ejemplar de *Hispanofilia* con un texto sobre Espronceda que despierta vivamente su interés: Gil de Biedma acaricia desde hace un año la idea de escribir un extenso ensayo sobre el poeta romántico. Y cuando Robert Marrast le hace llegar varias separatas con sus opiniones, le responde una larga carta en la que expresa sus propias teorías. La ideología de Espronceda, por ejemplo, «supera en consistencia intelectual, en conciencia histórica y en seriedad revolucionaria a la del gran Larra», escribe. Pero estas tesis no le apartan del verdadero eje de la carta, que se adivina al final. Por lo visto, Marrast le había enviado también varias traducciones de poemas suyos –como «Los aparecidos» o «Ampliación de estudios»– y al leerse en otro idioma Jaime Gil descubre cosas acerca de su poesía que sólo sospechaba... En concreto, la directa influencia de Baudelaire. Es el Baudelaire de los *«Tableaux Parisiens»*, claro, que relee a menudo y admira muchísimo. Desde ese entusiasmo exclama: «¡Qué bodeleriano el título en francés, *Les Revenants*!» Y luego transcribe unos versos antes de despedirse con gran cordialidad.

Por desgracia, la poesía sólo es un bálsamo pasajero. A la mañana siguiente, el mismo corresponsal escribe otra carta de tono agridulce. En ella Jaime se dirige a Juan Marsé, entonces en París, tras un largo período de silencio. Ya en el primer párrafo le comunica: «Nunca en la vida me habían venido juntas tantas complicaciones, depresiones y disgustos.» Confiesa entonces que ha contraído la sífilis, pero recomienda en seguida al amigo que «no lo cuentes mucho a la gente, porque acentuará mi reputación de libertino». Leyéndole se diría que está más preocupado por su imagen pública que por su estado de salud: «Todo esto no tiene ninguna importancia, porque ahora –para disgusto de los curas– se cura radicalmente con unas inyecciones de penicilina.» Años después concluirá el poema «Epigrama votivo» con estos versos:

> Bajo una nueva advocación te adoro:
> Afrodita Antibiótica.

Pero el poeta sigue siendo un enfermo difícil. Le molestan las semanas de tratamiento, las visitas periódicas al médico y, sobre todo, la forzosa abstinencia sexual: «Llevo quince días así y la castidad empieza a pesarme.» Otro de los motivos de su malestar proviene de la sequía poética. La reciente estancia en Filipinas, tormentosa en amores, los compromisos a la vuelta a Barcelona y el mal francés debilitan su manantial creador. De nuevo se tambalea. Falto de vitalidad, se detiene ante el espejo y percibe la sensación de que su vida cotidiana es un océano de proyectos naufragados. Así lo comunica por carta a Juan Ferraté, insistiendo en que «1962 ha sido hasta ahora desastroso y complicado en todos los aspectos –desde el fisiológico hasta el sentimental– y tengo cada vez más la sensación de hundirme en ese pantano deprimente de la falta de ganas: ¡lástima que uno no pueda recurrir a *"un profesor de energía"*!».

Tampoco eleva su ánimo el trabajo diario que realiza en Tabacos. Cada vez le aburre más –«realmente trabajar es insoportable»– y comprende que no puede seguir interpretando el papel de joven promesa. Dos meses antes, el consejo de administración de la compañía le había nombrado apoderado, concediéndole el uso de la firma social y poderes mercantiles generales. Dicho nombramiento debió responder, probablemente, a una nueva iniciativa paterna. Pero en el fondo el hijo se sigue preguntando por el futuro. ¿Qué debe hacer? Dice: «Tendría que convertirme en un *up-and-coming executive** y adquirir el gusto del poder y del dinero, y eso no me gusta y me asusta.» He aquí uno de los rasgos de su personaje laboral: ser hombre de ambiciones modestas. A lo largo de su vida Gil de Biedma recibirá tentadoras ofertas profesionales, pero siempre renunciará a ellas. Este hombre que tanto desobedeció al padre, que vulnera a diario el código familiar, se mantendrá paradójicamente en el puesto que Don Luis le asignara desde el principio. Y allí va a quedarse hasta la muerte.

ASTURIAS, 1962

Aunque el poeta se repone antes de primavera, el año sigue resultándole áspero. Además, comienza a pesarle la edad y también la imposibilidad de vivir de la poesía. Escribe a Juan Ferraté: «A los treinta y dos años uno ya no se hace muchas ilusiones acerca de su vocación, pero precisamente por eso mismo le gustaría vivir de ella.» Un sueño que jamás verá cumplido. Otro de los motivos de desasosiego es la situación del país. Desde 1959, el rumbo que va adquiriendo la sociedad española se aparta de sus ilusiones. Con su lucidez habitual escribe: «Parece que España, que es un país feudal que jamás ha hecho la revolución burguesa, se prepara a ser un país neocapitalista sin gran capitalismo.» Aunque los españoles miran el futuro con esperanza, él ha viajado lo suficiente para descubrir el engaño: España está condenada a ser el menos desarrollado de los países prósperos; seguramente, adquirirá nuevas miserias y nuevos defectos sin

---

* «Un ejecutivo con proyección.»

perder ninguno de los antiguos. Sobre el incipiente «milagro económico» se muestra bastante crítico: «Participaremos de la prosperidad europea a escala española; tendremos una prosperidad pequeña, bastante sórdida.» Y en este nuevo escenario intuye que él mismo acabará siendo un ente anacrónico. ¿Qué puede esperar?

Aunque ese mismo año el Gobierno español solicita el ingreso en el Mercado Común, él contempla el horizonte colectivo con escepticismo. Sabe que no hay solución: la caída de Franco raya en la utopía. Sin embargo, aquella primavera la historia dará un giro inesperado: estalla una huelga en la cuenca minera asturiana. Al principio es una huelga espontánea, limitada, pero pronto se propaga a las regiones vecinas e incluso al cinturón industrial de algunas ciudades. En pocos días, el movimiento de paro se va ampliando hasta erigirse en un serio desafío al Régimen. Para atajarlo, el ministro del Interior –el general Camilo Alonso Vega– proclama el estado de excepción en Asturias e inicia una represión implacable. Pese a la serenidad de los huelguistas, cuatrocientos trabajadores de las minas serán deportados a otras zonas del país, y muchas de sus mujeres serán rapadas al cero y forzadas a beber aceite de ricino, con el beneplácito de Manuel Fraga Iribarne. Con todo, en las calles se percibe cierta sensación de victoria moral que contrasta con los anteriores hitos por la libertad, que se habían saldado en fracaso: la Jornada de Reconciliación Nacional de 1958 o la Huelga Nacional Pacífica de 1959. Los sucesos del norte de España son seguidos ahora con el máximo interés por la prensa, radio y televisión extranjeras. España vuelve a estar en primera plana, e incluso Gil de Biedma asiste a los acontecimientos con estupor ilusionado.

Pero el general Franco se mueve con astucia. En un gesto tan cínico como habilidoso consigue presentar aquella huelga ante la opinión pública internacional como la gran prueba de esa «democratización» necesaria para que el país pueda entrar en el Mercado Común. Al final, tras unas significativas concesiones patronales, la agitación social acabó por extinguirse. No obstante, el germen solidario ha prendido de nuevo en el poeta y se olvida por un momento de sus problemas personales. Aquella primavera sentirá un brusco revivir de sus ilusiones. Ya no es el hombre desasosegado, enfermo, que empezaba a sentirse solo: vuelve a la comunidad. En cierto sentido comparte plenamente estas palabras de Barral: «La experiencia política de los tres últimos meses ha sido una droga mucho más fuerte que cualquier otra aventura.» Bajo este clima, Gil de Biedma escribirá «Asturias, 1962». En la sección central del poema se refleja con nitidez el pensamiento de un español que ya no creía en milagros. Pero que al calor de la nueva huelga vuelve a soñar con un cambio político.

> Grises años gastados
> tercamente aprendiendo a no sentirse sordos,
> ni más solos tampoco de lo que es humano
> que los hombres estén... Pero el silencio
> es hoy distinto, porque está cargado.
> Nos vuelve a visitar la confianza

Confianza, aquí, equivale a esperanza. ¡Qué importa si luego se desvanece! Al poeta le basta sentir ese destello de optimismo, la imagen fugaz de las grúas inmóviles. El símbolo de la rebelión.

No debe sorprendernos que su producción poética se vea en esa época imbuida de realidad. De los seis poemas escritos aquel año, tres aluden directamente a situaciones históricas: la huelga de Asturias, el retorno a La Nava de un prisionero de Franco y la invasión de Bahía Cochinos, en la isla de Cuba. En este último se insiste en el tema de la esperanza. El autor recuerda aquí las horas de incertidumbre vividas el año anterior, cuando un grupo de militares cubanos en el exilio trató de invadir Cuba con ayuda de Estados Unidos para derribar el régimen de Castro. Él apoya la revolución. Y así concluye «Durante la invasión»:

> Contigo están las gentes de la caña de azúcar,
> el hombre del tranvía, los de los restaurantes,
> y todos cuantos hoy buscamos en el mundo
> un poco de esperanza que no venga de Miami.

Esperanza, pues, es una palabra-talismán que ilumina los poemas de 1962.

Pero en Gil de Biedma acechan siempre inquietudes duales y sentimientos contradictorios. El mismo hombre que confiaba en el futuro ha perdido la ilusión meses más tarde, cuando los ecos de la huelga asturiana ya se han desvanecido. Tras el estallido de las rebeldías, confiesa en soledad que algo ha cambiado: «Hoy no esperamos la revolución.» Años después, describió ese período de frustración en su última lectura poética celebrada en Madrid: «Nos dimos cuenta de que teníamos Franco hasta que el invicto falleciese de muerte natural. Y, realmente, fueron unos años muy deprimentes, nos sentíamos muy frustrados.» Esta actitud se expresa en el poema «En el castillo de Luna», ambientado en tierras segovianas. En él alude a un prisionero político, que regresa al pueblo tras veinte años de cárcel. Es el retrato espléndido de un perdedor, uno de aquellos campesinos de La Nava, al que se le ha ido la vida entre rejas. Ya no le quedan esperanzas por cumplir, y Gil de Biedma cuenta su historia. Para ello recurre a una estrofa octosilábica –la «octavilla aguda»– muy frecuente en la lírica del siglo XIX, pero rara en la poesía contemporánea. La sonoridad de esa estrofa otorga al poema una vibración romántica. Es un homenaje implícito a Espronceda, que concluye con unos versos premonitorios:

> Serás uno más, perdido,
> viviendo de algún trabajo
> deprimente y mal pagado,
> soñando en algo mejor
> que no llega. Quizá entonces
> comprendas que no estás solo,
> que nuestra España de todos
> se parece a una prisión.

¿Exagera el autor? Si nos atenemos a su linaje, la respuesta es afirmativa. Pero Jaime Gil tiene motivos diversos, secretos, para sentirse amordazado. Y este silencio de hierro es una forma amarga de cautividad.

EL SOLITARIO DE COYOACÁN

En su primera visita a Vicente Aleixandre, el maestro prestó a Gil de Biedma un ejemplar de *La realidad y el deseo*, de Luis Cernuda. Aunque Cernuda era uno de los poetas más importantes de la Generación del 27, su figura provocaba aversiones entre sus paisanos. Cuando Jaime se sumerge en la obra conoce ya la peripecia personal del autor. Durante la Segunda República, Cernuda había simpatizado con el Partido Comunista, había abandonado luego el país en plena guerra, y sobrevivía en el exilio como profesor en universidades extranjeras. El periplo se detendrá en México. Desde su juventud, además, su condición de homosexual le mantuvo en rebeldía contra el orden establecido y contribuyó a forjar su leyenda de personaje altivo, distante y solitario. Ya en su primer libro, *Perfil del aire* (1928), el tema mayor de la lírica cernudiana es la oposición entre el mundo interior del artista y el mundo contingente –entre la realidad y el deseo–, y esta contradicción provoca en el poeta un sentimiento de extrañeza y desarraigo perpetuos. Silenciado por la cultura franquista, Cernuda produjo «algunos de los poemas más intensos, lúcidos y punzantes de la historia de nuestra lengua», según Octavio Paz.

Auque Gil de Biedma había leído ya a Cernuda en el ejemplar de Aleixandre, el encuentro fecundo con su obra no se produjo hasta 1959, a raíz de las charlas con Valente, en Collioure. Éste le habló con entusiasmo del Cernuda último: el de la tercera edición, corregida y aumentada, de *La realidad y el deseo* y de *Historial de un libro*, un brillante ejercicio de autobiografía espiritual. Jaime descubre entonces al Cernuda de madurez, cuyos monólogos trazan una poesía moral de altos vuelos que identifica al instante con la tradición anglosajona. Según él, «lo que más me interesó fue "Historial de un libro"», obra donde florecen ideas revolucionarias como «Aquello que te censuren, cultívalo, porque eso eres tú». ¿Acaso no era una invitación para hallar las propias señas de identidad? En efecto. Cernuda le sirve de estímulo intelectual y de revulsivo humano: a partir de entonces va a ocupar un lugar eminente en su genealogía literaria. Claro que Gil de Biedma no será el único: Cernuda se convierte también en guía de otros autores que sienten el impulso de alzarse contra los valores tradicionales: José Ángel Valente, Francisco Brines o Juan Goytisolo. Criados en las férreas restricciones de la posguerra, aspiran a zafarse del yugo de la virtud, forcejeando con los límites impuestos. Y las palabras de Cernuda –ásperas, tiernas, rebeldes– les señalan el camino.

Pero este solitario que llegó a escribir que «el hombre mismo es el estorbo para su destino de hombre», aparece, paradójicamente, muy próximo. Algunos de sus mejores poemas se dirigen a un «tú» invisible con quien Cernuda conversa, ya sea como personificación de sí mismo, de su yo interior, o bien de ese otro con quien espera llegar a hablar algún día para ser comprendido. Este recurso resultará a la postre fundamental en la evolución poética de Gil de Biedma, quien sintoniza en seguida con el tono conversacional de la poesía del exiliado. Cernuda le devuelve en nuestro idioma los elementos coloquiales que él apreciaba ya en Auden y Eliot. No hay nada desgarrado ni altisonante en ellos. Según Cernuda, «el efecto poético me pareció mucho más hondo si la voz no gritaba ni declamaba». Será Cernuda, pues, quien le impulse indirectamente a incorporar a su poesía las palabras del lenguaje cotidiano.

A lo largo de 1962 la correspondencia entre los dos poetas se intensifica: Jaime Gil recibe siete cartas del solitario de Coyoacán en respuesta a las suyas. Aunque Cernuda sigue condenado al ostracismo por su rigor literario e intransigencia moral, algo se mueve. Desde Valencia, Jacobo Muñoz le prepara un homenaje en la revista *La caña gris* con motivo de su sesenta cumpleaños; para ello solicita la colaboración, entre otros, de Vicente Aleixandre, Octavio Paz, María Zambrano, Rosa Chacel, Vicente Gaos, José Hierro, José Ángel Valente y el propio Gil de Biedma. Éste no va a desperdiciar la ocasión y escribe *El ejemplo de Luis Cernuda*, un ensayo donde traza un perfil del hombre y su obra, ese Cernuda al que considera «el más vivo, el más contemporáneo entre todos los grandes poetas del

27». Partiendo del tópico de que Cernuda es un poeta frío, acaba demostrando que «su frialdad es la apasionada frialdad del hombre que, a cada momento, está intentando entenderse y entender. El poema, sus poemas, no se encaminan a otra cosa».

Gil de Biedma aprovecha también para cuestionarse, en fecha aún temprana, la validez estética de la poesía de compromiso político: «la poesía que venimos haciendo –esa poesía "humana", "social", "realista", o como queráis llamarla– adolece de una inconsistencia que a la larga es imprescindible remediar, si es que queremos ir con ella adelante». Y concluye proclamando la necesidad de buscar una tradición, «unos maestros a imagen y semejanza de los versos que intentamos hacer». Cernuda se le aparece así como el ejemplo más próximo, «la más inmediata cabeza de puente hacia el pasado». Su voz ha caído en tierra fértil.

Cuando el gran poeta sevillano reciba el texto del poeta barcelonés, lo leerá «con mucho gusto, interés y no poca satisfacción personal». Le agradecerá en otra carta «su más que amable interpretación de mi trabajo», y en similares términos se dirigirá a otros corresponsales que le profesan ese afecto insospechado. Da la impresión de que Cernuda empieza a sentir, al fin, el calor de sus paisanos. Pero sólo es un instante. Pasada la ola, el solitario de Coyoacán cierra el número de *La caña gris* y lo guarda entre sus libros como el mejor testimonio de un trabajo y una vida que se han marchitado a orillas de la felicidad.

LA LEY DEL SILENCIO

En verano de 1962 se produjo el cambio del antiguo ministro de Información, que fue sustituido por Manuel Fraga Iribarne. Muchos creyeron que ello comportaría una «liberalización» de la sociedad española y una censura algo más tolerante. Pero no fue así. La censura del Régimen siguió siendo ciega e injusta y violaba los derechos humanos. Cierto que el relevo ministerial se tradujo en un cambio de nombre –el viejo Servicio de Inspección de Libros se transformó en Servicio de Orientación Bibliográfica– con el fin de racionalizar las actividades censoras. Pero los censores eran los mismos individuos ineptos, sin el menor prestigio intelectual. En una entrevista de la época, Carlos Barral explicó a un diario latinoamericano: «Ahora justifican las tachaduras y las prohibiciones, pero los motivos siguen siendo vagos y tramposos; lo único positivo del cambio de ministro es que existen más facilidades para el intercambio de ideas.»

Esta apertura menor no impidió que los pilares de la prohibición permanecieran anclados profundamente. Por una parte se vetaban los libros que por su temática social o política discrepaban del pensamiento ortodoxo del Gobierno; por otra, los que «vulneraban» el código de la moral católica, abordando episodios de libertad sexual. Era, pues, una censura ideológica y a la vez eclesiástica, que afectaba tanto a autores nacionales como extranjeros. Leer a Thomas Wolfe o Jack Kerouac en la España de los sesenta planteaba las mismas dificultades que leer a Proust o Gide en los años cuarenta. La mayoría de los poetas de la época insisten, además, en el oprobio que representaba escribir sintiendo la ominosa presencia de la censura a la espalda. Para burlarla, tuvieron que recurrir a menudo al uso de la ironía. Pero la correspondencia de Gil de Biedma con otros escritores revela hasta qué punto su voz estaba amordazada. En una carta del 21 de octubre de 1963 le describe a Juan Ferraté el panorama del país:

> Tus aprensiones acerca del futuro de los españoles me temo que sean justificadas. No es demasiado fácil explicar, a quien lleva tanto tiempo fuera como tú, el ambiente en que vivimos. De un lado, se está produciendo desde 1959 un movimiento de expansión económica posiblemente sin precedentes en nuestra historia, con todas sus indudables ventajas para la generalidad de nuestros paisanos en la ciudad y el campo –sobre todo cuando el campo se halla próximo a una zona turística. Bien se lo merecen, los pobres. Pero con ello se han acentuado también las frustraciones personales que toda sociedad industrial lleva consigo. Y estas frustraciones son, quizá, tolerables cuando se vive en un país en el que existe cierto grado de libertad intelectual social y política y unas ciertas posibilidades de actuación en algunos de esos órdenes. Excusado es decirte que nada de eso existe aquí.

PALABRAS DE AMOR

Pese a la coyuntura adversa, sigue escribiendo a buen ritmo poemas de diversa extensión. Así, las piezas de la «Serie Filipina» –como *Happy ending* o «Días de Pagsanján»– se alternan con otras de mayor aliento como «Intento formular mi experiencia de la guerra». Aquel año combina, pues, la poesía de evocación amorosa con el recuerdo de sus vivencias infantiles en La Nava. También se entrega fervorosamente a la lectura: Borges, Catulo, la *Antología griega*, en la edición Garnier, o *The Poetry of Meditation*, de L. B. Martz.

En verano de 1963 lo encontramos en la isla de Mallorca con su gran amor. Tras una breve estancia en Palma, la pareja marcha a pasar el mes de agosto a una casa alquilada en Deià. Según Gil de Biedma repartían el tiempo entre la playa y el fisgoneo de la biblioteca del anterior inquilino: «una pintora americana inevitablemente frustrada e inevitablemente alcohólica». El poeta aprovecha además para proseguir la lectura de Catulo iniciada en Barcelona, y sumergirse en el mundo galante del autor de los bellísimos versos a Lesbia. Aunque siempre admitió la mayor trascendencia de Virgilio, se mantuvo fiel a Catulo, entre otras razones porque «Virgilio me parece un poeta del 27». En todo caso, la lectura de Catulo le despierta «furiosos deseos» de emularle: más aún, aspira a acercarlo a nuestra época. Quizá no sea casual que esta idea le atrape en Deià, el escenario donde Robert Graves compuso *Yo, Claudio* y otras novelas de inspiración clásica. Porque allí, en un paisaje costero de pinares frondosos, olivos centenarios y aguas de color turquesa, Jaime Gil percibe la voz del Mediterráneo antiguo, esa brisa de romanidad que en otro sentido acarició al Ricardo Reis pessoano. Y cuando lee versos como «*Furi et Aureli, comites Catulli...*» su propia musa desciende a visitarle.

A los pocos días comienza a madurar un largo poema que, en palabras de Carme Riera, será «uno de los más bellos de la poesía española del siglo XX». Sabemos por su correspondencia que, al concluir el verano, ya tiene el título: «Pandémica y celeste», un claro mensaje para los conocedores de la literatura grecolatina. ¿Qué le indujo a componerlo? Según el poeta, persiguió fines muy diversos: «Una de las utilidades prácticas del poema era demostrar que se puede ser constantemente infiel y estar completamente enamorado.» Nació, pues, como un teorema sobre la experiencia amorosa, donde Jaime Gil perseguía conciliar dos conceptos antagónicos: la búsqueda apasionada del placer y la calma del amor estable. El deseo de justificar ante su amante sus continuas traiciones, le proporcionó una entrada singular, ya que «Pandémica y celeste» es una pieza de amor a partir de la infidelidad, un canto a la fidelidad a partir del engaño al otro.

> Para saber de amor, para aprenderle,
> haber estado solo es necesario.
> Y es necesario en cuatrocientas noches
> —con cuatrocientos cuerpos diferentes—
> haber hecho el amor. Que sus misterios,
> como dijo el poeta, son del alma,
> pero un cuerpo es el libro en que se leen.

En octubre el poeta sigue poseído por el fuego creador, pero «Pandémica y celeste» le plantea espinosos problemas de ejecución. Para vencerlos, se sumerge en la traducción de un poema de Auden, que se cuenta entre sus favoritos. Lo hace de forma espontánea, sin otra finalidad que la de un *finger exercise*: uno de esos ejercicios de digitación que practican los músicos antes de los grandes conciertos. El resultado es óptimo: por una parte le permite familiarizarse con la técnica enumerativa que va a emplear en una sección de su propio poema; por otra, consigue una versión libre de la canción del maestro inglés, que, gracias a la estructura de romance asonantado, logra en castellano una asombrosa fidelidad al tono del original. Gil de Biedma quedará satisfecho; «no ha quedado mal», escribe a Juan Ferraté. Incluso se plantea incluirla en su nuevo libro, bajo el título «*Auden's at last the secret is out*»... Sólo alguien que conoce bien los rigores de la doble vida puede expresar la tesis central del poema con tanta sencillez:

> ... existe siempre otra historia
> que no es jamás la que vemos.

Aún sigue inmerso en «Pandémica y celeste», cuando le llega la noticia de la muerte repentina de Cernuda. Al poeta sevillano le ha fallado el corazón en su exilio de Coyoacán, con el batín impecable, las zapatillas y la pipa encendida, mientras brotaban las primeras luces del alba. Según varios amigos aquella muerte «le afectó mucho», porque en la última época habían mantenido una afectuosa relación epistolar y porque Luis Cernuda era para él «el único poeta del 27 que parecía tener aún algo que hacer –algo que no fuese una tontería». Esta vez su pena tomará rápida expresión poética: Cernuda muere el 5 de noviembre de 1963 y Jaime Gil le dedica un poema-homenaje que concluye diez días después. El tono de «Después de la noticia de su muerte» es elegíaco: refleja una admiración sincera por la persona y su obra. También expresa el dolor con extrema elegancia. Quizá los mejores versos nos remiten al gran poema cernudiano «A un poeta futuro»:

> El sueño que él soñó en su juventud
> y mi sueño de hablarle, antes de que muriera,
> viven vida inmortal en el espíritu
> de esa palabra impresa.

Gil de Biedma se identifica con la obra de Cernuda. Y leyendo este homenaje se diría que es él –y no otro– el elegido para recoger la antorcha caída de su nuevo maestro.

LOS PRÍNCIPES PERDIDOS

Tal como deseaban, los miembros del Grupo de Barcelona empezaron a adquirir notoriedad. Mucho después escribió Manuel Vázquez Montalbán: «En mis ojos los tengo como jóvenes príncipes que llegaban desde el país de la cultura y las experiencias envidiables para leernos sus poemas en sórdidas aulas de una universidad sórdida.» Caballero Bonald recuerda por su parte que Vázquez Montalbán le comentó que, cuando él veía venir por la calle a Barral o Gil de Biedma, cruzaba a la acera de enfrente «para no correr el riesgo de tropezar con la literatura». Es probable que el futuro autor de la «serie Carvalho» fuera uno de los primeros universitarios en calibrar la importancia de aquellos poetas. En poco tiempo habían ido bastante lejos, cultivando a su modo la poesía social, y seguían inmersos en actividades públicas que les enfrentaban con las autoridades. Pero Vázquez Montalbán no podía saber entonces que aquellos autores «tan necesarios, inaccesibles, poderosos» estaban empezando a perder la fe en la poesía como arma de combate. Y también en sí mismos.

En octubre de 1963, Gil de Biedma comenta por carta a Juan Ferraté: «En un país palpablemente menos infeliz que hace unos años, la situación del intelectual medianamente civilizado y medianamente progresista es de una futilidad y de una soledad que asusta. Cada vez veo menos gente –fuera de mi trabajo, no pasarán de dos las personas a quienes trato con alguna asiduidad. Y ni siquiera le queda a uno la salida de soñar con un futuro más o menos próximo.» En cierto sentido la desmoralización de Jaime Gil está justificada. Aunque haya escrito poemas sociales, su trabajo en una gran empresa –amén de su amistad con el economista Fabián Estapé– le descubren la nueva realidad que se va imponiendo en el país. Según Juan Goytisolo: «Su contacto directo con el mundo de los negocios le permitió captar antes que nadie la profunda transformación de nuestra sociedad por la acción combinada del turismo masivo, la emigración de dos millones de trabajadores a Europa y la llegada de los tecnócratas del Opus Dei al Gobierno.» A la emigración al extranjero de miles de jóvenes obreros se une ahora la de algunos técnicos y universitarios. Ante esta hemorragia social, ¿merece la pena seguir creyendo en el marxismo? Escribe Gil de Biedma: «Uno se pregunta quiénes vamos a quedar aquí. Si esto dura diez años más, a los cuarenta voy a ser un asco de persona.»

El hombre que en 1959 había acudido en peregrinación a la tumba de Machado, regresó a Collioure en 1964 para conmemorar el XXV aniversario de la muerte del poeta. Pero ya no fue lo mismo. Junto a aquella tumba, los peregrinos comprendieron que el soñado cambio político estaba produciéndose de una forma muy poco heroica. El movimiento del capital disipaba los sueños revolucionarios. España cambiaba, los españoles cambiaban, y sólo los marxistas permanecían aferrados a sus consignas. A las puertas de los 25 Años de Paz, era obvio que ya no iba a ocurrir «algo definitivo y general», como había soñado Gil de Biedma. A partir de ahora, sólo les quedaba la nostalgia. Resulta irónico que fuera Collioure, tan rico en simbología, el lugar donde se detectó la primera fisura del Grupo de Barcelona. El pueblecito encantador, que cinco años antes se había revelado clave en la «operación generacional», marcará el inicio de la etapa en solitario de sus miembros. La escritora Carme Riera sitúa claramente allí el origen de la disgregación del grupo, «que a partir de 1965 deja de participar en actos conjuntos e incluso enfría sus relaciones, va espaciando su asistencia a las tertulias, deja de creer en el realismo social y se distancia de las directrices del Partido Comunista».

Aquellos jóvenes príncipes de 1960 comienzan pues a extraviarse. ¿Por qué prolongar la ilusión de trío? La poesía comprometida no despierta el mismo fervor de antaño: la sociedad mejora velozmente y se vuelve acomodaticia. Está naciendo la clase media. Se diría que la nueva coyuntura del país parece abocar a los poetas –Barral, Gil de Biedma, Goytisolo– a sendas cada vez más individuales. Dice Jaime: «Entre la fascinación intelectual de conocerse y el instintivo horror a reconocerse hay sólo una transición de pocos años. A la vuelta de ellos, los amigos íntimos con frecuencia nos son insoportables.» Ahora, los mayores problemas se les plantean a los tres en el plano personal. Según Carme Riera: «Nostálgicos y a la vez etílicos, observan los primeros arañazos del tiempo sobre sus rostros en el espejo de baño al regresar una noche a casa y caen en la primera gran crisis de madurez.» El propio Gil de Biedma resumirá el proceso en una frase ya legendaria: «De casi todo hace veinte años.» ¿Qué han hecho de su juventud?

LA SOMBRA DEL PARAÍSO

Quizá no sea casual que el poeta componga por esas fechas un divertimento a modo de válvula de escape. Aparte de la literatura, colabora en alguna revista de moda masculina. Y como la España nueva no le convence, se refugia juguetonamente en su idea de paraíso. «Uno quiere volver a la infancia, por supuesto, pero de otra manera», escribe en un artículo, a la sombra de Baudelaire. Es el punto de partida a una serie de elucubraciones que culminarán con sus respuestas al Cuestionario Auden, donde se brinda al individuo la posibilidad de establecer los parámetros de un mundo ideal. Resulta delicioso leer las respuestas del poeta, escritas en aquella España del pluriempleo, los primeros electrodomésticos y el utilitario. ¿Cuál es, en fin, la idea de paraíso de Gil de Biedma?

PAISAJE

Altiplanicie ligeramente ondulada: páramos y tierras de sembradura alternando con viñedos y pinares; dos o tres tesos rocosos y algunas encinas; ríos de escaso caudal, ringleras de álamos. Del lado de levante, cordillera a lo lejos, cubierta de nieve en invierno.

Del otro lado de la cordillera, estrecha franja mediterránea. Paisaje de los alrededores de Benicasim.

En algún otro sector, costa desolada, patagónica, a la que sólo se puede acceder por helicóptero: acantilados, rocas, luz plomiza. Pesca ballenera; por lo menos un naufragio al año. En esta parte no he estado nunca, pero las noticias que llegan de allí, intermitentemente, me apasionan.

CLIMA

Extremoso, en frío y en calor. Inviernos secos, veranos húmedos.

ORIGEN ÉTNICO DE LOS HABITANTES

Lumpen.

LENGUA

Argótica, pero muy elaborada, tanto en metáforas como en vocabulario y sintaxis. Algo como un estilo literario degradado.

PESAS Y MEDIDAS

Las de distancia necesariamente vagas.

RELIGIÓN

Revelada, pero muy confusa. Sincretismo. Culto a las fuerzas de la naturaleza en algunos puntos del país. Abundante mitología. Creencia en fantasmas.

DIMENSIONES DE LA CAPITAL

Cien mil habitantes. Cien mil más diseminados por el resto del país.

FORMA DE GOBIERNO

Parlamentaria. Una Cámara Baja, compuesta por hombres de más de sesenta años; un Senado, integrado por jóvenes de diecisiete a veinticinco.

Los hombres entre los treinta y los sesenta años se dedican al comercio y a las artes y profesiones liberales. No tienen voz ni voto en el gobierno, pero se les reconoce el derecho al matrimonio y a la propiedad privada. Son los únicos que pagan impuestos.

Servicio industrial obligatorio. De los veinticinco a los treinta años, un tercio de ellos con destino a la costa patagónica.

Servicio sentimental obligatorio. Afecta sólo a las chicas y chicos de reconocido atractivo físico entre los diecisiete y los veinticinco años. Están obligados a tener por lo menos un asunto amoroso al año con alguien que no tenga éxito en ese género de empresas o que sufra de un exceso de soledad.

FUENTES DE ENERGÍA NATURAL

Hidroeléctricas. Yacimientos de petróleo en la costa patagónica.

ACTIVIDADES ECONÓMICAS

Ganadería y agricultura. Serrerías. Fábricas de harinas. Herrerías. Industria química.

Costa de levante: conservas. Aceite de oliva. Artículos de uso doméstico.

Costa patagónica: petróleo; estudios cinematográficos.

MEDIOS DE TRANSPORTE

Automóvil, modelos anteriores a 1933. Trenes de mercancías. Caballos. En invierno, trineos con campanillas.

ARQUITECTURA

Centro de la capital: conjunto urbano del siglo XVIII, básicamente como el de Lisboa entre Restauradores y Praça do Comercio. El resto: caserones donde conviven todos los estilos, desde la Edad Media hasta 1914, varias veces destruidos, reconstruidos, reparados y desfigurados a lo largo de los siglos.

Un mercado público *art nouveau*. Abundan las calles estrechas flanqueadas de muros altos, por encima de los cuales asoma el arbolado: jardines elevados sobre el nivel de la calle. Ermitas románicas en los alrededores de la capital.

MOBILIARIO Y AJUAR DOMÉSTICO

Complicado y un poco descabalado.

INDUMENTARIA

Hasta los diecisiete años, ambos sexos: camisas y *blue jeans*, pelo largo.

Entre diecisiete y veinticinco años, ambos sexos: como los personajes de la misma edad de las pinturas de Botticelli.

De veinticinco a treinta años: hombres, otra vez *blue jeans*, ahora manchados de grasa, jerseys gruesos; camisas viejas en verano. Mujeres, como en el período anterior.

De treinta a sesenta años: hombres, traje de franela gris y corbata inglesa. Mujeres: a elegir entre *a) panniers à la Pompadour* y *b)* cabaretera en un *saloon* de película del Oeste.

De sesenta años en adelante. Hombres: como los reyes de la baraja. Mujeres: a elegir entre *a)* abuelita de cuento y *b)* indumentaria y tocado de Isabel I de Inglaterra en sus últimos retratos –la de María Luisa de Parma, en algunas de las pinturas de Goya, también sirve–.

FUENTES DE INFORMACIÓN PÚBLICA
Libertad absoluta de prensa, pero los diarios y revistas aparecen con diez años de retraso, que es el tiempo mínimo que requiere un acontecimiento para resultar de verdad interesante.

MONUMENTOS
Fuentes con figuras mitológicas, erigidas todas por un rey ilustrado del siglo XVIII.

DIVERSIONES PÚBLICAS
Cine una noche por semana –las películas no se proyectan hasta diez años después de filmadas y son preferentemente mudas–. Reuniones de bebedores los sábados. Carnaval y verbenas varias veces al año. Solemnes liturgias de Semana Santa para los niños.

Admitámoslo, quien así sueña en una dictadura sólo puede sentirse desdichado.

ALCOOLS

Por tradición familiar, el poeta era un bebedor desde la baja adolescencia. Según su hermana Mercedes: «En casa bebíamos bastante, sobre todo en La Nava. Allí teníamos la costumbre de *las ocho tomas*: vino blanco a la hora del aperitivo, en la piscina, que siempre llevaba Pepito; luego la comida y las copas de anís a la hora del café; merienda a las seis, el whisky de las ocho, y así hasta la madrugada.» Pero el alcohol que para Don Luis, el padre, era símbolo de fiesta vital, para el hijo se convirtió en el modo de escapar de una realidad cada vez más ingrata. Como otros compañeros de generación, Gil de Biedma no sólo era un bebedor social sino compulsivo y fugitivo. Bebían para divertirse, para relajarse, para comunicarse. Yvonne Barral recuerda sus visitas junto a Salinas, Ferrater, Marquesán, «que aparecían por nuestra casa sin aviso a beber copas y hablar de poesía y se pasaban allí catorce horas seguidas hasta salir el sol». Según el poeta: «La vida que llevábamos era absolutamente marginal. Una vida de exiliados. Era la vida, digamos, que podían hacer tres cónsules en Manila en 1903, que tuvieran aficiones literarias y se hubieran encontrado por casualidad.»

Pero Luis Marquesán resalta «la desesperada forma de beber» de todos y las ansias de seducir a cualquier precio, como una prolongada forma de adolescencia. No sólo padecen sed de alcoholes sino esa sed de almas que tan admirablemente reflejó Gil de Biedma en «Noches del mes de junio», donde un joven estudiante, recordemos, permanece en su habitación sin un alma que llevar a la boca. En este sentido, Marquesán no ha olvidado «la tremenda sed de almas de Gabriel Ferrater, que te sujetaba por las solapas para que no huyeras de su lado». Todos estaban sedientos. Pero ¿podía ser de otro modo? Las dictaduras impiden al individuo el ejercicio de su libertad, le niegan el derecho a decidir por sí mismos, a convertirse en adultos. Por ello, el grupo de amigos aún no se había liberado de los tics del adolescente que llevaban dentro: la provocación, el narcisismo, la mitomanía, el exhibicionismo, la arrogancia... Mil rostros de la inmadurez. En fecha tan avanzada como octubre de 1961, Jaime Gil informa por carta a Juan Marsé de los problemas personales de un joven poeta: «Parece que nuestro amigo está atravesando una crisis moral y sentimental: se ve ya hecho una persona mayor y eso, naturalmente, le aterra –¿a quién no?» El hombre que así escribe ha compuesto ya algún poema memorable, se cartea con Guillén, Aleixandre o Eliot y ocupa el cargo de secretario general en la mayor multinacional del país. Pero en el fondo es un señorito que no acaba de completar su desarrollo. Los años, además, irán depositando en él un lodo de descontento debido, como sabemos, a la situación española donde no puede expresar sus verdaderas ideas y sentimientos. Es un rasgo común a todos. A veces charla con Carlos Barral y llegan a la conclusión de que sólo son «resistentes de tertulia, cachorros rebeldes, intelectuales vigilados». Pero como esto es insuficiente, sucumben a la insatisfación y el sentimiento de culpa. La angustia sobreviene. Y sólo la bebida les proporciona consuelo.

Cierto que el alcohol resuelve temporalmente sus conflictos, pero también convoca los peores fantasmas. Gil de Biedma no tiene un beber moderado y pacífico. Al contrario. A ciertas horas de la noche se convierte en un interlocutor que se abandona a raptos de agresividad. El abogado de porte británico se transforma así en el clásico borracho hispano, un tipo bronco y pendenciero que golpea de forma inmisericorde. Ni siquiera escapan sus camaradas. El 21 de enero de 1964, Carlos Barral escribe en su *Diario*: «Tres días después la ira me contrae todavía la mandíbula cuando recuerdo mi última entrevista con Jaime G. La estúpida indulgencia de unos y otros le ha "legalizado" ese tipo de conducta.» ¿Qué ha ocurrido? Pues que el poeta ha lanzado un ataque personal a Barral, en presencia de su esposa, y luego ha calificado de «increíblemente cínicos» unos versos amorosos de éste a Yvonne, aprovechando que conoce algunos episodios de infidelidad conyugal del amigo. Dice el editor: «¿Un golpe bajo de burdel o la más absoluta estupidez literaria? En cualquier caso, consciente.» Y luego traza un agudo perfil del poeta: «No deja de ser divertido constatar que el tal Jaime Gil base toda su dignidad en la entereza de su refinada moral... [...] Nada más hondo que la hipocresía anglosajona importada por un ibérico carcomido por las menudas pasiones.» No es un retrato halagador. Pero al menos durmió durante años en un baúl. Gil de Biedma, en cambio, podía esbozarlo a vuelapluma como un retratista callejero, y luego arrojarlo a la cara del modelo sin contemplaciones.

En todo caso, algo es seguro: el autor de «Compañeros de viaje» fue un interlocutor de psiquismo bastante complejo, desde su llegada a la Facultad de Derecho hasta pocos meses antes de su muerte. A lo largo de cuarenta años dejó un rastro de discusiones acaloradas, que en cierto sentido eran la expresión de un conflicto personal derivado de su tormentosa relación con el mundo y la propia vida. Estas discusiones se producían mayormente en el marco del debate literario, pero también en el ámbito político o la esfera sentimental. Escribe Juan Ferraté: «La conducta de Jaime era a veces notoriamente agresiva. Era sin duda inteligente, pero además se empeñaba en demostrarlo. Procedía de una familia en la que imperaban las buenas maneras, y no tenía empacho en subrayarlo. Usaba con gran destreza y notable soltura su castellano materno, y no le importaba humillar a este propósito a quienes no habían recibido una idéntica herencia de "palabras de familia".» Mario Vargas Llosa recuerda, por su parte, que «Jaime Gil exhibía su inteligencia con total impudor y cultivaba, como otros cultivaban su jardín o crían perros, la arrogancia intelectual. Provocaba discusiones para pulverizar a sus contendores, y a los admiradores de su poesía que se acercaban a él, llenos de unción, solía hacerles un número que los descalabraba». Según Francisco Rico: «Jaime quería ser siempre muy seductor. Eso se lo habrá dicho todo el mundo. Ser la estrella. Pero vamos a decir que yo no creo que fuera tanto una vanidad personal, ni siquiera demostrar que era más listo, sino mostrar que era muy listo y que se le apreciaba en sociedad.» Cuenta Alberto Oliart: «Solía burlarse de las debilidades de uno, el aspecto de contradicción que podía haber en tu actitud. Se burlaba de ti por la falsedad de la apariencia, por la máscara que te pones en determinados momentos y que no responde a lo que eres... Él lo conocía muy bien, porque él vivía con la máscara puesta casi a todas horas.»

Carlos Bousoño recuerda, a su vez, una noche en que Jaime Gil y otros poetas acudieron a visitarle a su casa, tras una intervención quirúrgica. Los amigos estuvieron charlando y bebiendo animadamente hasta las tres de la madrugada, a excepción de Gil de Biedma, que se quedó hasta las cuatro. En este lapso Bousoño incurrió en el gravísimo pecado de decirle: «Como siempre, has estado brillantísimo, Jaime. Si todo lo que has dicho, además, hubiera sido verdad, habría sido maravilloso.» Aunque Bousoño insiste en que su comentario fue en tono de broma, la reacción del poeta barcelonés fue demoledora. Enfurecido, se puso en pie y empezó a dar gritos y proferir insultos. En vano Bousoño trató de calmarle, porque siguió atacándole despiadadamente sin tener la menor consideración hacia el enfermo ni hacia el vecindario. Luego, tras exclamar: «¿Cómo puede decirme esto un tío que en todos sus libros está equivocado?», abandonó la casa dando un durísimo portazo. A la mañana siguiente, Gil de Biedma no dio señales de vida ni en días sucesivos deslizó la menor disculpa. Se cerraron así varios años de camaradería literaria y debate intelectual. En opinión de Bousoño: «Fue una reacción de soberbia extraordinaria. ¿Sabe usted? Esta clase de personas, aunque sean inteligentes, ingeniosas y cultas, no aceptan la menor objeción. Es algo temperamental. Tienen el orgullo demasiado fuerte.»

Según Ana María Moix: «Todos los poetas tienen orgullo. Lo que pasó con Bousoño venía de lejos. Con los de Madrid hubo siempre un pique porque eran de vino tinto y la cultura de Colegio mayor. Los de Barcelona bebían whisky y hablaban de Scott Fitzgerald. Era un abismo.» En efecto. Ya en 1956 había anotado en su diario que la capital «desprende un especial tufillo a corte» y «todos están demasiado absortos en la mandarinesca vida matritense para pensar en nada más». Eso le deprime. Y ni siquiera un encuentro casual con el poeta Vicente Gaos le resulta vivificante: «A estos escritores de Madrid nunca sé qué decirles y rara vez me interesa lo que dicen ellos. El resultado es desastroso: en cuanto no puedo poner un interés personal en el diálogo, dejó de existir.» El conflicto que estalló aquella noche con Bousoño obedecía en realidad a un combate entre dos inteligencias, entre dos poéticas, entre dos erotismos, entre dos ciudades, entre dos formas, en fin, de entender la vida.

Francisco Rico recuerda otra disputa en el bar Cristal City de Barcelona: «Aquella noche Jaime y Valente estaban discutiendo mucho sobre poesía. Era una polémica muy fuerte sobre Guillén. Jaime ya estaba muy desencantado de Guillén y Valente no. Entonces Jaime explotó y le dijo: "Pues mira, butifarra", e hizo una especie de corte de mangas. Jaime tenía una veta catalana ligera, pero muy consciente. Y le gustaba.» Veinte años más tarde seguía siendo el mismo. Durante una cena en casa de Antonio López de Lamadrid se enzarzó en una agria discusión con la periodista

Lola Díaz. Según Juan Marsé: «Ella estaba muy impertinente, "... que si sois patéticos, que siempre estáis hablando de la guerra, que si los rojos... Sois viejos y tronados". Y Jaime le arreó una soberana bofetada. La de Glenn Ford a Rita Hayworth.» En opinión de Francisco Rico: «A Lola Díaz le dio una hostia de salida porque le gustaba hacer el número de macho.» Pero el alcohol siempre estaba presente.

LA NOVELA QUE VIO NACER

Como otros escritores de su círculo, Gil de Biedma se halla inmerso en la primera gran crisis de madurez. A esa crisis atribuyen los estudiosos las fisuras en el Grupo de Barcelona. Pero según Luis Marquesán, testigo de excepción: «Eso es un invento de Carmen Riera. Jamás hubo un grupo ni una escuela. Jaime no se tomaba en serio a José Agustín Goytisolo y tuvo muchas fricciones con Barral.» Al distanciarse de ellos –ya no hay proyecto poético común–, Gil de Biedma refuerza entonces su vínculo con Juan Marsé, que ha vuelto de París dispuesto a entrar definitivamente en la arena literaria. Desde hace un par de años está trabajando en una nueva novela cuyo título, *Últimas tardes con Teresa*, sugiere, según el poeta, «una buena portada fotográfica». Como así fue.

En verano de 1964 Jaime le propone a Marsé pasar el mes de agosto en La Nava y éste se traslada allí con su modesto equipaje: ropa, una máquina portátil Olivetti y el manuscrito de la obra. Instalados en la Casa del Caño, los amigos llevan un horario regular: se despiertan a las diez de la mañana, desayunan y luego se dedican a sus ocupaciones. Mientras el novelista teclea febrilmente en su Olivetti, el poeta ordena a Austreberto, el criado, que ensille uno de los caballos, y sale a galopar por los pinares de la comarca. A la hora del aperitivo confluyen en el jardín, donde leen la prensa y se bañan en la piscina mientras Austreberto, «un personaje ya casi mítico por entonces», según Marsé, les sirve unos pinchos de morcilla frita muy gustosos y vino blanco de La Seca, una zona de Valladolid.

El propio Austreberto, cubierto con una gorra, les servirá el almuerzo preparado por su esposa: ensaladas, gazpachos, verduras, que alternan con carnes, pescados y dulces segovianos. Tras la siesta, los amigos se arman con unos bastones –una debilidad del anfitrión– y salen a dar largos paseos hasta la Ribera de los Alisos, donde la familia Gil tiene una pequeña casa que emplea para sus cacerías o cenas estivales. Durante aquellas excursiones «hablábamos de todo: libros, gente conocida, noticias», recuerda Marsé, «pero en las convesaciones *tête à tête* Jaime no sentía necesidad de desplegar su ironía y su capacidad de seducción. Seguía siendo muy inteligente y brillante, pero estaba mucho más distendido». El Elegido se había quitado la máscara.

Marsé describe la casa familiar como «una casona castellana con muebles antiguos y bonitos, un salón magnífico en el piso superior y habitaciones con chimenea». Después de la cena, los amigos bebían y conversaban en el salón hasta el agotamiento. Buena parte de la velada se dedicaba a charlar sobre *Últimas tardes con Teresa*, cuya génesis y proceso de composición estuvo muy próxima a Gil de Biedma. Sabemos que éste conocía bien la obra del crítico Lionel Trilling y su estudio sobre *La Princesa Casamassima*, de Henry James, donde se narra el amor de un joven humilde por una señorita de la alta sociedad victoriana, sobre un azaroso telón político. Estos elementos constituyen también la sustancia del texto de Marsé. Gracias al poeta, Marsé pudo conocer además los ambientes de la *high class* barcelonesa, a niñas *bien* como Helena Valentí y a señoritos comprometidos como Álvaro Rosal que se erigieron luego en modelos de los personajes de la obra. La influencia de Luis Marquesán también es considerable porque «me habló de las actividades de algunos estudiantes amigos suyos, en la época de las primeras revueltas estudiantiles de finales de los cincuenta». Aunque el gran talento del novelista hizo el resto, reconoce la deuda con el autor de «Compañeros de viaje»: «Yo quería un epígrafe por cada capítulo y él me sugirió algunas ideas. Hay alguna frase de la novela que es cosecha de Jaime, conversaciones, situaciones... Quiero decir que estuvo muy, muy, muy próximo.»

Siete años antes había intentado escribir una novela de adolescencia con Carlos Barral. Ahora la novela de su juventud –o al menos de sus amistades barcelonesas– la estaba creando Juan Marsé. Difícilmente la obra maestra de éste habría sido escrita sin la cercanía de Gil de Biedma. Poco después, Jaime le dedicó a Juan un divertimento poético inspirado en Manolo Reyes, el *Pijoaparte*, gran protagonista de la obra:

> Camisa rosa, tejanos.
> Actitud provocadora.
> Y una sonrisa, que es
> demasiado encantadora.
> Murciano.
>
> Olor a gato montés.

MORALIDADES

En otoño de 1964, el poeta concluye un nuevo libro que llevará por título *Moralidades*. En carta a Juan Ferraté le comunica que hubiera deseado escribir al menos un poema más para formular «mis actitudes sentimentales, morales e ideológicas ante la transformación que viene experimentando nuestro país». Pero ese poema, «Estética del subdesarrollo», inspirado en los cambios de costumbres traídos por el turismo, no llegó a ver la luz. La sociedad española sigue, pues, acaparando parte de su atención, como prueban los doce poemas de *Moralidades*, escritos aún al calor del compromiso. Conocemos ya los dedicados al pueblo de Cuba, al regreso de un preso político o a la huelga asturiana. Pero hay otros como «Un día de difuntos», por ejemplo, donde se evoca una visita semiclandestina a la tumba del líder socialista Pablo Iglesias en el cementerio civil de Madrid. La escena había ocurrido el Día de Difuntos de 1959, a la mañana siguiente de su presentación poética en el Ateneo de la capital. Unos cuantos intelectuales acudieron al pie del monumento del político republicano, donde hallaron varias guirnaldas de claveles rojos depositadas por el pueblo. De pronto, Gil de Biedma oyó la voz de un hombre –casi un susurro– diciéndole a su mujer: «Te acuerdas, María, cuántas banderas...»

> Y era la afirmación de aquel pasado,
> la configuración de un porvenir
> distinto, más hermoso.

Durante unos instantes la pequeña multitud permanece en silencio. Pero las palabras del viejo luchador, bajo el profundo cielo de Madrid, se graban en su memoria. Nueve meses después recuerda las imágenes de aquel día y piensa que «vivirán como un símbolo, como una invocación / apasionada hacia el futuro, en los momentos malos».

En *Moralidades*, el lector puede recorrer la evolución personal del autor, comparando el primer poema, donde invoca a sus compañeros de viaje –«señoritos de nacimiento»– con las últimas composiciones presididas por los recuerdos de infancia, adolescencia, el amor o el juego de hacer versos. Al final del libro ha roto definitivamente con la poesía social. Ya en 1962, Cernuda le había escrito: «Usted trabaja sobre materia poética que a nuestros paisanos no les entra.» Y aunque él no pretendía seguir la tradición castellana de la «Epístola moral a Fabio», el autor sevillano le otorga su plácet tras percibir que esos versos «responden de una manera evidente a emociones y a experiencias personales de usted». El mismo

179

Cernuda le sugiere la posibilidad de incluir una cita en la obra que se erija en emblema de algo cercano a lo que Gil de Biedma expresa en su popia poesía. Al final, *Moralidades* se abrirá con un párrafo en inglés de Yvor Winters, extraída del ensayo *In Defense of Reason*: «El proceso artístico es una evaluación moral de la experiencia humana, por medio de una técnica que hace posible una evaluación más precisa que cualquier otra. El poeta intenta comprender su experiencia en términos racionales, formular su conocimiento y, al mismo tiempo, establecer por medio de los sentimientos que asignamos a las palabras, la clase y el grado de emoción que se ha producido específicamente en este proceso de conocimiento.»

En diversas entrevistas Jaime Gil explicó la génesis, motivaciones y objetivos de la obra. La variedad de respuestas es reveladora. En relación al título le confesó a Federico Campbell: «Una moralidad es una composición medieval que se representaba en los atrios de las iglesias y tenía por finalidad impartir al pueblo una cierta enseñanza de valor general.» Partiendo de una experiencia particular, los poemas llevan, pues, implícito un sentido general parecido a una moraleja. A la hora de escribirlos, el poeta tuvo presentes a unos lectores muy próximos cuya opinión le interesaba: Gabriel Ferrater, Luis Marquesán, Ángel González... Pero reconoce que «también pensaba en los lectores de *Ínsula*, de Madrid, y en los poetas madrileños de la época, para fastidiarles». En charla con el escritor uruguayo Danubio Torres Fierro amplió esta idea: «Lo que quería en *Moralidades* era demostrar a alguna gente, que pasaba por ser la literatura en aquel momento, que yo era más inteligente...»

De nuevo, su temperamento reactivo se erige en uno de los grandes estímulos de su trabajo. De un lado, trata de defenderse de los críticos que acusaban a los poetas sociales –y él era uno de ellos– de descuidar la forma. Pero del otro pretende zafarse de los límites de la poesía social aportando soluciones innovadoras. En 1986 explicaría sus propósitos en tono informal:

> Una de las cosas que pretendía en el libro es utilizar los temas sociales como temas corrientes. Es decir, lo mismo que se utilizan los temas amorosos o cualquier otro, sin ponerlos exactamente en fila. Por otro lado, quería intentar una visión contrastada. Recuerdo que en esa época leía la poesía de Blas de Otero y decía: «¡Hombre! Esos poemas están muy bien, pero a este chico, ¿qué le pasa, que vive tan obsesionado por España? Porque no habla de otra cosa. Alguna otra cosa habrá. Comprendo que la situación es jodida, la conozco también, estoy de acuerdo con sus ideas; pero este hombre es el varón de dolores, no hace más que llorar por España todos los días y sus poemas no son otra cosa.» Yo quería crear una vision equilibrada de lo que es vivir para cualquier persona en un mundo urbano contemporáneo.

Pero no nos engañemos. A Gil de Biedma le sigue preocupando mucho la evolución del país. Aunque en sordina, algunos poemas de *Moralidades* le sirven para expulsar las iras que le han estado corrompiendo la mitad de la vida, en un momento en que la situación española –cada vez más alejada del cambio político– parece indicar que acabarán pudriéndosela por entero. Sólo así se comprende su poema «Apología y petición», cuya tesis se formula desde los primeros versos:

> Y qué decir de nuestra madre España,
> este país de todos los demonios [...]

A este hombre le sigue doliendo España como a los santones de la Generación del 98. Pero no va a expresar ese sentimiento como ellos ni como los bardos de la poesía social. «España es algo que desborda la experiencia personal de cualquiera», comentará después, y escribir un poema sobre ella «acaba siempre en la abstracción, en la pura fantasmagoría... Es imposible escribir sobre España un buen poema moderno». Hasta entonces, casi toda la poesía reciente sobre el asunto revelaba escasas inquietudes artísticas. Consciente de ello, el poeta eligió la forma de la sextina: una de las más complejas y rigurosas iniciada por los trovadores provenzales y casi en desuso desde el Renacimiento. Con este *tour de force* pretende rizar el rizo y demostrar que, en efecto, es más inteligente que sus *adversarios*. La pieza ilustra el espíritu de *Moralidades*: el deseo de Jaime Gil por experimentar con formas, estilos y motivos de la poesía de distintas épocas: renacentista, barroca, romántica para abordar argumentos gastados. En 1979 declarará a *La Prensa* de Buenos Aires: «La mitad del libro es un experimento deliberado de imitación; todos esos poemas tienen detrás un poema al que se imita. Lo que pasa es que cuando uno imita deliberadamente la gente no lo reconoce.» En todo caso los deseos políticos del autor adquieren un timbre premonitorio en el terceto final de «Apología y petición»:

> Pido que España expulse a esos demonios.
> Que la pobreza suba hasta el gobierno.
> Que sea el hombre el dueño de su historia.

Según Juan Goytisolo, este poema «debería ser incluido entre las más hondas y hermosas composiciones de tema español de nuestra literatura, junto a Quevedo, Unamuno, Machado, Cernuda...». Quizá no constituya la cima del poeta, pero sí una de las cumbres de la abundantísima poesía cívica de nuestra posguerra: «ninguna obra de sus compañeros de promoción alcanzará a exponer de modo tan convincente un sentimiento vivido difusamente por todos».

Desde el principio, Gil de Biedma intuyó que iba a tener graves problemas con la censura. Dos años antes Cernuda le había escrito desde California deseándole suerte en el destino de sus nuevos poemas: «Confío que, para entonces, las circunstancias hayan cambiado ahí, y pueda publicarlos sin las limitaciones que sigue exigiendo el ambiente.» La correspondencia con Juan Ferraté también registra sus inquietudes acerca del porvenir incierto de *Moralidades*. En abril de 1962 le escribió: «Temo que voy a tener dificultades en editarlo...» Y en 1965 le comunica el veredicto final: «La censura me ha denegado la autorización para publicar mi libro de poemas, de manera que no me ha quedado más remedio que iniciar gestiones en el extranjero.» Por esas mismas fechas aspiraba, además, a publicar un *recueil* de sus poemas eróticos con el título *En favor de Venus*. Pero carece de motivos para ser optimista: «El original lleva más de un mes en censura, cosa que me da mala espina. La verdad es que ese deprimente forcejeo para que te consientan publicar unos renglones acaba por aburrir de la literatura. Llevo desde el mes de octubre sin escribir un solo verso.» La carta a Ferraté está fechada medio año más tarde.

Finalmente, *Moralidades* aparecerá en la editorial Joaquín Mortiz de México. La jugada ha sido obra de Carlos Barral, cuya editorial distribuye los libros de la editorial mexicana en España, lo que le hace confiar en que «el libro, mal que bien, llegará a este país». No podía imaginar aún cuál iba a ser el destino del libro: una inundación anegó los almacenes de la editorial y la primera edición de *Moralidades* se perdió prácticamente entera. Por fortuna, Gil de Biedma pudo enviar poco antes varios ejemplares a sus maestros con afectuosas dedicatorias. Habría deseado mandar una –la más cálida– al solitario de Coyoacán. Pero Cernuda, que tanto había compartido el espíritu de la obra, llevaba tres años en una tumba del Panteón Jardín de la ciudad de México, donde iban sepultándose en humilde cortejo las figuras del exilio.

Por suerte, le queda Vicente Aleixandre. Y Aleixandre le responderá a vuelta de correo en términos entusiastas: «Este ejemplar pone el alma al aire», exclama, «verdad transparente de arriba a abajo». Y analiza su evolución: «Ante el lector se va representando una experiencia nueva, la que el libro refleja, gradual e irisada, con matices que no desplazan sino que se heredan y acrecen. Si el verde de la esperanza estaba al principio, él queda subsumido –no desaparecido– en los complejos colores anímicos con que termina.» Desde el elogio apasionado el maestro valora, sobre todo, la transparencia de la dicción, rasgo esencial de la poesía de Gil de Biedma. «El pensamiento y el sentimiento se hacen persona.» Y tras la lectura confiesa que le ha parecido tener a Jaime a su lado. A decir verdad, sorprende tanto entusiasmo hacia un poeta en el que apenas creía cinco años antes. ¿Qué había pasado? Quizá que Jaime Gil ya no simpatizaba con el comunismo, o que disponía de cierto poder literario en Seix Barral o simplemente que el libro había sido de su agrado. Lejos de las sinuosas razones de los poetas, la opinión más pura salió de labios de Modesta, la criada. Cuando su Tatón terminó de leerle en voz alta algunos poemas ambientados en La Nava, como «Ribera de los Alisos», Eti exclamó: «¡Ay, Jaimito! Es precioso. ¡Pero no se parece nada!»

LA IZQUIERDA DIVINA

A finales de 1964, el desencanto político experimentó en algunos círculos de Barcelona una sorprendente mutación festiva. Según el filósofo Eugenio Trías: «El franquismo se nos hacía inacabable y aún le quedaban veinte años, así que decidimos que Franco no existía y nos inventamos aquello de "la gauche divine".» ¿En qué consistió este fenómeno de antropología urbana? En opinión de Carlos Barral era un grupo de individuos de las más diversas procedencias que tenían en común haber sobrevivido a los avatares propios de su época:

a) Los reales peligros de la guerra civil.
b) La educación autoritaria y triturante de los años cuarenta.
c) Las experiencias políticas y los optimismos culturales de los años cincuenta.
d) Los milagros tecnocráticos y turísticos de los años sesenta.
e) Tanto a la usura del matrimonio como a los traumas de la liberación sexual.

Gil de Biedma respondía en buena medida al perfil y no tardó en ser un habitual de Bocaccio: la nueva sala de fiestas donde se reunían aquellos que deseaban expresar su inconformismo, whisky en mano, y romper las pautas de hierro de la Dictadura. En aquel local de interiores sofisticados, la joven burguesía ilustrada escuchaba música, charlaba y bebía hasta que los ecos de la última canción languidecían en el tocadiscos. Luego se apagaban las luces y salían a la desapacible noche de las calles de Franco.

Aunque el poeta ya había abandonado el sótano negro, volvía a menudo al barrio para ir a Bocaccio, verdadero símbolo del *underground* intelectual y político que sacudió la ciudad hasta bien entrados los años setenta. Una Barcelona donde, según Mario Vargas Llosa: «Diez, veinte, treinta grupos diversos, sin contacto entre sí, sacaban revistas, planeaban películas, experimentaban con la arquitectura, la pintura o la música, revisaban el marxismo, redefinían el teatro o el sexo y querían revolucionar las costumbres, mientras otros, más esnobs o menos pobres pero igual de inquietos, se preparaban también, tomando copas en Bocaccio, para lo que parecía el gran cambio social y cultural inminente.» Con un punto de ironía el periodista Joan de Sagarra bautizó a estos últimos con el apelativo de *gauche divine*. Aún hoy se denomina así a aquella progresía formada por escritores, editores, diseñadores, arquitectos, fotógrafos, actrices, modelos, cantautores, cineastas... Sólo entre los literatos Gil de Biedma podía tomar una copa en Bocaccio con García Márquez o Vargas Llosa, García Hortelano, Vázquez Montalbán, Donoso, Marsé, los hermanos Moix o Félix de Azúa... Y deslumbrar de paso a cualquier poeta *novísimo* llegado de provincias. Barcelona era entonces la capital cosmopolita del país. Dice Gil de Biedma:

> Para ser europeo no hay que saber lo que se acaba de estrenar en Londres, hay que saber en qué consistía ser escritor en Francia en la época de Rabelais o de Voltaire, en qué consistía ser escritor en la época de Ben Jonson o en la de Locke. Eso es lo que los madrileños ignoran: sólo ven la cultura extranjera como actualidad. Los catalanes tenemos conciencia de que ser francés es algo más que escribir obras de actualidad, sabemos que la literatura francesa o la inglesa, o la italiana, es la expresión de unos modos de vivir.

Fiel a sus inquietudes, reflexionaba así con Ana María Moix sobre la *gauche divine*, que a su juicio era una versión de la *Café Society* de «*the beautiful people*» a nivel barcelonés. Entre el centenar de miembros del grupo ninguno lo hizo con tanta inteligencia y profundidad. Para él *gauche divine* «va unido a creer, por ejemplo, en la libertad de expresión, en la libertad sexual, en la igualdad de sexos, de clases y de razas...», una utopía que se ajustaba bien a sus aspiraciones íntimas. El hecho de que las gentes de la *gauche* reivindicaran, sobre todo, una mayor libertad en su vida personal y la de sus amigos era algo que también se avenía a su temperamento, porque se trataba de un programa mínimo, pero de aplicación inmediata. Nada le hacía más feliz que cambiar el disfraz de ejecutivo por un atuendo *sport* y escaparse a Bocaccio. En aquella Barcelona, las actitudes ideológicas se habían transformado en actitudes culturales, en modos de vivir y relacionarse.

Algunos de sus mejores poemas son, en efecto, expresiones de un modo de ser que guarda similitud con la filosofía vitalista de las gentes de Bocaccio. Piezas como «A una dama muy joven, separada», «Contra Jaime Gil de Biedma», «*Ultramort*» o «No volveré a ser joven» captan admirablemente la imagen de aquella fiesta a través de su irónico y amargo reverso. No debe extrañarnos: el mismo poeta que reconoce el cosmopolitismo de la *gauche divine* –«si llegan a un hotel de un país extranjero no se sienten depaisados»–, proclama acto seguido que «todo es un desastre. La gente inteligente es poco inteligente; la gente competente es poco competente; la gente divertida es poco divertida...». Una vez más, la nostalgia del ayer le traiciona. Pero en este mundo él brillará con luz propia. Según la fotógrafa Colita: «Jaime fue el gran personaje de la *gauche*. Por guapo, por culto, por sexy, por inteligente, por brillante, por elegante, por divertido, por libre. Por todo, chico, por todo. Todavía me parece verlo haciendo aquel numerito de claqué en Bocaccio, cuando salía a bailar con Pere Portabella. Estaba magnífico.»

Pero siempre le acechaba la usura del tiempo. Poco después, en 1972, Federico Campbell le preguntó si había desperdiciado su juventud y él repuso: «No. Yo pasé mi juventud muy bien. Me divertí mucho. Pero, como a todo el mundo, me sabe a poco. O quizá no. Lo que pasa es que está mal distribuida. A uno le gustaría en realidad tener 65 años por la mañana, 35 por la tarde y 20 por la noche. Y como eso es todavía más imposible, uno se contenta con pensar que le gustaría volver a los 20 años, pero con menos experiencia de la que entonces tenía, con más capacidad de ilusión y más guapo.» Estos postulados, en apariencia ligeros, brindan un retrato exacto de su juventud. Hablan del sueño imposible de haber sido otro. Un segundo después, Gil de Biedma proclama: «En mi poesía no hay más que dos temas, el paso del tiempo y yo.»

LA GRIETA

Aunque *Moralidades* obtiene el aplauso de lectores selectos y Gil de Biedma asiste a los primeros *parties* en Bocaccio, dista mucho de ser un hombre feliz. Lleva años sumido en una crisis personal que le asalta con intermitencias y cuyos efectos acabarán siendo devastadores. Ya en invierno de 1962 transmitió sus pesares a Juan Ferraté en una carta donde se disculpaba por su estado de ánimo «un tanto *gloomy*»,* fruto de un cúmulo de adversidades... Detesta trabajar en la Compañía de Tabacos, su producción poética ha disminuido, teme los rigores de la censura y padece sífilis. La relación con su amante, además, discurre a menudo por aguas

---

* En inglés, «triste, melancólico».

turbulentas y sólo en raros momentos percibe destellos de felicidad... En años sucesivos (1962-1966) avanzará por una senda cada vez más áspera, jalonada por hitos amargos: la temida ruptura sentimental, el desencanto político, la diáspora del Grupo de Barcelona y una persistente sensación de soledad. Es cierto que en agosto de 1965 pasa unos días maravillosos en La Nava de la Asunción, acompañado por varios amigos. Pero como recuerda Juan Marsé, «a la vuelta Jaime me dijo en el coche: "Ha sido el último verano de nuestra juventud"».

Octubre de 1965. Las horas estivales de felicidad se desvanecen con la llegada del otoño. Ha sido, en efecto, el último gran verano del poeta, quien está entrando en su Edad Media particular. Los versos del Don Juan de Byron acuden entonces a su memoria:

> *Of all the barbarous middle ages, that*
> *Which is most barbarous is the midle age*
> *Of man...* *

El tema de la edad media del hombre, el cambio personal en torno a los cuarenta, tenía otros ilustres pecedentes: Petrarca, Villon, Joyce... Y no duda en recurrir a Villon para abrir *Moralidades*:

> *En l'an trentiesme de mon asge,*
> *Que toutes mes hontes j'ay beues...* **

¿Cómo le afecta eso? En términos similares a los de sus compañeros de generación. Hay un deterioro paulatino del cuerpo, que se manifiesta en la pérdida de vigor y apostura juvenil. También les invade la sensación terrible de que la vida, como en el poema de Kavafis, es una hilera de velas consumidas que se multiplica cada noche a sus espaldas. La idea de que el futuro se acorta les plantea las inevitables cuestiones metafísicas. Pero en Gil de Biedma, además, esa inquietud se expresa en un razonamiento tan obvio como demoledor: «Nada de lo que hagamos nos hará más jóvenes.» El adiós a la juventud le inspirará varios poemas de esa época. Y culminará dos años más tarde en el inolvidable «No volveré a ser joven».

Noviembre. El poeta abandona definitivamente el Sótano negro para trasladarse a un nuevo domicilio. En aquellas circunstancias el cambio adquiere una dimensión simbólica: ha perdido a su gran amor y necesita otro nido. Elegirá entonces la elegante zona de Turó Park; en concreto,

---

* «De todas las bárbaras edades medias/la más bárbara es la edad media / del hombre.»
** «En el año treinta de mi edad, / con todas mis vergüenzas ya bebidas...»

las calles vecinas a la plaza de San Gregorio, donde se alzan las más modernas y lujosas construcciones de la ciudad. Pero este cambio de aires no logra mitigar su soledad. Al contrario. Gil de Biedma vive ahora en un edificio del arquitecto Ricardo Bofill, semivacío, donde los nuevos inquilinos –Luis Racionero, Vicente Aranda y Salvador Clotas, entre otros– aún estaban por llegar. Nada hay aquí del calor familiar de otros lugares. Nada. Y pasarán meses antes que que el inmueble respire humanidad. Inmerso de lleno en el otoño, el poeta comienza a padecer una fuerte tensión interna. A golpes, se está volviendo definitivamente adulto y los personajes que habitan en él comienzan a rebelarse. En vano trata de aliviar el conflicto con sus habituales salidas nocturnas, porque sólo conseguirá agudizarlo. Esta vez no sólo baja a las Ramblas: ha descubierto un bar cercano a su casa, el Pippermint, que le atrae por sus luces mortecinas y ambiente sosegado. Allí este hombre solitario bebe una ginebra tras otra, hasta que una voz desconocida brota de su alma: «De qué sirve, quisiera yo saber, cambiar de piso, dejar atrás un sótano más negro que mi reputación...»

Según el propio autor, la génesis de «Contra Jaime Gil de Biedma» fue, como dijo Lord Byron, «una erupción de lava de la imaginación». Cada noche regresa a su casa, bebido, con una nueva estrofa en la cabeza. Dado que el poema consta de cinco secciones de gran intensidad, podemos hacernos una idea del profundo desasosiego de alguien que es capaz de increparse así:

> Podría recordarte que ya no tienes gracia.
> Que tu estilo casual y que tu desenfado
> resultan truculentos
> cuando se tienen más de treinta años,
> y que tu encantadora
> sonrisa de muchacho soñoliento
> –seguro de gustar– es un resto penoso,
> un intento patético.

Es evidente que se halla inmerso en un estado de desaliento lamentable y de honda depresión moral. Sin embargo no hay un átomo de autocompasión en él. Solía decir que la autocompasión es uno de los sentimientos más embarazosos para el público y más obscenos. Desde niño estaba acostumbrado a reprimirla. Cuando en 1972 se le preguntó sobre ello dio una respuesta muy británica: «Soy de buena familia y estoy muy bien educado.»

LA ORACIÓN DE MR. HYDE

Mientras salía bebido del Pippermint, no sabía aún que acababa de dar con la mejor idea poética de toda su carrera. «Contra Jaime Gil de Biedma» pertenece a esa rara clase de poemas cuyo motivo central se vuelve totalmente reconocible al lector y lo será para siempre. En su última aparición pública lo explicó así: «Lo que desarrolla el poema es una experiencia radical de cada individuo, que es la relación amor-odio consigo mismo en términos de una riña pasablemente sórdida entre amantes y un irse a la cama juntos que no significa una reconciliación sino sencillamente la rendición mutua por agotamiento.» Pero este combate diario con su otro yo o, para ser más exactos, entre dos voces opuestas de la misma conciencia, le resulta tan agotador que la última estrofa del poema sólo logrará concluirla dos años después en el bar del Hotel Alfonso XIII de Sevilla.

Aquellas visitas nocturnas al Pippermint fueron, en todo caso, el preludio de la crisis de depresión obsesiva que el poeta sufrió en los primeros meses de 1966. Sabemos que en enero de ese año le sigue apremiando la conclusión del poema. Pero hay mucho de extraliterario en ello, la necesidad de quebrar el propio espejo, cuya figura aborrece. Gil de Biedma no es el individuo vanidoso que entiende el narcisismo como una especie de autocomplacencia. Al contrario. Según él: «Hay otra forma de narcisismo que es el odio de sí mismo. Es decir, como en todas las relaciones amorosas, no se puede amar sin odiar; una relación de narcisismo es también una relación de odio de uno mismo.» En su caso, es una relación activa, no contemplativa, que tiene mucho de obsesión intelectual con la propia persona. Desde su mismo título, «Contra Jaime Gil de Biedma», es el monólogo de una conciencia escindida que toma las voces del Dr. Jekyll y su Mr. Hyde. No hay peligro, por tanto, de que el poeta se desvanezca dentro de la fuente como le ocurrió a Narciso, embelesado. Porque su obsesión no se recrea en la propia imagen «sino con lo que uno cree que es, en un intento de indagar en uno mismo», explica. Y ese intento de indagar y de poseerse por completo engendra tanto odio como amor. Según él, «tal vez engendre más odio que amor». De ahí los versos:

> ... y te paras a verte en el espejo
> la cara destruida,
> con ojos todavía violentos
> que no quieres cerrar. Y si te increpo,
> te ríes, me recuerdas el pasado
> y dices que envejezco.

Mientras avanza en este poema de autocastigo, descubre los rigores de empezar a conocerse demasiado bien. Y en la edad media del hombre el autoconocimiento produce, a menudo, el miedo a uno mismo, a no saberse soportar más. Este sentimiento de temor coincide plenamente con el de su amigo Carlos Barral: ambos se hallan en ese punto crítico de desacuerdo definitivo con la propia imagen. Acaban de descubrir una constante de la conciencia de madurez.

Aunque Gil de Biedma está tocando fondo, se resiste a pedir ayuda. No quiere recurrir a psiquiatras ni tampoco buscará consuelo en una Iglesia en la que no cree. Su naturaleza escorpiniana posee un componente autodestructivo, que le impulsa a clavarse el aguijón cuando le rodea un peligro mortal. Mucho después le confesó a Àlex Susanna: «Durante aquellos años lo pasé muy mal. No sabía lo que me pasaba. Tenía la sensación de estar huyendo de algo, pero no sabía de qué... A veces pienso que la cantidad de energía mental que gasté durante todo aquel tiempo, intentando racionalizar y entender qué me pasaba no la recuperaré nunca. Con un psiquiatra probablemente habría sido más fácil, más cómodo, menos duro...» Pero ¿cuántos españoles acudían al psiquiatra en los años sesenta? Así pues, iniciará 1966 como concluyó el año anterior: sumido en una crisis absoluta y perdiéndose en «los bares últimos de la noche». Su obsesión es tal que no encuentra el final del poema. La parálisis es completa. Pero como explicaría más tarde: «Un día que iba por la calle dándole vueltas al poema, de repente, me sucedió eso que a veces ocurre, oír una voz interior que emite un pensamiento íntegramente formulado: "En lugar de escribir ese poema, ¿por qué no te suicidas?"» La depresión obsesiva se había acercado a un punto crítico y estaba empezando a desintegrar su conciencia racional.

Sabemos que la idea de suicidio le persiguió con intermitencias a lo largo de aquel invierno. Pero el poeta despertó. Según él, «yo tenía miedo a encontrarme suicidado antes de poder reaccionar», y para evitarlo se inoculó una idea que lo obligara a aferrarse a la vida: creer que ya se había suicidado. Fue imaginar que su suicidio había sido un hecho lo que probablemente le salvó de morir. El resultado poético de ese proceso quedó plasmado en otro poema célebre: «Después de la muerte de Jaime Gil de Biedma», donde la sombra de la autoinmolación se resume en estos versos:

> ... el infierno de meses
> y meses de agonía
> y la noche final de pastillas y alcohol
> y vómito en la alfombra.

En esta área del cuadro no nos importa si la escena responde a un episodio real o fue un artefacto literario que operó como un exorcismo. De creer al poeta: «Ese poema está escrito precisamente para no suicidarme, para conjurar el miedo que tenía a suicidarme, para darme por suicidado ya, como se ve en la última parte, donde hay una alusión bastante clara. Cuando escribí esa alusión al suicidio, tuve un ataque de miedo que me duró tres días.» Lo que sí sabemos es que los versos «Yo me salvé escribiendo / después de la muerte de Jaime Gil de Biedma» certifican el carácter terapéutico de la composición. Inmerso en una fuerte crisis de identidad, pasa las horas poniendo en cuestión todo lo que ha sido su vida desde la adolescencia. Como un héroe de Scott Fitzgerald, contempla con dolor la fiesta marchita de su juventud. Hace balance. Y se fustiga con amargura. Por eso, «los poemas en que me enfrento a mí mismo surgen como una exasperación contra mi mundo particular y una impaciencia debido a que me conozco demasiado». De nuevo, Narciso increpa a su reflejo.

El estado anímico de Gil de Biedma no pasa inadvertido a quienes le rodean. Incluso los amigos que viven lejos, en el extranjero, detectan señales de alarma. El 1 de marzo de 1966 escribe a Juan Ferraté una breve nota, junto a un ejemplar de su libro *En favor de Venus*. En lugar de la extensa carta habitual, apenas unas líneas que concluyen con esta despedida: «¿Cómo estás? Yo en estos momentos insoportablemente nervioso.» Quienes le conocen saben que su nerviosismo es sólo la punta del iceberg, la cúspide engañosa que oculta una gran masa de hielo bajo el océano. Quizá nadie lo haya expresado mejor que su colega José Agustín Goytisolo, inmerso a su vez en severas crisis depresivas. Fue en su poema «Bolero para Jaime Gil de Biedma», cuyo arranque resulta altamente explícito.

A ti te ocurre algo
        yo entiendo de estas cosas
hablas a cada rato
        de gente ya olvidada
de calles lejanísimas
        con farolas a gas
de amaneceres húmedos
        de huelgas de tranvías
cantas horriblemente
        no dejas de beber
y al poco estás peleando
        por cualquier tontería...

El texto entero produce impacto en el destinatario, quien años después le comentó a Carme Riera: «Este cabrón me hizo el mejor retrato de mi vida.» El veredicto no coincide, en cambio, con lo que le dijo a Ana María Moix tras leerlo por primera vez. Según ella, «Jaime no se reconocía como el modelo del poema. Lo consideraba un poema muy depresivo. Y me dijo: "Hay que ver qué gran retrato ha hecho de sí mismo..." Pero al día siguiente rectificó: "No está mal, no está mal."». ¿Qué había ocurrido? Creemos que hay suficientes indicios para pensar que, en efecto, el personaje del poema es Jaime Gil de Biedma. La clave reside en que el modelo no admite que sea otro quien desnude su alma. Y menos alguien como José Agustín Goytisolo. Sólo él puede ponerse ante el espejo, sólo él puede enseñar un corazón infiel, sólo él puede aborrecerse e increparse hasta la náusea. E invocar la oración de Mr. Hyde.

Gil de Biedma siempre sostuvo que los poemas que abren y cierran su crisis de 1966 fueron escritos con la actitud compulsiva del adolescente. De ahí su función catártica. En ningún momento pretendió insertarse en la tradición literaria española o europea como había hecho en *Moralidades*. Tanto «Contra Jaime Gil...» como «Después de la muerte...» son, en realidad, «poemas escritos para desahogarme, pero, claro, con un conocimiento de cómo se escribe que a los dieciocho años no se suele tener». Siempre había sostenido que «uno hace poesía por una finalidad completamente práctica... Porque desde una perspectiva de economía interior, hacer poemas resulta que te sirve». Pero a raíz de la crisis, comenzó a desarrollar la tesis de que la poesía es una empresa desesperada de salvación personal.

ARDE EL MAR

Los rigores de aquel año no le impiden seguir interesado en la poesía. Desde hace meses trabaja en la composición de nuevos poemas y las dudas le inquietan como en el pasado. Apenas cuatro años antes había mantenido una brillante correspondencia con Juan Ferraté a propósito de los cinco poemas que integran la «Serie Filipina». En ella analizaba con extrema meticulosidad la construcción de sus piezas más breves. Este recorrido apasionante por un paisaje de metros cortos permite apreciar toda su maestría. ¿Qué otro poeta de la época habría escrito más de diez folios para desmenuzar un conjunto de apenas cincuenta y seis versos? Sólo Gil de Biedma. Y el joven Pere Gimferrer lo sabe. Gimferrer es un muchacho alto y grueso, que gasta lentes de montura negra y luce un traje austero de color gris. Ha escrito un poemario titulado *Arde el mar*, pero necesita consejo. Conoce la obra de Jaime Gil: la admira. Y empieza a acudir regularmente al piso de Maestro Pérez Cabrero con sus poemas bajo el brazo.

En poco tiempo se crea entre ellos un vínculo literario que se mueve siempre bajo los dictados sociales del anfitrión. Dice Gimferrer: «Una figura que a él le gustaba mucho era una copa antes de cenar. Tomábamos whisky y soda de jengibre. Incluso habíamos bebido ambos de la misma copa, algo que hoy se hace difícil de imaginar pero que entonces era muy frecuente. En las películas de esa época la gente comparte vasos y se pasan los cigarrillos.» Cierto. Es el reflejo de un tiempo más desenfadado y feliz, cuyos protagonistas recordaban aún las penurias generales de postguerra. Si en los años cuarenta se compartían los placeres porque eran escasos, en los sesenta, como parte de la fiesta de la vida.

En aquellas tardes salían a la terraza del apartamento para charlar sobre literatura. Gimferrer recuerda que el poeta estaba terminando por esas fechas «Después de la muerte de Jaime Gil de Biedma» y tenía serios problemas con el verso final. Al parecer, había previsto concluir así el poema:

> Aunque acaso fui yo quien te enseñó.
> Quien te enseñó por cobardía
> a vengarte de mis sueños, corrompiéndolos.

Pero esta solución no era de su agrado. Le molestaba concluir con un endecasílabo acentuado de una manera irregular –anómala en nuestro idioma– y durante la primavera de 1966 trató de buscar la solución: «No exagero al decirte que estuvo meses dándole vueltas –asegura Gimferrer–, hasta que desplazó el endecasílabo del penúltimo verso, tal como aparece en la versión final.»

Pero algo debe ser dicho: el mismo rasero que el anfitrión emplea consigo mismo no duda en emplearlo con los demás. El hombre que reconoce en carta a Ferraté que un poema suyo contiene un elemento que «es una redundancia, un ripio y creo, además, que enturbia un poco el sentido» no va a tener, obviamente, grandes miramientos con la obra ajena. Gimferrer recordaba aquellas sesiones en que Gil de Biedma desmontaba poemas de los autores consagrados, pero también las críticas que le tuvieron como blanco. Tras mostrarle uno de los poemas de *Arde el mar*, el poeta le dijo:

–Has escrito un poema degollado.

–¿Por qué? –preguntó Pedro, perplejo.

–Porque acabas con una solución de una vaguedad bousoñiana.

De nuevo Carlos Bousoño, una de sus bichas particulares. Jaime Gil no se refería, pues, a un final poético abrupto sino más bien a esa clase de poema «purasangre» que, tras marchar en cabeza toda la carrera, en la recta final se esfuma literalmente del hipódromo. Tampoco le satisfacían las piezas en que Gimferrer se deslizaba hacia una sensibilidad más racionalista o hermética. Parece claro que las aguas del surrealismo no encajaban con su lírica, porque tras concluir la azarosa lectura de Gimferrer, dejaba caer la cuchilla: «Salgo del poema con la cabeza caliente y los pies fríos.» ¿Qué sentía entonces el joven? Un revés a su amor propio, un golpe a su dignidad creadora. LA CABEZA CALIENTE Y LOS PIES FRÍOS. Descorazonador. «¿Que si Jaime era duro –se pregunta Francisco Rico–, que se lo digan al pobre Gimferrer, que salió más de una vez llorando de su casa o poco menos.» Gimferrer, por su parte, reconoce: «Era duro, muy duro. Pero solía tener razón y sabía ser elogioso.» Nació así la leyenda del crítico implacable. Cuando la joven editora Esther Tusquets se acercó hasta él no ignoraba que «Jaime tenía fama de ser una persona dura y muy difícil. Corría la leyenda de que los jóvenes poetas salían llorando de su despacho. Pero al menos se tomaba la molestia de leerlos y era muy generoso con su tiempo. Todos los del Grupo de Barcelona cumplían una función docente, de ayuda y estímulo, que se ha perdido».

LA LECCIÓN DEL MAESTRO (I)

Incluso antes de la aparición del primer libro, Gil de Biedma ejercía ya su magisterio. Desde finales de los cincuenta estuvo muy atento a la obra de sus compañeros de generación –Barral, Goytisolo, Costafreda, González, Caballero Bonald...– y supervisó también parte de la producción de las generaciones que florecieron más tarde. En el año crítico de 1966 mantuvo, como sabemos, largas conversaciones con Pere Gimferrer. Alrededor de esas fechas hay que situar también el encuentro con Guillermo Carnero, un jovencísimo poeta valenciano que estudiaba por entonces en Barcelona. ¿Qué le atraía del autor de *Moralidades*? Según Carnero: «Me divertía y me estimulaba la esgrima del ingenio que solía utilizar como rito iniciático perpetuo y como ejercicio de *footing* intelectual.» Pero Carnero recuerda que el poeta interpretaba su papel como un maestro de ceremonias investido de autoridad. Quizá ya no empleaba el «*U*» aristocrático de la Mitford para detectar la presencia de sangre azul en sus interlocutores, pero su dialéctica deslumbrante señalaba el Rubicón que sólo los intrépidos podían cruzar. Salvador Clotas sostiene: «Jaime era de una manera de ser a veces cortante. Te sentías un poco incómodo, despreciado. Quizá no era eso, pero había una altivez que me costó mucho vencer.» Superada la prueba, el aspirante era admitido en la logia literaria y ese rito se convertía «en una misa concelebrada» en la que también oficiaban Gabriel Ferrater o Carlos Barral.

Guillermo Carnero tenía motivos para acercarse a Gil de Biedma. Como otros jóvenes de los sesenta abominaba de la generación anterior y rechazaba la senda poética en que había empezado a bifurcarse; la poesía social y el intimismo neorromántico. Pero en ambos casos, recuerda Carnero, «Jaime Gil aportaba matices muy significativos, que me parecían indicios de una conciencia crítica y autocrítica que se había manifestado ya en lo tocante a la poesía social, y que, a mi modo de ver, tenía también visos de propiciar una evolución del intimismo hacia formas más abiertas, las que yo podía asumir». Desde esta creencia, Carnero no dudará en mostrarle el original de su primer poemario –Dibujo de la muerte– para someterlo a su juicio... Y el poeta le brindará sugerencias muy útiles. Reconoce Carnero que «Debo a Jaime Gil el estímulo y los consejos que tanto necesita quien va a dar el primer paso como escritor».

Aunque se halla lejos del esteticismo que cultivan los jóvenes, el maestro intenta colocarse en la perspectiva que alientan sus poemas. Carnero no ha olvidado aún las opiniones de Gil de Biedma en relación a «Bacanales de Rímini», una de las composiciones más venecianas de su primera obra. Le dijo: «No presupongas que el lector sabe de lo que estás hablando. Aunque delegues el yo en un personaje histórico, los referentes culturales que empleas deben explicitarse y recrearse en el texto, al margen de los datos históricos. De este modo, el lector podrá percibir la analogía emocional en que basas el poema.» Desde esta perspectiva, ya no importa que ignoremos quién fue Isotta o si hubo bacanales en Rímini. Nos queda la atmósfera funeraria del poema, su sentimiento, y versos como «El brillo de los mármoles labrados / no ocultará tu muerte».

Según Guillermo Carnero, «la charla alcanzaba con Jaime el rango de un método de trabajo. Leíamos mis poemas y luego él se acercaba hasta la biblioteca.«Veamos cómo resuelve este problema Eliot», decía, «y me lo mostraba». Estas lecciones magistrales, improvisadas al calor del whisky, desarrollaron el instinto poético de los autores noveles que empezaban a acudir en peregrinación a su casa. Otro de ellos, Antonio Martínez Sarrión, tampoco ha olvidado su primera visita a Gil de Biedma en compañía de Pere Gimferrer. El poeta les recibió en su elegante piso de Maestro Pérez Cabrero y se mostró «efusivo, dinámico, muy cordial, casi arrollador». Era una calurosa tarde de julio y Jaime les preguntó qué deseaban tomar. Pero antes de oír la respuesta, dijo: «A ti, Pedro, te voy a preparar un combinado en copa alta, con uno de esos tonos violeta pálido que tan bien combinan con el colorido de tus poemas.»

Apuradas las copas, los tres poetas fueron a un restaurante de patio emparrado, donde cenaron al fresco y casi en la intimidad. Según Martínez Sarrión: «La cena discurrió de maravilla. Jaime se encontraba feliz, distendido. Desplegó su encanto, su inteligencia, desenvoltura, gracia y brillantez, sin olvidar los puntazos, falsamente casuales, y de infalible efecto.» A la hora del café, Gimferrer le preguntó si tenía inconveniente en que el invitado les leyera algunos poemas. «Todo lo contrario», repuso el maestro. Entonces Martínez Sarrión extrajo unos poemas que llevaba oportunamente en el bolsillo, se armó de valor y respiró hondo tratando de que «no se me notara el temblor de la voz» al recitarlos. Tras la lectura, Gil de Biedma se quedó pensativo unos instantes y dijo después: «¿Cómo coño puedes ser tan decadente, habiendo nacido en Albacete?»

DE LA EXPERIENCIA PÓSTUMA

La figura de Gil de Biedma se asocia tradicionalmente a la llamada «Poesía de la Experiencia». El término procede de un célebre ensayo de R. Langbaum, *The Poetry of Experience*, publicado en 1957. Aunque en esa época el poeta se hallaba inmerso aún en la poesía social, compuso algunos ejercicios de escritura automática –«para vaciarme»– que brotaron como un magma de su máquina de escribir. Corría 1956. Al revisar aquellos ejercicios se topó con un hallazgo que habría de resultar decisivo: «Me di cuenta de que allí hablaba un personaje en un café y que podía atribuirle una sensibilidad que yo conocía, una cultura y unas reacciones de determinado tipo; es decir, un perfil sociológico, que era el mismo al que yo pertenecía.» Cuando un año más tarde leyó a Langbaum se percató de que en «Idilio en el café» él había escrito su primer monólogo dramático sin saber qué era, de forma casual, «como casi todo es en poesía».

Desde aquel momento los poemas siguientes de *Compañeros de viaje* desarrollarán la voz de un personaje afín a Gil de Biedma –un individuo ilustrado de la alta burguesía–, con sus rasgos personales y sus obsesiones. Pero que «yo no identificaba conmigo». No había, por tanto, voluntad alguna de que el personaje fuera él. Pero el burgués civilizado que se expresa en estos versos había dado el primer paso –fortuito– hacia el autor, emprendiendo un camino que le llevó a reunirse con un poeta llamado Jaime Gil de Biedma. Según él, el personaje «se fue convirtiendo en una representación mía». Y al final de su nuevo libro, *Moralidades*, hablaba ya de «cosas personales mías». Lo que había comenzado por azar en «Idilio en el café» desembocó en «Pandémica y celeste», donde se produce la identificación del personaje genérico que había en los poemas con su persona real. El nuevo paso, inevitable, será el debate entre ese figurón retórico –el personaje– que ha llegado a la cuarentena y decide encerrarse consigo mismo para jugar a ser serio y el autor más o menos implícito de *Moralidades*. El fulgor de ese debate resplandecerá en su último libro *Poemas póstumos*.

La aparición de esta obra en 1968 alimentó la idea de que la poesía de Gil de Biedma se había hecho definitivamente autobiográfica. El propio poeta declaró, como sabemos, que «en mi poesía no hay más que dos temas: el paso del tiempo y yo». Pero se vio obligado a introducir algunos matices para disipar equívocos. Partiendo de Langbaum, pudimos conocer así sus ideas acerca de la poesía de la experiencia: «La poesía de la experiencia no consiste en escribir acerca de lo que a uno le ha ocurrido, entre otras cosas porque a nadie le ocurre un poema. Un poema es un ente que pertenece a un orden de realidad estético que no es el orden de la vida... Poesía de la experiencia es otra cosa: es un modo de concebir el poema, es hacer que el poema sea un simulacro de la propia experiencia real.» A su juicio, en un poema hay una ficción de que algo sucede, pero en realidad «lo único que sucede es el poema».

Uno de los argumentos más lúcidos para reforzar sus tesis lo expuso, diez años después, en una entrevista concedida a *La Estafeta Literaria*:

> La vida no es poesía y además ésta tiene sus limitaciones; date cuenta de que el número de experiencias que rescata la poesía es muy escaso y, en todo caso, no hay razón para pensar que no fueron mejores las no contadas... Se trata de dar al poema una realidad objetiva que no está en función de lo que en él se dice, sino de lo que en él está ocurriendo. Yo creo incluso que cuando el poeta pretende hablar en tanto que él mismo, está hablando de sí según se imagina, no según es. La voz que habla en el poema no tiene otra realidad que la que pueda tener la de un personaje de una novela, aunque se parezca mucho, mucho a la del propio poeta.

Pero con el libro en la mano, el lector de *Poemas póstumos* siente más que nunca que el fermento de la obra es la experiencia personal y, más aún, que esa experiencia desprende tintes amargos. No ha habido placer en la escritura del libro, sino un drenaje angustioso de las emociones. Tampoco propósito alguno de insertarse en ninguna tradición literaria, dirigirse a un auditorio o exhibir la inteligencia ante sus rivales poéticos. Son poemas escritos en función de estrictas necesidades personales: el público no sólo carece de importancia sino de existencia. ¡Qué lejano queda ya el sentimiento de camaradería patente en *Moralidades*! Nos hallamos aquí ante una voz poética sin arraigo, diversa, secuestrada por su propio ensimismamiento. «Es la voz de alguien que parece generalmente hablar sólo para sí mismo», escribe el profesor Pere Rovira, o para unas pocas personas concretas, algunas de las cuales ya han muerto. En ese diálogo íntimo el lector es, por tanto, un mero espectador que escucha unas palabras cargadas de escepticismo, melancolía y soledad. El mensaje subyacente es claro: ¿qué fue del amor, de la amistad, de las ilusiones políticas, de la fe en la poesía? Los viejos mitos parecen haberse derrumbado bajo el peso de los años. Y Gil de Biedma asiste al espectáculo de esa decrepitud, con el espíritu fatigado y la mente lúcida: «De la vida me acuerdo, pero dónde está.»

Según Álex Susanna: «La mejor poesía española de la segunda mitad del siglo XX es ese libro de veinticinco poemas que apareció en una pequeña editorial de Madrid. Cernuda necesitaba al Otro, pero Jaime fue más lejos: hizo de uno mismo el Otro. Y luego decidió eliminar al personaje que había creado.» Este recurso dio lugar a un equívoco un tanto macabro: al adquirir su ejemplar de *Poemas póstumos* algunos lectores creyeron que el autor ya había muerto. Era la consecuencia de haberse increpado hasta la inmolación. En opinión de Francisco Rico: «El increpar en literatura es más antiguo que el andar a pie. Yo no le veo la novedad. ¿Quiere que hablemos de la tradición del doble? Sí, es cierto que Jaime varió su trayectoria hasta encontrar una poesía que era estrictamente personal y anecdótica, que era la que le gustaba hacer. Y que a nosotros nos gusta por lo mismo que nos gustaba como persona, como conversador. Pero nada más.» Sea como fuere, el poeta rizó el rizo de la experiencia póstuma en «Después de la muerte de Jaime Gil de Biedma». Aparte de ésta, quizá nada resuma mejor el espíritu de *Poemas póstumos* que la pieza «No volveré a ser joven», que su autor consideraba «el mejor poema que he escrito en mi vida»:

> Que la vida iba en serio
> uno lo empieza a comprender más tarde
> —como todos los jóvenes, yo vine
> a llevarme la vida por delante.
>
> Dejar huella quería
> y marcharme entre aplausos
> —envejecer, morir, eran tan sólo
> las dimensiones del teatro.
>
> Pero ha pasado el tiempo
> y la verdad desagradable asoma:
> envejecer, morir,
> es el único argumento de la obra.

¿HACIA LA LIBERTAD?

Durante los años sesenta el régimen de Franco había iniciado una política más abierta que transmitía cierta impresión de libertad; era no obstante un proceso de *libertas interrupta*, sujeto a drásticas reducciones. La tímida «apertura» iniciada en 1966 a raíz de la Ley de Prensa, por ejemplo, acabó diluyéndose después con el relevo ministerial en la misma cartera de Información y Turismo. El nuevo ministro fue el responsable de activar un proceso involucionista que anuló los escasos avances y grandes expectativas en el campo de la expresión. Este paréntesis permitió, sin embargo, que Gil de Biedma pudiera publicar *Poemas póstumos* en 1968, y al año siguiente, *Colección particular,* considerada la primera antología de su poesía.

Pero una mirada a la prensa de la época arroja algunos datos descorazonadores: entre 1969 y 1971 el Gobierno proclamó durante dos meses el estado de excepción, consideró muy seriamente instaurar el estado de guerra para reprimir las protestas sociales y endureció la política censora. Esto último afectaba de lleno al campo editorial y periodístico, donde se estrechó el cerco sobre las publicaciones de sello más liberal. Jaime Gil asistía con estupor a esta ofensiva de la Dictadura y a los movimientos de la oposición que, en la medida que resucitaban el fantasma de «la horda roja», irritaban a las clases conservadoras. En este clima enrarecido comenzaron a circular rumores sobre un inminente golpe militar de la extrema derecha para mantener el timón del país.

El poeta no necesitó esta vez conversar con Fabián Estapé –entonces rector de la Universidad de Barcelona– para descifrar la clave de los acontecimientos. La vida española se había crispado enormemente como consecuencia del desfase entre su desarrollo socioeconómico y el inmovilismo político. El llamado «milagro español» de los años sesenta había traído una prosperidad innegable, pero como él predijera en 1962: «Tendremos una prosperidad pequeña, bastante sórdida, pero que permitirá a todo quisque hablar con aire de superioridad de la falta de libertad y la falta de automóviles en las democracias populares.» Cierto. A diferencia de los países del Este, la euforia española se expresaba en la alegre sinfonía de los automóviles.

Diez años antes, Gil de Biedma se hubiera refugiado quizá en la poesía, porque era una época en que «yo tenía una idea más clara de lo que quería hacer, tenía más racionalizado mi trabajo como poeta, pero por otro lado tenía también la energía mental y emocional suficiente como para seguir escribiendo». Pero desde la publicación de *Poemas póstumos* esas condiciones habían dejado de existir y el manantial se había secado.

En los inicios de su carrera transmitió sus inquietudes a Jorge Guillén, en una carta fechada el 14 de mayo de 1954: «A veces tengo miedo y me pregunto si no habré sido yo un poeta de ramalazo –o, mejor dicho, de adolescencia– que al llegar a la edad adulta se seca; la cosa sería grave. Ya que toda la organización de mi vida presente y futura, en lo moral y en lo práctico, descansa sobre la base de que yo soy, y aspiro a seguir siendo, poeta... Si no soy poeta no soy nada.»

Veinticinco años después los hechos parecían confirmar aquellos sombríos presagios. Quizá no era un poeta de ramalazo, pero su poesía había girado en torno a dos grandes crisis: la crisis de la juventud y la crisis de la madurez. Esto fue lo que le ocurrió: que estaba sorteando la segunda, coincidiendo con los estertores del franquismo y, una vez superada, se veía abocado a un páramo estéril. Según un amigo: «Jaime podía haber escrito mucho más, pero el país lo secó. Aquella España era una mierda: no podía compararse con la vitalidad de la España de su abuelo. Y él seguía obsesionado con la generación de los intelectuales de la República. Recuerdo que una vez me dijo: "Sólo a un gobierno del Opus se le puede ocurrir clausurar los teatros de variedades para protegernos del Mayo francés."»

HABANA 68

En realidad, el Mayo francés le había llegado de oídas. El crítico José María Castellet se encontraba casualmente en la capital francesa y a su regreso le refirió aquellos días repletos de incitaciones políticas e intelectuales. Castellet le hablará de unas jornadas históricas marcadas por las manifestaciones callejeras, la toma de la Sorbona, el debate abierto entre los estudiantes, las intervenciones de los intelectuales en los hemiciclos universitarios, las atuaciones contundentes de la policía... El caos. A distancia, Gil de Biedma percibe el eco de la detonación. Pero no participa. Aunque comparte la tesis de Octavio Paz de que «en pleno siglo XX los males de Occidente, que a veces se pretenden reducir a problemas económicos y sociales, son más profundos porque son morales», está demasiado inmerso en sus propios conflictos. El hombre que ha escrito ya *De senectute* contempla con un fondo de escepticismo aquella rebelión estudiantil, que toma la forma de un movimiento orgiástico, liberatorio y pararreligioso. Según José Agustín Goytisolo: «Jaime pasaba de esas cosas. En cierto momento dejó de interesarle la protesta, los encierros, el cambiar el mundo, y se mantuvo al margen del oleaje que siguió al Mayo francés.»

Pero pocos meses antes, sin embargo, había asistido al Congreso Mundial de Intelectuales de La Habana. Su compañero de viaje, Carlos Barral, ha dejado un testimonio de aquella vivencia en «Años sin excusa».

La aventura comenzó el 24 de diciembre de 1967 cuando los dos amigos subieron a un tren nocturno en la estación de Francia con destino a Madrid. Allí pasaron juntos el día de Navidad, que culminó en casa del actor Paco Rabal, en una velada apoteósica llena de poetas borrachos tumbados por los tresillos. Sin tregua para el sueño, el 26 por la mañana tomaron el avión rumbo a México. Según Barral: «El viaje, con resaca vertiginosa, fue terrible. Recuerdo la escala en Santo Domingo con espanto. No podía mantener el equilibrio y apenas caminar... Pero durante la larga estancia en México –tengo la impresión de que de más de tres semanas– los dos curiosamente nos portamos muy bien, con mucha seriedad y diligencia.»

El objeto del viaje de Barral era asistir a un consejo de administración de una editorial mexicana, en la que Seix Barral tenía participaciones, y planificar de paso una nueva colección que permitiera publicar en México los títulos prohibidos por la censura española. En cuanto a Gil de Biedma, estaba allí por encargo de Tabacos y en representación de la empresa pasaba el día negociando asuntos tan dispares como excedentes de arroz o partidas de material ferroviario. Al acabar la jornada, los amigos se reunían en el Normandie, un bar exclusivo recomendado por el escritor Carlos Fuentes. Escribe Barral: «Jaime me contaba sus experiencias de alto ejecutivo en un mundo de millonarios charros, casi supervivientes de la corte de Maximiliano o de la aristocracia de la Revolución mexicana, un mundo que los extranjeros raramente frecuentan y que a uno le cuesta creer que sobrevivan.» El comentario nos acerca de nuevo a una faceta velada a los lectores del poeta: su relación con un elenco absolutamente novelesco que conoció en sus numerosos viajes de negocios. Inglaterra, Estados Unidos, Centroamérica, Brasil, Holanda, Rusia, Hong Kong, Filipinas... Docenas de viajes a lo largo de los años, miles de horas consumidas a la sombra del poder, tratando a menudo con empresarios y terratenientes, con políticos y banqueros, personajes, en fin, cuyo mayor afán era amasar fortunas o generar riqueza.

En este punto debemos resaltar una rara virtud de Gil de Biedma: su absoluta integridad. Es difícil creer que en un mundo así no se le acercara algún individuo turbio y untuoso para ofrecerle gratificaciones. Sabemos por Meler que en algunas operaciones se movían millones de dólares. Y en estos casos una simple llamada telefónica o un informe favorable allanan el camino. Pero el autor de *Moralidades* no obtuvo de ello provecho alguno: jamás llegó a enriquecerse con una maniobra irregular. Era un hombre honrado. Como el héroe de Kipling, tuvo la virtud de marchar junto a reyes sin perder su propio paso ni su propia luz.

Desde México, volaron con retraso a Cuba debido a una bronquitis aguda contraída por Barral.

El Congreso de La Habana tenía por objetivo consolidar internacionalmente la Revolución con el apoyo masivo de los intelectuales de izquierda, que en aquel tiempo reunía a la mayoría de la clase intelectual europea y americana. Sin embargo, había llovido mucho desde los primeros sesenta –época en que Jaime Gil escribió «Durante la invasión»– y el nuevo lema de Fidel, «Contra la revolución nada», hacía presagiar tiempos oscuros para los cubanos.

Gil de Biedma, pues, llegó tarde a Cuba por partida doble, con un retraso de algunos días pero también de varios años. A diferencia de Juan Goytisolo, por ejemplo, no conoció los fervores del primerísimo período revolucionario. Visitaba la isla en un momento en que el dirigismo cultural sonaba con descaro en todos los discursos, y la sombra de una literatura de exclusivo uso político planeaba amenazadora sobre los escritorios. Cierto que los autores europeos, especialmente los extranjeros en primera visita, quedaban deslumbrados ante los innegables logros sociales. Pero es difícil pensar que Gil de Biedma sucumbiera a las fiebres del síndrome acrítico. No obstante, la Revolución conservaba aparentemente muchos retazos de frescura, y el poeta se acogió a su sombra.

Hedonista por naturaleza, se entregó pronto a los placeres habaneros. Se repetía así la fórmula de Formentor 59 –reuniones literarias y francachelas nocturnas– que eran muy de su agrado. Hubo charlas apasionadas en los bares del Hotel Habana Libre y juergas en apartamentos donde el bardo de turno rasgaba una guitarra y canturreaba canciones revolucionarias ante un auditorio de borrachos ilustres. Barral recordaba alguna de ellas: «las puertas de las habitaciones se abrían y se cerraban dando paso a parejas a medio vestir». Y así hasta la madrugada. Cuando Jaime vuelva a Barcelona le confesará a un amigo: «Cuba me encantó. La Habana es algo delirante e increíble: la capital del "camp" socialista. Tengo muchas ganas de volver por más tiempo.» Pero el endurecimiento del régimen castrista le apartó de su sueño.

DISCULPAS PARA EL SILENCIO

1975. El año de la muerte de Franco coincide con la aparición de *Las personas del verbo*. En este volumen recoge Gil de Biedma «mis poesías completas hasta la fecha, y quién sabe hasta qué fecha», declara a la prensa. El interrogante sobre su futuro poético descansa –y él lo sabe– sobre un dato revelador: en los últimos siete años sólo ha escrito ocho poemas. Uno de ellos, «Artes de ser maduro», está dedicado a un nuevo amor, con el que convive en su apartamento de Barcelona; otro, *«Ultramort»*, alude a una casa que el poeta ha reconstruido en un pueblo del Ampurdán para pasar las vacaciones. Pero es en el poema «Príncipe de Aquitania, en su torre abolida», donde expresa los ecos de su crisis personal a través de una de las pocas máscaras históricas que se puso en toda su carrera.

> Una clara conciencia de lo que ha perdido,
> es lo que le consuela. Se levanta
> cada mañana a fallecer, discurre por estancias
> en donde sordamente duele el tiempo
> que se detuvo, la herida mal cerrada.

En estos primeros versos percibimos el tono inconfundible del monólogo dramático. No es extraño, pues, que algunos poetas «novísimos» como Carnero o Gimferrer gozaran con su lectura.

Pero no sólo ellos: una nueva generación nacida a finales de los cincuenta descubre una voz que destaca por su notable transparencia. Así describe el hallazgo el novelista Marcos Ordóñez en la obra *Una vuelta por el Rialto*:

> Entré en el autobús, anochecía. Comencé el libro por el principio: «Las afueras.» Me bastaron dos o tres poemas: aquel tipo HABÍA ESTADO ALLÍ; era un guía prodigiosamente atento, y sabía cómo enseñar a salir; no hay mejor regalo para un adolescente: aquella alegría de vivir, aquella especial disposición del espíritu para olfatear la vida en un olor a cocina y a cuero de zapatos, en una calle anónima; aquella capacidad para atrapar al vuelo la visión de una cría bajo la lluvia alzando unos zapatos rojos, «flamantes como un pájaro exótico» en una esquina del año malo; aquella fabulosa resolución de ser feliz, «por encima de todo / contra todo / y contra mí de nuevo», pese al dolor del corazón... La voz del conductor del autobús me sobresaltó cuando estaba justo acabando el libro: embebido en su lectura me había pasado mi parada y todas las paradas; el autobús estaba vacío; habíamos llegado al final del trayecto. Hacía mucho tiempo que no encontraba una voz SEMEJANTE; hacía mucho tiempo que no me pasaba con un libro lo que acababa de pasarme con *Las personas del verbo*...

La salida de la obra se inscribe en un momento histórico de singular expansión de la poesía española. Si en la década anterior los autores debían sortear hábilmente el cerco de la censura, ahora pueden expresarse sin restricciones ante un público –de preferencia joven– ávido de palabras libres. En este contexto, *Las personas del verbo* se erigirá en poemario de culto. ¿Dónde reside el secreto de su encanto? ¿En esas tres voces que el poeta emplea para transmitir sus emociones? Es posible. Hay algo sin duda irresistible en esta poesía que recurre al *yo* de la evocación, al *tú*, que equivale a un yo desdoblado para charlar con uno mismo, y al *nosotros* referencial de aliento civil. Pero aquellos lectores adolescentes apenas repararon en el título: en el fondo era lo de menos. Lo importante es que aquella voz, sincerándose, les invitaba a la confidencia. De inmediato, reconocen el tono coloquial y cierta atmósfera romántica; valoran también la ironía, así como la formulación tan viva y a la vez elegante de lo amoroso... Según el poeta Luis García Montero: «Me encontré con la cara de una persona normalísima, un hijo de vecino, y con los versos de un rebelde que no necesitaba disfrazar de rebeldía sus palabras a la hora de escribir poemas morales, de crítica íntima, de indagación personal de la realidad.» Por eso, los jóvenes acabaron identificándose con el autor más allá de la circunstancia histórica que impulsó sus poemas. Poco importa que Edith Piaf no haya contribuido a nuestra educación sentimental. Basta el recuerdo de un amor de verano, al conjuro de *Angie* de los Rolling Stones, para asentir con el poeta en las noches de invierno:

> Nosotros, los de entonces, ya no somos los mismos,
> aunque a veces nos guste una canción.

A raíz de la aparición de *Las personas del verbo*, la obra de Gil de Biedma comienza, pues, a ser reconocida. En la década de los ochenta no hubo otro poeta en lengua castellana –acaso sólo Borges– que levantara tantas pasiones. Cuando en una entrevista de la época se le pregunta qué siente cuando le cita hasta el vicepresidente del Gobierno –Alfonso Guerra– responde él, con una mezcla de lucidez y satisfacción: «Lo que más me halaga no es que me cite éste o aquél, aunque, ciertamente, es agradable. Me halaga sobre todo cuando alguien, hablando en la radio o en la televisión o en un artículo de periódico, utiliza un giro verbal que es mío. Probablemente quien lo repite no se acuerda de que es mío, o le ha llegado de rebote, de oírselo a alguien. Eso me halaga mucho.» A diferencia de José Agustín Goytisolo, él no ha necesitado que los cantautores musicaran sus poemas para alcanzar la popularidad. Sin embargo coincide plenamente con Goytisolo en la idea de que los poemas, no el autor, «son mi orgullo». En 1986 analizó las claves de su éxito: «En la época que yo los escribía, la gente consideraba que eran poemas fríos. Lo que pasa es que la sensibilidad, la sentimentalidad y la mentalidad de la gente de este país ha cambiado en los últimos años. Se ha hecho más urbana, más ciudadana. En los años cincuenta y sesenta la sensibilidad de este país era en gran parte rural, o sea, antiguo régimen y nada moderna. En aquel entonces yo estaba muy metido en la literatura inglesa y tenía por eso una sensibilidad más urbana.» Este rasgo es, probablemente, el que le entronca con una muchedumbre de lectores. Poco antes de morir declaró: «A mí me decían, hace treinta años, que me faltaba vuelo lírico, que es una expresión, por cierto, que me encanta.»

Pero este gran interés por su poesía encierra una trampa mortal: «¿Por qué ya no escribe?». El propio Gil de Biedma brindó una respuesta memorable en el autorretrato que figura en la segunda edición de *Las personas del verbo*, aparecida en 1982: «A lo largo de estos años he aprendido, bien o mal –bien y mal–, a ser un encajador. Un aprendizaje modesto pero absorbente, que apenas permite escribir poemas... Quizá hubiera que decir algo más sobre eso, sobre el no escribir. Mucha gente me lo pregunta, yo me lo pregunto. Y preguntarme por qué no escribo inevitablemente desemboca en otra inquisición mucho más azorante: ¿por qué escribí? Al fin y al cabo, lo normal es leer.» Este argumento, no obstante, va a multiplicar las conjeturas acerca de su silencio, como una suerte de maldición que le perseguirá más allá de la tumba. La década del reconocimiento es, también, la era de la pregunta insidiosa, del misterio impenetrable. Vaya a donde vaya, el poeta acaba escuchando siempre la misma canción: «¿Por qué no escribe más poemas?» Y entonces esgrime una respuesta que repite con variaciones hasta la saciedad. De entre todas, ésta brinda su faceta más coloquial:

> Primero, porque mi poesía fue el resultado de la invención de una identidad, y una vez esa identidad está asumida no hay nada que te excite menos la imaginación que lo que tú eres. Si yo ya he asumido la identidad que inventé y esa identidad inventada se ha convertido en la mía propia, hablar de eso ya no precisa imaginación y, por lo tanto, no necesito escribir poemas. Segundo, que la edad madura, la media edad, es una edad tonta, en la que uno lo único que puede hacer es ser banquero o *capo maffiosi* o presidente de consejo... En fin, hacer cosas para los demás.

Y eso es, oficialmente, lo que viene haciendo en la Compañía de Tabacos de Filipinas. Esta idea de que ya tiene una identidad asumida que no precisa imaginación se une a otra: ser un hombre de edad madura no constituye un tema poético porque, según él, «es una edad en la que no pasa nada, sólo cosas que pasan a los demás».

Superada la última crisis, ha descubierto ante el espejo que ha dejado de ser un motivo artístico. Cierto que le gustaría escribir más poemas, confiesa en 1983 a la revista *Quimera*, «pero ésa no es una razón suficiente para escribirlos. Ahora no siento la necesidad de hacerlo». El tiempo le ha pasado factura. Hace años que se siente viejo e intuye las dificultades de escribir a cierta edad: «Llega un momento en que una de las asechanzas que se ciernen continuamente en torno a ti mientras preparas un poema es decirse: "¡a qué otro poema! ¿para qué?". "¿Es absolutamente necesario que lo escriba?" Cuando uno es joven tiene la convicción de que es necesario; cuando uno es viejo ha dejado muy atrás la edad de las emociones y está más bien en la edad de los humores, de los malos humores.»

Rebasada la madurez, Gil de Biedma se enfrenta, pues, a un problema que todo artista debe plantearse: la necesidad y la dificultad de ir más allá del propio estilo, cuyas limitaciones empieza a tocar. Ha sido apasionante ocuparse del descubrimiento juvenil del amor, la incomunicación de los encuentros exclusivamente corporales, la pérdida de las ilusiones, el envilecimiento y la destrucción de todo lo humano por el tiempo. Pero, como escribió Guillermo Carnero, al poeta «no pudo ocultársele lo estrecha y reiterativa que puede llegar a ser su gama expresiva». A partir de ahí, se convertirá en el inteligente y sagaz administrador de su propio silencio. ¿Qué puede escribir más allá de *«Ultramort»* o *«De vita beata»*? Nada. Porque si lo hiciera, debería incorporar su voz al coro de los nuevos tiempos y revelarnos al fin la naturaleza prohibida de su Secreto... El tercer panel del cuadro.

LA MIRADA DE DANUBIO

Otoño de 1977. Un joven poeta uruguayo recala en Barcelona con el propósito de quedarse en la ciudad. A los pocos días se cita con Jaime Gil en el restaurante La Puñalada, y descubre allí a un caballero calvo que viste una americana inglesa ligeramente pasada de moda. Aunque Danubio Torres Fierro no recuerda de qué hablaron, «sé que simpatizamos y que las confluencias se dieron fáciles». A los pocos días Gil de Biedma se ha convertido para él en un punto de referencia humano en el que se codean el tutor y el cicerone. Recordemos las impresiones de Danubio: «Jaime era una alianza curiosa. Teatral y pronto de genio, tenía una mirada penetrante de animal hostigado y alerta al que se le sentía el hormigueo de la sangre, era capaz de transiciones furiosas que lo dejaban a uno con el ademán en el aire, y su militancia en el dicho brillante y lapidario (que, en ocasiones, lo volvía el fastidioso propietario de demasiadas verdades) nacía de su desvelo por ser, a toda costa, el muchacho más avispado de la promoción.»

Danubio descubrió que el poeta era a la vez un señorito y un plebeyo, como si las dos caras de Barcelona –burguesa y a la vez bohemia– se hubieran encarnado en él de un modo casi perfecto. Aquel otoño de 1977 Danubio visitará con frecuencia su domicilio: un apartamento «bastante recargado», según él, lleno de antigüedades españolas y objetos filipinos. Aunque el piso no era *decadente*, la profusión objetual sugería un ansia de anclar la vida en un espacio protector abierto a la nostalgia: «Lo que Jaime buscaba era la instauración de un ámbito mítico. Me confesó que tanto en ese apartamento de la calle Pérez Cabrero como en la casa de Ultramort intentaba reconstruir la sala de la residencia solariega de La Nava de la Asunción, en la España central.»

En vísperas de cumplir cincuenta años, el poeta ya no alberga grandes esperanzas de futuro y su corazón se concentra de forma obsesiva en el pasado. Es cierto que aún siente la llama del amor, pero el tiempo le aboca a un territorio de claudicaciones. El tránsito a la mediana edad estaba siendo en su caso una visita anticipada de la vejez, algo que nunca había dejado de atormentarle. «Ya no hablo de mis cuitas personales con mis amigos por dos razones: porque me conocen y me aceptan tal como soy y porque los aburriría», le dijo al joven uruguayo. En su lugar, le comentó que acudía a sesiones psicoanalíticas con una psiquiatra. Según Marta Gil: «Hubo una época en que mi hermano estaba entrando y saliendo del psiquiatra a cada momento.» ¿Cuál era el origen de su neurosis? Quizá el ominoso secreto que le torturaba desde la infancia.

En otoño de 1977 el poeta escapó a menudo con Danubio Torres Fierro a su casa del Ampurdán. Ambos arrastraban resacas sentimentales recientes y el refugio de Ultramort se convirtió en una cálida madriguera para los dos en aquel período de áspero comercio con la realidad. Generalmente llegaban el viernes por la noche, encendían la calefacción, abrían postigos y ventanas, ordenaban sus pertenencias y preparaban la cena. Danubio recuerda aún aquellas noches frías, maltratadas por la tramontana. Después de la cena, los amigos se sentaban junto a la chimenea y bebían whisky. Era el principio de largas conversaciones sobre la vida, la literatura y la realidad, con incursiones hacia Tucídides, Cernuda, Eliot y Auden. A veces recitaban. Y los versos abrazaban en el aire las palabras que surgían del tocadiscos: El radiante dúo de *Don Giovanni* –«*Là ci darem la mano / là mi dirai di sì*»– o *Réponse la Marquise à Corneille*, de Brassens sin olvidar, claro, los cuplés de Conchita Piquer. En esta atmósfera tan cara a Gil de Biedma, recuerda el uruguayo, «ambos nos reconfortábamos al comprobar cómo la amistad y la inteligencia devoraban las horas sin apenas sentirlas. Terminábamos a las tres o a las cuatro de la madrugada, sorprendidos y satisfechos, aliados por una lucidez patética».

No es casual que, por esas mismas fechas, el poeta vea revivir su inspiración y empiece a componer uno de sus poemas más célebres: «*De senectute*.» Gastado el impulso juvenil, sucumbe al desencanto amoroso y el cansancio vital... Y lo expresa en términos de resignación fatalista dentro de la más pura tradición española. Escuchemos el último verso:

De la vida me acuerdo, pero dónde está.

Tras la lectura del poema, Danubio lo consideró «un punto excesivo». Este veredicto lo comparten con reservas otros de los que intimaron con el autor. Según Ana María Moix: «Jaime tenía pavor a envejecer. Decía que era para pegarse un tiro.» De algún modo necesitaba expresarlo en el papel. Queda una pregunta: ¿Se sentía Gil de Biedma verdaderamente así? No hay duda. Pero «su gusto por la vida saltaba, a cada rato, como una brújula desimantada, loca y encantadora», recuerda Danubio, y no era fácil reconocer en este hombre tan vital la voz fatigada del poema que sólo se ocupa de sí misma.

LA LECCIÓN DEL MAESTRO (II)

En aquellos años de esperanza política, algunos jóvenes le preguntaban por la ideología de sus poemas. Pero no siempre recibían una respuesta agradable ni satisfactoria. «Si tú quieres que además de pensar en las palabras, la música, las imagenes, los argumentos y la estructura de mis poemas, me preocupe de sus consecuencias políticas inmediatas, ya me puedo meter una escoba en el culo y barrer el suelo de la cocina mientras escribo.» Uno de los testigos de esta impertinencia, Luis García Montero, insiste en que Jaime era una persona encantadora, pero con la que también «era necesario ser prudente, porque a ciertas alturas de la conversación y de la noche llegaba a perder la paciencia ante las tonterías y las opiniones estúpidas». Otras veces, por el contrario, se doblegaba ante los excesos de las personas por las que sentía debilidad. Ana María Moix recuerda que «Jaime podía destrozar a algún colega y soportar, en cambio, las mil chorradas que soltaban sus amantes». García Montero recuerda otro episodio en el que Gil de Biedma reprimió sus exabruptos en nombre del afecto. Una noche el poeta Javier Egea le llevó un ejemplar de *Las personas del verbo* para que se lo firmara. Ajeno a la grandilocuencia, Jaime Gil escribió una dedicatoria convencional. Bebido, Javier Egea leyó la dedicatoria, tiró el libro sobre la mesa y le dijo que no esperaba una tontería semejante. «Hombre, Javier, ¿qué quieres, un pensamiento?», dijo Gil de Biedma. Luego recogió tranquilamente el libro y escribió: «A quien del mundo huye, raras veces la vida le perdona.»

Gil de Biedma seguía siendo, pues, un personaje de carácter imprevisible. Pero la frecuentación de poetas jóvenes moderó sus ansias de pugilato dialéctico en favor del puro lucimiento verbal. Ninguno de aquellos autores era, en el fondo, rival de altura. Muerto Ferrater, no había encontrado otro *sparring* perfecto. Y se limitaba a derramar las perlas de su ingenio ante un auditorio entregado de antemano. «Generalmente todos empezamos a escribir llevados por el espejismo grotesco de que un día llegaremos a leernos a nosotros mismos quedándonos absolutamente absortos ante la belleza del poema y luego exclamando: "Ay, esto lo he escrito yo, ¡qué bien!" Eso no ocurre jamás. No sucede. Igual que hay una diferencia entre examinar un cuerpo clínicamente y contemplarlo eróticamente, con deseo. Uno, sus propios poemas los lee siempre con ojo clínico.» Los jóvenes, además, le devolvían el eco de su propia juventud. Así, el término «nueva sentimentalidad» empleado por aquellos jóvenes poetas capitaneados por García Montero, sorprendió gratamente a Gil de Biedma. Habla de «una coincidencia tan inverosímil y divertida como si fuese de ficción. Porque allá por 1960 ése era precisamente el *mot d'ordre* que cuatro amigos (Luis Marquesán, Miguel Barceló, Juan Marsé y yo) nos repetíamos a diario». «Vivir es volver», diría Azorín.

Volver. Ése era el gran regalo de aquellos cariñosos discípulos. En verano de 1983, el poeta recorrió con Àlex Susanna algunos enclaves de la sierra de Málaga donde había vivido Gerald Brennan. Aquel mismo año, Gil de Biedma intervino en un seminario sobre poesía contemporánea organizado por la Universidad de Granada. A la salida, el poeta fue con un grupo al barranco de Víznar en busca de recuerdos lorquianos. Iban Àlex Susanna, Luis García Montero, Javier Egea, Álvaro Salvador y Benjamín Prado. Aprovechando que conocía el pueblo, Javier Egea convenció a los otros para visitar un palacio abandonado.

–Pero... ¿de verdad no vive nadie? –preguntó Jaime.

–¡Hombre! ¡He entrado allí un millón de veces a fumarme un cigarrillo! –repuso Javier.

Saltaron la verja y empezaron a cruzar el jardín. De pronto se oyó una voz de mujer:

–¡Marcial, suelta los perros, que han entrado ladrones!

Un coro de ladridos, rumor de colmillos y batir de uñas siguió a la or-

El Grupo de Barcelona posa en los viejos talleres de Seix Barral en 1961.
De izquierda a derecha: Jaime Gil de Biedma, José Agustín Goytisolo,
Carlos Barral y José María Castellet.
(© Oriol Maspons)

D N. I : 37067186

Exp en 16-1-63 Barcelona

HOJA DE SERVICIO de DON JAIME GIL DE BIEDMA Y ÁLBA

natural de ·Barcelona· vecino de Barcelona

calle ~~Aragón~~

número ~~314~~ piso ~~3º 1º~~ nacido el día trece de Noviembre del año 1929 de estado soltero

núm. de hijos — y profesión empleado

hijo de Luis y de Luisa

¿Posee algún título académico? Licenciado en Derecho.

Conocimientos que posee con expresión al conocer idiomas, si los traduce, habla o escribe , El ingles y frances, lo habla, escribe y traduce.

Situación respecto al servicio militar Licenciado

Referencias o recomendaciones

¿Se halla dispuesto a prestar servicios en alguna otra dependencia?

ENTRADA. —

Fecha del acuerdo de

Fecha de la toma de posesión 1º de Julio de 1955

OBSERVACIONES. —

Homenaje a Antonio Machado. Collioure, 22 de febrero de 1959. En la primera fila, Jaime Gil, Alfonso Costafreda, Carlos Barral y J. M. Caballero Bonald; detrás Blas de Otero, J. A. Goytisolo, Ángel González, y J. A. Valente.
(Cortesía: Yvonne Hortet)

Junto a la tumba de Antonio Machado, en 1959.
De izquierda a derecha: Carlos Barral, José Manuel Caballero Bonald,
Luis Marquesán, Jaime Gil, Ángel González y Juan Ferraté.
(Cortesía: Yvonne Hortet)

Gabriel Ferrater con Maj-Britt, la primera esposa de Alfonso Costafreda.
Playa de Calafell, 1954.
(Cortesía: Yvonne Hortet)

Carlos Barral y su hija Yvonnette que inspiró el poema «Himno a la juventud».
(Foto: Mario Muchnik)

Portada de uno de sus primeros libros de poemas.

El novelista James Baldwin
que inspiró el poema «En una despedida».

Jaime Gil y Juan Gil-Albert en el estudio de la fotógrafa Colita.
(© Colita fotografía)

El poeta conversando en la biblioteca de su casa.

Jaime Gil en una de las pocas fotografías en las que
aparece escribiendo, 1982.
(Fotos: J. M.ª Calzado)

den. El grupo huyó desesperadamente hacia la puerta, entre risas, coda-zos y chanzas. Según Benjamín Prado:

> Nunca se me olvidará la imagen lamentable de todos nosotros esca-pando perseguidos por la jauría, ni el aspecto del pobre Gil de Biedma, vestido con un traje color crema, corriendo junto a mí como alma que lleva el diablo, con las mandíbulas de un pastor alemán a dos centíme-tros del trasero y repitiendo una y otra vez:
> –¡Coño, qué cabronada! ¡Coño, qué cabronada!

Cuando por fin cerraron la verja, Jaime fue el primero en hablar, tras recobrar el aliento:
–¿Os habéis fijado? Las hojas secas del jardín sonaban con un tono metálico bajo los zapatos. Me ha recordado un poema de Ferrater.
También aquello era una lección del maestro.

LOS DUELISTAS

Gil de Biedma había concluido su autorretrato de *Las personas del ver-bo* con una pregunta inquietante: «¿Qué hace un muchacho de 1950 como tú en un año indiferente como éste? *All the rest is silence.*» Y no le fal-taba razón. Algunos de sus camaradas han muerto –Gabriel Ferrater se suicidó en 1972 y Alfonso Costafreda, en 1974– y le fatiga cada vez más ha-blar de literatura. En una entrevista declara: «En mis relaciones persona-les me siento más cómodo entre ejecutivos, aunque no tenga nada que ver con ellos, que con escritores que no sean directamente amigos míos, como Barral o Marsé. Y como resulta que ser escritor ha sido una voca-ción profunda, el hecho de identificarme con el personaje literario me produce una incomodidad que no siento con mi personaje de ejecutivo.» Raras veces el público, por tanto, tiene acceso a sus duelos con Barral, que evocan los vibrantes diálogos del pasado. Algunos testigos recuerdan aún aquellas exhibiciones de cultura e ingenio. ¿Cómo eran? ¿Cómo ha-blaban? ¿Cómo *sonaban*? Podemos hacernos una idea leyendo el tramo fi-nal de un largo coloquio sobre literatura. El alcohol ha circulado genero-samente, los amigos discuten y Barral trata de convencerle de que la poesía medival es mediocre:

J.G.B.: No, no creo. ¿Tú te acuerdas de un poema del marqués de Santillana a sus tres hijas? Es un poema que tiene mucha gracia porque es ligeramente incestuoso. El marqués cuenta que, en un paseo por un soto, que debía ser de señorío suyo, vio a tres gentiles damas cogiendo flores, me parece, y que cantaban, por turno, una letrilla cada una. Las tres cantan letrillas claramente eróticas. El marqués se conmueve ante el hecho de que esas tres hijas suyas estén incitadas eróticamente y ninguna le desee a él. El poema termina con otra letrilla en boca del marqués: «Suspirando iba la niña / y no por mí / que bien se lo conocí.» Pues bien, ¡ningún poeta renacentista habría escogido semejante tema!

BARRAL: Porque el poeta renacentista, que era un poeta clerical, después del almuerzo, en lugar de irse a la biblioteca a tomar café, se iba al pajar a tirarse a una moza...

J.G.B.: Garcilaso no era clerical, de todas maneras.

BARRAL: No era clerical porque era caballero. Y cuando digo clerical no quiero decir partidario de la Iglesia, sino que la mayor parte de los poetas del Renacimiento son poetas togados.

J.G.B.: Garcilaso no hizo vida de *clerc*.

BARRAL: No. Hizo vida de noble, de maestro de armas.

J.G.B.: Hizo una vida parecida a la de Manrique.

BARRAL: ... Tanto es así que murió de manera idiota.

J.G.B.: Lo mismo que Manrique.

BARRAL: De todos modos, a mí me gustaría haber vivido como Garcilaso.

J.G.B.: ¿Y morir, por subir al adarve, también?

BARRAL: También. Era como si ahora pudiera ser poeta y futbolista. Es lo mismo. Ganarte la vida gloriosamente metiendo goles al Real Madrid y luego escribir poemas. Garcilaso hacía eso, sólo que vestido de armadura.

J.G.B.: A mí, ¿sabes lo que me produce más envidia en Garcilaso? Lo guapo que era y la suerte que tenía, hasta que lo mataron de una manera perfecta también. A Garcilaso, en una acción de guerra, le atraviesan de una lanzada los carrillos. De esa herida no le quedó más que cierto ceceo que, según testigos de la época, le daba más gracia al hablar. ¡Eso me encanta!

BARRAL: Sí, tuvo suerte. Podían habérsele llevado la lengua.

J.G.B.: Garcilaso tuvo resuelto, además, el problema central de un poeta. El poeta no escribe más que a temporadas cortas, intermitente y episódicamente. Esto no le define, no le corta una figura social, de tal forma que no hay manera de instalarse en la realidad social en cuanto poeta. Tienes que ser alguna otra cosa. Claro, lo ideal es que esa otra cosa dé, además, para vivir, porque ser poeta no da para vivir. Pues bien, el problema hoy día es que todo está absolutamente envenenado por la sofisticación administrativa, incluso el ejército. Ser soldado y poeta en la época de Garcilaso era lo mismo que ser Hemingway, hace treinta años, con unas ventas muy saneadas de sus novelas. Lo mismo pero al revés.

MARSÉ: Entonces, ¿qué era ser un guerrero?

J.G.B.: Ser guerrero era vivir intensamente durante veinte días el si-tio de una ciudad o una batalla en campo abierto, luego entrar triunfal-mente en la ciudad, degollar, saquear, violar a las mujeres y a los niños, y, después de eso, seis meses de cuartel de invierno sin nada que hacer. ¡Perfecto!

BARRAL: Era como ser oficial de la RAF en el bar de la base.

J.G.B.: Sí, es verdad. A lo que más se parecía el guerrero de esa época es al aviador de la última guerra, en el sentido de que el aviador, durante su misión aérea, se jugaba la vida, pero volvía y dormía en una buena cama, se tomaba un whisky, veía a unas muchachitas y estaba la mar de bien, en lugar de estar pudriéndose en una trinchera. Por eso yo no soy fascista, porque las armas y el heroísmo ya no pueden dar lo que daban en aquella época. Ahora, se han convertido en una sucursal de la Gene-ral Motors. Antes... ¡Después de vivir intensamente el sitio y el asalto a una ciudad, donde violas incluso a los arcedianos, seis meses de cuartel de invierno para escribir una égloga! ¿Qué se puede pedir más?

BARRAL: Creo, Jaime, que la conclusión más importante a la que he-mos llegado en la conversación de esta noche es la de que Garcilaso era un oficial de la RAF tomando whisky en el bar de la base. Me parece dig-na de un poema.

UN CATALÁN DE CASTILLA

Desde el advenimiento de la democracia, nuevos temas ocupan la vida española y los jóvenes siguen viendo a Gil de Biedma como un guía muy atento. Pese a su silencio poético, se le requiere a menudo para ha-blar de lo divino y lo humano, como una de las voces más lúcidas y autori-zadas de la cultura española. ¿Qué pensaba, por ejemplo, de algo tan en boga hoy como las comunidades históricas? Este hombre que se definía como «un poeta criollo barcelonés, algo así como un italiano de Buenos Aires. Un catalán porteño», siempre proclamó su respeto por la lengua de Cataluña: «Si yo pudiera elegir, escribiría en catalán o en inglés. El cas-tellano tiene una serie de inconvenientes alarmantes como lengua de poe-sía», afirma en 1979. En esa época, varias entrevistas demuestran que es-tuvo siguiendo de cerca el resurgir nacionalista. En fecha tan temprana como 1981 mantuvo este diálogo con una periodista, donde describió con agudeza las grandezas y miserias de la periferia:

–¿Qué piensa de los nacionalismos?

–Pues que son divinos y están muy bien mientras están oprimidos, es decir, que son una cosa romántica, hermosa y muy legítima. Sin embargo, cuando el nacionalismo se convierte en nacionalidad se transforma en algo normal, en algo que se expresa a través de instituciones, de burocracia, y entonces pierde todo su interés.

–¿Y del terrorismo?

–Estoy absolutamente en contra del terrorismo. A partir de la experiencia de mi vida, he llegado a la conclusión de que una solución extrema no es nunca una solución. En la vida no hay soluciones extremas. Ser terrorista es ser absolutamente irracional. Algunos quisieran paralizar la vida en el pasado. Los terroristas quieren paralizarla en el futuro, pero la sociedad y la historia no se paralizarán jamás, ni en el pasado ni en el futuro. Las soluciones extremas no van con la vida, porque la vida es lo menos extremo que existe, es una cuestión de cada hora, de cada día. La vida trabaja incansablemente las veinticuatro horas. Los terroristas pueden organizar un comando que trabaje intensivamente un montón de horas para matar a alguien. Pero la vida trabaja siempre veinticuatro horas, trabaja más que ellos, les ganará también.

Le gustaba repetir como *boutade*:

Yo estaría dispuesto a trabajar por la autonomía y aun por la independencia del Ampurdán, que es el único lugar del mundo, además de Inglaterra, en donde el tiempo es un tema común de conversación. Sólo nos falta una dinastía local, un conde que tuviera su castillo en Castelló de Ampurias, y que viniera de cuando en cuando en busca de las rentas para dilapidarlas en Montecarlo... Tendríamos las veladas de invierno aseguradas, con los comentarios acerca del tiempo y de los escándalos del conde.

Pero cuando se produzca la intentona golpista del 23 de febrero de 1981, el poeta tendrá la valentía de defender semanas después la singularidad catalana en el texto «A propósito de un manifiesto surrealista». Es su réplica al manifiesto de numerosos intelectuales españoles que habían denunciado la precaria, según ellos, situación del idioma castellano en Cataluña. Encabezado por la firma del sociólogo Amando de Miguel, a quien Gil de Biedma denomina «cierto sociólogo gerundio», el manifiesto abunda en excesos e inexactitudes que el poeta se encargará de rebatir. Pocas veces ha sido tan contundente por escrito. Como catalán castellanoparlante proclama su indignación ante los argumentos de «estos dos mil trescientos derviches firmantes» que sostienen que la política de la Generalitat acabará desterrando el castellano en Cataluña. A Gil de Biedma le irrita en especial el uso demagógico de la figura del inmigrante. No podía ser de otro modo en alguien que había expresado en un poema el deseo de «que la ciudad les pertenezca un día». Por eso escribe: «A santo de qué, uno se pregunta, el inmigrante que aprenda y hable catalán habría de hacer simultánea y definitiva dejación de su lengua materna.» Y más adelante: «Cambiar de sociedad es más duro y más irreversible que aprender una nueva lengua.»

Este castellano defiende a capa y espada el plan de normalización del uso del catalán como «una sensata y necesaria tentativa de ponerle en un pie de igualdad –muy precaria, me temo– en cuanto lengua oficial de cultura y comunicación social».

Mientras aún resonaban los ecos del *tejerazo*, Jaime Gil tuvo, pues, el arrojo de proclamar que «la imposición del castellano por la fuerza fue una absoluta injusticia histórica, pero el bilingüismo en Cataluña es un hecho histórico ya irreversible». Según Àlex Susanna: «Aquel gesto de Jaime tuvo mucha importancia y mucha repercusión.» Pero ¿qué habría pensado el abuelo Alba?

COMPLICIDADES

Barcelona, 1979. El poeta recibe una carta de Àlex Susanna: un autor novel que le adjunta en el envío un poemario en catalán. Como tantos otros jóvenes, Susanna conoce de memoria muchos versos de *Las personas del verbo* y se le acerca movido por una mezcla de admiración y respeto. Recuerda Susanna que había sido advertido por amigos comunes de que a Gil de Biedma ya no le interesaba la poesía. «Está muy quemado –dijeron–, no quiere hablar.» Pero felizmente no fue así.

Ya en el primer encuentro, Jaime descubre en Susanna a un joven de familia acomodada y sólida formación literaria. Aparte de su devoción común por Baudelaire, Susanna conoce bien la poesía inglesa, que lee en el idioma original. En seguida los nombres de Wordsworth, Keats, Byron, Yeats, Auden o Eliot florecen en sus conversaciones. Y el poeta queda gratamente impresionado. ¿Cuántos años hacía que no hablaba con alguien de Skelton? Aunque Gil de Biedma vive en aquella época con su último gran amor, Susanna se convertirá pronto en su compañero literario. Según éste: «Recuerdo cómo, tras nuestros primeros encuentros, cuando volvía a casa me daba por satisfecho si había resistido todo el combate. Perder ampliamente a los puntos ya entraba dentro de las más elementales previsiones; ser definitivamente noqueado, no. Se trataba de resistir como fuera, compensando su abundancia torrencial con astucia y espontaneidad. Su capacidad de maniobra en la conversación la he encontrado en poquísimas personas.»

Desde 1979 hasta 1985, los dos poetas se verán un par de veces a la semana; viajarán juntos por España y el extranjero; descansarán en La Nava y en Ultramort... Y la literatura se erigirá en el tema principal de sus reuniones. El propio Jaime Gil le comentó a Susanna: «Me has hecho recobrar el placer de convertir la poesía en una gran materia de conversación. Desde la época de Gabriel [Ferrater] no había encontrado a nadie con quien pasar tantas horas hablando de poesía.» ¿Qué ocurre? ¿Acaso no habla de literatura con sus compañeros de generación? Sorprendentemente, la respuesta es negativa. Juan Marsé, Ángel González, Carlos Barral son, ante todo, amigos con los que comenta asuntos de la vida. Y cuando la literatura aparece ya no es en régimen de exclusividad.

La gran sintonía intelectual con Susanna alcanzará el cénit en 1984, cuando éste aborde la compleja traducción de *Four Quartets* de Eliot al catalán, con la supervisión de Gil de Biedma. El reto permite al autor de *Moralidades* adentrarse de nuevo en la obra. El cotejo verso a verso le muestra una vez más la arquitectura del poema en todo su esplendor. Gil de Biedma reconocerá después que el trabajo con Àlex Susanna «me sirvió para darme cuenta de que los *Cuartetos* eran como una catedral gótica donde todo, cualquier elemento, por pequeño que sea, aguanta peso, cumple una función. Aquí hasta las preposiciones sostienen». Esta reflexión hermosa, sin solemnidades, facilita el acceso a la gran literatura y prueba, una vez más, su enorme sagacidad lectora. Según el joven traductor: «Si algo sabía Jaime era cuándo un poema se aguantaba o cuándo no se aguantaba.» Y sabía también cómo los acaba de escribir el tiempo: «Ningún poema se aguanta entero, tal como uno lo concibió. Ves que hay pasajes que están más o menos muertos, y otros que, en cambio, han adquirido una vida que uno no sospechó jamás», declara a la revista *Quimera* en 1983. En todo caso, sus opiniones sobre los grandes poemas de la historia demuestran lo mucho que se había paseado por aquellas catedrales sonoras.

Paralelamente, otros jóvenes se deleitan con el discurso biedmaniano. La nómina es tan extensa que se diluiría aquí en su propia enormidad; pero hay rastros de ella en diferentes regiones españolas, parpadeando como incipientes focos de luz. Algunos lectores consiguen entrevistar al poeta, aprovechando que velan armas en el periodismo; otros se cartean con él para mostrarle su fe de vida poética. Cuando en mayo de 1978 Francisco Bejarano le envía por correo un ejemplar de sus poemas, Jaime Gil le responde con una carta que concluye con un párrafo revelador: «Creo que le envidio un poco, como a casi todos los poetas jóvenes: ser joven poeta es una de las poquísimas cosas interesantes que uno puede ser en este mundo.» Él ha perdido ya esa emoción. Demasiado aprisa, quizá, la obra de Gil de Biedma se ha convertido en objeto de análisis apasionado. En 1985 Adolfo García Ortega le hace llegar un estudio que ha escrito sobre su poesía titulado *La vaguedad del sentimiento*. Tras leerlo y comentarlo con el autor, el poeta le dijo: «Creo que soy la excusa para hablar de tu propio mundo poético.» Al hilo de esta frase, recuerda García Ortega, «hablamos de poesía y un poco de mi libro, sobre todo él, y era una delicia escucharlo, tanto que puedo decir que fue una de las más gratas experiencias de mi vida». Pero al despedirse, en la noche madrileña, Gil de Biedma expresará un pensamiento en voz alta, cuyo destinatario acaso sea él mismo: «Así que yo soy para ti lo que Guillén fue para mí.» ¿Qué debió de sentir aquella noche, viéndose convertido en un objeto de culto tan venerable como el maestro Guillén?

Ahora tiene auténticos *fans*. «Me da la sensación de que estoy de moda», declara a *El País* cuando se le pregunta por el fenómeno. Y añade: «Creo que no es muy frecuente en la poesía moderna que haya un número bastante nutrido de lectores que mantiene una relación personal con mi poesía. Es curioso, es una situación más del siglo XIX que del siglo XX.» Pero no debería extrañarle: ha cultivado el poema en voz baja, la narratividad, el tono que busca interlocutor. Y en cierto sentido es el último de los románticos.

Durante la década de los ochenta, participará en varias lecturas poéticas en nuestro país; también interviene en seminarios o congresos de verano, dedicados generalmente a la poesía moderna o a autores clásicos de la lírica española. Incluso colabora enviando algún viejo poema inédito a publicaciones como «Fin de siglo». Cada nuevo libro que no escribe agiganta su leyenda, y su reputación se consolida a raíz del número homenaje que le dedica la revista malagueña *Litoral*. La iniciativa parte de varios poetas andaluces encabezados por Luis García Montero. Según ellos, la obra de Gil de Biedma constituye una clara propuesta de reconciliación entre la poesía y sus lectores. Valoran, además, que el autor no sea un poeta oficial y que haya sabido permanecer al margen de los premios y los títulos. De haber algún galardón será éste –el número de *Litoral*–, donde varios antiguos compañeros de viaje escribirán sobre su obra.

El homenaje es parcialmente interesado, claro, porque va a permitir a autores desconocidos como Luis García Montero, Javier Egea, Álvaro Salvador, Antonio Jiménez Millán o Felipe Benítez Reyes compartir cartel con figuras como Juan Goytisolo, Pere Gimferrer, Dámaso Alonso, Juan Marsé o Francisco Rico. Pero los organizadores son sinceros: han buscado en los poemas del maestro un destello de referencias y reconocen en el prólogo que «ciertas páginas alcanzan la intimidad de los espejos, y lo que empieza siendo una mirada apasionante sobre lo ajeno se convierte en tarea de reflexión personal». He aquí la mayor lección que les ha enseñado el poeta: un territorio lírico donde suelen unirse la experiencia y la reflexión. La correspondencia epistolar entre Gil de Biedma y los responsables del número revela la solicitud admirativa de éstos y el grado de satisfacción de aquél ante el proyecto de *Litoral*. Sólo un baldón ensombrece su ánimo. No dispone de ningún original para aportar al número de homenaje. Tampoco cuenta con ningún inédito para enviarle a Octavio Paz. Aquel mismo año el futuro premio Nobel de Literatura había escrito a Pere Gimferrer: «En tu carta mencionas a Jaime Gil de Biedma. ¿Qué hace? Si lo ves, salúdalo de mi parte y dile que me gustaría mucho publicar algo suyo en *Vuelta*. Ya sabes que es uno de los pocos escritores que de verdad estimo. Al poeta y al prosista.» Pero a diferencia de sus compañeros de generación, el autor de *Poemas póstumos* es un poeta muerto.

Ultramort. Primavera de 1985. Jaime Gil y Àlex Susanna desayunan en la vieja casa de piedra. Los amigos charlan al calor del samovar. De pronto, el anfitrión se frota el tobillo y le muestra algo a su invitado. «Es muy extraño –dice–, me han salido unas manchas.» Recuerda Susanna que «en aquel momento no pensamos que pudiera ser algo grave. No le dimos la menor importancia y seguimos desayunando». Sólo después Àlex Susanna reconocería aquellas manchas en una escena escalofriante del film *Filadelfia*... Tom Hanks se desabrocha la camisa para mostrar a los miembros del jurado su torso marcado por la peste.

CONTRA JAIME GIL DE BIEDMA

Oh innoble servidumbre de amar seres humanos,
y la más innoble
que es amarse a sí mismo!

JAIME GIL DE BIEDMA

Jaime Gil de Biedma.
(Foto: Diego)

LA VOZ DE LAS ESTRELLAS

La nodriza se desabrochó los botones de la blusa y extrajo majestuosamente su pecho izquierdo para acercarlo al rostro del niño. Luego separó el pezón con los dedos de la mano y sostuvo con firmeza aquel seno cargado de leche. Instintivamente, el pequeño Jaime sepultó su carita en aquella luna perfumada y comenzó a succionar con la avidez de un cachorro. Al principio la muchacha sintió el bombeo ansioso de aquella boca oprimiéndole el pezón. Pero dos minutos más tarde el niño comenzó a calmarse y siguió mamando tranquilo, en un estado hipnótico similar a la felicidad.

Si el ama de cría hubiera conocido las claves de la Heráldica habría meditado sobre el hecho de estar criando a un vástago de los Gil de Biedma. Porque según la leyenda, los Gil de Castilla descienden de un caballero llamado Alonso Gil, que era alférez del rey Ramiro, en el Reino de León. El apellido Gil es de origen patronímico en la generalidad de las familias que lo ostentan, es decir, se deriva del nombre propio Gil de uno de sus antecesores. Procede Gil del nombre propio Egidio, del bajo latín *Aegidius*: «el elegido», «el defendido». La presencia del apellido Gil además de en Castilla, que fue su zona de origen, es muy antigua en Aragón, antiguo Reino de Valencia, Murcia y Andalucía, remontándose a los tiempos de su conquista a los moros, en la cual participaron caballeros con ese nombre.

Armas: unos Gil trajeron, en campo de azur, un castillo de plata surmontado de dos estrellas de seis puntas de oro, una a cada lado.

Quizá debamos retener aquí tres ideas (Castilla-el Elegido-castillo), que aparecerán a menudo en la vida del poeta. ¿Y los Biedma? Digamos simplemente que el abuelo don Javier Gil y Becerril se casó con doña Isabel Biedma y Oñate, hija póstuma del coronel don Juan de Biedma y Torres, oriundo de Guadix, provincia de Granada. Fue don Javier Gil quien solicitó al Ministerio de Gracia y Justicia el permiso para que sus herederos pudieran fundir en uno solo el primero de los apellidos de su matrimonio. A raíz de esta concesión los hijos del abuelo –Don Luis entre ellos– pasaron a llamarse Gil de Biedma.

Pero la nodriza ignoraba todas esas cosas. Sólo pensaba que tenía un crío de familia rica entre los brazos, al que amamantaba como había hecho con los otros, incluido aquel primer Jaimito que había muerto el año anterior de unas fiebres tifoideas en La Nava. A veces, la muchacha creía que este nuevo Jaime, el segundo, había sido un regalo del cielo destinado a aliviar el dolor de los padres. Había nacido el 13 de noviembre de 1929, apenas dos meses después de que el primer Jaime Gil de Biedma descendiera, en la cajita blanca, a la tumba del panteón familiar. Si el ama de cría hubiera conocido, además, los misterios de la astrología, se habría quedado perpleja ante el venturoso vaticinio de los astros. Nacido a las seis en punto de la tarde, este niño aferrado a su seno era Escorpio con ascendente Géminis. Una mirada atenta a su carta astral registra la fuerte presencia del planeta Venus en Libra, lo que explica, a los devotos, que estuviera muy influido también por dicho signo. En cuanto al ascendente, se detecta en él la firme posición de Júpiter, un rasgo que será determinante en su vida. La peculiar disposición de las Casas y los Planetas configuran en este caso un perfil astrológico poco habitual. Según las estrellas, Jaime Gil de Biedma estaba llamado a ser –ya desde la cuna– inteligente (por el ascendente Géminis, que potencia una inteligencia muy clara), magnético (por su misma naturaleza escorpiniana), sociable (porque Escorpio unido a Libra activa las relaciones con los demás), elegante (por la presencia de Venus en Libra), sensual (por la posición de Júpiter en Tauro), vigoroso (por la presencia de Júpiter en el ascendente Géminis), promiscuo (por un Marte potenciadísimo en Escorpio), emotivo y escéptico (por razones demasiado fantásticas para exponer aquí y que podrían irritar definitivamente a los incrédulos.

¿Qué aparece en el cuadro? Recapitulemos. Un personaje inteligente, magnético, sociable, elegante, sensual, vigoroso, promiscuo, emotivo y escéptico. Ninguna carta astral de cualquier otro poeta español de su tiempo habría arrojado una combinación semejante. Y eso, según los astrólogos, ya estaba escrito en las estrellas la tarde misma de su nacimiento.

Pero la nodriza nunca pensaba en cosas así, cuentos de brujas y de charlatanes que invadían las plazas de los pueblos. Tenía bastante con apartar suavemente la carita del niño, secarse los húmedos pezones y guardar sus pechos de campesina bajo el uniforme oscuro. Luego se abrochó la blusa, dejó a Jaimito en la cuna y desapareció en dirección a la cocina. El Elegido se había quedado profundamente dormido.

BARCELONA *BY NIGHT*

Invierno de 1934. A los pocos meses de descubrir su propia voz a la hora de la siesta, el pequeño efectúa otro hallazgo valioso. Desde la calle Aragón, escucha las sirenas de los barcos al caer la noche. Pegado a la ventana, percibe también la sensación de humedad, «de la noche húmeda», dirá él, con esa humedad un poco espesa de los puertos de mar. En 1984 comentó al diario *La Vanguardia*: «Ésta es una de las asociaciones sensoriales más vivas que tengo de los años treinta, la sirena de los barcos entrando en el puerto al anochecer.» Pero la ciudad es, sobre todo, el feudo del padre: un lugar generalmente misterioso que los niños frecuentan poco y siempre en compañía de criadas e institutrices. Recuerda el poeta que «no nos llevaban a los restaurantes los domingos», lo que redujo los estrechos límites de la vida familiar a la calle Aragón. Don Luis seguía siendo «un elemento poético imponderable que andaba por ahí». Y de ser ciertas las teorías freudianas sobre el complejo de Edipo, deberían haber respetado este esquema que Jaime Gil trazó en relación a sí mismo: «Lo que tenía que haber hecho el niño era soñar con matar a su madre para acostarse con la criada.»

Sin embargo, ese caballero inexistente, el señor Gil de Biedma, solía bromear con sus hijos mientras se afeitaba los domingos por la mañana... Y a veces su temperamento alegre se manifestaba de forma muy singular. Jaimito tuvo su primer contacto con los bajos fondos de la mano del padre, en fecha tan temprana como el 24 de junio de 1935. En plena noche de San Juan, Don Luis se adentró en automóvil con algunos de sus hijos para mostrarles el Barrio Chino. En aquella época el barrio era muy amplio y abarcaba la actual Comandancia Naval y varias avenidas que se extinguieron tras el derribo de algunos edificios en la posguerra. El niño no olvidaría nunca «la visión conjunta del pecado, el morbo y la vida pululando», que captó detrás de los cristales del Chrysler amarillo. Sus ojos quedaron hechizados ante aquel espectáculo «de barrio chino de película», con putas y marineros de patillas que lucían tatuajes en los brazos. Este descubrimiento prematuro de las calles del pecado supuso para él una experiencia «inolvidable», y le hizo sospechar a posteriori que su padre «debía de tener cierto morbo». Pero si realmente lo tuvo, quedó siempre oculto bajo su apariencia de caballero respetable. En todo caso, aquella incursión nocturna se grabó en la memoria del niño no con signos traumáticos sino pintorescos. Era una noche de fiesta –la verbena de San Juan– y el recuerdo de la Barcelona canalla quedó asociado en su mente con otra imagen igualmente asombrosa. Las luces artificiales de Montjuïc iluminando las fuentes más modernas de la ciudad. Fiesta y pecado fueron, pues, los primeros rostros de su Barcelona *by night*.

SONATA DE OTOÑO

Gil de Biedma fue el último gran poeta español que montó regularmente a caballo. Había aprendido en La Nava, a lomos de *Lucero*, un típico caballo de sierra, fuerte y menudo, de temperamento algo indómito. «Si te descuidabas, te pegaba mordiscos», recuerda la hermana menor, «y cuando cruzaba el río, maneaba el agua y luego se tumbaba en el lecho». En las cuadras de la Casa del Caño hubo diversos ejemplares: el *Lucero*, el *Ceuta*, la *Muñeca*, la *Deseada* y el *Hilas*, que tiraba de la «araña» americana: un coche de caballos similar al de las películas del Oeste, con el que los Becerriles recorrían los polvorientos caminos de la comarca.

En una fotografía de 1942, Jaime aparece con botas de montar, pantalones, camisa de manga corta y guantes claros, a lomos de un caballo negro. En aquel tiempo, las tierras de La Nava eran óptimas para la equitación. Un lugar de llanuras eternas, moteadas de bosques y frondosos pinares. Los hermanos salían a menudo de excursión a caballo y se lanzaban a galope por los cortafuegos de los pinares. También frecuentaban los prados y se internaban en la zona de Nava Verde para ir en persecución de los trenes. ¡Cuántas fustas no partieron en aquellas alocadas carreras! Montar así era la libertad, el placer supremo de rebasar la locomotora a vapor, sintiendo el viento en las crines de la *Deseada*. Otras veces iban a cenar a la Ribera de los Alisos y regresaban a caballo entre los pinos bajo la luz benigna de la luna. «¡Callad!» ¿Qué es eso? ¿El canto del engañapastor? No, es un mochuelo. ¿Y esa sombra alada que sobrevuela los árboles? ¿Un águila? «No, Jaimito es un milano.» Aves nocturnas, *«Birds in the night»*. Rimbaud, Verlaine, Cernuda... Pero no nos adelantemos. El verdadero cuadro acaba de empezar.

Al volver a La Nava las calles del pueblo languidecían desiertas. Algún lugareño recuerda su llegada: «Desde que "los Becerriles" se acercaban a la ermita, el retumbe de los cascos se oía en todo el pueblo.» Luego se refugiaban en su pequeño reino afortunado. Aunque el país entero sufría los rigores de la posguerra, los Gil de Biedma se libraron allí de la amarga realidad: familias mutiladas, suburbios miserables, pueblos arrasados, cárceles llenas, represalias y exilio... Les desconcertaba, eso sí, que cada noche se interrumpiera el suministro eléctrico a la misma hora, obligándoles a encender velas y velones en todas las estancias de la casa. Pero el país padecía también otras restricciones: agua, carbón, gasolina, alimentos... Las hermanas Gil reconocen que «el nivel económico era bajísimo y la gente lo pasaba muy mal». En el pueblo correteaban numerosos niños descalzos, desnutridos y harapientos. En seguida se acostumbraron a verles llamando a la puerta de la casa en busca de un trozo de pan o ropa de abrigo. También los ancianos acudían a la Casa del Caño a por un plato de sopa caliente. Un navero recuerda aquellos tiempos de penuria, cuando «me quedaba al otro lado del muro, en el callejón, oliendo el aroma a cocido que traía el aire». El propio Gil de Biedma recordaría después esta imagen: «Las nubes de críos con el culo al aire en pleno invierno, saltando como gorriones entre los charcos de la calle.» Otro navero destaca la infinita generosidad del padre, «que ayudaba siempre a todo el mundo. Cuando salía de la iglesia ningún pobre se iba de vacío. Los Becerriles eran muy buena gente. Como no la hay ahora y se ha acabado». Dinero, medicinas, comida, puestos de trabajo... «No sabe usted el hambre que mató ese hombre –dice– [...] cuando Don Luis llegaba al pueblo, hace cuenta que venía Dios.»

El señor Gil tomaba sus vacaciones anuales en octubre y había negociado con la dirección de los colegios de sus hijos que pudieran reincorporarse un mes más tarde. La «entidad imponderable» de Barcelona se convertía aquí, en La Nava, en el caballero omnipresente. Jaime y sus hermanos tenían, pues, un mes extra de vacaciones que prolongaba su interregno de felicidad hasta la festividad de Todos los Santos. El poeta aludirá a esa época en que las familias acomodadas «veraneaban infinitamente», expresión nada hiperbólica en su caso, porque la llegada del padre abría un largo período festivo de intensa vida social. «Rara era la semana que no había huéspedes», comenta Blanca Gil. Familiares, socios, amigos, una legión de adultos que se reunían en almuerzos bien regados y cenas interminables. ¿Y qué decir de aquellas cacerías en Redonda? Cada tarde, Don Luis y su séquito de invitados iban a cazar, aprovechando el paso de las palomas. En la zona abundaban también las perdices y alguna liebre. Mercedes Gil recuerda a su vez el paso de las grullas y las expediciones junto a un cazador furtivo –que oficialmente era cartero– que les acompañaba hasta unas balsas remotas donde se detenían los patos y las avutardas.

Cuentan que «Jaime no tiraba mucho». Es cierto. El juego de sentirse primitivo no le seducía demasiado. En el álbum de fotografías no hallaremos su imagen en la partida de caza, con flamante atuendo verde, la canana ciñendo su cintura y la pluma airosa en la cinta del sombrero. Esos símbolos de grandeza quedaban para el tío Pepe, el conde de Sepúlveda, que organizaba cacerías decimonónicas en sus dominios. Pero Jaime acudía a ellas porque el espectáculo al aire libre le resultaba apasionante. Carlos Güell recuerda aquellas cacerías familiares, cuando acudía a La Nava a visitar a su amigo. «Él no era cazador. Sus hermanas disparaban mejor. Pero le divertía tirar palomas.» Claro que no sólo la caza le permitió aprender a distinguir los acordes de la tierra. En la infancia los campesinos de La Nava le habían enseñado a diferenciar las cosechas de trigo o de cebada, las clases de pino, el albar y el negral, o el tiempo que llevaban resinados. En verano iba con sus hermanos a trillar a la era de Pablito y en otoño, a vendimiar al majuelo del Manzanillo. Gil de Biedma aprendió a pisar uva en el lagar de Mariano Piedras... Y al caer el sol volvían en el carro con Perucho y los vendimiadores, cantando canciones viejas, como si el cansancio se desvaneciera ante los gozos inminentes de la ebriedad.

Desde la cama, el chico oía el rumor de los carros saliendo al amanecer, y los veía regresar al pueblo, de noche, cargados con la mies. Verano, otoño, el frío desnudaba los árboles y las flores. Y él observaba las hojas de enredadera de las paredes de la casa, que adquirían lentamente los tonos de la melancolía. Siempre sostuvo que octubre era el mes más hermoso del otoño y reconoció la importancia de haberlos pasado en La Nava. Durante un fin de semana en la casona declaró a Ana María Moix: «eso de faltar al colegio no era ninguna tontería porque la mitad de lo que aprendí durante el bachillerato lo he olvidado, en cambio los otoños aquí han sido fuente de felicidad y de mi mitología personal». A Danubio Torres Fierro le confesó: «Mi infancia fue feliz, absolutamente feliz, lo cual resulta en la actualidad una herida incurable.»

DESPERTARES

Un día Jaime Gil irrumpió en la adolescencia. Durante la guerra había vivido una infancia idílica en un pueblo castellano, pero en los años cuarenta el Régimen impuso una política austera –con severas restricciones– que condenaba el derroche y las naturales formas de felicidad. Desde las aulas, las iglesias, la prensa y la radio se predicaba a todas horas la moderación. «Restricción y racionamiento» fueron las consignas de la época, unas palabras que invadieron lentamente otros ámbitos, como el de la relación entre chicos y chicas, donde se impedía dar alas al deseo. Como cualquier otro, él creció en la idea de que el placer era sinónimo de pecado. Y como tal merecía castigo.

Aunque los alumnos del centro Luis Vives no sufrieron los rigores diarios de la educación religiosa, recibían periódicamente la visita de un sacerdote que les recordaba la amenaza de las llamas del infierno. Sus palabras terribles causaban desasosiego en aquellos chicos poco habituados a sermones apocalípticos. ¿Adónde habían ido las *mesdemoiselles*? Allí estaba Jaimito, escuchando con el alma en vilo una lluvia de anatemas contra el placer solitario. La masturbación, decían, era un hábito pecaminoso que vaciaba lentamente la médula, provocando a la larga la ruina física y moral. Recuerda Luis Carandell: «Se puede decir que la piedra angular de la educación de mi época era la consideración de que el cuerpo era el peor enemigo del alma. Parecía que se tratara de dos personas distintas, mala y grosera la una y pura y angelical la otra. Todo o casi todo lo que se le ocurría hacer al cuerpo estaba mal o dejaba mucho que desear.»

Cierto que los Gil de Biedma no comulgaban con la retórica del Régimen. Aunque eran una familia de derechas, los padres detestaban la Falange y no sentían una gran admiración por el general Franco. Pero el dictador era un militar que había devuelto el orden al país y garantizaba sus intereses. «Mi familia era conservadora –recuerda Ani–, pero no éramos unos franquistas fanáticos.» En cambio, fueron una familia muy católica que observaba escrupulosamente el ritual: misas, rezos de rosario, novenas, ayunos, abstinencias y procesiones... Durante toda la adolescencia, pues, el chico tuvo que convivir con la idea de pecado en su corazón. Como miles de jóvenes españoles padeció la tortura de crecer atrapado en un combate colosal entre el instinto y los preceptos, entre el espíritu y la carne. No sabían aún que el terrible castigo, expuesto a diario por manuales de piedad juvenil, curas y confesores morbosos, tenía por objeto crear en ellos una conciencia culpable, instalándoles en el cerebro algo así como un sensor moral que, a partir de la culpa, los transformaba en individuos sin voluntad ni criterio, dóciles y obedientes, incapaces del menor gesto de rebeldía –presente o futura– contra la Dictadura. Pero ¿cómo iba a controlarse ese muchacho lleno de vida? La única salida era seguir gozando y sufriendo en secreto.

EL PRIMER AMOR

Barcelona. Junio de 1945. Los alumnos del colegio Luis Vives celebraban el final de curso en una jornada que traía los primeros aromas del verano. La fiesta tenía lugar en el jardín arbolado que ocupaba la parte trasera del edificio principal. Según un ex alumno, «era una fiesta bastante fastuosa, donde nunca faltaba de nada: obsequios, reparto de premios y diplomas, e incluso helados que traía una heladería de Rambla de Cataluña que instalaba su puesto entre los árboles». En alguna ocasión la fiesta se celebró en el Picadero Tomás, en la avenida Diagonal, donde los alumnos que practicaban la hípica exhibieron sus habilidades. Allí estuvieron los hermanos Gil de Biedma, dando vueltas al pequeño hipódromo y participando en unas justas de aire medieval. Aquella mañana, el Elegido se sentía un caballero con su armadura, enamorado perdidamente de una dama. Y es que el corazón de Jaime ardía en amores por Isabel Churruca, una compañera de colegio descendiente del legendario almirante español que se enfrentó a la flota inglesa en la batalla de Trafalgar. Según Carlos Güell: «Isabel le gustaba bastante y me hablaba mucho de ella. Era una muchacha muy mona, morena, con unos ojos claros muy bonitos y una expresión sonriente.» A veces coincidían con ella en el bar del Club de Polo y con otras amigas, tras sus épicos partidos de tenis. Pero él era demasiado tímido para expresarle sus sentimientos. Isabel se convirtió así en su amor platónico. A Isabel destinaba aquel muchacho el fulgor tímido y furtivo de su mirada azul. ¿Cuántas veces no la buscó con los ojos a la salida del colegio? ¿O en las pistas de patinaje del Skating? Incluso en las funciones teatrales de la escuela, le parecía distinguirla en la penumbra silenciosa del teatro.

Porque el poeta seguía poseído, más que nunca, por la fiebre de los escenarios. Carlos Güell recuerda otra fiesta escolar donde intervino en la obra *El divino impaciente*, de José María Pemán, en la que interpretó el papel protagonista. Fijemos un momento la imagen. Ahí está Jaime Gil, con el atuendo de San Francisco Javier, dispuesto a llevar el mensaje de Cristo a la India, China y al último rincón de Oriente. No hay fuerza humana que pueda frenarle, ni siquiera el hijo del notario Burgos Bosch que, disfrazado de San Ignacio de Loyola, trata de recomendarle templanza. ¿Qué hay detrás de esa impaciencia, que el actor transmite con tanta convicción? Hay la pugna de un muchacho por escapar de su piel de niño, la fuerza de un alma sensible que se asoma a los bordes de la vida. En esa vida *el impaciente* ama en secreto a una chica de ojos claros, Isabel, pero siente un ardor carnal e inconfesable hacia una prima madrileña. Sólo Carlos Güell sabe que vive turbado por otra dama, una mujer de su propia sangre. Según él: «Jaime tenía una prima que le impresionaba mucho. Siempre que volvía de Madrid me hablaba de ella. Era una mujer atractiva, muy femenina, muy mujer. Estaba trastornado. Hablaba siempre de su cuerpo, especialmente de las caderas.» ¡Las caderas! ¿Hay algo más femenino? Esas dos mujeres le quitan el sueño. La espiritualidad de Isabel, la carnalidad de Cari... Pero luego sucumbe a otra forma de impaciencia muy oscura. La necesidad imperiosa de librarse de su secreto.

NUBES ROSAS. AGUAS NEGRAS

Barcelona, 1946. Para un adolescente burgués las ofertas de esparcimiento eran totalmente canónicas: cafeterías, horchaterías, boleras, pistas de patinaje, cines y teatros cuya programación estaba sujeta a los rigores de la censura. Las diversiones en las casas tampoco escapaban al recato general: alguna fiesta de cumpleaños o la puesta de largo de una hermana, bajo la discreta vigilancia de los padres. Gil de Biedma acudió en su adolescencia a numerosos guateques que se organizaban en los domicilios –incluido el suyo– más elegantes de la ciudad. También asistió a distintas puestas de largo en las que las jovencitas de buena posición eran presentadas en sociedad. Pero cada vez que entraba en el salón percibía cierta sensación de extrañeza, flotando en aquellas nubes rosa, y le costaba bailar con los otros jóvenes los ritmos de moda, como el foxtrot, el pericón, el pasodoble o el vals. Su hermano Luis, por ejemplo, era muy solicitado en aquellas veladas, porque «era un hombre animado que tocaba el piano y animaba las fiestas», recuerda su amigo Paco Rivière. Él, en cambio, debía hacer esfuerzos para desenvolverse en los escenarios de su familia y de su clase social.

¿Qué le pasa? Años después describirá el fenómeno de la búsqueda y el encuentro de la propia identidad:

... el reconocerse como individuo, es un fenómeno de la adolescencia, un fenómeno muy incómodo. Reconocer que estás ahí, que tú eres tú, que no eres ni tus hermanos, ni tus primos, ni tus padres, ni tus amigos, es un descubrimiento incómodo, porque descubres que eres tú pero no sabes quién demonios eres tú ni en qué consistes. Quizá por eso a esa edad y en la primera juventud uno tiende a dar mucha importancia a las propias emociones. Lo único que parece que da sustancia específica a esa individualidad que uno se ha descubierto en sí son sus emociones. Por eso la gente joven suele escribir poemas.

Jaimito había estado durante la infancia «un poco como el alma de Garibay, entre cielo y tierra», a merced de una situación difusa, vacilante. No sabía quién era en realidad. ¿El sustituto del hermano muerto? ¿El que jugaba con sus hermanas pequeñas y leía *La pagoda de cristal*? ¿O el primer hijo de los señores Gil de Biedma que comenzó a comer más temprano con sus padres en la mesa de los mayores? No lo sabía. Pero esta posición oscilante influyó notablemente en la configuración de su carácter. En 1978, el escritor Danubio Torres Fierro le preguntó:

–¿En qué sentido influyó esa situación?
–En el sentido de una sensación de carencia de identidad que se asocia, además, a una sensación física. Recuerdo muy bien estar –a los 15 o 16 años– en un guateque con un grupo de chicas y chicos burgueses de la época, mirar a un espejo de la sala y descubrir que reflejaba a todo el

mundo menos a mí, que no tenía cara. Lo que observaba era una pulpa carnosa donde había unos ojos y unos labios muy húmedos pero que carecía de facciones. Una sensación, diría yo, de falta de identidad. Y eso se acompaña de un mito que –creo– es muy profundo en mí: el de la búsqueda del hermano.

«He aquí, caballeros, a un ser sin identidad», habría dictaminado el profesor Freud. De forma abrupta, Gil de Biedma acaba de caer en las aguas turbulentas de la adolescencia. Su primera crisis. Y hará lo imposible –inventarse, si es preciso– para vencerla. En ocasiones le asfixia aquella atmósfera elitista y hermética que se respira en su casa. ¿Qué puede hacer? Como otros señoritos, empieza a frecuentar los bajos fondos en busca de aire nuevo. Carlos Güell recuerda así sus primeras incursiones en la parte baja de la ciudad: «Íbamos en grupo los sábados a beber a un bar que se llamaba Chistu, en la calle Tallers. Tomábamos vino. El hecho de beber a nuestro aire nos parecía una gran aventura. Whisky no había.» En 1947, el poeta decidió ampliar su radio de acción. Eran barrios poco felices, donde imperaba una realidad muy sombría. Según Carlos Barral: «La ciudad mostraba aún sus baudelerianos pliegues sinuosos, sus tejidos rurales y postindustriales descarnados por el hambre y la represión que había rascado hasta el hueso la débil civilización republicana, la relativa decencia de los años treinta. Aquella Barcelona escarnecida, con los tendones al aire, como un río de la Edad Media, parecía, en cuanto se trasponían las fronteras de los reductos de la burguesía, hecha de supervivencias.»

Es el año también de su iniciación prostibularia: un rito obligado por la férrea moral del Régimen, que velaba cualquier posibilidad de mantener relaciones sexuales libres con una mujer que no fuera una prostituta o una mujer atrevida. Otro viejo compañero de aventuras recuerda la primera noche que acudieron a un burdel: estaba situado en la calle Ríos Rosas, 6, y Jaime regresó allí varias veces tras haberse encariñado con una prostituta llamada María Teresa... Su primer cuerpo femenino. También visitó los principales prostíbulos del Barrio Chino, donde la mayoría de jóvenes de su generación se licenciaron en la asignatura de hombre vivido. Con el tiempo, el poeta evocaría aquellas casas de tolerancia: «En materia de precios estaban las que van de Ramblas a Paralelo, que iban de seis pesetas a cinco duros o algo así. Luego había, por ejemplo, Casa Ignacia, que estaba en Perot lo Lladre: era una casa para canónigos y costaba el precio exorbitante de ciento veinticinco pesetas, el año 48. Éste sí que es un mundo absolutamente desaparecido, no el de las putas, sino el de las casas de putas. En el comedor se hacían caramelos y se jugaba a las cartas.»

Cada semana escapaba del gran piso de la calle Aragón para perderse en el bullicioso universo de las Ramblas. El mundo entrevisto aquella noche de su infancia, tras la ventanilla del Chrysler familiar, florecía ahora al alcance de su mano. Acompañado de algún amigo, recorría el *quartier* de parte a parte, donde bebían, hablaban y copulaban por unas pocas monedas hasta caer exhaustos. En el poema «*Nostalgie de la boue*» revive aquellas noches de posguerra cuando aprendió las primeras lecciones del deseo en aquel infierno «grasiento y sofocante como un cuarto de máquinas»:

> Como un operario que pule una pieza,
> como un afilador,
> fornicar poco a poco mordiéndome los labios.
>
> Y sentirse morir por cada pelo
> de gusto, y hacer daño.

Luego la luz amarillenta, la escalera estremecida de susurros, el olor en las manos. Aquello era como vivir en un poema de Baudelaire... Y al salir a las calles oscuras, ver aquellas dramáticas sombras que había descubierto con su padre una noche de San Juan, sintiendo esta vez el frío de la madrugada.

EL SECRETO

A mitad de carrera, el joven empieza a relacionarse con los compañeros más inquietos de la universidad. Uno de ellos, Juan Goytisolo, recuerda que el profesor Estapé le habló elogiosamente de Jaime Gil de Biedma, y al acercarse a él encontró a un muchacho «juvenil, curioso y diáfano, presto a apurar vorazmente el goce y amargor de la vida». Era entonces un «universitario brillante, señorito y ramblero», que frecuentaba ya los bares dudosos de la calle Escudillers, la Bodega Bohemia o el Hotel Cosmos. Pero otro compañero, Mariano Castells, recuerda un detalle enigmático: «Desde el principio, me llamó la atención que Jaime siempre estaba tenso, muy tenso. Hablaba muy rápido. Se atropellaba incluso al hablar. Su aspecto no era el de una persona nerviosa, pero una observación más atenta lo ponía de manifiesto. Me di cuenta de que le sudaban siempre las manos, las axilas y el bigote con unas gotitas brillantes.» Dado que no era grueso, su hiperhidrosis debió de obedecer a un especial estado anímico. El propio Castells insiste en que «pocas veces le vi tranquilo. Podía percibir en él una tensión muy fuerte pugnando por salir, como si no encontrara la válvula de escape. Contenía una energía muy potente, reconcentrada y quizá condenada en sí misma».

¿Qué causas tenía para ello? En Gil de Biedma, lo sabemos, rara vez hay una única respuesta. La versión más extendida apunta a que se sentía incómodo en sociedad, víctima de su timidez. Pero la verdadera explicación hay que buscarla en otra parte. Quizá debamos traerla finalmente aquí, ahora, cuando ni el propio Gil de Biedma es capaz de guardar por más tiempo su secreto... Ha descubierto que es homosexual. El tema final del tríptico, el tema de su vida. Esta tensión interna que percibe Mariano Castells constituye la evidencia más palpable de que algo no funciona. Acaba de irrumpir en el ojo del huracán.

La situación se hizo tan tensa que decidió compartir el Secreto que le atormentaba. En aquella primavera de 1949 –aunque pudo ser también la primavera de 1950– el poeta reveló sus inclinaciones homosexuales a dos personas de la Facultad de Derecho: Carlos Barral y el profesor Estapé. Es muy probable que se moviera tanto por un impulso de lealtad como para buscar el apoyo que no podía encontrar en su familia. Según Carlos Barral, «Jaime me invitó a cenar ex profeso para contarme sus problemas personales, su historia y lo que había significado el admitirla. En aquella conversación cobré por él, por su entereza moral, un respeto enorme del que nunca he sido defraudado. Jaime tenía razones para detestar la inmadurez. La etapa de indecisión de la personalidad había sido, en su caso, más bien angustiada y dolorosa».

En cuanto a Fabián Estapé, la confesión siguió una pauta parecida: el alumno invitó al maestro a cenar al restaurante La Perdiz, en la avenida de Roma, y luego regresaron hasta sus casas dando un largo paseo. Mientras atravesaban aquella Barcelona de calles dormidas, Gil de Biedma fue preparando el tanto como un tenista que mide con cautela sus movimientos hacia la red. Fue una noche eterna, recuerda Estapé, cubriendo el mismo trayecto una y otra vez, de un domicilio a otro, hasta la madrugada. Al final, Jaime le comentó que acababa de leer *La montaña mágica* y que le había conmovido el pasaje en que Hans Castorp, el protagonista, recibe en préstamo el lápiz de un compañero de escuela. Hans y su amigo comparten así un lápiz automático de plata: es el símbolo de su amistad, también una brillante metáfora sexual. El poeta evocó la escena como preludio a una declaración desconcertante. Dice Estapé: «Me acabó contando que se había enamorado de un compañero de carrera.» Ante aquella confesión, el profesor tuvo una respuesta inesperada: «le recomendé como salida que escribiera versos». Estapé pretendía así que su alumno ahuyentara los fantasmas mediante una actividad noble, elevada y absorbente como la poesía. «Empieza por los sonetos, que es lo más jodido», le dijo antes de despedirse. El consejo no cayó en saco roto. Y aquella misma primavera, empezó a escribir poemas.

Pero hemos llegado a un punto clave. Jaime Gil está sufriendo las primeras consecuencias del drama personal que marcará su existencia: pertenecer a la alta sociedad y verse abocado por naturaleza a vulnerar las normas de su clase social. Según Alberto Oliart, «en su casa pesaban mucho las convenciones y Jaime conocía el estatus de su familia, lo que los Gil de Biedma significaban en Barcelona». Apenas un año antes, sus padres habían celebrado el veinticinco aniversario de boda. Así reflejó el evento la sección «Crónica de sociedad» de *La Vanguardia* el viernes, 23 de abril de 1948.

BRILLANTE RECEPCIÓN
EN CASA DE LOS SEÑORES DE GIL DE BIEDMA

El día 4 celebraron sus Bodas de Plata en su finca de La Nava de la Asunción (Segovia), don Luis Gil de Biedma y doña María Luisa Alba y Delibes; y hace pocos días, a su regreso a nuestra ciudad, dieron una recepción en su elegante residencia de la calle Aragón-Bruch, con aquel motivo.

Asistieron entre otras muchas personas, Marqueses de Marianao, Vda. de Lamadrid, Monsolís, Benavent, Masnou, Mesa de Asta, Mura y Lamadrid; Condesa Vda. de Lacambra; Condesa de San Miguel de Castelar...

En una ciudad tan poco aristocrática como Barcelona, los títulos nobiliarios se contaban a pares entre la larga lista de invitados. También acudieron empresarios, banqueros, financieros, señoritas de ilustre abolengo... Todos habían querido asistir al «espléndido *cocktail*», que fue uno de los hitos sociales de aquella primavera. El periodista concluía así la crónica: «Los señores de Gil de Biedma, que gozan de muchas simpatías en nuestra alta sociedad, recibieron muchos ramos de flores y otros obsequios de sus distinguidas amistades y fueron felicitadísimos.» En este mundo dorado la homosexualidad de un hijo podía desencadenar un auténtico cataclismo. «Lo peor era el miedo al escándalo», recuerda el historiador Armand de Fluvià. Pero el testimonio de Alberto Oliart nos brinda una sorpresa desconcertante: «Jaime me contó que era homosexual; exactamente me dijo que podía hacer el amor con mujeres, pero que sólo se enamoraba de los hombres; que su iniciación en las prácticas homosexuales había empezado a los tres años, edad en la que una persona mayor que él lo utilizaba para sus prácticas sexuales.» Oliart quedó desconcertado ante esta confesión porque nada en el aspecto exterior del amigo ni en su comportamiento denotaba que pudiera ser homosexual. ¿Qué debía creer? Gil de Biedma no parecía el clásico joven atormentado que descubre su inclinación por los hombres al final de la adolescencia. Era alguien cuya sexualidad había sido activada muy tempranamente por una figura de su mismo sexo. Si el recuerdo de Oliart es fiable, todo apunta al círculo familiar. Pero otros testimonios –Estapé, Barral, Marsé...– hablan de una iniciación más tardía, lo que ensancha notablemente el arco.

En todo caso, algo es seguro: el poeta Jaime Gil de Biedma fue iniciado de niño en la sexualidad por una persona mayor que él de su mismo sexo, y hay indicios para creer que padeció abusos sexuales que se prolongaron hasta la adolescencia. En este punto es difícil rehuir algunas preguntas. ¿Quién? ¿Dónde? ¿Cómo? Pero, sobre todo, quién. Sin embargo, la nómina sería interminable, llena de nombres que no merecen figurar en ella. ¿Fue acaso el maestro belga de gimnasia, Mr. Thibergen? «*Un deux, trois, quatre...*» ¿O el profesor de música alemán? Imposible. ¿Y por qué no el señor Antonio, chófer del padre, o cualquier otro miembro del servicio? Absolutamente imposible. Ellos son inocentes. ¿Y algún campesino de La Nava, o algún criado del palacio de Comillas? Falso. ¿Y Eusebio? ¿Aquel hombre bueno? ¡Jamás! ¡Antes se habría cortado una mano!

Pero, hubo alguien, alguien, alguien... He aquí el enigma que rodea la figura del poeta. Sólo sabemos que los protagonistas ya han muerto y no debemos penetrar en el reino de las sombras. Tampoco queremos. No obstante, nada impide que oigamos de nuevo la voz de las estrellas. Según ellas, Gil de Biedma tiene la Luna con Urano, lo que para la mayoría de mortales significa la pérdida de la madre, aunque también un hecho traumático vivido en los primeros años. Dado que tuvo una infancia feliz, el único hecho traumático fue obviamente su despertar erótico. No hay otro. Esta experiencia amarga habría de marcarle para siempre, condicionando su erotismo y ensombreciendo muchas de sus relaciones con la vida. Según un amigo íntimo: «Fue su gran drama. Los padres no sabían nada y él nunca se atrevió a decírselo. Muchas de las tonterías que luego cometió en la vida, su inestabilidad, la fuga hacia delante y el odio contra sí mismo nacen de ahí. Hablando de su agresor, llegó a decirme: "Aquel cabrón me jodió la vida."»

ESCRITURA Y PENITENCIA

Barcelona, 1949. El tiempo ha pasado y aquella experiencia es un duro recuerdo. Aunque el poeta ya no vive a solas con su secreto, las imágenes del trauma le acompañarán para siempre. En el fondo, nunca se zafó de ellas. Pero el profesor Estapé acaba de darle un consejo para vencer sus inclinaciones: la poesía. Los inicios de su actividad poética coinciden, pues, con su propósito –la palabra es justa– de convertirse en homosexual. En el Diario de 1956 escribe: «a los veinte años, después de un verano entero de reposar ideas y de consolidar la aceptación del fracaso de mi inefable *amitié amoureuse* con Juan Antonio, decidí en toda deliberación pasarme al bando homosexual». En aquella España de posguerra elegir motu proprio ser poeta y homosexual significaba condenarse a un doble ostracismo. Pero ¿por qué lo hizo? Porque era el único modo de crearse una identidad en el seno familiar. Según él: «El problema, durante toda mi infancia, mi adolescencia y juventud, fue que yo no era nada marginal. Y siempre he sentido el ser poeta y el ser homosexual como dos inmensas ventajas –ventajas, desde luego, que nadie es capaz de imaginarlas como tales. En esa época, y en mi clase social, y con el tipo de mundo cultural que se respiraba en mi familia (que era toda una tribu), tener dos continentes a los que retirarse, dos islas propias de uno en las que no tenías nada que ver con quienes te rodeaban, implicaba realmente una protección muy de agradecer.» Abrazar la homosexualidad, en su caso, habría sido erigir un ámbito donde forjar su particular modo de entender y recomponer la vida... La habitación indispensable que soñó Virgina Woolf.

Pero esta confesión a Danubio Torres Fierro se nos antoja un discurso elaborado a posteriori, una teoría personal que no aparece formulada hasta el Diario del 56 y que el poeta sólo desarrollará veinte años más tarde ante interlocutores de confianza y tras someterse a sesiones con una psiquiatra. Es difícil creer, por tanto, que el joven de 1949 –año crucial– planeara su futuro con tanta meticulosidad. Parece más bien que sufrió un impacto en todas sus estructuras emocionales y que trató de sobreponerse, creando un refugio a contracorriente para capear la tormenta. Los amigos de la época no recuerdan en modo alguno que Jaime les hablara de su homosexualidad como una elección meditada y serena sino como un doloroso proceso provocado en origen por otra persona. «Fue un caso de fatalidad. Él no podía elegir su homosexualidad como una persona de treinta años. Le condenaron desde la niñez. Y el resto de su vida arrastró el trauma y vivió con la sospecha angustiosa de que sin ese trauma las cosas habrían sido muy diferentes», comenta uno de sus amantes.

Debe admitirse, eso sí, que su iniciación sexual contribuyó a su nacimiento como escritor. Aunque la idea parezca extraída de un viejo manual freudiano, Gil de Biedma halló en la escritura un refugio para ponerse a salvo del caos de los sentimientos. En su caso, el mecanismo creador se activaba inmediatamente después del episodio erótico prohibido. A su amigo Jorge Vicuña –nombre clave en esta parte del cuadro– le confesó que había empezado a escribir «por miedo al infierno», es decir, para librarse cuanto antes de la gran angustia derivada de su servidumbre homosexual. «Después del acto, se encerraba compulsivamente a escribir, porque era lo único que le relajaba y le permitía dormir tranquilo.» En la infancia había sido una víctima inocente. Pero en la pubertad se había convertido en cómplice de su agresor, del cual ya recibía placer, y en aquel tiempo el placer era doblemente pecaminoso si tomaba formas contranaturales. La clásica ecuación *masturbación = culpa* tuvo para Jaime Gil tintes dramáticos, porque no podía acudir a la iglesia para confesar prácticas onanistas como cualquier otro muchacho. Lo suyo era mucho más terrible y supo desde el principio que estaba condenado. Ésa fue su pubertad: un muchacho sensible huyendo del fuego eterno. Cautivo de un secreto inconfesable, seguía recibiendo placer de otro hombre pero se habituó a expiar sus culpas en el reclinatorio de la palabra escrita. Sus primeros textos, por tanto, cumplieron la función de una confesión callada, el monólogo inaudible ante un confesionario vacío.

Escribir no sólo era poner orden en las tinieblas: era un modo de protegerse, de aceptarse, de borrar su pecado. Aquellos primeros escritos del bachillerato no eran textos religiosos sino pasajes laicos en prosa que cumplían una función terapéutica de aura sacramental. A mediados de la década de 1940, este joven ha descubierto que la escritura le produce el mismo sosiego anímico que una absolución. Limpia su espíritu, disipa su descontento, ahuyenta las cenizas amargas de la culpa. Pero, sobre todo, le ayuda a enfrentarse a un gran conflicto consigo mismo –el primero–, derivado de la negación rotunda de su propia naturaleza. Una naturaleza pura, que habían profanado contra su voluntad, y con la que debía convivir el resto de su vida. Escribir, en fin, contribuyó a aplacar el profundo desprecio que sentía por su agresor, pero también por un tal Jaime Gil de Biedma. Iba a necesitar aún treinta años más de entrega a la literatura para borrar de su alma esos restos de angustia adolescente que le acompañaban tras la consecución del orgasmo prohibido.

AMOR DE HOMBRE

Barcelona. Primavera de 1949. Un joven estudiante de Derecho se sumerge en la lectura del «Poema del cante jondo» de Federico García Lorca. El descubrimiento del universo lorquiano coincidirá con la primera gran crisis de Gil de Biedma. Según él: «Pasaron muchas cosas a los diecinueve años: yo estaba enamorado de Juan Antonio, murió mi abuelo –lo que fue un trauma bastante fuerte para mí– y dejé de ser católico. También tomé la decisión, quizá de una manera no muy formulada, de ser homosexual.» En esta entrevista para *Claves*, el poeta oculta un dato de cierta relevancia: en 1947 se había enamorado de una señorita de la buena sociedad, que no le correspondió. En opinión de un amigo: «Aquello le dejó muy tocado. Una de las explicaciones que él daba para situar los orígenes de su homosexualidad fue el impacto negativo que tuvo el rechazo de aquella muchacha.» En todo caso, el Gil de Biedma de 1949 acaba de perder al abuelo Santiago –el leoncito viejo– y su único consuelo lo constituye ahora ese amor prohibido, secreto, impronunciable.

¿Quién era ese joven del que se había enamorado? Un compañero de aulas llamado Juan Antonio Padró. Hijo de un conocido constructor y empresario teatral, su familia pertenecía a la *high class* barcelonesa. Como sus otros hermanos, Juan Antonio poseía una notable presencia física: rebasaba el metro noventa de estatura, tenía el cabello rubio, los ojos de un color verde oscuro, y las manos grandes. Dicen que siempre iba impecablemente vestido, con un traje gris y corbatas azul marino. Mariano Castells lo recuerda así: «Era un tío de una elegancia extraordinaria. Parecía un caballo de carreras, un purasangre, o un perro de raza. Pero no en el sentido inglés, porque los animales ingleses suelen ser muy listos.» Otros compañeros inciden en este punto: Padró carecía de la potencia intelectual de Gil de Biedma y tampoco compartía sus intereses literarios. Pero era un chico agradable y de modales exquisitos, según una prima de Barral, que «parecía un artista de cine».

En aquella universidad franquista los alumnos solían sellar sus amistades por parejas: Barral-Oliart, Reventós-Linati, Ferrán-Costafreda, Goytisolo-Castells... Chicos de posguerra, que fueron camaradas inseparables ante la dificultad de acceder holgadamente al universo femenino. En este sentido debemos al pintor Antoni Tàpies un autorretrato juvenil basado en su admiración por un compañero: «Yo incluso había soñado más de una vez con Oliart. Soñaba que era mi amigo más íntimo, de aquellos a los que hubiera querido llevar cogidos por el hombro, que estaban siempre a mi lado defendiéndome y con quien podía discutir y confiar mis secretos problemas, las confusiones y la oscuridad que por entonces tanto me atormentaban.» Un amigo podía ser el mejor aliado contra la propia desorientación. No había nada extraño, por tanto, en el tándem Gil de Biedma-Padró.

Pero según el político Joan Reventós: «Eran pareja, seguro. Se les veía juntos, trabajando, tomando café o cerveza en el bar, paseando por el claustro.» ¿Qué clase de pareja? ¿Como la suya con Linati o quizá algo diferente? Sabemos por el propio Reventós que Barral solía decirle a Oliart: «Ésta es una pareja diferente.» Otro compañero, Alberto Emo, asegura categóricamente lo contrario: «Esos infundios circularon después. Jamás vi nada extraño entre ellos, como tampoco vi nada extraño en la conducta de Jaime durante el servicio militar. Es mentira.» Mariano Castells aporta, a su vez, una interpretación que acaso aclare el dilema: «Juan Antonio se dejaba querer por todos y por todas. Era casi asexuado, en el sentido que lo son las personas pagadas de su físico. Dejarse querer por alguien de la probada inteligencia de Jaime no le era ningún demérito ni le planteaba problemas.» El profesor Estapé rubrica esta hipótesis: «Le hacía gracia que Jaime, que era el más inteligente de toda la clase, fuera detrás de él.» Iban juntos a todas partes. Eso es todo.

La universidad les había unido pero también su pasión por el teatro. Son los tiempos del Teatro de Cámara de Barcelona, del primer Marsillach, de las representaciones únicas, de los ensayos... Y Jaime acompaña a Juan Antonio a los estrenos, aprovechando que el padre del amado es propietario del teatro Comedia. Cuando la gran actriz Lola Membrives actúe en la ciudad, los dos amigos le harán llegar un espléndido ramo de flores con una tarjeta de admiración. En esos primeros años Gil de Biedma permanece al margen de los grupillos literarios que surgen en la Facultad de Derecho. Está demasiado ocupado con Juan Antonio, en salir con él a todas horas, en observar furtivamente sus manos grandes en la penumbra del teatro. ¡Ojalá pudiera cogerlas! Pero sabe que un falso movimiento puede delatarle. Esa breve distancia que le separa del amigo es un océano insalvable, y un roce equívoco le llevaría a perderlo para siempre desatando un escándalo de consecuencias funestas. Cierto que cuenta a su favor la discreción y señorío de Padró. Pero el océano existe: es el brazo de madera acolchada en terciopelo verde, que separa una butaca de la otra.

A veces la distancia se hace mayor. Nochebuena, Navidad y San Esteban son tres días de separación forzosa que torturan al amante. En 1956 describirá la privación de la presencia –«cuando estuve absolutamente enamorado de Juan Antonio»– como «una pena más insoportable que la del infierno». En lo sucesivo, las Navidades estarán teñidas para él de una incurable melancolía. En esos momentos de separación sólo le ayudan las cartas. Sabemos que Jaime le envió escritos a Juan Antonio, aunque no puede afirmarse que fueran poemas de amor. Es posible que empleara algunos versos para insinuarse al amigo, pero en tal caso tuvieron forzosamente que ser poemas muy cautos, sutiles, con escasísimas rendijas a lo explícito. Sin embargo debía entreverse cierta luz sentimental para que causaran el efecto deseado. Lástima que la única palabra verdadera

–AMOR– era tabú. En todo caso, la futura sutileza expresiva de Gil de Biedma bien pudo fraguarse allí, en aquellas líneas que su corazón dictaba encendidas, pero que las circunstancias obligaban a librar de contornos comprometedores. Como lector de Wilde, el poeta conocía bien los peligros de proclamar por escrito una pasión que no osa decir su nombre. ¿La conocía Padró? Por supuesto. De hecho, contestaba muy cortésmente a sus mensajes. Según el profesor Estapé: «Jaime me contó que cada vez que recibía una carta de Juan Antonio y veía su propio nombre escrito con la letra del otro, le daba un vuelco el corazón.»

Pero los días fueron pasando. ¿Cuántas veces no meditó Gil de Biedma en la soledad de su cuarto? ¿Cuántas no rezó a dioses esquivos que jamás le respondieron? En aquel momento, cinco minutos de debilidad del otro, de duda, le habrían bastado. El menor gesto ambiguo hubiera adquirido al fin la entidad simbólica de un triunfo. Y cierto pasaje del Diario del 56 sugiere que pudo haberlo. Enfermo en La Nava, el poeta descubre que el pasado parece inmóvil como un libro leído que se coloca en el estante. Pero en realidad no lo es. El pasado, escribe,

> ... está en perpetuo movimiento, es de un horrible dinamismo. Nuevos recuerdos a cada instante ingresan en su ámbito, desplazando a los viejos. Cuando éstos vuelven son algo magmático, un sabor elemental e indefinido. De qué sirve que regrese la exaltación que conocí aquella noche de 1948, al pie de la escalinata de la iglesia de Sitges, junto al mar, si ya no sé qué es de ella. Lo que yo adoraba era el momento aquel, no el sabor de un sabor a sí mismo.

Sitges, 1948. Difícilmente Jaime Gil habría ido a aquella población costera –en una época de salvoconductos y guardias civiles patrullando en los trenes– de no ser porque la familia Padró poseía allí una hermosa villa de recreo. ¿Qué aparece en el cuadro? Dos figuras juveniles al pie de la iglesia batida por las olas. No sabemos más. No sabremos nada más. Se desvanecerán bajo la luz amarillenta de la luna, arrastradas por el fresco vapor de agua que invade la noche.

Según Jorge Vicuña: «Jaime decía siempre que Padró no tuvo huevos de acostarse con él.» De ser así, el poeta reveló abiertamente sus sentimientos a Juan Antonio e incluso pudo haber hecho –acaso al pie de la iglesia– alguna aproximación íntima de final incierto. Pero en junio de 1949, un año después, apenas queda nada. Muy significativamente, Gil de Biedma ubicará en esta fecha la acción de su poema «Noches del mes de junio». Este fragmento certifica su soledad:

Eran las noches incurables
                          y la calentura.
Las altas noches de estudiante solo
y el libro intempestivo
junto al balcón abierto de par en par (la calle
recién regada desaparecía
abajo, entre el follaje iluminado)
sin un alma que llevar a la boca.

PEEPING TOM

Noviembre de 1950. El velo secreto comienza a rasgarse... El poeta se marchó a Salamanca para olvidar su revés amoroso con Juan Antonio Padró. La fuerte crisis de primavera sólo puede cerrarse en otra parte, en esa ciudad de confiterías peregrinas y patios de piedra, donde el fugitivo se entrega a voluptuosidades pequeñitas, soporta a catedráticos sentimentales y en la que aspira a «empicorotarme de nuevo». Porque sin amor este joven impaciente no es nada. Absolutamente nada, aunque lea *Cántico* y escriba poesías. Por esas fechas también decide llevar su primer diario «porque presentía que algo significativo iba a ocurrirme. Fue cuando viví la crisis de mi adolescencia, que parecía que iba a desembocar en una revelación y desembocó, del modo más vulgar y más inesperado, en las primeras estribaciones de la mayoría de edad».

Dos años más tarde escribió este párrafo en una carta al poeta Jorge Guillén: «Al intentar comprender mi vida en Salamanca durante los ocho meses que allí pasé, me di cuenta plena de cuán profundamente había influido *Cántico* –leído noche tras noche– en todo lo que yo hice, pensé y sentí por aquella época. Sin *Cántico*, mi poema no hubiese sido escrito jamás y, lo que es mucho más importante, mi vida no sería exactamente como es.» Gil de Biedma se refiere al poema «Colegio Mayor», que excluirá más tarde de su obra completa. Algunos versos reflejan el estado anímico de un joven que ha vencido la tormenta y se asoma con esperanza al nuevo día. Aunque en Salamanca no conocerá el amor, aprenderá a quererse un poco y a reconciliarse consigo mismo. Las últimas estrofas del poema, con el verso final –«¡Qué segura / mi labor para mis brazos!»–, transmiten el sentido de apuesta vital ineludible, de forzoso *coup des dés** donde se juega su futuro.

* Alusión al poema de Mallarmé: «Una tirada de dados jamás abolirá el azar.»

Desde Salamanca, Jaime Gil escapa ocasionalmente a Madrid en busca de aventuras. Las heridas del amor parecen curadas y le consumen nuevos ardores. ¿Visitó quizá el cine Carretas, templo clandestino de encuentros homosexuales? ¿O prefería los aledaños del Paseo de Recoletos? No lo sabemos. Pero en Madrid los hados le fueron propicios porque allí pudo vivir su primera experiencia de amor correspondido. Se ignora quién le condujo a un bosquecillo cercano a la Facultad de Letras, según él, «consagrado abiertamente al culto de Ganimedes». Pero había que ser audaz para adentrarse en la espesura de la mano de otro hombre y entregarse a escarceos eróticos que en aquel tiempo se sancionaban con la cárcel. La palabra «abiertamente» indica que, en efecto, el lugar era frecuentado por homosexuales, y hay indicios de que el poeta estuvo allí con un amigo, probablemente al caer la noche. Mientras se besaban bajo los pinos, percibió una señal de alarma, volvió la cabeza y descubrió a un muchacho que les estaba espiando. Como le dijo más tarde a Gabriel Ferrater: «jamás he visto una tan impresionante expresión de desamparo y trágica envidia. Tenía cara de arrecido, de muerto de frío».

El episodio marca a Gil de Biedma. Por primera vez ha podido entregarse a un hombre de su agrado, y esa experiencia auroral ha tenido un testigo. Inesperadamente, su iniciación homoerótica adulta queda vinculada para siempre al voyeurismo. Años después, desarrollará la escena en el poema «*Peeping Tom*». Aquí el recuerdo del muchachito que espía adquiere la intensidad del símbolo. Son los ojos de un extraño que acecha a esa pareja de hombres medio vestidos, revolcándose felices como bestias. Recuerdo de pinos oscuros, de saliva y de arena. En la distancia, el poeta reflexiona:

> A veces me pregunto qué habrá sido de ti.
> Y si ahora en tus noches junto a un cuerpo
> vuelve la vieja escena
> y todavía espías nuestros besos.

¿QUÉ PASÓ CON BARRAL?

Desde 1950, el poeta mantiene una estrecha amistad con Carlos Barral. En 1947 habían sido presentados en la facultad pero «en ese entonces me produjo absoluto repeluz», recuerda Jaime. Ahora bien, ¿debemos creer esta confesión? Ciertamente sí, aunque con reservas. El Gil de Biedma de 1947 era un joven que había sido forzado a prácticas homosexuales, que abominaba de ellas y pretendía el amor de una muchacha. Pero tres años después, se ha autoimpuesto ser homosexual, escribe poemas y ha levantado la veda a los amores prohibidos. Más aún, el recuerdo de sus primeros sentimientos hacia Barral irá variando a lo largo del tiempo. Ana María Moix comenta: «Una tarde Jaime me enseñó una antigua foto de Carlos –atlético, con chaqueta, muy elegante– y me dijo: "Nunca me gustó. De joven era como un niño, demasiado niño. Tenías que estar todo el día riñéndole..."» Pero a Jorge Vicuña le dijo: «Carlos me gustaba mucho a distancia. Pero cuando le conocí y vi que era tan nena, me desencanté.» Había, en efecto, algo femenil en el joven Barral, un algo de adolescente cocteauniano que exhalaba cierta aura de ambigüedad. Sin embargo, los dos jóvenes se convirtieron luego en camaradas. Jaime Gil le había confesado su secreto y Carlos había recibido la noticia sin inmutarse. Aquella comprensión ciega, los juegos de esgrima dialéctica y su amor común por la poesía les unieron para siempre.

Cuando el poeta se marche a Salamanca, mantendrá una intensa correspondencia con el amigo, costumbre que cultivaron a lo largo de los años cincuenta cada vez que alguno de ellos abandonaba la ciudad. Las cartas enviadas desde Orense, por ejemplo, desprenden un tono sumamente cariñoso; el 6 de junio de 1952 Gil de Biedma le escribe: «¿Cuándo podré bañarme en tus "aguas reiteradas"?» Es una alusión al inminente poemario de Barral, pero también un recuerdo de los primeros días felices pasados en Calafell. El 22 de junio: «No pierdo la esperanza de que algún día vendrás a mi casa y montaremos juntos a caballo; quiero que tú también conozcas entrañablemente aquella tierra. A menudo pienso en cuánto te quiero desde este invierno que hemos arrastrado juntos.» Y luego: «Me cuesta despedirme. Adiós, adiós!!»

Cuando Barral le haga llegar finalmente *Las aguas reiteradas*, recogerá el guante, dedicándole a su vez varios poemas nuevos. El alférez Gil ha vivido en Orense una primavera desapacible, paseando algunas tardes junto al río bajo una lluvia fina e interminable. El recuerdo de Calafell entonces se intensifica y le inspira varias composiciones ambientadas junto al Mediterráneo. En ellas el futuro editor ocupa un centro ígneo, solar.

Una concha dorada canta en la mano diestra
al tiempo que el espíritu en estos versos fragua:
quisiera estar contigo sobre la playa nuestra
para esculpir sirenas y botarlas al agua.

El recuerdo del amigo ausente persiste y le inspira nuevas composiciones. Pero el 9 de julio escribe: «En lo sucesivo procuraré evitar la tentación de dedicarte más versos, pues, si no, estoy viendo que después de mi muerte se publicará mi obra con el título de "Poesías completas a Carlos Barral".» Es obvio que no fue así. Pero la primera *plaquette* del poeta se publicó en Orense, con el título de *Versos a Carlos Barral,* a quien ya había dedicado aquel invierno el bello «Amistad a lo largo». La edición corrió a cargo de Don Luis Gil de Biedma, que quiso satisfacer así los caprichos literarios de su hijo. Según Blanca Gil: «A mi padre le gustaban las primeras poesías de Jaime. Recuerdo cuando nos las leyó en la terraza de nuestra casa en Barcelona. Era de noche. En aquel tiempo no pasaban coches. Podías oír su voz llena de emoción mientras leía. A mi padre le encantaba ese verso de "Sábanas de boda pobre aletean en el río", porque le recordaba a Lorca. Luego los poemas de Jaime le fueron gustando cada vez menos.»

Pero Don Luis sintió una profunda emoción cuando su hijo, en vísperas de partir a Orense, le entregó un ejemplar de «Amistad a lo largo» con la dedicatoria: «Para mis padres, este primer poema mío impreso gracias a ellos –y esta dedicatoria, escrita con el ánimo un poco entristecido. Aunque a veces digáis que no soy "familiar", marcharme de casa nunca es para mí una cosa agradable; hoy todavía menos: es mucho tiempo y mucha distancia, demasiada. ¿Vendréis a verme este verano? Espero que así lo hagáis, entretanto os despide con un abrazo muy fuerte vuestro hijo que os quiere.» ¿Es éste el hijo inadaptado, aquel que se ha impuesto ser homosexual para reivindicar un territorio propio?

En todo caso, los poemas dedicados a Barral expresan la gran fascinación que sintió por él. Se ha llegado a especular sobre si la relación entre los dos amigos tuvo un carácter homoerótico. Pero no existen indicios para creerlo. Debemos sugerir, eso sí, que hubo algún tipo de sentimiento amoroso de Jaime Gil por Barral. Hay algo elocuente en los poemas que le escribe, algo que invita a la conjetura. Carme Riera abunda en esta hipótesis: «Nadie escribe esos poemas de amistad y paga una *plaquette* si no hay una fascinación de por medio. Demuestran una fascinación espantosa que Jaime debió de sentir en algún momento.» Oliart va más lejos: «Se enamoró perdidamente de Carlos cuando hizo los sonetos. Me baso en los poemas y en la actitud de Jaime: los celos que tomó hacia mí, cosas que pasaban.» De ser así, la *plaquette* era en realidad una ofrenda, un deseo oculto que acaso perdió la ocasión de decir su nombre.

Pero no fue el único regalo de Gil de Biedma al amigo. Habrá muchos otros a lo largo de la vida. Quedémonos simbólicamente con el primero. En 1950 Carlos introdujo a Jaime en la lectura de Baudelaire, que no tardó en convertirse en uno de sus autores favoritos. Por desgracia, en aquella época resultaba difícil encontrar ediciones o bien los poetas en ciernes no tenían dinero para adquirirlas. Barral no olvidó nunca aquella tarde de invierno en que Jaime y él descubrieron un precioso ejemplar de *Les fleurs du Mal* en La Casa del Libro. Emocionados, hojearon aquel tomo con devoción pero tuvieron que resignarse porque no llevaban suficiente dinero. El más dolido era Barral, que se lamentaba sin cesar de su mala suerte. *¡Les fleurs du Mal!* Una de sus obras soñadas. Entonces Jaime Gil le rogó que le esperara fuera con la moto en marcha, mientras él resolvía cierto asunto. Según el editor:

> Me quedé esperándole en la calle, con el motor encendido, y al cabo de un minuto Jaime salió corriendo como un galgo. Luego saltó de un brinco al asiento trasero y me gritó que arrancara cuanto antes. En seguida vi que le perseguían dos empleados de la librería. Huimos a cien por hora por el Paseo de Gracia hasta llegar a mi casa. Y entonces, al parar la moto, me enseñó un objeto que llevaba escondido bajo la chaqueta. Era el tomo de *Les fleurs du Mal*. Una joya. Me dijo resoplando: «¿No lo querías? Pues aquí lo tienes.» ¡Ja! ¡Ja! El muy cabrón lo había robado para mí.

LA LLAMARADA

Primavera de 1952. El alférez Gil de Biedma marcha a Galicia para cumplir la última etapa del servicio militar en el Regimiento Zamora número 1, de Orense. Al poco de su llegada intenta acostumbrarse a las fatigas y tedios militares, pero es inútil. En una carta a Barral confiesa que a menudo le afloran recuerdos de La Nava, su tierra gentilicia: el arroyo de La Balisa, frente al tejar de La Condesa, camino de Coca, allí donde se alza el castillo mudéjar de sus amores. También piensa en la Casa del Caño y tiene palabras dulces hacia el jardín que imagina a la hora de la siesta, «con las flores creciendo silenciosas y doliéndome entre el pecho y la camisa –como una avispa secretamente introducida».

Para vencer la inercia castrense, acude al cine casi a diario. El verano ha entrado y le inunda la pereza. Entonces se relaciona con los otros oficiales, a los que sorprende con sus opiniones provocadoras. Escribe a Barral: «Mi única distracción consiste en predicar la santificacion sexual a estos celtas, viciosamente sentimentales, verdaderos MM. Jourdains rilkianos; la verdad es que mis prédicas caen en el vacío: mi afirmación de que todo hombre honrado debe desear acostarse con su novia y de que este deseo lleva aparejada la castidad con respecto a las restantes mujeres pasa por ser un intento de "épater le bourgeois".»

Tras un período de abstinencia, el poeta vuelve a tener relaciones sexuales con una mujer. No sabemos la fecha exacta, pero podemos situarla alrededor de la verbena de San Juan. Durante un par de noches amanece junto a *une vieille catin** y la experiencia le resulta muy satisfactoria. En una carta a Barral comenta: «Fue bastante agradable y encontré que mi temperamento no había variado mucho desde la última vez que sacrifiqué a Afrodita Pandemos.» ¿Qué debemos deducir? Primero, que Gil de Biedma continúa siendo bisexual, y aunque lleve tres años militando en el bando homoerótico se cambia de filas cuando le invade el deseo. Segundo, que la Afrodita Pandémica de su célebre poema surgió como una clave epistolar –de origen clásico– para eludir la peligrosa censura del Ejército.

Pero el gran acontecimiento del verano le ocurrirá el primer fin de semana de julio. Durante un breve permiso, viaja a La Coruña y allí encuentra inesperadamente el amor. ¿Quién era aquel amor? Marcelino Someso: un joven soldado coruñés cuya familia llevaba generaciones trabajando en la ría como capataces del puerto y consignatarios de buques. Hijo de clase media, Someso era educado, muy sociable, de temperamento alegre. En seguida Jaime sucumbe a los encantos de ese gallego apuesto, de cabellos castaños, y descubre que su amor es correspondido. Durante varios días recorren juntos aquella ciudad de cristal innumerable, visitan las tabernas, se pierden en plazas antiguas pobladas de pájaros. «La plaza en que una noche nos besamos», escribirá después en el poema «Amor más poderoso que la vida».

Cuando el 8 de julio regresa al cuartel, todo ha cambiado. En una carta a Barral le anuncia que «Se acabó la nostalgia de Madrid, Barcelona o Segovia, el ansia por licenciarme pronto; ahora desearía no salir nunca de Galicia. Carlitos, amigo mío, estoy profunda y tristemente enamorado, y tú ya me conoces –estoy sufriendo como un enano». Ama apasionadamente, recuerda a cada instante la expresión herida de otros labios. Suspira. Y el amor empieza ya a cobrarse su tributo. Atado a la roca militar, sueña a todas horas con «mi venadico pardo». La personalidad vital de Marcelino contribuye a aumentar el dolor de la separación: Gil de Biedma padecerá entonces el tormento de la ausencia y el de un horizonte sentimental sin esperanza porque su amado ha de partir a Venezuela antes de final de año.

En agosto el alférez efectúa una breve escapada a sus dominios de la Nava, donde recibe la visita de Jaime Ferrán. De regreso al cuartel, aprovecha su servicio de oficial de guardia en la Sala de Banderas para escribir

---

* «Una vieja puta», en un francés refinado de mediados del siglo XX.

a los amigos. Todo transcurre con una lentitud mortal, mientras siente latir en su sable «el tictac del reloj ahorcado en la pared». También esboza su ensayo sobre Guillén, que pretende articular sobre la teoría de la limitación. Si apenas un mes antes le había escrito a Barral que «El Ensayo sobre Guillén fue a parar al Limbo, donde se debe de encontrar muy bien con otros fetos míos y hermanos suyos», ahora lo rescata in extremis para administrarle el sacramento del Bautismo. Pero en el fondo de su corazón sólo contempla una hilera de días interminables, que la felicidad amorosa ya ha deshabitado. Escribe: «Las liberalidades de la Madre Urania fueron tan breves, ay, tan caedizas, como el regusto de un sueño en duermevela.» Tras el hedonismo pagano, el cilicio del medievo.

Sin embargo, ha esperado demasiado tiempo un amor como el de Someso. La impaciencia le consume y a las pocas semanas huye de nuevo a La Coruña. La luz cegadora del verano se refleja más que nunca en las galerías de la Marina. Los amantes respiran la vida. Ahora pasean juntos por los jardines levantados sobre la brusca margen de los rompientes, jardines intramuros que ocultan sus fugaces besos. Los pasos les llevan junto a la tumba del general Moore, un enclave extraordinario, abierto a la ría. Gil de Biedma utilizará ese lugar en el poema VIII de «Las afueras»:

> Allí, bajo los nobles eucaliptos
> –ya casi piel, de tierna, la corteza–
> descansa en paz el extranjero muerto.

Pasan los días. Esta vez será una estancia prolongada, plena, que disipa fugazmente las sombras amenazadoras del adiós. Agosto de 1952, por tanto, le proporciona la ardua enseñanza de que el dolor acompaña a la pasión. En otra carta a Barral le confesará después que tuvo lo mejor del amor correspondido: «Una sensación de felicidad casi insostenible mezclada con una tristeza tremenda porque este género de amor es casi siempre trágico y termina mal. Creo que es ésta la verdadera raíz de mi afición a él: prefiero siempre lo más trágico.» Es una frase digna de Wilde. Pero ¿a qué se refiere exactamente? ¿A la pasión en sí, con todas sus turbulencias, o al amor que debe mantenerse en secreto? Sea como fuere, concluye: «el otro camino amoroso me resulta tan llano, tan lleno de soluciones canónicas y sociales» que jamás podrá satisfacer su ansia «de unirse en un solo destino». He aquí su verdadero sueño: un gran amor a dos voces, dos mundos, que él juzga incompatible con la vida familiar.

Muy pronto, el sueño se desvanece. Afrodita Urania le abandona mientras La Coruña va perdiéndose a una distancia de años-luz. Pero no importa. Como cualquier astro que se precie, dice, «seguirá irradiando hacia mí una nostalgia leve». Gil de Biedma se arroja entonces en brazos de Afrodita Pandemos, y busca el consuelo carnal en varias prostitutas con el fin de curar sus heridas. También contribuye a ello la repentina actividad del cuartel: maniobras, servicio de oficial de semana en la compañía, y un ejercicio defensivo final donde mostrará su habilidad para desplegar una batería de cañones a lo largo de la costa, mientras se burla para sus adentros de aquella campaña ficticia. ¿Dónde esta la flota enemiga?, se pregunta en silencio... Y sus ojos azules escrutan en vano el infinito azul del océano que se llevará a Marcelino rumbo a América. Al acabar, el regimiento regresa felizmente «a la holganza y el compadrismo». Quizá sea el momento de volver a escribir, recobrar la poesía y el ensayo sobre Guillén que la pasión recluyó en el limbo. ¿Literatura? En realidad, el alférez sucumbe otra vez a la pereza. Y alejado del amor, sólo tiene «unas ganas feroces» de volver a Cataluña, esa amable geografía donde le aguardan con los brazos abiertos.

SODOMA Y GOMORRA

Barcelona. Otoño de 1952. Jaime Gil acaba de leer el capítulo que inicia el cuarto volumen –*Sodome et Gomorrhe*– de *À la recherche du temps perdu* de Proust. Aunque la casa famliar está tranquila, un eco turbulento persiste en su alma. ¿Qué ha leído en realidad? Una treintena de páginas admirables, desconcertantes, iluminadoras. Al fin conoce el secreto del barón de Charlus, el caballero distinguido, barrigudo y algo envejecido, que vive una pasión prohibida hacia el chalequero Jupien. Y cada gesto del barón, cada mirada hacia el otro, como un cortejo entre animales, le han hablado de algo que él empieza a conocer bien. Cuando el poeta lee: «hay una cosa tan estrepitosa como el dolor, y es el placer», recuerda los intensos abrazos de Someso. Más que al vigor de las escenas, sucumbe a la valentía y lucidez de las reflexiones. Aquello no es una novela, piensa, sino un completísimo tratado sobre el comportamiento homosexual, que le muestra –y él es incapaz de imaginar hasta qué punto– el camino sobre el que habrá de discurrir su propia vida. «Todo ser persigue su placer», escribe el narrador de Proust. Y Gil de Biedma se estremece. No es el único pájaro solitario. Al contrario. Descubre que pertenece a una antiquísima comunidad maldita, sumergida, condenada a guardar celosamente su secreto a través del tiempo.

Pero tras leer aquello, sintió una mezcla de emoción, tristeza e incredulidad. Le costaba admitir que las cosas debieran ser así, pero sabía por experiencia que así eran. Había pasado la adolescencia nadando entre las aguas de la culpa, y tras el interludio feliz en La Coruña había vuelto a las calles conocidas. El retorno significaba refugiarse de nuevo en sí mismo, acogerse a las normas del engaño y el disimulo social. ¿Qué ocurrió? Forzosamente tuvo que buscar compañía moviéndose en rincones de los que acaso ya tuviera noticia. No era un secreto que en algunos cines se practicaba el sexo entre hombres. El cine Cataluña, por ejemplo, o el cine Lido del Paseo de San Juan, o el Capitol de las Ramblas. Allí, en la penumbra de los anfiteatros, se producían encuentros esporádicos entre desconocidos. Figuras masculinas exhibían sus genitales, se masturbaban o practicaban el sexo oral. Otro clásico lugar de encuentros eran los urinarios de las estaciones de metro o de ferrocarril. Siempre la misma técnica, los mismos actos, el mismo pozo de sordidez. Salvo el ligue callejero, a base de miradas muy precisas, el homosexual de posguerra se explayaba siempe en la oscuridad. Era un sexo reñido con la luz del día: sombras sin rostro, butacas de madera, el olor a zotal, el agua fluyendo en las cañerías de plomo o goteando en la cisterna de los retretes. Según Armand de Fluvià: «Éramos como ratas de alcantarilla, pero no había otro camino.»

Todo ello debió resultarle arduo. Su compañero de armas, Alberto Emo, recuerda que «fue un período un poco turbio. La gente medio hablaba. Nos preguntábamos: "¿qué le pasa a Jaime?", o alguien venía para decirme: "Jaime está un poco raro"». El antiguo camarada de «la línea Pérez» parecía hallarse en un grave aprieto, pero se negaba a pedir ayuda. En el fondo, ¿qué podía hacer? ¿Seguir callando o sincerarse con cada uno de sus amigos? Carlos Güell recuerda el día que Gil de Biedma le citó para comunicarle algo importante: «Me sorprendió mucho que me hablara de su homosexualidad, porque nunca había dado síntomas. Todo el bachillerato juntos, los veranos juntos, el tenis, los guateques... Jamás percibí nada extraño. Te aseguro que le gustaban mucho las mujeres.» Alberto Oliart lo confirma: «En aquel tiempo Jaime mantuvo un tórrido *affaire* con una atractiva dama de la buena sociedad barcelonesa. Algo que no estaba al alcance de casi nadie. Me lo contó ella muchos años después. Y aún recordaba la fogosidad de Jaime en la cama, su temperamento erótico, porque ella no había vuelto a sentir nada semejante.» La pregunta clave persiste: ¿era homosexual o pretendía serlo a toda costa?

En todo caso, él poeta fue revelando su secreto por dos razones: disipar el equívoco en relación a personas con las que mantenía una gran amistad, y liberar periódicamente los chorros de vapor que se acumulaban en él. Las confidencias, como la escritura, operaban así de un modo catártico y exculpatorio. Le redimían. Cabe, también, una última razón:

si Jaime Gil había decidido «convertirme en homosexual», proclamarlo ante los otros le reafirmaba en su propósito. Diciendo que lo era, empezaba consecuentemente a serlo e incluso se atrevió a expresarlo con sutileza en sus versos. Recuerda Juan Goytisolo que «sus primeros poemas –a causa del titulado "Amistad a lo largo"– causaron escándalo en la sociedad asfixiante y pacata en la que vivíamos».

¿Qué iba a ser de su vida? Había convencido a sus padres para que le permitieran marchar a Inglaterra. Quería ser diplomático. Pero pocos sospecharon que salía del país para concederse una nueva tregua.

LONDON SOUVENIR

El Londres que encontró Gil de Biedma mostraba aún las huellas de los bombardeos de la Segunda Guerra Mundial. No obstante, ese Londres es también una ciudad llena de vida que le deslumbra a cada paso. Es fácil imaginarla en blanco y negro, como en los documentales y films de la época. Si cerramos los ojos, el cerebro se puebla de imágenes antiguas, la película del poeta que nadie filmó...

Vemos al joven español en el interior de un taxi que circula ante Marble Arch envuelto en la niebla. El mismo joven que contempla desde el puente de Waterloo las gabarras que se deslizan en el Támesis, cuyas aguas reflejan el perfil compacto del Parlamento. El joven que ladea la cabeza como un sabueso, lleno de alegría, cada vez que el zumbido resonante del Big Ben marca las horas. TIME. Aún es pronto para sentir el avance de sus manecillas como una condena. Porque Gil de Biedma es feliz al pisar esta ciudad formidable. Ahí va, desapareciendo en el sombrío callejón que conduce a George & Vulture, la antiquísima taberna donde saborea su primera pinta de Guinness. ¿Y qué hace ahora en Rule? Comer un *cheese-pie*, mientras observa los paraguas y bombines colgados de los dorados percheros. MONEY. Gil de Biedma recorre la City, el oasis financiero de Londres. Con los sentidos atentos, percibe el olor a bruma y libra esterlina. Desde la acera ve pasar los lujosos vehículos de los banqueros, esos Rolls-Royce y Bentleys, bellos como máquinas de guerra. Durante un instante los sigue con la mirada y piensa en su padre: seguro que Don Luis le hablaría de ellos con admiración. Fíjate, Jaimito, qué prodigio de ingeniería, qué elegancia... Luego la voz del padre se desvanece en el estruendo del tráfico de Cornhill. ¿Qué hay? Mientras los magnates efectúan grandes transacciones en un bar de Throgmorton Street, el poeta se asombra ante el porte de los mensajeros de los bancos y casas de corretaje. Altos, delgados, distinguidos, acuden al trabajo en traje de boda. ¡Qué diablos! Si hasta lucen chistera... Jaime Gil se frota internamente los ojos. Ha llegado a la capital del Imperio.

TÉ Y SIMPATÍA

Hay una fotografía del poeta tomada en un jardín inglés. Viste de manera atildada: americana, corbata y pantalones oscuros, camisa clara y un pañuelo blanco en el bolsillo del corazón. Nos hallamos en el jardín de la casa de los Jiménez Fraud en Oxford. Según Paco Mayans: «Ellos le facilitaron alojamiento en las afueras.» Concretamente, en Hinksey Hill, en un domicilio particular llamado Drake House. Durante cinco meses Gil de Biedma residió en la casa de un matrimonio inglés, con una hija de corta edad. El marido, Mr. Arthur Kingsbury, era un profesor universitario que había sido herido gravemente durante la guerra, y la esposa, Philippa, una mujer culta que se había resignado a cuidar a un hombre mermado en su erotismo. Llegó, pues, a un escenario de novela y se ganó de inmediato el afecto de la señora. Philippa se encontraba muy a gusto conversando con aquel estudiante algo fornido y apuesto, de maneras británicas. Jamás había creído que los muchachos españoles pudieran ser así. Sin embargo, éste había devuelto en poco tiempo el calor a su vida y ella se sentía feliz haciéndole grata la estancia. Philippa le preparaba el desayuno, mantenía impecable su cuarto –los libros de Eliot, el tabaco rubio–, calentaba el té, ordenaba su mesita de noche y atendía a sus peticiones. Tres años más tarde Jaime Gil escribió: «Recuerdo mis desalientos en Oxford porque me sentía incapaz de absorber el ambiente con intensidad bastante para despojarme de mis propios hábitos y prejuicios.» Probablemente, Philippa Kingsbury le ayudó a ello.

Aunque se llevaban casi veinte años, el poeta empezó a encariñarse con aquella mujer a quien la guerra había arrebatado lo mejor de la vida. No era bella, «la típica inglesa», dirá Mayans, pero la sangre fluía silenciosa por sus venas bajo una piel blanca que empezaba a marchitarse. A veces él se sorprendía observando su melena castaña a contraluz, o la mirada furtiva de sus ojos claros durante la cena... Ha pasado medio siglo, pero hay indicios para sospechar que Jaime Gil y Philippa Kingsbury pudieron mantener un idilio que se prolongó durante la estancia en Inglaterra. La historia se aceptaba como verídica en la familia Gil de Biedma, donde conocían la trágica situación de la inglesa. Sostiene su hermana Marta que «el marido quedó inutilizado totalmente y ella no tenía relaciones conyugales. Siempre hemos pensado que Jaime había tenido que ver con esa señora. Mi madre la primera». «Claro que el criterio de Mamá –añade Ani– no era muy fiable en este sentido. Porque siempre vio a Jaime como un donjuán que había salido al abuelo.»

Por discreción, el autor de *Moralidades* no hizo nunca grandes confidencias sobre el particular. Pero treinta años después visitó Londres con Àlex Susanna e insistió mucho en que éste fuera a Oxford a conocer a su vieja amiga, mientras él permanecía en la ciudad. «Hubo un encandilamiento mutuo seguro –dice Susanna–, porque me habló de ella de una manera muy especial.» Durante los años cincuenta, solía referirse a menudo a una amiga inglesa que le mandaba las últimas novedades literarias. ¿Era Mrs. Kingsbury? Es posible. Sabemos que se escribieron mucho y que el poeta mostraba una alegría visible cuando el mayordomo le entregaba aquellas cartas procedentes de Oxford. Más allá de conjeturas amorosas, Àlex Susanna recuerda que Jaime le comentó: «Los seis meses en Oxford me sirvieron para entender el mundo anglosajón, tanto en su literatura como en su cultura de sentimientos. El español no tiene cultura de sentimientos. Por eso hay muy poco matiz moral: el español tiene un comportamiento moral tremendamente previsible.»

Pimavera de 1953. En ocasiones, Gil de Biedma va a Londres para reunirse con Paco Mayans. Una amiga de Barcelona –Cucú Mata– se halla en la ciudad y salen juntos con otra amiga a los lugares de moda. Hay una foto del poeta en el *derby* de Ascott, junto a Cucú Mata, y otra tomada posiblemente en el hipódromo de Cowdlay Park, donde acudían juntos a presenciar partidos de polo. Según Mayans: «Cucú era muy mona, morena, llevaba pendientes de perlas. Nos gustaba porque era muy culta y escribía libros sobre el Reino de Mallorca.» Un amigo de la época sostiene que «ambas familias hicieron movimientos para que Jaime y ella se casaran, pero no prosperó». Sin embargo, mantuvo con Cucú Mata una bella amistad, instaurando de paso un canon afectivo que repetiría más adelante: mantener un vínculo sumamente afectuoso con aquellas mujeres que pudieron haber sido sus esposas.

De nuevo en Oxford, reparte el tiempo en Drake House o visitando algún *college* de la universidad. La correspondencia con Barral revela sus nuevas inquietudes literarias. Acaba de recibir un ejemplar de *Laye* que le hace llegar el amigo y, tras ver allí sus poemas, le escribe: «Impresión desconcertante: no me parecen malos pero sí bastante gratuitos.» La mayoría de ellos son sonetos que desechó más tarde; pero otras composiciones como «Colegio Mayor» y, sobre todo, «Amistad a lo largo», han resistido los embates del tiempo. En Oxford, también, inicia una extensa elegía amorosa, compuesta de cinco partes, estimulado quizá por el ardiente recuerdo de antiguos amores. Se conserva el inicio de la segunda: «El cuerpo fue», un verso solitario que acaso lo dice todo. Y unas estrofas de la tercera:

> Qué tardes como islas, qué ciudad de la sangre, qué silvestres
> mareas han borrado
> el dolorido párpado del tiempo?

El poeta proseguirá su estancia en la isla: esa Inglaterra que: «No siempre es bella, pero siempre tiene estilo, algo así como tú eres», le escribe cariñosamente a Barral. Con frecuencia visita a los Jiménez Fraud o se entretiene esbozando poemas en Drake House, donde Philippa le ofrece té y simpatía. También aprovecha un largo fin de semana para recorrer el condado de Yorkshire. Cuando regresa a Oxford encuentra la ciudad en plena «primavera delgada». Así lo comunica a Barral, con esa euforia que le invade siempre ante la llegada del sol. «Tiempo glorioso. Casi calor: un poco más y podré nadar desnudo –como se hace aquí desde tiempo inmemorial– en un recodo del Támesis que tiene el delicioso nombre de "Parson's Pleasure" (Placer del Clérigo)...»

Cuando finalmente lo haga, encontrará allí a un grupo de muchachos bañándose cerca de la orilla. Piel blanca, ojos claros, pelo rubio. El agua del río se escurre en sus cabellos y leves arroyos corren por sus cuerpos desnudos. Gil de Biedma se acerca en pocas brazadas. Los jóvenes nadan ahora boca arriba, sus vientres blancos se curvan al sol. Nadie pregunta. Sólo el Támesis. Y ellos le dan la bienvenida con alegres manotazos de espuma.

PARÍS, POSTAL DEL CIELO

Antes de regresar a Barcelona, el poeta se detuvo en París. No tenía objetivo concreto –una peligrosa constante en su vida– salvo mejorar el idioma que había aprendido en la infancia. Pero París se había convertido ya en el mito de los jóvenes escritores españoles y quiso aprovechar la ocasión. Oficialmente, estuvo alojado en el confortable apartamento de Manolo Jiménez Cossío, hijo de sus mentores en Oxford, que residía ya en la capital. La idea de un Gil de Biedma, viviendo *au grand monde* circuló pronto entre su círculo de amistades. Años después Barral hablaría de aquel Jaime parisino en sus *Memorias:* «rico, bien alojado, con apartamento propio». Pero no fue exactamente así. Antes de ser dichoso, vivió momentos de intensa soledad. Al principio, a causa de la nostalgia por la vieja Inglaterra hacia la que siente aún «fuertes amores», según escribe a Barral. «Francia me parece un país más bello, más divertido, pero mucho menos interesante para el extranjero que viene a vivir en él: la mayoría de sus mejores cosas las conoce ya de antemano.»

Alojado en La Maison de l'Armenie, el viajero lleva una existencia un tanto inercial. Deambula largamente por las calles, se asoma a los *bouquinistes* del Sena para hurgar entre libros viejos y recorre las salas del Louvre «que me parece mucho más bello por fuera que por dentro». Algunas noches se refugia en Le Fainéant, un pequeño bar de la *rue* Séguier, para beber solo. En seguida el local se convierte en su guarida, sobre todo en «esas ciertas noches en que "*ni l'amertume est douce ni l'esprit clair*"».* Falta mucho aún para que estalle su crisis de 1966, en el bar Pippermint de Barcelona. Pero el poeta empieza ya a sumergirse reconcentradamente en sí mismo, tratando en vano de escuchar una voz en el silencioso páramo de su alma.

Durante varios días siguió vagando por la ciudad hasta que el destino puso fin a su «soledad absoluta». Una tarde de agosto entra en el Café Le Flore y conoce a un joven pintor norteamericano. No sabemos el nombre del artista: sólo que ha nacido en Georgia y que es «tímido» y a la vez «simpático». Pero en seguida se hacen amigos, y a partir de entonces el París que vivirá Jaime Gil será otro: los bares legendarios de Saint-Germain-des-Prés –Le Mabillon, La Rhumerie Martiniquaise, La Pergola, Le Café de l'Odéon–, las cavas de jazz –La Rose Rouge, Le Vieux Colombier, Le Tabou–... Bien. Fijemos la imagen un momento en este último escenario. ¿Quién es ese tipo delgado y de nariz aquilina que toca una cornetilla? Los amigos sonríen cuando canta: *Je bois systématiquement pour oublier les amis de ma femme.* Ahora el público aplaude a Boris Vian. Otras veces acuden a La Rose Rouge. Ahí están, en ese enorme espacio oscuro con una pista de baile. Bajo la luz de los focos aparece una muchacha vestida absolutamente de negro. Gil de Biedma no ha visto nada igual en su vida. El rostro pálido, la larga cabellera lisa, negra como la noche. Tiene una voz hermosa, algo ronca, que imprime dramatismo a la canción *Je haïs les dimanches.* ¿Quién es aquella sirena del abismo? Juliette Greco. La musa de la nueva religión, fundada por Sartre. El existencialismo.

Las luces del amor van descubriéndole otra ciudad: la *Ville-Lumière* de los pintores, los poetas, los amantes. Sí. Es la ciudad mito que aprendió a amar leyendo los *Tableaux Parisiens* de Baudelaire. En este París el poeta

---

* «Ni la amargura es dulce ni el espíritu claro.»

español y su amigo pasean cogidos de la mano, en silencio, bajo el Pont Saint-Michel. De pronto, el americano se detiene unos instantes para contemplar la gran luna de agosto, suspendida entre las torres de Nôtre Dame. El río, «tantas veces soñado», discurre manso como un reptil de imposible piel azul. Los dos hombres se miran, se besan largamente, y al retirar los labios el pintor americano exclama: *It's too romantic.*

Cuando Gil de Biedma escriba a Barral en otoño, le hablará con nostalgia de aquel gran París «donde amé mucho y fui feliz... Dulce vida». Aunque Barral también estuvo aquel verano en la ciudad, no llegaron a encontrarse... Y ahora Jaime lo lamenta, en su cuarto del colegio César Carlos madrileño donde prepara su ingreso a la Escuela Diplomática:

> Hubiera amado pasear contigo, tomar café en el Luxembourg
> y presentarte a mi amante, mi *bedmate*. Pero basta.
> ¿Por qué volvéis a la memoria mía
> tristes recuerdos del placer perdido?

Con el tiempo evocará aquel hermoso verano francés en el poema «París, postal del cielo». Inicialmente se titulaba «Dulce Francia», pero luego reemplazó el título por el actual, que procede de Blas de Otero. No fue el único cambio afortunado. En la primera versión que el poeta leía a los amigos, el último verso hablaba «de unas rabiosas ganas de joder». Pero Francisco Rico le hizo ver la peligrosa dureza del final y lo cambió provisionalmente por otro, tal como aparecerá publicado en 1960 en la revista *Poesía de España*: «y aquella tarde en el Jardín de Plantas, / cuando yo me moría de ganas de folgar». Hubo nuevos cambios y finalmente el último tramo quedó así:

> Como sueño vivido hace ya mucho tiempo,
> como aquella canción
> de entonces, así vuelve al corazón,
> en un instante, en una intensidad, la historia
> de nuestro amor,
> confundiendo los días y sus noches,
> los momentos felices,
> los reproches
>
> y aquel viaje –camino de la cama–
> en un vagón del Metro Étoile-Nation.

MARCHA NUPCIAL

El 4 de octubre de 1954 Jaime Gil asiste a la boda de Carlos Barral. Dos semanas antes le había escrito una carta desde La Nava confirmándole su asistencia y comentándole de paso que «mi asunto familiar respecto a mi decisión de quedarme en Barcelona está ya casi solventado, tras largas discusiones con mi madre. Ahora estamos en armisticio». En relación a ello, Jorge Vicuña no duda en afirmar: «Aquella mujer tenía a los hijos acojonados.» Esta opinión redunda en la idea de que doña Luisa era una mujer de fuerte carácter y profundas convicciones. Cierto que Jaimito era la niña de sus ojos, pero ¿qué hacía en realidad? El Elegido ya no iba a ser diplomático, como el tío Jaime Alba, ni político como el abuelo, ni catedrático de Derecho. ¿Por qué no le habían admitido en la cátedra de Font Rius, pese a la recomendación expresa de Estapé? Misterios de Jaime, seguro. Tampoco tenía interés en casarse con Cucú Mata ni con otra chica de buena familia. Era así. Probaba mil caminos y después los abandonaba. Sólo la poesía parecía reclamar su atención. Pero ¿quién vivía de la poesía en España? Nadie. Y para colmo había que acompañarle ahora a un anticuario a comprar un costoso regalo de boda para su amigo Barral.

El gran día ha llegado. El amigo más querido se casa en Calafell –un pueblo de la costa catalana– con Yvonne Hortet, una guapa y afable *noia* de la burguesía industrial. El novio ha dispuesto un ceremonial improvisado de tradición veneciana, que comporta las bodas con el amor... Gil de Biedma no olvidó nunca la imagen de docenas de invitados vestidos de chaqué, reuniéndose en aquel arenal solitario, ni el cortejo formado por un grupo de marineros, descalzos y enfajados, enarbolando los altos remos con los que hicieron un túnel de armas a la salida de la iglesia. Tras el banquete, la tripulación realizó una exhibición de vuelcos con una embarcación insumergible –una tradición local– que la mitomanía del poeta bautizó como *naumaquias*.

Pero aquel día su corazón estuvo dividido. Sin duda había experimentado algo muy próximo al amor por el novio, cuando le dedicó poemas «en el risco angustioso de tu espera». Pero ahora Barral se veía inmensamente feliz junto a la mujer de sus sueños, y aquel matrimonio podía suponer una amenaza para esa vieja unión a la que era incapaz de renunciar. A partir de ahora todo iba a ser muy distinto, pensó, mientras los pescadores se sumaban a la fiesta en las tabernas del pueblo. Vítores a los novios, cantos, cohetes... En prueba de amistad, Jaime Gil regaló a Barral una hermosa talla del siglo XV, traída de Segovia. Al verla, el novio le sonrió con inmenso cariño. Ambos conocían bien el verso de Whitman: *«with the life-long love of comrades...»*. Con viejo amor de camaradas.

LA FELICIDAD VICARIA

A mediados de los cincuenta, Gil de Biedma y sus amigos van alternando las reuniones del Bar Club por una tertulia casi diaria en el Cristal City: un bar-librería situado en la calle Balmes, cerca de la plaza Molina, que pasa a ser el nuevo escenario de sus encuentros. Allí se acomodan en mullidos asientos de cuero, beben los primeros gintonics, escuchan música clásica y se pierden en una trastienda, junto a la cocina, donde el dueño almacena libros prohibidos. A raíz de la boda de Barral, los amigos comenzaron a acudir también a casa del joven matrimonio, en la cercana calle San Elías.

La tertulia comenzó a funcionar en enero de 1955, y el anfitrión decidió convocarla los martes en homenaje a *les mardis de la Rue de Rome*, de su amado Mallarmé. Entre las muchas ventajas del cambio, varias se imponen: libertad de palabra, mayor confort y alcohol sin restricciones. Entonces, «sin más frontera que las luces de la madrugada», el anfitrión recibe a las visitas y prolongan sus charlas con un vaso en la mano hasta la hora de marchar a la oficina. En voz del propio Barral, eran «cenas y veladas a menudo fecundas y cargadas de doctrina, porque estábamos todos en la etapa en que los proyectos y las modas literarias se inventan contándolos». El piso de San Elías acogió asimismo a numerosos escritores y artistas que vivían o se encontraban de paso en Barcelona. En los catorce meses en que la tertulia permaneció «oficialmente» abierta, la nómina impone cierto respeto. Aparte de los fijos, como Carlos Barral, José Agustín Goytisolo, Jaime Gil de Biedma o Gabriel Ferrater, hay que añadir, entre otros, a Juan Goytisolo, Monique Lange, José María Castellet, Manuel Sacristán, José María Valverde, Ángel González, Juan Eduardo Cirlot, Vicente Aleixandre, Enrique Badosa o Ramón Carnicer.

En relación con el piso de la calle San Elías, Carme Riera escribe:

> ... allí se pasó revista a las relaciones mantenidas en el grupo de Bloombsbury, se opinó sobre Lou-Andreas Salomé, se discutió sobre los variopintos editoriales de Léon Daudet en *Action Française*... Se comentaron lecturas, del romanticismo alemán a los poetas victorianos. Se teorizó sobre procedimientos estilísticos y formales, sobre la expresión poética, los problemas de la comunicación y la poesía, lo que dio lugar a la polémica entre los partidarios de la poesía como comunicación o como conocimiento, y se polemizó sobre la naturaleza de los lenguajes artísticos.

Cargados de alcohol, los tertulianos abandonan el piso de Barral con las primeras luces del día. A veces, Jaime Gil y Gabriel Ferrater hurgan en el cubo de basura de un vecino del inmueble, el pintor Antoni Tàpies, en busca de esbozos y apuntes de sus modelos. ¿Conclusión? Siempre la misma: no hay modelos. Gil de Biedma dispone del tiempo justo para ir a la calle Aragón, ducharse y sentarse a la mesa para desayunar con su padre. Ahora ya tiene un empleo: pasante en el bufete de abogados Semir. El Elegido ha dejado de ser, al fin, motivo de inquietud para sus padres.

Atrapado en la rutina, los fines de semana se erigen en un oasis de libertad. Regularmente, escapa con el matrimonio Barral y otros amigos a Calafell. En la primavera de 1955 lo hará en varias ocasiones, siguiendo el mismo ritual: tras salir por la carretera de la costa, suelen detener el coche en los desiertos arenales de Castelldefels. Recuerda Yvonne Barral: «El tiempo era bueno, y nos desnudábamos en aquella playa solitaria. Yo era la única mujer. Luego corríamos hacia el agua y nos bañábamos desnudos como en el Paraíso.» Gil de Biedma era dichoso en el mar. Sobre la arena dorada un pequeño montón de ropa le recordaba el último vestigio de civilización: los larguísimos pantalones de Ferrater, protegiendo las gafas; la camisa verde olivo de Barral, el vestido perfumado de Yvonne y los calzoncillos blancos de Jorge Vicuña, aquella prenda íntima que simbolizaba su nuevo y más poderoso deseo. Allí estaban los amigos juntos, bajo el sol de junio: Gabriel, desgarbado y larguirucho, braceando en el mar; Barral, mercurial y atlético; Yvonne, tan bella y de contornos opulentos, y por último, Jorge, su amor –«y ahora hablo en serio», escribirá después–, su verdadero Adonis. ¡Cuántas horas de felicidad compartida entre las olas!

Claro que existía un peligro, recuerda Yvonne: si alguna pareja de la guardia civil les hubiera descubierto en la playa, habrían sido detenidos y encarcelados por escándalo público. Pero aquellos señoritos siempre tuvieron suerte... Quién sabe si la traía en el regazo la mujer de Barral. Según Jorge Vicuña: «Yvonne era una cachonda. Ojalá hubiera habido más mujeres como ella en nuestra época. Libre, alegre, compañera. El país habría ido mejor. Y nosotros no hubiéramos vivido una juventud tan sórdida y miserable.» Tras el baño pagano, el grupo proseguía el viaje a Calafell. En aquel tiempo el pueblo conservaba aún un delicioso aire marinero, con una hilera de pequeñas casas bancas de pescadores, paralelas a la línea de la costa. La casa de Barral, reconstruida a partir de un viejo almacén de botes y artilugios de pesca, tenía un balcón de tipo colonial en el primer piso, abierto a la arena donde dormían las barcas. Allí se bañaban de nuevo, bebían y charlaban hasta los confines del alba.

A la mañana siguiente, Gil de Biedma y los otros subían las escaleras de la casa y avanzaban sigilosos por un pequeño corredor hasta la puerta del dormitorio de Barral –una puerta cristalera con cortinillas pueblerinas– y entraban en la habitación. Los recién casados se despertaban ante la irrupción gozosa de los amigos, que traían bandejas con cafés y cruasanes para el desayuno. Reunidos en el tálamo, Jaime, Jorge y Gabriel absorbían aquella felicidad conyugal –el amado despertándose junto a la amada– y acababan juntos en la cama, compartiendo con ellos el desayuno. El poeta solía definir ese período como el de «la felicidad vicaria». Había descubierto que el amor de Barral emanaba una especie de hospitalidad feliz capaz de aislar a los amigos de las inclemencias de la vida. Según Yvonne: «Era la amistad pura. Éramos *les compagnons*, ¿entiendes? No he vuelto a tener una sensación de amistad igual en mi vida. En el caso de Jaime, yo creo que tenía problemas con la familia y la sociedad. Y nosotros éramos totalmente libres, sanos, y él se sentía acompañado.»

En todo caso, la felicidad de la pareja se hizo extensiva, como escribió Barral, «a casi todas las felicísimas formas de estar juntos que deparaban nuestras costumbres». Las reuniones literarias en San Elías, las comidas casi diarias en los figones del barrio, las escapadas de fin de semana a Calafell... Según Ana María Moix, «Jaime me hablaba siempre de un poema que no llegó a escribir, cuyo tema era la felicidad que ves en los otros y que, aunque no sea la tuya, es tan hermosa que acabas disfrutando de ella». Aunque Gil de Biedma no escribió nunca el poema cuyo título era «La felicidad vicaria», se proclamó a menudo «partidario de la felicidad», idea que compartía con Gabriel Ferrater y que se convirtió en la consigna vital del grupo. En opinión de Álvaro Rosal: «El lema no era ninguna tontería. En aquella España triste, pobre, gris, defender la felicidad a toda costa era revolucionario.»

A VECES GRAN AMOR

Otoño de 1954. Como tantas noches, el poeta desciende con algunos amigos al Barrio Chino. Esta vez hace escala en el Pastis, un local de aire parisino o marsellés situado al final de las Ramblas, donde se bebe pernod y suenan las voces de la nueva canción francesa: Edith Piaf, George Brassens, Juliette Greco... El local es minúsculo, abigarrado, lleno de humo. Jaime descubre allí a dos individuos que discuten acaloradamente. Se acerca hasta ellos, escucha sus argumentos e interviene en favor del más apuesto: acaba de encontrar al gran amor de su vida. ¿Quién era ese hombre? Un personaje fundamental de la historia, una figura a la que debemos llamar, en esta parte del cuadro, con el nombre ficticio de Jorge Vicuña. Había nacido en Barcelona en 1933, y era hijo de un inmigrante aragonés y de una mujer oriunda del Ampurdán. Tras ejercer algunos oficios, el padre militó en las filas del Partido Comunista y tuvo que abandonar España al concluir la guerra. Cuando regresó del exilio, en 1949, era un hombre «viejo, hundido y acabado», según un testigo, que había sufrido como muchos otros a causa de sus convicciones políticas. El pequeño Jorge creció, pues, en un hogar modesto donde acechaban a diario las sombras de la derrota. Es fácil imaginarle una infancia marcada por las privaciones y una adolescencia presidida por las ansias de redención social. Pero ¿cómo iba a lograrlo en aquella Barcelona conservadora y clasista? Este joven sin recursos económicos contaba con dos cartas infalibles –belleza e inteligencia– para triunfar.

Jorge Vicuña era extraordinariamente atractivo: alto, moreno, atlético, despertaba admiraciones a su paso. Esther Tusquets recuerda que «era guapísimo. Parecía una estatua griega», opinión que confirman otras damas de la época. Para entonces, cursa estudios de Derecho en la universidad, donde coincide con futuros escritores como Luis Goytisolo o Javier Tomeo. No importa que sea el alumno de extracción humilde, a quien algunos llamaban malévolamente «el chico del eterno traje marrón». Vicuña aspira a ser abogado, la profesión de moda, y además mueve los hilos para establecer las mejores relaciones. Javier Tomeo recuerda que «aunque no era de nuestro grupo, daba vueltas alrededor de las personas más brillantes. Y ellas le admitían porque era un chico simpático, cordial y encantador. Era muy extrovertido y tenía siempre la sonrisa a flor de labios». En poco tiempo, Vicuña se relaciona con compañeros de la burguesía y flirtea con muchachas de la buena sociedad. Si al final no obtiene la licenciatura, tendrá al menos una agenda con apellidos sonoros.

Otoño de 1954. Jaime y Jorge se convierten en amantes. Aunque ese amor discurre entre las aguas del secreto, el poeta no oculta la presencia de Vicuña en su vida. Al contrario. Suele invitarlo a casa de sus padres como un amigo más, y las hermanas están convencidas de que ese joven gallardo es otro de «los chicos de Estapé», un miembro tardío de aquel seminario formado por alumnos de élite. Pero la familia percibe también que no pertenece a la estirpe de los Barral, Goytisolo y Oliart. El joven del traje marrón desprende cierto aire *parvenu*, y los padres del poeta no tardan en ponerle un apodo: «el mozo de estoques de Jaime». Esto expresa lo que esperan del hijo: para ellos, no hay otro como él. Los Gil de Biedma harán chanza a menudo sobre esa forma de tauromaquia social. Indudablemente, el Elegido es el maestro y aquellos amigos que trae a casa son, según su categoría, otros diestros con los que comparte cartel o miembros esforzados de su cuadrilla. A Don Luis, en fin, sólo le falta recibirlos sentado al piano, interpretando *El gato montés*. Pero, según Jorge Vicuña, «el padre estaba acojonado con nosotros. Estaba incómodo. Sospechaba y se ocultaba tras el periódico en la butaca del salón. Para los padres burgueses, un intelectual era un perverso poliforme».

Aunque Vicuña no pudiera competir socialmente con los señoritos ni cruzar aceros dialécticos con Ferrater o Barral, tenía una inteligencia despierta y una gran afición a la lectura. En aquel tiempo acariciaba además la idea de convertirse en director de teatro; también quiso incorporarse a alguna célula clandestina del Partido Comunista, quizá en honor del padre. Tras abandonar la carrera, se convirtió en un hombre de porvenir incierto, pero nadie puede negar la fuerza de su ambición y la nobleza de sus aspiraciones. En el fondo, Vicuña seguía queriendo ser admitido en la alta sociedad, y en aquella Barcelona franquista un modo de conseguirlo era compartir la cama con alguien de buena cuna. Javier Tomeo sostiene que «Jorge lo hizo porque necesitaba dinero. Nada más». El poeta Ángel González recuerda, a su vez, la primera conversación a solas con él tras abandonar juntos la casa de Jaime Salinas, en 1956: «Bajábamos por las solitarias calles del Putxet, y él me comentó: "Aquí hay mucho homosexual. Jaime Salinas, Berg y algún otro. Yo mismo tengo relaciones con un hombre mayor, un viejo. Pero no soy homosexual. Me dejo porque me conviene en algunos aspectos."» En aquel momento Ángel González no sospechó la identidad de ese amante viejo y días después le comentó la anécdota a Gil de Biedma, en el café Gijón de Madrid. Entonces el poeta le escuchó contrariado y, bajando la voz, le confesó: «Ese hombre mayor soy yo.» González supo así que los rumores eran ciertos. Jaime Gil era homosexual. Pero en Vicuña anidaban motivaciones más profundas. Según un amigo: «Yo creo que Jorge buscaba al padre. Su padre había vuelto derrotado del exilio y era un personaje inservible como figura paterna. Jaime, en cambio, acumulaba el poder que atribuimos al padre: era el más fuerte intelectualmente, el que sabía más literatura, el más brillante y el más encantador en el trato social. Además pertenecía a una familia rica que había ganado la guerra. Eran la noche y el día. Entrar en ese mundo y poseer a uno de sus miembros debía excitar a Vicuña de una manera especial... Tanto como a Jaime ser poseído por uno de los vencidos.»

EL PRIMER REFUGIO

¿Tuvo el Sótano Negro un precursor? Ciertamente lo tuvo, pero muy pocos conocieron su existencia. Era un apartamento minúsculo situado en la calle Atenas, 5, a un tiro de piedra de la casa de Barral. Ocupaba una superficie de unos treinta y cinco metros cuadrados, con una pequeña entrada, baño, una habitación y una ventana que daba a un patio interior. No había cocina. Algún testigo recuerda que el primer nido de Gil de Biedma «tenía bastante gracia: varias tiras de papel de craft –para embalar– colgaban a modo de cortinas». Allí el poeta iba exclusivamente a descansar, a fornicar y a leer. Según Jorge Vicuña: «Aquello era un jodedero, pero además servía para dar refugio temporal a gente que se marchaba de su casa.» También se ocultaba allí alguna muchacha que había quedado embarazada y deseaba reponerse tras haberse sometido a un aborto ilegal.

Irónicamente, se hallaba junto a una residencia del Opus Dei, como una prueba más de la España sumergida. Aunque Vicuña sostiene que el poeta hizo poco uso de aquel estudio, es obvio que fue un lugar de encuentros amorosos y le proporcionó un techo lejos de la calle Aragón. En cierto modo, aquel cuchitril se convirtió en el reverso oscuro del ático luminoso de Barral. En Atenas, 5, no había sesudas discusiones literarias, ni grandes conspiraciones políticas, ni visitas que el tiempo haría más o menos célebres. Sólo fugitivos de una epoca sórdida e hipócrita, jóvenes con un inmenso poderío vital amordazado, almas sedientas de oxígeno que aprendieron a respirar –como Gil de Biedma– en lugares tan negros como su futura reputación.

EL SEÑOR KAVAFIS LLEGA A LA CIUDAD

Barcelona, 1954. Una mañana de otoño Jorge Vicuña se acercó a la iglesia de los Padres Capuchinos, atraído por unos cantos guturales que resonaban en la calle Pompeya. Tras entrar en el templo quedó hipnotizado ante la visión de una ceremonia religiosa de novela rusa. Al concluir los oficios, el sacerdote se le acercó y le dijo: «Tienes ojos de artista.» Y en ese mismo instante el Père de Trennes irrumpió como un ciclón en sus vidas. ¿Quién era aquel personaje misterioso a quien se debe el descubrimento de Kavafis en España?

Se llamaba en realidad Pacho Aguirre y había nacido en el seno de una familia acomodada asturiana. Desde niño sintió la llamada de la fe y, tras renunciar a los negocios familiares, inició la carrera eclesiástica. Durante un viaje a Grecia en 1936 le sorprende la noticia del Alzamiento, viéndose obligado a permanecer en Atenas. Durante los tres años de guerra civil, Pacho Aguirre fue probablemente el español que llevó una existencia más plácida y venturosa. Varado en tierras helenas, conoció a un pescador del

Pireo y mantuvo con él una apasionada historia de amor. Eran dichosos en aquel nido marinero de ventanas azules abiertas al puerto, y en las épocas de bonanza cogían la barca con rumbo a alguna costa apartada del Egeo. Allí se bañaban desnudos y se amaban hasta caer el sol. El Père de Trennes refería a Gil de Biedma los pormenores de su resurreción física junto al pescador, la luz cegadora sobre su recio cuerpo moreno. El rumor de las olas.

Al acabar la guerra, Pacho Aguirre regresa a España e inicia una brillante carrera universitaria que le llevará a ser catedrático de griego en la Universidad de Oviedo. Al poco tiempo, sin embargo, decide convertirse en sacerdote católico del rito oriental. A mediados de los cincuenta, el Père de Trennes visita regularmente algunas capitales españolas, en las cuales celebra misa para las pequeñas comunidades griegas. Jorge Vicuña lo recuerda en plena ceremonia, oficiando con devoción los ritos de la liturgia. Pero luego este sacerdote guardaba con sumo cuidado los hábitos, se vestía de paisano, se calaba una boina y bajaba al Barrio Chino, según Vicuña, «a follar y beber como un tigre». Esta doble vida tenía absolutamente intrigado a Gil de Biedma, que vivía atormentado por su homosexualidad y su forzosa doble vida. A veces miraba a aquel hombre de corta estatura, rostro redondo y una expresión de tabla bizantina.

–¿Cómo puedes follar siendo cura? –le decía–. ¿No sientes ningún remordimiento?

–Al contrario. Cada día me levanto, me confieso y doy gracias a Dios porque aún conservo la fe. Es lo principal. Otros llevan una vida serena y la han perdido. Pero yo peco y sigo creyendo en Dios.

El Père dominaba varias lenguas muertas incluido el arameo, y era capaz de reconocer a simple vista la nacionalidad de los marineros que visitaban los burdeles de las Ramblas. «Ahí va un sirio», les decía, o «Ése es armenio». Según Jorge Vicuña, el Père de Trennes respondía al tipo clásico de sacerdote ortodoxo ruso, «esos curas dostoyevskianos que follan, beben, lloran, se arrepienten y luego se cambian de iglesia para volver a empezar. Era un hombre íntegro, decente, moral. A nosotros nos inspiraba mucho respeto». Tenía, además, excepcionales ocurrencias. En una ocasión, uno de aquellos señoritos dio muestras de intensa calentura en el *hall* de un viejo hotel, y el sacerdote le dijo: «Subimos al cuarto, te hago una paja, te calmas de una vez y volvemos para seguir charlando con los demás.» Vicuña confirma la anécdota: la atribuye, sin dudarlo, a «esa inquebrantable voluntad de servicio que tenía el Père de Trennes».

Una tarde Pacho Aguirre le habló de un raro poeta alejandrino y le dejó algún poema suyo traducido del griego. Vicuña sucumbió al encanto de aquellas palabras y el hallazgo corrió como la pólvora: Jorge se lo descubrió a Jaime, éste a Juan Ferraté, y Ferraté a Carles Riba, que se convertiría poco después en el primer traductor ilustre de Konstantinos Kavafis a una lengua del Estado. Escribe Gil de Biedma que las versiones del Père de Trennes no eran «literalmente notables pero las leía con mucho sentimiento». ¿Cómo iba a olvidar la primera vez que la voz solemne del sacerdote se alzó para celebrar ante ellos esta ceremonia de la vida?

> Vuelve muchas veces y tómame,
> sensación amada, vuelve y tómame,
> cuando el recuerdo del cuerpo despierta
> y un antiguo deseo recorre la sangre...

Ahora Jaime siente un relámpago que le atraviesa por entero. ¿Es el mismo que oyó aquella noche en Londres en casa de Paco Mayans? No. Es una fuerza aún más poderosa: el esplendor de la carne y su memoria. Esa mezcla de recuerdo y de deseo hace revivir de nuevo el placer físico del pasado con una intensidad única en literatura. Pero así como Jaime Gil reconoció mil veces la deuda con Eliot, el influjo de Kavafis permaneció en la sombra, reservado para los amigos. Por esas mismas fechas presenta al Père de Trennes a Juan Goytisolo, quien lo incorporaría casi medio siglo después como personaje de su novela *Carajicomedia*. Aquí, el sacerdote asturiano bebe gin fizz en el Panam's e introduce unas monedas en el *juke-box* para bailar con un guapo muchacho el pasodoble *Paquito chocolatero*. El 15 de septiembre de 1955, Gil de Biedma escribe una carta a Gabriel Ferrater dándole noticias de Pacho Aguirre: «Acaba de llegar de Grecia en un estado de exaltación que temo acabe por llevarle a la Comisaría.» Entre los papeles que el poeta dejó al morir, se encontró una nota con la frase: «El Père de Trennes fue un personaje extraordinario.»

LA TORRE DE BABEL

En otoño de 1955 un joven de apellido español llegó del exilio procedente de Estados Unidos: era Jaime Salinas, hijo del gran poeta de la Generación del 27. Una serie de azares le habían conducido hasta Barcelona, donde entró a trabajar en la editorial Seix Barral con el encargo de organizar la empresa. Culto, refinado y homosexual, se instaló en una villa isabelina del barrio del Putxet. Según Salinas, «aquella casa se convirtió en una especie de núcleo para la gente, porque todo el mundo estaba casado o vivía aún con su familia y mi casa servía de centro de reunión».

Entre aquellos visitantes, Gil de Biedma le produjo la mejor impresión: «Vi en Jaime a una persona educada, brillante; además, una persona que había vivido en Inglaterra y cuyas preferencias literarias coincidían con las mías, algo que no esperaba encontrar en España.» El sentimiento es mutuo. Son anglófilos, ligeramente *snobs*, y luego comparten las mismas preferencias sexuales. Salinas no ha olvidado la primera incursión por el Barrio Chino de la mano del poeta:

> Aquella noche salimos y me impresionó muchísimo. Jaime conocía perfectamente los bajos fondos y el código de la prostitución. Era algo que yo jamás había visto. En aquella época la prostitución masculina no existía en Estados Unidos y me extrañó aquel mundo. Recogimos a dos chiquillos y nos los llevamos a un hotel de mala muerte. En realidad no ocurrió nada porque estábamos borrachos. En el momento de marcharse mi chico, Jaime dijo: «Dale veinte duros.» Me quedé totalmente desconcertado.

A menudo Gil de Biedma acude a la villa de Salinas, situada en el número 5 de la calle Felipe Gil. Generalmente le acompaña Jorge Vicuña: «Un chico alto, guapo y simpático –según el anfitrión–, pero que luego tenía sus oscuridades y sus problemas de tipo social y cultural.» ¿Qué buscaban en aquella zona tan diferente del Ensanche? Unas calles tranquilas, fomadas por viejos chalets erigidos en la primera mitad del XIX como residencias veraniegas, con porches fernandinos y jardincillos de aire romántico. Allí el poeta recobra los deliciosos aromas del pasado. Y escribe en su Diario:

> Jaime [Salinas] ha tenido la gran ocurrencia de poner el desayuno en el mirador. Entra el sol, luz de domingo. Se ve el jardín diminuto, los árboles y las casas al otro lado de la calle de Felipe Gil. El barrio apartado, tranquilo, burgués, con jardineros y perrazos, devuelve a la infancia. Es algo no vivido: el sabor de la infancia simplemente.

Aunque la casa es algo incómoda y fría, los amigos se acostumbran a los salones con tresillos vieneses tapizados de seda. Según Barral: «Era una casa de crimen de novela inglesa, que pronto, a partir de la primavera de 1956, rivalizaría con el ático de San Elías en las residenciación de nuestros eternos diálogos y conjuraciones culturales.» Pero es lugar, sobre todo, para dejarse ser en amistad. El anfitrión ha enseñado a Gabriel Ferrater a preparar *dry martinis* que consumen inmoderadamente a la hora del aperitivo. Luego se deleitan con los platos que prepara Braulia, la criada. Barral habla de «amistosos almuerzos y largas y regadas sobremesas». Entonces Salinas y Gil de Biedma cantan a dúo canciones que aprendieron en la infancia de sus niñeras castellanas: *Inés, La viudita del conde laurel* o *En Cádiz hay una niña*. Son las horas de felicidad.

Salinas, además, influirá directamente en la conducta del poeta, quien alude a su instinto moralista y a su «pasión redentora». En una nota del Diario del 56 se lee: «Encendido sermón de Jaime Salinas, reprochándome mi excesiva afición a derrochar el tiempo, mi excesiva afición a la jodienda y mi excesiva afición a comportarme de un modo "cavalier" con la gente que no me interesa.» Con frecuencia, los amigos hacen circular en exceso el alcohol, que acaba por despertar sus demonios. En esas fechas Salinas mantiene una relación sentimental con un joven islandés, Gudbergur Bergsson, que se instala en la casa. De inmediato Jaime Gil le bautiza afectuosamente «el Oso Polar» o «Hans de Islandia». Pero, según Carme Riera, se crean tensiones y surge entre los tres «cierta celosa rivalidad». En opinión de Salinas: «Bergsson era sumamente atractivo y no me hubiera extrañado que Jaime hubiese tenido interés físico en él.» Jorge Vicuña discrepa: «No era el tipo de Jaime, porque Berg parecía un querubín caído del cielo.» Cierto. Pero el poeta no podía permanecer indiferente ante un humilde pescador islandés, cuya apostura debió recordarle por fuerza a la de Juan Antonio Padró. El primer amor.

En todo caso, se produjo un incidente en una de las habitaciones de la villa, que concluyó de forma abrupta. Escribe Jaime Gil: «Hans de Islandia vaga a torso desnudo de habitación en habitación, buscando su camisa, y se empeña en retenernos. Viene, me abraza afectuosamente y, sin mediar palabra, me arrea una bofetada. Una verdadera bofetada que me deja el oído izquierdo zumbando como un cable en descampado. Yo me echo encima de él, pero Jaime [Salinas] me sujeta y, cuando protesto, indignado, dice que salga de su casa. Tanta injusticia me subleva.» Según el anfitrión: «A Jaime le sentó muy mal que le echara de mi casa. En ese momento se enfriaron nuestras relaciones durante varios meses, hasta que comprendió que mi relación con Berg era seria y ya no trató de minarla más.» ¿En qué términos había querido minarla? Según un testigo en la sombra: «Es sabido que tuvo un lío con Berg y los otros se cabrearon.» Marsé quita hierro: «Ah, bueno, aquel lío que tuvo con Berg...» Pasada la tormenta, Jaime Salinas evocó así su estancia en la villa del Putxet: «Aquello era una especie de extraña Torre de Babel. Pero fuimos terriblemente felices e irresponsables todos durante un año.» En la actualidad, aquel joven islandés se ha convertido en el novelista más famoso de su país.

EL OTRO VIAJE A ORIENTE

Invierno de 1956. El abogado de empresa Jaime Gil de Biedma vuela a Manila en comisión de servicios. El objetivo de su estancia en el Archipiélago es el estudio de la legislación local, especialmente en materias tributarias, laborales y corporativas. Don Luis Gil de Biedma, director de la compañía, le ha ordenado además que se familiarice con la organización y problemas de la administración general en Manila y sus instalaciones de provincias.

No es cierto, como se vio en la primera parte del cuadro, que hiciera el primer viaje con Fernando Garí, quien llegó a la isla días más tarde. En realidad iba con Fernando Barata, un alto cargo de la compañía que le previno de los peligros de la vida nocturna del país. Aprovechando la escala de ida en Roma, el poeta decide reunirse allí con Jorge Granados, un antiguo amante que había conocido en Madrid en 1951, y descendiente del músico. ¿Fue él quien le condujo al pinarcillo de la Facultad de Letras? ¿El compañero del poema «*Peeping Tom*»? Enigma. En todo caso, es la hora del reencuentro: «Jorge, guapo como siempre y otra vez con barba», anota en su diario secreto. En Roma Jaime Gil no visitará un solo museo, pero conoce a María Zambrano a través del amigo y luego se dedica a cenar y pasear con él por las callejuelas del Trastevere. Al entrar en el apartamento del pintor percibe el olor de pintura al óleo fresca, «que a mí siempre me pone en vena de recuerdo sentimental». Escribe: «¡Y tan raro dormir otra vez juntos! Sentado al borde de la cama, mientras me descalzaba, casi hubiera preferido irme a la otra habitación. *All time is unredeemable*. Aunque físicamente apenas hayamos cambiado, el temple amoroso de cada cual es ya muy otro.»

Al llegar a Manila se instala en el Hotel Luneta, frecuentado por algunos europeos que parecen salir de un relato de Somerset Maugham. Así los verá el viajero: personajes de esmoquin blanco, que se sientan a leer en la veranda del *bungalow* un número atrasado del *Daily Mail*, bebiendo a tragos cortos un Singapore Sling que su *boy* les ha dejado silenciosamente a mano. Aunque Jaime sucumbe a los trópicos, aún le invade la nostalgia romana, tal como atestigua su carta a María Zambrano y este párrafo de otra a Jorge Granados: «A veces, por la mañana, si me ofrezco a la ducha furiosa, un cabello desnudo, olvidado en el pecho o el hombro, me despierta y recuerdo: "Hasta aquí llegó Jorge." ¡Oh inundación que se retira, niveles demasiado pronto abandonados! Luego, durante el día, el cuerpo duerme bajo la ropa, lo mismo que la pistola que se deja en la mesilla de noche hasta que llega el momento de cometer el crimen.» Una imagen que será su vida.

Alejémonos un instante del cuadro. El Gil de Biedma abogado acude a las oficinas de la compañía y departe con los compañeros de empresa. Pero cuando llega al hotel escribe en su Diario: «Me siento demasiado aburrido, demasiado harto de la tribu tabacalera», o: «Me muero por salir del cogollo tabacalero; estoy harto de europeos de quinto orden. Cuando veo a un grupo de muchachos a la puerta de un bar o por la calle, cogidos de la mano, casi grito de ganas de hablarles.» A los pocos días, este abogado español ya ha sucumbido al hastío laboral y también a la impaciencia, que, junto a la pereza, acabará siendo uno de sus pecados capitales. El Gil de Biedma poeta escribe en seguida a Barral –el 20 de enero de 1956– para darle noticia de su encuentro en Roma con María Zambrano y de sus contactos para difundir allí la obra poética de ambos en *Botteghe Oscure*. El Gil de Biedma erótico, por último, se dedica a la contemplación del macho oriental desde el automóvil que recorre la bahía. Pero su condición de europeo le contiene: «Me abruma la continua incomodidad de sentirme un ser genérico, un blanco. No soy o no represento más que eso, y me humilla.» Descubre así que las gentes que le rodean en el trabajo han contribuido a ello con su insufrible y petulante suficiencia, con su racismo incurable. Por su culpa el intrépido buscador de perlas del Barrio Chino es aquí un individuo tímido y apocado: «Si por lo menos me atreviese a trabar conversación con los *boys* del hotel...»

Pero no es su estilo. En Gil de Biedma manda la energía sexual y prefiere perderse en los bajos fondos de la ciudad en pos del placer inmediato. Según él, Fernando Barata le había contado en el viaje que «no se puede pasear de noche por la Luneta "porque aquello está lleno de maricones subidos a los árboles y cuando pasas por debajo se arrojan sobre ti, te dan por culo"». Y añade el poeta: «Demasiado maravilloso. Demasiado increíble, pero todos los bares de Ermita estaban ya cerrados cuando anoche salí del *party* de Tony Rocha, bebido y pidiendo guerra, dispuesto a creer lo que fuese. A la Luneta pues.» Los astros también le empujan a ello: Júpiter en el ascendente Géminis le confiere vitalidad y amor al riesgo. Es su marca. Y lo será siempre. En este otro pasaje del Diario secreto explica admirablemente su funcionamiento: «Manila me gusta mucho. Hoy además no he sentido esa violencia –dicho de verdad: ese miedo– que el domingo pasado, en mi recorrido *downtown*, llegó a ser casi intolerable al tiempo que me producía placer. [...] uno pasea por la calle como si alguien le acechara, como si en cualquier momento pudiera desaparecer.»

Al final dará el paso definitivo. Una noche se deja llevar por un joven alcahuete hasta un *bungalow* de madera de la calle Mabini. En aquel cuchitril infecto, Gil de Biedma le practica una felación al muchacho y luego se enzarza en una escena erótica con una parejita joven que ha irrumpido en el cuarto acompañada por el dueño del burdel. Todo ocurre bajo el foco de la linterna de este chino viejísimo e inmemorial, quien, asombrado por el tamaño del pene erecto del español, acabará masturbándole en presencia de todos. El poeta escribe:

> Me reí a carcajadas; hacía tiempo que no me reía tanto. Y en un momento me corrí. Aquello tenía la grotesquería solemne de alguna escena de corte de Saint Simon. Ahora el viejo me secaba con mis calzoncillos, siempre minucioso, luego se retiró con ellos. No sé por qué me volvió mi más británico inglés y le llamé *dear*. El chiquito se levantó de la cama.
> —*D'you like mestissillos?**

Desde aquel día los *mestissillos* se convierten en uno de sus fetiches eróticos, liberando su libido como un caudal desbordado. En poco tiempo se hará un habitual de Escolta, la calle principal *downtown* en la Manila de la época. Ha hallado, al fin, unas nuevas Ramblas. «Recién llegado a Manila, cuando veía a las parejas de muchachitos esbeltos cruzar la calle, con esa incomparable y graciosa lentitud de aquí, apaciblemente cogidos de la mano, tras ellos se me iban el corazón y los pantalones. Era, por fin, mi patria, mi nativo país soñado.» Según Fernando Garí: «Su padre me había dado instrucciones para que más o menos le vigilara.» Pero Jaime solía zafarse de su vigilancia. En este contexto las noticias de Barcelona le producen siempre desasosiego y un profundo sentimiento de culpa. «Una carta de mi padre y otra de mi madre. El efecto, como siempre, desastroso. Angustia; lo mismo que si soñase que voy andando para darme cuenta de pronto que no avanzo un paso.» Así es. Hasta el mar de la China le llegan los consejos paternos, los sermones, las pláticas de familia. Don Luis le habla como «si yo le hubiese dicho que deseaba volver y dice que permanezca aquí, "sacrificándome", el tiempo que sea necesario... Debe de ser que la nostalgia se me supone».

Cuando el poeta olvida a los suyos, se siente repentinamente dichoso. En su Diario habla de un paseo matutino por Intramuros, la ciudad vieja española, y se recrea «en uno de esos momentos en que la vida coincide por fin con uno mismo». Esta impresión se repetirá días más tarde, en un paseo en taxi. «Me sentía tan feliz, era tan fresca la brisa del río...», recuerda, que al llegar a Escolta aceptó la invitación del taxista de llevarle a un burdel que resultó ser un sórdido prostíbulo mixto surtido de niños y niñas. Gil de Biedma anota: «El chiquillo que se ocupó conmigo (dicho

---

* «¿Te apetecen mesticillos?»

sea en jerga de burdel barcelonesa) tenía doce o trece años. Ya no recuerdo su cara. Sólo sus calzoncillos lacios, color ala de mosca y desgarrados en la cintura.» La experiencia no va a ser satisfactoria:

> ... era un pobre grumete castigado a remar, un infeliz galeotillo «a la concha de Venus amarrado» –de Venus Urania, *bien entendu*. Empiezo a temer que el defecto de los chulos de aquí sea la falta de afición y mi recuerdo va, nostálgico, a los maravillosos chulos españoles, siempe prontos a olvidar en la cama que se acuestan por dinero, siempre dispuestos a aceptar el que buenamente les den, siempre dispuestos a pasar del escueto intercambio de bienes y servicios a la relación entre personas. No me importa pagar, pero quiero que me aprecien.

El poeta sale del prostíbulo reafirmado en sus gustos sexuales: «Los chiquillos no me gustan. A cada cual, lo suyo.» La leyenda negra de un Gil de Biedma corrupto y paidófilo se desmorona. Jorge Vicuña lo confirma: «No le gustaban los niños. Dudo mucho que tuviera experiencias de este tipo.» En lo sucesivo se propondrá respetar en lo posible el verso de Cernuda: «Iguales en figura, iguales en amor, iguales en deseo.»

LA CAVE DES ANGELY

Desde el principio Gil de Biedma estableció contacto con jóvenes artistas filipinos. A través de los hermanos Zóbel descubrió un lugar pintoresco y miserable –La Cave des Angely–, que era una barraca con aires de café-estudio, situada en el 18 de Mambini Street. El poeta se adentrará a menudo en el barrio de Ermita para visitar este lugar donde le aguarda el pintor David Cortés Medalla. Según éste:

> Jaime era entonces muy guapo, un poco rollizo como un querubín, y con un semblante risueño. Solía decirme que se veía a sí mismo como uno de esos caballeros oferentes que aparecen en las pinturas religiosas medievales. Y para probarlo, se arrodilló en el suelo de mi apartamento, mostrándome su perfil. Pero Jaime tenía otro lado. Desde el principio quedé impresionado por su temperamento apasionado y erótico y quise retratarlo. Le pregunté si tenía inconveniente en desnudarse para que pudiera admirar su cuerpo. Entonces Jaime se despojó de sus ropas y permaneció delante de mí, desnudo, hasta alcanzar una poderosa y gran erección.

A lo largo de la sesión, se mantuvo así mientras David le pintaba: el cuerpo bronceado por el sol del trópico y sudando copiosamente. «No me fue difícil imaginarlo como un joven sátiro, un devoto del dios Pan, y lo inmortalicé sobre un fondo dorado. Jaime quedó muy satisfecho con el retrato y me pagó una fortuna.»

David Medalla recuerda que a Gil de Biedma le encantaba bailar en su estudio al son de un rock and roll americano –*Mostly Martha*–, que brotaba del *juke-box* situado en el centro de la Cave. «Era feliz bailando con algunos muchachitos semidesnudos que frecuentaban mi casa. Sólo bailar. Bailar. *Dance!*» En su Diario el poeta describe una escena en la barraca que retiembla bajo el atronador volumen del Wurlitzer: «Baila una maravillosa puta callejera, sola mujer en la reunión. Bailan el hermanillo y la hermanilla de David y todos sus amiguetes de la calle, los más pequeñines con el culo al aire...» ¿Qué ocurre? Inicialmente le vencen las inhibiciones: para ellos este extranjero sólo es un tímido *kastilia*.* Pero luego le gana la fiesta: «Salgo con el primero que pasa por mi lado, bailo luego con David y luego con todos. Me estorba al principio el empeño de bailar bien, pero acabo dejándome llevar del gozo de moverme, girar, debatirme con la música, cogido de la mano de alguien que me sonríe jadeante. Y el ambiente se me sube a la cabeza –las pinturas de David, su absurda sofisticación, la viveza de los cuerpos, la miseria del lugar, la felicidad de todos.» *Partidarios de la felicidad.* Esa consigna de grupo que también florece en Oriente.

UNA CHICA ESPECIAL

En Filipinas, el joven abogado solía acudir a los *parties* que se celebraban en las mansiones de la *cosmopolitan society* de Manila. Una tarde fue invitado a una fiesta organizada por Tony Rocha en su casa de la zona residencial de Mandaluyong. Gil de Biedma conocía las aventuras de aquel personaje, un naviero millonario, pero no sospechaba que iba a reencontrarse allí con Mené Rocha: sobrina del anfitrión y antigua compañera de tertulias universitarias en Barcelona. Recuerda un amigo: «Las Rocha eran hijas de un médico filipino afincado en España, que organizaba reuniones musicales en su casa. No se parecían en nada a las otras chicas de Barcelona. Cultas, inquietas, independientes. Se podía hablar con ellas y no pretendían echarte el lazo.» Además, eran las primas de Barral. Mené

---

* «Español», en los diferentes dialectos del Archipiélago.

recordaría siempre la llegada del poeta a la fiesta, vistiendo con elegancia un vaporoso y fragante *barong tagalog*. Aquella noche pasaron la velada conversando animadamente en el jardín.

¿Qué había sido de sus vidas? Mené le contó que se había licenciado en Ciencias Naturales –la actual Biología– y que acababa de obtener una beca de investigación en Paleontología gracias al descubrimiento fortuito de una rara especie fósil. Tras su ruptura sentimental con un abogado mayor, ella había huido de España y había hallado refugio en casa de sus parientes filipinos. En Manila no le fue difícil encontrar trabajo como ayudante de la biblioteca de la American School, y ahora llevaba una vida independiente –incluso disponía de automóvil– que las españolas de su época sólo pudieron soñar. Pero bajo su mirada azul, aquella bióloga encantadora era una fugitiva con el corazón derrotado. Reencontrar a Gil de Biedma contribuyó a su resurrección. Dice ella: «Teníamos en común el haber dejado atrás difíciles y traumáticas historias de adolescencia. Y pronto iniciamos, por mutua provocación, el desmarque del grupo social al que parecíamos destinados... Lo que más nos divertía era salir juntos del contorno de aquella sociedad y dedicarnos a explorar por nuestra cuenta el verdadero país de los nativos.» ¿Podía Jaime hallar una compañera mejor?

Al acabar el trabajo, iban a cines tagalos donde entraban en la sala con la clásica merienda del país: unos bollos chinos; también fueron una noche a La Luneta a comer los célebres –y algo repulsivos– huevos *balut*, unos huevos de pato a medio incubar, con pico coalescente y plumitas comestibles. De la mano de Mené, el poeta visitó los mercados populares, rebosantes de productos exóticos llenos de colorido y se introdujo en callejuelas «muy peligrosas para los blancos», donde frecuentaron bares de mala reputación. Esas incursiones furtivas formaban parte de una intimidad que no compartían con casi nadie. Dice Mené: «Nos convertimos en dos cómplices leales. Coincidíamos en cierta osadía, los dos éramos intrépidos, aventureros, confiados y transgresores.» En el fondo, se hallaban a la búsqueda de la propia identidad, y su objetivo pasaba por burlar el cerco de aquella sociedad colonial que era la prolongación en ultramar de la pacata sociedad española.

En Manila ambos sucumbieron, pues, al impulso de soltar amarras y a él el juego le resultaba apasionante. En esos instantes cualquier observador les habría tomado por una pareja de enamorados. Paseaban en carretela: una graciosa calesita de dos plazas tirada por un caballo, o montaban en los populares *jeepneys*, los taxis colectivos adornados con colores chillones que marchaban veloces sorteando el tráfico denso y caótico de Manila. El hechizo del país les indujo, asimismo, a ahondar en su historia y su cultura. Fue Mené quien le recomendó la lectura de las obras de Rizal: el héroe nacional filipino. También le animó al estudio del tagalo y le trajo algunos discos de música china. Y esa música oriental sonaba para ellos cuando tomaban la última copa en el apartamento.

Antes de la estación de las lluvias, la pareja escapó varios días a Bais, en la isla de Negros, al oeste de Cebú. Jaime Gil iba como miembro de la comisión que debía visitar la Central Azucarera de la compañía, y Mené había sido invitada a pasar unos días con él en la residencia del gerente de la central. Recuerda Mené que llegaron en bimotor al aeropuerto de Dumaguete, donde les aguardaba un elegante coche negro que les condujo por una carretera costera hasta la Casa Grande, situada en una suave rampa entre los montes abruptos y el mar. Desde el principio el poeta se sintió a gusto en aquel edificio de planta cuadrangular, con un tejado a los cuatro vientos que se prolongaba en amplísimos aleros que cubrían generosamente las galerías abiertas de las tres fachadas nobles. «Es muy cómoda y alegre», anota en su Diario. Y sus anfitriones, el matrimonio Barata, les acogen con hospitalidad exquisita.

A lo largo de dos semanas aquél fue su cuartel general. Cada mañana Gil de Biedma salía de la Casa Grande y efectuaba las visitas de rigor a las instalaciones de la compañía. Luego regresaba a la mansión, tomaba un baño y se vestía adecuadamente para la noche. En la veranda hallaba siempre a Mené, arreglada y encantadora. Era la hora del whisky, de las conversaciones pausadas, de las confidencias. Según ella: «Allí aparecían los surtidos aperitivos como por arte de encantamiento.» Rodeados de servidores, los españoles disfrutaban del crepúsculo mientras aquellas figuras menudas y silenciosas –con uniformes blancos– se deslizaban sigilosamente en el porche de madera, ofreciendo *snacks*, antes de desaparecer como figuras de un ballet. «Para nosotros aquel espectáculo se encuadraba entre la perplejidad y lo insoportable», recuerda ella. Pero era frecuente en Filipinas. Los cuatro moradores de la Casa Grande, por ejemplo, podían tener más de diez personas a su servicio.

A los pocos días se cansan de pasar las horas muertas en la veranda, siempre con un whisky en la mano y picando *tapa* de jabalí. «La vida sedentaria que llevamos aquí empieza a agobiarme un poco», escribe el poeta. Entonces huyen a la playa de Bocanegra. Ahora el auto avanza veloz entre cocales y manglares siguiendo la línea de la costa. Los fugitivos se sienten libres, afortunados: han vuelto a escaparse y llegan a una playa diminuta, solitaria, de arena blanquísima y bordeada de altísimos cocoteros. Acostumbrados al Mediterráneo, sucumben a la visión lujuriante del litoral –el agua es de un precioso verde transparente– y sueñan con bogar hasta la isla de Cebú, cuya silueta se extiende hacia el Este. Existe una fotografía de Jaime con el bañador escueto, llevando a peso una *banca*, la típica embarcación ligera, moldeada en un tronco de madera clara, en cuyos flancos se acoplan dos flotadores de gruesa caña de bambú. El poeta aparece exultante, saliendo del agua, tras remar en aquel mar tranquilo que resplandece en mil escamas esmeralda. Está feliz de compartir con Mené aquel pequeño paraíso, los dos solos, Eva y Adán. El encantamiento del lugar se prolongará durante varios días. En su Diario describe otra jornada. «Día embriagador en la playa. Es imposible resistirse a la claridad del agua y de la luz y a la hermosura del paisaje. Dan ganas de cantar. Mené y yo nadamos mar adentro, hasta las empalizadas de bambú de las pesquerías. Nos sobresalta el viento que ulula al entrar en las cañas. Volvemos a la Casa Grande pasadas las cinco, quemados por el sol y muy dichosos.»

Aunque su relación con Mené Rocha nunca se ajustó «al temible esquema *chico-chica* que todo vástago de la burguesía española acomodada lleva clavado como un rejón», escribe, en Manila estaba sujeto a ciertas formalidades que le asignaban un papel «que nunca he sido capaz de representar convenientemente». La estancia en Bais, sin embargo, constituirá un hito central en su evolución afectiva. En esta isla permanecen juntos de la mañana a la noche, en un escenario exótico donde las esposas de los plantadores charlan en los porches de las solemnes casas del Valle. Antes de llegar aquí, «mi irremediable falta de naturalidad con las mujeres no me abandonaba en ningún momento», confiesa Gil de Biedma. Pero las escapadas en solitario a la playa de Bocanegra le descubren facetas maravillosas de la feminidad. En su Diario secreto analiza la naturaleza de su vínculo con la prima de Barral: «Mi afecto y mi afición por ella están ahora mucho mejor fundados y sé que podríamos convivir perfectamente. Me pregunto si llegaría a inspirarme ternura, que es conmigo la única manera genuina de llegarme a inspirar deseo. Hasta ahora jamás me ha ocurrido con una mujer.»

Es obvio que siente algo nuevo y se debate entre dos corrientes opuestas. De un lado le resulta «insospechado» pensar en una posible convivencia con Mené, pero luego reconoce que «Antes que homosexual soy rabiosamente homosentimental», un autorretrato que debe tenerse en consideración. Es un hecho que antes de Mené jamás había imaginado que podría enamorarse verdaderamente de una mujer. Sin embargo, la posibilidad está en Bais más cerca que nunca y él lo sabe. Por eso escribe: «Si eso sucediera me vería forzado a un complicado reajuste de todos mis esquemas mentales y sentimentales.» ¿Qué le pasa? ¿Tiene miedo a sentir amor o a traicionar su juramento homosexual? En la isla está descubriendo por sí mismo que la mujer no sólo puede ser objeto de deseo sino que resulta delicioso atravesar la vida en su compañía. En el fondo, no estaba preparado para esa noticia y se entrega a nuevas consideraciones que tienen algo de plan: «Primero y principal, tendría que estar seguro de mi fidelidad, y al plantearme esa cuestión claro está que no pienso en eventuales infidelidades anecdóticas: la vida es muy larga y las noches a solas más largas todavía.» Eso no sería un problema. El problema es otro: Gil de Biedma cree que no se puede convivir con nadie ocultándole sistemáticamente tres cuartas partes de la propia vida... E intuye que eso acabaría, quizá, sucediéndole con Mené, como le ocurre a diario en España. «Siempre me ha deprimido el espectáculo de los hombres casados recorriendo los bares a escondidas detrás de los chicos.» Pero se engaña: con Mené no habría necesitado ocultar nada.

Jaime se separará de Mené para proseguir su viaje a las islas de Panay, Cebú y Mindanao. Ella ha de volver, a su vez, a Manila para marcharse con sus tíos a San Francisco. Apenas hay tiempo de despedidas, pero algo ha ocurrido en sus corazones. Mené reconoce que hubo «un conato de enamoramiento por mi parte»; en cuanto a la historia en sí, no duda en calificarla de «gran idilio». Todavía hoy, la leyenda de que Gil de Biedma pudo casarse con Mené Rocha –más aún, que estuvo a punto de hacerlo– sigue viva entre algunas de sus amistades. Pero Ani Gil no cree que «mi hermano estuviera locamente enamorado de la Rocha». Ahora bien, ¿cuántos matrimonios de la época crecieron en tierras de pasión? ¿Cuántos no ocultaban secretos? De haberse casado con alguien, Mené Rocha habría sido la elegida. Casi medio siglo después, ella aún recuerda una de las noches en Manila. Habían ido a recoger a Chris Vera, un locutor de radio, y pasaron la velada bebiendo en un bar americano. De pronto, Gil de Biedma la miró largamente a lo ojos, cogió una servilleta de papel y esbozó «un indescifrable poema en inglés». Allí quedó para siempre, arrugado con los restos de las consumiciones, envuelto en una densa nube de humo.

DOS ESTAMPAS ORIENTALES

Ella se ha ido y el poeta ha vuelto a Manila. Cada noche abandona el hotel y se pierde en los descampados de La Luneta para satisfacer las urgencias de la carne. «*D'you like biniboys?*», le susurra una voz entre las sombras. «¿Te apetecen mariquitas?» Y escapa con el muchacho por callejones *malfamés* o se guarece en los fosos de las ruinosas murallas de Intramuros. Esos encuentros fugaces se alternan con relaciones más largas que hacen apasionante su estancia en Filipinas: Larry, un soldado americano con el que pasa alguna noche en el Sun Valley Hotel, tras la cual «hoy tengo los hombros y el cuello cubiertos de moretones», escribe; Salvador, «que tiene un temperamento que se aviene maravillosamente con el mío»; una prostituta que conoce en Hong Kong –«No estuve mal, pero una vez más verifiqué mi absoluta falta de interés por las mujeres; sólo me dan gusto y por lo tanto me dan muy poco gusto. Yo busco sobre todo en la cama un cierto estado de ánimo»–; Jay Romero, que se resigna a que este *kastila* al menos le sea infiel «con chicos limpios y de confianza»; Pat Ricaport, «un pampangano guapísimo», o Lino, «mi nuevo amante –otro amante nuevo, seré idiota–...».

En Manila ha sucumbido a una ansiedad erótica que le impide el sosiego. Es cierto que cumple en la empresa. Según Fernando Garí: «Muchas mañanas llegaba con una cara espantosa, pero era puntual y eficiente en el trabajo.» Pero no todos los empleados de Tabacos miran con buenos ojos a ese señorito español, el hijo del director, que ha cometido la herejía –en las colonias– de repudiarles en favor de los nativos. Su hermana Ani cree que «Jaime se saltó las normas desde el primer día y olvidó que formaba parte de un grupo de jóvenes que debía modernizar la compañía. Eran cambios que los viejos directivos de Tabacalera veían con mucho recelo. Y le pusieron en el punto de mira». No obstante, sus gustos sexuales podían ser de utilidad. Según Garí: «Jaime me proporcionaba información muy valiosa sobre algunas personas y sobre ciertas interioridades de la sociedad filipina. Sólo un hombre de sus características lo habría conseguido.» De este modo, pudieron conocer los pliegues sinuosos de una sociedad, la oriental, que en muchos sentidos constituía para ellos todo un misterio.

Los proyectos literarios –leer y concluir algún poema del ciclo «Las afueras»– permanecen paralizados por culpa de sus excesos. «Estoy muy cansado y me desespera no haber cumplido todos los planes de trabajo que ayer me impuse», reconoce. En poco tiempo recibe cartas de María Zambrano, Carlos Barral, Jorge Guillén, Natalia Cossío y del mismísimo Eliot, que le transmite su sorpresa por la aparición de *Función de la poesía y función de la crítica* en Seix Barral, de la que no tenía noticia. «Estos anglosajones creen, por lo visto, que una vez en el extranjero sólo pueden fiarse del cuerpo consular», comenta Gil de Biedma a Barral.

Aunque desea volver a escribir, continúa preso de la concupiscencia, siempre al acecho de alguna mirada o de un encuentro en la barra de un bar que «sólo sirven para redoblar mi excitación y hacer correr mi dinero. Por experiencia sé que no hay más que dos escapes en este círculo de obsesión erótica: enamorarse o marcharse». Solo a veces consigue aprovechar la tarde trabajando y alejarse por unas horas del vertiginoso tobogán erótico: «Escribo todo esto para borrarlo de la memoria», anota en el Diario. Gil de Biedma no escribe, pues, para recordar el pasado. Da la impresión de que su pluma destila aún la tinta del remordimiento y anhela cierta calma espiritual. En el fondo siempre ha sido así, siempre será así, pese a sus proclamas exculpatorias y algunos versos futuros exultantes de vitalidad.

Una noche de alcohol acude con otros españoles a un antro donde se inicia como *voyeur*. La escena es sórdida, descarnada, vulgar. Pero su pluma la eleva con una sangre fría y un toque de humor extraordinarios.

> Había subido más gente con nosotros, la alcoba era diminuta y estábamos todos de pie, apelotonados alrededor de la cama en donde la mujer, desnuda ya, se cubría el vientre con un chal. El toro –el primer toro, porque hubo tres–, un muchachillo de pelo largo y lacio, salió manso y hubo que retirarlo enseguida; había bebido demasiado y le dolían las tripas. Pero torito segundo resultó ser una auténtica delicia, un Gerineldos malayo, Gerineldillo pulido y torpe todavía, capaz de hacer llorar de amor a una nube sin agua, con el pelo en remolino y el culito respondón, prietas las cachas sonrientes, atolondradas y graciosas como tórtolas. Iba por buen camino cuando se oyeron afuera voces –*Here's Ben!*– y saltó prestamente de la cama, igual que un niño bien educado que sale de la habitación si las personas mayores empiezan a hablar de sus asuntos. [...]
>
> Ben entro desbraguetándose, se encaramó a mear por la ventana y estuvo enseguida a ello. Era un virtuoso, enseñado a machacar horas y horas con la expresión ausente y la precisión tranquila de un obrero cualificado, casi hermoso. Acodados a la cabecera de la cama, torito primero y torito segundo dejaban a veces de fumar y alargaban el cuello para captar mejor la destreza de un quiebro de riñones. Cuando la mujer estuvo harta y dejó de gemir, Gerineldos nos miró con sonrisa de hermano pequeño.
>
> –*He's the real toreador!**

A veces el poeta viaja a Hong Kong con el matrimonio Garí, en busca de diversiones. Pero se cansa pronto de ser el *chevalier servant* de la mujer del amigo o de visitar casinos y *night-clubs*. Una noche abandona el hotel y encuentra a un muchacho cerca del acuartelamiento inglés de Nathan Road. Es el principio de un descenso a los infiernos que le conducirá por callejas tortuosas hasta «el cuchitril más miserable que he visto en mi vida». Allí, el hermano del chico duerme en el suelo. Gil de Biedma se

* «Él es el auténtico torero.»

desnuda en silencio y cuando el muchacho sopla la vela, él salta por encima de los dos cuerpos para tenderse a su lado. Pero no será una noche erótica sino una pesadilla: la humedad le traspasa, los huesos le duelen, se siente prisionero entre aquellos cuerpos dormidos.

Durante horas y horas deseé que amaneciese, que fuese de día y despertase aquella gente, que me enseñasen la salida, que me abriesen la puerta. Con toda el alma lo deseaba: no hubo ni un instante, mientras estaba allí tendido y todo el cuerpo me picaba, en que la idea fija de escapar de allí no fuese pensamiento, no fuese el pensamiento. [...]
Entonces algo me dejó aterrado: descubrí que yo me iría. Me iría de allí, me iría al Hotel, me iría de Hong Kong, me iría a Manila, luego a España. Y en el Hotel y en Manila y en España y en cualesquiera otros sitios adonde fuera, me tumbaría en una cama, tendría un cuarto de baño y una maquinilla de afeitar, una silla para sentarme y un libro que leer. Otros en cambio saldrían por la mañana al tiempo que yo, pero no se irían. Cuando llegase yo al hotel ya estarían ellos en el trabajo, y a la noche siguiente, cuando yo me desnudase libre ya, rico otra vez, ellos entrarían otra vez allí, se arroparían en la misma pelliza nauseabunda, se dormirían otra vez rendidos, instantáneamente.

Es sin duda una de las mejores escenas de su Diario.
De regreso a Manila sucumbe a varios días de depresión. El descubrimiento de la miseria oriental le ha sacudido el alma. Aquellos chicos no son *biniboys* de Intramuros: son auténticos parias. Y sólo les espera la miseria absoluta, vivir siempre hostigados por las necesidades, aterrados, rechazados, retrocedidos al último escalón de la supervivencia. Aquella vida «será toda su vida», escribe con dolor. Acaba de nacer el poeta social.
La última semana Gil de Biedma se debate en un dilema sentimental. La proximidad de su marcha tiene muy inquietos a sus amantes filipinos... Jay, Pat, Lino, José de los Reyes... En vísperas de la partida, recibe continuas llamadas telefónicas, acosos nocturnos, amenazas, y un intento de chantaje que será el primero de su vida. Ha jugado con fuego y le invade la inquietud. «Camino de casa, al acecho de un ruido o una silueta, no puedo evitar una ojeada a los vanos de las puertas y a los matorrales del solar de enfrente», escribe. «Dos o tres veces a lo largo de la noche me levanto a comprobar que la puerta está cerrada...» «En fin, que tengo miedo.»
Pero logrará salir airoso. Las estrellas le protegen y emprende rumbo a casa tras cinco meses en Filipinas. Antes de tomar el avión se despide de Jay Romero y luego se dirige a La Cave des Angely. Allí está David Medalla, redactando la reseña de una exposición de Fernando Zóbel, futuro gran pintor abstracto. Jaime se acerca e introduce una moneda en el *juke-box*. Suena

alegre *Mostly Martha*, el *leit-motiv* de su aventura oriental. En el avión escribe: «Ya vienen las putas imposibles de por la mañana, y la chiquillería. Empieza el baile. Algunos se agrupan junto a David, que sigue impertérrito su crónica. La música, las putas, los chiquillos medio desnudos, la magnífica y natural incongruencia del lugar, me ganan. David pregunta si he bebido y que por qué no bailo. Digo que quiero recordarlo todo. En la calle, al marchar, me vuelvo y saludo con la mano. No sé si me vio.»

EL AMANTE SERIAMENTE ENFERMO

En junio de 1956 regresa a Barcelona. Aparentemente el poeta debería sentirse feliz. Sin embargo, las primeras impresiones de su Diario parecen desmentirlo: «Carezco de vida propia. Imposible referirse a otra cosa que no sean mis amigos, mis lecturas, mi trabajo.» Cierto que necesita a sus camaradas, pero algún encuentro con ellos resulta algo descorazonador, como su visita a casa de Gabriel Ferrater, quien ha decidido vender su biblioteca. Gil de Biedma encuentra al amigo bastante borracho, y le compra varios libros con el fin de proporcionarle algo de dinero. «La escena me ha deprimido», dirá después. Le duele ver a un hombre como Ferrater, inteligente, brillante, lúcido, pero inepto para la vida práctica. Tras la visita dejará un apunte soberbio: «Una de esas personas –yo me tengo por otra– que con los mismos defectos pero con menos cualidades, hubiera funcionado mucho mejor.»

Jaime Gil se acerca también a Sacristán y Castellet, cuyas conversaciones investidas de contenido político le ponen al día. Gracias a ello, puede informar por carta a María Zambrano sobre la nueva situación española: «Ahora existe el sentimiento de que esto puede acabarse, aunque nadie sepa muy bien cómo. Todos piensan que habrán de ver lo que venga [...] y empiezan a prepararse, no sea que suene otro imprevisto chasquido y, de la noche a la mañana, todo el aparatoso andamio del régimen se venga al suelo.» El poeta recuperará esta imagen al componer el poema «El arquitrabe», donde alude al estado de salud del Régimen: «Pues bien, parece ser que el arquitrabe / está en peligro grave.» La similitud con la carta de Zambrano es transparente. Algo ha de cambiar en la vida, algo ocurre en el poema... «Uno sale a la calle / y besa a una muchacha o compra un libro, / se pasea, feliz. Y le fulminan: *¡Pero cómo se atreve! ¡El arquitrabe...!*» Gil de Biedma ha vuelto.

Desde el regreso sale prácticamente cada noche y no vuelve a casa de sus padres hasta la madrugada. «Aclimatado, el cuerpo pide cama», escribe, y busca afanosamente el lecho compartido para templar la irritación erótica que le atormenta. «Esta miseria sexual periódica me exaspera –anota, pero no por principios morales sino porque– no tengo con quien entretenerme, pasados los primeros veinte minutos.» El alcohol contribuye a alegrar sus noches, aunque a veces provoca algunos incidentes que le enfrentan consigo mismo y con el señor Gil de Biedma. Registra en su Diario: «Muy deprimido. Hace dos días que estampané el automóvil nuevo de mi padre –se estaba mirando en él– contra la furgoneta de una absurda fundación religiosa llamada Misión española en París. Eran las cinco de la madrugada y me llevaba a un desconocido a dormir conmigo.» A raíz de ello empieza a detectar en él un rasgo que se acentuará con el tiempo: su facilidad para no percibir que está borracho. Luego al despertarse, «no recuerdo nada, y eso me asusta». Entonces el dolor de cabeza, el miedo ansioso y el mal humor le acompañan hasta el comedor donde le aguarda puntualmente su padre. Cada mañana, a la hora del desayuno, el caballero burgués y el poeta bohemio cruzan como sables sus miradas. Pero mientras Don Luis observa los ojos enrojecidos y acuosos del hijo, éste sucumbe a los fogonazos mentales de la farra e ingenia para sus adentros la primera frase del día: «He de agradecer, sin embargo, la resistencia invariable de dos fieles servidores; el hígado y la pija.»

No va a cambiar. Ha encontrado, además, un nuevo compañero de correrías, Juan Goytisolo, que se halla cumpliendo el servicio militar en Mataró y suele escaparse de permiso a Barcelona. El novelista tiene motivos para acercarse al poeta: «La reputación sulfurosa que le envolvía realzaba su frescor, independencia, originalidad. Eran los tiempos de Panam's, La Venta Andaluza... Jaime y yo explorábamos el mundo de las Ramblas, Barrio Chino y el puerto.» Es el mundo de bares ruines y mal iluminados, cerilleras, estraperlistas, tullidos, vendedores de grifa, tiendas de gomas, habitaciones por horas, prostíbulos de mala muerte, toda la corte de los milagros hispana. Aunque Goytisolo asegura que «nuestras imantaciones eróticas no coincidían», hubo una noche, al menos, en que confluyeron. Así la describe Gil de Biedma, que la juzga «delirante»: «Esperaba un rato de conversación más o menos literaria, y no una interminable travesía por tugurios de absoluta irrealidad, en compañía de un limpiabotas bufón y agradador llamado España, para finalmente desembocar en la cama y en un circuito pintoresco: a Juan le gustaba el limpiabotas, al limpiabotas le gustaba yo y a mí me gustaba Juan. Me divertí mucho.»

Con la llegada del buen tiempo planea escapar a la Costa Brava, pero se le diagnostica una tuberculosis. Conocemos ya la irritación que le produce la noticia, también la exasperación derivada de la solicitud de sus padres y algún velado reproche paterno, que atribuye el mal a los excesos de su vida disipada en Filipinas. La relación con el servicio, en cambio, está libre de fricciones. Tanto Gregoria como Modesta toman su enfermedad como cosa propia, y la idea del poeta seriamente enfermo quizá provenga de esas mujeres que crecieron en pueblos donde la tisis no se mencionaba jamás. Pero en la Barcelona de los cincuenta Gil de Biedma muestra un aspecto muy saludable, llevando, según él, «esta vida de eunuco gran visir» y se permite bromear sobre su enfermedad. En vano Eti le reprocha sus comentarios burlones: el señorito se siente cada vez más acorde con su papel: «Jamás imaginé castidad tan tranquila ni mejor tratada», escribe. Cada mañana debe recoger una muestra de orina en un frasco tubular, de cuello rígido, acto que le sugiere inmediatas asociaciones coitales. Allí está su *membrum virilis*, la pija española, entrando en aquella vagina de cristal como «un pececillo doméstico». Miccionar le produce entonces una sensación «aguda y luego deliciosa de estarse yendo, sin esfuerzo, sin querer. Como estar despierto y correrse en sueños». De pronto llaman a la puerta, y entra Gregoria con paso diligente, toma el frasco, lo examina al trasluz con mirada circunspecta antes de dar su aprobación. «No puedo estar demasiado enfermo», anota él. Y mientras la criada desaparece, el poeta recuerda a Góngora: «Buena orina y buen color, y tres higas al doctor.»

El cariño inmenso por las viejas criadas cristalizará por escrito durante su retiro en La Nava: «Modesta es un ser humano excepcionalmente adorable y admirable. Por su capacidad infinita de ternura y compasión –siempre pienso en la Benina de Galdós, en *Misericordia*.» Según Jorge Vicuña: «La quería más que a su madre.» Y para entenderlo debemos volver a la infancia. Recuerda Jaime: «Mi madre era una persona muy inteligente, y que nos quería mucho, pero a la que los niños la aburrían a perecer.» Por una cuestión de orden social, no tenía que aguantarlos demasiado tiempo y era requerida, principalmente, para poner orden y dirimir pequeños pleitos domésticos. Doña Luisa Alba, por tanto, era la encargada de impartir justicia como habría hecho un padre. Luego los niños regresaban a sus cuartos para seguir jugando, a salvo en el bendito mundo de Modesta. Sabemos por sus hermanas que la idea de escribir un texto largo sobre Eti fue uno de los proyectos que no llegó a realizar. Pero su testimonio de gratitud hacia las criadas ilustra, por contraste, la textura de sus propios sentimientos: «El amor de Modesta y de Gregoria por cada uno de nosotros, tan puro, tan absolutamente bondadoso y desinteresado, me conmueve y me deja sin saber qué hacer: nada piden, nada quieren más que seguir queriendo. Uno está acostumbrado al amor cuya punta de lanza es el instinto de posesión o el instinto de defensa contra la posesión. Un amor que no es cuestión de posesión, le deja inerme.»

Recluido en la Casa del Caño, el enfermo reparte su tiempo entre la cama y el jardín. No hay lugar para el amor, salvo el que siente por las mujeres que le rodean; tampoco hay lugar para el deseo, que no puede satisfacerse en compañía. El sexo, sin embargo, sigue ahí, agazapado, a medida que avanza el verano y llegan los primeros fríos. Entonces, el poeta escucha cómo el viento golpea el portón de la calle del Vizconde. Luego cae dormido al calor de la chimenea. Escribe: «Anoche me corrí durmiendo. No sé cuántos años hacía que no me ocurría, muchos. Castidad, castidad, qué de crímenes se cometen en tu nombre...» En menos de un mes el letargo erótico toca a su fin. Hasta ahora había vencido las solicitudes de la carne refugiándose en la escritura... «Si no, adiós poemas y adiós ensayo sobre Guillén...» Pero el acoso de las ráfagas de calentura sexual va en aumento. De un lado necesita desfogarse, del otro un respiro. Anota en el Diario: «Me daría dos semanas de completo descanso, pero sé que enseguida me aficiono a la pereza... Temo además que unos días de holganza vuelvan a despertarme la fastidiosa impaciencia erótica que por fin he conseguido distraer.» Esta sencilla confesión encierra una de las claves de su funcionamiento erótico... Es la vieja historia del sexo que brota en los campos del tedio.

Gil de Biedma tiene un insaciable apetito de diversiones y, en su defecto, necesita ocuparse en algo que le aleje de la llamada imperiosa del Deseo. Ahora gasta el tiempo tomando fotos con su cámara nueva. Fotografía compulsivamente y se deja fotografiar, como si la imagen fuera un complemento a la escritura de su Diario. Pero en el fondo es una figura prisionera de sus contradicciones. En el Diario juzga con rigor marxista a los suyos, condena a los de su clase y provoca incluso el llanto de la madre. Pero luego sale al Jardín de los Melancólicos y se dedica a inmortalizarles con su cámara. Observemos brevemente seis fotografías al azar: aquí está Merceditas, acariciando las flores, posando junto a un estanque de piedra, o segando la hierba que rodea el palomar; allí está Carmen echada en la tumbona, peinando su cabellera rubia junto a la piscina o bebiendo de un cántaro al caer la tarde. Son mujeres de su sangre, sorprendidas en gestos cotidianos, instantes de dicha que él atrapa para que resistan los rigores del tiempo. ¿Es un cronista severo o un fotógrafo francés de principios de siglo? Recuerda una hermana: «Se pasó aquel verano fotografiándonos a todos. Dormía con la cámara.» En La Nava, pues, el enfermo no sólo registra las palabras ácidas de la conciencia, las del señorito rojo, sino las imágenes dulces de un mundo que no volverá. Casi medio siglo después estas fotos nos muestran otras caras de la realidad, los polos opuestos entre los que fluye tortuosa y contradictoria la vida del poeta.

Ya en Barcelona, se reincorpora al trabajo por la mañana y luego se refugia en la cama por las tardes por indicación del médico. ¿Qué hay de la literatura? Jaime Gil ha adquirido la costumbre de escribir en sus largas horas de oficina. Años después él mismo haría circular una leyenda que expresó así: «La identidad de uno es apasionante solamente cuando se convierte en proyecto. Recuerdo con verdadero placer esa época maravillosa de juventud cuando salía del trabajo y me iba a casa a sentarme frente a una hoja en blanco y pensaba: ahora, finalmente, soy yo mismo, mi proyecto de yo. Era la contraposición entre mi proyecto de yo y el yo que representaba en la oficina.» Pero era una escisión más simbólica que real, basada en el principio de los vasos comunicantes. Sostienen algunos amigos –Marsé o Vicuña– que buena parte de sus escritos fueron redactados en el despacho señorial de las Ramblas. Cierto. En 1986 él mismo declaró a *Thesaurus* que la mayoría de los poemas de *Moralidades* «están escritos en la oficina cuando no tenía nada que hacer». Es la prueba de que la costumbre de escribir allí acabó siendo habitual. Ello explicaría, además, la abundancia de guiones que aparecen en su obra. Esos guiones eran el método que empleaba el poeta para escribir poemas de corrido como un texto en prosa. De este modo, si su padre irrumpía en la oficina, pensaba que el hijo estaba redactando un informe o una carta comercial. Nada más.

En relación a su Diario anota: «Me pongo a él con verdaderas ganas de escribir, pero sin saber de qué. Más que contar esto o lo otro, me importa el desahogo y sobre todo el ejercicio de frenarme.» Al contar algo, su impaciencia e inquietud disminuyen, se pone al paso de la escritura, se sumerge en otra duración del tiempo. De nuevo la literatura cumple una función terapéutica. Si en la adolescencia había empezado a escribir, como sabemos, para expiar su culpa y liberarse de la angustia homosexual, ahora el acto de escribir no sólo le sirve como desahogo sino como una brida que modera sus impulsos sexuales. La misma pluma que borraba sus pecados, le aleja ahora de las nuevas tentaciones.

Gil de Biedma se ha curado y vuelve a ver a los amigos. Pero se recluye pronto porque «no encuentro a nadie que me excite» y la idea de hacer el amor le inspira desgana. Vencerá ese letargo erótico tras pasar un *weekend* en Sitges en compañía de otro hombre, seguramente Jorge Vicuña. El balance es agridulce: «Nuestra habitación parecía colgar en el vacío y sentí unos deseos angustiosos de salir, de estar entre la gente.» Tras dormir solo varios meses, el retorno a la rutina también se expresa en el acto de despertarse junto a otro cuerpo. Son las horas de «*langueur goutée à ce mal d'être deux*».*

---

* Referencia a un verso de *La siesta de un fauno*, de Mallarmé, «desde la languidez saboreada a este mal de ser dos».

Cuando el poeta cree que se ha incorporado al presente, el destino le arroja fugazmente a las aguas del pasado. Aquella misma semana, al doblar una esquina del Ensanche, se topa de bruces con Juan Antonio Padró, su primer amor. Ambos vacilan, se saludan y no se detienen: «Al menos, en eso aún nos entendemos –anota–, lo que queda está enterrado tan profundamente que no consigo exhumarlo por más que recuerde bien. Sólo a veces, hablando o escribiendo, noto un calor conocido.» No es casual que Jaime Gil componga entonces dos nuevos poemas, tras un período de sequía. Al fin y al cabo, aquel amor le había impulsado a escribir sus primeros versos. Ahora escribe:

> Y de repente un remolino crece
> que me arrastra sorbido hacia un trasfondo
> de sima, donde va, precipitado,
> para siempre sumiéndose el pasado.

Es el pasado de su pasión por Padró. 1956 toca a su fin. En el último día laborable registra en la oficina: «Al anochecer, miro desde mi despacho encenderse las guirnaldas eléctricas en la fachada de Sepu y me siento como un superviviente, perdido en una inmensa extensión monótona. Es el segundo invierno que las veo desde aquí, pero me parece haber estado años y años yendo hacia el balcón, en una pausa del trabajo, para mirarlas parpadear enfrente, mientras abajo el gentío de las siete de la tarde hace vivir las Ramblas.»

DE COMUNISTAS E INVERTIDOS

Mientras el poeta se hallaba en Filipinas la vida española registró un nuevo seísmo. En febrero de 1956 el Congreso de Escritores Jóvenes de Madrid fue suprimido por orden gubernativa y estallaron protestas estudiantiles en la universidad. Gil de Biedma tuvo noticia puntual de ello por la prensa, pero mantuvo la esperanza: «Si los asfixiantes años posteriores a la guerra civil no han logrado sofocar irremediablemente al país, dudo de que las desproporcionadas y ridículas represalias de ahora puedan cancelar el hecho insólito de que en España todavía es posible enfrentarse al Gobierno.»

Pero a los pocos días su padre le hizo llegar, «con pía intención», un artículo donde se desvelaban los nombres de los cabecillas de esta nueva y «eterna conspiración comunista», según jerga del Régimen. Lo cierto es que Jaime los conoce: Enrique Múgica, Claudio Rodríguez, López Pacheco... El contenido del artículo le hace ver, además, algo que había olvidado en la distancia: España no ha cambiado. La Dictadura persiste. Y por primera vez acaricia seriamente la idea de exiliarse en Manila. «Ahora tengo los medios para hacerlo, bastaría quedarme aquí.» Pero no nos engañemos: es sólo *wishful thinking*, hacerse ilusiones, que se desvanecerá pronto. ¿Que va a hacer un señorito de Barcelona en una lejana ciudad de Oriente? En el fondo, los ataques del Régimen le irritan no sólo porque emplean los métodos paranoicos habituales, sino porque le han mostrado la debilidad de los soñadores. Ahora cree más que nunca que sólo el Partido Comunista puede devolver la esperanza social. Escribe: «Ignoro si alguna vez seré comunista, pero soy decididamente un compañero de viaje y ahora con más vehemencia que nunca. Ignoro si el comunismo será bueno en el poder, pero es bueno que exista. Mientras no esté en el poder, estaré a su lado; después ya se verá. Lo importante es acabar con lo de ahora.»

Cuando llega a Barcelona, inicia unas cautas maniobras para ingresar en el partido. Tras la sorpresa de Sacristán, recurrirá entonces a Luis Goytisolo aprovechando que éste forma parte de una célula universitaria clandestina muy activa, creada bajo los auspicios del filósofo. Entretanto, se produce un nuevo enfrentamiento entre el Régimen y algunos de sus adversarios. La conjura del 57. El resto de la historia ya ha sido escrito en la tabla central del cuadro: Gil de Biedma se encontraba descansando en La Nava con Gabriel Ferrater y un amigo filipino, el pintor Fred Aguilar. A raíz de las primeras detenciones, las sospechas se extendieron sobre el grupo y Ferrater dio con sus huesos en la comisaría de Vía Layetana. ¿Qué ocurrió exactamente allí?

Tras el largo viaje esposado desde Guadalajara, Ferrater entró en la comisaría con una resaca terrible y una perentoria necesidad de alcohol. Seguramente, fue el propio Creix –el temido inspector de la Brigada Político-Social– quien le ofreció la primera copa de la mañana en su despacho. Creix conocía bien las debilidades humanas y dedujo en seguida que aquel hombre era un alcohólico incurable. Era absurdo emplear con él métodos expeditivos y menos someterle a tortura: bastaba arrimarle la botella de coñac y él mismo iría cantando. Cuando estuvo listo, el comisario inició un interrogatorio que vaticinaba breve y fructífero. Pero el detenido no tardó en dar señales de su fabuloso poder mental. Primero proclamó su inocencia recurriendo a una lógica aplastante, en relación a un artículo comprometedor; luego explicó que aquella misteriosa anotación de su agenda –«Reponer vodka»– no era una consigna marxista, y, por último, trazó un retrato certero de los individuos cuyos nombres aparecían en ella. Asombrado, Creix se percató de que el sospechoso estaba tomándose el interrogatorio como un concurso radiofónico. Incluso su sonrisa se ensanchaba a cada respuesta, como la del niño que acaba de recitar de memoria la alineación de su equipo favorito. Así pasaron un rato, midiendo sus fuerzas, hasta que Creix se detuvo en un recio nombre castellano.

–Y este Gil de Biedma, ¿quién es? –dijo.

–Un poeta maricón muy inteligente –repuso Ferrater.

Aquella misma tarde, el mayordomo de la familia tuvo que abrir la puerta y conducir a dos inspectores al Salón Azul. Cuando Sacristán se personó finalmente en la comisaría, asumiendo la autoría de los cargos que pesaban sobre Ferrater, éste fue puesto en libertad. Pero las consecuencias de la detención alteraron la relativa armonía del grupo en el que se movía el autor de *Las personas del verbo*. Aunque Barral sostiene que la relación de Sacristán con cada uno de ellos «no se vio en absoluto debilitada», reconoce que la indiscreción de Gabriel en la comisaría «le hizo escasa gracia» a Jaime. Es un modo piadoso de expresarlo. Según Ana María Moix: «Jaime no le perdonó nunca a Gabriel que se hubiera ido de la lengua en comisaría. Decía que por una frase brillante era capaz de vender a su madre.» Juan Marsé sostiene, por su parte, que «Jaime hablaba de ello como de algo pasado, hasta con un punto divertido». Pero veinticinco años después el poeta le refirió el incidente a Àlex Susanna en estos términos: «El día en que me di cuenta de cómo era Gabriel –aquello sí que realmente fue un auténtico golpe en nuestra relación– fue cuando, tras detenerlo y requisarle la agenda, le preguntaron quién era yo. Pues no se le ocurrió otra cosa que ser innecesariamente indiscreto. Aquello, en aquella época, era peligroso.» José María Castellet lo confirma: «Eran unos años jodidísimos en que la policía fichaba a los homosexuales.» Lo curioso es que Ferrater siempre sostuvo que había dicho la verdad «para despistarles», tesis que confirma Jorge Vicuña: «Gabriel pensaba que haciendo números brillantes los salvaba a todos.» Según el novelista Gurdbergur Bergsson, «eran señores de la alta burguesía... Ellos sólo estaban amenazados hasta cierto punto. La policía no se hubiera atrevido a tocarlos».

Pero lo cierto es que el desliz de Ferrater puso al inspector Creix tras los pasos de Gil de Biedma. En este sentido, Jorge Vicuña asegura que «no hacía falta. La policía conocía perfectamente al pequeño grupo de jóvenes que bajábamos a las Ramblas. Aquello era un nido de confidentes. Y habían visto mil veces a Jaime, yéndose con chulos». De acuerdo. Pero la homosexualidad constituía un delito y la conspiración política, otro. Ferrater, en suma, cometió un error imperdonable en aquellos tiempos en que la policía, según Armand de Fluvià, efectuaba algunas redadas por el Barrio Chino, irrumpía en los bares, pedía la documentación y «si les entrabas por el ojo izquierdo, te llevaban a comisaría. Luego te cogían la agenda y llamaban a tus padres para decirles: "Su hijo es maricón"... Tenías mucho miedo a que tu familia lo supiera. Porque eras un delincuente, eras un pecador, eras un enfermo mental y un pervertido. Para curarte, los médicos empleaban electrochoques. Éramos la escoria de la sociedad. En algunos casos te aplicaban la Ley de Vagos y Maleantes, que podía conducirte directamente a la cárcel. Estábamos siempre con la soga al cuello».

Meses más tarde, Gil de Biedma recibió otra noticia muy desagradable: el Partido Comunista había rechazado su petición de ingreso. Durante años se quiso proteger la identidad del responsable y –sobre todo– los verdaderos motivos. Pero en los círculos se sabía que el veto había sido impuesto por el filósofo Sacristán, amigo del poeta, con el argumento durísimo de que «Los maricones, ante la policía, cantan». El profesor Estapé lo corrobora:

> Fui a ver a Sacristán y le pregunté por qué no habían admitido a Jaime. Y me dijo: «Pues mira, muy sencillo: en 1895, Lenin escribió una carta dando instrucciones al partido bolchvique para que en ningún caso se admitiera en el partido a un homosexual, porque todos son víctimas de su naturaleza y pueden hacer peligrar la seguridad del Partido.» Entonces le dije: «Estáis contentos de tener a Alberti, de tener a Cernuda, y ahora os perdéis a este tío, *collons*, por una carta de Lenin...» Luego me fui a ver a Jaime y le aconsejé que diera publicidad al asunto. Pero lo dejó correr.

Manuel Sacristán sabía perfectamente que Gil de Biedma no iba a hacerlo. Era el principal interesado en salvaguardar su secreto.

Visto a distancia, es fácil coincidir con esta opinión de Ángel González, que ya conocemos: «Sólo la torpeza de algunos responsables de la política cultural del PC, que rechazaron la solicitud de Jaime para ingresar en sus filas, le salvó de cometer lo que hubiese sido otra torpeza aún mayor.» Afiliarse. Sin embargo, en aquel momento, el veto comunista tuvo que contrariar mucho a Gil de Biedma. Si había soñado con emular a los poetas de Oxford, ahora comprendía que la España franquista no era el mejor escenario para ejercer de poeta homosexual comprometido. La burguesía no quería homosexuales, la Iglesia no quería homosexuales, la universidad no quería homosexuales y los comunistas tampoco querían homosexuales. Nadie quería homosexuales, salvo unos pocos amigos. En el fondo era otra estación más en su vía crucis particular, sólo que se producía en un marco –el comunismo– que se jactaba de luchar por las libertades. Fue otra de las grandes paradojas de su vida: verse condenado por el rigorismo moral de los de su clase, y hallar esa misma moral puritana –aún más severa– en la izquierda clandestina de los años cincuenta. Según Estapé: «Aquello fue durísimo para él, porque llovía sobre mojado. En la universidad no le habían querido y en el partido tampoco. Fue una de las amarguras más grandes que yo le he visto vivir.»

EN BUSCA DEL FANGO

Al principio, el rechazo de los otros despertaba las iras del poeta, pero en la soledad de su cuarto esas iras acababan volviéndose contra sí mismo. Empezaba a entender que su homosexualidad estaba causándole demasiados contratiempos. Poco antes había escrito en su Diario:

> Hace dos años pensaba que la homosexualidad añadía a mi condición de poeta un suplemento de marginación muy ventajoso desde el punto de vista intelectual, sobre todo en una sociedad como la española. Luego, con la vida que he aceptado hacerme, me he dado cuenta de que en ser maricón sobre poeta *il n'ya pas seulement de quoi troubler une famille* * –eso me agrada–, sino que exige unos gastos de energía personal muy considerables, cuando uno aspira a no deteriorarse interiormente. A veces siento fatiga y pereza del futuro.

¿Qué hizo entonces Gil de Biedma? Refugiarse en una literatura de compromiso y proseguir con sus expediciones nocturnas. Según Luis Goytisolo: «A los pocos días me encontré a Jaime de copas en el Saint-Germain con unos amigos, en plan muy frívolo, y me pareció que pretendía subrayar su frivolidad. En ningún momento hizo referencia al asunto.» Este hombre va camino de convertirse en el cicerone ideal de los barrios bajos. Es el aventurero que conduce a los amigos a La Venta Andaluza: el único local de la ciudad donde suenan canciones irreverentes y pornográficas:

> Si el Papa nunca yerra por la boca,
> A veces con la picha se equivoca...

Y el público estalla en carcajadas. Ahora acompaña a Juan Goytisolo y

* «No sólo hay argumentos para molestar a una familia.»

su novia, Monique Lange, por escenarios baudelairianos poblados por prostitutas, mujeres de carnes opulentas, obesas, apoyadas en cualquier esquina; también visitan locales ocultos, frecuentados por *locas* y maricones maquilladas hasta la caricatura, que se contonean entre risitas e insinuaciones procaces.

Estos descensos al bajo vientre de la ciudad formaban parte de un rechazo visceral del franquismo y de las formas de vida burguesas. Pero también revelan cierta forma de inquietud sociológica y un ansia de encanallamiento, destinada a celebrar una secreta liturgia de expiación. Según Jorge Vicuña: «Nos lavábamos en el fango. Y cuanto más sucio fuera el fango, mejor. Las putas más gordas, viejas y pintarrajeadas, los tugurios y antros más miserables. En aquel mundo veíamos la cumbre de la autenticidad y por contraste nos daba oxígeno.» El poeta José Manuel Caballero Bonald recuerda un largo periplo nocturno por el Bajo Paralelo, que concluyó al amanecer: «Anduvimos todo el rato bebiendo en tugurios que Jaime parecía elegir precisamente por su vecindad con la sordidez... entreveo a Jaime dirigiéndose con un desatinado tono de confidencia a una vieja puta que balanceaba la cabeza a uno y otro lado, con un movimiento pendular de sobresalto, como si acabara de despertarse y aún estuviese asomada al abismo de un sueño.»

Años después, Gil de Biedma vivirá una escena parecida en L'étoile: un viejo bar de barrio situado en la plaza Fernando Casablancas, cerca de la nueva casa de Barral. Aquella noche le acompañaba Juan Marsé: «Estábamos tomando una copa cuando nos abordó una puta vieja y pintarrajeada que buscaba compañía. Se puso muy pesada y al final tuvimos que quitárnosla de encima. Luego Jaime me enseñó un poema inspirado en aquella escena: "Ruinas del Tercer Reich".» A partir de aquel sórdido encuentro, el poeta compuso, pues, un admirable poema sobre la posguerra europea. Así se despide su Lili Marleen:

Por los rusos vencidos y por los años,
aún el irritado corazón
te pide guerra. Y en las horas últimas
de soledad y alcohol,

enfurecida y flaca, con las uñas
destrozas el pespunte de tu guante negro,
tu viejo guante de manopla negro
con que al partir dijiste adiós.

LA TABERNA DEL MAR

Aunque Gil de Biedma frecuentaba todos los escenarios –su Júpiter siempre en Géminis–, prefería «los ambientes gay», según Juan Goytisolo. Uno de sus favoritos era La Taberna del Mar, un antro de maricas situado en una travesía de la calle Escudillers. Según Francisco Rico, «era un local de modestas proporciones, con una barra a la derecha y una trastienda en la que ocasionalmente servían cocido». El filólogo recuerda que el poeta le introdujo en aquel tugurio en 1959 y lo visitó luego varias veces en su compañía sin calibrar del todo «que podría haberme costado la vida». No es una apreciación novelesca –en aquella época abundaban las reyertas de navaja y cuchillo–, y expresa con justeza el impacto que ese antro de los bajos fondos produjo en aquel brillante universitario. Jaime Gil solía ir allí antes de la cena para reunirse con otros parroquianos: gentes mayormente homosexuales que buscaban divertirse y olvidar por unas horas los rigores del franquismo. Entre los asiduos circulaban decoradores como Pierre Lotieré o Antonio Muntañola, aureolado por la leyenda de haber sido amante de García Lorca.

Varios testigos coinciden en que a Gil de Biedma le gustaba descubrir ese mundo a los más jóvenes –el propio Rico, Salvador Clotas o Miguel Barceló– y embriagarles con su atmósfera de arrabal. Para entonces ejercía ya cierto ascendiente sobre las nuevas generaciones, hasta el punto de que sus primeros acólitos serían conocidos más tarde como «Los Biedma». Parece claro que empezaba a construirse su propio mito: el de poeta culto, cosmopolita y homosexual. Es innegable que se desenvolvía a sus anchas en aquella España subterránea donde observaba con atención los métodos de supervivencia de los marginados. Era feliz bebiendo con soldados, camareros, chulos o limpiabotas y mostrando a los estudiantes que le acompañaban la cara secreta de la vida. Le habían rechazado en las aulas de Derecho y en las filas del partido. Pero seguía siendo firme partidario de la felicidad. Y en su busca iba incorporando nuevas figuras como en una gigantesca obra de teatro.

LA NOCHE DE LOS PROFETAS

Los amigos bebieron un whisky antes de abandonar el ático de Barral, en la calle San Elías. El profeta. Luego entraron en el bar Cristal City, que solía ser la primera estación del descenso nocturno hacia las Ramblas. Detengamos la imagen. Aquí están: Carlos Barral, Jaime Gil, Jorge Vicuña y el joven poeta mallorquín Miguel Barceló. La bebida circula de nuevo y empieza a oscurecerse la noche en la memoria. El grupo desciende lentamente hasta el final de la calle Muntaner, apurando nuevos tragos, y se dirige luego a los bares cercanos a la plaza Real... Otra copa en La Taberna del Mar y otra en The Beachcomber's, en las Ramblas, un local fundado por un poeta inglés seriamente afeminado que visita ocasionalmente la ciudad.

De nuevo en la calle. El tiempo pasa. Otros bares, otras calles. El alcohol dicta las ideas y borra los recuerdos. Pero permanece vivo el ruido de los pasos, las quietas luces de los quioscos y el olor del mar. Alguien propone acudir a un chiringuito de Montjuïc y el grupo se encamina hacia la montaña mientras asoman ya los rosados dedos de la aurora. El mar se abre ahora a sus pies, extendiéndose hacia un horizonte escrito con nubes doradas. Los cuatro amigos entran en el chiringuito, buscando prolongar la noche a cualquier precio. Las paredes del local son blancas, huele a limpio. Agotados, piden de beber, como cumpliendo el último trámite. De pronto alguien abre la puerta y aparece recortado a contraluz en el umbral; se detiene, mira y luego entra. Todos le observan. Aquel hombre luce una camiseta imperio que se ajusta a sus carnes sin rastro de musculatura; tiene el pelo untuoso con una gran onda balanceándose en su frente. Ahora su mirada se pasea por los clientes sentados, henchida de melancolía. Y grita con voz gruesa: «¡Ponme medio litro de menta, que todavía se la tengo que chupar a mi Antonio!» Miguel Barceló recuerda: «Nos callamos todos. La fría luz entra por la puerta. En el silencio se oye correr el agua del grifo en el fregadero. La voz del camarero repite monótona la orden: "¡Un vaso de menta para Manolo que todavía se la tiene que chupar a su Antonio!"

»Vuelven a hablar los clientes. Gil de Biedma echa la cabeza hacia atrás, cierra los ojos, sonríe levemente y musita: "Isaías, 4-6".»

SOCIEDAD GENERAL DE BAÑOS DE MAR

Entrada la primavera, los homosexuales bajaban a la Barceloneta: el antiguo y pintoresco barrio de pescadores, con sus callejuelas estrechas, tabernas y merenderos de playa. Allí se alzaban varios establecimientos que ofrecían instalaciones a sus clientes, desde el selecto Club Natación Barcelona hasta los más populares Baños de San Sebastián. Un observador distraído no habría descubierto nada extraño en aquellas piscinas familiares. Pero un viajero como Tennessee Williams, que visitó Barcelona en la posguerra, pudo presenciar in situ las evoluciones clandestinas de la comunidad homosexual. Años después reprodujo alguna escena en su obra *De repente, el último verano*.

¿Estuvo allí Gil de Biedma? No hay pruebas concluyentes. Pero sabemos que solía nadar en el cercano Club Natación Barcelona y que a buen seguro tuvo noticia de la mala reputación de ciertas zonas de los baños de San Sebastián. Después de todo, el poeta era un signo de agua y su erotismo hallaba en ella un medio altamente propicio. La arena fina, las viejas casetas de madera, los cuerpos viriles corriendo hacia las olas... ¿No eran instantes de deleitosa contemplación? Y luego, la intimidad del vestuario, un reino masculino donde la mujer no irrumpía jamás. En aquel androceo los hombres circulaban libremente, con la piel untada de aceite y el cuerpo desnudo, cubierto apenas por una toalla o el breve slip.

Verano de 1957. Un joven llamado Ramon Moix –futuro amigo de Jaime– empezó a frecuentar aquellos baños, siguiendo la estela de su padrino Cornelio. En poco tiempo pudo familiarizarse allí con el código de los homosexuales, que invitaba a tórridos encuentros en el vestuario. Tras el juego de las miradas, las sonrisas, el fogonazo de deseo, e incluso el sobeteo de los propios genitales como invitación explícita a satisfacer cualquier apremio sexual. Terenci Moix recordaba «hombres que entraban juntos en la ducha, gemidos bajo el agua y algún grito que encendió mi imaginación». Imaginar lo que sucedía allí dentro era mucho más excitante que contemplarlo, asegura. Pero no le faltaron ocasiones para descubrir poderosas escenas de sexo «cuando las puertas batientes quedaban entreabiertas, ya fuese por descuido derivado por la urgencia, ya porque los ocupantes de las duchas quisieran encender a los demás, mostrándoles una penetración o una felación».

La represión de la época no consiguió, pues, erradicar el llamado *vicio nefando* de sus reductos tradicionales, como si las autoridades permitieran ocasionales fugas de vapor. Durante el franquismo el fenómeno gay tuvo gran arraigo y no cesó en su actividad. Los más viejos hablan aún de una «Edad de Oro», cuyos frutos crecieron a la sombra excitante de lo prohibido. Y lo prohibido estimulaba doblemente la curiosidad insaciable del poeta. «En los baños estuvo, seguro», confiesa un amigo íntimo. «En aquella época ya sólo le gustaba la carne joven y guapa.»

ÁSPERO MUNDO

Desde su primer encuentro en casa de Barral, el poeta asturiano Ángel González reparó en Jaime Gil: «Aquella noche estuvo muy borracho, muy bebido, muy hablador. Acaparó toda la atención de la reunión. No creo que se fijara en mí.» Pero cuando lo haga, descubrirá en González a un personaje muy afín a su sensibilidad. Gil de Biedma valora su primer libro, *Áspero mundo,* con el que González acaba de obtener el accésit del premio Adonais, en la convocatoria de 1956. Además, le atrae la peripecia vital de González, tan opuesta a la suya. Recuerda éste: «Jaime quería que le contara mis recuerdos infantiles: la revolución de Asturias de 1934 y la guerra civil en una familia muy politizada y de izquierdas.» En aquellos años terribles González perdió a un hermano, asesinado por los fascistas, y otro hermano tuvo que escapar al exilio. «Creo que Jaime deseaba conocer de otro poeta la experiencia infantil en el bando perdedor.» Según Jaime Salinas: «Una tarde, en el cómodo y amplio piso de sus padres, Jaime Gil de Biedma me enseñó unas fotografías de su infancia tomadas durante la guerra civil que me recordaron a estos aristócratas. Las fotos mostraban elegantes señoras con abrigos de pieles, lujosos coches y envidiables *picnics* a la sombra de pinos segovianos. Hay gentes, familias, generalmente las más acomodadas, que atraviesan las mayores adversidades sin que se perciba el menor cambio en su estilo de vida. Se lo comenté a Jaime, estaba de acuerdo.» Probablemente debió pensar a menudo que Ángel González tenía verdaderos motivos –y no él– para cultivar la poesía social.

Desde 1957 hasta 1972 se vieron con regularidad, principalmente en Madrid. A finales de los cincuenta solían ir a Oliver, un local elegante fundado por el actor Adolfo Marsillach que frecuentaban periodistas, escritores y gentes del espectáculo. Allí charlaban en el piso superior hasta que Jaime proponía «bajar al sótano» que, según González, era un ambiente altamente seleccionado. «El público del sótano era en su mayoría homosexual; había un pianista, luego se cerraban las puertas y los gays se movían a sus anchas; también se jugaba, aunque el juego estaba prohibido. Iba mucho Ava Gardner.»

En otras ocasiones acudían a ciertos bares de la calle de la Ballesta, en el Madrid viejo, cerca del edificio de la Telefónica. Eran modernos locales al gusto de los norteamericanos, que habían instalado recientemente sus bases militares en suelo español: El American Star, el Picnic o el Jimmy's. En poco tiempo estas primeras whiskerías captaron a la clientela más audaz de las antiguas tascas y tabernas. En el Jimmy's los noctámbulos buscaban relacionarse con mujeres liberadas –algo impensable en las cafeterías del centro– y en al Picnic los homosexuales podían confraternizar en libertad. Gil de Biedma siempre recordó aquella época en que «la cultura urbana madrileña se adelantó a la nuestra y dio de sí el primer whisky *à gogo*». Para un hombre como él, una velada en el Picnic era una bocanada de aire fresco: escuchar los boleros que interpretaba al piano un tal Manuel Alejandro, que luego fue compositor de Raphael, beber los primeros Cutty Sark y abordar a desconocidos. «Era muy divertido verle ligar porque Jaime era muy ingenioso –recuerda González–. Desplegaba un artificio fenomenal. Y una vez había ligado, nos separábamos.»

Pero este par de noctívagos incurables podía enzarzarse en largas conversaciones sobre literatura. Generalmente se mostraban sus poemas en fase de composición y luego antes de publicarlos. Les unía una estética común: una poesía clara, concreta, coloquial. Según Ángel González: «Jaime era un magnífico crítico porque la amistad no le impedía decir las cosas tal como las veía. Era muy receptivo. Pero si algo no le gustaba me lo decía. Y casi siempre tenía razón. Fue un ejercicio muy útil para mí en una época en que no estaba muy seguro.» También lo fue indudablemente para Jaime, que se debatía aún en las aguas de la poesía social y aspiraba a dar un nuevo rumbo a sus poemas.

PRIMER ENCUENTRO CON ED FURY

El joven abogado se acercó a un quiosco de las Ramblas, sintiendo en su pecho el corazón de poeta. Aquel gesto cotidiano le resultaba siempre bastante desalentador: la prensa española seguía bajo el yugo de la censura y buena parte de las publicaciones extranjeras no entraban en el país. De pronto, Gil de Biedma descubrió una revista de culturismo, oculta entre los montones de libros y periódicos que espigaban los paseantes. *Adonis*. Bajo la vitola de «desnudo artístico masculino», aquella revista importada –de precio prohibitivo– exhibía modelos fornidos que posaban como estatuas y cubrían levemente su pubis con una falsa hoja de parra o un triángulo de ropa: era el *posing strap*, también llamado *French cachette*. La adquirió inmediatamente y la introdujo de forma furtiva en su portafolios de piel.

En semanas sucesivas fue recorriendo los quioscos de las Ramblas, donde se hizo con nuevas revistas destinadas al público homosexual. El poeta estaba asombrado con aquella excitante forma de literatura, que sólo había visto en el extranjero. Semidioses de gimnasio posaban en las páginas de *Body Beautiful, Tomorrow's Man, Male Physic, Young Physic* o *Demigods...* Esta última, con imágenes en color, presentaba a los gimnastas en escenarios propicios a ensoñaciones secretas: templos en ruinas, palacios orientales, selvas vírgenes y desiertas playas de coral. Recuerda Terenci Moix que «Como apoteosis de la extravagancia, les cubrían el sexo con una concha dorada, les colocaban un penacho de indio piel roja y, en alguna privilegiada ocasión, casco y botas de centurión romano o los arreos de algún gladiador a punto de entrar en la arena.» Había, ciertamente, un soplo *kitsch* en estas muestras del *Male Art*. Pero Jaime Gil sentía vibrar su libido ante la exhibición de aquellos mozarrones de cuerpos extraordinarios.

Durante una época se aficionó a esas revistas de pequeño formato, que inflamaron la fantasía erótica de los gays de medio mundo... Hasta que la censura española acabó prohibiendo su importación y los formidables atletas desnudos –Clarence Ross, Ed Fury, Bob Delmonteque– buscaron refugio en el recuerdo. Mucho tiempo después, al evocar aquellos días, el poeta le comentó a Terenci Moix: «Nada me ha excitado tanto como aquellos suspensorios que llevaban los atletas americanos de los años cincuenta.»

LONDRES '58

Aunque la relación de Gil de Biedma con Jorge Vicuña, su compañero *oficial*, se desliza a menudo por aguas turbulentas, decide pasar con él las vacaciones de otoño. Ha pensado en Inglaterra, su amado país, y escribe a Paco Mayans para informarle sobre los preparativos del viaje. Mayans acaba de contraer matrimonio con Olga Sallarés, una joven encantadora de la sociedad barcelonesa, y la pareja reside en Londres. El poeta, sin embargo, renuncia a su hospitalidad y le ruega a Mayans que haga algunas gestiones para encontrar alojamiento. En concreto, en los «cuarteles» de una «peregrina señora» llamada Mrs. West, que regenta un hotelito en Eaton Court, a salvo de miradas indiscretas.

Dado que para conseguir el visado inglés los extranjeros debían justificar de antemano cómo pensaban sufragar sus gastos en el país, Jaime solicitó un favor delicado a Mayans: «¿Serías tú tan amable de escribir y remitirme una carta en tu mejor papel timbrado declarando invitar a [Jorge Vicuña] a pasar unos días en tu casa en Londres a cuenta tuya?» El ruego está justificado. En realidad, él no tiene problemas: la oficina de Tabacos en Londres se encarga a efectos oficiales de correr con todos sus gastos; pero, obviamente, no desea revelar la presencia de su amante. Mayans resuelve el trámite –«eres verdaderamente el ángel de Tobías»–, y luego llama por teléfono a Mrs. West para reservar «una habitación de dos camas (con derecho a edredón)».

A finales de septiembre el poeta y su amigo salieron de Barcelona en automóvil y cruzaron Francia en dirección al Canal. El día 30, a las 16.45 de la tarde, su ferry zarpó desde Boulogne y el mismo día desembarcaron en Sidcup. Pocos días antes Gil de Biedma había planeado un encuentro con Mayans: «Será encantador encontrarnos en una taberna de camino, sobre todo si se llama "La cabeza del Rey Alfredo" o algo así; me preparo a vivir una de esas escenas de encuentro providencial en un relevo de postas que tanto gustaban a Fielding. Exijo absolutamente que nos aguardes bebiendo *a pint of ale*.» Mayans no pudo reprimir una sonrisa al leer aquel mensaje lleno de ternura, ingenio y mitomanía... «Jaime transmitía siempre esa sensación de que algo maravilloso estaba a punto de sucederle en cualquier esquina de la vida.»

Los viajeros permanecerán una semana en el hotelito londinense de la señora West. Aquella «guarida de papel pintado», según el poeta, se convierte en su cuartel general: visitan Londres y los alrededores. A menudo se reúnen con el matrimonio Mayans, que se deshace en atenciones y organiza algún *party* en su honor. Pero Gil de Biedma tiene otros compromisos: «Confieso que me ilusiona reincidir en el viejo Londres, después de cuatro años, y hacer escapadas a Oxford para una conversación nostálgica con Philippa Kingsbury. Pienso que en aquella época yo debía ser un joven encantador y que me he estropeado mucho. ¿"Los amores exóticos, acaso"?» La pregunta suena a afirmación. Conociéndole, cabe suponer que el reencuentro con Philippa le produce la misma inquietud que descubrir su rostro en un espejo abandonado al borde del camino. Ha engordado, ha perdido cabello, ha envejecido, pero sobre todo parece haber impuesto en su vida una dinámica de embrutecimiento personal. Alcohol y sexo. Según el político Joan Reventós: «Jaime se destrozó moralmente en Filipinas.» De ser así, el viaje a Inglaterra quizá ocultaba el deseo inconsciente de reencontrarse con el joven puro que había sido, volver por un momento a los días de Oxford anteriores a la Caída.

A mediados de octubre, los amantes abandonan Londres bajo la lluvia, y llegan a Dover. Allí se instalan en el White Cliffs Hotel –que «nos pareció casi digno de Pimpinela Escarlata», dirá Jaime después–, y luego prosiguen viaje hasta París. Por mediación de Juan Goytisolo se instalan en la casa de un «sofisticadísimo» editor de novelas policiacas. Mientras Vicuña visita el museo del Louvre, el poeta acude a «una asfixiante oficina» de la Compañía de Tabacos, en el bulevar Haussmann, «esperando a los imbéciles de mis abogados» y despachando correspondencia atrasada. Hay una frase que se repite en ella: «París, igual que siempre..., como dijo mi hermana Marta después de haber venido a este pueblo por primera vez.» A la semana siguiente, regresan a Barcelona. Filipinas le espera.

DÍAS DE PAGSANJÁN

Pagsanján. ¿Qué se oculta bajo ese nombre de poderoso exotismo? El amor. Sabemos que Gil de Biedma estuvo en Filipinas en la primavera de 1958 y allí vivió un romance con un joven filipino llamado Dick Schmitt. Al principio, confiesa el poeta, hubo una fase de «absoluta y gloriosa felicidad». Pero esa misma felicidad le impidió ser plenamente consciente de sus verdaderos sentimientos: «tardé tiempo en darme cuenta de que estaba enamorado, y nunca supe claramente hasta qué punto lo estaba». Sin embargo, en aquella primavera se produjo un episodio romántico que ha prevalecido sobre todos los demás. Ocurrió precisamente en Pagsanján, uno de los enclaves naturales más bellos del país. Situado a unos sesenta kilómetros de Manila, Pagsanján no era entonces el famoso centro turístico de la actualidad, con varios hoteles de lujo. Los blancos solían ir de excursión a Baguio o Tagaytay, pero rara vez se acercaban a este paraje, con el río discurriendo veloz a través de una garganta tropical. ¿Cómo supo el poeta de su existencia? Gracias a David Medalla, el pintor de La Cave des Angely. Según él, «le llevé allí para que conociera a mi familia». De inmediato, se prendó de ese lugar de vegetación exuberante, donde los indígenas remontaban el curso del río con sus piraguas hasta alcanzar el lago. Y luego, el descenso en canoa, sintiendo el vértigo de pasar entre los riscos hasta llegar a un remanso de flores y nenúfares.

Podemos imaginar la escena romántica. Allí, al anochecer, Jaime y Dick juguetean en el agua bajo los árboles floridos. El latido del río parece confluir con el de sus cuerpos mojados, fundiéndose en un abrazo. Se oyen risas de felicidad: son ráfagas del Paraíso. Cinco años después describirá el escenario en estos versos:

> En el calor, tras la espesura,
> vuelve el río a latir
> moteado, como un reptil.

Leyendo «Días de Pagsanján» percibimos, pues, la atmósfera erótica del amor tropical: aguas rumorosas, árboles en flor, cuerpos húmedos. De forma inconsciente, Gil de Biedma ha establecido un símil entre los cuerpos desnudos y el animal de sangre fría. Y será Juan Ferraté quien le desvele esa asociación inesperada. Tras hablar de ello con Jorge Vicuña, el propio poeta reconoce: «Es verdad que el roce de un cuerpo mojado, sobre todo de un cuerpo filipino sin vello –y cuya piel, lisa al tacto, produce sin embargo sensación de espesor–, a la vez atrae y da grima, lo mismo que el roce imaginado de un reptil». Y añade en su tono habitual: «*"Je l'ai tellement dans la peau..."*,* como cantaba Mistinguette. ¡Gran verdad!»

Admitámoslo. El poema refleja una escena amorosa auténtica, vivida por Gil de Biedma y un joven oriental. Ese amor se extenderá desde la primavera de 1958 hasta el otoño de 1962. Y será una historia importante para él, aunque esté marcado por los rigores e intermitencias de la lejanía.

AMIGO JUAN

Barcelona. Otoño de 1960. El joven operario de un taller de joyería acude a las oficinas de la editorial Seix Barral, en la calle Provenza. Pocos meses antes había presentado el manuscrito de su primera novela al Premio Biblioteca Breve y le concedieron el accésit. Ahora Juan Marsé conversa con Carlos Barral en su despacho. De pronto un hombre interrumpe la escena, exhalando un aire dinámico y estival: acaba de llegar de Filipinas y ha venido a recoger algunos ejemplares de su obra *Cántico*, un estudio sobre el poeta Jorge Guillén. Recuerda Marsé: «Siempre recordaré que Jaime iba elegantísimo: vestía pantalón blanco de gabardina, un *blazier* y un *foulard*.» El novelista observó atentamente a aquel individuo que permanecía en pie en el centro del despacho, fumando un delgado puro filipino.

> Recuerdo muy especialmente su risa contagiosa y sus prisas, pero no exactamente por irse... Hablo de esas prisas que en Jaime no son otra cosa que una retórica de la felicidad, una disposición cordial del adolescente que hemos sido y que nos acompaña un buen trecho en la madurez: de pronto, la excitante convicción de que dentro de un momento, en alguna parte, cerca, lo vamos a pasar muy bien; y al mismo tiempo, el deseo de prolongar esta convicción porque no estamos dispuestos en absoluto a dejar de pasarlo bien aquí y ahora.

A la salida, el poeta le dijo: «¿Tomamos una copa?» Y fueron juntos al bar Apeadero de la calle Balmes. Conociéndole, es difícil creer que renunciara a seducir a Juan Marsé, quien reunía muchas de las cualidades físicas que él apreciaba en un hombre. Aunque no era alto, su tez morena, sus grandes ojos y su cabello de rizos oscuros le hacían bastante atrac-

---

* «Lo siento literalmente en la piel.»

tivo. Según Francisco Rico: «Jaime no perdonaba a nadie. Cuando le presentaban a un joven o le anunciaban la llegada de un autor novel que quería conocerle, se frotaba las manos.» Marsé era, además, de clase humilde y disponía del reclamo excepcional de su talento. Por primera vez Gil de Biedma había encontrado a un hijo del pueblo, guapo, afable y con verdaderas inquietudes literarias. Los hombres como Someso o Vicuña no hubieran escrito una obra como *Encerrados con un solo juguete*. Pero Marsé era distinto. Era uno de los nombres con futuro de la novela española. Si no podía ser su amante, pensó Jaime, al menos iba a ser su amigo. Y la naturaleza de su vínculo pronto tomó la senda de la amistad.

¿Qué vieron el uno en el otro? Según Marsé: «En Seix les hacía gracia saber quién era este chaval de origen obrero que había escrito una novela.» Según Jaime Gil: «Somos muy amigos, porque tenemos en común el que los dos pertenecemos a dos culturas muy distintas, pero las dos a extinguir, y eso hace que nuestra relación con el mundo sea muy parecida. Él, con esa relación sentimental que tiene con la cultura de ateneo obrero de barrio..., y yo, ligado como estoy a la cultura de la burguesía liberal de principios de siglo, a la Institución Libre de Enseñanza y la Residencia de Estudiantes.» Aquella amistad iba a durar hasta la muerte.

BLUES PARA MR. CHARLIE

Invierno de 1962. El poeta se enfrenta a una de las crisis importantes de su vida. La relación con Jorge Vicuña acusa nuevos síntomas de desgaste y él no ha olvidado su amor por Dick Schmitt, que reside en Manila. Además, atraviesa un período de sequía poética exasperante y se le declara una sífilis. Gil de Biedma, lo sabemos, no es un enfermo dócil ni obediente, y sus cartas a Juan Marsé, que reside en el extranjero, expresan un profundo malestar. Se lamenta de no haber podido asistir a un nuevo encuentro literario en Collioure, por culpa de la enfermedad. Pero trata de quitarle hierro: «Parece ser que en Filipinas agarré una sífilis –esto te lo digo a ti porque estás en el Instituto Pasteur, pero no lo cuentes mucho a la gente, porque acentuará mi reputación de libertino– y como tardé mucho en darme cuenta, porque el chancro me salió en la garganta, cuando me analizaron la sangre estaba ya al 94%.» Durante varias semanas ha de someterse a tratamiento, bajo vigilancia médica, y renunciar a las relaciones sexuales. «La castidad empieza a pesarme.» Una frase habitual.

A raíz de la enfermedad perderá buena parte del cabello. Eso explicaría la aceptación contradictoria con la que evoca el episodio en su célebre autorretrato: «Me quedé calvo en 1962; la pérdida me fastidia pero no me obsesiona –dicen que tengo una línea de cabeza muy buena.» Cierto. Pero es otra de sus reconstrucciones a posteriori en aras del mito. En su día la alopecia repercutió negativamente en su ánimo, máxime porque «mamá tuvo que llevarle al despacho del doctor Vilanova. Ella le acompañaba siempre al médico», recuerda su hermana Ani. En realidad, aquella era su tercera sífilis y el descubrimiento tardío del mal le produjo esa secuela antiestética. Ni Afrodita Antibiótica iba a devolverle esta vez los cabellos de su juventud.

Aunque ha pasado un invierno «desastroso», la primavera va a traerle momentos de felicidad. Un hombre extraordinario irrumpe fugazmente en su vida: James Baldwin. En aquel tiempo James Arthur Baldwin era un escritor negro, de Harlem, cinco años mayor que el poeta. Ya en 1948 había publicado *The Harlem Ghetto*, un ensayo que denunciaba la situación deplorable de las gentes de color. Pero harto del acoso de las autoridades de su país, se marchó a París en 1953, donde escribiría *Go tell it on the Mountain*. Esta primera novela le confirma como el más audaz defensor de la causa afroamericana. Su siguiente novela, *Giovanni's Room* narra la historia de un amor homosexual.

Para cuando James Baldwin aterriza en España, en mayo de 1962, su figura avanza hacia la cumbre. Por su condición de negro y homosexual es un paria. Sin embargo es un paria mimado por la Fortuna: publica poemas, novelas y ensayos; obtiene becas y galardones, colabora activamente en la lucha por la defensa de los derechos civiles... Es la perla del gueto. En cierto sentido, Jimmy Baldwin encarna un pensamiento que Gil de Biedma expresaría quince años después: «los guetos producen buena literatura. Dudo que Proust fuese como fue sin la existencia del gueto homosexual. Un mundo cerrado es la primera condición para escribir buena literatura. Los guetos ayudan a producir buena literatura porque fijan los componentes semánticos». Habla de Proust, pero piensa también en Jimmy Baldwin. Es fácil imaginar la sorpresa del americano al toparse en el Prix International Formentor con un señorito español, anglófilo, de gustos refinados e inclinaciones canallas. La atracción es inmediata, las inquietudes afines: el París de 1953, la poesía negra de los veinte, el calor de otros hombres. «Especialmente los hombres blancos –recuerda el editor Salinas–, que le gustaban mucho a Baldwin.»

Pero ¿qué ocurrió exactamente durante la semana –«extraña semana», escribirá el poeta– que Jimmy Baldwin estuvo en Barcelona? Podemos conjeturarlo. Hubo expediciones nocturnas al Barrio Chino, alguna excursión a un pueblecito de la costa, cenas en locales típicos –paella incluida–, y la visita a algún tablao flamenco de la plaza Real. También veladas íntimas en el Sótano Negro de la calle Muntaner, charlando y bebiendo hasta el amanecer. Pudo, en efecto, ser así. O pudo ser algo absolutamente distinto e incluso una mezcla de todo. ¿Por qué no? Pero algo es seguro: hay otro hombre con Gil de Biedma, su amigo Jorge Vicuña, y la extraña semana tiene con Baldwin una estructura triangular que invita al erotismo. Probablemente hubo flirteos, equívocos, seducciones. Jimmy quizá les habló de su futura obra de teatro, *Blues for Mr. Charlie*, producida por el Actor's Studio, y de su amistad con Marlon Brando, a quien el poeta, por otra parte, consideraba «un actor insoportable, una continua feria de muestras faciales». Pero el hombre negro que proclamará siempre: «*I want to shock people*»* es un ser de carne mortal. Hubo sexo. Intensidad. Vida. También una catarsis tormentosa por parte de Gil de Biedma.

No era la primera vez. En 1956 había descrito a Carlos Barral su relación en Manila con el locutor Cris Vera: «Tan pronto estamos lo bastante bebidos nos lanzamos a una disquisición apasionada acerca de la imposibilidad de toda amistad sólida entre nosotros, se lamenta él de haber nacido esclavo, me desespero yo de haber nacido tirano y de trabajar en una Sociedad [Tabacos] que es un símbolo de tiranía, doy viento al sentimiento de culpabilidad racial que he adquirido desde que estoy aquí, él declara que mi simpatía no es otra cosa que una actitud protectora, le devuelvo yo la impertinencia, cada cual decide no ver más al otro y cuando la situación es ya imposible nos confesamos que ha sido una noche maravillosa y que somos hermanos.»

Pero con Jimmy Baldwin la catarsis alcanzó el cénit. Vicuña la recuerda: «Cuando llegó Baldwin le salió toda la mala conciencia del señorito con el paria. Era repugnante. Jimmy se comportaba como el humillado y Jaime se autofustigaba delante de él. Se sentaba a sus pies, lloraba, le cogía de la mano y le miraba embelesado y corroído por la culpa. Era como un chorro de mierda y de espuma sobre sí mismo.»

Algunas de estas emociones quedan reflejadas sutilmente en el poema «En una despedida», dedicado al escritor americano. Un arranque magnífico, luego una escena de aeropuerto, con cierta atmósfera romántica. Por último, el balance de la estancia en suelo español.

> Y el mal que nos hacemos,
> como el que a ti te hicimos, lo inevitablemente
> amargo de esta vida en la que siempre, siempre,
> somos peores que nosotros mismos,

---

* «Quiero escandalizar a la gente.»

acaso resucite un viejo sueño
sabido y olvidado.
El sueño de ser buenos y felices.

¿Qué le hicieron exactamente a James Baldwin? ¿Algo concreto o una larga historia de humillaciones del hombre blanco sobre el negro? Ya no importa. Pero en su arrepentimiento, el poeta barcelonés descubre una nueva enseñanza. Aunque la existencia está llena de naufragios cotidianos, caben en ella, aún, sentimientos dignos y actos verdaderos. Existe, pues, posibilidad de redención. Y esa redención siempre quedará asociada –así lo proclama Gil de Biedma– al recuerdo amoroso de Baldwin. El chico que escapó del gueto.

LOCA

En agosto de 1962 el poeta efectúa un viaje con Jorge Vicuña por La Rioja, Navarra y el Pirineo aragonés. No están solos: les acompaña Dick Schmitt, el misterioso amante filipino que ha atravesado medio mundo para visitarle en España. De este viaje interesa resaltar la estructura triangular, un esquema que empieza a repetirse en su vida. Hay un núcleo: Gil de Biedma y Vicuña. Y a ese núcleo se adhieren los elementos que irrumpen periódicamente en escena. En primavera fue Jimmy Baldwin; en verano, Dick Schmitt; en otoño... Siempre será alguien. Esta persona extraña a Vicuña es la novedad que excita a Jaime, la promesa dorada de un *affaire* que acaso le traiga la ansiada felicidad. El poeta aprovecha entonces sus encantos –y los de Vicuña– para hechizar al incauto, quien se lanza al estanque agitando alegremente el limo de la relación. Esta vez llega de Oriente.

Álvaro Rosal recuerda: «Jaime solía decir que quería traerse a un filipino a Barcelona, algún oriental que fuera su criado o su amante.» Y lo cierto es que en aquel tiempo varios amigos suyos de Manila pasaron temporadas con él en nuestro país. Este deseo ilustra a las claras su lado esnob, la faceta más novelesca de su mitomanía. Parece sentirse como el indiano que regresa con una criolla de las colonias, o el caballero inglés que dispone en Londres de un criado hindú. Ya en 1957 había viajado hasta La Nava con el pintor Fred Aguilar, y volvió a hacerlo con el pintor David Medalla, Eddie Sánchez y otros amigos del Archipiélago. ¿Qué joven español se pasearía con un filipino por la España de Franco? Si nos situamos en el contexto de la época, aquello era una excentricidad con ribetes de desafío. Estamos aún en un país profundamente rural, donde las mujeres acuden a la iglesia tocadas con mantilla negra. Podemos imaginar los comentarios de los lugareños ante la llegada de tres jóvenes en automóvil –toda una rareza– a las soleadas plazas de pueblo. Luego apenas podían reprimir su asombro ante la aparición de aquel «chino», el primero que veían en carne y hueso, que no tardó en trepar a los torreones de los castillos y beber vino en las tabernas.

Pero ¿quién era en realidad este joven de ojos rasgados? Para la literatura, el modelo que habría de inspirarle los cinco poemas de la «Serie Filipina», uno de ellos ambientado en Pagsanján. Ahora bien, su papel en esta parte del tríptico es otro. Recuerda Jorge Vicuña que «Dick Schmitt era un chico que hacía dibujos de moda. Al principio el viaje fue muy divertido, pero se fue volviendo completamente histérico y empezó a cometer locuras». Una de las más sonadas aconteció en un pueblo perdido de Aragón donde Dick acudía al café y provocaba a los mozos del lugar que le perseguían hasta el río donde era sodomizado por todos. «Jaime le montó un escándalo monumental, porque hacía un disparate tras otro.» Y tuvieron que regresar a Barcelona.

Hasta entonces, Gil de Biedma había logrado conjugar pasablemente su amor con Vicuña y los devaneos ocasionales. Pero con Dick se produce un cambio cualitativo. El poeta lo ama y pretende proseguir su amor en suelo español en compañía de su pareja habitual. Este empeño de unir amor viejo con amor nuevo fracasará estrepitosamente. En una carta a Juan Ferraté hará balance un año después: «Estancia de D. en Barcelona; penoso intento de convivencia a tres, que a la larga amenaza con arruinar mis relaciones con J. y, como consecuencia de ello, arruina mis sentimientos por D.» Resulta llamativo que emplee el término «relaciones» para describir lo que le une a Vicuña, y «sentimientos» en el caso de D... Un acto fallido que invita a creer que le interesan más las emociones nuevas que el vínculo cada vez más gastado con el amigo de siempre. Pero, en este caso, la conducta de Dick le convierte en un peligro público, sobre todo bajo los efectos de la bebida. Si en el caso de James Baldwin, expresó las tensiones del trío en el verso: «Y el mal que nos hacemos, / como el que a ti te hicimos...», esta vez escribirá un poema entero –«Loca»– para reflejar una escena ocurrida en Barcelona a la vuelta de aquel tormentoso verano.

> La noche, que es siempre ambigua,
> te enfurece –color
> de ginebra mala, son
> tus ojos unas bichas.

Yo sé que vas a romper
en insultos y en lágrimas
histéricas. En la cama,
luego, te calmaré

con besos que me da pena
dártelos. Y al dormir
te apretarás contra mí
como una perra enferma.

Finalmente, Gil de Biedma encargó a Vicuña que se deshiciera de él: «Y le metí en un avión de vuelta a Filipinas.»

EL *AFFAIRE* BIEDMA

1963. Tras la huelga minera de Asturias, la maquinaria represiva del Régimen actuó sin contemplaciones. Un centenar de intelectuales elevaron entonces un escrito de protesta al ministro Fraga por las torturas infringidas a los líderes mineros presos. Y el Régimen contraatacó. Los firmantes de Barcelona, por ejemplo, fueron convocados en Capitanía con el propósito de intimidarles, y allí fueron conducidos, uno a uno, frente a una especie de tribunal formado por oficiales que les sometieron a un interrogatorio. Luego les mostraron un pliego con firmas y les preguntaron si reconocían la suya. Hecha la identificación, les dejaron marchar. Como tantos otros, el poeta pasó por aquel trance y tuvo que soportar en varias ocasiones distintos interrogatorios en jefatura por hechos que, si hoy mueven a risa, en aquel tiempo podían conducir a la cárcel. Según Caballero Bonald: «Quizá fuesen aquéllos los más lóbregos tiempos dictatoriales que yo alcanzo a recordar.» En efecto. Aquel mismo año había sido fusilado Julián Grimau –destacado miembro del comité central del Partido Comunista– y la situación política del país continuaba siendo desalentadora.

La firma del manifiesto del 63 tuvo otras consecuencias para Gil de Biedma. A los pocos días recibió una notificación urgente que le conminaba a presentarse en el Cuartel del Bruch. Tras leer el texto, tuvo una reacción inesperada. Recuerda su hermana Ani que «cuando mi hermano supo que iban a degradarle, se puso en la piel del comandante Dreyfus». Imaginó que llegaba al cuartel vestido con uniforme militar, y que allí iban a despojarle de sus galones de alférez de complemento, en el Patio de Armas, en medio de una terrible ceremonia pública presenciada por toda la guarnición. Pero cuando llegó al cuartel, no ocurrió nada extraordinario: fue recibido por un soñoliento oficial de guardia que simplemente le hizo firmar un papel y luego le dejó marchar. Recuerda su cuñado, el doctor Jacinto Reventós: «A Jaime aquello le sentó como un tiro. Pensaba que sería humillado como un traidor, pero le despacharon en cinco minutos. Con la tuberculosis pasó igual. Nunca estuvo seriamente enfermo. Pero era un narcisista tremendo y le gustaba imaginarse allí, en el caserón de La Nava, agonizando como un poeta romántico. Era su forma de ser.»

Sin embargo, el padre tuvo un nuevo disgusto. Otro más. El Elegido alquilaba un piso a sus espaldas, trasnochaba todas las noches, contraía periódicamente enfermedades venéreas, llevaba una vida peligrosa en Filipinas y se había señalado de tal modo políticamente que acababan de degradarle en el Ejército. ¿Qué habría pensado su bisabuelo granadino, el coronel don Juan de Biedma y Torres? Un baldón. Y otro tanto habrían dicho los viejos políticos monárquicos de la familia. Según Ani: «Papá estaba muy preocupado por las repecusiones de todo aquello. Tabacos era una empresa muy conservadora. Los consejeros no eran precisamente comunistas y mi padre tuvo que empezar a responder algunas preguntas.»

Ante todo, le atormentaba su oscura vida privada. En este sentido, el chófer del señor Gil de Biedma recordaba una anécdota reveladora. En una ocasión en que el poeta cayó enfermo, su padre se acercó hasta el Sótano Negro para comprobar si necesitaba ayuda. Tras detenerse ante el portal, Don Luis le dijo al chófer: «Antonio, entra y pregúntale a mi hijo si puedo pasar.» El chófer cumplió la orden, recibió la autorización de Jaime y el padre pudo hacerle la ansiada visita. Sólo un lord inglés habría sido tan considerado, pero su cortesía nos habla también de una fractura esencial. Los dos hombres se quieren, no hay duda, pero no se comprenden y recelan el uno del otro. El padre teme, sobre todo, irrumpir en la oscura caverna del hijo: el sancta sanctórum donde el pecador lleva una vida bohemia y se entrega al vicio nefando. El hijo, mostrar el escenario de su existencia secreta, leer en el rostro paterno esa mirada bíblica que equivale a una condena.

No existe la menor duda de que el señor Gil conocía sus tendencias homosexuales. El propio Jaime tuvo que confesarle la verdad en una escena durísima cuyas palabras reprodujo luego en presencia de un amigo. Al saber la noticia, el padre le comentó:

–Acabas de hacerme muy desgraciado.

–¿Por qué? –repuso el poeta–. ¿Porque soy maricón?

–No, hijo. Porque me has convertido en un mentiroso para el resto de mi vida. Siempre he dicho la verdad. Y a partir de ahora tendré que mentir por ti.

Aunque el hijo lleva una doble vida, el padre se verá abocado a ella en contra de su voluntad. En cierto sentido arrastra también el peso del secreto, una rutina de engaños y disimulos. Para un hombre como él, el fingimiento supone una auténtica tortura. Ha de perdonar al hijo, callar y cubrirle las espaldas. Don Luis sabe mejor que nadie que un escándalo no sólo acabaría con la carrera de Jaime, el Elegido, sino con la reputación de toda la familia. En lo sucesivo dedicará algunos de sus mayores esfuerzos para evitarlo. Será el drama de su vejez.

BYE, BYE, LOVE

El drama inminente del poeta se está gestando a la sombra de Jorge Vicuña. ¿Cuándo empezó a perder su amor? Quizá haya que preguntarse antes si verdaderamente lo tuvo. Es incuestionable que Gil de Biedma se enamoró de Vicuña, y que éste correspondió a sus sentimientos porque podía serle de utilidad. En tal caso, estaríamos ante una relación simbiótica de cláusulas definidas, cercana en espíritu al matrimonio de conveniencia. Pero la realidad no fue ni mucho menos así. Vicuña sostiene que «jamás hubo cláusulas entre nosotros. No vivíamos juntos y cada uno iba por su lado en todos los sentidos». De hecho, él mantenía relaciones con ambos sexos y llegó a protagonizar algún episodio galante –con rapto de dama incluido– digno de algún ilustre aventurero veneciano. El poeta recibía entonces la noticia con disgusto –lo atestiguan sus cartas– pese a que era incapaz de guardar fidelidad al amigo. ¿Por qué? Porque su centro de energía sexual primaba en él sobre cualquier otro.

Debió de resultarle amargo que su relación con Jorge Vicuña –la que más le importaba– fuera poco satisfactoria en el plano erótico. Según éste: «Jaime no pudo ser feliz conmigo porque tuvimos una relación muy mala como amantes. Sexualmente no funcionaba. Casi no follábamos. Debió ser un drama para él. Por eso me convertí en su obsesión. Porque yo representaba lo que le hubiera gustado que fuera realidad.» Parte del problema obedecía a que Gil de Biedma tenía los gustos sexuales muy marcados, desde el trauma de sus primeros años, y rara vez pudo zafarse de ellos. «Le sometí a pruebas duras para buscar mi propia excitación física hasta que vi que le gustaban y lo dejé correr.» En este terreno el poeta tenía, pues, una clara dependencia de su amante. Sin embargo, podía sujetar las riendas en otro ámbito –el verbal– donde se sabía más fuerte. Aunque Vicuña lo desmiente, varios testigos –Salinas, Marsé o Rico– sostienen que Jaime Gil sucumbía a la tentación de humillarle en público. El académico recuerda una noche en el bar Cristal City en que increpó ásperamente a Vicuña, junto al teléfono del local. La escena fue larga y violenta. «Nunca supe las causas de aquel ataque, pero es obvio que Jorge estaba pasando por uno de los peores momentos de su vida.» Álvaro Rosal, en cambio, discrepa: «Jorge no se dejaba avasallar por nadie y las peleas entre ellos no eran habituales. Supongo que la gente las recuerda porque Jorge contestaba y en aquel tiempo era muy raro y muy duro ver a dos hombres discutiendo como una pareja. Los dos tenían un carácter muy fuerte. A veces aquella ralación daba miedo porque se querían mucho.»

Pero del mismo modo que Gil de Biedma podía herir a su amigo, según otro testigo, luego hablaba de él como un hombre «muy inteligente», al que mostraba a menudo sus trabajos poéticos. Jorge Vicuña fue, por tanto, un lector aventajadísimo a quien escuchó siempre con suma atención, incorporando de paso algunas de sus sugerencias. Vicuña sostiene que «nos entendíamos intelectualmente: eso nos unió». Eso explicaría que Jaime pudiera increparle en un rapto temperamental, para dejar luego en sus manos el grano más fértil de su cosecha. De hecho, Vicuña le inspiró alguno de sus mejores poemas de tema amoroso. Puede afirmarse que «Idilio en el café», «Vals del aniversario», «Canción de aniversario» o «Pandémica y celeste» no se conciben sin él. La lectura comparada de dos de ellos –«Vals» y «Canción»– nos descubre el deterioro de un vínculo que el poeta analizaría más tarde con su habitual ironía: «Como con el tiempo se acostumbra uno a todo, es mucho más optimista el sexto aniversario que el tercero.» De ahí los primeros versos:

> Porque son ya seis años desde entonces,
> porque no hay en la tierra, todavía,
> nada que sea tan dulce como una habitación
> para dos, si es tuya y mía;
> porque hasta el tiempo, ese pariente pobre
> que conoció mejores días,
> parece hoy partidario de la felicidad,
> cantemos, alegría!

A la sombra de John Donne, ¿qué celebra el poeta? Con toda probabilidad, que está aprendiendo a callarse «el resto de la historia».

Ya no aguarda nada glorioso de ese amor. «Durante casi diez años, mi memoria está llena de fines de semana con Jorge en Sitges y Tarragona», escribe a Juan Ferraté con cierta nostalgia. Pero sus escapadas a aquella costa idílica anterior al turismo –con pueblos pesqueros y playas doradas– no le depararon la felicidad erótica que había conocido en Grecia el Père de Trennes. Los amantes tampoco fueron excesivamente dichosos en el Sótano Negro, donde Gil de Biedma aparecía con alguno de sus ligues callejeros o se acostaba con jóvenes poetas. Vicuña, a su vez, hacía otro tanto o despertaba sus celos flirteando con algún amigo común para imponer su ley. Según Jorge Vicuña: «Ambos teníamos atractivo para los otros.» ¿Acaso no pertenecían los dos al signo de Escorpio?

Pero Salinas cree que «Vicuña no era homosexual. Incluso pongo en duda su bisexualidad». Seguramente es cierto. La conducta de Vicuña se inscribe de lleno en una época de escasa empatía con las mujeres –obsesionadas por fundar una familia– y en la que muchos hombres con inquietudes culturales o políticas se refugiaban en las resbaladizas ciénagas de la homosentimentalidad. El propio Vicuña admite haber hablado con Jaime del asunto: «Fue una época muy dura en las relaciones personales: las mujeres eran insulsas, estaban atemorizadas, y las relaciones eran siniestras porque existía una desconfianza tremenda. No había discurso. Incluso follando eran de un aburrimiento mortal.» Un hombre se convertía entonces en la mejor compañía de otro y no era extraño que, espoleados por el alcohol, sellaran su alianza con el acto sexual. Si a ello unimos las aspiraciones sociales de Vicuña, el veredicto de Salinas –«Vicuña no era homosexual»– cobra todo su significado. Pero de ser así, nadie mejor que Jaime Gil para lamentar la inviabilidad profunda de la historia. ¿Cuánto podía durar aquello?

Tras el aniversario «feliz», Jorge Vicuña inicia en 1962 una relación sentimental con una mujer cubana. Para entonces: «Mi relación con Jaime estaba completamente rota», dice, pero no por ello interrumpe su amistad íntima con él, como demuestra que viajaran juntos aquel verano por el norte de España con Dick Schmitt. El poeta se halla también en una situación de *divided mind, divided feelings.** De un lado, persiste su amor por Jorge; de otro, los amores exóticos. Pero el ajuste con sus «cachorritos» filipinos «ya no es lo natural, jubiloso y liberador que era antes», según escribe a Juan Ferraté. Viendo a su Dick sodomizado en el río por los mozos de Aragón, comprende qué lejanos quedan ya los días de Pagsanján. Además, la edad le ha robado una cualidad que antes tenía y que él llamaba «mi centaurismo». Esa doble naturaleza –mitad hombre, mitad animal– que le había permitido acercarse a ambientes disímiles y sortear situaciones extremas.

* «Dividida la mente y los sentimientos.»

Sorprendentemente, Gil de Biedma se mantendrá un año más en esta encrucijada afectiva. En verano de 1963 viaja con Jorge Vicuña a Mallorca, donde la pianista Eileen Kerrigan coincidió con la pareja: «Era la típica unión entre el gay inteligente y el macho *tough* (gansteril) que le proporciona placer sexual. Tengo la impresión de que Jaime se avergonzaba de ello. Una tarde que fuimos a visitar a Cela, estuvo muy nervioso, preocupado de que Cela pudiera verle acompañado de su novio.» En todo caso, a su regreso a Barcelona, éste le comentó a Jorge Herralde que había pasado un verano horrible porque «Jaime es un tío insoportable y un señorito malcriado». Sin embargo, Vicuña desmiente hoy tal afirmación. «Al contrario. Recuerdo un verano agradabilísimo. Deià era un lugar muy primitivo: vivíamos en una casa sin luz y sin agua corriente. Pasábamos el día en la cala, tumbados al sol, leyendo o bañándonos en el mar. Yo estuve aclarando mis ideas, quería acabar aquella relación e iniciar una nueva vida, porque el país estaba cambiando y había que moverse en otra dirección. Mallorca fue un paréntesis idílico.»

Alejados de la vida cotidiana, los amantes descansan en aquella Arcadia donde el poeta trabajará, a la sombra de la Diosa Blanca, en la composición de «Pandémica y celeste».

AFRODITA Y LOS *CHAKRAS*

Los estudiosos opinan que «Pandémica y celeste» es el mejor medio para acercarse a la poesía amorosa de Gil de Biedma, porque en él desarrolla su particular teoría del amor. El título está inspirado en unas líneas de un poema de Auden, que a su vez lo recogió de Platón. En *El banquete* el filósofo defiende la idea de que Afrodita –diosa del Amor– representa dos formas amatorias complementarias: el amor puramente erótico, al que se accede a través de diversas experiencias (Afrodita Pandémica), y el amor único, espiritualizado (Afrodita Celeste). Según la hispanista Shirley Mangini, el autor de *Moralidades* expresa aquí «la necesidad del culto a las dos advocaciones de la diosa». El amor pandémico aparece descrito, pues, en una gozosa evocación de «tantas ocasiones», mientras que el amor celeste –«verdadero amor»–, en el deseo del personaje poético de darle «un alma» al primero, simbolizado por las numerosas experiencias vividas. Para el poeta, cuerpo y alma, fidelidad y promiscuidad resultan a la postre inseparables. Y así lo refleja en estos versos:

Aunque sepa que nada me valdrían
trabajos de amor dispersos
si no existiese el verdadero amor.

Pero «Pandémica y celeste» puede interpretarse también bajo la luz oriental. Después de todo, Gil de Biedma había crecido leyendo *La pagoda de cristal* y soñando en la infancia con la ciudad de Cantón. Además conocía Filipinas y varios países de Oriente. Más que ningún otro poeta español era receptivo a formas de cultura y sociedad plenas de exotismo. Aunque releyera por esas fechas a John Donne, los vientos del Este soplaban en su alma. ¿Era consciente de lo que escondía su gran poema de amor?

No lo sabemos. Pero «Pandémica y celeste» invita a un análisis alternativo. Una aproximación que habría suscrito otro poeta por el que sentía respeto: Octavio Paz. El poema ilustra admirablemente el conflicto que padeció su autor entre dos de sus *chakras*: esos centros de energía situados en el cuerpo humano que, según la tradición hindú, permiten fluir la energía de la mente. Es el combate titánico entre el segundo *chakra*, situado en el abdomen, cerca de los órganos sexuales, y el cuarto, en el plexo solar, en el corazón. En «Pandémica» el *chakra* genital –Svadhistana– entra en colisión abierta con el *chakra* cordial –Anhata–. El primero se relaciona con el elemento Agua, el deseo, y la sexualidad; el segundo, con el elemento Aire, el amor profundo y el sentido armónico ante la vida. Desde esta óptica hay que señalar que el conflicto entre dos *chakras* surge, obviamente, de la colisión de sus características negativas. El mal uso del Svadhistana produce histerismo y conduce a la búsqueda de experiencias marcadas por la intensidad de placer o de dolor. El desequilibrio de Anhata provoca una intensa sensación de vacío.

Nadie que haya conocido a fondo a Gil de Biedma puede dudar de que su vida se ajustaba como un guante a este antiquísimo patrón de la medicina ayurvédica hindú. Es cierto que todos los seres humanos padecen en diverso grado conflictos similares, pero el caso del poeta resulta paradigmático porque arrastró el conflicto de por vida sin poder regular ni conciliar esos dos formidables centros de energía. Su gran poema de amor nos habla, aunque él no lo supiera, de esa tragedia íntima. El impulso que le había llevado a escribir «Pandémica y celeste» era, pues, mucho más profundo que la mera formulación poética de una teoría amorosa o el deseo de justificar ante su amante sus continuas infidelidades.

ALBADA

1964. Jorge Vicuña ha tomado la decisión de abandonar a Gil de Biedma, pero éste lo ignora. Recuerda Vicuña: «Estábamos pasando unos días en La Nava y una tarde salimos a pasear juntos a las afueras del pueblo. Jaime se adelantó y yo me quedé rezagado en el camino. Entonces le vi caminando delante de mí, solo, y me dio una pena infinita porque pensé: "El pobre no sabe lo que le espera al volver a Barcelona."»

Diez años después de su primer encuentro en el bar Pastis, los dos hombres se separan contra la voluntad del poeta. En relación a ello éste le comentó resignado a Marsé que «me quedaba poco por decir», frase que se convertirá en argumento recurrente de sus sucesivas rupturas sentimentales. Ana María Moix, por su parte, recuerda: «Jaime contaba que Jorge le había puesto en la disyuntiva de escoger "entre la Poesía y yo"», y el poeta –en un rapto heroico– había elegido la Poesía. Pero se nos antoja una escena demasiado romántica. Quizá Vicuña reclamaba mayores atenciones en un período en que su amigo se hallaba inmerso en la composición de *Moralidades*, el poemario al que dedicó más tiempo, movido por la imperiosa necesidad de escribir y por una deliberación absoluta en el trabajo. En todo caso, no es casual que los poemas amorosos de Gil de Biedma fueran escritos en un período muy breve de su vida (1959-1964), en la segunda fase de su relación con Jorge Vicuña. El poeta la recordaba como «una época en que mi erotismo estaba cambiando». Según él, en los años cincuenta no podía mantener relaciones sexuales «sin estar locamente enamorado», aunque sólo durara una noche. Pero a principios de los sesenta se produjo un hallazgo capital en su vida erótica:

> Fue descubrir que se puede hacer el amor cerebralmente. Que estás amando a alguien y ves que no te mira a ti, que está proyectándose una película en el centro del cerebro, que tiene los ojos mirando hacia dentro. Descubrir esto, que no cuentas en absoluto para la persona que está contigo en la cama... Yo no lo sabía y cuando me enteré fue terrible. Porque el componente básico de mi erotismo, aparte de la sensualidad, ha sido una sentimentalidad a flor de piel; me resulta básicamente imposible hacer el amor con alguien a quien no aprecio.

Vicuña sostiene que le abandonó porque deseaba un cambio radical. Cierto. Pero esa necesidad debía de contener implícita cierta dosis de cansancio. Pudo haberse fatigado, también, de que Jaime oscilara continuamente entre Afrodita Pandémica y Afrodita Celeste, y pretendiera hacer de ello materia literaria. Porque había, en efecto, un poeta que rendía culto a la última, simbolizada por Vicuña, que cumplió el involuntario papel de musa. Pero había otro poeta que sacrificaba al altar de la primera y componía la «Serie Filipina», inspirada en Dick Schmitt, «La novela de un joven pobre», en Pacífico Ricaport, e incluso «Albada», que recrea una noche de amor acontecida en la suite del Hotel Cosmos de las Ramblas.

Detengámonos brevemente en ella. Aquí desarrolla un *topos* clásico de la poesía provenzal, que es la separación de los amantes al amanecer, tras oír el canto de los primeros pájaros. Pero partiendo de la famosa «alba» de Giraut de Bornelh, el poeta barcelonés transmite una experiencia contemporánea en una ciudad moderna. El idílico paisaje medieval es reemplazado ahora por el ronquido de los tranvías que llevan al trabajo, los plátanos del paseo donde «silbarán los pájaros –cabrones-», y las floristas que amontonan las flores cortadas en los puestos de las Ramblas. Gil de Biedma introduce, además, otro elemento: la exhortación del amante que ha vigilado en la noche el sueño del otro y ahora le avisa de que deben partir, se convierte aquí en un diálogo entre dos dimensiones diferentes de la conciencia de un mismo sujeto. Observa y a la vez es contemplado, vigila y duerme, habla y escucha. Antes de su célebre «Contra Jaime Gil de Biedma» el poeta había planteado ya las posibilidades líricas del desdoblamiento:

> Acuérdate del cuarto en que has dormido.
> Entierra la cabeza en las almohadas,
> sintiendo aún la irritación y el frío
>   que da el amanecer
> junto al cuerpo que tanto nos gustaba
>   en la noche de ayer, [...]

Aunque Jorge Vicuña insiste en que su relación no estaba sujeta a cláusulas convencionales, debió de resultarle molesto aceptar los continuos caprichos del autor de *Moralidades*: promiscuidad sexual, viajes y estancias a trío, frecuentes peticiones de ayuda, y culto obsesivo a la literatura. Hasta una personalidad abierta como la suya se cansó de aquel señorito que podía hurtarle horas a su relación para pulir minuciosamente poemas en los que cantaba al cuerpo de otro... Piezas como «Albada» en las que la antigua amante medieval es en realidad un vulgar chapero.

EL NIDO DEL ESCORPIÓN

Tras la ruptura, el poeta pasó el verano de 1964 con Juan Marsé en La Nava. Allí llevaron una vida sosegada y fructífera presidida por dos temas principales: la novela *Últimas tardes con Teresa* y las penas de amor. Recuerda Marsé que «cuando se rompió la relación Jaime lo pasó fatal. Yo lo viví muy de cerca. Pero él sufría mucho al hablar de eso». Otro de sus amigos, Ángel González, coincide: «Se quedó desolado cuando rompieron. Estaba muy tocado. Entonces yo tuve un gesto inoportuno porque le dije: "¿Qué querías? Cada noche te vas con uno, con otro o con dos. ¿Qué puedes esperar con la vida disparatada que llevas?" Se cabreó mucho. Me dijo: "Vete a la mierda." Fue la única vez que se enfadó conmigo.»

En otoño, Gil de Biedma decide abandonar el Sótano Negro y trasladarse a un nuevo apartamento cerca del Turó Park. En opinión de Vicuña, «Jaime estaba harto del sótano inmundo de sus pecados, asqueado de su vida de puteo. Sentía asfixia en aquel agujero. Yo mismo le cedí el apartamento que me había proporcionado Bofill». Finalmente, el fugitivo cambiará de aires. Aspira a que su vida adquiera un nuevo rumbo y pone manos a la obra. Comienza a decorar la casa con algunos muebles del domicilio anterior: el soberbio escritorio Carlos IV, dos valiosos exvotos de una capilla castellana, un sillón sobrio y frailero... El barrio es tranquilo y elegante. Incluso el parque que se extiende junto a su casa tiene cierto aire británico. Es un *square*, con especies botánicas del Mediterráneo. Aquel verde familiar le devuelve los tonos de la esperanza.

El traslado certifica, además, su independencia, el imprescindible corte del cordón umbilical. Porque Gil de Biedma –digámoslo ahora– no llegó a residir permanentemente en el sótano de la calle Muntaner. «Le costó muchísimo marcharse de la calle Aragón –asegura Vicuña–, siempre volvía a su casa.» Las hermanas del poeta aportan un detalle simbólico que lo confirma: «Jaime traía la ropa sucia cada semana para que se lavaran en casa.» Incluso doña Luisa se desplazó en alguna ocasión al Sótano Negro para comprobar por sí misma las condiciones en que vivía el Elegido. ¿Qué prueba todo ello? Que bajo la máscara del poeta brillante sigue habiendo un muchacho inseguro que no consigue completar su desarrollo, que el ejecutivo viajero arrastra pesadas cadenas selladas en el ámbito familiar. Quizá su nuevo nido en la calle Maestro Pérez Cabrero le ayude definitivamente a romperlas.

EPÍSTOLA FRANCESA

Cualquier lector de Gil de Biedma conoce el largo poema en francés que aparece en *Las personas del verbo*. Sin embargo, los estudiosos no suelen recogerlo en las ediciones críticas ni en las antologías, acaso porque el sentido les resulta impenetrable. Paradójicamente, el poema oculta otro de los episodios secretos de la vida amorosa del poeta. Recordemos la dedicatoria: «A Paco, por su carta desde Nueva York.» ¿Qué misterio hay aquí? Un nuevo amante: se llamaba Francisco Blanco y había nacido en 1941. Hijo de un guardia civil y una mujer sevillana, era un tipo alto, moreno, musculado, que gastaba un denso bigote muy varonil. Según algún testigo: «Paco parecía turco» y su esposa lo confirma: «Mi marido tenía la piel oscura, cetrina, esa piel mediterránea que puedes encontrar en los griegos, los sicilianos y los andaluces.» Por voluntad del padre, Paco Blanco –alias *Curro*– cumplió el servicio militar en el Cuerpo y fue enviado al destino más exótico que un miembro de la Benemérita pueda imaginar: Estados Unidos. Era el año de la Exposición Universal de Nueva York –1966– y las autoridades franquistas decidieron mandar a un grupo de guardias civiles que tuvieran conocimientos de inglés.

No sabemos si Gil de Biedma le conoció allí, durante una visita al Pabellón de España, y quedó prendado de aquel joven de uniforme verde. Pero algo es seguro: hubo entre ellos un fogoso romance. «Mi futuro marido era bisexual y tuvo una relación amorosa con Jaime», recuerda su mujer. La novelista Carme Riera lo confirma: «A Jaime Gil le fascinaba eso de tirarse a un guardia civil. Así de claro. Era uno de sus fantasmas eróticos. Y lo contaba.» Con Curro Blanco, pues, pudo cumplir su fantasía. Poseer y ser poseído por un personaje de reminiscencias lorquianas. Sea como fuere, en la «Epístola francesa» hay numerosos elementos en clave erótica que el poeta sublima, una vez más, en poesía:

> *Voici l'ancien trésor des amours enfantines.*
> *Ces yeux d'un vert brumeux, ces grâces florentines,*
> *Cette simplicité, cette sainte impudeur*
> *Dont parle votre lettre, vous ont percé le cœur.*
> *Tout revient, mon ami, mais rien ne recommence.*
> *Allez, si m'en croyez, au bout de l'expérience*
> *Avec empressement, car vous êtes pressé.*
> *Il n'y a plus triste temps que le futur passé.**

---

* «He aquí el antiguo tesoro de amores infantiles. / Esos ojos de verde bruma, esas gracias florentinas, / esta simplicidad, este santo impudor/de la que habla su carta, os han robado el corazón. / Todo vuelve, amigo mío, pero nada recomienza. / Si creéis en mí, apurad sin falta la copa de la vida / pues todo os apremia ./ No hay tiempo más cruel que el futuro pasado.»

HIMNO A LA JUVENTUD

Desplacemos levemente la posición del cuadro. La segunda hija de Barral recuerda: «A Jaime no le gustaban los niños, porque los niños estábamos siempre en medio del paso e interrumpíamos las conversaciones. El concepto niño era lo opuesto a su manera de ser. Quizá no entendía el código de la fantasía.» Es una posibilidad. Pero cuando los niños se asomaban a la adolescencia, despertaban en seguida su interés. De esa metamorfosis surgió «uno de los poemas que más me he divertido escribiendo», según él, y más visuales. «Himno a la juventud.» ¿Cuál fue la génesis?

En enero de 1987, el poeta explicó el proceso a Ricardo de la Fuente. Corría el verano de 1965. «Habíamos estado en Calafell y salimos en el barco de Carlos. Nos acompañaba Yvonnette, la hija de Carlos, que a los doce años era una ninfula no sólo capaz de poner cachondo a Nabókov, sino incluso a un cadáver. Era una cosa... A los doce años era bellísima, y con una vitalidad...» Les acompañaba también un sobrino de Barral, un muchacho «guapísimo», según él, y apocado llamado Alberto. «Y entonces estábamos navegando todos, gente de treinta y tantos años la mayoría, en el barco de Carlos con aquellos dos críos. Y estábamos completamente erotizados por ellos.» La electricidad del instante quedó reflejada en estos primeros versos:

> A qué vienes ahora,
> juventud
> encanto descarado de la vida?
> Qué te trae a la playa?
> Estábamos tranquilos los mayores
> y tú vienes a herirnos, reviviendo
> los más temibles sueños imposibles,
> tú vienes para hurgarnos las imaginaciones.

El poema avanza como un retrato de lo que se llamaba en el *dolce estil nuovo* la *dona ideale,* la mujer ideal, que resulta ser un andrógino, tiene los dos sexos a la vez. El de Yvonnette y el de Alberto. Según Yvonnette : «Recuerdo bien aquel día. Puro verano. Mi primo y yo encarnábamos la libertad absoluta y la felicidad completa. Éramos morenos, esbeltos y asexuados. Jaime debió ver en nosotros el nacimiento de una sexualidad sin trabas.» En efecto: «Nos anuncias el reino de la vida..., el sueño de otra vida, más intensa y más libre.» La que velozmente iba dejando atrás.

DE REPENTE, EL ÚLTIMO VERANO

Agosto de 1965. De nuevo, el poeta pasa el mes de agosto en La Nava en compañía de Juan Marsé. A mediados de mes recibe la visita de varios personajes que integran su círculo madrileño... María Rosa Campos, alias *la Marquesa:* una dama rica, elegante y seductora que residía en una suite del Hotel Wellington de Madrid, donde organizaba muy sonadas fiestas. Amante del general Vigón, la Marquesa viajaba siempre con Joaquina, una joven extremeña de carácter fuerte que era su dama de compañía. La actual mujer de Juan Marsé recuerda: «Cuando conocí a Jaime tenía muchos rasgos de señorito. Estaba acostumbrado a ser el rey, el dueño y el señor. Y como era un tipo guapo, simpático, inteligente y culto tenía muchas cosas a su favor para creérselo. Además toda la gente que traía tenían una admiración por él, tanto hombres como mujeres. Hubo algunos roces. Y le marqué la raya. Lo entendió y fuimos muy amigos. Tenía estas cosas: si le entrabas claro y de frente, lo aceptaba.» Las dos mujeres se instalaron en la Casa del Caño con otra amiga, Carmina Labra, bisnieta de un célebre político del XIX que había luchado por la autonomía de las Antillas. Carmina militaba en el Partido Comunista y vivía en un piso burgués de la calle Velázquez donde «se sucedieron un sinfín de jaranas amistosas y asambleas subversivas», según Caballero Bonald. Carmina era, además, prima del poeta Ángel González, que la recuerda como «un personaje extraordinario. Tenía muy pocas inhibiciones. Vivió siempre como le dio la gana. Sentía devoción por Jaime y tuvo un lío con él».

Los personajes han llegado a la Casa del Caño. Y comienza la fiesta. Según Mercedes Gil: «Mi hermano iba a La Nava en agosto, en plena canícula, cuando nosotros estábamos fuera. Se reunía allí con los amigos y organizaban sus orgías.» La palabra «orgía» posee aquí el significado de fiesta exultante y placentera, de apoteosis sensual. Esta atmósfera quedó reflejada en el poema «Después de la muerte de Jaime Gil de Biedma» a través de objetos, personas, escenas dispersas como fotografías. Son los vasos de vino blanco dejados en la hierba cerca de la piscina, el calor bajo los árboles, los pájaros en las enredaderas... Son las voces que gritan nombres: Ángel, Juan, María Rosa... Y también Marcelino. Sí. Marcelino Someso, el amor gallego de los cincuenta, que ha vuelto a la vida del poeta y se suma a la fiesta:

> Y las noches también de libertad completa
> en la casa espaciosa, toda para nosotros
> lo mismo que un convento abandonado,
> y la nostalgia de puertas secretas,

aquel correr por las habitaciones,
buscar en los armarios
y divertirse en la alternancia
de desnudo y disfraz, desempolvando
batines, botas altas y calzones,
arbitrarias escenas,
viejos sueños eróticos de nuestra adolescencia,
muchacho solitario.

Según los invitados, el poema es fiel a la verdad. La escena forma parte de la escenografía disparatada que montaron una noche. Hubo el episodio de «la gorda Carmina» subiendo la escalera con el culo en pompa y llevando en la mano un candelabro. Como recuerda Marsé: «Había corrido el whisky, Carmina se quitó la ropa y subió la escalera desnuda mostrándonos el trasero.» Ángel González reconoce también el juego de disfraces del poema porque en la casa había un armario «con ropa antigua, uniformes viejos, y se vistieron de época». Siempre la vida, el placer, la búsqueda incansable de la felicidad. Luego se retiraban a descansar en las nobles estancias del caserón. A veces, Gil de Biedma oía desde su cuarto el llanto de la Marquesa –quizá un ardid de ésta para reclamarle– y acudía junto a su lecho. Dice Ana María Moix: «Jaime contaba que tenía que consolarla en todos los sentidos, porque según él, "no hay nada más irresistible que el rostro de una mujer con el rimmel corrido por las lágrimas".» ¿En qué lugar de su incurable mitomanía había soñado dar consuelo erótico a una dama en apuros? Más aún, ¿cómo incorporar ese gesto galante a la leyenda cada vez más sólida de su homosexualidad?

Ángel González lo atribuye a esa facultad del poeta, «el *centaurismo*, que le permitía poner a la grupa todo lo que la vida ofreciera de placentero y raptarlo y exprimirlo hasta el agotamiento... Aunque también puede ser lo que tú dices, la escisión entre la parte animal y humana».

AMOR MÁS PODEROSO QUE LA VIDA

La fiesta concluye. Los amigos abandonan lentamente la casa. Pero Jaime Gil necesita una nueva dosis de felicidad. A finales de agosto viaja con Marsé a Galicia, invitado por Marcelino Someso. El trayecto en tren es largo, caluroso, y los viajeros llevan cada uno su petaca llena de whisky para hacer más dulce el camino. Tras una visita a Santiago de Compostela, prosiguen hasta La Coruña, donde se alojan en un chalet que Someso posee en las afueras. Recuerda Marsé: «Era un sitio precioso, con unas vistas espléndidas a la ría.» Durante varios días recorrerán los alrededores, deteniéndose en los bares populares para degustar marisco. Es época de fiestas y disfrutan cada instante. «Marcelino estuvo muy amable con nosotros, muy simpático. Jaime y yo íbamos escasos de dinero y él nos invitaba a todo.»

Someso había vuelto a entrar en su vida. ¿Qué había sido de este joven gallego desde su encuentro amoroso en 1952? Tras concluir el servicio militar, fue a trabajar de camarero a Venezuela, donde conoció a un millonario norteamericano con el que se marcharía luego a Nueva York. Durante años vivieron juntos: allí Someso pudo codearse regularmente con la *crème* neoyorquina y, tras la ruptura, el millonario le regaló un apartamento en Manhattan. Someso se dedicó entonces a trabajar de *broker* y a canalizar los ahorros de las ricas amistades de su antigua pareja. Ahora repartía su tiempo entre Nueva York, Madrid y La Coruña. Por muchas razones, ésta era la clase de historia que fascinaba a Gil de Biedma. Después de todo, su antiguo «venadico pardo» había llegado muy lejos e incluso llegó a tener un romance con la modelo Nati Abascal, futura duquesa de Feria. Según Jorge Vicuña, «Marcelino era un genio. Era un chulo sofisticadísimo, que sabía hacer su trabajo como un auténtico profesional. Vestía de cojones, se maquillaba y era muy simpático. Sabía ser el amante de señoras y señores, a los que hacía generosos regalos. Los ricos eran su inversión. Créeme, era el "Super-Constellation" de la chulería».

Aunque Marsé no percibió indicios de un *revival* amoroso, el poeta volvió a experimentar un sentimiento enamoradizo hacia él. Según Vicuña, «estaba un poco fascinado por Marcelino, por su historia novelesca», pero el tiempo había pasado, y admitía esa fascinación desde un plano analítico e indudablemente mucho más escéptico. Sin embargo, Someso no tardó en viajar a Barcelona para instalarse en el piso de Maestro Pérez Cabrero. A los pocos días le regaló a Jaime una *sofa-table* de estilo victoriano –su inversión– y le manifestó el deseo de ser introducido en la alta sociedad barcelonesa. Al parecer, el aventurero gallego pretendía conseguir en tres meses a un rico catalán para retirarse definitivamente. Al principio, el anfitrión se sintió a gusto en compañía de Someso, tras la ruptura traumática con Vicuña que le había dejado solo. Pero, según éste, «Marcelino empezó a organizarle la vida, tratándole como a un rico maricón americano». Es decir, *weekends* a lugares de moda, *parties* privados, salidas al teatro... Lo último que deseaba Gil de Biedma era promocionar a Someso en sociedad, entre otras razones porque su mundo privado –próximo a la sordidez– no era el de la sociedad de los sesenta que acudía con sus mejores galas al Liceo. Según Jorge Vicuña: «Al final la cosa se complicó y Jaime tuvo que echarlo de su casa.» Se repetía así el esquema de Dick Schmitt.

Pero la experiencia va a inspirarle el poema «Amor más poderoso que la vida», en el que celebra el reencuetro con Someso, callándose una vez más –*poésie oblige*– el resto de la historia:

> La misma calidad que tu expresión,
> al cabo de los años,
> esta noche al mirarme:
> la misma calidad que tu expresión
> y la expresión herida de tus labios.

DEL AÑO MALO

Invierno de 1966. El poeta lleva ya tiempo suficiente en su nuevo domicilio para comprobar que nada ha cambiado. Aunque el Sótano Negro quede atrás, el Escorpión sigue reproduciendo los viejos hábitos en su nuevo nido. En este aspecto, los primeros versos de «Contra Jaime Gil de Biedma» resultan reveladores:

> De qué sirve, quisiera yo saber, cambiar de piso,
> dejar atrás un sótano más negro
> que mi reputación –y ya es decir–, [...]

Gil de Biedma tiene serias razones para preguntárselo, atrapado como está en un círculo vicioso. Si fuera Kavafis, la ciudad entera le perseguiría hasta el último rincón de la tierra. En cambio, le acosa un símbolo más modesto –un sótano oscuro–, porque su Mr. Hyde se ha trasladado con él al nuevo apartamento donde soñaba cambiar de vida. Aquí recibe a los amigos, se reencuentra con viejos amores, cena con una misteriosa muchacha, ejerce su magisterio sobre los poetas jóvenes... Pero aquí, también, retoza con algún ligue callejero, bebe sin medida y se hunde en la soledad. Incluso ha tenido que expulsar a Marcelino, aquel amor «sin exigencias de futuro», y con él desaparecen los últimos vestigios de inocencia y el recuerdo de sus primeros besos felices. La crisis está a punto de estallar.

El *crack-up* de Gil de Biedma venía de antiguo. Años después le comentó a Àlex Susanna: «La crisis se me resolvió yendo a Grecia, invitado por Gustavo Durán. Sabía que lo único que podía librarme de ella era marchar fuera.» La huida era absolutamente necesaria... Aquel mismo invierno había protagonizado un intento de suicidio con alcohol y somníferos, del que salió con vida tras un acceso de vómitos sobre la alfombra. Ahora afrontaba tenazmente la primavera. Sabemos que ya no escribía, pero recibía la visita de poetas como Pere Gimferrer, que buscaban apoyo y consejo. Aunque en aquella época, «Jaime estaba muy deprimido, nunca me dio la impresión de una persona derrumbada». Al contrario. Las charlas sobre poesía le devuelven el eco de una voz familiar como si los versos de Rubén Darío, Vicente Aleixandre o Manuel Machado pudieran hacerle olvidar las amargas horas del amor perdido.

Gimferrer insiste en que una de sus aficiones era analizar la obra ajena siguiendo un procedimiento muy riguroso. Dice: «Cogía un poema, lo leía en voz alta y luego lo sometía a un análisis racional. Su principal argumento es que si trasladábamos el contenido del poema a lenguaje corriente aquello era una estupidez y no tenía valor.» Le decía: «Muchos poemas, Pedro, no son buenos aunque lo parezcan.» Bajo ese prisma, Gil de Biedma había desguazado obras de autores de su propia generación –probablemente Claudio Rodríguez– y de la Generación del 27, como Emilio Prados. Gimferrer recuerda una tarde que leyeron el poema «Cuando era primavera en España» de Prados, demorándose en versos como:

> Cuando era primavera en España:
> junto a la orilla de los ríos
> las grandes mariposas de la luna
> fecundaban los cuerpos desnudos
> de las muchachas

... al culminar aquel crescendo de delirios visuales, Jaime comentó irónico: «Naturalmente, si en la primavera de España hubiera ocurrido esto, el Ejército habría tenido que intervenir.»

No obstante, la figura de Prados le resultaba simpática por otros motivos, entre ellos la audacia en expresar el tema erótico. Al analizar la aportación de los homosexuales en la Generación del 27, Jaime Gil se sorprendía del descaro de algún poema de Prados, cargado de alusiones explícitas:

> ¡Qué bien te siento bajar,
> qué despacio vas entrando
> caliente, viva en mi cuerpo,
> desde ti misma manando
> igual que una fuente, ardiendo!

Entonces el poeta recomendaba: «Leedlo íntegro. Es algo así como la Oda al cipote sin piloto», un falo en estado puro, sin rostro ni dueño, consumando la sodomización. Por los comentarios a Gimferrer deducimos que no había perdido el sentido del humor ni tampoco el interés por la sexualidad. Según el «novísimo»: «En esto era muy arrojado. Nunca trataba de enmascarar la importancia de la vida sexual de las personas. Conocía la de muchos escritores y era un elemento que estaba siempre presente al hablar de ellos.» Pero su vínculo con la poesía se vio profundamente alterado tras aquel período turbulento que marcó el final de su juventud. Dice Jaime Gil: «Me di cuenta que todo lo que yo había esperado de la poesía era nulo, no existía y era puro engaño... de que el haber hecho poemas que estaban bien no me servía para nada en cuanto a aprecio y estima de mí mismo.» Sus últimas incursiones poéticas se habían saldado en un juicio sumarísimo y una condena ejemplar, «Contra Jaime Gil de Biedma». Sobre el papel se había destruido. Ya no iba a creer en la poesía como actividad que ayuda al individuo a construirse y a llegar a ser. En una charla con Carme Riera confesaría después que «al cabo de los años, me he dado cuenta de eso: que debí decepcionarme mucho de la poesía en aquella crisis».

C.R.: Pero parece, más que de la poesía, de la vida, ¿no?

J.G. DE B.: ¡Ah!, bueno, de la vida ya estaba decepcionado.

EL SOLDADO DE PORCELANA

Gil de Biedma decidió viajar a Grecia para vencer definitivamente a sus demonios. Pero tuvo algunos problemas con la renovación del pasaporte, porque seguía figurando entre los enemigos del Régimen. A principios de verano su tensión anímica creció con la incertidumbre, y en este contexto compuso el célebre «*De vita beata*», donde el ansia de envejecer con estoica serenidad apenas logra ocultar la fatiga existencial de un hombre cuyo equilibrio psíquico continúa inestable. Conociendo los rigores de aquel año, el poema se nos antoja un prodigio de armonía. Tras el infierno, brotan de nuevo las flores en el jardín de Epicuro. Y desde la añoranza de un retiro bucólico, escribe estos versos en Sa Tuna, una bellísima cala de la Costa Brava. Nadie podía imaginar que el hombre cansado que habla en el poema de un «viejo país ineficiente» estaba preocupado en realidad por un pasaporte. A finales de julio pudo marchar finalmente a Grecia para reunirse con Gustavo Durán.

¿Quién fue ese enigmático personaje a quien dedicó nada menos que *Poemas póstumos*? Había nacido en Barcelona en 1906, en el seno de una familia militar; allí cursó la carrera de piano y luego se trasladó a Madrid. En aquel tiempo, Durán era un joven sumamente atractivo: hombros anchos, cabello rubio y rizado, rostro anguloso, la mirada azul. Según la escritora francesa Simone Téry: «La elegancia del joven compositor era famosa en toda España, sus corbatas, sus camisas, la raya impecable del pantalón, el cabello cuidado...» Para entonces, se movía ya en los medios más brillantes de la capital y viajaba también a París, donde frecuentó el mundo selecto de la aristocracia internacional.

Al estallar la guerra civil, Gustavo Durán experimentó una espectacular metamorfosis: se unió al Ejército republicano e intervino en batallas decisivas: Guadalajara, Brunete, Teruel... Tras una ascensión fulgurante alcanzó el grado de general y llegó a ser jefe del XX Cuerpo de Ejército. En 1939 tomó el camino del exilio donde prosiguió su existencia aventurera: espía del Gobierno americano, para unos, agente del KGB para otros, diplomático de la ONU... Aquel hombre era un auténtico enigma. Reunía las dotes del político, del cortesano, del soldado y del artista.

La relación de Gil de Biedma con este héroe de novela se remontaba al invierno de 1960, cuando el antiguo militar estuvo en México. Desde el principio fue una relación fecunda en clave epistolar, que sorprendió al poeta por su franqueza. Durán comenta con elogio sus poemas y comparte con Jaime Gil la idea de que el hombre en última instancia sólo ha de atender a la crítica de su propia conciencia. Diálogo y conciencia moral serán los dos pilares fundamentales de su amistad. Durante la crisis de 1966, la correspondencia de los amigos se intensifica –Jaime necesita ayuda– y Gustavo le invita a pasar el verano en Grecia. Aquel viaje le salvará la vida.

El exiliado español le acoge en su casa ateniense, en la calle Euzonon, 3, donde vive con su esposa, Bonté Crompton, y sus tres hijas. El alma del poeta necesita más que nunca de cariño y hospitalidad. Y no saldrá defraudado. La mañana misma de su llegada, Lucy, una de las hijas, le conduce por el barrio popular de la Platka hasta el mercadillo de Monastiraki. Allí le lleva al taller de sandalias de un tal Stavros Melissinos, en la calle Pandrossou. Es una calle popular –«vulgar», dirá él–, pero la luz de Atenas, el bullicio de los comercios y la nobleza de sus gentes operan el milagro. En la última sección del poema «La calle Pandrossou» Gil de Biedma explica su catarsis:

> Era un lunes de agosto
> después de un año atroz, recién llegado.
> Me acuerdo que de pronto amé la vida,
> porque la calle olía
> a cocina y a cuero de zapatos.

A diferencia de otros viajes, la aclimatación en Atenas es inmediata. Le asombra esa mezcla de ciudad mediterránea y castellana –«Atenas tiene un "côté" Ciudad Real», dirá después–, pero se imponen las impresiones mediterráneas. Atenas, Barcelona, Alejandría... ¿Dónde reside la semejanza? «Quizá los presupuestos sobre los cuales uno construye su propia vida o su propia relación con los demás son muy parecidos en todas esas ciudades. Hay también una cierta intensidad dramática, una cierta sensación de que el momento es único, de que puedes fijarlo en la memoria y recordarlo para siempre.» El buscador de instantes encuentra en Grecia un tesoro inagotable.

Momentos. Alguna mañana se queda solo en la terraza de la casa, releyendo a Kavafis. Ahora se detiene en los primeros versos del poema «Jónico»:

> Aunque hayamos derribado sus estatuas
> y los hayamos expulsado de sus templos,
> los dioses no han abandonado Grecia.

Luego alza la cabeza del libro y desvía la vista hacia los popes que deambulan por el jardincillo de un convento cercano. Kavafis está en lo cierto, piensa, los dioses siguen ahí y podrá comprobarlo a menudo a lo largo del viaje. Gil de Biedma descubrirá las huellas luminosas de su paso en los valles, las playas y las colinas. Grecia es un bálsamo: «Al cabo de tres días, mientras me estaba bañando, noté que la crisis había pasado y que yo era otro; que había cambiado de piel.» Tras un largo período de sequía, la musa surge de nuevo del agua y concluye el poema «Después de la muerte de Jaime Gil de Biedma» mientras se baña en una playa cerca de El Pireo.

La playa es, también, escenario de largas conversaciones con Gustavo Durán. En él no sólo encuentra a un mentor culto y experimentado sino a un confidente de gran valor. En cierto sentido, es como una versión mundana de Jiménez Fraud. Y a Durán no le resulta difícil reconocer los efectos del debate moral que asola la conciencia del joven poeta. El intercambio de sus miradas azules, la afinidad en los gustos y en las palabras, la lucha silenciosa con aquel inquilino oscuro que les posee a ambos desde la adolescencia... Porque el exiliado también tiene su secreto. El amor entre iguales. Gil de Biedma habría de recordar siempre una larga conversación que cambió su forma de interpretar la propia vida. Playa de Toló. Es mediodía. Los dos hombres se hallan sentados, charlando en la orilla, mientras las mujeres Durán retozan como delfines en el agua. Se inicia entonces una especie de diálogo socrático muy en armonía con el país, el lugar y el momento. Aquel viejo militar habla como un sabio antiguo acerca del bien y el mal, el acierto y el error, y la expiación. El poeta escucha aquellas palabras que centellean como escamas del Egeo. Y comprende que la sabiduría es hija del sufrimiento. ¿Cuándo conseguirá aceptarse a sí mismo?

Algunas noches los dos amigos se reúnen en la terraza para oír un disco con la versión helénica de *Bodas de sangre* cantada por Lakis. Entonces Durán rememora aquel Madrid de los años veinte, donde frecuentó el círculo de la Residencia de Estudiantes y tuvo trato con Dalí, Buñuel y García Lorca, quien se enamoró de él y llegó a escribirle una carta diaria. Otras veces charlan de la amistad con Ernest Hemingway, que le incorporó como personaje en *Por quién doblan las campanas* y siempre le llamó «mi general». Gustavo le muestra entonces uno de sus secretos: un fajo de cartas de amor que Hemingway le mandó después de la guerra. «Eran cartas de un cursi espantoso», confesaría en privado el propio Gil de Biedma después. «El supermacho yanqui estuvo enamorado de Gustavo como una colegiala romántica. Ja, ja. Algún día me gustaría escribir sobre este tema.» Pero fue otro de sus proyectos frustrados.

En todo caso, la fascinación entre los dos españoles es muy intensa. Según el escritor Horacio Vázquez Rial: «En algún momento cada uno de ellos ansió haber sido el otro, haber vivido la vida del otro.» En efecto. ¿Qué habría dado el poeta por conocer el Madrid del esplendor cultural republicano? ¿El París de Josephine Baker? ¿El Madrid rojo y heroico del «No pasarán»? Sí. Habría vendido su alma al diablo. Y luego poder ceñirse la máscara de espía, jugar a las falsas identidades, para acabar aquí en Atenas como representante de las Naciones Unidas. Durán, por su parte, debió quedar cautivado por ese señorito de Barcelona que apuraba con avidez la copa de la vida. Porque Gil de Biedma «era un maestro en indisciplinas, se sumergía sin vacilar en lo más negro, en lo más sórdido, en lo más aborrecido de su deseo, y salía a la superficie con los pulmones a punto de estallar, pero con una perla entre los dedos», escribe Vázquez Rial. ¿Cómo no sentir fascinación por ese joven que razonaba la tentación y se daba a ella, que había amado y amaba, y cuando no amaba buscaba placer?

Ahora frecuenta las bulliciosas tabernas de la Platka o desciende a los merenderos del Pireo. En esta noche calurosa de verano, los barcos de pesca flotan en la oscuridad. El poeta avanza hacia una mesa de madera en compañía de Gustavo Durán. La brisa del mar trae olor a pescado, a fuel, a brea dormida. Los amigos cenan *oktápodi* y beben *retsina* bajo las bombillas de colores. Suena una melancólica canción de *Rembétika*, que evoca las penas y los amores perdidos. Gil de Biedma alza la copa, propone un brindis y paladea largamente ese vino áspero, denso, amarillo. De pronto, le llega el lejano perfume a madera de su infancia. ¿Qué extraño sortilegio es ése? Se diría que los pinos de La Nava han volado hasta su copa con el reflejo de la luna... Otro instante más.

Jaime Gil prosiguió su viaje por tierras griegas. Y a cada nuevo hito se fue reencontrando consigo mismo. Un fin de semana en la isla de Poros, con su puertecillo de pescadores y sus colinas pobladas de árboles. Allí le tomará Durán una fotografía sobre una espléndida roca y le hará nuevas fotografías en Delfos, al pie de una columna. El poeta se acerca ahora a la fuente Castalia, se inclina para beber, y el sonido de la máquina fotográfica se confunde con el murmullo del agua. Cuando el viajero vea la foto comentará «me ha reconciliado con mi calva: la verdad es que tengo una línea de cabeza bastante noble, convenientemente romana». Se ha acostumbrado a llamar a Gustavo «mi Coronel». Y a las órdenes del Coronel viajará a la isla de Creta.

Creta tiene algo de revelación. Gil de Biedma encuentra allí una tierra áspera y viril, anclada profundamente en las tradiciones. Bajo un sol abrasador descubre en la isla imponentes cordilleras y fértiles valles, llanuras moteadas de molinos, litorales agrestes, playas solitarias, un paisaje poderosísimo que aviva todos sus sentidos. Este hombre que ha muerto en invierno, que ha vuelto a la vida en una calle de Atenas, resucitará definitivamente en el útero de Europa. El hedonista impaciente disfruta aquí con todos los poros de su alma. No ha de rendir cuentas a nadie. Es un ser libre. Y goza con todo. Los baños en playas salvajes, la comida de las tabernas marineras, las sobremesas interminables al calor del *ouzo*, que se alargan hasta la caída del sol. Entre brumas de alcohol le llegan las voces de los viejos de blanquísimos mostachos, que observan la llegada de las barcas de pesca. El poeta mira a los fornidos pescadores.

Pero Creta le brinda además un prodigioso pasado cultural. No sabemos si visitó los monasterios bizantinos de montaña, o las fortalezas venecianas erigidas junto al mar. Pero sí estuvo en el yacimiento arqueológico de Knossos, donde se alzan las ruinas del palacio del rey Minos. Será uno de los grandes momentos de su vida viajera. Gil de Biedma recorre el patio central, las estancias regias, las dependencias, los corredores, observando los elementos de una arquitectura asombrosa y compleja que inspiró la leyenda del Minotauro y el laberinto. Perdido en los pasillos, estudia los frescos, se detiene en la Sala del Trono y se asoma luego al pequeño estanque de la sala lustral. ¿Cómo resistir la tentación de mirar su rostro reflejado en el agua? Un rostro todavía joven, potente, aunque él se sienta cada vez más viejo. Su profunda mirada azul se asoma al espejo más antiguo del Mediterráneo. Ahí está, mitad Narciso, mitad Calibán, contemplándose en silencio en aquella superficie sin ondulaciones. Es el muerto vivo. Un hombre cautivo en su propio laberinto del que desea escapar, ahora sí, por fin... Y del que acabará saliendo cuando abandone el palacio.

A principios de septiembre el poeta regresa a España. Nunca olvidó su estancia en tierras griegas. «Es uno de los capítulos de mi vida que más amo y que más me alegro de haber vivido», dijo después. Lleva en la maleta una edición griega de Kavafis, un par de cajetillas de Karelias, el disco de Lakis, unas sandalias compradas en el taller de la calle Pandrossou...

> Si alguno que me quiere
> alguna vez va a Grecia
> y pasa por allí, sobre todo en verano,
> que me encomiende a ella.

LA NIÑA ISABEL

Barcelona, primer domingo de septiembre. El poeta regresa a la ciudad, pero nadie acude a esperarle al aeropuerto. «Me recuerdo en un taxi entrando a las ocho o las nueve de la noche por Gran Vía, que estaba casi desierta, y pensando: ésta es la ciudad donde viví mi juventud. Fue como si visitara un sitio donde había ocurrido algo», dirá después. La ciudad de su juventud es, todavía, la ciudad de su amor por Vicuña, y al pensar que pueden encontrarse allí siente el aguijón de la angustia. Al día siguiente, lunes, decide no ir al trabajo y quedarse en la cama toda la mañana. A Gil de Biedma siempre le duele volver, porque volver significa para él «morir un poco». A su regreso de Mallorca, tres años antes, le había escrito a Ferraté: «Es melancólico pensar qué pocos días de vida ordinaria bastan para borrar el efecto de todo un mes de vacaciones.»

En Barcelona sucumbe pronto a la tristeza, la soledad y la reminiscencia de los viejos amores. Cierto que Grecia le ha sanado el espíritu, pero le aguarda un denso paisaje vital: en Tabacos la situación es algo confusa tras el nombramiento del nuevo director, y las aguas sentimentales continúan revueltas. A la sombra de Vicuña, se debate además entre un reciente amor masculino –a quien llama «Mademoiselle de Maupin»– y su amor por una misteriosa mujer que ya ha aparecido fugazmente en el cuadro. Aquel mismo jueves recibe su visita y vive un paréntesis «absolutamente feliz». Esta felicidad se alimenta aún de su reciente experiencia griega. Si un año antes le había confesado a Juan Marsé: «Ha sido el último verano de nuestra juventud», ahora se despide con honores del primer verano de la madurez. De manera inesperada, el balance resulta satisfactorio.

La estancia en Grecia no sólo clausura «un año atroz» sino que tiene sobre su ánimo un efecto catártico. Según Marsé: «Aquel viaje le fue muy bien. Volvió a creer en la vida.» Otros testimonios coinciden: Gimferrer recuerda que «volvió muy animado, de Gustavo, de Grecia y de Kavafis», y Salvador Clotas comenta que «volvió obnubilado. Me habló mucho de Gustavo Durán. Se quedó deslumbrado con su personalidad. También me contó algunas locuras que hizo en Atenas».

Gil de Biedma expulsó demonios terribles en tierras griegas. El perpetuo sentimiento de culpa, la pulsión de muerte. Y, renacido, pudo amar aquel otoño a una mujer. Se llamaba Isabel Gil Moreno de Mora y estaba emparentada con la reina Fabiola de Bélgica; era además la hermana de la mujer de Luis Goytisolo. Pero ¿cómo era Bel? Por una vez hay que renunciar al retrato y dejar que ella entre en escena y quede erguida bajo los focos. Porque Bel es la clase de mujer a quien jamás le faltan fotógrafos. Primero lo hará Colita: «Siempre recordaré la primera vez que la vi. Llevaba una blusa de seda con volantes y una rosa en el escote. Alta, pelo negro, largo; parecía un pájaro salvaje.» Luego, Juan Marsé: «No era especialmente guapa, pero era muy atractiva. Tenía un cuerpo delgado, esbelto, muy bonito. Además era muy generosa y muy simpática, unas virtudes que Jaime apreciaba muchísimo en la gente.» Según Ana María Matute: «Imagínatela. Pantalón negro, chaqueta negra, blusa abierta hasta el ombligo y un sombrero cordobés. En aquella época nadie se atrevía a ir así.» El director Jaime Camino golpea la claqueta: «¿Bel? Una loca peligrosa.» Esta idea coincide con la del político Joan Reventós: «Era muy guapa, llamativa, inteligente, pero muy complicada. Complicadísima. Loca. Todos los Gil están un poco locos.» Y ¿cuál es la imagen de Pere Gimferrer? El académico se parapeta tras su cámara de trípode, dispuesto a disparar el *flash* de magnesio: «Era una mujer de una hermosura imperfecta. Pero muy llamativa, con mucha personalidad. Recuerdo haberla visto en una lectura poética con Jaime, luciendo una pamela espectacular.»

Ana María Matute cuenta que Bel se casó a los dieciocho años con «uno de esos burguesitos de Barcelona» que le dio tres hijos y no consiguió hacerla feliz. A mediados de los sesenta la encontramos diseñando joyas en un pequeño taller del pasaje Arcadia, cerca de la calle Tuset. Dice Marsé: «Hacía cosas de joyería artesana, un tipo de joyería muy simple, de bisutería con piezas bonitas.» Para entonces ya es una mujer libre, que en poco tiempo se erigirá en una de las musas de la *gauche divine*. No es lugar aquí de consignar el extenso inventario de sus amoríos. Pero sabemos que tuvo un *affaire* de casi un año con Juan Marsé, antes del romance con Gil de Biedma. El propio poeta comentó: «Fue uno de los seres humanos más hermosos que he conocido nunca.» Un pájaro salvaje, un cisne, una pantera. Pero ¿cómo llegó a prendarse de ella? En una entrevista a Maruja Torres, le reveló las circunstancias de su enamoramiento: «Vino a mi casa a buscarme para ir a cenar; le preparé una copa y la dejé en la biblioteca mientras yo me cambiaba. Cuando regresé, tenía entre sus manos una porcelana holandesa que me había regalado mi madre y estaba llorando.» En ese preciso instante Gil de Biedma descubre que Bel es la mujer de cristal que todo poeta ama.

En meses sucesivos se les verá brillar juntos en la animada noche barcelonesa: frecuentan los restaurantes de moda, acuden a modernas salas de fiestas como Bocaccio, pero también asisten a recitales de poesía o ciclos en la filmoteca. Comenta Colita: «Era estupendo verlos juntos, dos personajes tan fuertes... Echaban chispas por todos lados.» «Eran fantásticos», asegura Ana María Matute. El político Joan Reventós recuerda haberles visto en un bar de la Diagonal, próximo a la plaza Calvo Sotelo. «Jaime estaba entusiasmado con Bel. Se la quería comer. Estuvieron bailando de una forma muy atrevida. Apretados el uno al otro. No se escondían de nada. Y yo pensé: "¿éste es el famoso homosexual? ¡Madre mía! Pero si ni Carlos Barral la hubiera besado así..."» Otros testimonios coinciden en manifestar idéntico desconcierto. Se diría que la leyenda perversa de Gil de Biedma se desmorona y su amor por aquella mujer parece reconducirlo a las sendas de la heterosexualidad. ¿Perseguía eso el poeta? Según Colita: «Bel era un cacho tía. Delgada pero superfemenina. Era una pantera negra que corría por ahí. Y un verdadero hombre como Jaime sólo podía desear de ella lo que desearía de una pantera. Domarla.» Podemos creer a Colita. Domar y ser domado era un juego muy caro a los dos. El temperamento festivo de Bel la convirtió, además, en una *partenaire* perfecta. Más tarde Gil de Biedma recordaría: «Salíamos juntos a cenar y, para jugar, nos vestíamos cada día de vizcondes. Una noche se vistió de vizcondesa húngara y estaba espléndida, ornada de plumas, descendiendo por la escalinata del restaurante. Pero a la mitad tropezó, y el resto de los peldaños los bajó de culo. Así era Bel.»

Diez años después de su encuentro con Mené Rocha en Filipinas, el poeta ha hallado otra mujer cómplice, atrevida, que disfruta con el rito de *épater le bourgeois*. Pero además del matiz transgresor Bel aporta algo fundamental: el amor erótico. Esta pareja de tigres desprende magnetismo e irradia *glamour*. ¿Cómo es Bel en la intimidad? Según Colita: «Se había separado del marido y estaba disfrutando de la vida. Era un animal, y si algo le apetecía, se lo comía.» La fotógrafa recuerda algunas noches locas en que Jaime y Bel salieron con ella, en compañía de un joven anticuario. Tras beber en Bocaccio hasta la madrugada, bajaron a las Ramblas para reclutar a varias prostitutas y luego acudieron a un célebre *meublé* de Pedralbes. Según ella: «Llevábamos una castaña monumental. Llenamos una bañera enorme con botellas de *champagne* y nos metimos en pelotas dentro. Estuvimos chapoteando como locos, y las putas estaban alucinadas. Era la juerga por la juerga, ¿entiendes? Follar ni se nos pasaba por la cabeza.» Otra noche Colita salió con la pareja de cacería cerca del puerto. Esta vez reclutaron a dos marineros negros y volvieron al apartamento de Maestro Pérez Cabrero. «La cosa iba en plan el Quinteto de la Muerte, ya sabes, una cama redonda con Jaime, nosotras dos y los negros. Pero cuando la olla se puso a hervir, me largué pitando. Luego supe que se corrieron una juerga apoteósica.»

Gil de Biedma encontró en Bel a la primera mujer con quien desarrollar el potencial de su libido, poniendo en práctica algunas de sus fantasías secretas. También le libera del peso de culpa homosexual. Ahora respira. Y se siente eufórico. Marsé recuerda que le comentó «cuando uno está enamorado y hace bien el amor, rebosa cachondez universal: me excita todo». ¿Qué ha ocurrido para que, tras el letargo sexual de los últimos meses, renazca así? Grecia. Porque tras el viaje, el poeta ha resuelto a entera satisfacción de ambos, el engorroso problema de impotencia con Bel, que constituía la espina de sus relaciones. Otro secreto. Y cada vez que escapa con ella de fin de semana vive unas jornadas de encantadora felicidad. Pero luego la inercia acumulada le arroja a un nuevo tobogán erótico, donde se acuesta «con todo lo que se me ha puesto por delante y con todo lo que no se me ha puesto por delante», confiesa a un amigo íntimo. Jaime no tiene freno y llega siempre hasta el final de la botella. Claro que Bel lo ignora. Sólo sabe que a menudo se comportan como los amantes más clásicos del mundo, en el perímetro exacto de una cama para dos.

Gil de Biedma le contó a Ana María Moix una escena interesante. Se hallaba en el dormitorio con Bel cuando ésta renunció a hacer el amor alegando que tenía el período. Él aceptó, apagaron la lámpara y se dispusieron a dormir. Pero en mitad de la noche ella se le echó encima como una pantera y se amaron de manera memorable. Según el poeta: «Fue una de las mejores noches de mi vida.» Quizá hay que preguntarse ahora qué clase de homosexual es éste. No le importa que la hembra esté en celo y goza como nadie en una circunstancia en que la mayoría de hombres apenas logran disimular su aversión. Él, en cambio, se comporta como un personaje de novela milleriana. Exclama Colita: «¡Qué poco homosexual es esto!» Y añade Ana María Moix: «Es una conducta altamente chocante en un homosexual.» ¿Entonces? Es obvio que ama a Bel y comparte su feminidad más agreste. Pero la relación con ella plantea, en consecuencia, un dilema que no puede formularse sin incurrir en ciertas ingenuidades o simplificaciones del lector heterosexual. ¿Fue Gil de Biedma totalmente homosexual? En una sexualidad tan rica como la suya no funcionan los parámetros al uso. El centaurismo aún rige su vida. Según Ana María Matute: «Era un bisexual activo que se decantó por los hombres.» Según Colita: «No le hacía ascos a una mujer que le gustara.» Y en opinión de Ana María Moix: «Nadie habla de que Jaime tuvo muchas amantes. No debemos ignorar sus relaciones eróticas con mujeres, aunque se acostara principalmente con hombres.» La clave quizá resida en la explicación de Mené Rocha, que pudo haber sido su esposa: «La naturaleza humana posee varios compartimentos, pero la mayoría de personas sólo se atreven a abrir uno. Jaime quiso conocerlos todos.»

Este deseo, sin embargo, será insuficiente para que la unión con Isabel Gil cristalice de manera perdurable. Según el poeta: «Pasar un fin de semana dando saltos en la cama y bebiendo copas me parece la manera ideal de pasar un fin de semana, pero el caso es que cuando lo hago me quedo después con la conciencia confusa y con la vaga sospecha de que lo que realmente me ocurre es que no tengo nada que hacer en la vida.» Esta aterradora confesión no le lleva, en cambio, a enderezar el rumbo. Aunque reconoce sus debilidades, prefiere abandonarse a ellas antes que vencerlas, como si el lamento inteligente que transmiten sus consideraciones bastara ya para salvarle. Se ha escrito mucho sobre la gran lucidez del poeta, enfrentándose ante su propio espejo en un poema. Pero que Gil de Biedma fuera, en efecto, un gran retratista de sí mismo no le ayudó demasiado en el terreno práctico, por mucho que contribuyera a forjar su leyenda.

Desde que volvió de Grecia intenta escribir, pero se lo impiden sus excesos: de ahí su mala conciencia, el *hangover,* la resaca moral. Y ello afecta a su vida amorosa con Bel. Las amigas sostienen que ella albergó en algún momento la esperanza de que Jaime pudiera ser su príncipe azul. De hecho, sentía un gran cariño por los hijos de Bel e incluso les buscó un colegio en las proximidades de su apartamento. Según Ana María Moix: «estuvieron a punto de casarse», y Salvador Clotas, un vecino, recuerda que: «Estaban juntos todo el día.» ¿Qué ocurrió? Colita explica: «Al principio Bel estaba muy contenta, pero luego se cansó porque él volvió a las andadas.» En efecto. El poeta volvía a flirtear con hombres a solas o se escapaba con muchachos de la calle. En el fondo no podía cambiar. A partir de entonces su relación con Isabel Gil discurrirá por un cauce guadianesco con meandros de felicidad, reapariciones y largas avenidas de cariño indiferente. Le tiene un gran afecto, le atrae, le hace compañía. Pero empieza a descubrir que no está enamorado. A finales de diciembre se ve obligado a admitir un hecho. Aunque Bel le proporciona un gran placer físico, no siente al tocarla ese escalofrío del amor. Por esas fechas le confiesa a Barral: «sigo enamorado como un perro de mi antiguo amor». ¿Quién? Indudablemente, Jorge Vicuña.

Al principio Bel le guardó un breve período de fidelidad, pero luego se acostó con el primer hombre apuesto que se interpuso en su camino. Explica Colita: «A Jaime le supo muy mal, porque fue ella quien le dejó, diciéndole que un gay no tiene porvenir...» Aquello fue un nuevo revés para el poeta. ¿Había soñado llevar una doble vida con ella basada en la comprensión, el respeto y la complicidad? No lo sabemos. Pero en esa primavera de 1967 debió reflexionar sobre las caprichosas ironías del destino. Su gran amor masculino –Jorge Vicuña– le había abandonado por una mujer, y su gran amor femenino –Isabel Gil– le dejaba ahora por un hombre. Era la prueba de que era incapaz de ofrecer garantías suficientes a los que amaba. Según Vicuña: «Jaime solía decir que "tengo un vacío sentimental con las mujeres". Pero no se daba cuenta de que cualquier tipo obsesivo –y él lo era con la poesía y el sexo– se aleja del amor. Él confundía su propio vacío con la sequedad de sentimientos. Es la obsesión la que genera el vacío, no el sexo del otro.» Ahora había caído Bel. A niveles profundos, pues, no había aceptado su homosexualidad. Este punto debió resultarle tan doloroso como la ruptura misma. Porque en la soledad de su apartamento Gil de Biedma llegó a la conclusión de que si una mujer como Bel no aceptaba su verdadera naturaleza, difícilmente hallaría otra capaz de hacerlo. Salvo una lesbiana, claro. Pero ¿qué lesbiana saltaría como una pantera a su lecho para besar su torso velludo? De aquella época recuerda Luis Goytisolo: «Él intentó acostarse con una decoradora que era lesbiana. Estaba excitadísimo. Había bebido y la persiguió hasta la habitación. Ella se encerró. Y él golpeaba la puerta como un poseso.»

A UNA DAMA MUY JOVEN, SEPARADA

He aquí el título del poema que Gil de Biedma le dedicó a Isabel Gil Moreno de Mora. La niña Isabel. Bel. De nuevo estamos ante una pieza inspirada en hechos reales, a los que el poeta ilumina con los tonos de la poesía. Los expertos sostienen que este poema ilustra una de las aficiones literarias del autor de *Las personas del verbo*: poner al día los temas y motivos de la poesía castellana tradicional. Es cierto. Jaime Gil conoce la historia de Bel, y sabe que responde al modelo de la bella malmaridada que escoge finalmente la libertad. Pero, una vez libre, ¿qué amante español va a reconocer los latidos de su corazón? En el poema se compara a la heroína con el pirata de Espronceda. Vestida de corsario, con seis amantes por banda, esta mujer audaz se yergue sobre los taburetes de los bares presidiendo la farra. Quizá no sea un tema poético muy ambicioso, pero es el emblema de la insegura condición de cualquier ser humano del sexo femenino puesto en la encrucijada de afirmar su independencia. El ansia de libertad de Bel convierte, así, el tema de la bella malmaridada en un reflejo de las aspiraciones personales de las nuevas mujeres españolas.

Es obvio que Gil de Biedma admira a la mujer nueva simbolizada por Bel, pero también la previene de su exceso vital, su danza dionisíaca al borde del acantilado. Según la fotógrafa Colita: «En el fondo, el poema está lleno de resentimiento. Es la obra de un cornudo resentido.» De ser así, el motor del poeta fueron los celos y sus versos pretendieron vengar el abandono de su amada. Pero la lectura de la correspondencia inédita con Gustavo Durán apunta a otra hipótesis. En el momento de la escritura del poema –1964– Jaime acaba de ser abandonado por Vicuña. Cuando conoce a Bel, se atraen y desea intimar físicamente con ella; pero padece una disfuncion eréctil que le impide poseerla y proporcionarle placer. Desde la impotencia sexual asiste, atormentado, a los devaneos de Isabel con otros hombres –«los memos de tus amantes»– que gozan de sus favores. Tipos que, deseándola y gozándola, ni la escuchan ni le creen ni la tienen en consideración. El poema está escrito, pues, con la ácida tinta del impotente, de ahí el resentimiento y el tono admonitorio:

> ¿No has aprendido, inocente,
> que en tercera persona
> los bellos sentimientos
> son historias peligrosas?

Irónicamente, el poema sería utilizado en un juicio contra ella. Recuerda su cuñado Luis Goytisolo: «Cuando ella ya estaba separada, el marido quiso arrebatarle la custodia de los hijos alegando que se entendía con Jaime, entre otros. Una de las pruebas que esgrimió el fiscal para demostrarlo fue el poema de Jaime, que tuvo que ir a declarar.» Pero sólo Bel y el poeta sabían que el adulterio no se había consumado. Gil de Biedma tuvo que esperar a su regreso de Grecia, en 1966, para superar la impotencia y gozar de Bel como ningún otro hombre.

PICASSO Y LA *MADEMOISELLE* DE MAUPIN

En diciembre de 1966 el poeta viaja a Francia con su cuñado Jacinto Reventós para conocer personalmente a Picasso. Allí despedirá *el año malo*, junto a un pequeño grupo de viajeros en el que figura también el pintor Tàpies. Viniendo de Barcelona, los cuatro días en la Costa Azul podían haber sido perfectos si no llega a ser por una persistente sensación de angustia que ensombreció su ánimo. Se diría que su primera visita a la *French Riviera* le ha devuelto el eco de los pasos de Scott Fitzgerald, el legendario príncipe de la Generación Perdida. En cierto modo, Jaime Gil establece allí algunas asociaciones con el autor de *El Gran Gatsby.* ¿Qué había sido, en el fondo, Scott? Un amante desdichado, un escritor en crisis, un esnob, un alcohólico, un nostálgico, el eterno muchacho encantador que nunca llegó a crecer... A diferencia de él, Gil de Biedma aún puede salvarse, pero sigue siendo incapaz de ordenar su caos afectivo. Y lo sabe. Jorge Vicuña recuerda que meses antes cenó con el poeta en el restaurante Finisterre, donde le convenció de renunciar a nuevos encuentros. «No te empeñes en verme –le dijo–. No te conviene. Te genera una mala leche impresionante. Tienes un problema de rencor hacia mí que te perjudica.» Vicuña ha intuido además que la obsesión del otro comienza a ser vox pópuli: «Jaime iba de víctima. Se quejaba por ahí de que yo le había abandonado y me convertí durante años en el malo de la película. Siempre hablaba de mí como si yo fuera el cabronazo. Pero se olvidaba de contar que él hacía lo que le daba la gana.»

Ese hombre que viaja a Francia a ver a Picasso no le ha olvidado. Además, mantiene su relación amorosa con Bel y otra en paralelo con un hombre a quien llama *Mademoiselle* de Maupin. ¿Quién se ocultaba tras el nombre de la heroína de la novela de Gautier? En este punto sólo caben suposiciones. Pudo ser un joven poeta de provincias que residía en la ciudad, o un tal Luis Giner, «un ser humano con muchísimo encanto personal», según él, y con el que planea regresar a Grecia aquella primavera. Sabemos, eso sí, que hubo presencia de Mademoiselle de Maupin en los años 1966, 1967 y 1968... Los amigos se ven a menudo, pero cada vez que hacen el amor, la Maupin sufre luego un acceso de retraimiento. Aunque eróticamente han mejorado algo desde el año anterior, Gil de Biedma le confiesa a un amigo que hasta que no logre destruir por completo el mecanismo psicológico que reprime al otro «no podré vivir tranquilo». Parece claro que ese amante secreto se aviene con muchas reservas a la unión física homosexual. Pero cuánta obsesión la de Jaime, cuánta insistencia, cuánta inseguridad. El niño que había sido forzado trataba ahora de doblegar la fortaleza: quién sabe si en su fijación por aquella victoria había un ansia inconsciente de entender su propio drama y aceptarse a sí mismo. Cuando lo consiga, disfrutará de la más intensa felicidad amorosa. En los muchos años de peripecia erótica –esos «cuatrocientos cuerpos» de «Pandémica y celeste»– nunca había logrado una intimidad física tan completa. Está tan absorto en el deseo que cuando llega a la oficina por las mañanas le resulta arduo «descender a tierra». Este amor tiene el poder de cambiarle. Le descubre el valor de la entrega. Solía decir que «uno quiere muy pronto, pero tarda años en aprender a querer como se debe: entregarse es una disciplina». Algo que el autor de «Pandémica», asombrosamente, no había tenido en cuenta.

Durante este proceso, sigue viéndose con Bel. Es asombrosa su querencia a navegar entre dos aguas y el provecho que a veces obtiene –o cree obtener– de ello. A Marsé le comentó que no habría podido sobrellevar su pasión por Mademoiselle sin el sedante y la sensualidad de Bel. Dice mucho de su funcionamiento sentimental que califique de «amor sedante» el vínculo con Bel –tan alocado en algunos aspectos– y de «pasión» su lazo con Mademoiselle de Maupin, que tanto se ha resistido a concederle sus favores. Pero como en la novela de Gautier, quizá Gil de Biedma cree que esa pasión puede purificar lo enfermizo y decadente que rodea su vida. En todo caso, este juego de yuxtaposición no puede mantenerse por largo tiempo. El poeta aspira a hallar una salida para evitar el cortocircuito. Sabe que las experiencias de dicotomía amorosa, además, son perjudiciales para la salud moral de quien las padece, pues el individuo pierde con frecuencia parte de su identidad. No se trata sólo de un cargo de conciencia –«se sentía un cabrón por jugar a dos tapetes», recuerda un amigo– sino de alterar el equilibrio emocional y perder parte de su yo. Un lujo que no puede permitirse un hombre que recibió de niño el nombre de su hermano muerto. Y que ha escrito poemas como «Contra Jaime Gil de Biedma».

Enero de 1967. Cannes. Un pequeño grupo de españoles acude a ver a Picasso. Nadie sabe que el poeta lleva a la espalda esta densísima trama sentimental. De ahí la angustia persistente del viaje. Al final el encuentro con Picasso se produce y quedará registrado en el texto «Monstruo en su laberinto», donde el viajero capta con agudeza la personalidad del genio. Este interesante retrato humano encierra su lado deprimente. Al poeta no le pasa desapercibido un detalle: la cicatriz que arrastra el pintor de los primeros años de miseria en París, «a sus alturas de edad y de celebridad sigue siendo un *rapin d'atelier* y un *métèque* hasta un punto difícil de imaginar si no se le ve. Tiene la crispada inmovilidad de una bestezuela montesina recién atrapada». Pero en cierto sentido, también él es una bestezuela atrapada por las pasiones. El amor dividido, desordenado, insaciable, contribuye a su dispersión y se siente incapaz de coger la pluma. A la vuelta de Francia nada le seduce lo suficiente, no logra concentrarse y la sola idea de intentarlo le llena de temor.

Un domingo de mayo, Gil de Biedma abandona la ciudad y emprende un viaje solitario en coche para conocer algunos pueblos del interior de Cataluña. Fijemos la escena. Apoyado sobre un velador del Café Sport, en Solsona, bebe un vaso de vino blanco. Ahora contempla la plaza y los feligreses que acuden a misa a la catedral. Apura el vino, se pone en pie y sigue pacientemente aquel rebaño hasta el interior del templo. De pronto, siente una intensa e insólita «felicidad solitaria». ¿Qué extraño milagro es éste? Por primera vez en mucho tiempo no necesita a nadie. Ni a Vicuña ni a Bel ni a Mademoiselle de Maupin.

LA GLORIA DE GRECIA

Desde su regreso de Atenas el poeta sucumbió a menudo a la nostalgia del verano. La misma semana de su llegada escribe una carta a Gustavo Durán, agradeciéndole su hospitalidad y manifestándole su deseo de verle de nuevo. La herida que le han dejado el viejo camarada y el país se va haciendo mayor a medida que pasan los días y le asaltan momentos de soledad. Es cierto que se debate entre el amor sedante de Bel y la pasión de Mademoiselle de Maupin. Pero continúa sintiéndose solo. Los domingos se levanta tarde, deambula por el apartamento, almuerza cerca de su casa y regresa a ella para hacer la siesta. En ocasiones padece ataques de excitación erótica que le alteran los nervios y entonces se somete al chorro frío de la ducha «como un congregante cualquiera de María Inmaculada». A las seis de la tarde anochece. Gil de Biedma enciende la lámpara de la biblioteca y aprovecha para leer o escribir a algún amigo. A veces el alarido intermitente de los hinchas del R.C.D. Español le llega desde el cercano campo de fútbol. Y alza la vista de la oscura superficie del escritorio donde se amontona la correspondencia.

Desde que concluyó «Después de la muerte de Jaime Gil de Biedma» no ha escrito un verso más. «Como poeta soy un verdadero desastre», se lamenta a los amigos. Pero hay demasiado amor, demasiado exceso en su vida, y es incapaz de poner atención en la poesía. Será una de las constantes de su vida: Venus soberana no deja lugar a las musas. A veces se sorprende, no ya de haber escrito un poema, sino de haber tenido la idea de un poema. Pero la inspiración perdida le llegará finalmente de Grecia. Porque en el otoño de 1966 e invierno de 1967 su amigo, el Coronel, le envía deliciosas noticias atenienses. Jaime imagina entonces el otoño en el Ática, y el recuerdo de la tierra de los dioses le invade con particular intensidad. La gloria de Grecia preside sus sueños. Es la luz de Atenas al atardecer en el Partenón, que le vuelve con una nitidez casi absoluta. Y se ve de nuevo entre las ruinas del Ágora, sentado frente a la roca de la Acrópolis flanqueada de cipreses. Grecia. «¡Gran país para ser sabio!», le dirá una tarde a Gimferrer.

Tras siete meses de sequía compone dos nuevos poemas a la sombra de sus días griegos: «Para Gustavo, en sus sesenta años» y «La calle Pandrossou». La idea del primero surgió a raíz de una carta en la que Gustavo Durán le contaba los pormenores felices de su último cumpleaños. Esta composición le llevará dos o tres semanas. Y expresa la admiración del poeta por su amigo y la razón de sus lazos: «aprendimos / la historia de la vida / en distinto ejemplar del mismo libro». Según Horacio Vázquez Rial: «El prolongado y estrecho vínculo de Gustavo Durán con Jaime Gil de Biedma tuvo, durante la mayor parte del tiempo, mucho más de postal que de carnal... Gustavo y Jaime se amaron, qué duda cabe, pero no sólo a la manera de los deslumbrados, sino también a la manera de quienes ya saben.» Jorge Vicuña confirma esta idea: «Hubo un enamoramiento por parte de Jaime hacia Gustavo.» Entre los dos amigos lo verbal –el quinto *chakra*, llamado Vishuddha, el de la comunicación– predominó sobre el genital –el segundo *chakra*–, como ocurre a menudo entre dos hombres de similares inclinaciones y notable diferencia de edad. Aunque Salinas recuerda que «Jaime daba a entender que había habido algo entre ellos», es probable que deslizara el comentario *pour épater* al editor, insinuándole un romance helénico con un personaje de leyenda. Parece más lógica la versión de Vicuña a quien el poeta ya no podía asombrar con una nueva exhibición de mitomanía. Hablando de Gustavo, se limitó a decir en un suspiro: «Si hubiéramos sido más jóvenes...»

LA REBELIÓN DE LA CARNE

El poeta ha vuelto a escribir, pero no se siente satisfecho con los resultados. Junto al poema de aniversario, envía una carta a Durán en la que le reitera su cariño y se lamenta de no haber escrito algo mejor. Lentamente, la crisis del 66 está variando su actitud frente a la poesía, que cultiva ahora de un modo más desencantado y escéptico. ¿Qué sucede? Concibe un poema, lo almacena en la memoria, lo escribe. Pero ya no siente aquella eufórica sensación de buena conciencia que antes experimentaba al concluirlo. En el fondo, Gil de Biedma continúa atrapado en su madeja sentimental, eso que él llama «*my little landscape of love*»,* disfrazando el caos con una pincelada cosmopolita. En estas circunstancias le sorprende la primavera, como siempre, para él, «dulcísima». Las Ramblas descienden hasta el mar.

En una carta al Coronel describe el reverdecer de los árboles y de la libido:

> El desfile de fantasías sexuales que aparece ante nosotros cuando empezamos a despedirnos de la juventud, produce temor incluso en el individuo más equilibrado. Los compases iniciales de la madurez guardan parentesco con los días de la adolescencia: vivimos bajo el estigma del desamparo erótico, aunque amemos a alguien o vivamos en compañía. La única diferencia reside en que ese desamparo ha perdido la ilusión de los sentimientos, o acaso ésta ha quedado sepultada por la herrumbre hasta convertirse en un icono de sí misma, en una representación visual. Me siento tan poseído por mis fantasmas eróticos que me preocupa acabar convirtiéndome al puritanismo, pues hay instantes en que mi sexualidad me produce auténtico pavor. De pronto tengo la impresión de estar a merced de un fuego interno, ajeno a mi persona y a mi voluntad – Venus tiránica, la anarquía de Eros.

Desde la distancia analítica, Gil de Biedma se aterra ante la potencia desbocada de su segundo *chakra*. Y trata de comprender. Si en «Pandémica y celeste» su personaje poético se debatía entre el *chakra* genital y el *chakra* del corazón, ahora el combate se produce entre el segundo *chakra* y el sexto. Porque Ajna *chakra* es luz, abre las facultades psíquicas y la comprensión, concede clarividencia. La misma naturaleza sexual del poeta le impedirá desarrollar ese fabuloso centro de energía, asociado al tercer ojo. Pero a veces el milagro se produce, y logra desenmascarar al peligroso huésped que gobierna su voluntad. Es obvio que el enfrentamiento con Afrodita Despótica le produce «terror» y tiene sobrados motivos para ello. En un período en que sus compañeros de generación fantasean en el territorio de lo que Barral denomina «perversiones elementales» –la idea de un *ménage-à-trois*, por ejemplo–, Gil de Biedma es un avezado explorador de mundos oscuros. ¿Qué puede asustar ya a un hombre que practica la sodomía, las felaciones, las cópulas en grupo, o que recurre ocasionalmente a los disfraces de mujer? Debería ser suficiente para un señorito de posguerra en funciones de ejecutivo. Pero no es así. El terror proviene, quizá, de la servidumbre constante hacia ese ti-

---

* «Mi pequeño paisaje amoroso.»

rano que le gobierna y de la sensación angustiosa de que seguirá exigiéndole tributos cada vez más gravosos y perversos.

Sabemos que fueron muchos los que presenciaron los raptos de incontinencia erótica del poeta. Era como si no tuviera el menor deseo de reprimir los impulsos de su sexualidad. Francisco Rico recuerda un episodio que se produjo a su vuelta de una larga estancia en Estados Unidos. Varios amigos decidieron ofrecerle una cena de bienvenida en Can Masana: una antigua casa de comidas situada en una plazuela próxima a Bocaccio. Al acabar, Gil de Biedma le dijo bromeando: «Mira, guapo. Tú no has pagado nada. Así que dame dinero ahora mismo, que quiero perderme por ahí.» Entonces Rico le prestó todo lo que llevaba y luego se despidieron en la calle Muntaner. Cuenta el académico que habían bebido en exceso, así que bajó caminando hasta la plaza de Cataluña –donde cogía el ferrocarril hacia Sant Cugat–, con la esperanza de que le despejara el aire de la noche. Pero a la altura del Paseo de Gracia, entró en el Drugstore y subió al primer piso para echar un vistazo al quiosco-librería que permanecía siempre abierto. Dice Rico: «Luego bajé la escalera para salir y en ese momento vi entrar a Jaime, solo, buscando un chapero. Apenas nos miramos, ¿sabe usted? Pero aún me da miedo su mirada. No era odio. Era más bien la mirada del cazador que es descubierto poco antes del ataque... Esa mirada no la olvidaré mientras viva.»

El poeta no sintió excesiva inclinación hacia los muchachos puros y evanescentes. Cualquier semejanza con el profesor Aschenbach de *Muerte en Venecia* no va más allá de su inquietud por el arte y una alta consideración de la belleza. Pero el objeto de deseo de Aschenbach es un ángel que parece surgir de un templo clásico. Tadzio encarna el ideal de belleza fugitiva y Gil de Biedma, en cambio, mostraba preferencia por los seres de carne y hueso que tuvieran experiencia a sus espaldas. Su erotismo necesitaba, por así decir, del trasfondo de una historia y si esa historia contenía ribetes de amargura o aflicción, quedaba doblemente satisfecho. Esto resulta patente en el poema «La novela de un joven pobre», donde el amigo filipino le confiesa: «Me han echado a patadas / de tantos cuartos de hotel...» Y este drama del chico miserable le emociona, le excita y le mueve a escribir. Un hombre así no estaba llamado a vivir con un hombre de su misma clase social. He aquí otro rasgo suyo, que desconcertaba a gentes como José Agustín Goytisolo:«Era tan británico que pensé que viviría su homosexualidad a la inglesa, en una casa de campo y con un novio muy apuesto y divertido. Pero Jaime salió más pasoliniano que el propio Pasolini. Siempre me sorprendió su tendencia a encanallarse. Podía haber ido con los mejores hombres del mundo.»

Quizá debamos añadir algo sobre la cuestión. En muchos aspectos, Gil de Biedma fue un homosexual al estilo inglés, muy consciente de su profesión y de su clase social. Incluso el pudor que introdujo en su obra –por respeto a la madre– se inscribe de lleno en la tradición discreta de E. M. Forster. La diferencia estriba en que la fuerza misma de su sexualidad le impulsaba a cometer excesos que le convertían en otra clase de homosexual –también muy británico– que responde al tipo de fornicador desaforado y promiscuo. Es evidente que el abogado que acude cada mañana a la Compañía de Tabacos de Filipinas nos recuerda a un *gentleman* de la City. Es el álter ego empresarial del Dr. Jekyll. Pero cuando corre la pócima del alcohol, surge Mr. Hyde y entonces el nuevo sujeto se comporta como un gay en la línea de Ackerley e incluso Joe Orton, merodeando en los antros del Soho o en los urinarios públicos. No es, por tanto, un homosexual de una sola pieza. Al contrario. Es una criatura bifronte, escindida entre dos anhelos, y como ocurre en la novela de Stevenson, la conducta de uno condiciona negativamente la existencia del otro. Durante el día este ejecutivo interpreta su papel en las reuniones del consejo. Pero cuando se quita el traje burgués acude presuroso a los bares últimos de la noche, como si su cuerpo estuviera, en efecto, a merced del otro.

¿De dónde nace esa ansia incurable de embrutecerse? Según Jaime Salinas: «Hay algo en la promiscuidad gay que se asemeja a la masturbación reiterativa de la adolescencia.» En opinión de Armand de Fluvià: «La promiscuidad era consecuencia de que tenías que ir a salto de mata. No había lugares de sociabilidad para nosotros. Era el mundo de la noche, y la noche libera a muchas criaturas.» De acuerdo. Pero en Gil de Biedma, lo sabemos, concurren otros factores: el deseo de librarse de su rol convencional, una fuerte pulsión autodestructiva y una curiosidad infinita por la vida humana. No siempre le mueve el impulso puramente erótico, porque incluso cuando tuvo algún compañero de gran vigor sexual, siguió buscando la manera de zafarse, de escabullirse, de corromperse. Este hombre obstinado, cautivo de una anárquica *nostalgie de la boue*, es sólo una parte, no se olvide, del poeta admirable, del camarada tierno y generoso... Del hombre que irrumpe a caballo en las vidas ajenas y provoca por igual el tormento y el éxtasis. Alegría y cataclismo.

Barcelona, 1967. Cada vez que el poeta regresa de Oriente, la rutina despliega su cerco. Para romperlo, recurre a las argucias habituales: alcohol, sexo, vida social... En esta primavera confusa ha encontrado un nuevo amigo cerca del puerto: el muchacho se llama Paquito, un joven andaluz emparentado con la bailaora Maruja Garrido, que actúa en Los Tarantos, el tablao de la plaza Real. Paquito normalmente hace chapas, pero no es como los otros. Es un tipo simpático y despierto, que disfruta charlando con aquel caballero elegante que cada noche baja a buscarle a

Elvira «Mené» Rocha,
en el Club de Polo de Barcelona,1954.

El poeta remando en la isla de Negros (Filipinas), abril de 1956.
(Foto: Mené Rocha)

El poeta acompañado por sus amigos filipinos
Pacífico Ricaport y Jay Romero, Manila, 1956.

El poeta danza ante la mirada de Gustavo Durán (*centro*) y unos amigos.
Atenas, agosto de 1966.
(Fotos: Archivo J. Gil de Biedma)

Isabel Gil (Bel), musa de la *gauche divine* y modelo del poema
«A una dama muy joven, separada».
(© Colita fotografía)

Ejemplar de *En favor de Venus* dedicado a Juan Marsé, 1965.
(Cortesía: Juan Marsé)

«Tú volvías riendo del teléfono, anunciando más gente que venía.»
Juan Marsé, Jaime Gil y Marcelino Someso, La Nava, agosto de 1965.
(Archivo J. Gil de Biedma)

Jaime en casa de Oriol Regás, Llofriu, verano de 1972.
(© Colita fotografía)

El poeta junto a Juan Marsé en la presentación de la novela
La muchacha de las bragas de oro.
(Cortesía: Juan Marsé)

Ana María Moix y
Beatriz de Moura con Jaime
en La Nava de la Asunción,
verano de 1974.
(© Colita fotografía)

En la plaza de San Marcos
de Venecia, junto al poeta
Àlex Susanna, 1984.
(Cortesía Àlex Susanna)

El actor
Josep Madern.
(© Colita fotografía)

Durante un viaje por
los pueblos andaluces,
en verano de 1983.
(Cortesía: Àlex Susanna)

De vita beata

En un viejo país ineficiente,
algo así como España entre dos guerras
civiles, en un pueblo junto al mar,
poseer una casa y poca hacienda
y memoria ninguna. No leer,
no sufrir, no escribir, no pagar cuentas,
y vivir como un noble arruinado
entre las ruinas de mi inteligencia.

La Tuna, julio, 1966
Para Luis Antonio, a tu amigo Jaime

(Cortesía: Luis Antonio de Villena)

Última aparición pública del poeta.
Residencia de Estudiantes, Madrid, diciembre 1988.
(Publicaciones de la Residencia de Estudiantes)

las Ramblas. Juan Marsé recuerda haberlo visto en el apartamento de Maestro Pérez Cabrero. Tras el saludo, Gil de Biedma le dijo: «Que te cuente Paquito qué clase de trabajos hace.» Y el chapero relató una historia asombrosa. Una mujer le había contratado para realizar ciertos servicios sexuales en su domicilio, a petición de un misterioso caballero. Poco antes de la hora, Paquito entró en un bar cercano para tomarse un coñac y reparó en un viejo excéntrico sentado al fondo del local. ¿Dónde diablos había visto esa cara? El muchacho buscó afanosamente en su memoria hasta localizar el nombre de Salvador Dalí. Luego pagó la copa y fue hacia la casa. Al entrar en la portería, descubrió que Dalí seguía sus pasos y dedujo que era él quien había concertado aquella cita secreta para satisfacer su vicio de mirón. Marsé utilizó posteriormente la historia en el primer capítulo de su nueva novela, *Si te dicen que caí*, donde el pintor es sustituido por un capitoste del Régimen, impotente y postrado en una silla de ruedas. Este símbolo literario de la putrefacción franquista había nacido, pues, de los vicios secretos de un pintor de vanguardia.

Con algunas variantes, Gil de Biedma refirió la misma anécdota al poeta Biel Mesquida en 1977, silenciando el nombre del artista: «Un chulo que conozco me contó que durante una temporada estuvo muy bien alimentado porque se puso de acuerdo con una mujer que tenía una vieja torre en Sant Gervasi, en la que montaba "cuadros", y que trabajaba con frecuencia para el mismo cliente...» Era el principio de un episodio erótico en el que la señora debía convencer al cliente de que el chulo y una señorita reclutada para la ocasión eran novios formales, que nunca habían «posado» antes, practicando el coito, y que lo hacían para comprarse los muebles del comedor. Durante los seis meses que aquel chulo, Paquito, rindió sus servicios en la torre, representó la misma escena con cuatro chicas diferentes... Y aquí el poeta formulaba una pregunta en clave de reflexión: «¿Qué clase de realidad tendrá para el cliente esa imagen mental? Tenía que saber perfectamente que lo que le decían no podía ser verdad, puesto que las muchachas eran distintas. Alguna clase de realidad debía tener para él, sin embargo. Ese tipo de sexualidad cerebral, de proyección de imágenes, tiene mucho que ver con el arte. El arte es un simulacro, y ese tipo de placer sexual también es un simulacro.» A partir de la anécdota contada por un chapero, Gil de Biedma ahondaba, pues, en el territorio de las fantasías eróticas hasta inferir que este tipo de sexualidad mental está muy próxima al placer estético. Y, por tanto, es creadora. Cualquier otro se habría limitado a contar la historia de un viejo mirón que paga para presenciar a escondidas la cópula de una joven pareja. Él, en cambio, sabía extraer todo el jugo a la escena y desarrollaba luego sus propias teorías. ¿Puede juzgarse puritanamente a un hombre a quien el sexo suministró noticias valiosas sobre los oscuros laberintos del alma?

REGRESO A MANILA

En marzo de 1968 el abogado Jaime Gil volvió a Filipinas tras seis años de ausencia. Ignoramos las causas de este prolongado alejamiento, tras un período inicial en que viajaba al Archipiélago un par de veces al año. Pero en 1966-1967 se produjo una gravísima crisis en la compañía que obligó a un reajuste de sus principales actividades. Cuando llegó a Manila el panorama era poco alentador. El presidente Marcos gobernaba ahora el país, instaurando una política encaminada a la disolución de los vestigios del antiguo sistema colonial. Y algunos negocios extranjeros, anclados en el pasado, comenzaron a registrar importantes pérdidas. Aquel año Gil de Biedma se desplazó en dos ocasiones al país: la primera para estudiar a fondo la nueva legislación y evaluar sobre el terreno la precaria situación económica de algunas haciendas de tabaco como la del valle de Cagayan; la segunda, en otoño, para liquidar personal y reorganizar negocios. «La finalidad de esa estancia no es precisamente agradable», le dirá a un amigo en vísperas de su marcha. ¿Qué debió de pensar el antiguo poeta social ante esa ironía del destino? Ahí estaba el autor de «La novela de un joven pobre» acudiendo a su despacho en Manila para proceder a una drástica reducción de plantilla.

Pero no podía ser de otro modo. Una de las grandes contradicciones de su vida fue sentir como un artista y verse forzado a pensar y obrar como un alto ejecutivo: algo que acabaría minándole profundamente. El 17 de septiembre de 1968 su amigo Juan Ferraté le responde desde Estados Unidos a una carta que él le envió desde Filipinas. Por el primer párrafo deducimos el estado de ánimo del poeta en Oriente: «Desearía que cuando te llegara esta carta te hubieras recuperado un poco de la mala impresión que, al parecer, te ha producido esta vez ese país y del temor que te inspira la idea de que vas a pasar los próximos dos o tres meses en régimen de servicio militar.» El deseo del amigo refleja implícitamente el malestar del otro. Para un hombre que se había acostumbrado a disponer de su tiempo, el regreso forzoso a Filipinas no pudo hacerle feliz. El país, en efecto, había cambiado. Pero, sobre todo, había cambiado el propio Gil de Biedma que se acercaba a los cuarenta años. Desde 1966 era un Lázaro redivivo: un hombre que en lugar de suicidarse había escrito un poema catártico y se había curado en Grecia. ¿Qué podía ofrecerle ahora Manila?

Un día cualquiera el poeta abandona las oficinas de la compañía y se dirige al Parque Rizal. Como cada tarde, un grupo de curiosos se ha reunido en el paseo para contemplar el intenso crepúsculo que inflama las aguas de la bahía. Desde allí observa los numerosos barcos anclados en el puerto: son los buques de guerra de la Marina americana que fondean desde el inicio de la guerra del Vietnam. A veces Gil de Biedma percibe movimientos en la rada o escucha el rumor de los helicópteros procedentes del hospital de la base de Clark Air. Pero más allá de la brisa de guerra traída por los monzones, la ciudad registra una actividad pacífica y febril. En aquella Manila los vehículos de la policía militar se cruzan con los alegres *jeepneys* de brillantes carrocerías. Las grúas trabajan sin descanso alzando nuevos edificios en Ayala Avenue, la moderna arteria financiera; los ejecutivos habitan lujosos apartamentos en el área residencial de Forbes Park, y los oficinistas cruzan el río Pasig a bordo de una *banca* colectiva, apretujados y en pie, con un portafolios bajo el brazo.

Filipinas vive un período de profundas transformaciones, similar en cierto modo al de España. Y el poeta, que había denunciado los peligros de la modernización española, se halla aquí ante una encrucijada gemela. Aún hay mucho de rural en el Archipiélago, pero reconoce el peligroso olor del dólar flotando en el aire tropical. Durante dos meses trabajará más que nunca en la oficina del 848 Marqués de Comillas. Pero como no renuncia a crearse esos cálidos rincones oscuros sin los cuales no sabría encontrarse a gusto en ningún mundo, se siente fatigado, y a veces escapa a Hong Kong.

Allí vive un delicioso interludio romántico con un «*charming dancer of mixed pakistani and portuguese blood*».* Otro amor fugaz. El gran hito sentimental, sin embargo, será su reencuentro con Dick Schmitt. Tras su fuga precipitada de España, en 1963, las heridas se han cerrado y los amigos vuelven juntos a Pagsanján. Han pasado diez años desde aquella escena amorosa en el agua, y los amantes reanudan su relación encantadora y tierna. Jaime piensa entonces en aquellos versos suyos: «que aunque el gusto nunca más / vuelva a ser el mismo / en la vida los olvidos / no suelen durar». Al abrazar de nuevo a Dick, en Pagsanján, comprende que la poesía le ha revelado también una dimensión premonitoria.

El *revival* con Dick Schmitt se extiende asimismo a Barcelona. La sombra de Vicuña ya no planea en el horizonte; Bel y Mademoiselle también han desaparecido del paisaje amoroso. Y Gil de Biedma le invita a pasar una temporada en su apartamento de la calle Maestro Pérez Cabrero. Una tarde los dos amigos se hallan tomando una copa en el Café de la Ópera de las Ramblas, cuando David Medalla irrumpe en el local. La sor-

---

* «Un bailador encantador, mestizo de paquistaní y portugués».

presa de la pareja es mayúscula. ¿Qué hace el pintor de La Cave des Angely en Barcelona? Medalla vive ahora en Londres y ha hecho escala en España antes de proseguir su viaje a África y la India. Según él: «Jaime y Dick estaban viviendo juntos. Parecían felices.» Sólo Medalla sabía que aquel mestizo filipino-americano era el modelo de «Días de Pagsanján».

OTRA OFELIA

Barcelona, 6 de diciembre de 1968. El poeta acude con su amiga Bel a cenar a un restaurante de moda. Aunque su relación sentimental se había roto en el verano de 1967, tras un año de placeres desbocados, les seguía uniendo «una tierna amistad». Al despedirse, Jaime Gil promete entregarle el regalo que ha comprado para ella en Filipinas.

Aquel fin de semana Bel se marchó al campamento de Talarn (Lérida) a visitar a un amigo íntimo que cumplía allí el servicio militar. Pasaron el día juntos y emprendió después el viaje de regreso a Barcelona. Cuentan que vieron pasar su coche a las diez de la noche, bajo un fuerte aguacero, en dirección a la carretera general. Luego desapareció sin dejar rastro. Tras el anuncio de que las lluvias e inundaciones habían arrastrado varios automóviles riera abajo, comenzó la angustiosa búsqueda por las proximidades del cauce del río. Según Ana María Matute: «La encontraron muerta fuera del coche, atrapada entre las ramas de un árbol cuando descendieron las aguas.» Según Colita: «Había quedado atrapada dentro y el agua se la llevó hasta el mar.»

Luis Goytisolo no olvidaría nunca el día en que acudió con María Antonia, su mujer, para identificar el cuerpo de su cuñada Isabel. En la novela *Teoría del conocimiento* recrea la sobrecogedora escena de la llegada al depósito «cuando abrieron la capilla del cementerio y nos encontramos a Margarita tendida sobre el mármol, el cuerpo en una posición a la vez airosa y forzada, similar a lo que sería la escultura de una danzarina tendida boca arriba, los ojos abiertos y sorprendida la expresión, como si contemplara el coloreado haz de rayos solares que, a partir del rosetón, traspasaba diagonalmente la penumbra».

Aquella noche sonaron muchos teléfonos en Barcelona. El cisne de la *gauche divine* había muerto y con ella desaparecía una de las criaturas más fascinantes de la época. Dice Colita: «Nos quedamos todos en estado de *shock*.» Simbólicamente la fiesta había terminado. Algunos íntimos sostienen que la terrible muerte de Bel tuvo manifestaciones de carácter sobrenatural. Ana María Matute recuerda un extraño episodio que le refirió su hermana Pilar, gran amiga de Isabel Gil. Ese mismo día Pilar se encontraba sola en su dormitorio, tratando en vano de conciliar el sueño. Era una noche plácida, absolutamente tranquila, sin el menor susurro de viento. De pronto, las persianas de la ventana empezaron a moverse y agitarse, como golpeadas por un vendaval. Según la escritora: «Mi hermana no es nada imaginativa. Nunca ha creído en fantasmas. Pero percibió claramente la presencia de su amiga, que le dijo: "María Pilar, estoy muerta."» Aterrada, Pilar acertó a responder: «Ya lo sé, Bel. Me he enterado. Ya sé que estás muerta.» Entonces la persiana se aplacó de golpe y en la habitación se produjo una calma absoluta. Casi cuarenta años después, María Pilar Matute empalideció al preguntarle por aquella visita de ultratumba.

Recuerda Colita que: «La enterraron de mala manera.» Y hubo, en efecto, algo de sepelio poco menos que clandestino en el cementerio civil del pueblo de Perelada, el que correspondía al término municipal donde fue arrastrado su coche. Una fosa abierta al pie de un muro plagado de caracoles, un reducido grupo de amigos, algún amante misterioso y apesadumbrado. La luz del atardecer de invierno apagándose sobre los cipreses.

Gil de Biedma no pudo asistir al entierro de Bel: al enterarse de su muerte, se encerró en su apartamento y se cortó las venas con una cuchilla de afeitar. Aquél era el segundo intento de suicidio en dos años y tuvo que ser ingresado en el Hospital Clínico, donde permaneció varios días. Aparentemente, 1968 no había sido un mal año para el poeta: había publicado *Poemas póstumos* e incluso se reencontró con Gustavo Durán en Atenas en una escala a la vuelta de Filipinas. Pero aquella nueva tentativa revelaba el desequilibrio latente de su alma... Quizá seguía prisionero del amor de Vicuña, hombre del que aún hablaba dolorosamente a los amigos; tampoco debió contribuir el otoño en Manila, cargado de muy incómodos quehaceres laborales. Pero no es motivo suficiente. El profundo dolor de Gil de Biedma había alcanzado extremos intolerables, azuzado una vez más por la culpa. Según Alberto Oliart: «Para que un hombre tan vital como Jaime se cortara las venas, tenía que encontrarse absolutamente solo. Ni siquiera le servía la madre, que era el gran lazo sentimental que tenía con la vida, aparte de los amigos. Debió pensar que ya no le quedaba salida a la soledad.» En efecto. Se sentía solo y atormentado. Porque la muerte de Bel y, sobre todo, la idea de los últimos segundos de conciencia de ella dentro del automóvil, le golpean incesantemente y lo harán durante mucho tiempo. Aquella imagen última le suscita una y otra vez muchos recuerdos mezclados con ese sentimiento de culpa a posteriori que se experimenta «cuando muere una persona querida y uno piensa en todas las veces en que la dejó sola, pudiendo no hacerlo», confiesa desolado a Juan Marsé.

A la salida del hospital, se refugia en el domicilio familiar de la calle

Aragón. Instalado en su cuarto de muchacho, permanecerá allí, convaleciente, bajo la estrecha vigilancia de todos. Según su hermana Marta: «Tuvimos que estar muy encima para que no volviera a intentarlo.» ¿Qué debió pensar Eti, viendo a Jaimito en la cama y con las muñecas vendadas? Que el corazón de los hombres siempre sería un misterio en manos de Dios. En la familia no se hablaba del bisabuelo Gil –el padre de Tía Isabel Loca– que se había quitado la vida a finales del siglo XIX, tras una existencia atormentada en la que trató de alternar su trabajo como empleado de Hacienda y el cultivo de la poesía. Pero su biznieto parecía haber heredado ese gen y con él un conflicto irresoluble entre el orden y el caos. Eti lo sabe: permanece siempre alerta. Pero incluso aquí, con los suyos, Gil de Biedma sigue estando solo porque comprende que Bel encarnaba su última posibilidad de redención. En un plano simbólico, su muerte le había condenado definitivamente a ser homosexual.

No hay pruebas concluyentes de que escribiera un nuevo poema dedicado a *la niña Isabel*. Pero los efectos devastadores de su muerte le inspiraron con toda probabilidad «Conversación», donde la herida del remordimiento supura la palabras, formando un diálogo entre el poeta y una amante difunta. Es, quizá, el más estremecedor de todos sus poemas:

Los muertos pocas veces libertad
alcanzáis a tener, pero la noche
que regresáis es vuestra,
vuestra completamente.

Amada mía, remordimiento mío,
la nuit c'est toi cuando estoy solo
y vuelves tú, comienzas
en tus retratos a reconocerme.

¿Qué daño me recuerda tu sonrisa?
¿Y cuál dureza mía está en tus ojos?
¿Me tranquilizas porque estuve cerca
de ti en algún momento?

La parte de tu muerte que me doy,
la parte de tu muerte que yo puse
de mi cosecha, cómo poder pagártela...
Ni la parte de vida que tuvimos juntos.

Cómo poder saber que has perdonado,
conmigo sola en el lugar del crimen?
Cómo poder dormir, mientras que tú tiritas
en el rincón más triste de mi cuarto?

Tras volver a casa, Gil de Biedma inicia un período de huida y disipación que se prolongará varios meses. Pero su dolor no pasa desapercibido. En una carta del 24 de febrero de 1969, Juan Ferraté le comenta que ha recibido una carta de Félix de Azúa y otra de Pere Gimferrer: «Por cierto que los dos están procupados contigo, viendo que lo pasas mal sin acabar de saber por qué.» Es obvio que los tres ignoran su reciente intento de suicidio. Probablemente tampoco lo sabía María Antonia Gil, quien le gastó una broma macabra la noche en que el poeta acudió al piso de la calle Balmes, emocionado, para entregarle un ejemplar de la segunda edición de *Poemas póstumos*, dedicada a su hermana Bel. Según Ana María Moix: «Poco antes de que Jaime llegara, María Antonia dijo: "Voy a hacerle una putada." Y se marchó al tocador. Jaime llegó y se sentó con nosotros a tomar una copa, mientras ella seguía arreglándose. En el tocadiscos sonaba *Negra María*, de Chavela Vargas. De pronto, María Antonia apareció en el salón vestida y maquillada como Bel. Eran idénticas. Jaime se puso mortalmente pálido y luego rompió a llorar.»

Gil de Biedma no olvida. Bel sigue ahí, como una figura llena de belleza, vivacidad y radical honestidad consigo misma. El dolor persiste. Consciente de ello, amigos como Juan Ferraté tratan de levantarle el ánimo con mensajes de cariño: «¿Te veré en Barcelona en mayo? Ojalá, para que tomemos sendas copas de anís con agua fresca, sentados tomando el sol donde se pasean los muchachos: la vida beata...»

Pero el invierno de 1969 le resulta muy duro. Sólo la labor en Tabacos –lo que él llama «la galera oficinesca»– le obliga a levantarse todas las mañanas y permanecer activo a ciertas horas del día. El trabajo se erige así en su tabla de salvación. Este hombre que odia la rutina y abomina de la férula empresarial descubre ahora que ambas le ayudan a mantenerse en pie. Los domingos, en cambio, se levanta tarde y siempre acompañado. «Parezco haber perdido toda capacidad de dormir solo –comenta a un amigo–. En fin, saldré de esto como sea.»

EL GRAN SÍ O EL GRAN NO

En este período la delicada situación de Tabacos obliga a profundas reformas que incluyen el nombramiento de un nuevo director general. La candidatura de Gil de Biedma se baraja con fuerza y todo apunta a que será el Elegido. Según un antiguo empleado de la compañía: «Jaime no había hecho nada excepcional para merecer el cargo. Pero llevaba años como secretario general y se vio envuelto en la lucha por el poder por la misma inercia del escalafón.» El problema es que el poeta no deseaba combatir en ese campo de batalla. El cargo de director general comportaba numerosas funciones: diseñar las estrategias empresariales, presentar proyectos a la presidencia y al consejo para su aprobación, viajar con asiduidad... El director ostentaba, por tanto, el poder real. ¿Servía él para desempeñar la máxima responsabilidad ejecutiva y de gestión en la mayor multinacional del país? Sólo el elegante reloj de su despacho conocía la respuesta.

En plenas deliberaciones, Jaime Gil sufrió un segundo episodio de chantaje a consecuencia de su vida privada. El primero se había producido un par de años antes, cuando su padre ostentaba aún el cargo de director y la entidad misma se hallaba al borde de la quiebra. Una mañana Don Luis recibió un misterioso sobre que contenía varias fotografías en las que su hijo aparecía en situación comprometida con muchachos filipinos. Herido en el honor familiar, ya no pudo esgrimir una nueva mentira a su favor y comprendió que su jubilación iba a dejar a Jaime a merced de sus enemigos. Ahora las fotografías llegaban directamente al consejo de administración, enviadas por un consejero de renombre que aspiraba a la dirección general. El golpe tuvo un efecto demoledor sobre el poeta, porque la traición provenía, además, de un hombre al que consideraba amigo. A raíz del primer chantaje ya había intuido que la protección de su padre en Tabacos no iba a ser eterna y creyó que la alianza con ese consejero le proporcionaría cierta inmunidad. Pero finalmente no fue así. Movido por la ambición, ese formidable aliado se había convertido en su enemigo. Jorge Vicuña sostiene, sin embargo, que «nadie creyó en el consejo que Jaime aceptaría el cargo. Además su vida privada no era motivo suficiente para vetarlo. Se habrían limitado a recomendarle que tuviera más cuidado». ¿Entonces?

Según Vicuña, existía un elemento que pesaba mucho más sobre el ánimo del poeta: las presiones familiares. En aquel período, la familia Gil de Biedma –en concreto, la madre y Luis hermano– trataron insistentemente de convencerle para que aceptara la dirección. En el imaginario familiar aquel hijo debía recoger el testigo de don Luis al frente de la empresa, garantizando así una hermosa línea de continuidad. El bisabuelo Atanasio Oñate, conde de Sepúlveda, había sido consejero de la compañía entre 1881-1893; el abuelo Javier Gil Becerril entre 1923-1924; el padre, director hasta fecha reciente. Era la gran ocasión. El destino, al fin, había puesto al Elegido en la encrucijada... El momento único de demostrar –sobre todo a sí mismo– que estaba a la altura de sus antepasados. Es cierto que la madre se había resignado ya a que don Santiago Alba fuera un personaje irrepetible, forjado con aceros míticos: ni siquiera el Elegido era capaz de seguir su estela. Pero, al menos, podía codearse con los Gil que le habían precedido en la compañía y ser el nuevo director general.

En la hora decisiva, sin embargo, el poeta se desmoronó. Según Jorge Vicuña: «Le entró una crisis de miedo, terror e inseguridad. Se encerró en su apartamento y estuvo una semana metido en la cama. Me llamó por teléfono pidiéndome ayuda. Me dijo que sólo aceptaría el cargo si yo aceptaba incorporarme a la empresa como su brazo derecho. Y le dije que no.» Vicuña insiste en que este miedo no obedecía tanto a su condición de ejecutivo homosexual como a las continuas presiones familiares: «Tenía pánico a ceder ante la familia, a doblegarse a la voluntad de ellos.» En esta fase crítica, Jaime habría deseado informar a Gustavo Durán del curso de los acontecimientos. Desde 1966, el Coronel era su mejor consejero y le habría facilitado las instrucciones precisas para maniobrar en el duro campo de batalla. Pero a Gustavo Durán le había fallado el corazón en marzo de 1969, lo habían sepultado en la isla de Creta. Y a Gil de Biedma no le quedaba nadie en el mundo a quien preguntar.

PASIÓN GITANA (I)

Desde la muerte de Bel, el poeta había aceptado que la bisexualidad no volvería a serle propicia. A partir de ese momento, regresó a su territorio natural en busca de amores masculinos. A los pocos meses se le vio de nuevo en locales de ambiente gay –el Mito's o el Tavern– en la parte alta de la ciudad. Aunque la homosexualidad seguía castigada por la ley, los homosexuales podían relacionarse en lugares discretos sin el temor a las redadas de antaño. En septiembre de 1969 acude con frecuencia al bar Mito's, próximo a la plaza Molina. Allí descubre a un joven de gran atractivo que le resulta vagamente familiar. ¿En qué lugar ha visto ese rostro viril y agitanado? Gil de Biedma recuerda entonces una escena ocurrida dos años antes en el restaurante Flash-Flash de la calle Tuset. En aquella ocasión se había aproximado hasta el joven con ánimo de seducirle, pero había fracasado en su empeño; esta vez, en cambio, va a conseguir su propósito. El joven habría de recordar siempre a aquel hombre calvo y elegante que se acercó a entablar conversación. Al principio le pareció un tipo «vanidoso y muy insistente». Pero estuvieron bebiendo un buen rato, en el que Jaime le hizo esta confidencia: «Creo que no deberíamos retrasar más el irnos a la cama, porque la próxima vez que nos veamos yo seré demasiado viejo.» Aquella misma noche acabaron juntos en el apartamento de Maestro Pérez Cabrero.

Aunque el poeta debía levantarse temprano para acudir a una importante cita de negocios, se amaron hasta la madrugada. Tras un sueño breve, se despidió con una frase con sabor a orden: «Cuando te vayas, cierra la puerta de golpe.» Seguramente, pensaba que aquella aventura era una muesca más en su revólver. Pero al volver a casa, encontrará al joven dormido en la cama. Ambos recuerdan la noche anterior, padecen las secuelas de la resaca y deciden seguir juntos el fin de semana. A lo largo de dos días no se moverán del apartamento: se alimentan exclusivamente de pan, queso roquefort y varias botellas de Cune «sin vestir», es decir, sin etiquetar, que el anfitrión se hace traer regularmente desde La Rioja. Al calor de vino, lee en voz alta los poemas de *Colección particular* y recita también una *Antología* de Kavafis con el fin de mostrarle al joven los modos diversos de expresar la experiencia erótica. El primer recuerdo literario de la pareja estará, pues, asociado al gran poeta de Alejandría. Gil de Biedma le comenta la principal virtud de aquel escritor griego: «La capacidad asombrosa de Kavafis para fotografiar tan maravillosamente su juventud desde la vejez.»

Pero ¿quién es este joven desconocido que acaba de entrar en su vida? Se llamaba José Antonio Ribas y había nacido en Madrid en 1950. Cuentan que era el hijo natural de un señorito muy rico y de una de las criadas de la casa, una joven andaluza de etnia gitana. Repudiada por el señorito, la madre se trasladó con el niño a Barcelona, donde vivió en las chabolas de la ladera de Montjuïc hasta encontrar un hombre de cierta posición. El abuelo madrileño, no obstante, seguía velando por el pequeño, a quien pasaba una asignación mensual. Jaime Gil escuchó aquella historia de tintes dickensianos. Aunque en sus expediciones nocturnas las había oído a millares, ésta revestía un especial dramatismo: el repudio paterno, la infancia miserable, los años de reformatorio, la violencia homosexual y una milagrosa redención... Ahora José Antonio cumplía un viejo sueño y comenzaba a abrirse paso como fotógrafo de modas, próximo a los círculos de la *gauche divine*.

Aquella primera semana el poeta tuvo que marcharse a Málaga, oficialmente en viaje de negocios. Pero según su nuevo amante: «Se fue porque tenía un lío allí, y al volver me comentó que mientras estaba con el otro no pudo quitarme de su cabeza.» ¿Quién era ese otro? No lo sabemos. Pero debía tener una cierta importancia para que volara hasta Málaga con el fin de despedirse de él. A partir de ese momento, Gil de Biedma se entregará al nuevo amor. Durante un mes los amantes salen juntos, acuden a locales de moda, y Jaime lo familiariza con los mejores restaurantes de la ciudad: Reno, Via Veneto y Finisterre. Aprovechan también la temporada de caza para comer en Orotava, donde el escritor se regala con uno de sus mayores placeres: la caza. Ribas recuerda que solían acompañar sus ágapes con un buen rioja y que Jaime le introdujo en los vinos de la Ribera del Duero, muy poco conocidos fuera de Castilla. Con el tiempo celebrarán sus momentos felices con el legendario Vega Sicilia.

¿Qué atrae a Gil de Biedma? Un joven de casi veinte años, de espléndida figura y aspecto extremadamente varonil; le agradan su piel aceitunada y aquellos músculos curtidos en las maniobras del Ejército. Porque ahora José Antonio Ribas está cumpliendo el servicio militar en el Cuartel del Bruch, en el Cuerpo de Operaciones Especiales. Las COE. Es el soldado apuesto que cada mañana acude al cuartel con su uniforme verde, exhalando un aroma a colonia Moulin Rouge. ¿Y qué encuentra José Antonio? Un elegante hombre de mundo, que le introduce en ese ambiente que él sólo ha podido captar a través de su Nikon F2. En cierto modo, siempre soñó con vivir así: en un lugar de gentes distinguidas, con un toque rebelde y un aura de *glamour*. Cada vez que entra en Via Veneto siente que la vida le ha devuelto a su escenario natural, aquel mundo burgués al que pertenecía su padre: el caballero rico que le abandonó al nacer. Sabemos por Ángel González que Gil de Biedma estaba preocupado por la edad de José Antonio: «Pero le dije que cuanto más jóvenes mejor, ¿no?, y se puso a reír y se quedó más tranquilo.» Aquel joven era un regalo de los dioses. «Jaime estaba deslumbrado con el origen gitano de José –añade González–, y se sentía orgulloso de las experiencias de José. Decía que algunas noches soñaba en caló. Le producía entusiasmo.»

En octubre de 1969 viaja a Filipinas esta vez como delegado especial de la dirección general. Si en marzo había ido allí para efectuar un examen exhaustivo de la cifra del negocio de tabaco, ahora se dedica a resolver asuntos relacionados con los plantadores de azúcar. Antes de partir ha comprado dos colgantes de plata con incrustaciones de jade, idénticos, a modo de alianza. Recuerda José Antonio: «Cada uno llevaba el suyo siempre en el cuello.» Es el símbolo de su amor. Durante todo el mes el poeta permanece en Oriente, lejos del soldado. La separación le resulta tan difícil que se comunican diariamente por teléfono: el escritor le confiesa entonces su incapacidad para mantener relaciones sexuales con nadie. Desde su romance con Mademoiselle de Maupin no se había vuelto a enamorar de un hombre con tanta intensidad. Y decide enviarle cartas de amor.

Pero aunque los tiempos sean otros, Gil de Biedma debe seguir tomando precauciones. Ribas, no lo olvidemos, es un miembro de las COE, y ambos intuyen el peligro que corren si una correspondencia homoerótica cae en manos de los militares. Jaime Gil es el alférez degradado, el poeta proscrito, uno de los adversarios intelectuales del Régimen.

Ribas, por su parte, el mocetón apuesto y aguerrido que sirve a la patria. No desean correr riesgos. En aquella época aún sigue vigente la Ley de Vagos y Maleantes, que incluye a los homosexuales, a quienes se aplican castigos como la reclusión en un centro penitenciario especial en Huelva, al sur del país. Un día el soldado recibe una carta desde Filipinas, y el corazón le da un vuelco. ¿Cómo se atreve? Abre el sobre nerviosamente y, al acabar la lectura, no puede reprimir una carcajada. Jaime le ha escrito una carta de amor encendida, pero ha empleado en ella el género femenino, adoptando la voz de una mujer. Este ardid le permite expresar sin reservas toda su locura amorosa, el fuego de una pasión que, por fin, se atreve a decir su nombre. El soldado relee con emoción aquellas líneas que transmiten añoranza, que evocan los placeres vividos, que anuncian el regreso. Leyendo sus palabras, se diría que es una heroína romántica con el corazón desbocado. Una heroína, claro es, acostumbrada a la lectura de Sade o la correspondencia íntima de Joyce. Porque en estas cartas la máscara femenina de Gil de Biedma proclama los desvaríos eróticos de su mente, canta al cuerpo del amado y le confiesa que recurre con frecuencia a la masturbación para hallar sosiego. Recuerda Ribas: «Aquel mes fue muy duro. Acabábamos de empezar y los dos éramos muy pasionales.»

A su regreso de Filipinas, el poeta le propone que se instale a vivir en su apartamento, y Jose —como será conocido en el futuro— acepta. Pasarán allí el resto del otoño, antes de marchar a La Nava, donde celebran juntos la llegada del año nuevo. Ribas no ha olvidado aún «aquellas noches de invierno junto a la chimenea del salón, brindando con nuestras dos copas que acabábamos de comprar en un anticuario». También recuerda que «al principio Jaime hablaba bastante de Vicuña. Pero yo tenía veinte años y sólo me interesaba por nosotros». Sin embargo, no tardó en descubrir que el retorno insistente del pasado era una constante en la vida del poeta. Nochevieja de 1969. Se cerraba en La Nava una década en la que el protagonista del cuadro había amado intensa y desmesuradamente, desde *coucheries* con ligues de una noche hasta amores trágicos que le habían arrastrado a las puertas del suicidio.

No es extraño que el eco de los días de placer sea un bajo continuo en sus conversaciones. Todo el pasado infiel, todo aquello que fue dulce y da nostalgia, sigue vivo en su corazón. También los recuerdos amargos. Aparece, de pronto, en el dorado brillo de la tarde, en el rumor del viento o en la barra de un bar. Entonces Gil de Biedma se comporta como el héroe del bolero de José Agustín Goytisolo: habla a cada rato de gente olvidada, de calles lejanísimas, de amaneceres húmedos. Y José Antonio, que al principio ni le oía, empieza a escuchar y a entender. Se ha unido, ahora lo sabe, a un hombre obsesionado por el tiempo y cautivo de su pasado. ¿Cómo afrontar así el orgiástico futuro que desea para ambos? Le resultará difícil. Porque el fotógrafo aspira a tener tanta presencia en la vida del poeta como esas figuras de las que éste habla con terrible nostalgia... Y no es sencillo competir con la sombra invisible de Vicuña, por ejemplo, ni con el maravilloso recuerdo de Gustavo o la mirada abrasadora de Bel, cuyo retrato preside la biblioteca. De algún modo, los personajes principales de su vida siguen circulando por Maestro Pérez Cabrero. En esta casa hasta los muertos permanecen al acecho en la hora quieta de las fotografías. Muchas personas recuerdan haber visto allí una foto de Gustavo Durán. Según Marsé: «Jaime la tenía enmarcada. Era de cuando la guerra. El Porcelana lleva uniforme de oficial y está con un soldado raso que le pone la mano sobre el hombro. Una fotografía de Robert Capa muy bonita.» O el retrato de la Niña Isabel, «que guardaba como un tesoro», comenta Ribas. Es obvio que el poeta pretende mantener viva la llama del recuerdo. Vivos y muertos. Según el fotógrafo: «Jaime siempre tenía deudas con el pasado. No cerraba muchos capítulos de su vida. Siempre dejaba algo pendiente.»

EL PADRE VA A MORIR

En 1967 el señor Gil de Biedma renunció al cargo de director general, adelantando un año la fecha de su jubilación. Recuerda Ani Gil que su padre vivió el proceso con suma inquietud porque «Tabacos era su vida. Papá había vivido siempre para la empresa, le respetaban, y podía proteger a Jaime». Pero la suerte del hijo cambió cuando los miembros del Opus Dei –que el poeta llamaba jocosamente «*Opus Night*»– se hicieron fuertes en el Gobierno. Según Fabián Estapé: «Jaime estuvo a punto de irse a la calle. Me lo contó el propio presidente de la compañía, Gerardo Salvador Merino. El problema no sólo era su homosexualidad sino su posicionamiento en favor de la izquierda. Siendo ministro de Industria Gregorio López Bravo, Gerardo me llegó a decir: "Oye, dile algo a ese amigo tuyo, porque tres ministros me han pedido que lo cese."» Don Luis tenía noticia de ello y era quien más padecía las consecuencias. Sostiene Marta Gil: «Lo de Jaime le afectó un montón. Mi padre sufrió muchísimo. Le hundió los últimos años de su vida.» El poeta tuvo que percibir forzosamente los efectos demoledores que ocasionaba su forma de ser, pero seguía prisionero de su naturaleza y era incapaz de cambiar. Rara vez reconoció ante los amigos que su actitud constituyera una fuente de dolor para el padre. Sin embargo se alarmaba por su estado de salud en unos términos opuestos a su irrefrenable conducta sexual.

Tras la jubilación, el señor Gil de Biedma tuvo que seguir mintiendo por él en el domicilio de la calle Aragón. Su hija Mercedes sostiene que «Papá bebía de más. Tenía una depresión bastante fuerte.» Marta, en cambio, rechaza esta idea afirmando que «más daño le hacía el tabaco», extremo que confirma su yerno, el doctor Jacinto Reventós. «Tenía un enfisema grave. Era su problema.» Es comprensible que el doctor recurra a la ciencia para salvaguardar la memoria de su suegro. Pero no podemos pasar por alto el testimonio de Mercedes, que vivía aún en el domicilio familiar, ni el de Juan Marsé: «Jaime me dijo "Papá se zampa cada día tres o cuatro whiskies y cuando voy a verle por la noche no se acuerda de nada. De repente coge la gabardina, se quiere ir y nadie sabe adónde."» En este punto, sólo nos interesa la inquietud del poeta, el oscuro poso de su culpabilidad. Después de todo, Don Luis había bebido siempre y su gracia natural se volvía extraordinaria al calor del whisky. Pero es probable que la jubilación y los achaques de la vejez ensombrecieran su ánimo, y la bebida pudo hacerle la rutina –el *horror vacui* del jubilado– más llevadera. En Tabacos ya sólo era una venerable figura del pasado y sus viajes por todo el mundo, incluido el último a Filipinas en 1965, un pálido recuerdo. Centenares de cartas, telegramas, invitaciones... El torbellino de una vida que soplaba a su espalda, mientras contemplaba un horizonte sin esperanza en el viejo álbum de fotografías. Siete años después de su muerte, Jaime Gil le hablará a Torres Fierro del padre de su infancia: «Muy divertido, muy ingenioso y, todavía en aquellos tiempos, con muchas ganas de vivir...» Señal evidente de que las había perdido.

Septiembre de 1970. Como cada año, el señor Gil de Biedma acude a pasar unos días a La Nava de la Asunción. Aunque en los últimos tiempos veranea en su chalet de la Costa Brava, su corazón se mantiene fiel a las tierras segovianas y procura no faltar nunca a las fiestas del pueblo. La Nava engalanada, popular, alegre, le devuelve por unas horas los ecos felices del ayer. Cuánto ha cambiado el pueblo, piensa Don Luis, asomado al balcón de la plaza. Los días oscuros de posguerra quedaron atrás, como si la felicidad de la Casa del Caño hubiera invadido al fin La Nava entera. Ahora el padre asiste a una corrida de toros en el coso habilitado para las fiestas. Las gradas bullen con el gentío, que se refresca con la bota de vino. El aire quema aún con los fuegos de agosto. Recuerda un navero:

> Ese año el verano se quedó en el pueblo. Pa las fiestas seguía haciendo un calor horrible y los animales no podían dormir. Aquella tarde de los toros vimos a Don Luis con dos de las Becerrilas. Iba muy cansado,

sudando el alma, y lo que son las mujeres, se fijan más en las cosas, mi mujer al verlo me dijo: «Le veo a Don Luis muy inquieto, no sé qué le pasará. ¿Te has fijaò que no se ríe?» Digo: «Pues yo qué sé, Agapita», y ella dice: «Les vamos a dar las almohadas de sentarse que tenemos nosotros, que Don Luis está sentao en el cemento.» Digo: «Dáselas, Agapita», y dice: «No, dáselas tú, que me da vergüenza.» Y entonces se las ofrecí a Don Luis y él me sonrió apagao, pero con mucha amabilidad porque era un señor. Fue la última vez que le vimos.

Al día siguiente, el señor Gil salió a pasear con algunas de sus hijas a los Canteros de Coca. Allí se sintió repentinamente indispuesto y tuvieron que regresar a La Nava. Durante un par de días quedó recluido en la casa bajo los cuidados del médico del pueblo. Según Blanca: «Papá no podía estar en cama porque se ahogaba y estuvo descansando en el salón y en el jardín.» Viendo que empeoraba, llamaron a su yerno, el doctor Reventós, quien decidió su traslado urgente a Madrid. Recuerda Blanca: «Antes de salir, el párroco don Víctor le dio la comunión y lloraba mientras se la daba. Todos llorábamos de emoción al verle sufrir.» En Madrid, fue ingresado en la UCI de la clínica de la Concepción, donde permaneció las dos últimas semanas de vida.

Cerca del final, llamaron al hijo, que se encontraba aún en Barcelona. Recuerda José Antonio Ribas: «Eran las fiestas del Pilar y la carretera estaba llena. Jaime no pudo conducir y yo tuve que ponerme al volante. Nos plantamos en Madrid en menos de cinco horas y media por la general.» Pero al llegar, se produjo uno de los episodios más enigmáticos de la vida del poeta. Tras dejar a Ribas en el hotel, se marchó a la clínica para acudir junto al lecho de su padre. Pero lo cierto es que desapareció literalmente sin dejar rastro. Durante aquellas horas no hubo modo de encontrarle y sus familiares pasaron de la extrañeza a la más honda preocupación. Recuerda Ani: «Al enterarse de la gravedad de papá, Jaime desapareció. Llamaron a todo el mundo pero nadie sabía nada. Creo que Jaime tenía muy mala conciencia con respecto a mi padre.» ¿Qué hizo en ese angustioso lapso de tiempo? Podemos aventurar una respuesta. Ya en la calle, acudió probablemente a la cercana coctelería Chicote a tomar unas copas. Absorto en el dorado transparente del whisky, comprendió que ya no volvería a ver con vida a su padre. Aquel hecho se le impuso en toda su crudeza, en toda su inapelable verdad. El hielo iba deshaciéndose en el alcohol, mientras los fluidos vitales de Don Luis iban apagándose sin remedio. ¿Cuántas veces habían bebido juntos? ¿Cuántas no habían defendido con vehemencia actitudes opuestas ante la vida? A buen seguro muchas, quizá demasiadas. Pero ahora todo aquello carecía de importancia.

Nevermore. El padre se despedía del mundo en Madrid –su Madrid– y el hijo percibió que parte de la ciudad moriría con él. Era como si los palacetes señoriales de la Castellana se desmoronaran estrepitosamente entre una nube de polvo.

Gil de Biedma abandonó Chicote, cargado de whisky, y el aire de otoño le produjo un latigazo en la médula espinal. Conocía bien aquellas perentorias llamadas del deseo, así que se perdió en las calles contiguas a la Gran Vía en busca de calor humano. No le fue difícil encontrar compañía: un joven desconocido que compartió con él aquellas horas de dolor en algún cuartucho de mala muerte. Según su amigo José Antonio Ribas: «Me quedé solo en el hotel porque habíamos decidido que yo no iría al entierro. No quería que nos vieran juntos en el panteón familiar de La Nava. Habría sido muy fuerte. No supe nada de su desaparición hasta que él mismo me lo contó después. Me dijo que se había largado dos días con otro tío. Y casi lo mato.» Una vez más, el eros como refugio. El mar ardiente del olvido.

El cadáver de Don Luis fue trasladado en ambulancia a La Nava de la Asunción. Según Blanca Gil: «Fue un momento horrible, verle muerto, tan callado en la cama del cuarto de huéspedes... Todos llorando: familia, servicio, el pueblo que le quería, consternado.» Antes de introducirlo en el féretro, doña Luisa Alba reunió a sus hijos para expresarles un íntimo deseo: «Os pido delante de vuestro padre muerto que sigáis todos tan unidos como lo habéis estado mientras vivió.» Era, sin duda, una muestra de entereza castellana, otra prueba de su carácter vigoroso. Pero Jaime debió de sentirse particularmente incómodo ante ese solemne ruego materno, porque su relación con Luis hermano no era buena; en el fondo, rara vez lo había sido, aunque ambos mantuvieran las apariencias. ¿Temía acaso la madre que las diferencias acabaran saliendo a la superficie?

La capilla ardiente quedó instalada en el despacho, donde Don Luis recibió el adiós de los naveros. ¡Qué cosas tan castellanas y bellas le decían! Muchos le besaban y se emocionaban, y Eti se acercó hasta él con veneración para darle un último beso de despedida. Al día siguiente, el cortejo fúnebre abandonó silenciosamente la Casa del Caño. Numerosos familiares y amigos procedentes de Madrid, Barcelona, Bilbao, habían acudido allí para despedirse. Pero sólo una corona de flores descansaba sobre el ataúd... La de los campesinos que Don Luis había salvado del paredón durante la guerra. Fueron ellos quienes le introdujeron a hombros en el cementerio.

EL DIFUNTO SEÑOR GIL

¿Cómo afectó esa muerte al poeta? En opinión de José Antonio Ribas: «Le supo muy mal. Había sido una relación difícil, tirante. Jaime estaba tocado, pero aparentemente no le hundió.» Según Fabián Estapé: «Me confesó que lo que más le dolía era no haber conseguido una buena comunicación con el padre.» Tras el primer golpe, el dolor permaneció oculto y allí se mantuvo estancado, fermentando en las aguas de la culpa.

Desde la lectura de las *Coplas* de Jorge Manrique, el autor de *Moralidades* sabe que la muerte del padre es un gran tema literario. Pero cuando se decida a expresar esa experiencia en términos poéticos, el lirismo metafísico brillará por su ausencia. El tono del poema dedicado a Don Luis resulta bastante áspero, como un reproche tardío que no hallará eco ni respuesta. Recordemos «Son pláticas de familia»:

> Qué me agradeces, padre, acompañándome
> con esta confianza
> que entre los dos ha creado tu muerte?
>
> No puedes darme nada. No puedo darte nada,
> y por eso me entiendes.

El sentimiento es claro. Para Gil de Biedma, la armonía paternofilial surge en la ultratumba, no antes, perdida ya toda posibilidad de cariño, toda exigencia, toda esperanza de comprensión. Ni siquiera ante el sagrado túmulo del padre, renuncia a la ironía, ya que el título del poema nos remite a un pasaje de *Don Juan Tenorio* donde el protagonista se jacta de haberse burlado de los sermones familiares. ¡Qué lejos queda de Manrique! ¿Dónde está la nobleza, la calidad humana, el réquiem por el exquisito mundo de ayer? Todos esperaban algo más de el Elegido. La evocación del padre es aquí un páramo desierto, en el que apenas florecen esos rastrojos de indignación y reproche que el psicoanálisis reconoce como consustanciales al dolor de toda pérdida. ¿Qué pasa? Incluso los poemas dedicados a otros personajes de su infancia –el criado Eusebio– transmiten mayor ternura. Es el síntoma de que las heridas siguen abiertas, la culpa aún le envenena el corazón. Mercedes Gil lo confirma: «Yo creo que Jaime lo debió de pasar muy mal con el final de papá.» Vicuña va más lejos: «Jaime odiaba su homosexualidad. A partir de ello construyó todo un mundo de odios simbolizados por el padre, que encarnaba la clase social donde había sido herido para siempre.»

Pero cuatro años después el poeta concluye la revisión de su *Diario del artista seriamente enfermo*, que registra su convalecencia como enfermo de tuberculosis. En él descubrimos la conciencia de su soledad, el cerco familiar, la obsesión erótica, el peso de las amistades, sus ansias de escribir y el reflejo de los acontecimientos que, por entonces, reclamaban la atención del mundo. Antes de entregarlo a la imprenta, Jaime Gil decide dedicarlo a la memoria del padre. Es un gesto inesperado, que hace justicia a ambos, más allá de las desavenencias de criterio. Suena aquí la palabra gozosa, la formulación elegante, el latido de cariño. No hay duda. Es un impecable retrato paterno, hecho por un hijo que aún se autofustiga por sus pecados.

In memoriam
Luis Gil de Biedma y Becerril,
1898-1970,
a cuya gracia y gusto por la vida,
capacidad de encanto
y afectuoso deseo de llevarse bien,
no hace justicia
este diario de la juventud de su hijo.

LOS BUENOS TIEMPOS

Desde el principio, José Antonio Ribas pudo comprobar que Gil de Biedma era un compañero difícil... Dominante, caprichoso, impaciente, melancólico, colérico, aprensivo... Aquel hombre rara vez conocía la paz. Pero si el viento soplaba a favor, la vida con él resultaba a menudo emocionante y esa experiencia compensaba al fotógrafo de las tormentas de su propio pasado. En aquella Barcelona de los setenta, los amigos llevaron un alto tren de vida. Aunque no eran ricos, gastaban el dinero en placeres y el poeta se sentía feliz de satisfacer los caprichos de su amor. Es cierto que era muy cauto con su *fortuna* –porque «tenía miedo a la pobreza», dice Ribas–, pero en esa época hizo una excepción. Adquirieron un Seat 850 coupé Sport de color azul con tapicería de Skai blanco, para sus frecuentes escapadas a la Costa Brava. También viajaron mucho por España. Según José Antonio: «Estuvimos en todos los paradores, porque solían estar fuera de las ciudades y a Jaime le encantaba dormir en palacios y castillos.» Ribas aún recuerda una noche memorable en el Parador de Alcorcón, bajo una terrible tormenta, observando desde la cama el fulgor de los relámpagos... También se alojaron en un palacete del siglo XVIII en

París, y estuvieron varias veces en Londres, visitando tiendas de antigüedades.

En la primavera de 1970 la pareja viajó a Roma, donde Jaime Gil debía reunirse con un amigo, el escritor griego Kostas Xyllopulos, para supervisar juntos una traducción de Kavafis. La pasión del fotógrafo había avivado en él el deseo de verter los versos del poeta alejandrino al castellano... Pero el proyecto acabó siendo otro de sus sueños incumplidos. Una vez más, Gil de Biedma estaba demasiado entregado al amor como para llevar a buen puerto las ideas que bullían en su cabeza. Prefería ser feliz, volver definitivamente a la vida en compañía de Ribas.

Pocos meses antes, Mariano Castells lo había encontrado en el King's, una discoteca de Barcelona: «Hacía años que no lo veía. Se había quedado calvo y estaba bastante gordo. Llevaba un jersey azul *sport*, de estilo marinero. Iba solo. Y no hacía más que beber whisky. Cruzamos unas palabras de cortesía y luego me fui.» Armand de Fluvià evoca también aquella época: «Iba borracho. A veces he pensado si la homosexualidad no le planteó problemas de conciencia a lo largo de la vida, porque había crecido en una familia muy creyente. Podría ser que las borracheras fueran por ahí.» Ahora, en cambio, el amor le había redimido, sumiéndole en un estado exultante de felicidad. Esta metamorfosis no pasó inadvertida a sus amigos, quienes recuerdan que se preocupaba más que nunca de su aspecto personal. Gil de Biedma dejó de ir a Luis, su peluquería habitual, y reclamó los servicios de Iranzo, el peluquero de moda, que le atendió una temporada en su local de la calle Tuset. «Había perdido mucho cabello, pero tenía una perfecta cabeza romana», recuerda el padre de la moderna peluquería española. Cultivó además la costumbre de comprar las camisas en Bel, la elegante tienda del Paseo de Gracia –«Teníamos un promedio de cien camisas cada uno, blancas, azules, oxford..», asegura Ribas–, y de encargar los trajes en Conti, cerca de la Diagonal. El poeta traía las telas de Hong Kong, vía Tabacos: eran todas de *cashmere*, y en Conti confeccionaban sus chaquetas, abrigos y *blaziers*. El atuendo se completaba con corbatas elegantes o pañuelos de seda, nunca en punta, sino en forma de flor. Todo indica que vestía muy inglés y su lema era «siguiendo levemente la moda».

José Antonio desvela otros gustos: «Nunca fumaba rubio: sólo negro, Ducados o Habanos, también Gener y los puros que traía de Filipinas. Dos paquetes diarios. ¿Colonia? Jaime se bañaba en Eau Savage.» En cuanto a la bebida, no se había moderado con los años. En aquel tiempo solía tomar un Dry Sack de aperitivo, y vino Cune en las comidas. Luego, alguna copa de coñac. Hacia las nueve bebía dos copas de Dry Sack y abundante vino durante la cena: Pesquera, Protos, Vega Sicilia. Y la velada se prolongaba con whisky, preferentemente Grant's: un *scotch* de mediana calidad cuya distribución correspondía a Tabacos de Filipinas. El director de cine Jaime Camino no ha olvidado otra de sus consignas: «Hay que beber en casa. El whisky es mejor, el hielo es más fino, el sofá es más cómodo. Y nos ahorramos dinero.»

En materia de indumentaria una de sus debilidades era el calzado. Acostumbraba usar zapatos de marca –Lotusse y Sebago, imperativamente– de modelos clásicos de color marrón o negro. Ribas recuerda que solía comprarlos en América porque la numeración allí admite medios puntos y eso «le permitía llevar zapatos casi a la medida». Muchos testigos coinciden en que llevaba un calzado de gran calidad, siempre brillante. El responsable habitual de su conservación era Antonio, llamado «el Sevillano», limpiabotas del bar Sándor. Antonio había llegado al bar en 1970, procedente de un famoso salón del centro, en busca de fortuna en los barrios altos de la ciudad. Allí estaba el futuro: los clásicos burgueses de la Diagonal y clientes relativamente jóvenes, como Gil de Biedma, de posición acomodada y gustos refinados. Según Antonio: «El señor Jaime llevaba unos zapatos buenísimos. A veces se los hacía a medida por ahí, me parece que en Roma o en Nueva York. Yo se los limpiaba con crema El tío Sam, una marca americana estupenda. Al principio se quedaba mirando el dibujo de la tapa, con el tío ese de la chistera, como si no se fiara. Pero yo le decía: "El tío Sam es la mejor, palabra de honor. Fíjese qué crema tan sólida, y da un brillo superior..." Y, mire usted: él se echaba a reír. ¿Usted sabe por qué? En fin... Cada vez que yo le decía "El tío Sam es la mejor»" se ponía a reír.»

ULTRAMORT

En otoño de 1971 el poeta compró una vieja casa derruida en Ultramort, en la comarca del Ampurdán. Desde la muerte del padre viajar a La Nava le resultaba difícil, y decidió crearse un refugio cerca de Barcelona que evocara la atmósfera feliz de la Casa del Caño. Cuando llegó a Ultramort era un pueblecito de masías ruinosas, con campesinos reservados y corteses, un castillo abandonado y un pequeño cementerio. Aunque el nombre de Ultramort invita a meditaciones lúgubres, no había nada sobrenatural en él. Al poco, los payeses refirieron a Gil de Biedma una antiquísima historia relacionada con la muerte de las bandadas de buitres que periódicamente invadían la aldea. Ultramort proviene así de *voltor mort*, «buitre muerto».

Quizá no sea casual que el viejo Escorpión construyera su último nido en este lugar marcado por las sonoridades toponímicas de la muerte. Y que lo hiciese además en compañía de otro escorpión –José Antonio– que lo ayudó a reconstruirlo y decorarlo para compartir la felicidad. Existe una película en 8 mm que registra una visita a la casa, en fase de rehabilitación. En ella, Ana María Moix, Colita, José Antonio Ribas y el anfitrión pasean por las calles del pueblo y luego charlan junto a un murete elevado, abierto a la fértil llanura del Ampurdán. Todos coinciden en que la reforma de la casa fue una tarea ardua, aunque procuraron llevarlo con humor. El poeta confesó a Ana María Moix su deseo de crear en ella «el salón del terror», un salón con bóveda, telarañas, puertas secretas que condujeran a pasadizos y huesos humanos por los rincones. ¿Se imaginaba acaso un nuevo Gilles de Rais, el siniestro noble medieval que originó la leyenda de Barba Azul? No lo sabemos. Pero muchos de los que le conocieron le describen como un conde medieval ilustrado, ligeramente perverso y cruel. Su hábitat natural es el castillo o el refugio de piedra. La periodista Gracia Rodríguez no ha olvidado «sus ojos grandes y rasgados, de un azul hiriente a la luz del sol y difusamente oscuros y distantes por la noche». A esos ojos no se les escapaba el menor detalle: «Parecía una cámara de cine –recuerda un amigo–. Hacía barridos con los ojos, no se le escapaba nada aunque estuviera hablando con alguien. En la vida pasan mil cosas. Y no es que Jaime se detuviera en ellas: es que sus ojos ya habían pasado por ellas.»

La obra de la casa fue diseñada por dos arquitectos, Reventós & Vilurbina, siguiendo los peculiares requerimientos del poeta. Pero Ribas se entregó también a la labor de decoración con un entusiasmo tan alto como su grado de exigencia. Parece claro que el joven fotógrafo se divertía imaginando mil detalles para la casa –algo que a veces exasperaba a Gil de Biedma– pero vivieron horas muy agradables. Recuerda José Antonio: «Íbamos a comprar muebles por la comarca y por algunos pueblos de Castilla. Jaime se enteró de que un antiguo convento de monjas segovianas había cerrado y fuimos allí a comprar algunas piezas. Nos llevamos las celosías para ponerlas en el cuarto de baño. A Jaime le hacía gracia que el interior estuviera a la vista. Se imaginaba a la superiora vigilando el retrete de las novicias para que no se masturbaran.»

¿Qué hallaba el visitante que acudía a Ultramort en invierno? Un paisaje similar al de la campiña del norte de Italia; un clima ventoso y frío; un pueblo de aire medieval; un edificio de sólidos muros, con un pequeño y recogido huerto, algunos árboles y un patio de piedra. La gravedad austera del exterior –en consonancia con el nombre del lugar– contrastaba con un interior cálido y algo barroco. El actual propietario no duda en definir el estilo como anacrónico. «Es un tanto almibarado para la austeridad de la comarca.» Cierto. En su mayoría los muebles son de línea castellana: sobria, recia, antigua; pero sobre las mesas y repisas es fácil distinguir objetos orientales. Algunos visitantes de La Nava se sorprendieron de encontrar aquí una réplica del Salón Rosa de la Casa del Caño... Sólo que con grabados japoneses del XIX colgando de las paredes. La chimenea era un sonido tan habitual en invierno, que debemos insistir en que Gil de Biedma construyó este lugar para recobrar la infancia perdida. En verano el murmullo incesante del agua brotaba de una venera gigante traída de China. Treinta años después, los lugareños siguen llamando esta casa Ca'l Filipino. En el poema «*Ultramort*» el poeta expresa su deseo de vivir aquí «... una segunda infancia prolongada / hasta el agotamiento / de ser carnal, feliz.»... Pero sólo fue un sueño.

TOCAR EL PIANO MATA

Barcelona. Junio de 1971. El director Jaime Camino llama por teléfono a Gil de Biedma para proponerle colaborar en el guión de su nueva película. Y el poeta acepta. Según éste, le movieron dos razones: «Primero, por ganar dinero y segundo porque trabajar con Jaime Camino me divierte.» Camino conocía a Jaime de los círculos de la *gauche divine*: «Además, me encantaban sus poemas y decidí fichar al mejor. Empezamos a colaborar aquel mismo verano en ese guión cuyo título inicial lo inventó él, *Tocar el piano mata*.» Las sesiones de trabajo tuvieron lugar en el piso del cineasta, en la calle Balmes, y también en una casa de Playa de Aro, propiedad de su familia. Allí consagraban el fin de semana a trabajar juntos «hasta que la embriaguez nos lo impedía», recuerda Camino. La aportación de Jaime Gil se centraba principalmente en la escritura de los diálogos. «Él era poco cinematográfico. Lo que le gustaba eran las situaciones ya hechas, y entonces inventarse las palabras. Le gustaba mucho escribir diálogos, más que hacer un estudio de caracteres.»

En seguida, el director advirtió que la extensión de las frases iba a ser un obstáculo para el protagonista del film, el cantautor Joan Manel Serrat. Según Camino, incluso hubieran planteado problemas a los otros actores con larga experiencia profesional: Analía Gadé, María Luisa Ponte y José Luis López Vázquez. Al final hubo que reducirlas para evitar un exceso de metraje. Pero Camino recuerda que aquellos diálogos «nos divertían a morir porque eran ingeniosos y muy poéticos». El director acababa de volver por entonces de Hollywood, donde los honorarios se pagaban a la semana, y empleó el mismo método con Gil de Biedma. «Estaba admirado con eso de tener una paga cada sábado "como los obreros", decía. Era bastante dinero para la época: unas diez mil pesetas semanales.» Esta cantidad –equivalente a más de mil euros actuales– le permitió mantener un alto tren de vida en el momento álgido de su relación con Ribas.

Durante el verano de 1971, el poeta y el fotógrafo acudieron muchos fines de semana a Playa de Aro, donde residían en un hotelito cerca del mar. Mientras José Antonio tomaba el sol en la playa, él iba a trabajar a la casa de la familia Camino. Era una casa fresca, agradable, con jardín, situada en un altozano junto a la iglesia del pueblo. A la hora del aperitivo, José Antonio volvía, húmedo y bronceado, y comenzaba la vida social. Dice Camino: «Al principio me sorprendió que Jaime fuese con una persona así. Era un gitano muy simpático, pero con un golpe muy bruto. El propio Jaime solía decirme que "es más bruto que una acémila". Supongo que había un atractivo sexual muy grande. Tenía poco que ver con él. Pero aparte de sus problemas de pareja, le gustaba y estaban cómodos.» El director recuerda a un Jaime pletórico, hedonista, vital. «Muy lúdico.» En aquellas jornadas conversaban, se bañaban y efectuaban algunas excursiones al Valle de Aro, poblado de antiguas masías, con su torre de defensa contra las invasiones de piratas berberiscos; también recorrían la abrupta línea de la costa, hacia Palamós, descubriendo a cada recodo unas calas deliciosas donde la espuma blanca del oleaje rompía contra las rocas. El verdor denso de los pinos, el mar azul, era el escenario diurno, arcádico, de unos amigos que, tras la cena, escapaban a divertirse a las discotecas y *night-clubs* de moda.

Camino recuerda los almuerzos en casa de su madre, a la que acudían los amigos e invitados de la familia: «Todos los que conocieron a Jaime ese verano se quedaron fascinados. Cautivaba mucho a la gente. Y además era un gran contador de historias. Era un gran ironizador. Podía hacer polvo a una persona con una gracia tremenda, en nada. Cada vez que alguien sacaba el tema de *Cien años de soledad*, por ejemplo, él interrumpía diciéndole: "¿Y tú en qué página lo dejaste?", cosas así.» Veranear en la Costa Brava le permitió asimismo visitar a viejos amigos como Cucú Mata, en su magnífica villa de Tamariu, o a Oriol Regás en su casa de Llofriu, donde Colita habría de tomarle después una fotografía, rodeado de cachorros, que es la imagen misma de la felicidad. Según la fotógrafa, que acabó siendo su amiga: «Me gustaba retratarle porque tenía una cabeza maravillosa. Además era de los hombres más sexies que he visto en mi vida. Era un hombre guapísimo, bellísimo. Bajito, pero es igual; gordito, da igual. Un tío supersexy.»

Pero el regreso a Barcelona a final de agosto representaba volver al despacho. Gil de Biedma tuvo entonces que marchar a Filipinas, interrumpiendo bruscamente su colaboración con Camino. Según él: «Hubo una cena muy desagradable en el Cantábrico, un restaurante que ya no existe. Me comentó que se iba por tres meses y le dije: "Pero, coño, Jaime, ¿cómo puedes ser tan irresponsable?" Yo lo planeaba todo con mucha seriedad y tuvimos un momento un poco difícil. Porque, además, yo puedo ser difícil pero Jaime lo podía ser mucho más. Cuando se emborrachaba era un personaje que podía resultar desagradable.» Al final, el poeta accedió a seguir colaborando a su vuelta, con la condición de que Camino contratara los servicios de Juan Marsé. «Yo soy poeta; no sé seguir un hilo dramático», le dijo excusándose. Pero en el fondo no era más que una clásica reacción suya, destinada a tratar de justificar por la vía intelectual lo que sólo eran limitaciones propias de su temperamento. A menudo se embarcaba en proyectos conjuntos –la novela de adolescencia de Barral, por ejemplo– que le seducían por su novedad, hasta que le embargaba el tedio o la desconfianza. Más que la lujuria, pues, su pecado capital fue la pereza. Resulta chocante que el poeta más narrativo de su época, el versificador de tantas escenas reales, el paladín del monólogo y de la poesía de la experiencia, pretendiera justificar su abandono del guión con un argumento tan endeble como no verse capaz de seguir el hilo dramático.

Felizmente, la incorporación de Marsé devolvió las aguas a su cauce. Según el novelista, «nos divertimos mucho, sobre todo con el personaje de María Luisa Ponte, que era una especie de vieja cantante de ópera». En el invierno de 1972, Gil de Biedma trabajó de nuevo en el guión con los dos amigos. En meses sucesivos crece la expectación ante el proyecto. Al renombre de los actores y la entidad de los guionistas se une el momento de crisis que atravesaba el cine español –un cine que, según Marsé, «al no reflejar la verdad de lo que ocurre aquí, hace que al final acabes desinteresándote». En septiembre de 1972 la revista *Fotogramas* realiza una entrevista colectiva en casa de Jaime Camino, en la que intervienen los tres responsables, así como Joan Manel Serrat y Analía Gadé. Pese a la euforia del momento, los dos escritores se muestran bastante escépticos con el Séptimo Arte y proclaman, a modo de *boutade*, que el cine dejó de interesarles tras *Los tambores de Fu-Manchú*. Se diría que comparten el desprecio hacia el cine de muchos intelectuales europeos. Pero defienden sus tesis con lucidez. Según Gil de Biedma: «No tengo fe en el cine en general. Y, sobre todo, no comparto la sobrevaloración que del cine hace la gente que pertenece al cine... Yo creo que el desfase actual del cine puede definirse en esta frase: "Como ha dejado de ser un truco, el cine ya no interesa".» El hombre que así habla se siente fatigado de *free cinema* y *nouvelle vague*. Sin embargo, no duda en reconocer su formidable influencia:

360

«A todos los escritores de ahora nos ha influido enormemente el cine en un momento dado. Hay una cosa que define a cualquier escritor posterior a 1910-1915, y esta cosa es el cine y el lenguaje ilustrado; en suma, la cultura visual. En un escritor actual, la cultura visual es cincuenta mil veces superior a lo que era en uno anterior, que sólo se nutría de imágenes de pinturas y grabados.» Finalmente, la película se estrenó con el título de *Mi profesora particular*.

Inicialmente, el poeta quiso seguir vinculado al Séptimo Arte. En 1973 colaboró de nuevo con Camino en el guión de *La tela de araña*, inspirado en el asesinato de Carmen Broto que sacudió la sociedad española de la posguerra. Según Camino, «Jaime conocía muy bien la época, los personajes, las costumbres; también recordaba las canciones antiguas, los cuplés». Y no dudaba en interpretarlas en casa del director. «Una noche que llevaba varias copas encima se puso a cantar *Fumando espero*, se subió por los sofás, saltó y bailó, se cayó y se rompió el tobillo. Tuvimos que llevarlo a urgencias.» A la mañana siguiente, el director recibió una misteriosa llamada telefónica: «¿La mansión de Cecil B. Camino? Le pongo en su conocimiento que mi gabinete de abogados está trabajando para la correspondiente reclamación por el accidente laboral, etc., etc.», y el poeta soltó luego una carcajada al otro lado del hilo. Ana María Matute recuerda que Jaime le contó bromeando que había sufrido «un percance de *boudoir*». Pero según Camino, «estuvo muy jodido. Llevó un mes el bastón». Quizá fue ese accidente lo que acabó alejándole de un proyecto que tampoco llegó a la pantalla. Pero hay indicios para creer que Gil de Biedma tenía cada vez más problemas con Ribas. Un amor demasiado fuerte.

EL DIVÁN DE CHARO

A mediados de 1972 el autor de *Moralidades* vuelve a caer en uno de sus períodos oscuros. El reciente suicidio de su amigo Gabriel Ferrater –el *sparring* perfecto– amplifica el eco de otras muertes que estaba empezando a superar. La muerte de Ferrater era la crónica de un suicidio anunciado, desde que el autor de *Da nuces pueris* le confesó que «el día que ya no se me levante me pegaré un tiro». Ésa era la versión real, pese a que Ferrater solía decir poéticamente que se iba a matar a los cincuenta porque «no quiero oler a viejo». Pero al enterarse del suicidio, «Jaime cogió una borrachera terrible. Le dolió mucho», recuerda Ana María Moix. Que Ferrater hubiera cometido un desliz en la comisaría, quince años antes, no pudo hacer olvidar al poeta que entre todos le habían abandonado a su suerte. En primavera de aquel año la idea le tortura. Pero no logrará plasmarla en el poema «A través del espejo», que dedica a la memoria del amigo. Su apasionada relación con José Antonio comienza, además, a dar alarmantes síntomas de deterioro. Y Gil de Biedma se tambalea. Afortunadamente, esta vez buscará ayuda para evitar un naufragio como el de 1966. A través del editor Antonio López de Lamadrid conoce a la doctora Charo García Verde, una psiquiatra madrileña afincada en Barcelona. La sintonía entre ellos es inmediata. Charo responde al tipo de mujer más apreciado por Jaime: fuerte, simpática, cariñosa y leal. Es, también, una mujer atractiva y su compañía garantiza momentos muy gratos.

El poeta empieza a frecuentar su despacho, situado en un apartamento de la Vía Augusta. Sin embargo, en este punto no hay acuerdo. ¿Acudía en calidad de amigo o de paciente? La doctora García Verde sostiene que jamás trató a Gil de Biedma como enfermo: «Sólo éramos amigos y solíamos hablar mucho de la familia, el amor, el sexo o la vida. Nada más.» Ante las dudas, admite la posibilidad de que «Jaime estuviera proyectando», es decir, atribuyendo de forma inconsciente a Charo cuestiones conflictivas que le atormentaban. Pero repite que «jamás le hice una terapia». No obstante, el poeta comentaba a los íntimos algunos detalles de su relación con ella. Según un testimonio, «Jaime estaba contento con Charo, pero le molestaba que no tuviera un diván en la consulta», dato que confirma José Antonio Ribas. Es fácil ver aquí otro rasgo de su mitomanía. Si le degradaban como militar, quería sufrir heroicamente como el comandante Dreyfus, y si acudía al psiquiatra esperaba tumbarse en un diván como el que Freud tuvo en su gabinete de Viena. En todo caso, el clima en el despacho de la doctora García Verde era lo suficiente distendido como para que ella le ofreciera whisky. Ana María Moix recordaba un diálogo –referido por el propio paciente– que acaso refleje el tono amistoso de aquellas sesiones. Tras una intensa charla con la psiquiatra, Jaime se pone en pie y dice:

–Perdona, Charo. Debo ir al lavabo.

–¿Al lavabo? Me parece que estás oponiendo resistencia a la terapia.

–Coño, Charo. No opongo ninguna resistencia. Lo que pasa es que si me tomo tres whiskies me entran ganas de mear, como a todo el mundo.

De ser cierta la anécdota, prueba que Gil de Biedma se sometió efectivamente a alguna clase de análisis. Alguien tan próximo como Ribas confirma que, en efecto, el escritor acudió al despacho de la doctora en 1972, coincidiendo con la etapa en que colaboraba en una de las películas de Jaime Camino. «Lo recuerdo bien porque los dos decidimos ir al psiquiatra. Atravesábamos una mala racha, una época muy difícil y de muy mala leche por culpa de los celos. Los dos éramos muy posesivos.» Según José Antonio, acudieron muchas tardes a la consulta de Vía Augusta. «Los dos teníamos problemas de angustia y depresión. El tratamiento duró medio año, pero no fue positivo. Al menos, para mí.» No sabemos tampoco si lo fue para el poeta, que vivía marcado aún por la sombra de Jorge Vicuña. Quizá comprendió que le bastaba charlar con Charo para sentirse mejor. La doctora recuerda, eso sí, que Jaime solía decirle: «Me encanta hablar contigo porque eres la única persona que no pretende cambiarme.» Algo que debía agradecer enormemente una personalidad como la suya, porque, como asegura Ribas: «Jaime tenía su propio paisaje y no le gustaba nada salir de él.»

PASIÓN GITANA (II)

Pasado el fuego, el poeta quiso instaurar en la relación con el fotógrafo el modelo de pareja abierta que había mantenido con Vicuña. Pero fue un error: Ribas era mucho más posesivo, susceptible y temperamental. Si a Jorge las infidelidades de Jaime no le torturaban en exceso, a José Antonio, en cambio, llegaron a exasperarle hasta el desquiciamiento. Comenta éste que «en Barcelona me era bastante fiel, pero cuando iba por ahí ya no lo sé». Pero ni siquiera eso era cierto. Una mañana Gil de Biedma llamó a Ana María Moix rogándole que acudiera a su casa. Allí encontró una atmósfera muy densa. Éstos eran los hechos: la noche anterior Jaime y Jose habían cenado en un restaurante de lujo, bebiendo *champagne*, y luego habían hecho felizmente el amor en el apartamento. A medianoche el poeta había acompañado a su amante al Cuartel del Bruch, tras lo cual bajó a las Ramblas a tomar el fresco. «Me crucé con un joven negro de aspecto tan triste y desesperado que pensé: "Yo tan feliz... Me lo llevo a la cama para compartir mi felicidad"», dijo el poeta. Y Jose los encontró durmiendo en casa a la mañana siguiente. «Jose estaba como loco al verle con un negro», recuerda Ana María Moix. ¿De qué servía entonces aquel colgante de plata que ambos llevaban siempre al cuello?

José Antonio, además, no veía con buenos ojos a los jóvenes poetas que merodeaban por el apartamento. Guillermo Carnero sostiene: «Me distancié de Jaime por culpa de un personaje que circulaba por su casa. Un gitano.» Ribas, por su parte, devuelve el cumplido proclamando que «Carnero iba de guapito, de chulito y de *enterao*». Ambos eran, en efecto, dos gallos jóvenes y apuestos, disputándose a su modo la atención del poeta. Pero Carnero disponía del formidable poder de la cultura. Y eso exasperaba al fotógrafo. Según Carnero, «cuando hablábamos de Pound o de Cummings, él pensaba que era jerga masónica destinada a excluirle y se ofendía en su ignorancia. Era una bestia parda. Sólo era una buena polla. El rottweiler entre señoritos que lo llevaban con una correa».

En todo caso, a José Antonio le resultó bastante arduo aclimatarse al mundo intelectual y «aristocrático» de Gil de Biedma. En 1976 un antiguo amigo de éste visita Barcelona: es el escritor cubanoamericano Jose Yglesias, a quien había conocido en Nueva York, a principios de los años sesenta. A él debemos testimonios de primerísima mano, recogidos en su libro *The Franco Years*, donde aparece una pareja homosexual inspirada en los amantes. Es fácil reconocer la voz de Ribas hablando del poeta: «Me sacó y vivo en su mundo. Toda la gente que vemos son amigos suyos. Hay uno o dos que me escuchan con atención cuando hablo, pero solamente por cortesía. Son sus amigos no los míos. En realidad, la mujer de Marsé es mi única amiga.» Indudablemente, es un comentario excesivo, fruto de un momento de ofuscación pasajero. En realidad, Carlos Barral, Ángel González, Juan Marsé o Ana María Moix se encontraban entre los partidarios de José Antonio. Hablaron de él como «muy buen chico», «una persona encantadora», y no dudan en reconocer su beneficiosa influencia sobre el poeta. «Le fue muy bien a Jaime», dice Marsé, veredicto que comparten los demás. El editor Manuel Lombardero recuerda, asimismo, que «Jose era un cocinero excelente. Sabía preparar bacalao al pil-pil, arroz negro, que a Jaime le entusiasmaba, y una escalibada fomidable». Al parecer, dominaba otras especialidades como el buey Strogonoff o las ostras Rockefeller, y todos coinciden en su gran hospitalidad. «Aún no te habías quitado el abrigo y ya te estaba preparando una copa», concluye Marsé.

Entonces, ¿por qué su figura inspira apreciaciones opuestas? La clave reside en los celos. Barral, Marsé o González eran hombres maduros y aposentados, algo que era muy del agrado de Ribas, marcado por el abandono del padre. Los gestos de cariño de ellos hacia Jaime se inscribían en el marco de la pura amistad. En cambio, los de Carnero y otros poetas jóvenes quizá tuvieron, un sesgo *ambiguo* que el fotógrafo detectó gracias a su poderoso instinto animal. Y no quiso tolerarlo. ¿Cómo iba a sospechar que ese juego de ambigüedades, cuando no de favores de alcoba, era habitual en la escala de ascensos de la poesía española?

En este sentido, las cosas llegaron a un punto crítico, con ribetes de extravagancia. En una ocasión, Gil de Biedma y Ribas recibieron en La Nava la visita de un joven poeta madrileño, acompañado de su mujer, quienes le traían como obsequio un preciado jarrón. La velada se prolongó en el salón y el jardín de la casa. Y el whisky corrió en abundancia. De pronto, la mujer del poeta comenzó a insinuarse abiertamente a Ribas, y éste se dejó practicar una *fellatio* en el Jardín de los Melancólicos. Cuando iban luego a subir a una de las habitaciones, José Antonio descubrió una escena intolerable: el invitado estaba besando a Jaime en la boca. Furioso, se deshizo de la dama, fue corriendo hasta ellos, agarró con fuerza al marido y lo arrastró hasta las cuadras donde le propinó una paliza. El poeta madrileño quedó tendido sobre el heno. Maltrecho, aguardó a que se calmaran los ánimos; llamó después por teléfono a un taxi y la pareja abandonó precipitadamente la casa. Al principio, Jaime Gil «se cabreó mucho con mi nuevo ataque de celos –recuerda Ribas–, pero aquella misma noche se reía a carcajadas con un whisky en la mano y no paraba de decirme: "Lástima de jarrón, coño, lástima de jarrón..."». Cabe pensar que debió de disfrutar con aquel rapto viril de su amigo. Cierto que sus celos eran abrasadores y provocaban escenas demoledoras que iban minando la relación. Pero esta vez habían desembocado en un episodio de aire libertino –en un cuadro propio de la Francia dieciochesca– y eso debió excitar su mitomanía y su imaginación. ¿Qué hombre en toda Europa acababa de vivir algo semejante? Debió de pensar entonces que llevar la pasión hasta el límite proporcionaba esos extraños placeres que sólo conoce el lector exquisito.

En la mayoría de ocasiones, el fotógrafo se mantenía en el papel de compañero solícito, discreto y afectuoso; pero en otras se dedicaba a llamar insidiosamente la atención. Una noche varios miembros de la *gauche divine* acudieron a cenar al apartamento del poeta y no tuvo reparos en proclamar que era de derechas. Según él, «les dije que allí todos presumían de izquierdas, pero que el único que servía las copas era yo». A Jose Yglesias le explicó con detalle el asunto:

> Era absurdo que todos fueran de izquierdas. Uno era un marqués, los otros, hijos de millonarios con casas de verano por toda España. Y decían que eran de izquierdas. No importa lo que digan: son de derechas. Yo, al menos, soy de derechas y no tengo sentimientos de culpa. Soy de derechas porque me encantan las cosas buenas, las cosas bonitas, las cosas caras. Jamás me gastaría una fortuna en una cena ni bebiendo en todos esos sitios elegantes cuando puedo quedarme en casa. Me gastaría el dinero en un objeto que puedo tocar y admirar. Algo que dure. Pero sobre todo soy de derechas porque conozco bien a esa gente, esos llamados izquierdistas que tanto se quejan y que harían lo mismo si estuvieran en el poder, igual que Jaime conmigo.

La última frase sugiere que pudo haber abuso de poder por parte de Gil de Biedma. Y es cierto. Como en el caso de Vicuña, el poeta no dudaba en humillarle en público. «Le pegaba unas broncas descomunales», aseguran varios testigos. Otras veces le castigaba con su indiferencia. Recuerda Ángel González: «Era muy propio de Jaime el hablar contigo durante horas, como si sus parejas no existieran. Los ignoraba por completo y eso debía dolerles mucho.» Jose Yglesias recuerda que José Antonio le comentó: «No sé por qué la gente siempre me está diciendo que son sus maneras aristocráticas, cuando en realidad es grosero e insensible... Él quiere dominarme con sus maneras. Se sienta y lee un libro y quiere que yo haga lo mismo. En cambio, yo veo la televisión.»

Generalmente, el fotógrafo se servía frío el plato de la venganza. Estando en París, los dos amigos fueron a cenar a la célebre La Tour d'Argent, donde el poeta pidió cierto plato al *maître*. Pero como éste no le entendía, comenzó a impacientarse. Cuando al fin el *maître* desapareció con la comanda, José Antonio le preguntó malévolo: «¿En qué francés hablabas, Jaime?» Y éste perdió los estribos junto al ventanal que daba a la catedral iluminada de Notre Dame: «En el francés de Rimbaud y Baudelaire, imbécil. He tenido institutriz francesa desde los tres años, ¡joder!» El fotógrafo, pues, tenía diversos recursos para devolverle los golpes. Conociendo la sequía de Gil de Biedma, se dedicaba a mostrarle sus propios esbozos poéticos. «No es tan difícil, ¿lo ves? Y ahora, déjame seguir viendo la televisión.» Inopinadamente, la poesía de Ribas tenía una cierta calidad. El poeta adquirió entonces la costumbre de «utilizar» los poemas de su amigo. «A veces me compraba versos. Me pagaba veinte duros por cada uno y los guardaba o los mandaba por ahí para divertirse.» Antonio Martínez Sarrión recuerda que Gil de Biedma le envió un par de poemas de su amante a *La Ilustracion Poética Española e Iberoamericana*, una típica revista cultural del período de la transición, donde aparecieron poemas de Camilo José Cela, Juan Benet o Manuel Vázquez Montalbán. Escribe Martínez Sarrión que, al leerlos, «sospeché la pluma del maestro, con cierta incomodidad por parte de éste: me escribió que parecía mentira que yo, buen conocedor de su obra, pudiera sospechar el empleo o autorización, por su parte, de determinados giros vacilantes o torpes en los textos. Ahí lo dejamos».

Esos poemas desprenden, no hay duda, cierto perfume biedmaniano. Pero en modo alguno salieron de su pluma: son obra exclusiva de Ribas. La irritación de Gil de Biedma provenía, en realidad, de la tortura que empezaba a padecer al enfrentarse a su propio silencio. La idea de que alguien pudiera creer que enviaba sus propios poemas con el nombre de otro –pálido reflejo de sus versos más felices– rebasaba con creces lo que su ego y su ánimo podían tolerar.

EL TIEMPO RECOBRADO

Antes de conocer a Ribas, el poeta no había convivido largas temporadas con ningún hombre y la experiencia terminó en fracaso. En el fondo, detestaba la soledad pero era incapaz de pagar el tributo de vivir en compañía. Difícilmente un joven como José Antonio podía entender una personalidad tan compleja, acostumbrada a vulnerar por sistema los límites de la vida cotidiana. Gil de Biedma, además, se hallaba a merced de hondas inquietudes existenciales. Según Marsé: «Jaime siempre fue muy sensible al paso del tiempo. Era alguien que siendo joven ya era viejo, ¿no? El temor a la vejez, la decadencia, la enfermedad y la muerte está muy presente en su obra, y no sólo en la obra, en la vida. Tenía una antena que conectaba siempre con estas cuestiones.» Es lógico que se refugiara obsesivamente en el pasado, pero su ansia por recobrarlo podía conducirle a extremos imprevisibles. El fotógrafo recuerda un viaje al Valle de Arán en el que se detuvieron a descansar en un pueblo de montaña. De pronto Jaime descubrió un riachuelo cristalino junto a la carretera, que le recordó el río amado de la Ribera de los Alisos. Entonces le contó a Ribas que, en su niñez, le encantaba refrescarse los pies en el agua mientras comía un bocadillo de chorizo preparado por Modesta. El poeta refirió la historia con nostalgia, sin dejar de mirar el arroyo. Pero como dice José Antonio: «A Jaime no le bastaba con recordar las cosas como todo el mundo... Me obligó a acompañarle a un colmado que había en el pueblo a comprar un bocadillo de chorizo. Luego bajó corriendo al río para comérselo dentro del agua. Al quitar el papel, vio que habían untado el pan con tomate. Y se cabreó muchísimo.» Según Ribas, su amigo se despachó a gusto con el dueño del colmado, el pueblo y la comarca entera. Y como sea que siguió echando pestes contra el universo, le dijo:

—Jaime, eres un gilipollas. ¿Crees que se puede armar tanto escándalo por un bocadillo?

—No es por el bocadillo, imbécil —repuso el poeta—. Yo recordaba la sensación de esa manera y quería volver a vivirla.

Quizá hay que preguntarse a qué obedece esa obsesión por la arqueología personal. Y de nuevo aparece el tiempo. En una entrevista de 1981 declaró: «Ahora el tiempo me fastidia más, pero me preocupa menos. De todas formas lo que más me inquieta del pasado es su dinamismo, su constante movilidad. Lo terrible es cuando uno considera el pasado como un patrimonio sólido e inamovible, como su única riqueza real, y un buen día se da cuenta de que todo eso está en continua transformación.» Es precisamente el temor a esa metamorfosis lo que mueve al poeta a tratar de revivir con precisión las gozosas experiencias del pasado.

Aunque sepa que ya no es el mismo, cree que si consigue sentir lo mismo quizá vuelva a ser fugazmente el que era. Para que el recuerdo sea completo no le basta con la mera evocación mental –no sirve contar la historia del bocadillo–: necesita sentirla de nuevo. Es lo que él llama «volver a vivirlo». Sólo así el pasado pierde dinamismo y gana intensidad. Entonces brota luminoso como una fotografía en la cubeta líquida del laboratorio y vuelve a pertenecerle. En esta fase crucial del revelado, cualquier detalle anacrónico destruye la imagen como un golpe de luz. Si eso irrumpe –el tomate que en el recuerdo no existía–, el hechizo fatalmente se desvanece. Y no hay verdadero tiempo recobrado. Àlex Susanna recuerda: «Jaime tenía siempre muy presentes las sensaciones de la infancia. Aquellos momentos epifánicos formaban parte de su vida. Y podías percibir su felicidad cuando lograba recuperarlos. Era emocionante. Algunas de las mejores imágenes de sus poemas nacieron de ahí.»

Este proceso guarda, por tanto, estrecha relación con el arte. Pero Gil de Biedma rara vez pensaba ya en términos de poesía. Si Vicuña fue testigo de los momentos más fecundos, a Ribas le tocará vivir las amargas horas de esterilidad. El fotógrafo recuerda bien los numerosos intentos frustrados del poeta: «De pronto leía algo que le gustaba y sentía el deseo imparable de escribir. Pero aunque su mente había entrado en ebullición, no le salía nada o sólo le salía algo normal. Entonces se ponía muy nervioso, se irritaba, y luego se hundía en un pozo.» El resultado era, pues, una honda sensación de abatimiento, de frustración creadora. Es difícil saber cuándo aceptó la noticia de su muerte poética. Pero durante algún tiempo albergó la esperanza del retorno de la musa y orientó las últimas energías a la prosa. En ese período nacieron algunos de sus mejores ensayos, reunidos en el volumen *El pie de la letra*. Según Ribas: «Escribía los ensayos para comprobar que seguía siendo brillante.» Era una forma de demostrarse y demostrar al mundo que aún tenía cosas que decir y sabía expresarlas admirablemente bien. Sin embargo, no se engañaba: su satisfacción habría sido muy superior de haber compuesto un gran poema.

Juan Marsé recuerda que ya en 1965 el poeta era bastante escéptico en cuanto a su futuro literario. «Yo me voy a callar cuando no tenga nada que decir», le comentó más de una vez en sus charlas veraniegas en La Nava. «Y ya me queda poco.» Cree el novelista: «Al ser tan sensible al paso del tiempo, había un ciclo que Jaime consideraba acabado. Era como si iniciara la vejez en una época que aún no le correspondía, pero que él estaba asumiendo como inevitable antes de hora.» Sin embargo, esa aceptación no le resultaba plácida en ningún sentido, ni tampoco lo era para los demás. A su modo, Ribas era capaz de amoldarse a las oscilaciones anímicas de Gil de Biedma. Pero la tarea requería mucha mano izquierda y una buena dosis de templanza, ya que éste no admitía intromisiones en su duelo con la metafísica. Según el fotógrafo, en las horas más oscuras el poeta rara vez recurría a los demás: le embargaba un gran pudor, también un fuerte sentimiento de orgullo, y detestaba tanto que le compadecieran como autocompadecerse. Recuerda José Antonio: «A Jaime no le gustaba pedir las cosas. Nunca me pidió ayuda directamente pero era muy hábil propiciando que se la dieras. Lo malo es que necesitaba recibirla en el momento justo y si te equivocabas era muy jodido. Una vez lo encontré hundido en el sofá y le dije: "Eres un gilipollas, Jaime. No pienses tanto en la muerte, coño." Y se cabreó como una mona.» Ribas insiste en que «debías saber el momento exacto para entrarle. Pero luego era un cabrón muy agradecido».

Con el tiempo, descubrió que Gil de Biedma poseía una gran capacidad de reflotación. Según Ribas, «le salvaban las cosas sencillas: un museo pequeño, un buen plato, una caja de vino... El solomillo siempre aliviaba sus penas. "No hay mejor antidepresivo que una cena en Via Veneto"», le decía. Allí, el señor Monge, el *maître*, pudo comprobar la capacidad camaleónica de su cliente: «A veces venía a almorzar con ejecutivos de Tabacos y luego volvía a cenar con su novio. Su comportamiento era muy distinto, pero en cada caso interpretaba perfectamente su papel. Era asombroso ver cómo había hablado de negocios a la hora del café, y luego por la noche deslizaba suavemente su mano sobre la del novio con un cariño, una discreción y una elegancia extraordinarias. Era un caballero. Los camareros se pegaban por servirle.» Este juego de máscaras le excitaba. En 1981 declaró al escritor Arcadi Espada: «Siempre que sea controlada y voluntaria, la esquizofrenia está muy bien, ja, ja, ja... Me he pasado años afirmando que vivía en un estado de esquizofrenia controlada y deliberada, conectando y desconectando cables según el lugar donde me encontraba.» Y, como vemos, según la compañía. Todo ello le devolvía el deseo de vivir. También una cena en Reno, Finisterre y Orotava. Cosas sencillas, sí, pero servidas por los mejores restaurantes de la ciudad. Es curioso el funcionamiento de su persona: se tambalea ante el recuerdo de los placeres perdidos, pero halla la salvación en nuevos instantes de gozo. En su mecanismo vital el placer hunde y el placer salva. «Cuando estás hundido, ¡cómo consuela el lujo!», le confesó a Ana María Moix. Y uno piensa por un momento en algún personaje sensible y desdichado de Scott Fitzgerald o Truman Capote.

Sería erróneo, no obstante, creer que sólo el lujo le ayuda a remontar el vuelo. Al contrario. Recordemos que Gil de Biedma «resucitó» en una calle popular de Atenas. Es el hombre que escribe:

Me acuerdo que de pronto amé la vida,
porque la calle olía
a cocina y a cuero de zapatos.

No son los aromas excelsos de Maxim's ni el de los objetos de piel de
Cartier. Pero bastan para salvarle.

THE SOUND OF MUSIC

Gil de Biedma no fue un gran melómano. Sus amigos hablan de una
discoteca bastante reducida y unos discos «muy trabajados», en opinión
de Ribas. Pero ¿qué sonaba en el apartamento de Maestro Pérez Cabrero?
Sabemos que *Las cuatro estaciones* de Vivaldi eran el gran *hit* de música clásica, aunque también se oía a menudo el *Bolero* de Ravel. Había, además,
algún disco de Glenn Miller que llenaba la casa de optimismo orquestal
americano, al igual que *West Side Story*, de Leonard Bernstein. Si a mediados de los años setenta hubiéramos podido hurgar en su colección de discos, habríamos encontrado algunas obras que le acompañaron durante
la tuberculosis de 1956: los conciertos de trompeta de Haydn, la ópera
Dido y Eneas de Purcell o la zarzuela *Agua, azucarillos y aguardiente*, del
maestro Chueca, que siempre consideró «una obra maestra». La antigüe-
dad de las grabaciones de Monteverdi o del *Orfeo* de Glück sugieren que
fueron adquiridas con anterioridad, en su primera salida al extranjero. El
poeta siguió comprando discos en el transcurso de sus viajes hasta reunir
una discoteca bastante variada: *L'Espoir*, de Léo Ferré; la selección *Rus-
sian Folk Songs*, dos *long-plays* de Barbara, uno de Gilbert Bécaud, dos de
Marie Laforet, uno de folclore filipino, una edición vienesa de *La viuda
alegre*, *La ópera de tres reales*, de Kurt Weill y un volumen de tres discos –*The
Magic of Marlene*–, interpretado por su amada Marlene Dietrich.

Si la discoteca de un escritor expresa casi tanto como su biblioteca, la
de Gil de Biedma permite descubrir un gusto bastante ecléctico. Podía alternar *Las bodas de Fígaro* de Mozart, *Tristán e Isolda* de Wagner, *El clave
bien temperado* de Bach o los duetos de Schubert con los recitales de Vini-
cius de Moraes en La Fusa, el *Soulfully* de Sara Vaughan, las baladas de
Chet Baker o los solos de piano de Art Tatum. Aunque Ángel González
recuerda que «a Jaime le gustaba el jazz, pero no era un fanático», la presencia de esos intérpretes –amén de Ben Webster o Charlie Parker– revela una indudable sensibilidad jazzística. Es posible que obedeciera a la
influencia de algunas amistades, pero lo cierto es que sonaban en el toca-

discos del apartamento. Otra de sus aficiones era escuchar las grabaciones poéticas de sus escritores favoritos, compradas en Londres, y que guardaba como un tesoro. Sabemos que solía escuchar los poemas de Eliot en la voz del propio autor, y que *Auden Reading* figuraba entre su discografía. Apurar la tarde, copa en mano, oyendo *Four Quartets* o *In Prime of Limestone*, le procuraba un gran placer, sólo comparable a la audición de *Sir John Gielgud Reads Shakespeare* o *Les plus beaux poèmes de la langue française* en la voz dulce de Gérard Philipe.

Pero Gil de Biedma era una caja de sorpresas. El mismo hombre que amaba la *chanson française* y que se deleitaba con los parlamentos litúrgicos de Eliot, tenía en su discoteca las canciones del film *El último cuplé*, de Sara Montiel, y un álbum de cubierta roja –*Marchas e Himnos*–, con una docena de vibrantes piezas militares que incluyen el *Himno de la Academia de Infantería* y la *Canción del Legionario*. ¿Qué debemos pensar? En esta discoteca que jamás alcanzó el centenar de volúmenes hay, no obstante, abundancia de géneros y estilos: óperas, zarzuelas, conciertos, tangos, sambas, piezas de cabaret, jazz, recitales poéticos, cuplés, canciones francesas e italianas... Se diría que las mil fuentes –a veces cultas, a veces populares– de las que bebe su obra encuentran paralelo en la diversidad de su gusto musical. No es extraño que algunos de sus poemas se nutran de esa discoteca en la que Gil de Biedma extrae la perla de algún título, algún nombre, algún verso olvidado. La mejor poesía, escribió, es el verbo hecho tango.

LA NUEVA FE

En agosto de 1974 el poeta y José Antonio Ribas acuden a La Nava en compañía de la fotógrafa Colita y la escritora Ana María Moix. Durante varios días descansan en la vieja casona familiar. Según Ana María, las mañanas transcurrían en el jardín, junto a la piscina donde regaban con vino blanco las largas conversaciones; las tardes se dedicaban al turismo por la comarca: Turégano, Arévalo, Coca, Riofrío... «Recuerdo un Jaime Gil esplendoroso, lleno de una vitalidad incansable, conduciendo el mehari por tierras cuya historia nos refería con detalle de manual y memoria privilegiada.» Posteriormente, los editores Beatriz de Moura y Toni López de Lamadrid se unieron al grupo antes de proseguir viaje a Portugal. Hay varias fotos de Colita tomadas en aquellas jornadas estivales: las mujeres en bikini junto a Jaime, en el bordillo de la piscina; José Antonio en el agua, la piel morena, y Toni atravesando a la carrera los arboles frondosos del jardín.

Aunque en 1965 el poeta le había dicho a Marsé: «éste ha sido el último verano de nuestra juventud», el eco de aquellos días parece poblar de nuevo el aire de partículas sonoras. Voces, risas, la renovada fiesta de vivir.

En todo caso, el verano de 1974 constituye un breve período de felicidad. Los invitados recuerdan aún «la risa contagiosa de Jaime», salpicando anécdotas que contaba con la maestría sagaz de quien sabe seducir a su auditorio. Y cuando la intensidad del momento declinaba, el poeta formulaba una propuesta redentora: «Ha llegado el momento de tomar otra copa y fundar una nueva religión.» Esta idea de instaurar un nuevo credo –cimentado en la amistad, la conversación y los placeres sensuales– fue un propósito que Gil de Biedma arrastraba desde la década anterior. A la vuelta de su viaje a Grecia, había proclamado a los amigos el deseo de convertirse en «pagano practicante». Y lo argumentaba así: «La verdad es que creo –y he creído siempre sin saberlo– en Pan, en Afrodita y en Apolo más de lo que he creído nunca en la Santísima Trinidad.»

Diez años después predicó el mismo credo ante Danubio Torres Fierro: «Hay que fundar una nueva religión», insistía. El ritual de esa religión era, casi a diario, el mismo. Según Danubio: «Sobre las siete y media de la tarde, en esa *hora de ocaso* con espectrales connotaciones de horror al vacío, nos juntábamos en su casa, a veces los dos solos, a veces en compañía, por ejemplo, de Carlos Barral, Ana María Moix, Beatriz de Moura y Juanito Marsé, *"pour chasser la honte du jour"*.»* Eran conversaciones literarias, también políticas, un registro de música de cámara que se prolongaba en largas cenas en algún lugar de moda y que, según Danubio, «olían a siglos XVII y XVIII, cuando en los círculos literarios y sociales nadie podía vivir sin amigos». Fiel a la literatura inglesa, Gil de Biedma debía conocer bien este pasaje de Cyril Connolly: «En mi religión, todos los feligreses dejarían de trabajar al ponerse el sol para beber juntos una copa *pour chasser la honte du jour*. Este refrigerio se tomaría en recordación del primer crepúsculo, cuando el hombre por fuerza hubo de pensar que la noche inminente había de ser eterna.»

EL ARQUITRABE SE DESPLOMA (I)

Desde principios de los años setenta, el régimen franquista venía dando serias muestras de deterioro. El avance imparable de la sociedad contrastaba con el anquilosamiento de las estructuras del poder y el pueblo

---

* «Para capturar la vergüenza del día.»

español se sentía cada vez menos identificado con sus gobernantes. Fueron años convulsos: manifestaciones y algaradas callejeras, asesinato del almirante Carrero Blanco en 1973, leve apertura del Régimen en invierno de 1974, enfermedad de Franco en verano, involución política, nuevas condenas a muerte, ejecuciones y enfermedad final del dictador. A lo largo de un mes, la suerte de Franco mantuvo en vilo a todo el país. Mientras los franquistas rezaban por su salud, los demócratas contaban minuciosamente las horas de agonía. Aunque para muchos el final del Régimen llegaba con veinte años de retraso, no podían contener su excitación. Según Carlos Barral:

> Participábamos en aquel último episodio con entusiasmo, acompañando al viejo lentamente con público y notorio regocijo hacia su muerte atroz, imponiendo el ritmo de su agonía miserable. Brindábamos continuamente y en toda partes, con conocidos y desconocidos, por su peor pasar y por su próximo fin, y nos reuníamos en cenas sagradas, en banquetes funerarios y de fiesta tribal, de verdadero canibalismo, para celebrar juntos los últimos minutos en las incidencias que parecían las realmente finales.

Gil de Biedma intervino también en aquella suerte de ritual antropofágico. El psiquiatra Mariano de la Cruz recuerda alguna de esas reuniones con el poeta, el arquitecto Ricardo Bofill y a veces Juan Marsé: «Supongo que era para beber whisky», dice, pero reconoce luego que la incertidumbre ante el futuro fue el tema principal. El escritor Jose Yglesias vivió muy de cerca este proceso junto al autor de *Las personas del verbo*. Según él, Gil de Biedma seguía con mucho interés los acontecimientos, aunque con escasa alegría. La enfermedad de Franco instauró en España una impresión de decrepitud generalizada que exasperaba a un hombre como él, cada vez más obsesionado con el paso del tiempo. Años después, el propio Gil de Biedma comentó: «Aquel mes fue horrible porque todos tuvimos la edad de Franco.» Este argumento coincide con lo que percibió Yglesias en otoño de 1975: «Jaime se entretenía contándome todos los chistes sobre la eterna enfermedad de Franco, acompañado por una risa exenta de placer. Bebía mucho y un día me confesó de forma amarga: "Quiero que se muera –y no se reía al decirlo– porque así podré tener mi propia edad. Mientras siga vivo, todos tendremos ochenta y dos horribles y seniles años."» Yglesias coincidió más veces con él en invierno y primavera de 1976. A su juicio, «la muerte de Franco no le volvió más feliz. Sólo en charlas con sus íntimos amigos lograba divertirse. Pero incluso cuando estaba muriéndose de risa, era amargamente irónico». El poeta intuía lo que representaba la muerte de Franco: reinstauración de la monarquía, regreso de la democracia, nacimiento de una nación moderna. ¿Qué papel iba a interpretar en ella? Diez años antes había escrito: «España y los españoles han cambiado y aunque forzosamente hubieran cambiado también sin Franco, el hecho es que han cambiado con él. De la España que Franco deje habrán de partir quienes vengan cuando él acabe, no de ninguna anterior.»

La muerte del dictador tuvo forzosamente que avivarle sus inquietudes cívicas. Pero volvió a ponerle ante una realidad ingrata. El progreso económico de los sesenta había transformado las costumbres del país, aunque sin resolver el conflicto de los homosexuales, a quienes se seguía aplicando la Ley de Peligrosidad Social. Con todo, en los meses posteriores a la muerte de Franco el poeta se abandonó a una intensa vida erótica. Eso indica que se había marchitado el deseo con Ribas y buscaba nuevos placeres fuera de la pareja. Pero era jugar con fuego. El fotógrafo podía soportar medianamente sus bruscos cambios de humor, sus caprichosas exigencias y hasta sus humillaciones. Pero había algo que era superior a sus fuerzas: el engaño. Sorprende que Gil de Biedma incurriera en el tremendo error psicológico de traicionar a un hombre cuya tragedia íntima era el abandono del padre. Ahora bien, como sostiene Jorge Vicuña, «contrariamente a lo que cree todo el mundo, Jaime no era muy inteligente. Tenía agudeza intelectual y un gran sentido literario. Pero era incapaz de ver lo que ocurría alrededor. Se le escapaban muchos elementos importantes de su propia vida, cometía errores de percepción. Y en este sentido, era tonto».

Sea como fuere, el argumento que esgrimía el poeta para justificar sus infidelidades variaba según el interlocutor. A Jose Yglesias le dijo, hablando de Ribas: «Poco podía imaginarme que su ideal de amor es el perfecto matrimonio burgués, que yo vuelva a casa dos veces al día y me encuentre a mi mujercita en el apartamento perfectamente dispuesto y decorado con gusto. Que veamos juntos la televisión, que vengan amigos a cenar y que los fines de semana marchemos a la casa de campo. ¡Qué aburrimiento!» Quizá no sabían que estaban reproduciendo un clásico patrón de pareja homosexual. Jose era celoso, posesivo y quería desempeñar el papel de *ama de* casa en una relación permanente. Jaime, por su parte, era promiscuo, sociable y seductor y disfrutaba con relaciones esporádicas. Eran el día y la noche. Al tedio de la fidelidad erótica se sumaba ahora el de una vida ordenada y convencional. Algo que aborrecía.

Sin embargo, este desprecio por el sistema de vida burgués guardaba escasa relación con sus ideas políticas. En el fondo, «Jaime era un burguesazo —recuerda su hermana Ani—, más burguesazo que todos nosotros. En Tabacos seguía teniendo la mentalidad de niño burgués. Cuando llegaba a la compañía, entraba como secretario de la compañía». En efecto. Muchos compañeros del mundo literario se sorprendían allí de su posición. José María Castellet recuerda: «Producía bastante impacto ver a un poeta homosexual y alcoholizado en aquel despacho, con todo el viejo estilo. Estabas charlando con él y de pronto llamaban a la puerta. Se abría, el bedel sacaba la cabeza, se quitaba la gorra y decía: "Don Jaime, es la una. ¿Puedo dar la hora?" Y entonces activaba un timbre general por toda la casa. Le pedían permiso a él para que todo el mundo pudiera salir a almorzar.» No hay signos, pues, de que Gil de Biedma renunciara a estas ceremonias ni a sus privilegios de clase. Al contrario. Vivía en un lujoso apartamento, vestía ropa de marca, cenaba en los mejores restaurantes, alternaba con la *crème* de Barcelona y disponía de un refugio encantador para pasar los fines de semana. ¿Cuál es entonces el origen de su resentimiento? Creemos una vez más que no nace de la esfera pública sino privada del hombre. Es decir, el poeta detesta a los de su clase no por su condición acomodada, sino porque en su seno se produjo su amargo despertar sexual, y desde entonces se ha visto obligado a vivir en el engaño, ocultando buena parte de su vida. El suyo es, por tanto, un resentimiento moral. En la alta sociedad europea hay otras figuras como él, seres torturados que vivirán sin poder proclamar su erotismo a contracorriente. Sólo son admitidos si aman en secreto, si evitan el escándalo. Pero Jaime empieza a estar fatigado de ese culto burgués a las formas que se sustenta en los pilares del disimulo y la hipocresía.

En cierto sentido, la única diferencia entre Gil de Biedma y los antiguos caballeros burgueses que bajaban al Paralelo en busca de diversiones era la poesía. A su manera, había sustituido las *queridas* por los chaperos: se había cansado de Jose de un modo similar al un señorito monárquico cuando se hartaban de su legítima esposa. Sólo que Ribas no estaba hecho a la resignación. Al descubrir el engaño trató de pagarle con la misma moneda. Pero no le sirvió: aunque le resultaba muy fácil hallar amantes –tanto hombres como mujeres– su venganza sobre el poeta no surtía el menor efecto. El fotógrafo probó entonces diversas formas de represalia. Se negaba, por ejemplo, a acompañarle a actos culturales, pero le acechaba a la salida, provocativamente vestido, al otro lado de la calle. Luego, tras asegurarse de que era visto, desaparecía en busca de algún desconocido. «Ojalá pudiera sentirme celoso y responder como él quiere», le confesó Gil de Biedma a un amigo. Pero lo que hiciera José Antonio le resultaba totalmente indiferente. Éste, por su parte, se lamentaba de la actitud altiva del escritor: «Cuando estamos en mitad de una discusión, me dice: "Vamos a dejarlo para otro momento." Lo dice sin levantar la voz. Es un hombre de una tremenda frialdad. Y yo no me puedo controlar. Prefiero ser así, aunque a veces me doy miedo.» Esta confesión de Ribas a Jose Yglesias apenas logra ocultar que la frialdad de Jaime terminaba por sacarle de quicio. Y a falta de palabras sonaba la hora de los puños.

Sabemos que los brotes de violencia física entre ellos venían de antiguo. Ya en el temprano 1970 el poeta Guillermo Carnero vivió un episodio truculento en Maestro Pérez Cabrero, producto de los celos: «Fui a ver a Jaime con una amiga y tuvimos que marcharnos del apartamento porque José Antonio y yo casi acabamos a bofetadas. Estaba muy cabreado y le daba órdenes. Después de pegarme a mí estoy seguro de que le habría pegado a él.» El poeta Juan Luis Panero contaba a su vez una historia acaecida durante una de sus estancias en La Nava. En plena trifulca, el fotógrafo persiguió al anfitrión armado con un bastón con el propósito de medirle las costillas a la manera medieval. Gil de Biedma se parapetó entonces tras una mesa y suplicando le dijo a su amante: «¡Coge otro bastón! ¡Con éste no, que vale una fortuna!» La anécdota bien pudiera ser apócrifa. Pero hay algo cierto: Ribas recurría en ocasiones a la violencia física. Según Juan Marsé: «Jose tenía el puño fácil.» Toni López de Lamadrid recuerda, por su parte, que «un día vinieron a vernos a Cadaqués, y sus caras eran un poema. Jaime llevaba gafas de sol».

En otra ocasión, los amantes tuvieron una disputa terrorífica, a golpes, tras la cual José Antonio le expulsó de la casa de Ultramort. Dolorido y borracho, el autor de *Moralidades* abandonó la casa, tambaleándose, y salió a la plaza del pueblo en mitad de la noche. Allí tropezó, se golpeó la cabeza y perdió el conocimiento. Creyendo que su víctima había huido en coche, Ribas se retiró a descansar. Lo encontró a la mañana siguiente, tendido bajo un manto de nieve; hubo que trasladarlo urgentemente a un hospital donde le diagnosticaron una pulmonía doble. «Estuvo a punto de morirse», confirma un amigo, que sitúa en cambio la acción en La Nava.

En todo caso, Gil de Biedma comenzó a padecer secuelas psicológicas, agravadas por el consumo de alcohol. En invierno de 1976 tuvo un serio accidente de coche al volver de Ultramort. Según su cuñado Jacinto Reventós: «Me llamó por teléfono y tuve que ir a buscarlo al cuartel de la guardia civil de un pueblo perdido. Estaba muy nervioso y me obligó a volver a Ultramort; allí se bebió un par de whiskies y luego volvimos a Barcelona.» De creer a Vicuña, aquel accidente había sido en realidad un nuevo intento de suicidio. «Jaime me contó que se había salido deliberadamente de la carretera para matarse.» Esta idea se introdujo también en su círculo familiar. «Desde el accidente, mi familia cree que voy a suicidarme», le confesaría a Jose Yglesias más tarde. Generalmente eran aventuras solitarias, pero en ocasiones sus amigos se veían arrastrados a su abismo autodestructivo. Colita recuerda: «Volvíamos una noche de juerga en la Costa Brava, en el Seat descapotable de Jaime de color azul. Íbamos a toda leche y el coche daba bandazos de un lado a otro de la carretera. Estaba tan acojonada que grité: "¡Nos mataremos, nos mataremos!" Pero no me hizo caso.» A la altura de Palamós tuvieron que reducir la marcha, y Colita, más tranquila, le comentó al poeta el horror de los nuevos edificios que se alzaban junto al mar. Gil de Biedma miró entonces aquellos bloques fantasmales de cemento y le dijo: «No te preocupes, chica. Algún día caerán y volverán a crecer las higueras.» Luego puso la directa y abandonaron el pueblo a gran velocidad en busca de la muerte.

En esta misma línea, Juan Luis Panero recuerda una escena escalofriante: «Otra noche que regresábamos de una cena en Aranjuez, camino de Madrid, le dio por conducir por el lado contrario de la carretera y cuando se nos venía un camión encima él hacía un giro con el volante. Fue un inolvidable ejercicio de ruleta rusa.» De nuevo el alcohol: la temible pócima que despierta a Mr. Hyde. ¿Qué buscaba en realidad Gil de Biedma? ¿Divertirse o matarse? En su extravío no reconocemos el Pessoa que se entrega a disquisiciones melancólicas, al volante de un Chevrolet por la carretera de Sintra. Hallamos más bien a un hombre contemporáneo enfrentado a su época, que no ha resuelto el problema central de su vida: la fatiga y el odio a sí mismo. En una entrevista de 1977 concedida a Biel Mesquida, hizo esta demoledora confesión:

> Una relación íntima entre dos personas es un instrumento de tortura entre ellas, ya sean personas de distinto sexo o del mismo. Todo ser humano lleva dentro de sí una cierta cantidad de odio hacia sí mismo, y ese odio, ese no poderse aguantar a sí mismo, es algo que tiene que ser transferido a otra persona, y a quien puedes transferirlo mejor es a la persona que amas. El odio a sí mismo proviene de que uno ha de pasarse el día entero consigo mismo, y uno no se aguanta. Yo soy bastantes personas y no aguanto a ninguna de ellas, las conozco a todas. Me odio a mí mismo porque tengo que envejecer, porque tengo que morir; me odio por muchas razones.

Esas muchas razones se reducían, en última instancia, a dos. Pero el personaje que se había inventado Gil de Biedma no iba jamás a admitirlas en público. Y menos ahora, que su leyenda comenzaba a extenderse en la sociedad literaria. En síntesis, el poeta se odiaba por dos motivos: su homosexualidad y su sequía poética. En las horas más negras sentía que estaba habitado por parásitos. El alcohol, la pereza, el tabaco, la lujuria y la culpa se habían convertido en inquilinos de su propio yo. Y llegaba a la terrible conclusión de que sólo era eso: un viejo maricón y un poeta estéril. ¿De qué le servía la libertad?

EL ARQUITRABE SE DESPLOMA (II)

Junio de 1976. A la salida de una conferencia, Jaime Gil es rodeado por un grupo de admiradores que se interesan por las causas de su silencio. Educadamente, el poeta brinda convincentes explicaciones y se despide de ellos en una calle cualquiera de cualquier ciudad. Mientras se alejan, le confiesa a su acompañante, Jose Yglesias: «Eran un encanto, ¿verdad? No les dije que apenas tengo ideas ya para ensayos o artículos y que a veces pienso en el suicidio. He escrito un par de poemas en mi vida –y algo de prosa– que sé que están bien... Y ya es bastante. Pero las ideas ya no me fluyen como antes, cuando era joven. A veces empiezo algo y lo dejo. Pero no porque no vuelva a ellas como antes sino porque ni siquiera las recuerdo. Un poema tiene que quedarse en mi cabeza y no desvanecerse.»

A este respecto, el psiquiatra Mariano de la Cruz recordaba una frase de Jaime llena de amargura: «Cuando se te acaba el sexo, cuando el sexo pierde fuerza, se debilita también el poder de creación.» Estando en Oxford en 1953, ya había escrito una carta a Barral donde se lamentaba de la calidad poética de los últimos trabajos de Vicente Aleixandre y Jorge Guillén: «Está visto que el Poeta tiene mala vejez... Ya no es "flujo espermático" como diría Ferrater, sino "cabello de ángel". Te aseguro que tengo un verdadero disgusto.» Si como lector había reaccionado así en su juventud, es fácil imaginar lo que sintió al descubrirse en la misma encrucijada, sin poder exclamar como Juan Ramón Jiménez:

> La poesía... esta eyaculación –¡qué deleite!–
> del espíritu.

El símil sexual apareció en algunas entrevistas de la época: «En un poeta joven hay demasiada sensualidad, y se pone caliente con cualquier palabra. Pero a partir de cierta edad ocurre precisamente lo contrario: se da una falta de sensualidad verbal», declara a Leopoldo María Panero en 1977.

Luego había otra cuestión. Parte de su leyenda se sustentaba en una falacia y él lo sabía. Francisco Rico recuerda que Gil de Biedma le solicitó un prólogo para *Las personas del verbo*, en 1975, como broche a su obra poética.

> Pero yo renuncié a ello porque hubiera tenido que desmentir demasiado brutalmente la explicación que daba él sobre su obra. La poesía de Jaime es directa y descarnadamente autobiográfica, personal. Él se creó una imagen, una teoría para justificar «ése no soy yo». Pero es mentira.

Todo lo de la persona poética es falso. Vamos a ver, es verdad en términos de teoría real. Espronceda no es Espronceda, Villon no es Villon. Pero eso es una teoría general que vale para todos los poetas. Pero pocos poetas son más anecdóticos que Jaime. En realidad él adoptó eso de la persona poética para justificarse ante su familia. «No os preocupéis. El que habla no soy yo.» Y luego los críticos adoptaron y repitieron lo que él había dicho, que es un grave error. Desde entonces, todos jugamos al juego.

Según Gil de Biedma: «Cuando se es viejo, incluso se deja de sentir nostalgia, y entonces ocurre que los impulsos que te pueden llevar a escribir son de un orden tan devastador que hace falta ser un gran poeta para poder con ellos; son la rabia impotente de envejecer, el miedo a la muerte tuya, específicamente tuya, no a una abstracción dócilmente simbólica, la conciencia del fracaso de tu vida... Son asuntos mucho más difíciles de tratar poéticamente de una manera tolerable.»

A mediados de los setenta, por tanto, se hallaba en crisis literaria y sentimental. Tampoco era capaz de encontrar nuevos estímulos poéticos. El antiguo «flujo espermático» de sus poemas era «cabello de ángel» marchito. Renunciamos a debatir ahora la reflexión subsiguiente, quizá demasiado elemental: Jaime Gil se entregaba al sexo para recobrar la inspiración perdida. En términos psicológicos, idéntico valor tiene que engañar a Ribas para provocar su ira, delegando en manos de otro el castigo que reclamaban sus profundos sentimientos de culpa. Cabría pensarse, en fin, si esas provocaciones no estaban encaminadas a desatar un *monstruo* cuyos golpes le procuraban cierta forma de placer, ahora que había menguado su vigor erótico y el de su poesía. En tal caso, el miedo al fotógrafo se erigió en el mejor afrodisíaco. Pero más allá del placer, había activado una mecánica tan insensata como peligrosa.

En junio de 1976 se produjo el incidente que precipitó la ruptura final. Según Ribas, tuvo lugar en Sitges, aunque otros testimonios lo sitúan en el apartamento de Maestro Pérez Cabrero. Durante una fiesta, Gil de Biedma se encaprichó de otro hombre –un conocido– y forzó a Ribas a participar en un *ménage-à-trois*. De creer al fotógrafo, el poeta recurrió a todas las herramientas extorsivas para someterle y le amenazó diciendo que «Si te marchas de la habitación, hemos terminado». Finalmente, José Antonio se quedó, pero fue una victoria pírrica. Al poco, éste le confesó a Yglesias: «Mientras Jaime se revolcaba en la cama con el otro, no hacía más que decirme: "Haz esto, haz lo otro." Pero no hice nada: estaba traumatizado. Llevo semanas que no puedo pensar en otra cosa más que en la imagen de Jaime haciendo el amor con otro, un hombre mayor, aquí, en nuestra cama.» Muchos años después, el fotógrafo aún creía: «Nunca debí haberme quedado en aquella habitación. Si me hubiera ido, él me habría seguido como un perrillo faldero. Pero me quedé y me ganó la partida. Todavía tengo la escena en la cabeza.»

Gil de Biedma no tardó en comprender que había rebasado el punto de no retorno. Ribas odiaba la infidelidad. Y aunque había aceptado a regañadientes algunas traiciones, consideraba repugnante compartir la cama propia con otros hombres. Por esas mismas fechas el poeta le comentó a Yglesias que «las dos o tres últimas semanas han sido un infierno. No puede quitárselo de la cabeza y está todo el rato castigándome por ello. Esta noche a lo mejor se pone violento, como ha hecho otras veces. Una vez me atacó con un cuchillo, otra vez con unas tijeras. Uno de estos días no podré pararlo. Es más fuerte que yo». A la mañana siguiente, Jaime recibió a Yglesias con una media sonrisa amarga. «Le encontré con la cara golpeada, hinchada y con un ojo cerrado», recuerda Yglesias. El fotógrafo y la asistenta, Felisa, se encontraban junto a él, con el semblante sombrío. Felisa le había preparado un cuenco con una solución de ácido bórico y el herido empapaba un pedazo de algodón en ella. «Alivia mucho, pero yo preferiría un whisky», dijo el poeta.

Aunque la unión se mantuvo, tras aquel incidente quedó herida de muerte. El verano de 1976 fue para ambos bastante difícil. Ribas estaba inquieto ante su futuro y sentía un profundo temor a sí mismo. Gil de Biedma, por su parte, vivía en la angustia porque ignoraba cuándo iba a ser objeto de una nueva tempestad de violencia. De mutuo acuerdo, el fotógrafo se marchó a un crucero por el Mediterráneo y él se refugió en La Nava en compañía de Ángel González. El poeta asturiano supo de las hondas inquietudes de Jaime en relación a su compañero sentimental. Le dijo: «Le tengo miedo porque Jose tiene mucha fuerza. Me ha pegado. Me pega. Y me voy a separar.» González se sorprendió ante esa confesión, porque desconocía la faceta agresiva de Ribas: «Le recuerdo como una persona más bien dulce, todo lo contrario. Una persona muy amable, muy ingenua, muy querible.» Pero la violencia existía. Aunque Gil de Biedma era de constitución fuerte, José Antonio lo era más, amén de veinte años más joven. Y esos músculos que el poeta adoraba en las horas del amor podían ser una máquina temible en los raptos de odio.

Cabe pensar si toda esa violencia era la expresión sórdida de un deseo desmedido, si no era en realidad el germen del deseo mismo, la semilla elemental. Ya hemos apuntado la hipótesis de que Gil de Biedma provocaba a Ribas para forzar su más rudo abrazo, buscando inconscientemente un erotismo violento que castigara sus continuas traiciones. Hemos considerado también la posibilidad de que Jaime persiguiera, al irritar a José Antonio, que éste coronara en su nombre la guerra que el propio poeta tenía abierta desde la adolescencia contra sí mismo. Después de todo, era un hombre que tomaba a veces demasiadas píldoras, que se había abierto las venas, que se destruía cada noche con el alcohol... Para un hombre así, nada más bello en su delirio que morir a manos del amado en una reyerta pasional. Aquel mismo año le refirió alguno de esos episodios al joven Luis Antonio de Villena, asegurándole: «Le tengo miedo.» Pero al aludir a ello, dice Villena, «me lo contaba como uno de los efectos del amor». De este modo, los relatos terribles de sus peleas perdían sordidez y ganaban, por así decir, en apostura romántica. Villena sostiene que «yo creo que a Jaime eso le ponía». En el mejor de los casos, corría el peligro de que la violencia acabara convirtiéndose en el ingrediente básico de su dieta sexual.

Aquel verano, Ribas conoció a Fabienne, una diseñadora de modas francesa. Y a la vuelta del crucero, le comunicó a Gil de Biedma su propósito de separarse y contraer matrimonio con ella. Al principio, el poeta no se tomó en serio el noviazgo del amigo. Era tanto lo que habían compartido juntos, que no le creía capaz de abandonarle por una mujer. Pero según el fotógrafo: «Mi novia me gustaba y me relajaba. En cambio, con Jaime era imposible relajarme.» Analizando las causas de esta última crisis, añade: «Yo estaba muy quemado. Éramos dos caracteres muy fuertes, y además en el último año me costaba mucho hacerlo con él. Me daba un poco de asco todo aquello, la evolución hacia lo perverso. Me sabía mal terminar, pero no veía futuro. Era un ciclo cerrado.» Aunque el poeta compartía esa opinión, le inquietaba la inminencia de un final. ¿Cómo iba a soportar el otoño en una casa vacía? Dice Ribas: «Jaime se humilló bastante, no quería perderme. Me pidió una tregua hasta su regreso de Rusia. Me dijo: "Espera a que vuelva y hablaremos." Pero le contesté que cuando volviera, ya no me encontraría en el piso.» Gil de Biedma trataba así de convencerle a la vuelta, confiando en sus dotes de persuasión. Sin embargo, José Antonio afirma que: «Conmigo lo tenía muy difícil, porque yo sabía que su mejor arma era la lengua. Jaime era muy buena persona, pero era muy frío y despiadado en la guerra. Era implacable. Él daba la estocada con la lengua; también te hipnotizaba con la lengua. Pero esa lengua yo la conocía demasiado bien. No le funcionó.»

En octubre de 1976 el poeta fue a Rusia, bajo la amenaza del abandono. Salvo un milagro, su compañero iba a casarse con Fabienne: una mujer cariñosa, inteligente y comprensiva, a quien el fotógrafo había revelado su pasado en un gesto de sinceridad. Ella le aceptaba: Gil de Biedma había perdido. Pero en el fondo siempre sospechó que aquella historia acabaría así. Después de todo, existía un precedente ilustre: Vicuña. Y tanto José Antonio como Jorge levantaban pasiones en el sexo femenino. ¿Subestimó el poeta esa habilidad? ¿O le complacía hasta que se giraba contra él? Dice Esther Tusquets: «El drama de Jaime es que sus novios eran muy mujeriegos y, además, gustaban mucho a las señoras.» Hay algo más. Gil de Biedma les había impuesto su peculiar forma de vida –una relación sexual abierta–, pero ellos habían acabado devolviéndole la pelota en la única superficie donde estaba batido de antemano. El matrimonio. Siete años después le confesó a Maruja Torres: «Cuando uno vive el ciclo completo de las relaciones amorosas siempre acaba recibiendo una mala noticia acerca de sí mismo; siempre acabas descubriendo que eres mucho más despreciable de lo que pensabas, capaz de mezquindad, de celos, de deseo de posesión, de cosas deleznables y horribles.»

A diferencia de su ruptura con Vicuña, no hubo esta vez un proceso traumático. El poeta estaba aprendiendo a ser un encajador y a aceptar algo de naturaleza kármica: su incapacidad para conservar el amor. Pero aunque mantenía el tipo, en ocasiones se sentía muy solo. Salvador Clotas recuerda que: «En esa época se me quejaba mucho. Veía que en mi apartamento había bastante movimiento y me decía: "A ti la gente viene a verte... Pero a mí no viene a verme nadie."» Gil de Biedma debía sufrir, en efecto, una gran soledad unida a la sensación de abandono, y en este contexto la música del apartamento de Clotas agravaba su herida. José Antonio Ribas se había ido. Antes de marcharse del apartamento, destruyó la correspondencia privada y algunos manuscritos menores del poeta, borrando así cualquier vínculo escrito que le uniera al amante. Cuando Jaime lo descubra, montará en cólera en un gesto desesperado por salvar algo de la quema. Pero es inútil. De aquella relación apenas quedará el limo de horas plácidas y tempestuosas, algunos versos, unas pocas fotografías. Y un retrato del fotógrafo, con el torso desnudo, presidiendo el salón de Ultramort. A cambio, José Antonio no se ha llevado nada que no le pertenezca: apenas un par de maletas con alguna ropa y unos pocos objetos personales. Lo que ocurrió después ya ha sido contado en la segunda parte del cuadro, en «La mirada de Danubio».

DOS CONFIDENTES

A mediados de los años setenta, Gil de Biedma es un poeta que camina hacia el silencio. Sin embargo no pierde contacto con la poesía en cuyo ámbito halla nuevos placeres y nuevas amistades. Son los años de su relación con Juan Gil-Albert, viejo escritor mediterráneo, que vivía en el «exilio interior» olvidado por la cultura oficial. Culto, refinado y discreto,

Gil-Albert pertenecía a la burguesía acomodada, había militado en su juventud en el bando republicano y era homosexual. En seguida Jaime Gil se reconoce en él. Y como el personaje le evoca los perfumes de una España por la que sigue sintiendo fascinación, decide rescatarle del olvido. En 1972 la editorial Ocnos, en cuyo comité colaboraba Gil de Biedma, publicó una antología suya de poemas con el título *Fuentes de la constancia*. Fue el principio del regreso de Juan Gil-Albert al ruedo literario.

Como en el caso de Vicente Aleixandre, el escritor levantino se convierte para él en confidente de sus pasiones ilícitas. A menudo intercambian opiniones sobre preferencias sexuales y entonces Gil de Biedma despliega gustoso su faceta luciferina. Se diría que siente cierta complacencia escandalizando a este viejo poeta que ha recibido la tardía visita del amor: Manuel, un hombre de cuarenta años, que posee un chalet a las afueras de Madrid. Luis Antonio de Villena recuerda una velada en ese chalet, en 1978, en compañía de varios amigos, entre quienes figuraban Jaime Gil y la escritora Carmen Martín Gaite. En cierto momento, Gil-Albert procedió a la lectura de un poema suyo, «Lamentación por los muchachos caídos ante Madrid», ambientado en la guerra civil. Al parecer, evocó con tierna emoción a aquellos «incautos cervatillos del desierto», y ante la paradoja de que un poeta republicano se lamentara así de la muerte de los soldados de Franco, Gil de Biedma le dijo: «Dinos la verdad, Juan. Eso de los muchachos moros, a ti no te importaba nada si defendían una causa justa o no; tú lo escribiste porque eran guapos y te gustaban.» Gil-Albert hizo entonces un gesto de ensayado estupor: «¡Qué cosas tienes!»

Pero a partir de ahí la charla fue subiendo de tono y el autor de *Moralidades* abordó con toda crudeza el tema homosexual. Según Luis Antonio de Villena: «Jaime sabía que Gil-Albert no había practicado antes el sexo anal y que acababa de descubrirlo gracias a Manuel. Entonces se explayó largamente sobre sus propios gustos, lo que prefería, lo que sentía al ser penetrado... Es la única vez que le he visto hablar de eso en público. Jaime era muy sexual. Hacía de todo y allí se dedicó a explicar el placer del que recibe para demostrarnos que estaba por encima de eso.» Sin embargo, Carmen Martín Gaite no pudo soportar aquella exhibición obscena nacida del alcohol. «Perdón, yo me voy», dijo poniéndose en pie. «¿Alguien tiene la amabilidad de llevarme a casa?» Y se disolvió la reunión.

La amistad de Gil de Biedma con Luis Antonio de Villena era relativamente reciente. Éste había presentado *Las personas del verbo* en la sala Puente Cultural de Madrid, el 19 de enero de 1976, y aún recuerda su primera impresión del poeta: «Nada más verle pensé: "Viene como me habían contado." Ese aire un poquito autosuficiente, levemente vanidoso, se le veía antes de hablar con él. Luego, hablando me pareció agradable y normalísimo. Tenía esa dualidad.» Aunque De Villena era algo más joven que «los novísimos», compartía con ellos el culturalismo y el esteticismo decadentista. Pero la influencia de Kavafis, entre otros, otorgaba a su obra un brillo hedonista que no pasó desapercibido al poeta. Con el tiempo, además, De Villena tradujo el libro XII de la *Antología Palatina*: «La Musa de los muchachos», de Estratón de Sardes, que Jaime Gil había leído en inglés. Eso propició algunas charlas entre ellos que rebasaron el territorio filológico. Tras leer este epigrama...

> Los rabos de los muchachos caben, Diodoro, en tres
> categorías: apréndete cómo se llaman.
> Si la punta no asoma se dice *lalu*;
> *cocó* si empieza ya a empalmarse,
> al que la mano ayuda llámalo *lagarto*.
> Cuál es el mejor, eso, en fin, ya lo sabes.

... Jaime le comentó a Luis Antonio: «De nombres argóticos no puedo discutirte nada porque no sé griego. Ahora bien, de pollas podemos hablar bastante. ¿Por qué dices que *lalu*, el pene fimótico, se llama en ciertos ambientes *con capucha*? En Barcelona jamás he oído decir a nadie: "Éste la tiene con capucha."»

Aunque les uniera la poesía, el núcleo de sus relaciones se estableció, pues, en el territorio de la afinidad homosexual. Que De Villena conociera a Estratón de Sardes debió resultarle una gratísima sorpresa, pero lo era sin duda más su audacia encantadora para llevar una vida a contracorriente. Marcado por la represión, Gil de Biedma comenzó a valorar el desenfado de aquellos jóvenes poetas –Molina Foix sería otro– que en esa época, sin proclamarla a voces, no ocultaban tampoco su filiación homosexual. Se forjó así una camaradería de signo gay, jalonada de encuentros fortuitos en oscuros bares de la noche. Recuerda De Villena: «Rara vez quedaba con Jaime por teléfono. Pero nos encontrábamos casualmente en Oliver's y acabábamos de madrugada en locales de ligue masculino.» La poesía de Eliot o Pound se rindió pronto al mundo de Kavafis. En ese mundo, De Villena descubrió que el criterio selectivo del poeta era bastante laxo y se llevó una gran sorpresa al descubrir que su compañero de cacería tenía un gusto más bien vulgar. Dice: «Yo creía que los poetas homosexuales tenían un ideal platónico y sólo gozaban con un chico muy guapo. Las primeras veces que lo vi con tipos muy feos o muy ordinarios no me lo podía creer. ¿Cómo puede irse con este mamarracho? Aquellas uniones eran lo más opuesto a Sócrates y Alcibíades.»

Pero Gil de Biedma también se sorprendía del esteticismo exacerbado del joven De Villena. Estando una noche en el Bocaccio madrileño, le dijo: «¿Has visto a alguien que te guste?», a lo que el otro respondió: «Sí. He visto un chico, pero me ha pasado una cosa horrible. Cuando se ha puesto de perfil, no me ha gustado nada.» Entonces Jaime respondió con una sonora carcajada. Es obvio que el funcionamiento de su homosexualidad era muy distinto: la de Gil de Biedma operaba en unas áreas mucho más abiertas; sabía que el culto desmedido a la belleza supone una grave limitación. De hecho, un verdadero esteta rara vez se entrega al amor porque consume su tiempo pensando en Afrodita Celeste, y él ya había apostado lúcida y desencantadamente por Afrodita Pandemos. Esta opción, sin embargo, no le impidió seguir siendo un sentimental. De Villena recordaba otra noche en que acudieron a La Gruta, un local de aire canalla cerca de la Embajada francesa, que permanecía abierto hasta el amanecer. Allí vieron a un individuo de cuarenta años, horrible y destrozado, que saludó a Gil de Biedma desde un extremo de la barra. El poeta dudó, luego se acercó hasta él y ambos se saludaron efusivamente. Tras charlar un rato, Jaime regresó junto a Luis Antonio y le dijo: «Éste es un chulo con el que yo estuve hace veinte años. Me gustaba muchísimo y no le había vuelto a ver. Me voy con él.» De Villena se quedó estupefacto porque «el hombre estaba hecho una auténtica pena. Sólo después entendí el morbo de reencontrar a alguien que ha sido nuestro».

Sabemos que el poeta era muy sensible al tema del reencuentro... Juan Antonio Padró, doblando una esquina de Barcelona en 1956; Philippa en una tarde londinense de otoño de 1958; Marcelino Someso en La Nava, aquel verano de 1966... «Amor más poderoso que la vida», había escrito entonces, presente del pasado. Amor más poderoso que la vida: perdido y encontrado.

LA ORGÍA

Noviembre de 1976. Al poco de su ruptura con Ribas, el poeta viaja a Sevilla invitado a dar unas conferencias. Fiel a su costumbre, se aloja en el Hotel Inglaterra, desde cuya habitación contempla una bella vista de la Giralda. La luz del otoño sevillano contribuye a mitigar su soledad: los sentidos se ensanchan, siente que vuelve a la vida, y piensa que mañana hablará a un grupo de jóvenes sobre Cernuda. Aunque ha estado en Sevilla «cuantísimas veces», será en esta ocasión cuando *entre* verdaderamente en la ciudad a través de ciertos placeres paganos.

Según él: «El caso es que después del coloquio y esas cosas, se acercaron un jovencito y una jovencita, y me dieron un papelito doblado diciéndome: "Léalo después, es algo personal."» Gil de Biedma lo guardó en el bolsillo, olvidó el asunto y luego se fue a cenar con un grupo a un centro cultural llamado Gorka. A la hora del café, recuerda, «me acordé del papelito, lo leí y rompí en carcajadas. Era una invitación a una orgía, toda ella redactada con títulos diversos de poemas míos. Fue un detalle que me conmovió». Esto es lo que pudo leer, grosso modo, Jaime Gil de Biedma:

> *Aunque sea un instante, ha venido esa hora en que un cuerpo es el mejor amigo del hombre. Resolución, Peeping Tom. A través del espejo, t'introduire dans mon histoire. Recuerda tus píos deseos al empezar el año: volver a ser loca hasta la albada. Happy ending.*
> Calle Cuna n.º...

Al leer el mensaje, la risa del poeta sorprendió a sus compañeros de mesa. Uno de ellos le preguntó qué ocurría y el invitado le mostró el papel.

–No vayas –le dijo–. Es una provocación de la ultraderecha.

–Tengo que ir como sea –repuso Jaime–. Porque creo que la ultraderecha, para provocarte, no se toma la molestia de leer tantos poemas.

Cierto. Pero todos sabían que la ultraderecha suele tramar encerronas mortales cuando conoce a fondo las debilidades del adversario, y aquella noche el fantasma de Pasolini sobrevoló los cielos sevillanos. Para tranquilizar a los anfitriones, Gil de Biedma se dejó acompañar al hotel, alegando que se retiraba a descansar. Era una mentira piadosa. Dice: «Me lavé los dientes y me lancé rápidamente al lugar de la orgía, que estaba en la calle Cuna. A la altura de la estatua de San Fernando, me topé con dos de los del club, que me insistieron: "No vayas, no vayas." Pero yo seguí adelante. Luego me encontré con que la puerta de la calle estaba cerrada.»

A la mañana siguiente el poeta brindó una lectura en la universidad, y al concluir se le acercaron el muchachito y la muchachita del día anterior.

–No viniste anoche –le dijeron con cara de reproche.

–Sí que fui –respondió con aire mefistofélico–. Pero cuando se invita a una orgía, además de la calle y el número, se dice hora, piso y puerta.

–¿A qué hora quieres esta noche?

–A la una.

A la una en punto Gil de Biedma se presentó impecablemente vestido en el lugar de la cita. Allí tuvo que esperar dos horas más, antes de ser conducido hasta el verdadero lugar de la orgía, en la calle Joaquín Costa número 15, cerca de la Alameda de Hércules. Continúa: «Fui llevado por un grupo de chicas y chicos del PC. Eran los tiempos heroicos, todavía. Yo dije que Carrillo se había comportado como un concejal y hubo una reacción indignada. Aquello era como una cárcel del pueblo, pero realmente el secuestrado era yo. Estaban en pleno fervor revolucionario. Y en el curso de la orgía me enamoré.»

Esta orgía debe ser ubicada en el contexto festivo de la época, donde creció la primera generación que pudo librarse del yugo de la Dictadura. En aquel tiempo, *librarse* y *liberarse* llegaron a ser términos sinónimos y se aplicaban principalmente al plano sexual. Veinte años antes el filósofo Sacristán había vetado el ingreso de Gil de Biedma en el PC alegando su perniciosa vida privada. Ahora, en cambio, el poeta se desquitaba con creces, retozando con aquellos cachorros marxistas en una algarabía de cuerpos desnudos. No es una imagen pecaminosa. Es una estampa de hedonismo supremo, que guarda semejanza con aquella foto de Colita en la que aparece sepultado por la perra de Oriol Regás y sus cachorros, el torso desnudo, absolutamente feliz.

Pero en el fondo era un escéptico. Cuando años después se le preguntó por esa orgía, dijo: «Seguramente todo aquello no existe. Todos aquellos chicos y chicas serán ahora padres y madres de familia, concejales incluso. Quizá alguna de ellas era incluso Soledad Becerril, que es ministra. Si yo volviera ahora a Joaquín Costa, 15, seguramente no encontraría nada.» Es precisamente por temor a esa nada, por lo que Gil de Biedma se resistirá durante años a volver a Sevilla. En 1982 aún insistía en ello: «encontrarte que nada es igual, que los estudiantes ya no son estudiantes... En fin, que no. Ya no volveré». ¿A qué obedece tanta reticencia? A algo tan simple como devastador. Desde su moral pagana, la corrupción no reside en haberse entregado aquella noche al placer de ambos sexos. La corrupción es sucumbir al paso del tiempo, que los chicos se hayan convertido en adultos, perdiendo el rumbo alocado del deseo, que hayan formado una familia; que sean, en fin, pálidos administradores de sus antiguos sueños revolucionarios.

No obstante, aquella orgía tuvo dos efectos sobre su ánimo. En primer lugar, quitarse la espina que tenía clavada desde la ruptura con Ribas. Si le quedaba un resto de mala conciencia por forzar el *ménage-à-trois* que precipitó su separación, la experiencia sevillana legitimó, a la postre, sus pulsiones carnales. Pero, además, sirvió para devolverle el amor. ¿Quién era ese joven que había capturado su corazón? De nuevo nos topamos con una figura velada por las sombras. Pese a ello, se puede aventurar que era un estudiante al que llamaremos Enrique Medrano.

EL SEVILLANO

A lo largo de varios meses el poeta se desplazó regularmente a Sevilla para reunirse con su nuevo amante. ¿Qué había visto en él? Ana María Moix dice que «Jaime me comentó que ese chico le recordaba a él cuando era joven». En tal caso, Gil de Biedma habría incurrido en un ejercicio narcisista altamente refinado: el enamoramiento y posesión de la propia belleza perdida, venciendo las injurias del tiempo. ¡Cuánto debió deleitarse con aquella experiencia! Ahora el reencuentro le acercaba cada vez más a su propio pasado, al muchacho encantador que había sido en los cincuenta, cuando aún podía ser –la idea es de Borges– todos los hombres. Aquel joven, además, militaba con fervor en las filas del Partido Comunista clandestino, que se abría paso hacia la libertad. Según Ana María Moix, «Jaime quedó deslumbrado. Aquel año estuvo en la Feria de Abril de Sevilla y nos contó que había visitado la caseta del PC. Nos decía en broma que "España ha vuelto a la normalidad. Los comunistas tienen caseta propia y beben cañas de manzanilla junto a los señoritos que pasean a caballo"». En efecto. El Partido Comunista había sido legalizado aquella misma Semana Santa, y tras la larga travesía del franquismo se anunciaban las primeras elecciones democráticas. El amor por Enrique Medrano floreció, pues, en los campos de la esperanza política y las radicales transformaciones de costumbres. Aquel año 1977 los españoles vieron despenalizar el adulterio, el amancebamiento y los anticonceptivos... Y reivindicaron por primera vez la libertad homosexual.

Pero ¿qué influencia tiene ese nuevo amor en su poesía? Aparentemente ninguna, porque Gil de Biedma ya ha abandonado el quehacer poético. Sin embargo, la relación con el sevillano propicia el reencuentro fértil con Cernuda. Paseando junto a Enrique a orillas del Guadalquivir, vuelve a sentir el deseo de escribir sobre el gran poeta andaluz. Aunque en las entrevistas no solía reconocer su magisterio –«Cuando la gente hace esa asociación, me pone un poco nervioso, pero, en fin»– lo cierto es que el universo cernudiano seguía despertando su interés, más allá de la literatura.

A un cuarto de siglo de distancia, existe cierto paralelismo entre la figura de Cernuda y la situación del propio Gil de Biedma. Ambos están ya desencantados de la vida y ambos descreen del amor, pero lo descubrirán inesperadamente en otras latitudes más cálidas. El andaluz, en las abrasadoras tierras de México; el barcelonés, en la calurosa primavera de Sevilla. Sólo así adquiere sentido un pasaje del ensayo que Gil de Biedma escribe por esas fechas. Cuando Cernuda proclama en *Variaciones sobre tema mexicano*: «jamás en mi juventud me sentí tan joven como en aquellos días de México; cuántos años habían debido pasar, y venir al otro extremo del mundo, para vivir esos momentos felices»... Gil de Biedma anota esta observación elocuente: «y uno casi se siente tentado de sospechar que ese enamoramiento no fue sino la concreción final, en un cuerpo y en una persona, del deslumbramiento instantáneo, del inesperado brote de felicidad sensual que aquella tierra propició en él, cuando en su edad madura apenas ya nada esperaba». ¿No era también el retrato de sí mismo? 1977 es, pues, su año sevillano, la gran hora del retorno a la vida. Con el tiempo recordará ese amor «que fue precioso» y dejará una velada alusión a ello en su autorretrato de *Las personas del verbo*. La ciudad de la que allí se habla –«Manila ya me aburre y en cambio me fascinó Sevilla»– es esta Sevilla del PC, de la orgía, de Cernuda y de Enrique Medrano que ahora ya conocemos.

DE SENECTUTE

Aunque el poeta se mantuvo al margen del gueto, frecuentó los bares de ambiente homosexual que proliferaron en Barcelona a finales de los años setenta. Para entonces ya no necesitaba bajar a las Ramblas ni refugiarse en algún bar del distrito de Gracia. Desde la plaza Molina hasta la Diagonal se extendía lentamente un coto masculino, que era el predilecto de los iniciados. La homosexualidad abandonaba así la zona portuaria y los barrios menestrales para acomodarse a un área más burguesa, en los alrededores de la Vía Augusta.

En poco tiempo, Gil de Biedma llegó a conocer bien aquel circuito, así como los detalles destinados a prevalecer en la memoria: el mulato de sonrisa blanca que ejecutaba piruetas al ritmo ensordecedor de la música del Men's; la vertiginosa y estrecha escalera de caracol del 7; la pista de baile con luces psicodélicas del Tarzán o el cartel luminoso del Monroe's, que invitaba a acceder a un local con trazas de estudio de cine norteamericano. Danubio Torres Fierro recuerda haberle acompañado a alguno de estos locales y, en especial, una noche en que el poeta le convenció para ir a El Ángel Azul, el bar de los *carrozas*. Cerca de la cincuentena, estaba empeñado en reconocer, según dijo, «a mi gremio próximo», consciente de su nueva crisis de soledad y de edad. Según el escritor uruguayo: «La soledad, o esa forma de la soledad que es la desolación, en Jaime era central. Alguien tan inteligente como él debía saber que la soledad es una de las grandes pruebas de la vida y también, antagónicamente, una de las grandes desgracias.» Pero la experiencia en El Ángel Azul no iba a resultarle agradable. El suelo del local estaba cubierto por alfombras de fondo azul oscuro, y las paredes, por pesados cortinajes de terciopelo. Allí los homosexuales *agés* establecían sus melancólicas alianzas. Escribe Danubio Torres:

> Jaime empezó a beber y lo hizo de manera continua hasta que se le quebró la voz humosa y se puso cárdeno. Vi que se esforzaba por sobreponerse y por remontar una situación que, más que disgustarlo, lo ponía fuera de sí. Entonces, en una transición rápida, y muy suya, en la que se erguía su horror al público desarreglo, reacomodó sus fuerzas y su ánimo y me confesó que la media edad es una pésima edad para escribir. Tener cincuenta años, y tenerlos asumidos como era su caso, implicaba aburrirse a perecer. No lograba divertirse ni interesarse.

Aquella noche le confesó también que había vuelto a esbozar mentalmente un poema, tras cuatro años de sequía creadora. En él se imaginaba no como un hombre maduro sino como un anciano, pero el ejercicio no daba frutos valiosos. Tras abandonar El Ángel Azul, siguieron hablando de ello en El Elefante Blanco, un local del Barrio Chino frecuentado por *machos* vestidos con negras cazadoras de cuero y gruesas cadenas plateadas. A los pocos días de su visita a El Elefante Blanco, el poeta le mostró en Ultramort la primera versión de ese poema donde, en contraste con las voces provocativas de la Barcelona gay, resonaba la voz de un hombre de setenta y cinco años:

> No es el mío, este tiempo.
>
> Y aunque tan mío sea ese latir de pájaros
> afuera en el jardín,
> su profusión en hojas pequeñas, removiéndome
> igual que intimaciones,
>   no dice ya lo mismo.
> Me despierto
> como quien oye una respiración
> obscena. Es que amanece.
>
> Amanece otro día en que no estaré invitado
> ni a un momento feliz. Ni a un arrepentimiento
> que, por no ser antiguo,
> *—ah, Seigneur, donnez-moi la force et le courage!—*
> invite de verdad a arrepentirme
> con algún resto de sinceridad.
> Ya nada temo más que mis cuidados.
>
> De la vida me acuerdo, pero dónde está.

Dice Alberto Oliart: «Jaime me enseñó ese poema a la salida de un consejo de Tabacos. Me quedé helado. Era extraordinario. Me dijo que había tardado cuatro años en escribirlo.»

ÚLTIMO GRAN AMOR

Una noche cualquiera el poeta acude a Zeleste, la nueva sala de fiestas de Barcelona situada cerca de la basílica de Santa María del Mar. Actores, músicos, pintores, se reúnen allí para asistir a los conciertos de los grupos de moda; es, también, el lugar favorito de la juventud, chicos y chicas de ideología «progre» que consumen drogas y defienden el amor libre. Generalmente, Gil de Biedma va a Zeleste a tomar una copa y charlar con los amigos, antes de perderse en busca de placer en los sombríos callejones del puerto. Aquella noche, sin embargo, encuentra al director de teatro Joan Lluís Bozzo, a quien acompañaba un joven desconocido. Tras conversar con ellos, se despide. Bozzo no ha olvidado la reacción de su acompañante. «¿Éste es el poeta Gil de Biedma?», le preguntó. El director asintió y el otro se marchó ciegamente tras los pasos del poeta.

¿Quién era aquel joven de voz seductora y exótica presencia? Se llamaba Josep Madern y su familia era oriunda del pueblecito ampurdanés de Capmany. Nacido en la primavera de 1951, Josep pasó la infancia en un barrio popular de Barcelona donde su madre trabajaba en una carnicería. El padre ejercía el oficio de panadero hasta que una lesión contraída en la guerra civil le obligó a dejar el oficio y dedicarse a pequeños transportes con una furgoneta. Instalados cerca de la plaza de España, el hijo estudió el bachillerato en el colegio Jacinto Verdaguer, en los alrededores de la montaña de Montjuïc. En muchos aspectos, Josep era un *noi del Poble Sec*, como Joan Manel Serrat, y es posible que las fachadas luminosas de los teatros del Paralelo, con sus grandes carteles anunciando vodeviles, le invitaran desde niño a conocer el fabuloso mundo de los escenarios. Según la madre, no había antecedentes teatrales en la familia: eran personas sencillas que habían cultivado el campo durante generaciones y que iniciaron el éxodo a la gran ciudad en busca de una vida mejor. La familia Madern, por tanto, protagonizó una historia conocida: fueron personajes anónimos de novela de posguerra, curtidos en la derrota, el sacrificio y las privaciones.

No era la primera vez que Gil de Biedma se interesaba por los humildes, pero a diferencia de sus compañeros de una noche, Josep Madern supo destacar por sí mismo. Aunque no perteneciera a un ambiente literario, sintió siempre un vivísimo interés por la cultura: tenía, además, una facilidad extraordinaria para los idiomas y una voz muy hermosa que había heredado del padre. En la Barcelona de 1968 un adolescente de sus características podía fácilmente acabar en el teatro. Y en el teatro, a la postre, se forjó la personalidad artística y humana de Josep Madern. Según el director escénico Felipe de Paco: «Madern era un personaje profundamente exótico: llevaba tejanos dentro de las botas y grandes zamarras, ese *look* de rompe y rasga, algo canalla, a lo *Quartier Latin*.» Según él, le rodeaba «un halo de maldito», y había colaborado con la Companya del Teatre de l'Escorpí, germen del Teatre Lliure. «Eran otros tiempos», recuerda De Paco. «Detestábamos por igual el nacionalismo y el socialismo. Nos interesaba más que se conociera a Copi o fumar grifa con Julien Beck. Éramos la opción radical entre lo radical. Y Madern estaba ahí como un personaje carismático.»

La fotógrafa Colita recuerda haberlo visto en un papel secundario en el *Hamlet* que interpretó Enric Majó: «No era un gran actor, pero tenía buena voz y buena dicción.» Lluís Homar destaca, por su parte, su fuerte presencia en escena y Felipe de Paco asegura que «hacía roles adultos perfectos». Ana María Moix evoca su primer encuentro en el Instituto del Teatro: «Aquella noche representaban *La gaviota*, de Chéjov, y yo llegué tarde. Al entrar en la sala vi a Jaime en el escenario, sentado de espaldas al público, interpretando el papel del médico. "¡Coño! –pensé–, si está Jaime haciendo de actor." La nuca, el pelo, la forma de sentarse... Entonces Jaime surgió de las sombras y me dijo: "Mira, aquél es Josep." Eran idénticos.» Para entonces la relación estaba ya consolidada y el actor había iniciado un curioso proceso de mimetización del poeta.

Acerquémonos al cuadro. Aunque Gil de Biedma no se pliegue fácilmente a los tópicos, puede incluírsele grosso modo en los homosexuales del grupo Macho. En la época franquista la sociedad española no había incorporado, obviamente, este modelo gay extranjero que reproduce la imagen estereotipada del homosexual norteamericano. Pero alguno de los rasgos físicos del poeta –virilidad rotunda, calvicie, barba y cuerpo macizo– sugieren que respondía en parte a este perfil hoy tradicional. Es curioso que este homosexual *macho*, que por edad empezaba ya a modular al arquetipo de homosexual *carroza*, tuviera aún deseos de seguir buscando a otros machos de la misma subespecie. Observando la figura de su última pareja, el actor Josep Madern, se percibe, en efecto, esa similitud física que se da entre los miembros de una pareja de *machos*... Uniones a las que se ha dado adecuadamente el nombre de «clonadas» por su singular parecido. Felipe de Paco lo confirma: «Los dos eran el arquetipo del *macho*: tirando a rudos. Les encantaba fumar puritos y beber coñac, esos pequeños detalles que unen mucho. No admitían blandenguerías ni titubeos en nada. A Jaime la indecisión le ponía enfermo.» Gil de Biedma podía, sin duda, haber escogido a un efebo como Tadzio, pero reincidió en el tipo masculino que en el fondo había llenado su vida. Después de todo, sus principales amores habían sido *machos*: no fueron *blandos* ni *locas*... Jorge Vicuña, Marcelino Someso, Paco Blanco y José Antonio Ribas eran hombres apuestos, marcadamente varoniles, que navegaban, como sabemos, en las aguas de la bisexualidad en aquellos años de mojigatería e incomunicación con las mujeres. ¿Por qué había de cambiar el poeta? La relación con un nuevo *macho* le devolvía a un territorio conocido, tras la dolorosa ausencia del fotógrafo. A partir de ahora, un actor iba a tomar el relevo.

Según Ribas, el nuevo amor de Jaime «era una loca total. No me gustaba nada». Pero cuesta creer que Madern respondiera al tipo de loca afeminada, de honda tradición en el área latina. Al contrario. Era un gay de su tiempo, orgulloso y reivindicativo. Sus estancias en el extranjero le habían acercado a una homosexualidad más libre, sin máscaras, lo que unido a su condición de actor podía, quizá, favorecer una gestualidad barroca y explosiones de carácter cercanas al amaneramiento. Pero nadie que conociese a Madern lo incluiría en el grupo más descarado de la tipología homosexual. En opinión de Danubio Torres Fierro: «Josep era un muchacho de clase media baja, entre barriobajero e intelectual, y creo que había en él un deseo fuerte de ambición superadora. Pienso que se prendó de Jaime porque le gustaba la gente mayor y porque Jaime le abría puertas que de otro modo le estaban cerradas... Sus brusquedades repentinas, que eran abundantes, se explican como manifestaciones de inseguridad.»

¿Qué había ocurrido desde la lejana noche de su encuentro en Zeleste? Alejémonos brevemente del cuadro. A las pocas semanas, el actor le confiesa al poeta que milita en las filas del FAGC (Front d'Alliberament Gay de Catalunya). Aunque Gil de Biedma se mueve en las aguas de la discreción, no duda en complacer a Madern cuando éste le pide que le acompañe a las reuniones. De un lado, no desea contrariar a su nuevo amor; del otro, le seduce la idea por lo que tiene de romántica. Eran aún los días de la clandestinidad y los asistentes debían utilizar nombres de guerra para acudir a las citas. Conociendo su propensión al mito, podemos imaginar la efervescencia casi infantil que Jaime debió sentir en el rol de Pimpinela Escarlata. La vida, a veces, podía devolverle el sabor de las viejas novelas de aventuras y no dudaba en sumergirse en las páginas de carne y hueso...

Sabemos por Armand de Fluvià que estuvo en algunas tempranas asambleas, pero al poco tiempo dejó de ir misteriosamente. Según Ana

María Moix, Gil de Biedma le había confesado que «No me interesaba nada teorizar sobre el asunto». Es cierto que admitía la necesidad imperiosa de normalizar la situación de los homosexuales en España. Pero en el fondo era un lobo solitario y no albergaba el menor deseo de adscribirse a ningún colectivo. «Al final, estos grupos acaban sirviendo para desfogar las neuras y manías de cada cual», le comentó el poeta a Jaime Salinas. Es otro de los rasgos contradictorios de su personalidad. ¿Cómo explicar que Jaime Gil nunca cayera en el gueto gay? Pensemos por un momento en este joven que había comenzado a ser homosexual en la posguerra, y que luego corrió muchos riesgos para sacrificar al altar de Afrodita Urania. El gueto pudo haber sido su destino natural; en cambio, siempre mantuvo intacta su independencia y ni Madern le lograría cambiar. Aunque ahora comparte las inquietudes de los homosexuales, no se recluye en las catacumbas ni desea convertirse en paladín de la causa. Según Colita: «El gueto sólo le interesaba para ligar.» Los bares de las Ramblas, el Drugstore del Paseo de Gracia, o los lavabos del Hotel Ritz son algunos de los escenarios de sus correrías. Pero tenemos la impresión de que su actitud sigue siendo, también aquí, la de un señor feudal. Gil de Biedma recorre el inframundo como el noble castellano visita su coto de caza. En dueño. Toda criatura que habita en él le pertenece, con el solo chasquido de los dedos y el reparto de unas monedas. Nada más.

No obstante, el signo de los tiempos iba a ponerle en una encrucijada. Dos años más tarde volvió a frecuentar reuniones de homosexuales, esta vez en uno de los GAT (Grupos de Acción Territorial). Para entonces el panorama es otro: felizmente la clandestinidad había dejado de ser una pesadilla franquista y los gays reclamaban con fuerza sus derechos. Uno de los pioneros de la libertad, Armand de Fluvià, recuerda haber tratado bastante a Gil de Biedma por esa época:

> Jaime se apuntó al «Centro Asociativo de Gays y Lesbianas» del paseo Picasso, fundado por mí. Había otros artistas, como Lluís Pascual, Enric Majó o Ventura Pons. Discutíamos de nuestros asuntos y también firmábamos manifiestos. Los viernes organizábamos conferencias. Jaime dio una sobre García Lorca que gustó mucho, porque conocía muy bien la vida privada del poeta. Estuvo hablándonos de sus amantes, con muchísima gracia. Intenté que diera otras charlas, pero ya no aceptó. Recuerdo que le animé también a que escribiera sus memorias sentimentales, pero rechazó la idea de plano. Me dijo: «Mientras mi madre viva, mi vida privada será un secreto.»

CAMBIOS PEQUEÑOS

A través de Josep Madern, el poeta conoció a numerosas gentes de teatro que contribuyeron a despojarle al fin del corsé burgués. Durante años había llevado con discreción una doble vida, pero en la neoyorquina Barcelona de los ochenta Gil de Biedma empezó a desenvolverse con mayor soltura. Aunque declarara en alguna entrevista que ya no era un gran conocedor de la *nuit,* lo cierto es que acudía a locales de moda como Nick Havanna, Otto Zutz o Metropole. Allí bebía, observaba a los jóvenes e incorporaba ocasionalmentre sus hábitos. En aquellos tiempos del auge de la cocaína, algunos testigos aseguran haberle visto esnifar alguna raya de coca en los lavabos de una discoteca, en compañía de un famoso actor de su generación. Vestido ahora por Toni Miró aprendía a gozar en aquellas cavernas de diseño, acodado en barras vanguardistas y escuchando los ritmos galopantes de los Talking Heads.

Uno de sus cómplices nocturnos era Felipe de Paco, vinculado profesionalmente al cineasta Bigas Luna. De Paco plantea una hipótesis interesante. A su juicio, la enfermedad impidió el nacimiento de un Gil de Biedma nuevo. De Paco sostiene que «estaba en ciernes un nuevo Jaime, mucho más fresco, más contemporáneo, más próximo a la modernidad». Quién sabe si, en efecto, comenzaba a abolir sus clásicos parámetros sociales y mentales. De hecho, parecía que los viejos compartimentos estaban quebrándose. El hombre que diez años antes jamás habría mezclado en público figuras de ambientes opuestos, aceptaba reunirlos con absoluta naturalidad. Si acudía, por ejemplo, a una presentación en la librería Laye junto a Rosa Regás, allí conversaba con un anticuario gay cuya vida secreta conocía bien, o se mostraba cariñoso con la hija de un marchante, drogadicta, reina sin corona de la nueva noche barcelonesa. Ya no era, pues, el caballero de protocolo estricto, poco amigo de mezclar figuras diurnas y criaturas nocturnales. La nueva ciudad era un escenario excitante que había recogido la antorcha de la *gauche divine.* Y Gil de Biedma no iba a desaprovecharlo.

Esta sintonía con los tiempos modernos se produjo también en el plano de la homosexualidad. Era la época inmediatamente anterior al sida, cuando el estallido del fenómeno gay se extendió por todo el mundo. Incluso en España aparecieron los primeros signos de liberación, con movimientos progay, las primeras revistas gay, etc. En esta coyuntura favorable los homosexuales proclaman su diferencia con orgullo y el poeta se reconoce en la causa de sus iguales. Aunque no lo haga de forma pública, comienza a practicar una militancia leve –aunque inequívoca– en el terreno literario. Por esas fechas recomienda a la editora Beatriz de Moura la publicación de obras de temática homosexual. Así, *El homosexual ante la sociedad enferma*, que incluye un coloquio donde Jaime Gil habla con mucha soltura e in extenso sobre la cuestión. Su análisis del fenómeno gay o de la nutrida presencia de homosexuales en la Generación del 27 responden a ideas vividas, meditadas y expuestas al fin en el ansiado contexto de normalidad. También brilla su sentido del humor: «En una cosa que no estoy de acuerdo con Cernuda es en la cita que luego hace de Goethe, es una de esas tontadas germánicas: justificar la homosexualidad porque el cuerpo del hombre sea objetivamente más bello que el de la mujer. Para eso, si se trata de belleza, ¡acostarse con una pantera negra!, que es infinitamente más bella que mujer y hombre.»

Gil de Biedma no fue ajeno, tampoco, a la publicación de un título clásico –*Gay Sunshine Interviews*– que en dos volúmenes recogía entrevistas a varios autores gay de renombre internacional publicados por una revista californiana: Jean Genet, Christopher Isherwood, Allen Ginsberg, Tennessee Williams, Truman Capote o William Burroughs. Normalmente, el libro debería haberse llamado *El resplandor gay*, pero el poeta propuso el poderoso título *Cónsules de Sodoma*. Según Luis Antonio de Villena, el título nació de un azar afortunado. Ambos habían sido invitados a un congreso de poesía que se celebraba en tierras andaluzas. Allí, los participantes locales se enzarzaron en una absurda disputa provinciana para dirimir si era mayor la presencia de poetas sevillanos, cordobeses o granadinos. Harto de aquella polémica, Gil de Biedma, que conocía muchos pecados ajenos, zanjó la cuestión de forma excelsa: «Aquí, la ciudad más representada es Sodoma.»

DIARIO SECRETO DE 1978

Hijo de su tiempo, Josep Madern acarició la idea de que Jaime Gil consumara el *outing*. Pero ningún amor del mundo habría impulsado a éste a proclamar en público su homosexualidad. De vivir hoy, tampoco ningún amor del mundo le habría convencido para contraer matrimonio con un hombre. «Jaime jamás se habría casado con un tío», comenta un amigo íntimo. Sin embargo, nada le impidió vivir la homosexualidad a fondo ni consignar parte de la historia en el papel. En este sentido, el Diario inédito del 78 refleja las emociones de un poeta enamorado: un hombre que se siente profundamente unido a otro hombre en el plano físico y sentimental hasta el extremo de transmitir sin ambages una clara dependencia. Es cierto que se produce entre ellos una crisis pasajera. Según

Danubio Torres Fierro: «Jaime jugó, como siempre, y al principio de su relación, con varias puntas amorosas más, y Josep resistió y persistió.» Pero Gil de Biedma ya no concibe la vida sin él y lo proclama por escrito sin el menor pudor. «Eran unos comentarios muy fuertes y descarados para la época», recuerda Luis García Montero. Esta vez no hay censura ni autocensura. Al fin es una pasión que osa decir su nombre.

Cuando el actor se marche por una temporada a Estados Unidos, el poeta lamentará su ausencia, sufriendo en la lejanía. Apenas unas semanas antes sus sentimientos eran otros. Según Torres Fierro: «Josep planteaba marcharse a Nueva York para hacer la experiencia americana y Jaime aprobaba y hasta empujaba.» Pero este interés por deshacerse de Madern obedecía quizá a que el poeta necesitaba ordenar su vida afectiva, atrapado como estaba entre el reciente amor de Enrique Medrano, *el Sevillano*, y un amante de Barcelona. Pero cuando Josep desaparezca lo echará terriblemente de menos. Le quedan, eso sí, las llamadas telefónicas donde escucha la poderosa voz de su amante, deslizando para él las palabras más dulces, las más bellas, las más obscenas. Jaime, por su parte, recurre a alguna carta en la que expresa una profunda añoranza y su deseo de que la crisis acabe resolviéndose. En 1978, por tanto, vivirá las horas agridulces de su pasión por Madern. Según el director de teatro Josep Costa: «Fue una gran historia de amor.» Un amor basado, hoy lo sabemos, en un fuerte componente sexual. Jorge Vicuña recuerda que «Jaime me comentó que nunca había sentido una plenitud física tan grande como con Madern».

¿Cuál era la clave? Aparte de la alquimia corporal, la evolución histórica tuvo su importancia. Recapitulemos. En 1976, los homosexuales podían acabar entre rejas. Pero dos años más tarde el panorama ha cambiado de raíz, y con él, Gil de Biedma. En este período, el poeta viaja a Sevilla, participa en una orgía y se enamora de un joven andaluz. Luego conoce a Madern y juntos viven su amor a la estela de los nuevos tiempos. A diferencia de sus anteriores parejas, con Pep no sólo halla complicidad en los gustos sino en lo que solemos considerar como *perversidades*. Les seduce la caza compartida, el *ménage-à-trois*, la total liberación. Según su amigo Felipe de Paco: «Estaban en proceso de reafirmación y empezaron a frecuentar locales gay de ambiente un poco duro, no sé si perverso, pero sí duro. Era un momento de despegue.» Aquel capricho libertino que le separó de José Antonio Ribas, le acerca a Madern como la gran moneda de cambio. En el Diario del 78 hay un episodio significativo: una noche el poeta organizó una cena a base de caviar, que le había enviado un ministro ruso en atención a sus buenos oficios como secretario general de Sovihispán. En aquel *dîner galant*, como dice él, le acompañaban Josep Madern, J. Luis Ugalde y un joven poeta asturiano con el que el anfitrión había tenido un breve *affaire*. Al acabar la velada, éste salió a acompañar a Ugalde y a su regreso encontró a Pep y al joven en la cama. «¿Quieres meterte?», le dijo el actor, pero Gil de Biedma declinó la invitación y se retiró a descansar. Madern le había dado una homosexualidad sin culpas ni restricciones. La angustia derivada de su opción sexual había desaparecido. Al fin estaba en paz.

1978 es también un período de reencuentros y evocaciones. El poeta recuerda en el Diario que en uno de sus viajes a Madrid, en 1976, se había encontrado casualmente con Jorge Vicuña en el aeropuerto de Barajas. Hacía años que no se veían y el momento encierra una gran carga emotiva. Vicuña le comenta que estuvo en Creta y acudió al pueblecito de Alones para depositar unas flores en la tumba de Gustavo Durán. Abrumado, Gil de Biedma no pudo entonces reprimir el llanto –«llantina» le llama él–, recordando a su querido coronel. «¡Cómo me alivió aquello!», exclama. Y comprende que Vicuña, con aquel gesto en Creta, aún le lleva en su corazón. Semanas más tarde coincidirán de nuevo en el Ampurdán, charlando de los viejos amigos. Es el turno de Marcelino Someso, que acaba de morir en circunstancias misteriosas. Según Vicuña: «Estaba metido en asuntos turbios y lo encontraron muerto en la bañera de la habitación de un hotel de Nueva York.» ¿Qué debió de pensar Jaime del triste final de su «venadico pardo»?

A lo largo de aquella primavera, Gil de Biedma se entregó a la escritura del Diario con el mismo ímpetu que le había poseído en 1956. El amor por Pep mantiene viva la llama de su musa y anota regularmente sus impresiones. Por esas fechas le asaltan serias inquietudes a raíz de la grave enfermedad de Meler, que ya conocemos de la primera parte del cuadro. «No quería quedarse allí sin el apoyo de Meler», recuerda Ani Gil. Sabemos también que el poeta padecerá aquel año un episodio hemoptísico que obliga a practicarle una broncoscopia para descartar un posible cáncer de pulmón. «Me llamó una noche asustado para decirme que había llenado el lavabo de sangre», recuerda el doctor Reventós. Significativamente, las viejas heridas pulmonares de 1956 –el año del Diario– se reabren en 1978, cuando la escritura de un nuevo Diario ocupa sus energías creadoras. Al final, la amenaza del cáncer desaparece y Jaime aguarda con impaciencia el regreso de Madern.

Una calurosa mañana de julio el escritor Javier Pérez Escohotado se cruzará con él en la Fundación Miró de Barcelona. El poeta ha entrado para ver la exposición dedicada a Bacon y, tras pasearse por la salas, ha creído reconocer su propio drama en algún cuadro. Indudablemente hay mucho de él en aquellas figuras torturadas, con sus vidas separadas y a la vez unidas e incompatibles. Pero cuando salga del edificio y observe la ciudad a sus pies, se reafirmará en una idea que le dijo años antes a Barral: «Mira, toda la teoría trinitaria del catolicismo es perfectamente válida. Tres personas y un solo Dios verdadero. Ahora bien, lo que a mí me ocurre con la teoría trinitaria es que no conozco a nadie normal que sea tan pocas personas. ¡Yo soy muchas más! Tres personas solamente para un único Dios, a mí me parece de una escasez y de una pobreza increíbles.» Cierto. Nadie, ni siquiera Bacon, podía reflejar su vida con garantías de éxito. Nadie podía contarle, escribirle, contenerle...

Pero el verano se muestra propicio. Si dos años antes Gil de Biedma se había atormentado ante la amenaza de abandono de Ribas, ahora regresa a La Nava, feliz, junto a Madern. Danubio Torres Fierro describe así las consecuencias que aquel enamoramiento tuvo sobre el poeta: «Era reconfortante observar cómo formar pareja –es decir, amor– lo picaba; entre el Jaime de pocos meses atrás, pesado de rezongos y resoplos, negro de infortunios y de constante inteligencia opositora, y éste de ahora, las distancias se medían en leguas. Armado de un nuevo prurito emocional, parecía individuo en trance de purificaciones compulsivas.»

El estallido amoroso coincide, pues, con las calendas estivales, cuando el cuerpo del amante se muestra más libre y la ausencia de compromisos invita a soñar en la infinita vastedad del tiempo. El Elegido ha vuelto, inesperadamente dichoso, a la casa familiar. Allí reciben la visita de Danubio Torres y su compañero Fernando. Hay una clara simetría entre las parejas y los perfiles afines de sus figuras. Inmersos en los *tempi* iniciales de la historia, la armonía es perfecta. Los cuatro hombres comparten el encierro, disfrutando de una hacienda atendida por una servidumbre discreta, casi invisible, encabezada por el criado Austreberto. Son jornadas de intenso hedonismo, con sus mañanas perezosas junto a la piscina, bajo un sol de justicia. Y la eterna copa en la mano. La experiencia no es nueva para el poeta. Pero sí lo son las risas de Pep y Fernando, sus juegos en el agua, las nuevas expresiones que adquiere el mero hecho de estar vivo.

Durante aquellos días, Jaime recorre la comarca con sus nuevos amigos: el castillo de Coca, Santiuste, Segovia, Valladolid... Ni siquiera los rigores del calor le privan de su gran pasión culinaria: cenar cochinillo asado, regado con abundante vino tinto. Años después, Danubio evocará el compromiso del poeta con sus deberes de anfitrión, y lo hará incidiendo en «su gesto generoso por enseñarnos una geografía muy suya, de frecuentación esporádica a lo largo de los años pero fiel en sus ofertas». Muchos de los invitados de La Nava conservan impresiones similares. Hablan de un Gil de Biedma distendido y pletórico, satisfecho, muy en su papel de gran señor castellano que pasa las horas en el salón de la casa, la piscina o el jardín, o bien entregado a *tours du propiétaire* en los dominios familiares por los que sigue transitando como un noble del XVIII. Se diría que la comarca entera le pertenece –sus cerros, sus pinares, sus ríos, sus castillos– a fuerza de haberla recorrido desde niño en coche o a caballo.

A principios de septiembre, el poeta acude a la fiesta que Torres Fierro organiza en su piso de Barcelona. Los amigos vuelven a encontrarse para celebrar, esta vez, el treinta aniversario de Danubio. Los días de La Nava son un tibio recuerdo, que los hombres reviven ahora en aquella terraza abierta a la noche. Entonces Jaime alza su vaso de whisky y, a modo de brindis, dice: «Lo importante en el hombre es quién va a ser a partir de los cuarenta años.» Y añade: «Te quedan diez años para averiguarlo.» El uruguayo reconoce la cita de Gil-Albert, la posibilidad, aún intacta, de ser un escéptico, un cínico o un bandolero.

¿Qué ha acabado siendo Gil de Biedma?

La conclusión del Diario del 78 es clara: no necesita escribir más, no quiere escribir más, no puede escribir más. *Seulement la vie.* Vivir. Ni siquiera va a terminar este diario que inició tan disciplinadamente el primero de enero en Ultramort. Su pío deseo al empezar el año –volver a escribir– quedará incumplido para siempre. Simbólicamente, su pluma se ha quebrado sobre la oscura superficie del escritorio Carlos IV.

EL SILENCIO ES ORO

Gil de Biedma padeció una doble censura a lo largo de la vida. Junto a la censura oficial del Régimen –de tipo externo– hubo en su caso una censura interna de raíz familiar. Según el editor Salinas, se trataba de una mutilación «más profunda y férrea», que el poeta se impuso a sí mismo por lealtad a su linaje. Los censores franquistas le prohibieron, como a tantos otros, expresar libremente sus ideas políticas y sus anhelos personales. Pero Jaime Gil, además, se autocensuró de forma voluntaria por respeto a la madre. Ángel González recordaba, por ejemplo, que el propio Jaime había hecho retirar la edición del poemario *En favor de Venus* en 1966, porque apareció una crítica en la prensa donde se insinuaba veladamente su homosexualidad. De ser así, cabe pensar que su legendario silencio poético no obedecía tanto al temor a repetirse como a enfrentarse sin censores a nuevas páginas en blanco. Aunque había luchado por la libertad, nada podía resultarle más dañino, ahora, que ejercer sin trabas la libertad de expresión. Es difícil creer que el poeta no tuviera nada nuevo que decir. De hecho, siguió exponiendo sus ideas brillantes en prólogos, conferencias y artículos periodísticos. Pero la poesía –ámbito supremo de las emociones– se había convertido para él en un peligroso campo de minas. Según Juan Goytisolo: «La llegada de la democracia, y con ella la posibilidad de expresarse sin máscara, no rompió el dique de su expresión poética. Quizá la ausencia de tabúes no convenía a su escritura». Recato, discreción, disimulo... Cualquier referencia impresa a su vida privada –tan admirablemente descrita en la filigrana de sus poemas– le alarmaba profundamente.

Desde finales de los años setenta, Gil de Biedma fue un hombre sumamente interesado en evitar su desenmascaramiento. Quince años antes había escrito «*Auden's at last the secret is out*», recreación en romance de una pieza audeniana. Al lector distraído debió sorprenderle esa sucesión de versos juguetones: «existe siempre otra historia / que no es jamás la que vemos». Pero el broche del poema estaba adquiriendo cada vez mayor sentido.

> hay siempre una clave privada,
> hay siempre un secreto perverso.

Mantener esa clave oculta, velada, se convirtió así en una de sus obsesiones. Luis Antonio de Villena recuerda que el poeta le comentó la génesis del poema «Artes de ser maduro». Una noche de verano, en la Costa Brava, se quedó prendado de un muchacho y decidió seguirlo hasta la playa. En la arena, un grupo asaba sardinas junto al mar y el muchacho se agachó para coger una. Gil de Biedma reparó entonces en los poderosos músculos marcándose bajo el pantalón, y sucumbió a un ramalazo de sensualidad. Pero, consciente de los peligros, blindó con acero aquellos versos que pudieran delatarle. Luis Antonio de Villena sostiene que el poeta le había leído «Artes de ser maduro», ya impreso, inquieto ante la posibilidad de que el verso «de tus fantasmas en blue jeans» pudiera comprometerle. Le dijo: «¿Tú crees que se nota que esos pantalones vaqueros son de un chico?», a lo que el poeta madrileño respondió: «Da igual. Las españolas también llevan tejanos.» Esta preocupación obsesiva operaba tanto sobre los poemas futuros, que a la postre no hizo, como sobre los poemas del pasado. De Villena recuerda otra ocasión en la que, en el transcurso de una lectura poética, un joven le pidió a Gil de Biedma que explicara la génesis de «Loca». La respuesta fue sorprendente: «Jaime le soltó una larga perorata técnica sobre los modelos de la canción, los cambios de ritmo y métrica en las composiciones de los trovadores. Y se salió por peteneras.» Aunque el sentido de la palabra «loca» había dejado de ser hermético para volverse explícito, no quiso reconocer nunca que formaba parte del idiolecto gay y que era un mensaje en clave para los miembros del gueto. No obstante, sus inquietudes íntimas siempre le inspiraban reflexiones de validez general:

> Al escribir un poema, la lengua se inmoviliza en él, pero en la realidad sigue viva, creando significados y variando los antiguos. El poema se lee después desde una situación semántica que no es la misma que cuando lo escribiste. Hay cargas de sentido que desaparecen o se amortiguan, y el poema deja de emitir inteligibilidad en esa zona. Eso pasa con una gran parte de los poemas clásicos: hay una carga semántica que sólo puede ser reactivada eruditamente, pero no por el lector normal.

En el caso de «Loca» la reactivación se produjo desde el campo de las costumbres. El erudito no fue otro que el paso del tiempo y la misma evolución de la historia.

Quizá tenía razón Jaime Gil al defender una lectura ambigua de sus poemas. A menudo insistía, faltando a la verdad, en que su poesía amorosa no se refería a su experiencia personal. Pero hoy sabemos que sólo eran argumentos disuasorios para preservar su Secreto. Hay razones para creer que la evolución de la sociedad española pudo contribuir a su final poético. En realidad dejó de componer poemas cuando aceptó, en la España democrática, definitivamente su homosexualidad y no pudo escribir sobre ella. Ésta pudo ser la causa de su mutismo literario: en poesía ya no podía ir más lejos sin temor a quedar desnudo. Había empezado a escribir por temor al infierno, había luchado durante años contra su yo homosexual y finalmente se había rendido. Según Jorge Vicuña: «Jaime tiró la toalla. Dejó de luchar contra sí mismo.» Y desde la homosexualidad asumida al fin, desde el armisticio entre él y su máscara, el poeta murió.

En cierto modo, el amor por Josep Madern le trajo la aceptación resignada de su naturaleza, pero se cobró a cambio el oneroso tributo de arrebatarle la inspiración. A partir de aquel momento, Gil de Biedma tuvo que enfrentarse a múltiples preguntas sobre su obra y, muy en su línea, se dedicó a desarrollar preciosas teorías sobre las virtudes del silencio. Generalmente las expresaba con extrema claridad. «No escribo poesía porque me pongo muy nervioso», le dijo a Juan Luis Panero en Ultramort. Pero detrás de ese nerviosismo había el temor universal de todo poeta a incurrir en repeticiones que no aportan nada nuevo. «Lo que tenía que decir ya lo he dicho. No lo voy a decir mejor. Me voy a repetir. Mi personaje poético se ha acabado», solía comentarle a Ángel González. De modo muy británico, una vez respondió a un periodista: «Es como si me dijera ¿y usted cómo ha decidido no volverse a enamorar? Pues no lo he decidido: desgraciadamente, es que no se me ha presentado la ocasión.» Según Àlex Susanna:

«Su ciclo poético estaba agotado. En sus poemas no creo que dejara nada por decir. Tampoco habría escrito poesía homosexual. Y como nunca se consideró un escritor profesional, no tenía el reto de plantearse una segunda floración poética sin la censura.»

Luego había otro motivo de peso: el hallazgo de que la poesía ya no le salvaba de nada. Aquello que había intuido en la crisis de 1966 se le confirmó definitivamente a finales de los años setenta. Salvo excepciones, el quehacer poético era un reino de juventud. Por esas fechas solía decir: «Sólo hay una manera de vivir la literatura a fondo, que es vivirla de joven.» Y él se sentía incurablemente viejo. Según Juan Marsé: «Antes de cumplir los cincuenta, Jaime me decía: "Soy un viejo de mierda, un inútil, no sirvo para nada." Los motivos eran triviales: el olvido momentáneo de un verso, un descuido, cualquier despiste. Y se castigaba como si tuviese ochenta años.» Para un hombre así la escritura de un nuevo poema ya no le exime de su propia condena. Sin embargo podía deleitar a unos y salvar a otros. Jorge Vicuña recuerda un episodio conmovedor protagonizado por una amiga suya que atravesaba una crisis depresiva. «La chica se metió en la bañera, con una copa y un frasco de somníferos. En el último momento cogió un libro de Jaime y leyó un poema. Le entraron unas terribles ganas de vivir. Se puso a llorar. Y salió de la bañera. Cuando se lo conté a Jaime quedó muy impresionado.» Ninguno de sus poetas favoritos le había salvado de sus propias tentativas de suicidio.

AMÉRICA, AMÉRICA

Gil de Biedma conocía la asombrosa historia que había llevado a San Francisco a erigirse en meca del mundo gay. Durante la Segunda Guerra Mundial miles de soldados americanos que combatían en el frente del Pacífico fueron expulsados del Ejército por mantener prácticas homosexuales. Licenciados con un expediente «deshonesto», se les desembarcó en San Francisco donde la mayoría prefirió echar raíces antes que volver a su ciudad de origen con un expediente comprometedor. Su llegada a las costas californianas propició que cientos de homosexuales de las poblaciones vecinas iniciaran un éxodo hacia aquella nueva tierra de promisión. Este flujo fue en aumento a raíz de los primeros movimientos de liberación gay de finales de los sesenta: miles de homosexuales de la América profunda marcharon hacia las grandes ciudades periféricas, especialmente las de California. En poco tiempo, la acogedora y tolerante San Francisco se transformó en la capital gay de Estados Unidos.

Para cuando Gil de Biedma visitó la ciudad, en 1969, una cuarta parte de su población se declaraba abiertamente homosexual y ocupaba barrios enteros como El Castro. Instalada en el centro de la ciudad, esta área constituía la primera colonia exclusivamente gay de la era moderna. Era una ciudad dentro de otra ciudad, con sus bancos, restaurantes, tiendas, dispensarios, bibliotecas, oficinas, peluquerías, sinagogas e iglesias regentados por hombres y mujeres de idénticas preferencias sexuales. En El Castro algunos bares y *sex-clubs* recibían a sus clientes en unos camerinos comunicados por unas aberturas, a través de las cuales podían acoplarse con otros clientes sin necesidad de verles el rostro. El derecho a uso costaba tres dólares. Otro tipo de establecimientos eran los *bath-houses*, unos clubs que ofertaban distintos servicios, entre ellos alcobas privadas, salones de orgías y cámaras de tortura equipadas con todos los instrumentos destinados a la práctica violenta del sexo. Lugares como el legendario Hot House se convirtieron en bastión de la liberación gay. Y miles de individuos comenzaron a inhalar sustancias químicas, como el nitrito de amilo, para poder copular con diferentes compañeros en la misma noche.

Durante los setenta, el poeta tuvo que ver ese San Francisco orgiástico que se alzaba en paralelo a la urbe comercial que frecuentaba durante el día. Tras despedirse de Manuel Meler en el hotel, escapaba a medianoche adentrándose en las calles bulliciosas de El Castro en busca de una humanidad sin prohibiciones. Como tantos otros, llevaba una vida entera soñando con un lugar así.

El movimiento gay tenía también gran arraigo en otra ciudad norteamericana: Nueva York. Según Truman Capote, era la ciudad del mundo en que una persona puede llevar dos o tres vidas a la vez. Y eso era muy del agrado de Gil de Biedma. En diciembre de 1979 estuvo varios días allí por motivos de trabajo, lo que aprovechó para reunirse con el escritor cubano José Olivio Jiménez. Éste recuerda que le recogió en un hotel de Park Avenue y la calle Treinta y siete –«muy clásico, bonito, con *caché*»– y luego fueron a cenar juntos con Dionisio Cañas, compañero del cubano, a un restaurante especializado en cocina internacional. La noche se prolongó luego por los tugurios del puerto de Manhattan, en los cuales reinaba aún la euforia anterior al sida.

¿Escenario? Calle Catorce, junto a los muelles del río Hudson. En esta zona se descarga la carne que llega a Nueva York, en camiones procedentes de todo el país. Jaime Gil y los otros asisten al principio del espectáculo: camioneros, carniceros, gente que carga y descarga los animales muertos, protegiéndose con batas blancas salpicadas de sangre, como en algunos cuadros de Bacon. Para guarecerse del frío, entran en el bar Howley's y toman una copa de coñac. Será el preludio de un viaje iniciático al abismo homosexual, que se inicia en The Anvil (El Yunque): un local donde los homosexuales bailan desenfrenadamente música disco. Más tarde los anfitriones conducen a Gil de Biedma a The Mine Shaft (La Galería de la Mina).

¿Qué es lo que encontró allí? Un espacio con aire de sótano o cueva, con fingidas humedades y ladrillo visto. En el piso que daba a la entrada había un bar, pero junto a la barra hombres vestidos y desnudos charlaban animadamente. Según Dionisio Cañas: «Eran tipos bigotudos, recios, que usaban prendas de cuero y gorras neonazis.» Al ritmo de la música, algunos hombres vestidos llevaban a su amigo desnudo, atado con una correa.

Pero el secreto de La Mina empezaba al descender dos pisos abajo, hacia el corazón de la tierra. En el primero, según Cañas, había zonas en «las que la gente estaba follando tranquilamente». Otro viajero, Luis Antonio de Villena, nos ha dejado una estampa fidelísima del lugar, rescatando la belleza del fango:

> En el primer salón subterráneo, adornado de luces tenues que acentuaban lo clausural, se practicaba el sexo sadomasoquista. Del techo pendían cadenas y había (creo recordar) argollas en las paredes. Parejas silenciosas en una atmósfera sacra, como de catedral profana, se ponían voluntariamente los grilletes mientras el compañero –previa lubricación– procedía a sevicias varias. Tirones de una cadena atada a los genitales, y sobre todo, *fist fucking*, es decir, penetración anal con el puño. Alguno de los traspasados sudaba con muecas dolorosas (ni un gemido) mientras un amigo, con un humedecido pañuelo –Verónica de ese suplicio querido– le enjugaba la frente.

Al principio Gil de Biedma asistió con asombro a aquel cuadro *bizarre*. Según Cañas, le comentó sin pizca de ironía que el trato de la gente era sorprendentemente gentil. «No hay ninguna violencia. Es un comportamiento pacífico en un escenario y con unos disfraces que sugieren violencia», le dijo. ¿Recordaba, quizá, experiencias similares del pasado? No lo sabemos. Pero es obvio que había conocido episodios de violencia asociados a la vida sexual, y a su manera toda aquella representación debió parecerle menos violenta, en lo simbólico, que las sevicias que él mismo había padecido. Dice Dionisio Cañas: «Aquella noche Jaime bebía constantemente whisky Jack Daniels. Dudo que él hubiera estado en un sitio tan fuerte. Estaba fascinado con todo aquello.» Los clientes empapaban sus pañuelos con *popper* y aspiraban la esencia para potenciar su vigor sexual. En cierto momento, Gil de Biedma capturó uno de esos pañuelos y aspiró profundamente el aroma. Durante una hora los tres amigos siguieron bebiendo en The Mine Shaft. «Luego nos despedimos de él y le vi desaparecer en aquella masa de cuerpos desnudos, humo de tabaco, olor a *popper*, semen y a la grasa que se usa para el *fist-fucking*», recuerda Cañas.

No era, con todo, el último círculo de aquel averno. Más abajo, el local ofrecía al estupor de los clientes su lado más alucinante. En unas bañeras preparadas al efecto, hombres de todas las edades (de preferencia maduros) pedían a los otros que miccionaran sobre sus cuerpos desnudos. Más lejos, tenían lugar las defecaciones.

Recuerda José Olivio Jiménez que abandonaron al poeta a las tres de la madrugada, dejándole a las puertas del último círculo. «No hay duda de que lo atravesó», afirma. En todo caso, Gil de Biedma tenía una importante reunión de negocios a la mañana siguiente. La cita era a las nueve en punto. Por la tarde, sus cicerones hablaron con él.

–¿Cómo te fue?

–Perfecto. Volví al hotel, me di una ducha, me cambié y fui directo a trabajar.

Era un rasgo muy propio del Escorpión. Hundirse en aguas putrefactas y recurrir luego al agua purificadora. Sólo que esta vez la ducha de la mañana no iba a borrar tan fácilmente las huellas de su paso por The Mine Shaft. El veneno se transmitía con el beso.

EL ACTOR DESAPARECE

Hay una leyenda muy extendida que asegura que Jaime Gil y Josep Madern pasaron juntos los últimos doce años de la vida del poeta. Pero es falso. Algunos amigos homosexuales de Pep hicieron circular esta historia, conmovidos por el trágico final de la pareja. El retrato de Gil de Biedma nos llega, una vez más, embellecido y retocado por diversos testimonios que, aunque bondadosos, faltan a la verdad.

Es innegable que Jaime y Pep se amaron mucho. Y como recuerda Danubio Torres Fierro: «Por lo que oí, como testigo cercano, al menos en los primeros tiempos se llevaban muy bien en la cama.» También fuera de ella. Sabemos que al principio el poeta se mantuvo muy próximo a las actividades del actor: asistía a los ensayos desde la grada oscura del Teatre Lliure y aguardaba hasta el final de las representaciones. Según Felipe de Paco: «Jaime estaba muy enamorado de Pep, porque sólo por amor se pueden soportar los ensayos teatrales. Además era un escritor célebre y un personaje distinguido. Si sólo hubiera querido sexo, le habría bastado con bajar a las Ramblas.» En efecto. Gil de Biedma consumió muchas horas en aquel teatro presenciando el montaje del *Titus Andronicus* de Shakespeare. Treinta años después de Juan Antonio Padró, el poeta revivía aquel amor juvenil a la lumbre sonora de las candilejas. Allí estaba su amado, potente, masculino, evolucionando bajo los focos:

> *¿Per què us heu allunyat del vostre sèquit,*
> *i heu baixat del cavall, blanc com la neu,*
> *per passejar en un paratge tan fosc,*
> *en companyia d'un moro tan bàrbar,*
> *si és que no us hi ha portat un fosc desig?*

Un oscuro deseo, pensaba Gil de Biedma con emoción. En cierto modo era la historia de su vida: un noble que había bajado del caballo blanco para adentrarse en un paraje oscuro... Y nada le conmovía más que oír aquellos versos de labios de Madern.

Otras veces, en cambio, su ánimo no le invitaba a presenciar aquella terrible tragedia que culminaba en una apoteosis de sangre. El propio Felipe de Paco recuerda haber vivido varias veces la misma escena: llegar al Teatre Lliure y encontrarse al escritor solo, sentado a la barra del bar, aguardando el final de la obra. Para matar el tiempo, leía tranquilamente el periódico y bebía un whisky. La llegada de Felipe le hacía más soportable la espera y Jaime Gil le proponía entonces «salir a dar un garbeo».

De Paco niega que fueran incursiones de tipo sexual. Antes bien, iban a algún local de moda donde conversaban tranquilamente hasta la hora de volver a buscar a Madern. «Me hablaba de vanidades, de formas de comportamiento, de consejos en el vestir. Me decía: "Una chaqueta buena, aunque sea vieja, siempre se verá buena, Felipe. No lo olvides."» Otras veces acudían a un burdel de lujo, situado en un piso cerca de la plaza Universidad. Era el clásico nido regentado por una *madame* llena de sabiduría, en el que revoloteaban hermosas muchachas. El poeta entraba siempre como un caballero y se sentaba en un sofá del salón. Dice De Paco: «Se veía a una legua que era un cliente de toda la vida. Todas le conocían y le trataban de usted. Don Jaime por aquí, don Jaime por allá. Le encantaba darse un baño de cariño. Pero nunca fuimos con ellas.» ¿Qué hacían entonces? Pues tomar una copa, fumar un cigarrillo y charlar sobre la vida, mientras aspiraban el perfume de las meretrices. «Aunque vayas a un bar malo, pide siempre lo mejor, Felipe, porque así te van a tratar –le decía–. No hay que ser millonario para vivir como un señor.» En aquel ambiente, Gil de Biedma se sentía muy a gusto en su papel de mentor, pero no aceptaba «educar» a cualquiera. Según De Paco, «Jaime era muy elitista. Le gustaba que fueras culto, inquieto, afín a su sensibilidad. No perdonaba errores de formación. Y se ponía muy contento cuando descubrías por tu cuenta algo que formaba parte de su vida. Recuerdo que un día le comenté que había estado en el Le Club 7, de París, un selecto club privado para homosexuales, situado junto a la ópera Garnier. Y él me dijo: "Coño, Felipe. Has descubierto el Mediterráneo. Le Club 7 es mi segundo hogar. ¿Dónde crees que conocí a Visconti?"».

En aquella época sus amigos pensaron que había hallado la ansiada *pax* sentimental. «Creo que habían establecido la primera pareja sólida y adulta de sus vidas –asegura un camarada de Jaime–, los dos habían corrido mucho.» Pero su nuevo fracaso amoroso comenzó a manifestarse de una forma en apariencia insignificante: al final se cansó de ir a buscar a Madern. Dice Ana María Moix: «A los pocos meses Jaime llegaba tarde, aparecía trompa o ya no aparecía porque había encontrado un chulo en las Ramblas.» El actor comprobaba entonces que Gil de Biedma le había sido infiel y sufría en lo más hondo el veneno de los celos. Es cierto que Pep era un homosexual de mentalidad abierta, pero sólo aceptaba plenamente los caprichos del poeta si podía participar en ellos. En modo alguno le hacía feliz ser víctima de la traición, porque el engaño se consumaba cuando estaba trabajando en el escenario. Había resistido en la fase inicial. Pero ¿debía seguir aguantando? En seguida empezaron a producirse las primeras disputas, las inevitables fricciones. Si el actor había imaginado una relación estable con aquel caballero maduro, la realidad se le imponía con la caída de la noche. El hombre encantador se volvía inquieto, infiel, desaparecía, le abandonaba. No había forma de retenerlo.

Madern tomó entonces una decisión muy drástica: abandonar el teatro. En abril de 1977 había interpretado el papel del marqués de Lansac en la adaptación catalana de *La cacatúa verde* de A. Schnitzler. En diciembre del mismo año intervino en el *Titus Andronicus*, en el papel de Bassià –Basiano– que, según las crónicas, representó con encomiable vigor. Su presencia en los primeros espectáculos del Teatre Lliure inducen a pensar que Madern tenía futuro como actor de carácter. Llevaba años tratando de abrirse camino, curtiéndose en distintos montajes y funciones *amateur*. Al fin podía considerarse un profesional. Sus compañeros le querían y le respetaban. Según De Paco: «Habría tenido una larga carrera en un teatro clásico nacional, tipo la Comédie Française. Era especialista en segundos papeles.» Pero este hombre con porvenir se esfumó misteriosamente del panorama teatral. Según Ana María Moix, el actor se retiró para «salvar a toda costa su relación. Creía que si permanecía en casa, Jaime no tendría más remedio que serle fiel». Pero el plan no tuvo un desenlace satisfactorio. Forzado a ejercer el rol de centinela, Josep tampoco pudo impedir que el poeta –poco dado a rendir cuentas a nadie– se zafara de su vigilancia. Si tres años antes se había lamentado ante Jose Yglesias de que el sueño de José Antonio Ribas era la vida burguesa, ahora se veía en el mismo punto, pero con un agravante. Era más viejo.

Tiempo después, el propio Jaime Gil reconoció su error. «Jamás debí haber permitido que Pep abandonara el teatro, porque es un arma que se volvió contra mí», le confesó a Moix; «Me lo ha hecho pagar con creces. Si permites que alguien se sacrifique por ti contra su voluntad eres hombre muerto.» Ante la renuncia del actor, quedó en deuda moral con él y se impuso entre ellos una dinámica mórbida y enrarecida.

Según Antonio López de Lamadrid: «Íbamos a verles a Ultramort, pero ya no era lo mismo que con José Antonio, el fotógrafo. Madern era una persona difícil. Nunca acababas de saber. No era agua clara.» Pero, ¿era el único responsable?

Àlex Susanna comenzó a tratar al poeta en 1979. Y al poco tiempo le prestó la primera biografía dedicada a la figura de Auden, que le había regalado un amigo del poeta Ted Hughes. Aquella lectura resultó a la postre crucial para que Gil de Biedma se deshiciera del actor. Según Susanna, el autor de *Poemas póstumos* se reconoció plenamente en el maestro inglés hasta el punto de identificar la relación de éste y Chester Kallmann con la suya propia. Como Auden, él también estaba llegando a un punto en el que el deseo y la vida sexual habían degenerado en una convivencia marcada por los celos, las mezquindades y las rencillas. «No quiero acabar así –le confesó al joven poeta–. Es un infierno vivir como un matrimonio fatigado.»

En 1981 la relación entra en fase agónica, aunque los amantes acuden a algunos eventos culturales, como un espectáculo organizado en el teatro Kadish en homenaje a los poetas de la *Beat Generation*. Para entonces Gil de Biedma ya no escribía poesía, pero compuso su último poema, «*T'introduire dans mon histoire...*». Según él: «Lo escribí un poco por casualidad: me encontré en una cafetería que hay al lado de mi casa con Joan Manuel Serrat y dijo esas cosas que dicen siempre los cantautores cuando te encuentran de improviso: "Un día tendríamos que colaborar y escribir canciones juntos." Pagó su consumición; yo me quedé, y cogí la servilleta de la cafetería y empecé a escribir una letra de canción.» Al igual que «Canción de aniversario», el poema aborda el tema de la experiencia en común. Pero es bastante más sombrío porque expresa sus emociones íntimas en relación a Madern. Como si el destino quisiera proclamar el carácter autobiográfico de su obra, el adiós a la poesía coincidió en Gil de Biedma con el final de su vida en pareja:

La vida a veces es tan breve
y tan completa que un minuto
–cuando me dejo y tú te dejas–
va más aprisa y dura mucho.

La vida a veces es más rica.
Y nos convida a los dos juntos
a su palacio, entre semana,
o los domingos a dar tumbos.

La vida entonces, ya se cuenta
por unidades de amor tuyo,
tan diminutas que se olvidan
en lo feliz, en lo confuso.

La vida a veces es tan poco
y tan intensa –si es tu gusto...
Hasta el dolor que tú me haces
da otro sentido a ser del mundo.

La vida, luego, ya es nosotros
hasta el extremo más inmundo.
Porque quererse es un castigo
y es un abismo vivir juntos.

La ruptura con Madern no supuso un gran trauma. Pero obviamente le dejó a solas consigo mismo y ante la sospecha de que difícilmente iba a hallar un nuevo amor. A veces expresaba esa inquietud en términos de resignación. El escritor Vicente Molina Foix recuerda que Gil de Biedma le confesó: «Yo he tenido muchos amores y muchos desamores. Soy bastante escéptico. Es imposible que me vuelva a enamorar. Soy viejo y ya no atraigo a nadie y menos a la gente que a mí me gusta. Por eso voy con chulos. Pero hay algo que la vida no ha podido arrebatarme: la ilusión del amor, es decir, que el corazón te dé un vuelco cuando el teléfono suena por ti. Cuando uno pierde la ilusión amorosa, el amor ya ha desaparecido y se transforma en algo que no merece tal nombre.» Ahora ningún enamorado marcaba el número de su casa... 201 04 21. Jaime Gil, sin embargo, adquirió el hábito de llamar regularmente a Àlex Susanna, cuya compañía paliaba en parte la ausencia de Madern. Según Susanna: «Nos veíamos un par de veces a la semana para comer o cenar, y pasábamos algunos *weekends* juntos.» Era una unión intelectual, cimentada en la simbiosis dialéctica. A través de Àlex, el poeta recobra, como sabemos, el sabor de la literatura.

Con el buen tiempo los amigos escapan a la Costa Brava. Recuerda Susanna: «Jaime era un gran hedonista, un sensual. Gozaba bebiendo vino blanco, tomando erizos de mar en las terrazas o bañándose en una playa nudista. Le gustaba practicar el nudismo e íbamos mucho juntos a la playa de Pals. Allí nos vio media Barcelona, supongo. Y empezaron a decir cosas. Claro que yo también pensaría lo mismo si viera una pareja como la nuestra. Pero nunca quise desmentir las habladurías porque hubiera sido malinterpretado y contraproducente». En todo caso, el bulo de un romance entre Gil de Biedma y él se extendió pronto por la sociedad literaria española. De Villena recuerda que «en Madrid se comentaba que Jaime tenía un nuevo novio, un poeta catalán». Natacha Seseña dice: «Yo creo que Àlex entonces le gustaba: era un poeta en ciernes, un chico de buena familia. Algo que Jaime valoraba mucho.» Pero en el fondo, Susanna no respondía al tipo físico ni social de Gil de Biedma, quien había optado ya, definitivamente, por la prostitución masculina. El gran amor era sólo un recuerdo del pasado.

JUGANDO CON PANTERAS (I)

Mayo de 1983. Durante un paseo por la Gran Vía madrileña, Jaime Gil brindó a Maruja Torres este autorretrato amoroso: «Para amar hay que tener una cierta imaginación. Yo pertenezco a una variedad que es la del cachondo sentimental, que es lo que he sido durante toda mi vida. Y cuando era joven no podía irme a la cama sin estar locamente enamorado, durase lo que durase. Era una maravilla.» Como otras veces, el poeta recurre a un giro ingenioso para ennoblecer el tópico, adornando un término popular. La vieja idea del cachondo mental –ese individuo que imagina con frecuencia escenas picantes– se transforma aquí en un concepto más puro, trascendente, superior. CACHONDO SENTIMENTAL. ¿Quién? Un pobre romántico que sueña amores a cada paso, un corazón enloquecido, un semental de los afectos... Alguien capaz, en fin, de inventarse una gloriosa historia de amor a partir de un detalle sin importancia. Gil de Biedma se reconoce, pues, en el prototipo del sentimental incontrolado. Pero cuando Maruja Torres le pregunta si le resultaba difícil vivir con tanta intensidad, responde: «No, porque por la mañana pasaba por el cuarto de baño y aquello desaparecía.» ¿Qué es lo que desaparecía? El espejismo de amor. Nace una nueva jornada. Y el sueño de otras aventuras románticas –limpio ahora– se renueva bajo el sol.

Hay tanta vitalidad en este autorretrato de juventud, que el lector llega a creer que mantiene su vigencia. Pero el Gil de Biedma maduro se mueve en unas coordenadas mucho más sórdidas. Estamos aún en la etapa anterior al sida, en un mundo, Occidente, marcado por el sexo libre, la vitalidad y el dinero. En este mundo los encuentros sexuales del poeta estarán mediatizados por un acuerdo económico. En los años sesenta había escrito unos versos premonitorios:

> y en amor –él lo sabe–
> aunque no tiene aún que dar dinero
> tiene ya que dar inteligencia.

En los años ochenta, en cambio, el dinero de Jaime Gil circulaba contante y sonante en la plenitud de su bárbaro esplendor.

Ahora ya no tenía el menor deseo de seducir a nadie como requisito previo para mantener relaciones eróticas. Había separado los compartimentos. Según Ana María Moix, el poeta le comentó: «Nunca me ha importado el dinero. Pero ahora que soy viejo, compro la compañía, que es algo que está muy bien. En el fondo es un trato muy limpio y honorable.» Pero ello planteaba ciertos problemas de protocolo, ya que sus amigos debían relacionarse a veces con los ligues callejeros que encontraba en cualquier parte. Àlex Susanna recuerda que en alguna ocasión el poeta le invitó a pasar un fin de semana en Ultramort, advirtiéndole educadamente que iría acompañado. El *weekend* era a tres y se producía entonces una situación bastante peculiar. Durante horas los dos escritores conversaban sobre literatura anglosajona y a su lado una pobre criatura de los bajos fondos aguardaba en silencio el final de la velada. En todo ese tiempo el chaperillo permanecía allí, mudo y estatuario, como esos esclavos de la antigua Roma que observaban de cerca los banquetes de sus señores. Según Susanna, no puede hablarse de una situación violenta, pero emplea términos como «incómoda» o «embarazosa» para describirla. En aquel contexto el muchacho era una persona desprovista de su cualidad esencial: la facultad del habla. Como recuerda Susanna, «el chico sólo estaba allí para entrar en acción a la hora de acostarse. Pero como las conversaciones podían durar hasta las cuatro de la madrugada, debía permanecer despierto hasta que nosotros nos íbamos a dormir». Es fácil imaginar lo que ocurría después: un encuentro erótico donde, probablemente, se invertían los papeles. A una orden del anfitrión, aquel joven ignorado largas horas junto a la chimenea recobraba todo su poder. Ante la visión de un cuerpo bello, Gil de Biedma admiraba al fin a la criatura que surgía del silencio, aquel «animalito» que sólo en la intimidad se convertía en un ser humano.

A principios de los ochenta, el poeta se precipitó por el último y más angosto precipicio erótico de su vida. Según Álvaro Rosal, «a Jaime le entró una especie de locura con los chaperos». Había un momento de la noche en que el alcohol espoleaba su deseo y Gil de Biedma perdía interés por todo cuanto le rodeaba. Aunque seguía escuchando en sordina la voz de los amigos, su imaginación había alzado el vuelo al país de la carne. ¿Cuántas veces concluyó la noche entre las sombras? Numerosos testigos recuerdan sus súbitas desapariciones como algo habitual. «Le daba un arrebato», comenta Colita. «El típico calentón de Jaime», suscribe Ana María Moix. El psiquiatra Mariano de la Cruz evoca así aquellas repentinas deserciones: «Jaime Gil era un tipo extraordinario. Le conocí bastante bien. Pero era incómodo estar con él sobre todo al final, porque su mecánica del sexo era obsesiva. ¡Hombre! Tú estabas con él: había dicho las únicas cosas interesantes de la noche sobre política, economía, nacionalismos, crítica... Y de pronto, en la cena, se volvía loco, sobre todo en casas particulares, se levantaba, y huía como un rayo a las Ramblas a buscar chaperos.» A juicio de Àlex Susanna: «Si conectabas con sus intereses era muy fácil tenerlo distraído. Siempre he pensado que si huía en mitad de la noche era por puro aburrimiento.»

Pero sus abruptas escapadas no tuvieron siempre un desenlace sexual. Según Ana María Moix: «A menudo sólo buscaba compañía.» Ella recuerda una noche en que pasaron en coche frente al Drugstore del Paseo de Gracia donde varios chaperos hacían la ronda. «Elige el que más te guste –le dijo el poeta–, fingiremos que somos un matrimonio.» Ante la insistencia de Gil de Biedma, ella se avino a elegir. «Escogí al chaval que me dio más pena, un chico con granos en la cara. Luego fuimos los tres a tomar una copa al apartamento. Al cabo de un rato le comenté a Jaime que me iba, no quería líos raros, pero él me contestó: "No quiero joder, Ana. Sólo quiero charlar con él."» Entonces se quedaron los tres en el salón, conversando hasta la madrugada. Al poeta le interesaba conocer la vida del muchacho: sus orígenes humildes en Andalucía, la emigración al Norte y los problemas en la gran ciudad... De vez en cuando, se ponía en pie y exclamaba: «¿Lo ves, Ana María? ¡En qué país vivimos! Te lo digo siempre. Nada cambia. Un país de mierda.» Y volvía a sentarse. Según ella, «le encantaba jugar a que yo era su mujer».

La fascinación por la novela de un joven pobre –variaciones de los camareros españoles y de los muchachos filipinos– se mantenía viva como en su juventud. Pero no debemos olvidar el principal móvil de sus cacerías. Eros. Desde muy joven, se había desfogado con jóvenes prostitutos, renunciando así a obtener placer de forma gratuita en el ámbito homosexual. Tanto en Madrid como en Barcelona, conocía bien los locales de ambiente, donde podía establecer relaciones más cálidas y duraderas. Sin embargo, su libido impaciente le indujo a abreviar los trámites, como si el rito de la seducción le resultara cada vez más engorroso o le embargase el temor al fracaso. A finales de los setenta se había convertido ya en uno de esos caballeros de provincias que iban a ligar a Madrid y no perdía ocasión de acabar la noche con cualquier chapero del Drugstore de Velázquez. Fue entonces cuando adquirió la costumbre de referirse a los chaperos con la palabra «críticos». Era otra contraseña en clave humorística para iniciados. Algunos testigos aseguran haberle oído decir en el café Gijón: «Ayer estuve con un crítico valenciano de mucha altura y penetración.» Y sólo los buenos entendedores conocían el sentido exacto de aquellas palabras. Años después de su muerte, la prensa nacional publicó esta noticia: «Trescientos críticos se reúnen en Zaragoza para analizar la obra de Gil de Biedma.» Muchos de sus amigos homosexuales esbozaron una sonrisa de complicidad.

Ahora bien, la sexualidad desmedida del poeta no puede entenderse sin el tiempo, ese monstruo de condena y salvación. Lo que busca Gil de Biedma no es sólo el instante del placer carnal: es el abandono de sí mismo, la ruptura de coordenadas físicas, el extravío fugaz de la razón. Se ha hablado mucho sobre su obsesión por el placer; pero dicha obsesión no debe limitarse a lo que él mismo definió como «la impaciencia del buscador del orgasmo», en «Pandémica y celeste», sino a todos aquellos hitos que alegran el camino hacia el placer y contribuyen a quebrar el cerrojo del tiempo antes de traer el olvido. Según Ana María Moix, «Jaime no tenía sentimientos de culpa en relacion al sexo. Nunca creyó que estaba haciendo nada malo. Para él el sexo era alegría. No te olvides de que sus novios eran más bien tristes. Tanto José Antonio como Pep no eran chicos alegres. Eran tristes». Cierto. Pero aunque el sexo le trajera fugazmente la alegría, en ocasiones sucumbía a esos terribles instantes de resaca moral cuando la propia sexualidad nos abruma por lo que tiene de castigo de Sísifo, de reiteración inútil y humillante. La antigua fiesta de su juventud había menguado con el paso de los años, reducida ahora a una vulgar y peligrosa inercia.

SURABAYA JOHNNY

Gil de Biedma abrió la puerta del piso, encendió la luz y le dejó pasar. El chapero echó una mirada furtiva al recibidor: a la derecha vio una pequeña consola rinconera sobre la que descansaba el busto policromado de una cabeza femenina, pero no supo reconocer el sello del prestigioso ceramista Lambert&Escalé; tampoco identificó el mueble de enfrente: un canapé imperio de nogal con almohadones de plumas. Sin embargo, su instinto olfateó al instante los destellos del lujo. Jaime se perdió entonces hacia la izquierda, camino del *living*, y encendió una lámpara. Luego invitó a Rafa a acomodarse en un sofá chester de tres plazas, color azul marino, mientras él iba a la cocina a buscar hielo para las copas. El chapero permaneció solo al fondo de la estancia, observando, y llegó a la conclusión de que aquel tipo era millonario.

A sus pies, una alfombra pakistaní se extendía hacia una mesa sobre la que descansaba una talla de madera filipina: era una diosa alada de oscuros rasgos orientales, que aparece en la cubierta del libro *Colección particular*. A su derecha vio un par de sillas junto a la pared, bajo un grabado neoclásico dedicado a la juventud de Baco, donde muchachos y muchachas danzaban desnudos en un claro del bosque. En el centro del salón, Rafa no reconoció tampoco una magnífica alfombra persa de Bukara sobre la que había una mesa redonda de nogal con rebordes ondulados y motivos marinos. El chapero contempló maravillado el resto del salón: a la izquierda, en el otro extremo, una pequeña mesa de la época victoriana –una *sofa table* y cuatro sillas Reina Ana, sobre una alfombra turca; al frente, una arqueta castellana del siglo XVI, restaurada por el ebanista Calzada, y a la derecha, un canapé francés de color rojo, tipo *bistrot*. De haberse sentado allí sus pies habrían descansado sobre una alfombra persa de seda, con el dibujo de la cúpula de la mezquita azul de Samarkanda.

Cuando el poeta entró con los vasos de whisky, propuso al muchacho salir a la terraza a respirar el aire fresco de la noche. Pero aquella terraza no estaba en consonancia con el resto del apartamento: era un balconcillo modesto con una mesa de caña de bambú, dos sillas de mimbre y una lámpara extrañísima –en realidad, un exvoto invertido– que a Rafa le recordó la imagen de alguna iglesia de pueblo. Afuera, la gran mole del templo de San Gregorio ocupaba el corazón de la plaza y el círculo de edificios que lo rodeaban se desvanecía bajo el brillo tenue de las farolas. Un lejano reloj dio las cuatro de la madrugada: el poeta se disculpó y entró de nuevo en el apartamento. El chapero supo entonces que era su oportunidad. Gil de Biedma, entretanto, puso un disco de Kurt Weill y la voz plebeya de Lotte Lenya invadió los rincones de la casa. Rafa le vio regresar, absurdamente feliz, cantando algo en alemán.

Aquel tipo gordo estaba bastante borracho y propuso un brindis. El chapero alzó la copa, le sonrió con desgana y bebió un trago de whisky. Luego se sentaron en el chester. Los ojos azules de Jaime chispearon de forma perversa, antes de deslizar su mano sobre el muslo de Rafa. Le acarició. Pero el flujo de deseo se interrumpió de golpe y el poeta sintió unas náuseas terribles. Instintivamente se puso en pie, tratando de entender por qué aquel muchacho tan encantador le había metido un somnífero en su vaso mientras buscaba el disco de Kurt Weill. Tambaleándose desapareció del salón y fue a tientas hasta la biblioteca. Todo le daba vueltas, pero aún tuvo fuerzas para guardar cierta cantidad de dinero entre los libros. Luego se desvaneció.

Cuando Rafa entró en el gabinete, Gil de Biedma yacía inconsciente en el suelo. Nervioso, comenzó a registrarlo todo: la cartera de piel, los cajones, las estanterías. Estaba tan ocupado que no reparó en aquella otra habitación. A la izquierda, junto a la pared, una cama alta de hierro estilo Imperio, con mullidos almohadones; un poco más lejos una biblioteca pequeña de largas dimensiones bajo la ventana, y enfrente una mesa escritorio de madera maciza, estilo Carlos IV, junto a la biblioteca grande. Aunque no tenía tiempo que perder, seguía oliendo el aroma del dinero que flotaba por todas partes. Todos los viejos maricones, pensó el chapero, vivían en el lujo: cuadros, libros, muebles y objetos de plata; tampoco faltaba nunca el retrato de la madre: una dama elegantísima en un lugar preferente. Pero luego su dormitorio era una cueva oscura poblada de murciélagos. Al ver aquella foto le invadió una absurda e imperiosa necesidad de orinar. Entró en el cuarto de baño. Parecía un museo: grabados franceses del siglo XVIII, con figuras recargadas de estatuas, jardines y obeliscos egipcios. No había visto nada igual. Antes de salir, Rafa cogió un botellín de Eau Sauvage de la repisa y se perfumó la cara, como en aquel anuncio de televisión. Floyd Blue. De pronto alzó la vista y el espejo le devolvió el asombro de su rostro: rizos oscuros, ojos negros, piel morena. El espejo, poseído, se estremeció: hacía tiempo que no capturaba un rostro tan bello. Pero el chapero no había leído a Kavafis y salió del baño envuelto en una nube de colonia.

Al volver a la biblioteca descubrió al millonario arrastrándose sobre la moqueta. La música seguía sonando, lenta, sinuosa, oriental. El poeta hizo un esfuerzo por incorporarse y alzó su potente cabeza como un león herido. Luego le miró con sus ojos azules, donde las aguas del miedo se mezclaban con las del odio y aun así, inexplicablemente, despedían un extraño brillo de ternura.

Ahora Gil de Biedma hablaba en inglés:

Surabaya Johnny, why am I not happy?
*You have no heart, Johnny, and I love you so!**

El tiempo se había disuelto: no podía distinguir el pasado del presente, de la fantasía. Rafa acercó su mano a aquella cara gruesa para cubrirla,

---

* «Surabaya Johnny, ¿por qué no soy feliz? / No tienes corazón, Johnny, y te quiero tanto...»

porque no podía soportar su mirada rencorosa e implorante. Le golpeó con fuerza y el viejo maricón se desplomó de nuevo en la moqueta. El chapero huyó velozmente por el pasillo: sus ojos no captaron los espléndidos grabados japoneses de Hokusai e Hiroshige cuyos guerreros, los shoguns, le acechaban desde la pared. Dejó la puerta abierta del apartamento y bajó corriendo las escaleras. Un triángulo de luz iluminaba el rellano desierto. En el piso de enfrente, el director de cine Vicente Aranda se sobresaltó con el ruido. Pero sólo fue un instante: se había acostumbrado a que en casa de Gil de Biedma las puertas se abrieran de madrugada. Sólo la voz rota de Lotte Lenya se oía en mitad de la noche.

JUGANDO CON PANTERAS (II)

Ya en la época de Ribas, el poeta había cometido la imprudencia de llevarse prostitutos a su casa. «Por su culpa he perdido mis joyas y mis encendedores –le confesó el fotógrafo a Jose Yglesias–. Llega borracho con desconocidos, le roban y luego no se acuerda de nada.» Pero tras la marcha de Madern, la práctica se volvió habitual. Algunas veces, Gil de Biedma llamaba por teléfono a los amigos para referirles los estragos de la noche anterior. Juan Marsé, Carlos Barral, Àlex Susanna o Ana María Moix escucharon a menudo su voz brumosa y angustiada al otro lado del hilo. Siempre la misma historia... De madrugada había reclutado a algún chapero para llevárselo al apartamento. Pero una vez allí le habían disuelto un somnífero en la copa o bien había sido víctima de cualquier atropello. Generalmente, amanecía con un golpe en la cabeza, fruto de alguna pelea que ya no recordaba y de la caída que siguió a la pérdida de conciencia. Se despertaba, pues, tirado en cualquier rincón de la casa –el pasillo, el dormitorio o el salón– con una jaqueca terrible y un pésimo estado de ánimo. Dice Ana María Moix: «Felisa, la asistenta, le había encontrado así alguna mañana. Y a Jaime le dolía mucho porque era una de la criadas de su tía.»

En esos momentos lo peor no era descubrir que le habían robado, sino comprobar que aquello se repetía de forma alarmante. Era entonces cuando Jaime Gil se fustigaba a sí mismo: «Soy un imbécil –les decía–. No aprenderé nunca», e insistía en los penosos pormenores del incidente. Había que escucharle, claro, y no transmitir excesiva inquietud ni consideraciones de tipo moral porque las rechazaba de manera categórica. Sólo Marsé y Barral tenían bula para manifestar abiertamente su congoja y llegaban incluso a sermonearle. Pero no servía de nada. El poeta había entrado en otra espiral autodestructiva. Según Juan Marsé: «También estaba un poco preocupado y asustado por los chantajes. Lo resolvía con dinero. Le sacaron mucha tela. Muchísima.» Aunque a veces, eso sí, perdía la paciencia. Ana María Moix recuerda que Jaime se hizo sacar una foto *souvenir*, donde aparecía junto a un «mestisillo» en actitud cariñosa durante un paseo nocturno en calesita por las calles de Manila. Al poco tiempo el muchacho le amenazó con enviar la foto a Tabacos si éste no le entregaba una importante suma de dinero. Pero Jaime no accedió: «Le mandó a tomar por el culo y el chico envió la fotografía.» Ana María Moix recuerda también que los dos años anteriores a la enfermedad los incidentes aumentaron: «Lo pasábamos mal todos.» Y Colita añade: «Jaime se metía en casa a cualquiera. Nunca fue cuidadoso, pero cuando empezaron las drogas fue mucho peor porque perdió el control de la situación. Los chaperos ya no eran como antes, guapitos que necesitaban pasta para una moto, sino yonquies que mataban por un pico de caballo. Fue un milagro que no se lo cargaran.»

En todo caso, la imagen del poeta tendido en el suelo, magullado, buscando temblorosamente su reloj es la prueba más clara de que estaba tocando fondo. Aquellos episodios eran, sobre todo, «un porrazo directo a su dignidad», como dice Colita. Y sólo su buena estrella le evitó una muerte violenta. Aunque se maldecía a menudo frente al espejo, no podía reprimir sus deseos sexuales. En cierto sentido, su drama resonaba en estos terribles versos de Kavafis:

> Además, ya sabe a lo que se expone
> y se ha resignado. No sería inverosímil
> que esta vida que lleva
> le conduzca a un desastroso escándalo.

Pero el temor a ese escándalo empalidecía ante el peligro de muerte. Según el psiquiatra Mariano de la Cruz: «Siempre pensé que moriría de una paliza, porque se los llevaba a casa. Me inclino a creer, y no es una crítica, que los debía humillar. Aquellos chaperos entraban en una casa como la suya, con los cuadros que tenía y el lujo que exhibía..., no entiendo cómo no lo mataron.» Jorge Vicuña lo confirma: «Jaime me contó que una noche un chapero se volvió loco en su casa y estuvo a punto de matarle. Tuvo que emplear todas sus habilidades para calmarlo.» Vivir el sexo como riesgo terminó siendo su obsesión. Aunque sabía que rondaba el desastre, seguía con aquella vida atroz, como si gozara viéndose humillado, golpeado, escarnecido, reducido a un despojo. Llegaba a todos los extremos, a todos los abismos.

Este retrato no se ajusta, en cambio, al recuerdo que Àlex Susanna –una persona muy próxima entonces– guarda de él: «En aquella época Jaime desprendía vitalidad. Hicimos muchos viajes en los que se sintió feliz: el sur de Francia, el norte de España, Castilla, Andalucía... Eso por no hablar de las numerosas lecturas poéticas a las que a veces fue solo y siempre fue recibido con cariño por los poetas locales. No era un hombre acabado ni con deseos de morir. Jamás lo vi desesperado. Al contrario.» Pero Susanna reconoce también que Gil de Biedma «tenía una asombrosa capacidad para la doble vida y pudo sucumbir a sombras que no mostraba a casi nadie». Según Ana María Moix: «Siempre fue partidario de la felicidad. Pero hay una contradicción entre esa vocación tremenda de felicidad y la angustia con la que la buscaba, que acabó siendo un recurso desesperado.»

Por esa misma época, Gil de Biedma coincidió casualmente con José Antonio Ribas en la Costa Brava. Según éste: «Me soprendió el lenguaje vulgar que había adquirido Jaime. No era vulgar en el sentido de chabacano, sino al estilo de la jerga juvenil. Empleaba expresiones como "no me jodas, tío", "¿de qué vas?", y cosas así. Me molestaba mucho y comprendí que lo había aprendido de los chaperos. Le dije: "Tienes demasiada categoría para ir con esa mierda", y se cabreó muchísimo. Estuvimos años sin hablarnos.»

EL LAMENTO DEL *JUNKIE*

Barcelona. Otoño de 1983. En una de sus salidas nocturnas, el poeta descubrió un nuevo local cerca de la plaza Molina, en la parte alta de la ciudad. Según Ana María Moix: «En aquella época Jaime estaba muy mal: había caído en una de esas crisis suyas y bebía muchísimo.» Pero al entrar en aquel bar reparó en el encargado de la música. Era un muchacho delgado, moreno, llamado Javier. Durante dos horas, Gil de Biedma estuvo bebiendo whisky mientras Javier ponía las canciones del momento: *Every breath you take* de Police, *Smooth Operator* de Sade, *Avalon* de Roxy Music o *This charming man* de The Smiths. Luego el chico vio cómo aquel caballero solitario se le acercaba para entablar conversación.

Aunque Javier respondía físicamente a sus gustos, Jaime no creyó nunca que aquello pasara de ser un *affaire* de una noche. Pero por alguna razón –quizá su intensa soledad– la historia duró medio año. Ana María Moix comenta que el poeta la citó en el bar Ideal, una elegante coctelería del Ensanche, para «presentarte al chico con el que estoy saliendo». Ello suponía cierto grado de afecto en comparación con los ligues esporádicos, que rara vez sobrevivían a la luz del día. Pero ¿qué originó esa diferencia? Aparte de otras razones, debemos insistir en el tema de la soledad. En esa época, Josep Madern lleva tiempo fuera de la escena y él padece una gran fatiga sentimental. Ni siquiera las reuniones con sus amigos o las charlas literarias con Susanna borran de su ánimo la impresión de que, en el fondo, está absolutamente solo. El duro verso «sin un alma que llevar a la boca» ha cobrado toda su crudeza con el paso del tiempo. En este período su dipsomanía alcanza límites alarmantes: es obvio que ha entrado en otra de sus fases suicidas y la aparición de «un animalito» como Javier pudo devolverle la esperanza de vivir. Esperanza, claro es, teñida de ironía, de resignación. Sobre este nuevo *affaire* el poeta le dijo a su amiga Moix: «Cuando uno es viejo la compañía y el amor también se pagan.» Hay, pues, un salto cualitativo. Gil de Biedma lleva años comprando sexo, pero acaba de descubrir que puede comprar el tiempo afectuoso de otra persona. Sin llegar al amor, el vínculo con Javier estará marcado por una necesidad imperiosa de compañía. Dará dinero por ella. ¿Qué habrían pensado sus admiradores de haber sabido la verdad?

En la misma charla Jaime le comentó a la escritora que el joven era heroinómano y estaba siguiendo un tratamiento de desintoxicación con metadona, «pero en aquel momento Jaime no le dio mayor importancia porque ya se había desenganchado». Es posible que sintiera deseos de ayudarle. Después de todo, Javier tenía edad para ser su hijo y pudo ver en él a una generación de jóvenes que estaba siendo diezmada por las drogas. Él mismo había sido consumidor esporádico de cocaína, pero la cara alegre de los ochenta comenzaba a mostrar su aciago reverso. Un animalito al borde del abismo. ¿Qué ocurrió al final? ¿Cayó de nuevo Javier en el hábito? ¿Le cubrió Jaime con una manta para aliviar sus temblores y sudores fríos? No lo sabemos. Medio año en la vida amorosa del poeta. Misterio. Otro más. Javier apareció y luego se esfumó para siempre. Pero Terenci Moix recordaba una anécdota inquietante. Tras su ruptura con el actor Enric Majó, atravesó una profunda crisis depresiva: a veces acudía a Ultramort para charlar con Gil de Biedma, que salía entonces con Javier. Harto de las lamentaciones barrocas de Terenci, el anfitrión estalló una noche y le dijo: «No te quejes tanto por el amor perdido. Olvídate de ese gilipollas. Coge a Javier, sube al cuarto y pegaros un buen polvo. Te quedarás nuevo.» Terenci Moix solía decir a sus íntimos: «Por suerte no le hice caso, porque ahora ya estaría muerto.»

BREVE ENCUENTRO

Madrid, 1984. El poeta Dionisio Cañas llega a la capital procedente de Nueva York y se instala en el apartamento vacío de su antiguo amante. Una tarde encuentra casualmente a Gil de Biedma y pasan juntos el fin de semana. Dionisio Cañas recuerda que, tras la cena, acudieron a tomar copas a Toni's Door, «un bar que a Jaime le gustaba donde había de todo». Luego marcharon al apartamento: «Allí echamos un polvo prolongado. Lo recuerdo como una persona muy tierna, muy cariñosa, muy dulce. Y siempre con esa gran pasión de fondo. Aunque me llevaba veinte años tenía un buen vigor sexual, desde luego. No practicamos el sexo anal porque yo venía de América y ya empezaban a rumorearse cosas horribles. Pero fue una aventura deliciosa. Jaime estuvo encantador. Al día siguiente todo era interesarse por mi lado humano.»

Dionisio Cañas recuerda además que Gil de Biedma le confesó que había tenido un *affaire* con Leopoldo María Panero. «Y como me vio que yo también estaba buscando al adulto, me dijo: "¡Coño! Estáis todos buscando al padre. Y yo de padre no tengo nada. Lo único que quiero es amar a alguien."»

Esta confesión tiene algo de grito de auxilio. En el fondo, el tiempo pasa y el poeta intuye las crecientes dificultades de volver a amar. Según Jorge Vicuña: «Jaime equivocó por completo su rol erótico. En realidad tenía que haber sido el dulce amiguito de alguien, un amado cariñoso y discreto. En el colegio le llamaban "el Croqueta": era un niño gordito y bueno. El clásico buen chaval. Si se hubiera conformado con seguir así, siendo el Amado, habría sido feliz. Se lo comenté varias veces y me dijo: "Quizá tengas razón."»

Pero Gil de Biedma conocía mejor que nadie al Mr. Hyde que llevaba dentro. Aparte de que, como recuerda Ana María Moix: «Era de una vitalidad tremenda, de un hedonismo absoluto y luego no tenía barreras.» «Le encantaba el ambiente canalla, lo más tirado del mundo», comenta Esther Tusquets. Según Antonio López de Lamadrid: «Recuerdo un viaje a Valencia, en el que él se metió por unos sitios muy peligrosos. Era un valiente. Un hombre que en nombre del deseo se juega la vida tiene veinte veces más huevos que yo.» Y Alberto Oliart concluye: «Tenía un temperamento erótico tremendo. Jaime se fue pocas veces tranquilo a la cama.» Un hombre así difícilmente podía aguardar entre suspiros el retorno a casa de su guerrero.

EL NADADOR

Gil de Biedma pertenece a un signo de agua –Escorpio– y amó el agua en sus diversas formas. El mar, el río, la piscina, la ducha, la sauna, el balneario. En esto pertenece a la estirpe de Maupassant, el linaje de los sedientos. En su continua ansia de mojarse concurren varias formas de higiene: se diría que además de lavarse desea evadirse de sí mismo. ¿Qué fuego misterioso se incuba dentro de su cuerpo macizo? El de la perpetua ebullición del temperamento, el de la lujuria, el del desasosiego. Para el poeta el agua es un sortilegio que ahuyenta sus fantasmas. Es un remedio. No debe extrañarnos esa hidromanía que le acompañó a lo largo de la vida. Porque era en realidad una forma de salvación, la que busca la fiera que se arroja al río cuando se le ha incendiado la melena. En uno de sus poemas más autobiográficos –«Después de la muerte de Jaime Gil de Biedma»– habla de «la apagada explosión de tu cuerpo en el agua». Podría haber utilizado otras palabras, expresiones como «sorda» u «opaca», por ejemplo. Pero emplea «apagada», es decir, relativa a la extinción del fuego o la luz. El subconsciente da en el blanco: conoce el instante supremo de la zambullida, el paso extraordinario de un elemento a otro, el fin de su pavoroso incendio interior.

No es casual que el agua alumbre su inspiración ni que algunos de sus poemas hayan sido compuestos mentalmente en la playa, la piscina o la ducha. Apagado el fuego que le consume, se reconcilia consigo mismo, el conflicto se desvanece, o para ser más exactos, se disuelve entre las moléculas líquidas del agua. En busca de esa liberación, Gil de Biedma va más lejos: a falta de agua se zambulle en otros elementos. Sólo así podemos entender una extraña escena que ocurrió en la casa de campo del director de teatro Fabià Puigserver, en la comarca del Ampurdán. Una tarde, Jaime Gil y su amigo Madern salieron de Ultramort para visitarle, aprovechando que vivía en el cercano pueblo de Els Massos de Calabuig. El único superviviente de aquel encuentro –el actor Lluís Homar– recuerda que pasaron una tarde muy agradable, conversando en el salón, y que luego salieron a pasear al jardín. Entonces se acercaron hasta el pajar que había detrás de la casa... «Y de pronto Gil de Biedma se arrojó al montón de heno y empezó a dar gritos de alegría. Me sorprendió mucho porque él transmitía siempre una imagen de gran seriedad. Lo que más me llamó la atención es que se zambulló en la paja como quien se tira al agua para darse un baño. Fue muy extraño. Estuvo dando brazadas un buen rato como un niño que juega en el mar.»

Este hombre capaz de descubrir agua en el heno, necesita cada vez más sumergirse en aguas verdaderas. Don Manuel Meler recuerda: «Cuando estábamos en Manila, Jaime era capaz de hacer cuarenta o cincuenta largos de piscina.» Pero el presidente de Tabacos ignoraba probablemente las causas íntimas de aquella afición deportiva. En realidad, Gil de Biedma había encontrado en la piscina del edificio virreinal de la compañía el sosiego a sus tormentos secretos. Y al tedio. Según Àlex Susanna: «Jaime me contó que se moría de aburrimiento en Filipinas y se pasaba las horas nadando», extremo que le confesó también a Luis García Montero. Ambos recuerdan asimismo las largas charlas telefónicas con el poeta, «de dos o tres horas», que les llamaba desde el despacho de Manila para matar el tiempo. Era el lado oscuro de un ejecutivo que podía luego luchar heróicamente contra el temible señor Xan.

Pero: «En el fondo era una vida sin función –sostiene Jorge Vicuña–. No puedes pasarte el día cruzado de brazos en un despacho, comiendo con ejecutivos, bebiendo y follando todas las noches. Ése fue el drama de Jaime. Demasiado tiempo libre, dinero y verdadera ausencia de objetivos. Lo asombroso es que escribiera aquellos grandes poemas.» Cuando los poemas se acabaron, acarició la idea de refugiarse en la música. «Si algo me gustaría hacer es letras para canciones», declaró a la prensa, en junio de 1983. De hecho, ya había compuesto dos años antes los cantables de la versión castellana de *La Nit de Sant Joan:* un musical de Sisa y el grupo Dagoll Dagom. Y preparaba una adaptación en verso de *La viuda alegre* de Lehar, con Núria Espert. En la canción lo que el fuego nos dijo de Sisa reconocemos su sello y el lejano eco de Guillén:

> Vivaz y dulce se perdió el amor.
> Tras las esquinas del amanecer.
> Queda la estela de una expectación.
> –Bellas historias que pudieron ser–.

Tuvo, pues, el sueño de mudarse en autor de canciones populares y convertirse en un *parolier* al estilo de los grandes de la canción francesa de su juventud. Pero la música no le alejó de su amarga melodía interior. En la misma entrevista de *Diario 16* se produjo el siguiente diálogo:

> –Como todos los jóvenes, quisiste llevarte la vida por delante. ¿Te la llevaste?
> –Quería llevármela y no me la llevé, como nadie se la lleva. La vida puede con nosotros y al final nos mata. Uno tiene ganas de agotar la vida y es la vida la que nos agota las posibilidades de todos, bastante antes de que nos muramos.

En este período la mayoría de sus conquistas amorosas siguen siendo fruto del dinero, y cuando no es así le deparan sorpresas poco agradables. Según José María Castellet: «Jaime me contó que una noche descubrió a un joven en un bar que le miraba con insistencia y pensó que había hecho una conquista. El joven se acercó y le dijo: "¿Usted es el poeta Gil de Biedma?" Jaime se quedó helado. Explicaba esta historia como prueba de que se estaba haciendo más mayor de lo que creía. Me dijo: "Es horroroso. Mi atractivo físico no es tan grande como el aura que puedo tener como poeta."»

LA ÚLTIMA MUJER

En enero de 1984 el poeta asiste al estreno de la obra *Eduardo II* de Marlowe, en un teatro de Madrid. A la salida le presentan a Natacha Seseña, una dama madura de la buena sociedad que goza del cariño de los hombres de su generación. El duque de Alba la define como «especialista en cerámicas, en cuplés roncos y mimados, en alta comedia benaventina y en amistad indesmayable». La sintonía entre Gil de Biedma y ella es automática. Natacha responde plenamente al tipo que gusta a Jaime, una mujer que guarda cierto parecido con su propia madre, aunque arropada por el velo de la modernidad. Son hembras fuertes, vitales, con la voz gastada por la vida. Ya hemos oído esa voz en Ani, la hermana del poeta, en Charo, la amiga psiquiatra, en Olga, la esposa de Mayans... Y la oímos ahora cuando Natacha habla: «Jaime me decía siempre: "¿Por qué no te habré conocido antes?"»

A los cincuenta años, Natacha Seseña sigue siendo la clásica niña *bien* de Madrid, que trata de reponerse de un segundo matrimonio desdichado. Por esas fechas trabaja en la Fundación del Banco Exterior, como directora de Artes Plásticas y Exposiciones. Y a Jaime le seducen sus iniciativas, como organizar una muestra con las cartas de amor de Neruda. Natacha, además, conoce mil historias sobre el pequeño mundo madrileño –mentideros de lance diverso– y se las cuenta en el transcurso de las primeras cenas. Son historias en apariencia menores, pero risueñas, con un punto equívoco y galante que hablan tanto de la actualidad como de un tiempo difunto muy querido por Gil de Biedma: la España de su abuelo. El poeta le contaba a su vez las infidelidades entre tal o cual marqués o duquesa, que habían pecado en el tren expreso de San Sebastián, «a la altura de Reinosa». ¡Cuánto reían ambos! Los ecos de sociedad, los chismorreos, las pasiones adúlteras constituían uno de sus temas favoritos. También aquella gran ciudad. «¿Te gusta Madrid?», le preguntaba Natacha, y él respondía:

¡Me encanta! Partiendo de la base de que es un Real Sitio, creo que hay que derruirlo todo y dejar lo siguiente: el Palacio de Oriente, el Museo del Prado, las fuentes y los demás monumentos carloterceristas, las Descalzas Reales y los restantes conventos de fundación regia. El resto... ¡todo alamedas! ¡Ah, y dejar las caballerizas, las Casas de Oficios y unas cuantas tabernas para uso de postillones y de informadores de la policía secreta! Saber con quién ha dormido la condesa puede ser decisivo...

Dice Seseña: «Jaime era muy divertido. Y a un hombre divertido se lo perdono todo.»

A las pocas semanas se aloja ya en casa de Natacha cuando viaja a Madrid, en lugar de hacerlo en la Residencia de Tabacos, como solía, en la calle Diego de León. Durante aquella primavera su amistad se intensifica de tal modo que, al llegar el verano, Gil de Biedma le propone que lo acompañe a la Clínica Buchinger. Ella acepta, pero antes del viajar al Sur se acercan hasta La Nava para visitar a la madre del poeta. En seguida doña Luisa se muestra encantada con Natacha y comienza a soñar con un matrimonio redentor. ¿Y si al fin su hijo sentara la cabeza? Lo cierto es que hacen una pareja perfecta, piensa. Da gusto verlos circular por la casa como un matrimonio de toda la vida. Se acabaron para siempre las fiestas juveniles, las francachelas del hijo y sus amigotes en aquellas estancias de familia. Doña Luisa intuye que esta relación surge entre los supervivientes de un naufragio: es intensa, dramática, pero dominada por el humor y la risa. De aquellas jornadas Natacha recuerda: «Al enseñarme, en la sala, las fotos familiares, coincidimos en el terror que nos daba el irnos pareciendo, casi irremediablemente, a nuestros predecesores. Gestos, actitudes que repudiamos en ellos cuando tenían la edad que ahora teníamos nosotros, se repetían, se colaban de rondón, ante nuestro asombro, delante del espejo delator. Recuerdo que le dije: "Que la vida iba en serio, Jaime..."» Y se echaron a reír.

Desde La Nava la pareja viajó en coche hasta la Costa del Sol. Durante dos semanas permanecieron en el centro, ocupados en diversas actividades: generalmente repartían la jornada en la piscina, el gimnasio o la playa, donde daban breves paseos a la orilla del mar. Sabemos por Natacha Seseña que Gil de Biedma se inscribió a clases de yoga que, sorprendentemente fueron de su agrado. Lejos del sexo y la bebida, su Mr. Hyde entraba en una suerte de hibernación que le despertaba una espiritualidad casi mística. De seguir en ella, ¿habría hallado al fin una función? En septiembre de 1985 declaró al diario *ABC*: «Me imagino que, con quince días más, acabaría ejerciendo de profeta... Cuando no comes, no bebes, ni fumas llegas a ser feliz. Sobre todo si estás pagando por hacerlo.» Por las mañanas le invadía una beatitud que no sentía «desde que era pequeño». Entonces se encerraba en su cuarto y volvía a escribir. ¿Qué compuso en esa fase de renovación personal? Sabemos que preparó unas conferencias y el nuevo borrador de su diario filipino, una tarea que según Àlex Susanna, «le llevó más de un verano». También pudo plantearse la escritura de sus Memorias, cuyo esquema mostró al joven poeta. «Lo tenía perfectamente pensado y estructurado. Iba a empezarlas con su primer recuerdo, cuando la criada entró en la habitación y él le preguntó por San Rafael. Pero yo creo que le perjudicó la planificación excesiva. Ya las tenía escritas en la cabeza y perdió el estímulo de trasladarlas al papel.»

Tras participar en los cursos de la Universidad Menéndez Pelayo en Santander, Jaime y Natacha volverán a verse aquel otoño y también en invierno. «¿Por qué no te habré conocido antes?», sigue diciéndole él, y ella siente que la pregunta lleva implícita una declaración galante. Reconoce que «Después de Marbella hubo un conato de enamoramiento por mi parte. Yo estaba encantada con Jaime. Tenía sus momentos duros. Pero comprendía perfectamente mis sentimientos y disfrutábamos estando juntos». Solían comentar que su relación era como el film *Almas en el mar*, vieja película que les gustaba, con Gary Cooper e Irene Dunne. Dice Natacha: «Jaime sabía de amor, de lo que el amor da y de lo que el amor quita. Sabía mucho, claro está, de su sufrimiento, de padeceres. Intercambiábamos, a veces, fichas sobre depresiones.» Tiempo atrás, Gil de Biedma había disertado sobre el fenómeno:

> Cuando uno está deprimido, no piensa en nada que no haya pensado normalmente. Los pensamientos oscuros son los mismos, sólo que vuelven con mayor frecuencia. Intelectualmente, además, el paisaje de una depresión resulta bastante estéril. Tiene más interés –y más gracia, desde luego– el combate que libras contra ella, las tácticas que empleas para huir, los trucos que se aprenden. La depresión aguda es como la felicidad que proporciona el sexo: únicamente puede tener representación en un poema lírico breve.

En otra ocasión le confesó: «El espectáculo de mi propio desorden me deprime enormemente en cuanto se convierte en un símbolo de mí. Vivir en una habitación desordenada me da miedo. Tengo dos habitaciones, una que desordeno y otra que está siempre ordenada. Una habitación se parece a mí mismo y otra no. Cuando estoy deprimido me retiro a la que no se parece a mí y no pienso en mis defectos, ni en mis limitaciones, ni en mis fallos.»

Natacha Seseña recuerda una noche calurosísima de julio cuando el poeta la llevó a cenar a la célebre «bodeguilla» del Palacio de la Moncloa, invitado por el presidente del Gobierno, Felipe González. Aquella noche estuvieron también Carlos Barral, Francisco Brines y José Hierro. Viendo que a Natacha le tocaba sentarse junto al anfitrión, Jaime le dijo *sotto voce*: «Te advierto que es muy cortito. Es un consumado especialista en obviedades de poco calado.» Sin embargo, Gil de Biedma disfrutó mucho en aquella velada, según recuerda Natacha, cenando gazpacho en el jardín: «A Jaime le hacía mucha gracia la mujer de Felipe. Aquella sencilla espontaneidad andaluza de Carmen Romero. Ella le gustaba. Y nos reímos mucho.»

El poeta se encuentra cada vez más cómodo con esta mujer que podría ser su esposa, y empieza a imaginar que lo es. Por aquellas fechas el Hotel Ritz ofrecía desayunos exquisitos en sus salones, y la pareja acudió allí tras un romántico paseo dominical por la Castellana. «Parecemos un matrimonio», le dijo Jaime, y volvieron a reír bajo los árboles. Según Natacha, «Le encantaba representar ese papel. Era cariñoso conmigo, de una ternura extraordinaria». Francisco Rico lo atribuye a que «Jaime era un gran actor. Sabía interpretar admirablemente cualquier papel. No dude de que habría sido un buen marido, mejor que la mayoría de hombres». Quién sabe si la relación con Seseña le permitió recuperar, en cierto sentido, lo que pudo haber sido su vida, el otro rumbo que en la juventud había rechazado dolorosa y voluntariamente. De su mano entraba en los ambientes del Madrid señorial, un Madrid anterior a la guerra, y lo hacía esta vez como un caballero aparentemente sin tacha. Otro de los momentos estelares se produjo cuando acudieron a cenar al Palacio de Liria, invitados por los duques de Alba. Fue el 28 de abril de 1985. Gil de Biedma quedó «deslumbrado por las colecciones de la Casa de Alba», le escribió a Jesús Aguirre, y también, «penetrado de un sólido respeto por Cayetana», la duquesa. En aquel lugar, la homosexualidad del poeta no era un secreto, como tampoco lo era la de Jesús Aguirre, el duque, con quien había compartido algún amante en el pasado. Pero en esta ocasión, Gil de Biedma se mostró muy cariñoso con Natacha –«me cogía constantemente la mano»– como si quisiera enviar a los duques el mensaje de que en aquel palacio todos eran actores... Y no había en Madrid mejor teatro.

Claro que el autor de *Moralidades* aguardaba siempre la caída del telón. Alguna noche arrastró a Natacha a bares de barrio, donde al alba servían puchero de lentejas. Eran establecimientos de copas, ligue y resopón, en los que un Jaime Gil «muy cargado de alcohol miraba a los chicos», recuerda ella. Escenas similares se produjeron también en Barcelona, donde Natacha le acompañó a una cena en casa de la nueva novia de Jaime Camino y, tras una velada deliciosa, Jaime le dijo a la salida: «Te dejo, Natacha. Me voy a las oscuridades de la noche.» ¿Cabe mayor cortesía? Ella aceptaba entonces esas deserciones porque «los dos éramos gente madura y además era un caballero. Parecía el Cid. Quiero decir que más masculino y más viril, imposible. Con una compañía así, ¿qué mujer va a sentirse incómoda?».

LA PESTE

Ultramort. Junio de 1985. El poeta ocultó aquellas manchas bajo el pantalón. Aparentemente no les dio excesiva importancia, recuerda Àlex Susanna, pero cuando éste desapareció, Gil de Biedma cogió su Peugeot y se desplazó hasta el pueblo de Pals donde descansaba su cuñado. «Vi aquellas manchas pero no supe decirle lo que eran. No las había visto nunca.» El doctor Jacinto Reventós llamó entonces al doctor Villalonga, que veraneaba a su vez en Sa Riera, y concertaron una entrevista. Villalonga examinó detenidamente las lesiones cutáneas: su larga experiencia en Estados Unidos encendió las luces de alarma al reconocer un sarcoma de Kaposi. Pero evitó pronunciarse en presencia del poeta. Aquella noche llamó por teléfono a Reventós para decirle: «Esto no me gusta nada. Podría ser esa enfermedad nueva, el sida. Te aconsejo que lo vea Peirí.» El doctor Peirí era un dermatólogo de gran prestigio que ocupaba la jefatura de servicio del Hospital de Bellvitge. Fue él quien solicitó las primeras pruebas.

«Al principio Jaime no estaba preocupado», recuerda su cuñado, y afrontó el problema sin dramatismo. «Incluso te diré que le hizo gracia, después, cuando se enteró de que era una enfermedad de homosexuales. No imaginaba que se iba a morir.» Este testimonio coincide con el de Juan Marsé: «Estaba muy animado. No se habló seriamente del asunto hasta mucho después.» Pero algunos hechos indican lo contrario. Cuando el doctor Peirí le entregó los resultados y le aconsejó que se marchara a París o Nueva York porque «esto tiene difícil tratamiento», Gil de Biedma se alarmó. A la mañana siguiente, entró en el despacho del director de Tabacos, y le dijo en tono enigmático: «¿Puedes cerrar las puertas, por favor? Tengo que hablar contigo.» Manuel Meler activó entonces el mecanismo de seguridad, que aislaba automáticamente la habitación. Recuerda Meler: «Me parece que le esté viendo. Se acercó a mí y dijo que tenía el cáncer de Kaposi. Pese a que éramos como hermanos, nunca había tenido conmigo una confianza excesiva. Se me abrazó y se puso a llorar.

Me afectó muchísimo. Pero yo no lloré porque no sé llorar.» El director trató de tranquilizar a su amigo. «Iremos al mejor sitio del mundo. Los gastos los asume la empresa», le prometió. Aunque Gil de Biedma agradeció el gesto, le transmitió su inquietud por las consecuencias que esa decisión podía acarrearle a Meler en Tabacos. «Te lo devolveré todo. No quiero que tengas problemas por mí», dijo el poeta. Luego se marchó.

Aquella misma semana, Jaime llamó a Àlex Susanna con voz desencajada: «¿Puedes coger un taxi y venir ahora mismo?» Susanna se presentó inmediatamente en su despacho, donde el poeta le preguntó: «¿Te acuerdas de aquellas manchas del otro día? Pues es algo muy grave. Quizá una infección cutánea tropical. Quiero saber si puedo contar contigo y llamarte en cualquier momento del día. Sólo hay tres personas a las que puedo llamar. Lo estoy pasando muy mal. Tengo unas oscilaciones de ánimo brutales.» Parece claro que en esta primera fase Gil de Biedma buscaba asideros. Sabemos que se comunicó también con Jorge Vicuña para pedirle apoyo y consejo. «Estaba muy desolado –recuerda Vicuña–, y me ofrecí a pagarle el tratamiento. Pero no quiso.» Ambos intuían que le aguardaba un horizonte sombrío, una batalla en la que iba a necesitar todos los efectivos. ¿Soportaría aquello un hombre que vivía solo? Vicuña le aconsejó entonces recurrir a Madern. En el fondo, el actor había sido su última pareja estable y conocía la compleja personalidad del poeta. ¿Quién mejor para acompañarle en aquel duro tramo del camino? Al poco, llamó a Josep para comunicarle la noticia de su enfermedad, rogarle que se sometiera a la pruebas del sida y concertar una cita donde le planteó la posibilidad de regreso.

Se ha especulado mucho sobre las circunstancias en que Jaime Gil contrajo el virus del sida. La versión más extendida apunta hacia Filipinas, donde llevó una actividad sexual desenfrenada. Pero en aquel tiempo la presencia del virus era muy escasa en el Archipiélago y sólo un hado nefasto pudo castigarlo allí, en Oriente, donde su erotismo había desplegado majestuosamente las alas. El poeta tenía su propia versión. Según Ana María Moix: «Jaime estaba convencido de que le había contagiado Javier, el pinchota que ponía discos en aquel bar cerca de la plaza Molina.» Es una posibilidad. Pero sorprende que sus sospechas no apuntaran hacia el foco más plausible: Estados Unidos. A finales de los setenta cualquier homosexual que hubiera recorrido El Castro de San Francisco o los antros de la calle Catorce de Nueva York estuvo expuesto a un altísimo riesgo de contagio. Y sabemos que Gil de Biedma se adentró allí en el momento de mayor difusión de la pandemia. Luis Antonio de Villena opina: «Estoy seguro de que lo cogió en Nueva York. Es clarísimo. En aquellos tiempos Jaime acudía a lugares tremendos. Y no hablo del Mine Shaft, que en cierto modo era demasiado puro. Iba a discotecas donde se follaba directamente, sin más, o a esos cuartos oscuros donde uno podía follar o ser follado, chupar y ser chupado, por siete hombres en diez minutos. Le llamaban *la mêlée*. Eso es a lo que iba Jaime.»

Pero De Villena también reconoce que no era lo habitual: «Jaime era muy promiscuo, pero no le entusiasmaba la promiscuidad en sí, puramente anónima, sin rostro. Necesitaba una cara para amar.» Vicuña sostiene, por su parte, que su amigo jamás le habló de los cuartos oscuros –«conmigo tenía a veces un extraño pudor»– e insiste en la vía filipina. Según él, el poeta había «prohijado» a un muchacho de Manila, antiguo drogadicto, a quien pagaba los estudios y ayudaba económicamente. «Siempe se portó muy bien con esos chicos –recuerda–. Los usaba para divertirse pero les arreglaba la vida.» En todo caso, *culpar* al muchacho filipino permitió a Gil de Biedma guarecerse de los temibles vendavales de su conciencia. En cierto modo era como volver a la pureza de «La novela de un joven pobre», es decir, a los días en que velaba por la suerte de cachorritos miserables como Pacífico Ricaport. De este modo, el contagio había sido fruto del cariño, el altruismo, la generosidad.

Meses después, Terenci Moix mantuvo una charla con él acerca del sida, ignorando que se hallaba enfermo. «Yo le dije que no hay para tanto porque también existe el cáncer y él me respondió: "Te equivocas. El sida es lo más horroroso que ha pasado en este siglo, porque se contagia a través del amor."» Es obvio que decía la verdad, pero en su caso se callaba de nuevo el resto de la historia. El sida pudo, en efecto, haberle atacado por venerar a Afrodita Celeste y haber sido traicionado por el amante ideal; pero hacía años que no amaba a nadie y el contagio se produjo en realidad a través de Afrodita Pandémica. El *chakra* del corazón, por tanto, no intervino en su proceso infeccioso sino exclusivamente el de los genitales. Elevar a la categoría de amor lo que sólo era el resultado de una larga trayectoria promiscua debió, insisto, tranquilizar una conciencia que había arrastrado graves sentimientos de culpa a lo largo de la vida. Pero faltaba a la verdad de los hechos. Según Ángel González: «Jaime era así. No le importaba acostarse con una persona nueva cada día.» Al saber que el sida se transmitía por vía sexual, debió de vislumbrar, forzosamente, la magnitud de la tragedia. ¿A cuántos había contagiado sin saberlo?

La sensación de culpa se activó al recibir la noticia de que Josep Madern también era seropositivo. Por fortuna, el actor se mantenía asintomático y no había desarrollado aún la enfermedad. Pero él se consideró responsable del contagio: «Estaba convencido de haber infectado a Madern», recuerda Ana María Moix, extremo que confirma el doctor Reventós. Es curioso que no se planteara lo contrario, es decir, que Pep le hubiera inoculado el virus. Después de todo, el actor había visitado Estados Unidos en 1978, donde frecuentó los locales del Nueva York gay, y a su regreso narró sus increíbles experiencias al poeta, que siguió sus pasos un año después. Que éste desarrollara antes la enfermedad no implica necesariamente que fuera responsable del contagio del otro. Hay que recordar que Madern había pertenecido al Teatre Lliure, donde el sida no tardó en cebarse con especial virulencia convirtiéndolo en uno de los focos más activos de Barcelona. En tal caso, fue una macabra broma del destino que el virus teatral, que infectó a Jaimito Gil en la infancia, hubiese mutado del verso al sarcoma, del maquillaje de colores vivos de Albertino a aquellas manchas malvas como de función infantil, pero de pronóstico mortal. Dice en favor de Madern que no culpara al poeta de su propia desgracia. «Jamás hablamos del contagio», confirma su gran amigo Josep Costa. «Nunca culpó a Jaime.» En el fondo, el actor era consciente de que ambos habían jugado con fuego.

Un hombre del temperamento de Jaime tuvo forzosamente que indignarse con Mr. Hyde. El autor de «Contra Jaime Gil de Biedma» empezaba a pagar muy caras las consecuencias de haber llevado aquel poema hasta la extenuación. Ahora no se trataba de una enfermedad venérea convencional, ni del atropello de un *ragazzo di vita*. Era un enemigo de un poder destructor desconocido, similar al monstruo alienígena de la nave Nostromo. ¿Cuántas veces se reprochó ante el espejo su conducta temeraria? ¿Cuántas se arrepintió de haberse abandonado al instante del placer? Todo aquello era absurdo. La sangre seguía circulando por sus venas, por las piernas, los pies, las manos... Una vez más, el poeta trató de percibir alguna señal que indicara que el fluido vital que recorría su cuerpo estaba contaminado. Pero no detectó nada. Sin embargo, el sarcoma de Kaposi proclamaba la verdad. Miró una vez más aquellas lesiones purpúreas, el estampado maligno que salpicaba sus piernas, y sintió el aliento cercano de la muerte. Empezaba a entender que, en el fondo, siempre supo que iba a acabar así. Durante años había sometido su organismo a agresiones reiteradas, y el cuerpo había ido respondiéndole con tenaz puntualidad: tuberculosis, sífilis, herpes genital... Generosamente, la ciencia le había proporcionado a su vez una batería de sustancias químicas –vacunas, antibióticos– que libraban de todo mal. Hasta llegar a la infección definitiva, la incurable. El tribunal estaba aguardándole. Y más que nunca, necesitaba un compañero.

La leyenda asegura que Josep Madern regresó junto al poeta por amor. Las motivaciones del actor, sin embargo, no sólo fueron de índole sentimental. De creer a Vicuña, la decisión de recurrir a Madern tuvo un coste. «Jaime me preguntó cómo podía convencerle para que volviera y le aconsejé que le nombrara heredero universal.» Hubo, pues, un acuerdo verbal anterior a cualquier gesto. Hubo un compromiso. Este pacto, con todo, no resultó humillante para un hombre acostumbrado ya a pagar por la compañía. Ahora, por el mismo precio, recobraba a un viejo amor al que había traicionado y se libraba psicológicamente de la responsabilidad del contagio. A raíz del acuerdo, Pep volvió junto a Gil de Biedma, asumiendo el reto con todas las consecuencias. Sin embargo, alguna de las decisiones que tomó para «protegerle» disgustaron a algunas personas de su círculo. Natacha Seseña recuerda que, a raíz del regreso de Madern, «yo caí en desgracia». Aunque aquella primavera habían estado juntos en Ultramort, el poeta la llamó por teléfono después para decirle: «Prefiero que no volvamos a vernos.» Y Natacha tuvo que desaparecer de su vida. «Fue un golpe muy duro, sin motivo, que me produjo una depresión.»

En verano de 1985, el enfermo tuvo que renunciar a su retiro anual en la Clínica Buchinger y a la compañía de sus amigos de Málaga, la poetisa Victoria Atencia y su marido, Rafael León, por quienes sentía gran estima... Aunque esto no puede achacarse a Madern, sino al rumbo inesperado que había adquirido su vida. Optó entonces por ir a La Nava a pasar unos días con el actor. Durante la estancia, Gil de Biedma padeció algunos episodios de vértigo, ausencias y pérdida de memoria. Es probable que fueran los síntomas de un cuadro de angustia –los clásicos vértigos timopáticos– fruto de la tensión interna acumulada en los tres últimos meses. O quizá de las primeras discapacidades neurológicas que algunos pacientes experimentan de forma transitoria durante la fase inicial de la enfermedad. Sentado en el Jardín de los Melancólicos, no pudo evitar el recuerdo de aquellos días felices, siete años atrás, cuando estuvieron juntos en la Casa del Caño con Danubio Torres Fierro. ¡Qué grieta se había abierto en su vida! Todo se revelaba de forma inexorable. Y debía prepararse para asumir su destino.

Tras algunas consultas, el poeta decidió finalmente acudir a París, por razones prácticas: era más barato y le quedaba más cerca que Nueva York. El primer viaje a la capital francesa tuvo lugar en septiembre de 1985, y allí Gil de Biedma estuvo almorzando en la Embajada española, invitado por el embajador, Joan Reventós, que era primo de su cuñado Jacinto. Según el político: «Aquel día se hizo unas pruebas y volvió muy alicaído.» Irónicamente, el hombre que quiso ser diplomático en su juventud halló refugio en aquel edificio señorial de la *avenue* Marceau. No sabía aún que acababa de terminar su vida. Y empezaba ahora la historia de su muerte.

MONSIEUR X

A instancias del doctor Peirí, el enfermo acudió con el doctor Reventós a un hospital francés especializado en enfermedades venéreas, cerca de los Inválidos. Según su cuñado: «Aquello estaba lleno de negros y drogatas. Era de la Seguridad Social y había que esperar bastante. Yo hacía cola y él se sentaba a leer el periódico.» Esta actitud feudal se repetiría más tarde con Madern, que tomó el relevo, y a quien los médicos franceses llamaban «*le Valet*». Incluso enfermo, Jaime seguía siendo el Elegido. Tras obtener los resultados le enviaron al Hospital Claude Bernard, un moderno centro situado en la *banlieue*, que gozaba de prestigio en el campo de las enfermedades infecciosas.

El viernes 21 de octubre de 1985, el enfermo ingresa en el Pabellón Junot del Hospital Claude Bernard para someterse a un tratamiento de sarcoma cutáneo: allí se inscribe con el nombre falso de Jaime Cortés Sánchez. Aunque mantiene su nombre de pila, emplea el primer apellido de su viejo amigo David Cortés Medalla, el pintor de La Cave des Angely, y el apellido Sánchez, en recuerdo de Eddy Sánchez, un chulo que había conocido en Manila. Ocultar su verdadera identidad avivará su fantasía y le comenta a Josep que le produce la sensación de ser «dos personas a un tiempo». Desde su llegada a París el poeta lleva un pequeño cargamento de libros y un cuaderno de bolsillo donde anota algunas incidencias. Hay razones para creer que Gil de Biedma acarició la idea de llevar un diario sobre la nueva enfermedad. En definitiva, así había sido siempre, desde la tuberculosis de 1956. Por la treintena de páginas conservadas podemos efectuar un seguimiento fiel de aquellos primeros días. El sábado 22 se somete a diversas pruebas: electrocardiograma, analítica completa, reconocimiento táctil de todos los ganglios y toma de la tensión arterial –por primera vez en su vida– que arroja inevitablemente unos valores altos. El doctor Couland se hace cargo del enfermo y le prescribe esta medicación: Oasil Relax, Tranxilium 5, interferón y Mogadon. Por hábil mediación de Madern, el paciente es ingresado en una habitación individual con teléfono, en el Pabellón Roux, esta vez con el novelesco nombre de Monsieur X. Allí permanecerá durante dos semanas.

Monsieur X recibe una inyección diaria de interferón, un fármaco antiviral que se había mostrado eficaz contra el desarrollo implacable del Kaposi. El sarcoma de Kaposi –un raro cáncer cutáneo de pronóstico muy severo– era una de las enfermedades llamadas «oportunistas» que aprovechaban el desmoronamiento del sistema inmunitario provocado por el virus VIH. Cuando el poeta descubrió en Ultramort aquellas lesiones en la piel –los nódulos marrón rojizos o rojo azulados–, su sistema inmunitario estaba ya herido de muerte. Los otros fármacos prescritos por el doctor Couland no guardaban relación con el sida: era un tratamiento de apoyo destinado a regular el ánimo del enfermo: Oasil Relax, un sedante muscular; el Tranxilium, un sedante menor... y el Mogadon, un psicofármaco. Esta medicación nos habla de un estado de angustia, tensión nerviosa e insomnio, que no sólo debe atribuirse a su naturaleza hipocondríaca sino a la forzosa eliminación de hábitos como el alcohol y el tabaco, y acaso a la íntima certeza de su gravedad.

Monsieur X se mantuvo aquellas dos largas semanas descansando en la habitación. «Fumo cigarrillos clandestinos en el lavabo», anota en su cuaderno, como un modesto triunfo. Pero la mayor parte del tiempo se sumerge en la lectura de algunas novelas de Henry James; en concreto *Daisy Miller*, *The Altar of the Dead* y *The Beast in the Jungle*. Resulta sorprendente que no las hubiera leído con anterioridad, lo que hace suponer que su conocimiento de la obra jamesiana procedía en parte de la lectura de los ensayos de Lionel Trilling. Álvaro Rosal matiza: «Jaime había leído *La princesa Casamassima* en inglés. Tenía ese libro en el Sótano Negro.» En todo caso, el nuevo acercamiento a James constituye para él una experiencia reconfortante. A su vuelta hablará de ello con Marsé, que recuerda sus opiniones. Acerca de *Daisy Miller* dijo: «El imprevisto y rápido desenlace ajeno a lo que el tono de lo narrado sugería, es espléndido.» También valora *The Beast in the Jungle*: «La capacidad inventiva de James es tan extraordinaria como su capacidad de inhibición sexual.» *The Altar of the Dead*, en cambio, le deja un regusto amargo. Aunque la juzga superior a *Daisy Miller*, la considera inapropiada para un lector como él, sometido a los vaivenes anímicos causados por la enfermedad. Por fortuna, Madern está cerca y el enfermo siente «una gratitud infinita hacia Josep por sus cuidados y constante solicitud y ternura».

Muy significativamente, Monsieur X escogió a Henry James para sus largas horas de encierro hospitalario. Ello le permitió adentrarse en un laberinto psicológico, hecho de sinuosidades y cautelas que a buen seguro le proporcionaron sosiego. James es el maestro de la ocultación de la verdad. Y el poeta había quemado su vida tratando de ocultar la verdad. Según Juan Marsé: «Seguro que Jaime se encontraba protegido de sus fantasmas personales, un poco a salvo en aquellas novelas de James. Siempre había sido amante de lo lúdico y le gustaban las novelas de Chesterton y Stevenson. Pero ahora necesitaba entretenerse mucho en el camino para entrar en el meollo de la cuestión.» La cuestión de fondo era, obviamente, la amenaza de su propia muerte.

LA LEY DEL SILENCIO

En vísperas de abandonar el hospital, Monsieur X comprende que el secreto de su enfermedad al regreso de Barcelona va a resultar muy difícil. Según Jorge Vicuña, el poeta habría recurrido a Madern en lugar de su familia porque estaba convencido de que los suyos serían incapaces de guardar silencio. Pero, nuevamente, el resentimiento hacia los de su clase se tradujo en otro error de cálculo: la familia Gil de Biedma era la primera interesada en seguir protegiendo su honor. Jamás habrían traicionado su Secreto. Pero quizá el enfermo necesitaba ese tipo de argumentos para justificar sus decisiones.

A principios de noviembre Monsieur X vuelve a Barcelona. El viernes 8 recibe una llamada telefónica de Àlex Susanna, que residía por esas fechas en Venecia. Éste anota en su cuaderno veneciano: «Jaime Gil (no demasiado animado, está sometido a tratamiento, una inyección diaria que lo deja muy abatido, hoy me ha escrito...)» El enfermo empieza a sufrir los efectos secundarios del interferón: proceso gripal, cansancio, agotamiento. En lo sucesivo padecerá a menudo el característico *cuadro tóxico* y deberá someterse a controles periódicos para vigilar el proceso.

En diciembre de aquel mismo año, la revista *Olvidos de Granada* organizó un encuentro de homenaje a la Generación de los 50 bajo el título *Palabras para un tiempo de silencio*. Al principio Gil de Biedma tenía previsto acudir a Granada para participar en los actos. Pero la dureza del tratamiento le impidió finalmente intervenir en aquel coloquio sobre poesía que reunió a sus compañeros de generación: Ángel González, Claudio Rodríguez, José Agustín Goytisolo, Francisco Brines, José Manuel Caballero Bonald, Carlos Sahagún y Fernando Quiñones. Nadie supo las verdaderas razones de la ausencia, que todos atribuyeron a su viaje anual a Filipinas.

En vísperas de Navidad, el poeta almuerza en Maestro Pérez Cabrero con Àlex Susanna, que acaba de llegar de Venecia. Aquella tarde Susanna escribe en su cuaderno:

> Ceno con Jaime Gil en su casa. Lo encuentro aplastado por el tratamiento al que está sometido. No obstante, parece que la evolución es muy positiva. Cada quince días va a París para que lo examinen. «¡Qué triste la ciudad, estas mañanas de domingo, cuando llego hacia las ocho!» Es probable que a comienzos de enero inicie la segunda fase de tratamiento. Para combatir el embotamiento en que su cuerpo debe hallarse, le propongo que haga gimnasia. «No, no me apetece.» «¿Pero crees que cuando puedas ya volver a hacer vida normal va a aguantarte el cuerpo?» «¡Vaya si aguantará! ¡Con las ganas de hacer cosas que voy a tener!

¡Vaya si aguantará!» Una reacción así, tan típica de él, dice mucho a favor de su estado de ánimo.

En enero de 1986, viaja de nuevo a París. Aunque los resultados son satisfactorios, los efectos secundarios resultan demoledores. Nadie diría que ese elegante caballero acude cada mañana al trabajo en penosas condiciones. Según Ana María Moix, «la mayoría de veces iba con 39° de fiebre. Estaba baldado». El presidente de la compañía, Manuel Meler, lo explica así: «Jaime poseía un alto grado de responsabilidad y un profundo sentido del deber. No se quejaba jamás.» Ante todo es un Gil de Biedma. Ha recibido una educación exquisita y está acostumbrado a reprimir en público la autocompasión y las flaquezas de ánimo. Tampoco quiere caer en el pozo de las lamentaciones: le basta con acudir a las sesiones de una psiquiatra, la doctora Rosa Sender, para disipar sus fantasmas. Reconozcamos que posee dos virtudes muy raras en nuestros días: pudor y honor. Son cualidades que nos hablan de la alta dignidad de un hombre. Pudor, entendido no como recato sexual, sino como autodominio anglosajón de las emociones. Honor, como lealtad a un código ético propio, y como respeto al nombre de los antepasados.

Aunque comenzaron los rumores, el poeta rara vez desveló la verdadera naturaleza de su enfermedad. Muchos de sus amigos han tenido que admitir que «nunca me lo dijo», y recuerdan que se limitaba a dar una versión oficial que establecía con los otros una barrera infranqueable. «En verano de 1985 me puse muy enfermo: contraje una enfermedad en Filipinas y estuve a punto de morir. Es parecida a un cáncer linfático.» La frase «he estado muy enfermo pero ya estoy mejor» terminó por ser habitual. Y nadie se atrevió a ir más lejos.

Lo cierto es que «su aspecto era estupendo», recuerda Luis Antonio de Villena. Pero comenta que empezó a sospechar algo cuando advirtió un rasgo anómalo en la conducta de Gil de Biedma. Fue en marzo de 1986, una noche de copas en Madrid. «Por primera vez no quiso ligar. A pesar de que era un bar gay, no habló de ligues ni intentó hacer nada. Se limitó a beber whisky», dice. A la salida, Francisco Brines le acompañó en su coche a la Residencia de Tabacos y ocurrió algo extraño. Todo ese trayecto de madrugada, en la ciudad solitaria de invierno, Jaime Gil estuvo terriblemente melancólico. Les contó la escena de Vía del Babuino, que aparece en «Pandémica y celeste», confesándoles que se trataba de un soldado italiano que había conocido en las calles de Roma. Por lo visto habían sentido una fuerte atracción y se habían refugiado en un portal a hacer el amor. Ante aquella evocación nostálgica, Brines trató de animarle: «Hombre, Jaime. Habrá que volver a la época dorada», a lo que éste respondió: «Desengáñate, Paco, que esos polvos ya no volverán.» De Villena insiste en que «nunca le había visto tan melancólico».

Aquella primavera, no obstante, el poeta recibe dos satisfacciones literarias. De un lado, Pere Rovira publica *La poesía de Jaime Gil de Biedma*, el primer gran estudio dedicado a su obra. Del otro, aparece el número extraordinario de la revista *Litoral*, con el título *Jaime Gil de Biedma. El juego de hacer versos*. Es un cálido homenaje a su figura, que le aleja brevemente de su drama privado. El 8 de mayo escribe a Luis García Montero para agradecerle su trabajo en el número de *Litoral*: «Salvo por las sólidas erratas de imprenta, todo me parece perfecto: textos, ilustraciones, formato y portada. Estoy muy contento.» Pero el renovado interés por su obra reabre también la eterna pregunta que le persigue como una condena: ¿por qué no escribe?

En opinión de Luis Antonio de Villena: «Es curioso que un hombre tan literario como él no dedicara más energía a la literatura. Hay un lado de él que no salió. Cosas que podía haber hecho y se perdieron. "Mi mayor deseo es traducir el *Don Juan*", me decía, y luego recitaba largos trozos de memoria. ¿Por qué no lo hizo? En fin... Él sabía que si interpretaba el papel de señorito altanero que consuma el desprecio de sí mismo acabaría por convertirse en un personaje de leyenda. Y así fue.» Ana María Moix recuerda, por su parte, que adquirió la costumbre de escribir cartas a los periódicos... Pero firmadas por otros: El duque de Alba, Carlos Barral, etc. «Se ponía en la piel de sus amigos y escribía sobre cualquier cosa, imaginándose que estaba en su lugar. Debe haber docenas de cartas suyas por ahí, camufladas bajo el nombre de gente conocida. Máscaras.»

Cuando utilizaba la suya, seguía siendo el de siempre. La primera semana de julio concede una larga entrevista a Adolfo García Ortega, para *El País*, que se inicia de forma memorable:

−¿Usted nunca ha sido premiado?

−En el colegio.

Gil de Biedma, en efecto, fue el único gran poeta español de su época que no recibió premio alguno. Pero la recompensa de sus admiradores le resultaba cada vez más incómoda y desasosegante. Esa misma semana Àlex Susanna se reúne con él: «Barcelona. Reencuentro con Jaime. Vuelve a ser el de siempre, pese a estar aún en tratamiento: eufórico, vital, simpático, ingenioso. Comenta cómo, después de tantos artículos y publicaciones sobre él, está ya cansado: "El problema es que yo he escrito poquísimo, y que, por lo tanto, se escribe siempre sobre los mismos poemas. La verdad es que ya estoy harto."»

Aunque el estado anímico es bueno, el enfermo sigue en tratamiento y debe suprimir algunas actividades de antaño. De nuevo la cura de adelgazamiento en la Costa del Sol resulta inapropiada para un hombre que sucumbe a trastornos orgánicos, que le habrían obligado a tener que revelar la naturaleza de su enfermedad. El 14 de julio escribe una carta a su amigo Rafael León: «tampoco este verano podré hacer estancia en Buchinger; lo compensaré leyendo las informaciones de prensa acerca del súbito empobrecimiento de los jeques árabes marbellíes. Pero siento muy de veras perder la oportunidad de veros. Era ya una tradición». La enfermedad, pues, va imponiéndole una rutina de claudicaciones. Ahora ha de limitar los movimientos justo a lo necesario: París, Madrid, La Nava... Según Manuel Meler: «Jaime todavía fue tres veces más a Filipinas.» Pero aquellos viajes acabaron suponiendo un desgaste físico y emocional. Y el presidente de la compañía decidió finalmente librarle de ellos.

Jueves, 4 de septiembre de 1986. Gil de Biedma acude con Àlex Susanna a una cena en el chalet de Manuel Lombardero, editor asturiano afincado a Barcelona. Allí les aguardan el anfitrión y el poeta Ángel González, que se hospeda siempre en su casa cuando visita la ciudad. En esta ocasión, la cita reviste un carácter especial marcado por la incertidumbre: González se ha de someter en breve a una delicada operación a corazón abierto y Lombardero ha organizado una fiesta en su honor con los amigos. Poco a poco, van llegando los invitados: el matrimonio Marsé con su hija Berta, el matrimonio Goytisolo y los Barral. Para Àlex Susanna la cena tiene algo de encuentro generacional, desprovisto ya de la solemnidad de antaño. En su cuaderno escribe: «Jaime tiene una primera hora formidable, y deslumbra y eclipsa a todo el mundo a base de anécdotas, memoria e ingenio: recuerdo que comentaba el descenso de calidad de los anuncios de relax de *La Vanguardia* y otros periódicos.» Luego Ángel González regala ejemplares de su poesía completa, *Palabra sobre palabra*, y la esposa de Lombardero les toma una fotografía en el sofá del salón. No hay en ella la unidad de pensamiento, la cohesión de grupo y el ansia de gloria de la foto *oficial* tomada en Collioure en 1959. Premonitoriamente, al final del poema «Amistad a lo largo» había escrito:

¡Ay el tiempo! Ya todo se comprende.

En cierto momento de la noche se habla de la novela de Barral, *Penúltimos castigos*, donde el editor realiza un áspero retrato generacional: sus reuniones son descritas aquí como «una velada de literatos alcohólicos y maledicentes»; también hay varias descripciones de Gil de Biedma: «Estaba muy nervioso, incluso desagradable, imponiendo a su alrededor una soledad espinosa, erizada.» Pero a Jaime no le importa verse inmortalizado así. De pie, con un vaso en la mano, le dice: «Carlos, tú quisiste hacer una buena novela, y no te salió. Pero lo que nunca te perdonaré es que, para ir a tu entierro, me pusieras en el mismo coche con José Agustín.» La frase hará fortuna y Gil de Biedma la repetirá a menudo para «torturar» a Barral. Aquello no es un secreto: el comentario evidencia también las profundas diferencias temperamentales entre Jaime Gil y José Agustín Goytisolo.

De madrugada, Ángel González coge una guitarra y se pone a cantar e improvisar letras con Carlos Barral. Es ahora el dueño de la fiesta. Susanna recuerda este diálogo a propósito del repentino interés por la generación de los 50:

> JAIME: Mi obra es tan corta que con tanta tesis me van a dejar en los huesos.
> ÁNGEL: Pero si es con los huesos con los que se hace buen caldo...
> JAIME: Tú que tienes más obras es distinto.
> ÁNGEL: No, yo lo que tengo son muchas más sobras.

La noche concluye entre canciones. Más allá del ventanal, la piscina iluminada resplandece en el jardín. A lo lejos, las luces de Barcelona brillan en la inquietante oscuridad.

ADIÓS A LA CARNE

Aunque los enfermos de sida protagonizaron una de las batallas más heroicas del siglo XX, el combate fue callado, íntimo, secreto, por culpa de la hipocresía de la sociedad. En 1986, el sida era un fenómeno muy reciente y la ciencia médica se hallaba desconcertada por completo. La esperanza de vida de un paciente se cifraba entre los tres y cinco años. En la mentalidad popular, el sida era una nueva peste negra, a la que se veía como una enfermedad propia de homosexuales. En aquella época, el mundo atraviesa una era conservadora –Reagan, Thatcher–, y el sida es una plaga que muchos interpretan como un azote de Dios. Es el castigo bíblico sobre los sodomitas y los depravados. No habrá perdón para ellos ni tampoco solidaridad universal. Aquellas fuerzas que en los años setenta se habían dedicado a la reivindicación de la causa gay y la conquista del placer tuvieron que ponerse al servicio de la cura de la enfermedad y la defensa del gueto.

Jaime Gil y Josep Madern no sabían aún que su aventura era compartida por otros miles de homosexuales infectados en Amsterdam, San Francisco, Milán, Berlín o Nueva York. Pero fueron presa de la epidemia en un momento en que la enfermedad generaba su máxima inquietud y descrédito: «Había mucha ignorancia –recuerda Ana María Moix–. Sabías que se pillaba a través del sexo, pero circulaban rumores de que lo podías coger besando o bebiendo. Al principio aquí la gente se lo tomó a broma. Pero luego se ensañaron más que nadie.» Celoso de su vida privada, el poeta vio seriamente amenazados los cimientos ocultos de su intimidad. ¿Qué iba a ocurrirle ahora? A diferencia de otros enfermos, su orientación sexual no había salido claramente a la superficie. Era algo en cierto modo críptico y el sida podía hacerla pública, ocasionándole un daño irreparable. A los rigores de la enfermedad, con su durísimo tratamiento, se sumaba el perpetuo temor a un escándalo, la amenaza de ser despojado al fin de su inseparable máscara. La prensa sensacionalista, además, estaba al acecho. El sida era el nuevo filón. Cuentan que un reportero de la revista *Interviú* solía apostarse en las inmediaciones del Instituto Pasteur para sorprender a los españoles que acudían a París. Y se llegó a decir que Gil de Biedma fue fotografiado a la salida del edificio. En todo caso, hay algo cierto; alguien reconoció al poeta a las afueras de algún centro hospitalario parisino e hizo circular toda clase de rumores a su vuelta a Barcelona.

Esos rumores se cebaban en un personaje que no dejaba indiferente y se había creado numerosos enemigos. «A Jaime no le perdonaban muchas cosas», recuerda un íntimo amigo. Y es cierto. Su repentina celebridad poética, su posición social, la elegancia, la potencia intelectual y erótica, el don de gentes... Demasiada fortuna para aquel caballero olímpico que tomaba el aperitivo en las soleadas terrazas de Sandor. Pero en el fondo ese caballero se aguantaba por hilos cada vez más frágiles. Durante años, cada encuentro fortuito, cada visita al reino de las tinieblas había sido una apuesta en el tapete de la negra fortuna. Sólo que ahora el juego había terminado y Gil de Biedma tuvo que renunciar a sus incursiones mortíferas en las selvas del placer. Según Jorge Vicuña: «Jaime me comentó que no había vuelto a follar. En cambio estaba muy angustiado con Madern. Me dijo: "Pep sigue yendo alegremente con chicos. Es un irresponsable. A este paso contagiará a media Barcelona."»

La enfermedad, por tanto, templó la poderosa libido del poeta: a diferencia de muchos homosexuales que se mantuvieron activos, él pudo reprimir los impulsos de la carne. Una anécdota conmovedora sirve para ilustrarlo. En otoño de 1987 volvió a frecuentar los bares de ligue madrileños. Luis Antonio de Villena tuvo un encuentro casual con él en el Black&White's, tras varios meses de ausencia. De Villena recuerda que el reencuentro resultó afectuoso y a la vez extraño... «Porque su enfermedad ya era casi vox pópuli, pero Jaime me preguntó con interés por un muchacho de la barra para saber si era de confianza. Era un chapero, por supuesto, y él quería asegurarse de que no era uno de esos que luego te sacan el cuchillo. Le tranquilicé y se marcharon juntos.» Pero De Villena quedó muy preocupado ante la posibilidad de que Jaime Gil, inmerso en la desesperación, se acostara con el chico y le contagiara el virus... Una conducta habitual entre muchos enfermos de sida, que enloquecieron de dolor ante su propia tragedia.

Tres días más tarde De Villena volvió a ver al chapero y cedió al impulso de preguntarle cómo le había ido con aquel señor mayor. Entonces el chico refirió algo desconcertante: «Fue una cosa rara, tío. El carroza ese me llevó al hotel y me dio un billete de cinco mil calas. Pero no hicimos nada. Sólo me pidió que me quedara en pelotas, se tumbó en la cama y luego se tiró una hora entera mirándome.» De Villena respiró profundamente aliviado.

RESURRECCIÓN

A finales de 1987 el enfermo experimentó una clara mejoría. Los amigos recuerdan que las lesiones del Kaposi desaparecieron y que su estado de salud general era muy bueno. No obstante, las huellas del combate eran visibles. El director de teatro Josep Costa recuerda un viaje en coche con el poeta y Madern camino de Gerona. «Jaime estaba bien, pero tenía aquel color típico del tratamiento, un rojizo moreno muy intenso; luego me sorprendió el olor, un olor acre, dulzón, derivado de los medicamentos, que llenaba todo el coche. Se me revolvió el estómago. Yo no sabía aún qué significaba ese olor.» Con toda probabilidad, Gil de Biedma entró en una fase de regresión temporal, característica del sarcoma de Kaposi. El tratamiento, los controles periódicos y la disciplina del poeta para evitar reinfecciones pudieron contribuir al *milagro*. Ana María Moix asegura que «Jaime estaba estupendo. Mucho mejor que los dos años anteriores a la enfermedad». Sin embargo, los médicos no abrigaban las mismas esperanzas: sabían que aquel sarcoma seguía siendo incurable –y muy virulento en el caso de los homosexuales– y que los pacientes rara vez sobrevivían a los cinco años. Que las lesiones del enfermo hubieran desaparecido, o que el índice de linfocitos T portadores del receptor celular –los CD4– se mantuvieran en parámetros relativamente estables sólo aplazaba la condena... Pero era una excelente noticia.

En lo literario, Gil de Biedma permanecía en el centro de atención. En primavera de 1988 apareció *La Escuela de Barcelona*, de la escritora Carme Riera. La obra era un estudio sobre las relaciones humanas y literarias del grupo de poetas catalanes de la «generación de los 50». Aunque el análisis se extendía a otros poetas, el protagonismo recayó sobre Jaime Gil de Biedma, Carlos Barral y José Agustín Goytisolo, que en cierto sentido habían hecho de sí mismos un personaje. Aparentemente, el libro pudo sugerir en el lector la tesis de una sólida amistad. Pero no era así: Gil de Biedma y Goytisolo siempre fueron dos fuerzas opuestas e incompatibles. Y la relación del primero con Barral había atravesado dolorosos altibajos. Es cierto, como recuerda José Antonio Ribas, «que se querían como hermanos», pero sus actitudes ante situaciones cruciales de la vida les habían distanciado con los años. Gil de Biedma solía reprocharle a Barral que su personaje venciera demasiado a menudo a la persona: le molestaba, por ejemplo, que vistiera capa negra del siglo XIX, que se rodeara de una corte de aduladores, que se dejara embaucar por extraños, que jugara a *enfant terrible* en los círculos madrileños y desatendiera a veces el negocio editorial. «Todo lo que te pasa es por culpa de tu personaje», solía decirle... Veredicto perfectamente aplicable, en otro terreno, a él mismo. Pero seguía queriendo al amigo sin máscara, al poeta riguroso, al conversador brillantísimo. Dice Marsé: «Jaime tenía una debilidad por Carlos: le disculpaba siempre sus flaquezas y vanidades.»

Aquella primavera los tres poetas aparecerán juntos en la presentación del libro *La Escuela de Barcelona*. Las fotografías tomadas en la universidad son muy elocuentes e ilustran el estado de ánimo de Gil de Biedma. En algunas aparece malcarado y retador, mirando fijamente a la cámara, como si lamentara haber sucumbido al hechizo del paraninfo. Pero en otras aparece distendido y risueño, satisfecho, se diría, de reunirse con sus viejos camaradas. Claro que persiste en él una sensación agridulce, fruto de su gran capacidad de distanciamiento irónico. Aunque a la mañana siguiente, su foto aparece en los principales periódicos españoles, la visión de aquellas imágenes le dejará «sobrecogido». Cinco años antes le había dicho a Maruja Torres: «Los retratos que te hacen se escapan a la voluntad de uno; no son como los espejos de casa, que los tienes perfectamente domesticados y estás habituado a mirarte en ellos desde el ángulo que más te favorece.» Con los análisis clínicos en la mano, se creía curado del sida. Pero aquellas imágenes de la prensa ahondaron en su idea de la finitud de la vida, el tránsito veloz de la felicidad. Al poco de diagnosticársele la enfermedad había dicho a un periodista de *ABC*:

> Lo más dramático que tiene envejecer es que es un trago para el que no nos hemos preparado imaginativamente. Cuando eres un niño piensas en lo que sucederá cuando tengas veinte, treinta años como mucho.

Jamás en los cincuenta y cinco: están demasiado lejos. Yo, cuando tenía veinticinco años, escribí que la vida nos sujeta porque no es como nos la esperábamos. Y es cierto. Siempre tiene una manera de asaltarnos en mitad del camino que nos sorprende. Sabíamos que iba a estar allí, pero no con ese vestido ni con semejante armamento... Estoy en un momento en que toda caída es precipicio.

CELEBRATING MR. ELIOT

Aquel verano Gil de Biedma se marchó varios días a La Nava con Madern. En aquella ocasión les acompañan también Jorge Vicuña y su esposa. Vicuña recuerda unos días agradables, que se prolongaron en Portugal, pero no ha olvidado el humor inestable del poeta. «En la frontera de Portugal le pegó una bronca descomunal a Pep porque se había dejado unos papeles.» En este sentido, el sida contribuyó a aumentar su descontento e irritabilidad. Algunos de los que le trataron en la última época recuerdan a un hombre avinagrado e irascible, sumido a menudo en los páramos de la amargura. Su carácter cambió, liberando definitivamente sus facetas menos amables. Aquella ternura que compensaba el platillo de su ira fue apagándose con su propio ocaso. El editor López de Lamadrid recuerda que: «En los últimos años se volvió más intransigente: podía coger unos cabreos monumentales. Estaba jodido. Supongo que la mezcla de aquellos medicamentos y alcohol le envenenaron el ánimo.»

Jaime Gil, no obstante, interpreta admirablemente su papel. Aquel mismo verano hace donación a la biblioteca municipal de La Nava de varias obras suyas, acompañadas de cariñosas dedicatorias. A raíz de ello, recibe en la Casa del Caño la visita de un periodista de *El Adelantado de Segovia*, que desea entrevistarle. Durante veinte minutos conversará con Amarruri en el Jardín de los Melancólicos. Según éste el encuentro fue «cordial y afable». Pero cuando le preguntó por su poesía, el anfitrión repuso: «No quiero hablar de mi obra porque me aburre», argumento que conocemos bien. Sólo que esta vez estaba definitivamente harto. Tampoco podía, en realidad, hablar de su vida secreta ni de su enfermedad, algo que nadie hubiera creído viendo su aspecto moreno y saludable bajo el sol de la tarde. A los pocos días Gil de Biedma abandonará la casona familiar, sin sospechar que se ha despedido de ella para siempre.

A su regreso a Barcelona recibe una llamada de Àlex Susanna. Aunque no se veían con tanta frecuencia, Susanna tiene buenas noticias. Le comenta que el 26 de septiembre se cumple el centenario del nacimiento de T. S. Eliot y ha previsto celebrar un pequeño homenaje en memoria del maestro angloamericano. Susanna le anuncia, además, que el acto va a contar con la participación de Stephen Spender, amigo personal de Eliot y el único superviviente de The Thirty Generation, tan querida por Gil de Biedma. Encantado, éste acepta unirse a los fastos.

El 26 de septiembe tuvo lugar el homenaje en un salón del antiguo Hospital de la Santa Cruz, en el barrio gótico barcelonés. Spender acudió a la cita y disertó con una voz y dicción admirables sobre la influencia de Eliot en la Thirty Generation. También intervinieron Àlex Susanna y el traductor Sam Abrams. El lugar no puede ser más apropiado: un salón vasto y sesgado, en forma de anfiteatro, en cuyo centro se extiende una sólida mesa destinada antiguamente a la práctica forense. Gil de Biedma se sienta frente a ella y lee con voz ronca, de cadencias educadas, el texto *Los cuatro cuartetos*. Hay algo ciertamente novelesco en la escena: un poeta de alma descarnada, apoyado en una vieja mesa de disección. Gracias a la pintura, hemos visto mesas similares en las salas de los principales hospitales europeos de los siglos XVII y XVIII. *Lecciones de anatomía*, un cadáver yerto sobre el mármol, ante la mirada asombrada y atenta de los estudiantes. Rembrandt. Sí. Pero también Eliot, Auden, Bacon... Ahora Gil de Biedma diserta sobre la obra del poeta que con mayor lucidez había diseccionado al hombre del siglo XX. He aquí sus últimas palabras sobre el secreto de la intensidad eliotiana: «Esas voces alucinadas y triviales que pululan en ese desierto, y que van diciendo trivialidades terriblemente desoladoras y patéticas al mismo tiempo, y desgarradoras, siempre, siempre tienen detrás alguna acerba reminiscencia personal que no se explicita, pero que está.» Al hablar de Eliot, el ciclo poético del autor de *Moralidades* quedaba así simbólicamente concluso.

Aquella misma noche el homenaje se hace extensivo a Spender, en cuyo honor se celebra una cena en el restaurante Quo Vadis, cercano a las Ramblas. Recuerda Susanna: «Jaime estaba encantado de haber conocido a Spender, que era uno de los referentes poéticos de su juventud.» Pero las ansias de exhibicionismo intelectual siguen traicionándole sin remedio. Cargado de alcohol se lanza en la sobremesa a una agria polémica con la escritora Marta Pesarrodona en la que ambos despliegan su ingenio y su dominio del inglés. Harto, decide zanjar la cuestión de un manotazo, en presencia de los comensales y el propio Spender: «Tú calla, que siempre llevas a Virginia Woolf en el coño.» Según Natacha Seseña: «La enfermedad cambió su humor. No se parecía en nada al caballero divertido de tres años atrás.» Parece claro que el sida era especialmente terrible para el enfermo porque le obligaba a seguir siendo el más culto y más brillante de la fiesta cuando su corazón festivo estaba cansado de latir. Además, debía padecer en silencio el estigma de su enfermedad. Por esas fechas, Danubio Torres Fierro recuerda una charla con él en la terraza de Sándor: «Lo que habló Jaime del sida, en ese encuentro último que tuvimos, era digno de Jaime, de la argumentación que gastaba Jaime. Dijo que, como había ocurrido con la sífilis, que azotó y acotó con su amenaza a la burguesía hasta el momento en que se descubrió la penicilina, el sida había llegado para reprimir la expansión espontánea de una sexualidad ya libérrima y democratizadora.» Recuerda Danubio que el argumento fue expuesto con inteligencia y convicción, y se acompañaba de un aplomo soberbio. Pero no ha olvidado «unos movimientos a medias incómodos, nerviosos» del poeta al hablar de la enfermedad.

DE AQUÍ A LA ETERNIDAD

Madrid. Viernes, 9 de diciembre de 1988. La noticia sobrevuela los círculos literarios madrileños: Gil de Biedma va a intervenir en una lectura poética en la Residencia de Estudiantes. ¡Un periódico asegura incluso que va a leer poemas inéditos! Es la última gran cita del año. Según Luis Antonio de Villena: «Corrió muchísimo. Te llamaban para preguntarte: "Oye, ¿vas a ir?" Todo el mundo sabía que esa lectura era la última. Se palpaba en el aire. Era como acudir a su funeral en vida. Pero yo no soy nada necrófilo. Por eso no fui.» A distancia, resulta sorprendente tanta expectación carente de fundamento médico. Aunque los pájaros de mal agüero habían hecho circular rumores sobre su enfermedad, el poeta no sospechaba que aquélla iba a ser su despedida. Y el doctor Couland, el único que podía pronunciarse, tampoco. Su paciente permanecía con los valores de linfocitos T estables. En un país así, ¿cómo iba Gil de Biedma a revelar su secreto?

Al final, la lectura en la residencia tuvo un carácter de homenaje que revistió momentos de gran intensidad. Algún testigo sostiene que el autor de *Moralidades* bebió mucho aquel día, lo que explica la alta carga emocional de los primeros compases. Al principio, Jaime quiso abrir la lectura con un viejo texto dedicado a Alberto Jiménez Fraud, su mentor en Oxford. Pero se le quebró la voz: «Posiblemente lo lea después porque veo que ahora no es el momento, porque me estoy emocionando y puedo cortaros y puede ser muy violento.» Gil de Biedma se dedicó entonces a leer una selección de sus poemas, acompañados de agudos comentarios desmitificadores, que acaso anunciaban una nueva forma de acrecentar su leyenda. Si en otras lecturas interpretaba magistralmente su papel de poeta derrotado por la vida, con sus giros dramáticos y sus bien estudia-

445

das pausas, aquí es la derrota misma. Ya no hay esperanza: el hombre y el actor se han fundido finalmente en uno solo. A lo largo de la lectura, ironizará sobre la brevedad de su obra, la fugacidad de los placeres y pasiones, los mitos de su juventud. Así, antes de leer «Elegía y recuerdo de la canción francesa», alude a *Les feuilles mortes*: «Últimamente la he vuelto a oír y realmente es de un sentimentalismo embarazoso.» Y al acabar añade: «Debo decir que hace poco también he vuelto a oír a la Piaf y suena como un discurso de De Gaulle, ¡es terrible!» No hay humor, en cambio, cuando presenta el poema «A través del espejo», que rodea de cariño y nostalgia: «Está escrito en memoria de un poeta e íntimo amigo mío, mi viejo amigo Gabriel Ferrater... Yo era el espejo que reflejaba la imagen de Gabriel, que reflejo aquí; pero, a su vez, Gabriel era el espejo en el que yo me veía reflejado, y me parecía bastante deprimente a veces.» Resulta emocionante oírle recitar el verso «Trabajos de seducción perdidos fue tu vida», que es aplicable a él mismo. Y resulta significativo además que entre sus 87 poemas eligiera para esta lectura de sólo doce uno dedicado a Ferrater. ¡Cuánto había echado en falta, en el fondo, su compañía! Pero como en el caso de Costafreda, el poeta sabía que «quizá el suicidio es la decencia última». Y en este punto los dos amigos le habían vencido. Según Àlex Susanna: «Desde que se conocieron, Jaime comenzó a criticar a Ferrater porque no quería pagar impuestos a la vida. Jaime, en cambio, tenía que llevar una doble vida, lo que le obligaba a un sacrificio tremendo. Era fácil criticar a Gabriel, acusándole de inmaduro, adolescente y malcriado. Pero cuando le comunicaron a Jaime el suicidio de Gabriel, que es lo que siempre había anunciado, descubrió que había sido injusto con alguien de una coherencia brutal.»

En algún caso, Jaime Gil mantiene las viejas versiones románticas, como al explicar que la génesis de «Artes de ser maduro» se produjo cuando alguien le contó una escena de muchísimos años atrás: los pescadores de Torremolinos asando sardinas frescas en la playa de la Carihuela al amanecer. Aunque sabemos hoy que la idea surgió también de un encuentro del poeta, en la playa, con un muchacho en *blue jeans*, el tema del poema permanece intacto: la súbita conciencia de cuánta capacidad de deseo de goce pierde el hombre en la edad madura. En otras lecturas, como «Un cuerpo es el mejor amigo del hombre», el autor, en cambio, está a punto de desenmascararse. Al hablar del amante del poema, confiesa: «es un cuerpo juvenil que además, como suelen hacer los jóvenes, se ha quedado dormido... Y hacen bien, cuando se acuestan con viejos, claro». Pero el momento álgido se producirá durante la lectura de «Contra Jaime Gil de Biedma», donde recrea de manera escalofriante su mejor idea poética. Jamás ha sonado así la palabra «¡puta!», y el terrible inventario de improperios y acusaciones contra uno mismo. Luego Jaime Gil concluye el poema con una entonación dramática digna de John Gielgud. No hay aplausos: sólo un turbador silencio. A micro abierto se oye la voz del presentador del acto: «Has leído de maravilla» a lo que Gil de Biedma responde, algo abrumado: «Es que en éste me reconozco.»

La lectura termina en respetuoso loor de multitudes. Sólo después el poeta posará para la prensa, sentado en la sala vacía. Elegante, rotundo, perplejo, se sujeta a los respaldos de la silla de tijera con un vaso de whisky en la mano. La imagen es la de un viejo boxeador al borde del KO. Un rostro congestionado esculpido por el buril del tiempo, pero también por los continuos golpes que se ha dado a sí mismo, implacable, a lo largo de toda una vida. Según Ana María Matute: «Jaime no fue un mártir de la homosexualidad. Fue un mártir de sí mismo.»

LA VOZ DEL SABIO

A la mañana siguiente Gil de Biedma pasea por Madrid, cubierto con su legendario gorro negro de astracán. También recibe a algunos periodistas en la Residencia de Estudiantes –que lo encuentran vitalista y fáustico–, mientras desgrana frases desoladas fruto de la resaca: «No sé cómo me las compongo desde hace treinta años que, bebiendo cada vez menos, siempre he bebido más de lo que por cada nueva edad me corresponde.» Y luego desenvuelve un caramelo de limón y se lo lleva a la boca. «Lo que da la edad es el brutal aprendizaje de que uno mismo es muchísimo más secundario de lo que jamás imaginó.» Ahora ríe. «Con el tiempo aparece una poderosa ilusión insospechada: la ilusión de creerse desilusionado.» Es obvio que sabe perfectamente lo que el público espera de él.

Aquella tarde recibe a un periodista de *El País* en su habitación de la Residencia de Estudiantes. Va en pijama, tiene la garganta reseca y, según dice, «la mente abotargada». Pero ante Alfonso Armada el poeta efectuará una portentosa exhibición de lucidez. «El tiempo nunca te afecta tanto como de joven, porque tienes miedo del futuro, huyes del futuro y eso es lo que propicia la nostalgia. Ahora sabes que está ahí la muerte, que es algo de una gran simplicidad.» El tema de la muerte desemboca en el de la otra vida. «Me parece inimaginable una conciencia desligada de su soporte físico, ese *cuerpo glorioso* que decía el Catecismo.» Seis años antes lo había expresado de forma más cruda: «Lo eterno, si se me permite recurrir a una locución usual entre los peruanos, me friega. Nada de lo que personalmente me importa me resulta imaginable en términos de eternidad.» El hedonista ha hablado. Y contempla por unos instantes el dorado crepúsculo que se desvanece entre los árboles que ocultan la Castellana. «Uno pierde inteligencia quizá porque pierde ganas de usarla. No creo que haya cambiado mucho de ideas, sino de actitudes ante mis propias ideas.» Es un modo de decir que su relación con ellas es mucho más escéptica, menos problemática. Siempre le había sorprendido el caso de Juan Goytisolo. A Marsé le confesó: «Es asombroso que Juan siga teniendo las mismas ideas de su juventud, ese dolor de España, y que su actitud hacia ellas no haya variado en treinta años. Para mí sería imposible.»

A la pregunta de en qué sigue creyendo, responde: «Por mucho que no creas, siempre crees en muchas cosas. Uno siempre cree en más cosas de las que cree y tiene más ilusiones de las que cree tener. Probablemente tengo más convicciones de las que me gustaría tener, pero tal vez se han salvado porque no soy consciente de ellas.» La poesía y el amor siguen siendo los ejes de su vida, asegura. Durante años estuvo sometido a las emociones: eran su éxtasis y su condena. Pero ahora «No hay pasiones», comenta desviando su mirada hacia la ventana: «Acaso he perdido necesidades emocionales. El balance final de dicha y sufrimiento no es muy equitativo. El sufrimiento supera con creces a la dicha. Uno está mucho más tranquilo sin pasiones, aunque también es cierto que se aburre más. En este momento creo que vivo sin pasiones, aunque nunca se puede estar seguro.» Y al decirlo, acaricia levemente la mesa de madera para ahuyentar el peligro. Durante la charla, su mirada se posa escéptica sobre el pasado, pues intuye breve el paisaje del porvenir. El hombre que se preguntaba en 1982: «¿Qué hace un muchacho de 1950 como tú en un año indiferente como éste?», en 1988 sostiene: «El problema vital es cómo pasar el próximo cuarto de hora. Uno ya se ha dado por derrotado por el paso del tiempo.»

Alfonso Armada aborda entonces la fatídica pregunta sobre su silencio. Esta vez Gil de Biedma no da muestras de cansancio y responde con mucha sabiduría: «En arte uno no se propone decir sino hacer. A uno pueden quedarle cosas que decir, pero no cosas que hacer.» Luego confiesa algo desolador. Un año antes comenzó un poema que decía: «Es muy triste», y cuando concluyó el primer verso se quedó observando el resultado y lo tachó para escribir: «Casi me alegro.»

El lunes 12 de diciembre, la entrevista aparecerá en las páginas culturales de *El País* con un titular destacado: «No creo probable que vuelva a escribir un solo verso más.»

ANNUS HORRIBILIS

Aunque desconfiaba de los años impares, el último año de su vida no se inició bajo el signo del presagio. Al contrario: 1988 se había cerrado con el broche de su lectura en la Residencia de Estudiantes y sus íntimos siguieron pensando que se había curado. El propio Gil de Biedma lo creía así, hasta el punto de que manifestó a su hermana Marta el deseo de pasar las vacaciones de Semana Santa en el Monasterio de Santo Domingo de Silos. Según ella, «la Semana Santa le entusiasmaba: las semanas santas más santas de mi vida las he pasado con Jaime». ¿Pretendía buscar allí algún tipo de sosiego espiritual? ¿O agradecer de forma simbólica el *milagro* de su curación?

En enero de 1989 el escritor Dionisio Cañas viajó a Barcelona para exponerle el proyecto de una nueva antología de su poesía. La cita tuvo lugar en la Compañía de Tabacos. A pesar de los insistentes rumores sobre su enfermedad, «me pareció que Jaime tenía un aspecto bastante sano», recuerda él. Pero aquel hombre era muy distinto al que Dionisio Cañas había introducido en los antros gay de Nueva York y con el que luego había mantenido un breve *affaire* en Madrid. En cinco años había cambiado enormemente, y él tuvo que borrar las imágenes festivas del ayer para enfrentarse con «el hombre canoso y cansado que tenía ante mí». Aquella mañana los dos escritores hablaron de poesía norteamericana, pero Cañas percibió que en el fondo «Jaime estaba más interesado en el cine o en el arte que en la poesía». Gil de Biedma se confesó admirador de Pedro Almodóvar. Le dijo a Dionisio que «la capacidad irónica y a la vez sentimental de Almodóvar no la encuentro en la poesía que he leído últimamente, que me parece en extremo erótica e intimista o demasiado decadente». Era una objeción habitual a la lírica española contemporánea. La charla prosiguió en el bar de un hotel próximo a Tabacos, donde Gil de Biedma le reveló la existencia de un diario erótico que había escrito en Filipinas en 1956. Pero le dijo también que su publicación provocaría un escándalo entre su familia y sus compañeros de trabajo. Al despedirse se comprometieron a seguir en contacto para el tema de la antología. Y Dionisio Cañas se fue de Barcelona con la impresión de que los rumores sobre la grave salud del poeta carecían de fundamento.

Pero su suerte cambió. Por lo visto, Jaime Gil había contraído un fuerte resfriado en Granada, en noviembre, que derivó en un proceso gripal que afectó a su precario sistema inmunológico. Recuerda su hermana Marta que «Se puso malísimo. Y cuando volví a verle tres meses después era otra persona». Jaime le había llamado por teléfono anunciándole que iba a Madrid para un consejo de Tabacos, y su hermana acudió al aeropuerto a recibirle. Pero mientras le esperaba en la terminal, el corazón le dio un vuelco. ¿Qué hacía su abuelo paterno, surgiendo como un fantasma entre la nube de pasajeros? El abuelo Javier había muerto en 1923, de un cáncer fulminante, pero allí estaba, delgado y envejecido, acercándose a ella con una amarga sonrisa. Era el poeta. Sólo cuando Marta identificó a Jaime en aquel espectro de familia empezó a entender que su hermano «ya llevaba la muerte en la cara».

Aquella noche hubo un partido de fútbol en el estadio Bernabeu, así que no pasaron por casa de ella y acudieron directamente a un restaurante de la calle García de Paredes. Durante la cena, Gil de Biedma le comunicó a su hermana que le habían desahuciado en el Instituto Pasteur de París. «Los médicos me han dicho que no vuelva más, porque sólo va a ser una costosa pérdida de tiempo y dinero», le dijo sin rodeos. Desde ahora, iba a someterse a supervisiones periódicas en el Hospital de Bellvitge, cerca de Barcelona, para seguir la evolución final de la enfermedad. Pese a que el poeta llegaba directamente de Francia, parecía haber encajado la noticia: «Estaba muy entero», recuerda Marta Gil, pero ambos sabían que el veredicto del Pasteur era poco menos que un certificado de defunción. Durante la cena aparecieron muchos temas relacionados con la vida. Marta recuerda que le preguntó: «¿Por qué no fuiste catedrático de literatura, Jaime? Te habría sido facilísimo.» Pero el poeta repuso: «No tenía temperamento de opositor; no tenía virtudes para la enseñanza. La vida universitaria no era para mí.» En el fondo, ambos sabían que ninguna otra vida habría sido para él. Aún hoy, su hermana cree: «No he visto una inteligencia tan clara con una vida y un final tan tremendo. Él se lo buscó y lo encontró. Siempre pensé que conseguiría más con él, pero logré poco.»

A partir de entonces, Gil de Biedma tuvo que vivir una segunda etapa más amarga de su calvario: informar a los íntimos del repentino agravamiento de su enfermedad. Dice Ana María Moix: «Fue un palo porque él se encontraba muy bien. Incluso se le había ido el Kaposi.» Àlex Susanna, por su parte, aún recuerda su vitalidad en el homenaje a Eliot de 1988. «Estaba pletórico. Bebiendo. Y viviendo con la misma intensidad de siempre.» La creencia de que su fortaleza física, unida al tratamiento, le había permitido burlar al destino se derribó con estrépito. Al principio, siguió acudiendo al trabajo, si bien Meler decidió exonerarle definitivamente de los agotadores viajes de negocios. Primero había sido Filipinas, aquella tierra tan querida que lo había hipnotizado en su juventud, y que en los últimos años ya no decía lo mismo. Luego otros destinos habituales como Tokio, Moscú, Londres o Nueva York desaparecieron del horizonte. Y por último se esfumó Madrid. Casi medio siglo después de su primer viaje a Inglaterra, su pasaporte quedó recluido en el armario de su dormitorio.

El pudor del poeta alcanzó su cima en la penúltima fase de la enfermedad. Gil de Biedma percibe que ha recaído y se siente herido de muerte: conoce, además, el deterioro indigno que le espera y decide despedirse como un caballero. No sabemos si fue una decisión meditada o una fiebre de súbitas nostalgias lo que le indujo a llamar por teléfono a personas que apenas veía. Pero lo cierto es que en la última primavera de su vida volvió a comunicarse con amigos con los que había compartido momentos de felicidad. La fotógrafa Colita recuerda que Jaime la llamó para invitarla a comer cerca de Tabacos, con el pretexto de mostrarle unas fotografías de La Nava que había encontrado en un cajón. Dice: «Me enseñó unas fotos en color de la casa, porque estaba seguro de que eran mías. Me costó bastante convencerle de que ni en coña. ¡Si lo sabré yo! Ahora comprendo que el virus ya le estaba atacando el cerebro.» Durante el almuerzo no se habló de la enfermedad, pero hay un detalle que la fotógrafa conserva a fuego en la memoria: «Estuvimos juntos más de dos horas y Jaime se pasó todo el rato hablando de Bel.» Inconscientemente, era su modo de rescatarla de las sombras, de devolverla a la vida, de decirle adiós ante una amiga común. «Comprendí que no se le había ido de la cabeza. Nunca pudo olvidarla. ¡Jamás!», comenta Colita. Luego, los amigos se despidieron cariñosamente en la calle. Y, por última vez, ella le vio desaparecer entre el gentío de las Ramblas en dirección al vetusto edificio de la compañía.

El editor López de Lamadrid recuerda, a su vez, que Gil de Biedma le invitó a cenar en compañía de Beatriz de Moura. Pero finalmente él no pudo asistir: «Jaime preguntó mucho por mí y le supo muy mal que yo no hubiera ido. No pensé que era una despedida, pero me he arrepentido siempre, porque era su manera de despedirse también de mi primo Carlos, de los veranos en Comillas, de su adolescencia.» Cuando las noticias sobre su salud se extendieron, hubo diversas reacciones. Colegas como Ana María Matute y Juan Goytisolo optaron por un respetuoso silencio. Según Matute: «Me di cuenta que quería morir solo, tranquilo, en la guarida del lobo.» Goytisolo, por su parte, no quiso imponer su presencia y aguardó una señal que no vino. Le dejó así «en su digno y silencioso enfrentamiento al destino: en soledad, la gloria más profunda», escribirá después. Pero un hombre como Jaime Gil había dejado un rastro demasiado nítido. Y todo regresaba en el peor momento.

A mediados de abril aparece en *El Independiente* una larga entrevista realizada a finales del año anterior. Esta publicación provocará en el enfermo cólera, desconcierto y un profundo desasosiego. En ella Antonio Puente, el autor, revela sin tapujos la orientacion sexual de Gil de Biedma y, lo que es peor, sugiere que éste se jacta públicamente de ello. Pese al estilo antiperiodístico de Puente, expresiones como «Homosexual asimismo manifesto» o «concretar en espermas y tendones las abstractas noches eliotianas» resultan cristalinas. El entrevistado nunca ha escrito nada semejante y continúa siendo muy celoso de su vida privada. Pero una nueva generación trata de arrancarle alguna confesión de impacto y juega a manipular sus palabras. Según Carme Riera: «Era muy típico de Jaime. Se tomaba unas copas, hablaba más de la cuenta, y luego se cabreaba cuando lo veía publicado.» Aun así, no debemos restar importancia a este episodio por una razón fundamental: el poeta se está muriendo. Y en esta circunstancia amarga nada puede dañarle más que el hundimiento definitivo de su reputación. Durante cuarenta años ha caminado sobre el filo de la navaja y ha sabido mantenerse milagrosamente en pie. Pero ya no le quedan fuerzas para detener una ofensiva que va estrechando el cerco y amenaza con despojarle de todos sus disfraces. Apenas tiene energía para acudir heroicamente al trabajo, despachar algunos asuntos y responder a las cartas, despedirse de los amigos de forma discreta, y volver temprano a casa donde se oculta al caer el sol como una fiera moribunda y acorralada.

El 1 de mayo, Dionisio Cañas le escribe para informarle de los avances de su antología, expresándole el deseo de escribir en el prólogo algo sobre el erotismo de su poesía. Al día siguiente Gil de Biedma le envía un telegrama urgente desde Tabacos: «Recibida y ayer tu carta del día 1 que me ha dejado muy preocupado. Stop. Te escribo hoy mismo. Stop. Un abrazo.» Dionisio Cañas le llamó inmediatamente por teléfono para conocer el motivo de su preocupación y el poeta le explicó que abordar «claramente» el tema amoroso le traería «muchos problemas». Dos semanas después Cañas recibió esta carta de Gil de Biedma, que era un autorretrato íntimo muy diferente del personaje que todos creíamos conocer:

> Querido Dionisio,
> tu idea de analizar abiertamente los elementos eróticos de mi poesía me ha llenado de preocupación. Si pretendes abordar el tema, yo te rogaría que eludieras la transparencia y jugaras con la ambigüedad, como hago en mis poemas. En esta época penosa y enrevesada, podrías producir un grave transtorno en mi vida, e incluso ocasionarme daños irreparables.
> Mi homosexualidad es algo perfectamente asumido y tolerado en el mundillo literario español. Y para los que me conocen de él resulta desconcertante que mi realidad sea muy otra en los círculos de mi familia y el trabajo, donde siempre ha transcurrido mi vida. En esos círculos, la mayoría conoce mi secreto pero jamás han descubierto el velo. Por eso me ha sido posible vivir libremente mi sexualidad y hacerlo con una reserva casi absoluta. Ahora bien, si alguna circunstancia externa –una alu-

sión escrita– les obligara a pronunciarse, responderían inmediatamente con brutalidad para no verse involucrados en un escándalo público que, a su juicio, les arrastraba también al fango. Aún me quedan algunos enemigos en Tabacos que antiguamente aprovecharon mi homosexualidad para derribarme, y si logré evitarlo fue porque el conflicto se reducía a mi vida privada y los miembros del Consejo no quisieron abrir la Caja de Pandora. Pero cualquier prueba escrita sobre mi filiacion erótica me dejaría definitivamente a su merced.

En la última época, varios periodistas pretendieron desenmascararme en algunas entrevistas y eludí el tema con los mejores argumentos. Pero fue inútil; en ellas se aludía a mi homosexualidad y, a tenor del contexto, daba la impresión de que yo mismo había mencionado abiertamente el asunto. Harto, tomé la decisión de renunciar a las entrevistas, salvo en casos de probada lealtad y de interlocutores fiables. Pienso en Maruja Torres, por ejemplo, cuya entrevista para el suplemento de *El País* era una joya periodística, hecha de astucia y sutileza, en la que sin contar nada se decía todo.

Recuerdo haber vivido una semana muy mala con aquellas entrevistas, pero afortunadamente la prensa tiene una existencia muy breve y ninguno de aquellos periódicos era de tirada nacional. Los libros, en cambio, son más longevos e ignoramos su verdadero destino: es una factura que puede volver en cualquier momento. Si tú arrancas el velo, el lector creerá que te he dado mi autorización, y teniendo en cuenta la tendencia de nuestros críticos y universitarios a citar, copiar y reproducirse, ninguno dejará escapar la ocasión de repetir tus tesis. Un drama.

Desde una perspectiva literaria, además, mi poesía erótica nunca ha sido explícitamente gay sino voluntariamente ambigua. Nunca se aclara el sexo del amado y los versos tampoco invitan a descubrirlo. Otra cosa es que el lector tenga noticia de mi vida secreta. Resulta llamativo que dos grandes expertos en mi poesía, ajenos a la sociedad literaria española –Richard Sanger y Tomás Segovia–, sólo repararon en mi homosexualidad cuando me conocieron en persona y yo mismo les hablé de ella.

Mi ambigüedad poética no sólo respondía a mi propósito de cubrirme las espaldas. Había otra razón. En mis reflexiones sobre el vínculo amoroso o erótico, el sexo del amado era secundario: me preocupaba más descubrir la dinámica de deseos, posesión, desencanto y melancolía que constituyen el entramado de fuerzas que rigen en la pareja. ¿Qué ocurre en una relación amorosa? Ésta es la clase de experiencia que quise reflejar, no el deseo erótico de la persona. Dado que esa experiencia es esencialmente idéntica en las uniones homosexuales, heterosexuales (de las que también puedo hablar) o sáficas, mi poesía es aplicable a cualquiera de las tres. O al menos ésa era mi intención.

Por último, debo confesarte que la poesía homosexual contemporánea que me gusta –a excepción de Kavafis y Cernuda– se puede contar con los dedos de una mano. En general me resulta demasiado autoconsciente y demasiado reivindicativa. Parece que el poeta, y con él el lector, estén más interesados en el sexo del ser amado o deseado que en el sentimiento amoroso o la pulsión erótica. La literatura homosexual por sí misma no me convence, del mismo modo que no me agrada la literatura católica militante.

Por la rapidez de esta carta y por la desmedida longitud de mis explicaciones adivinarás el grado de profundísima inquietud que me produce tu idea de desnudar mi poesía. En nombre de nuestra amistad, te suplico que evites causarme problemas en mi vida, que ya es suficiente compleja y desdichada en estos momentos. Te lo ruego por favor.

Un abrazo

El tono dramático del mensaje es el barómetro más fiel de su desasosiego. Bajo ningún concepto iba a permitir que le arrancaran la máscara antes de caer el telón.

Los temores del poeta coinciden en el tiempo con su voluntad de resolver los asuntos legales. El 18 de abril había remitido por vía notarial una carta a la agente literaria Carmen Balcells. Junto con esa carta le envió también un sobre cerrado que contenía el manuscrito del *Retrato del artista en 1956*. El texto más escabroso de Gil de Biedma quedaba, así, bajo la custodia de la señora Balcells quien, siguiendo las instrucciones expresas del autor, no podía entregarlo a ningún editor hasta después de su muerte. El poeta concedía amplia autorización a su agente para que su voluntad fuese respetada e instaba a que la obra no fuese publicada hasta que su heredero –Josep Madern– lo juzgara más oportuno. En el caso de que Madern muriese antes de haber tomado una decisión, o no estuviera en condiciones de tomarla, Carmen Balcells quedaba facultada para decidir sobre el particular. Asimismo, Jaime Gil expresaba su deseo de que la agencia literaria siguiera haciéndose cargo de la gestión y administracion de sus derechos de propiedad intelectual, tras su fallecimiento, así como de los papeles literarios y del archivo personal.

La carta a Carmen Balcells era, pues, un hito en la ceremonia del adiós: el paso necesario para asegurar el futuro de su obra literaria... Algo que jamás había dejado de interesarle, pese a su largo silencio y sus continuas alusiones al desencanto poético y al descrédito de la nueva literatura. Releyendo la carta, las disposiciones al respecto quedan bastante claras: aparentemente todo estaba en orden, pero un borrón en el penúltimo párrafo del manuscrito transmite la sensación de apremio. Es el reflejo de su impaciencia, de su ansiedad, de su lucha contrarreloj antes de iniciar la subida al Gólgota.

Un mes después, el 23 de mayo, el poeta acude al despacho del notario Bartolomé Masoliver Ródenas, en el Paseo de Gracia, 77, para otorgar su último testamento. En un documento anterior había dejado la casa de Ultramort a su ahijado Mario, uno de los hijos de su hermano Luis. Pero en este nuevo testamento hubo cambios sustanciales en favor de Josep Madern. El testador dispuso lo siguiente: legar a sus hermanas, por iguales partes, las acciones de la sociedad «Los Alisos, S. A.» que eran de su propiedad, así como todas las propiedades inmuebles que poseía en la provincia de Segovia. Pinares, viñas, fincas rústicas... A Madern le prelegó el piso de Maestro Pérez Cabrero y la casa de Ultramort y todo lo que contenía; asimismo, le prelegó los derechos sobre su obra literaria, papeles, archivo, etc... Y le instituyó heredero universal. A la muerte del poeta, el actor recibiría también las cuatrocientas quince acciones que aquél poseía de la Compañía de Tabacos y la indemnización por defunción –unos cinco millones de pesetas– de la Caja de Previsión del Personal de la empresa. Sabemos que Gil de Biedma excluyó a su hermano Luis del testamento, sellando así una larga trayectoria de profundas divergencias personales. Estaba en su derecho. Pero su compromiso con Madern le impidió hacer justicia con sus sobrinos, a quienes quería, y con los que había compartido muchos momentos de felicidad familiar que exceden el perímetro de este cuadro.

Durante años se ha creído que el poeta recompensó a Madern por su conducta abnegada en la enfermedad. Pero no fue así: las cláusulas, como sabemos, estaban estipuladas de antemano. Eso explicaría el celo del actor para evitar que la familia del enfermo acudiera con frecuencia al apartamento. Alguna hermana Gil de Biedma sostiene que «En aquella casa era muy difícil entrar», aunque sabemos que Marta y Luis lo hicieron sin restricciones. ¿Era ésa la voluntad del poeta? Hay motivos para creerlo. Según Jorge Vicuña: «Jaime me utilizó de escudo para protegerle de su familia. No quería que las hermanas aparecieran allí con curas y sermones. Por eso me nombró albacea. Me dijo: "A ti te respetarán".» La frase induce a creer que tenía miedo de no ser respetado, o no se veía con fuerzas de imponer su voluntad. Si Gil de Biedma empleó a un viejo amor para esa función, parece coherente que recurriera a Madern para protegerse de nuevas intromisiones familiares... Y el actor, obviamente, interpretó el papel al pie de la letra. Según un testigo: «Pep tenía miedo de que si la familia entraba en la casa, Jaime cambiara el testamento.» Los temores de Madern –quizá algo paranoides– tenían en cambio la más noble causa: sabía que también estaba condenado a muerte, y su mayor preocupación era dejar a su madre una herencia que le permitiera afrontar dignamente la vejez.

Para entonces, Jaime Gil y Josep Madern ya eran plenamente conscientes de que estaban protagonizando una de las historia más trágicas del siglo: la lucha contra el sida. Pero aunque el poeta intervino en ese drama terrible, no pudo vivir la gran historia de amor final que merecía –aunque sólo fuera por cuestión de estilo– su extraordinaria peripecia amorosa. Resulta una amarga ironía que el último gran poeta del amor no llegara a conocer ese sentimiento sublime, pleno de sutilezas emocionales, que experimentaron miles de homosexuales en todo el mundo. Seres que se amaban, que enfermaron juntos y que murieron amándose, consumidos hasta los huesos. En su caso la realidad acabó pareciéndose al lado más oscuro y sórdido de sus poemas. Es cierto que Madern se ocupaba de él. Pero tras el adiós al teatro había iniciado una brillante carrera como actor de doblaje y sus compromisos le mantenían muchas horas fuera de casa. No podía ni quería desaprovechar su última oportunidad. Y tampoco debemos censurárselo. Gil de Biedma quedaba entonces a cargo de Felisa, la fiel asistenta, que nunca le había abandonado pese a haberse visto beneficiada años antes con un premio de lotería y no necesitar ya dinero alguno.

Jaime Salinas recuerda haber visitado al enfermo aquella primavera. Cuando entró en el salón, el autor de *Poemas póstumos* salía del baño cubierto con un albornoz blanco. «Me habían hablado tanto de su salud, que tuve miedo de encontrarme con un despojo. Pero no fue así», dice el editor. De pronto Salinas reconoció el intenso aroma de colonia de su amigo: hacía años que no había vuelto a oler a Álvarez Gómez, la colonia que usaba el poeta en la época del Sótano Negro. Durante un segundo, la imagen de un Jaime robusto y pletórico, saliendo de la ducha, irrumpió en su mente como un eco del pasado. «Me dio la impresión de que se la había puesto especialmente para recibirme, como si quisiera que yo recordara aquellos días.» De ser así, Gil de Biedma había planeado ese encuentro según el canon de los anteriores, a sabiendas de que era la última cita. Según Salinas: «Jaime no me dijo nada del sida. Luego apareció Josep, pero no me sedujo especialmente. Tenían una relación bastante fría, lo que me entristeció. Y me di cuenta de lo solo que estaba Jaime.»

Gil de Biedma, sin embargo, ha perdido fuerzas para combatir su soledad sentimental, y un alto sentido del pudor le mantiene cada vez más alejado del mundo. Aquella primavera, la doctora Charo García Verde le llamará en varias ocasiones para interesarse por él. Pero como en otros casos, el enfermo se niega a recibirla en su domicilio. Los argumentos empiezan a sernos familiares. Jaime le dijo: «No quiero que presencies mi deterioro. Es un gran horror el deterioro del ser humano. Te quiero demasiado, Charo. No quiero que me veas así. Quiero que me recuerdes como siempre. No sabes el paisaje que me espera.» En realidad es un horizonte de negrura, un desierto de tierra calcinada... En este lugar, los dioses van a despojarle de lo más querido: el Agua, el Sexo, el Habla, la Risa, la Poesía, los heraldos fieles de su felicidad. En el pasado, Gil de Biedma había expresado un sentimiento que puede sintetizarse así: «Yo soy muy sensual. El día en que me falte la sensualidad, tomar una copa, sentir el buen tiempo, meterme en una piscina o en el mar, ver a alguien que está muy bien físicamente... El día en que todo eso me falte, la vida será un sitio inhóspito.» Ya no había otro lugar.

Para entonces el enfermo no acudía al despacho. Manuel Meler le concedió una baja temporal manteniendo así la ficción de un retorno, pero en los últimos tiempos su presencia allí sólo era puramente testimonial. Jaime Gil pasaba las horas atendiendo a la correspondencia o mirando absorto la ventana. ¿Cuántas veces se había asomado a ella? A lo largo de treinta y tres años había contemplado eternamente el paisaje de las Ramblas. El mismo fragmento de vida... La fachada de los almacenes Sepu, el quiosco de flores, la riada humana que avanzaba entre los árboles... Según Jorge Vicuña: «Aquello fue su condena. Miles de horas con los brazos cruzados mirando por esa maldita ventana. Sus padres no le hicieron ningún bien poniéndolle allí.» Es posible. Pero también es cierto que trabajar en la empresa *familiar* le permitió conocer el mundo antes que ningún otro español de su generación y lucir la máscara social de un ciudadano respetable. Según Alberto Oliart: «Ser secretario general de Tabacos, ir con la gente que iba, vivir como vivía y ganar el dinero que ganaba era una parte muy importante de su propio ser.» Para bien o para mal, Gil de Biedma habría sido otro hombre lejos de la Compañía de Tabacos de Filipinas. Y otro poeta.

Durante el mes de junio las llamadas de los amigos se sucedieron. Àlex Susanna recuerda haber intentado varias veces concertar una cita con él, que se negó cortésmente a recibirle. Recuerda Susanna: «Al final, Jaime me vino a decir, emocionado, que se estaba muriendo. Y me quedé hecho polvo. Supongo que se daba cuenta de que ya no podíamos hacer lo que habíamos hecho siempre: hablar de poesía. Ya no volví a llamarle más.» ¿Qué le ocurría? En realidad, Gil de Biedma estaba sucumbiendo a una de las enfermedades oportunistas derivadas del sida: en concreto, un trastorno neurológico conocido como LMP (leucoencefalopatía multifocal progresiva). De haber sido atacado, por ejemplo, por la clásica pulmonía *Pneumocystis carinii* quizá no habría perdido de aquel modo sus facultades intelectuales. Pero el LMP tenía devastadores efectos sobre el área blanca del cerebro.

La primera señal de alarma la percibió Madern. Una mañana le preguntó al poeta si había terminado el desayuno. Y éste respondió sin inmutarse: «No, todavía no. Me faltan mis obras completas.» A partir de entonces, el enfermo comenzó a hablar con mayor lentitud y a perder la memoria. No perdió, en cambio, la conciencia de su drama. Y como tantos otros enfermos de sida no sólo sucumbió al desánimo y la fatiga sino a la humillación –física y moral– derivada de su padecimiento. Recuerda Marsé: «Madern me contó que a veces llegaba a casa después del trabajo y se lo encontraba llorando.» En esta fase el actor decidió ponerle en manos de una enfermera profesional. Lamentablemente, no era la persona adecuada. Según Jaime Salinas: «En realidad no era enfermera, claro, porque las enfermeras y enfermeros no querían cuidar de esta gente. Era una mujer con bata blanca. Una mujer poco atractiva, sin ninguna finura ni sensibilidad.» «Era incompatible con Jaime», confirma Marsé. «No sabía tratarle», dice Ana María Moix. El hombre cuya Luna en Júpiter le había traído fortuna con las mujeres se encontraba ahora frente a su antimateria. Y sólo Felisa le proporcionaba por unas horas el viejo calor del pasado. El enfermo debió de pensar a menudo en las viejas criadas de la calle Aragón, especialmente en Modesta, su hada protectora. Pero Eti había fallecido en 1973, sin olvidar nunca el jardín de la infancia. Según Blanca Gil de Biedma: «Estaba en el hospital, ya ciega y con la cabeza casi perdida; había otra viejecita en la cama de al lado, que con voz suave pidió: "Quiero pipí." Y Eti, creyendo que era una niña, le dijo a mi hermana Carmen: "Ay, Carmencita. Qué rica. Ponla, ponla." Luego murió.»

Gil de Biedma no perdió, sin embargo, el cariño de la familia ni de los amigos más fieles. Jorge Vicuña, Juan Marsé, Rosa Sender o Ana María Moix solían visitarle con frecuencia e informaban luego a los demás. A finales de junio, Carlos Barral le hace llegar un ejemplar de la reedición del *Diario de Metropolitano*. Según él, «Jaime estaba en un momento de lucidez, entre dos extravíos», un lapso que el enfermo aprovecha para enviarle una carta con caligrafía titubeante, en papel timbrado. Barral intuye que esta carta será «seguramente la última»:

23 de junio 1989

Querido Carlos,

Gracias por el diario del que los de Granada me habían remitido ya un ejemplar. Qué remoto todo, verdad. En ocasiones así es cuando uno advierte cuánto han cambiado los demás y uno mismo.

Un fuerte abrazo

Jaime

El mensaje resulta descorazonador. Y Barral llama por teléfono a Madern para concertar una cita cuando las circunstancias sean favorables. Dos semanas más tarde, Gil de Biedma experimenta una repentina mejoría y Josep llama a Barral. Inesperadamente, el enfermo se encuentra mucho mejor, «lúcido, relativamente en pie, en una cadencia ordenada». La cita tendrá lugar el jueves, 12 de julio, en el domicilio de Maestro Pérez Cabrero. Según Ana María Moix, que aguardaba en la puerta, vio detenerse un taxi del que bajó el matrimonio Barral. Era la una de la tarde. Ya en el apartamento, los testigos temieron un encuentro emotivo que pudiera sonar a despedida. Pero, como recuerda la escritora: «Estuvieron perfectos, cada uno en su papel.» Oigamos sus palabras:

–Hombre, Jaime –saludó Barral–. No tienes buen aspecto.

–Pues mira que tú... Estás en los huesos.

Entonces Barral le entregó el primer capítulo de sus memorias de infancia.

–Te he traído unas páginas nuevas– dijo.

–¿No estarás otra vez con Calafell?

–Sí.

–¡Qué coñazo!

–No es lo mismo, Jaime. Éstos son mis primeros recuerdos infantiles.

–¿Como *Les Mots* de Sartre?

–Sí –repuso Barral con esperanza.

–Doble coñazo.

Suenan las primeras risas. Luego reemprenden la charla. En apariencia son los grandes amigos de siempre. Pero la realidad es mucho más dura. Al día siguiente, Carlos Barral refleja el encuentro en sus Diarios:

> Una hora y media. La hora última. Estoy desmoronado. Es algo terrible de lo que no me puedo liberar y que me contaré en otra ocasión.
> Le dejé las dos primeras pp. del libro sobre la infancia. No creo que alcance a leerlas.

Aquella misma semana Ana María Moix hizo una nueva visita al enfermo, que le recibió desolado. «Las he perdido. Carlos me dejó sus memorias y las he perdido. Eran trescientas páginas, un tocho así, y no las encuentro por ninguna parte.» ¿Qué pasa? Literatura, obsesión, miedo. Movidos por la gravedad de su salud, algunos amigos vuelven a escribirle. Es el caso de Luis García Montero, que en un mes le envía dos cartas. Aunque lo intuye, el joven poeta no puede saber el esfuerzo casi sobrehumano que ha de realizar el maestro para responderle. Gil de Biedma ha aprovechado un raro momento de lucidez para tomar la pluma y ponerse a escribir. Sin embargo, su caligrafía transmite todo el horror de una enfermedad que ya ha usurpado definitivamente el trono. El cerebro apenas coordina, y los brazos y las manos envían unas señales creadoras que sólo son un penoso resto del pasado. En esta breve carta, de letra esforzada e irregular, se detectan al menos una docena de errores caligráficos. La luz se extingue.

Gil de Biedma pasó el último verano de su vida en Calafell. Acompañado por Madern, se instaló en el moderno chalet de la familia Marsé, erigido en la ladera de una colina que se extendía hacia el mar. En Calafell pudo llevar una vida tranquila y hogareña y recibir de paso las visitas de los amigos que veraneaban en el pueblo: el matrimonio Barral, Ana María Moix y la doctora Sender. Según Juan Marsé, el poeta pasaba muchas horas sentado en el jardín, a la sombra del algarrobo, con su batín y su copa de cava. Aunque se encontraba en una fase muy avanzada de la enfermedad –problemas de visión, equilibrio y habla– parecía animado y bastante lúcido la mayor parte del tiempo. Disfrutaba con los aperitivos y las comidas junto a su guardia pretoriana, aunque era escasa su tolerancia a los alimentos. Recuerda Joaquina Marsé: «Ya no tenía ganas de comer guisados, tanto que le habían gustado a él. Era muy partidario de cocidos, de estofados, de escudella... Las lentejas le gustaban de locura. Pero la última vez que las hice le tiraron para atrás. El hígado ya no le aguantaba.» El avance del sida le obligó a cambiar de hábitos: fumaba muchos cigarrillos, algo inadecuado, y comía cantidades asombrosas de yogures, que Josep y Joaquina fabricaban incesantemente en una yogurtera. En más de una ocasión los anfitriones le habían descubierto levantándose de noche para abrir la nevera y comer chocolate. Según Joaquina Marsé: «Jaime se pasó al dulce. Comía tabletas enteras de chocolate. El comer eran los deseos de ponerse bien, de vivir.»

Cuando Carlos Barral acudía a la casa, se sentaban a charlar bajo el algarrobo. El editor seguía trabajando en sus memorias infantiles y exponía a la consideración de Gil de Biedma ciertos detalles y solicitaba luego su opinión. Pero como escribe Marsé, era un afán inútil, casi patético, «por azuzar y despertar el interés emocional e intelectual del amigo enfermo, hacer brillar de nuevo aquella hermosa inteligencia y aquella sensibilidad de Jaime que tantas veces, durante tantos años, en parecidas ocasiones de amigable conversación y de copas, nos habían deslumbrado». Aquellos eran instantes dolorosos porque, en el transcurso de la charla, el poeta emitía alguna palabra o frase inconexa, aislada, pronunciada como al azar y aparentemente sin sentido. Marsé recuerda en presente esa palabra que a Jaime «se le queda a medias en la boca, que no acierta a expresar, una palabra que ahora mastica como si fuera una ceniza amarga, y puedo tropezarme ahora otra vez con la mirada estremecida de Carlos buscando la mía». Otras veces exclamaba con rabia: «Pues entonces no iré. No iré, ¿lo oís? No pienso ir.» Para un hombre sensible como Barral aquellas escenas le partían el corazón. Ver los ojos claros de Jaime, velados por una fatiga indecible, las manos tanteando la mesa en busca de los cigarrillos, sus dificultades para mantenerse en pie... El 7 de agosto anota en su Diario: «Visitas casi diarias a J. G. en el jardín de los Marsé. No me acostumbro y son cada vez una lanzada.» El 23 de agosto habla también de «Pereza, grave decadencia del ánimo, tal vez acelerada por la confrontación de Jaime G.». Yvonne Barral lo confirma: «Lo peor era ver las ruinas de su inteligencia. Jaime nos había enamorado, impactado y seducido a todos con su inteligencia y ahora apenas le quedaba nada.»

Una mañana luminosa Gil de Biedma se aventuró solo y ya desvalido por el jardín. Marsé lo encontró apoyado en su bastón, parado sobre el césped, mientras escrutaba más allá de los pinos la reverberación festiva del mar. Pero la espuma lenta de las olas ya no le devolvía recuerdo alguno. Sentado en la terraza del bar L'Espineta, Barral, en cambio, sucumbía a los embates fieros de la memoria. Cada ola era un recuerdo del amigo enfermo en aquel mismo lugar. Calafell. La lejana noche, por ejemplo, en que ambos sacaron el *Fisis* –un viejo falucho pescador– para bogar luego desnudos y borrachos rumbo a las islas Columbretes. Aún creía oír la voz bronca de Jaime arrastrando un tango que se perdía entre las aguas negras. Ahora sólo él podía recordar en silencio aquellas escenas festivas del pasado.

Otras veces la memoria de Gil de Biedma estallaba en un fogonazo luminoso. Joaquina Marsé recuerda una mañana en la cocina de su casa: estaba cortando unos tomates cuando sonó en la radio *La bien pagá*, por Conchita Piquer. De pronto, un extraño sonido gutural le llegó del jardín y se asomó a la ventana. Vio a Jaime sentado bajo el algarrobo, el rostro iluminado, los labios liberando en esfuerzo supremo una frase que era toda su vida:

Que he pagao con oro tus carnes morenas...

Dice Joaquina: «Jaime se emocionó muchísimo. Intentó cantarla toda. Pero no le salió. Aparté la vista del jardín. Y seguí cortando los tomates, que me quedaron llenos de lágrimas en el fregadero.»

En el plano clínico, aquel verano en Calafell fue beneficioso. Tras la alarmante pérdida de peso, el enfermo había engordado dos kilos y creyó ver una débil luz de esperanza. Dice Joaquina Marsé: «Estuvo estupendo y vino felicísimo a Barcelona. Engordar era un éxito extraordinario.» Pero su hermana Marta conserva esta imagen del regreso de vacaciones: «Me acuerdo de lo mal que andaba y lo viejo que estaba. Fuimos a comer a La Puñalada y yo lo llevaba sujetándole. Debieron pensar que era mi abuelo. Se sentía tremendamente cansado.» En pocos días el efecto beneficioso se había desvanecido. Entonces Gil de Biedma le pidió a Joaquina Marsé la casa de Calafell. La idea del poeta era regresar al pueblo en compañía de Madern para pasar allí el mes de septiembre. Pero la experiencia resultó un completo fracaso. Ya no estaban los Marsé, ni los Barral, ni la Moix, ni el perro de compañía. El paso de una vida familiar idílica a la convivencia a solas de dos homosexuales que ya no se amaban, fue demoledor. Tampoco el clima les fue propicio. Los septiembres mediterráneos dejaban a su paso las tormentas de final de verano y, con ellas, el anuncio del otoño. Ahora Gil de Biedma veía el largo arenal desierto y la mole ocre del viejo sanatorio tuberculoso barrida por el viento que arrastraban las olas. Su única distracción era observar el paso de los trenes en la lejanía, perdiéndose hacia el Sur. En aquel teatro melancólico, Madern tuvo que cuidar de él en penosas condiciones, hasta que al final arrojó la toalla. Dice Joaquina Marsé: «Josep me comentó que ya no podía más y se volvieron.» El último viaje del poeta concluirá entonces de forma abrupta, a bordo de una ambulancia, que le devuelve a Barcelona. El retorno a su domicilio adquiere la dimensión del símbolo. Es un viejo general derrotado a las puertas de la muerte. Ya no saldrá más.

En el mes de septiembre el panorama se hizo cada vez más sombrío. Jorge Vicuña recuerda una visita a Maestro Pérez Cabrero: «Me recibió Josep, con un albornoz blanco sucio, bambas y los calcetines caídos. Era terrible aquel espectáculo de dos hombres muriéndose.» El actor llevaba varios meses soportando un gran peso psíquico y emocional. Estaba al límite. «Había días que llamaba a casa histérico perdido», comenta Ani Gil. El estado del poeta le impedía, además, atender relajadamente los compromisos profesionales y su vida social era mínima. Afortunadamente, había dejado de entregarse al sexo desesperado y se limitaba a acudir al Maryland, una sala X de la plaza Urquinaona. A finales de los ochenta, este cine era el lugar de encuentro de los gays infectados por el sida, que se ocultaban allí en busca de desahogo sexual. Muchos de sus camaradas habían muerto, muchas de sus parejas –como Jaime– agonizaban en casa: el cuadro era tan tétrico que huían a aquella caverna en busca de caricias prohibidas. Siluetas anónimas bajo un haz de imágenes obscenas: hombres escuálidos, rostros demacrados, perfiles funerarios. Era el nuevo lazareto, moribundos a la captura de los últimos instantes de placer, en una atmósfera de semen enfermo y zotal.

Jorge Vicuña recuerda: «Pep me llamó para decirme que no aguantaba más. Estaba desbordado y quería cerrar la casa de Jaime cuanto antes. Me habló también de un asunto asqueroso.» ¿Cuál? Desde la primavera el deterioro galopante del poeta hacía sufrir a los otros. Según la doctora García Verde: «Sus amigos íntimos se dividieron en dos grupos: los partidarios de facilitarle una salida como la eutanasia y los que se opusieron por razones morales. No sé quién ganó al final. Pero fue un debate que llegó a mis oídos y debió de crear muchas dudas y fricciones.» En realidad, había habido un debate anterior, cuando la familia y los amigos se plantearon la posibilidad de trasladarlo a una clínica. Recuerda Marsé: «Llegamos a la conclusión de que si no era imprescindible, sacarlo de su ambiente iba a ser peor.» Pero ahora era distinto: ¿podía practicarse la eutanasia? Oficialmente estaba penada por la ley. Sin embargo, un pequeño grupo de ciudadanos se habían inscrito en una asociación extranjera que abogaba por el derecho a morir dignamente. Sabemos que algunos médicos españoles pertenecían a dicha asociación y que algunas clínicas de Barcelona se avinieron clandestinamente a colaborar. El método era muy simple: el médico inducía al paciente un profundo sueño con barbitúricos y después le inyectaba un paralizante muscular para causar el cese de la respiración. Luego firmaba el correspondiente certificado de defunción. Algunos amigos creían que ése debía ser el destino de Gil de Biedma. La sombra de la eutanasia sobrevoló, pues, los últimos meses de su vida.

Entre los partidarios se encontraban, presumiblemente, Carlos Barral, Josep Madern y Beatriz de Moura. En cambio, Marsé se habría opuesto porque «Jaime nunca me había comentado su deseo respecto a este asunto. Yo estuve aquel verano con él y vi cómo se aferraba a la vida». El novelista asegura que: «Intentaron convencer a Jaime para que se apuntara a esa sociedad, tipo la de Arthur Koestler.» Cuando Vicuña se enteró, llamó inmediatamente a Madern y le amenazó con extrema dureza: «Le dije que si le pasaba algo a Jaime le iba a matar.» Hay coincidencia en señalar que Jorge Vicuña impidió que Gil de Biedma pudiera ser sometido a la eutanasia. De hecho, el actor llevaba semanas moviendo los hilos, como demuestra esta anotación del diario de Barral, fechada el 7 de agosto: «Conversación con Josep sobre el desagradable asunto del pacto sobre el testamento vital, la muerte digna de Rodríguez Aguilera. Creo que le convencí de la evidente conveniencia de que lo destruya (el papel) y lo olvide, y si es necesario lo niegue.» ¿Se había arrepentido Barral?

Lo que más enfurecía a Vicuña era la postura de Madern, que en parte minaba su propia posición. Después de todo, él había convencido al poeta de que negociara su regreso, nombrando al actor heredero universal. Y Jaime Gil había cumplido con su parte del compromiso. Casi todos sus bienes iban a ser para él, como en el final del poema «*Barcelona ja no és bona*», donde el personaje contemplaba la ciudad burguesa y expresaba su íntimo deseo de que la ciudad perteneciera algún día a los humildes. Pero a los dos meses de la firma del testamento en que simbólicamente el poema se hacía realidad, el actor, según Vicuña, «se lo quería cargar». Es obvio que la eutanasia constituye un debate demasiado complejo: no debe zanjarse de forma airada ni moralista. Pero Jorge Vicuña conocía como nadie la personalidad del enfermo, más allá de sus muchas inseguridades, flaquezas y limitaciones: «Quería vivir por encima de todo: se agarraba a cualquier cosa.» Más aún, en el Diario del 56 había escrito: «Comprendo que vivir indefinidamente sería un tedio horrible, pero sé que si me dejaran a mí la iniciativa no encontraría nunca el momento de marcharme.» *All the rest is silence.*

En 1985, el escritor Eduardo Jordá le había preguntado cómo le gustaría morir: «Lo más deprisa posible y, a ser posible, también sin molestar a los demás», repuso Gil de Biedma. Pero el destino se mostró a la postre muy cruel con sus deseos. Irónicamente, quiso depararle un final lento, moralmente doloroso y muy angustiante para él y para los que le rodeaban. Diez años antes le había hecho una confesión íntima a Ana María Moix: «Me contó que su homosexualidad era la búsqueda de ese hermano que no tuvo, el que se perdió. Y que la homosexualidad había sido salir del cuarto de su infancia en busca de él.» Pero en esa búsqueda, a menudo impaciente, fogosa, desesperada, se había olvidado de velar por sí mismo. Calibán había vencido a Narciso. Y el periplo había concluido en otro cuarto, la antecámara de la muerte.

Octubre de 1989. En estas circunstancias, su mayor preocupación se reduce a que la enfermedad no se precipite y él muera antes que su madre. Según Ana María Moix: «Jaime estaba angustiadísimo pensando que se podía morir primero y que ella quedara salpicada por el escándalo del sida.» ¿Qué pudo sentir el Elegido, rogando a los dioses que su madre muriera cuanto antes? Un nuevo aguijón de culpa. La angustia eterna. Por lo demás, permanecía recluido la mayor parte del tiempo en su casa. Como sus facultades intelectuales seguían muy mermadas, se limitaba a leer libros ligeros. La escritora Carmen Martín Gaite le hizo llegar un viejo volumen con las historias de Celia, que ambos habían leído en la posguerra. Y Gil de Biedma lo leía y releía con el placer de un niño. «Figúrate cómo debía estar para que sólo pudiera leer eso», recuerda su hermana Marta.

«Con la cabeza que tenía. Podía haberlo conseguido todo.» También disfrutaba ojeando los libros de arte oriental de su biblioteca o algún ejemplar que encargaba a los amigos en una librería –La Pléyade– cercana a su casa.

Jorge Vicuña recuerda que, una tarde, el poeta estaba entreteniéndose con un libro ilustrado y Madern regresó inesperadamente al apartamento. «Escóndelo, que no lo vea –dijo Jaime, nervioso–. Si se entera de que me he comprado un libro tan caro se cabreará conmigo.» Aquello era como una mala novela, pensó Vicuña, llena de absurdas ironías y paradojas amargas. Si doce años antes Gil de Biedma había sufrido las iras de Ribas, ahora temía los brotes de Madern, obsesionado con que todo aquello acabara de una vez por el bien de todos. Cuenta Vicuña: «Una tarde me llamó Felisa, la asistenta, para comentarme que Pep maltrataba a Jaime.» La absoluta discreción de Felisa impide averiguar qué se ocultaba tras aquel mensaje de auxilio a Vicuña. Pero éste arroja sobre sí mismo un balance negativo: «Me equivoqué. Nunca debí convencer a Jaime de que llamara a Madern para que volviera. Fue un error. Al menos le habría ahorrado los malos tratos del final.»

Esta imagen del actor no casa, obviamente, con la del compañero abnegado, generoso y fiel que ha quedado para la posteridad. Las hermanas del poeta coinciden en que Madern «se portó de maravilla con Jaime». Marsé señala también el esfuerzo de Josep: «Se portó muy bien con él», idea que comparte Ana María Moix: «Pep era un neuras, pero se portó bien con Jaime.» ¿Entonces? Quizá parte de los elogios hacia él provienen, en el fondo, de la creencia de que ninguno de ellos podía haber acogido al enfermo largo tiempo en su casa. Y seguramente Jaime tampoco lo habría permitido. Con todas sus oscuridades, Madern fue el único cirineo que le ayudó a arrastrar su cruz. En cuanto a los posibles malos tratos, nunca sabremos la verdad: quizá tampoco deseamos saberla. Nos basta con la imagen de la pareja que guardan los amigos y vecinos. Según Salvador Clotas, el poeta solía dar un breve paseo por el Turó Park, en silla de ruedas, acompañado por el actor. En una ocasión, Gil de Biedma le dijo: «Vamos a votar por Maragall. No sé si saldrá, pero iremos.» El comentario desconcertó totalmente a Clotas, porque el político socialista no se había presentado a aquellas elecciones. Dice: «Para mí, Jaime era sinónimo de lucidez y verlo tan confuso me produjo una tristeza terrible.» Les vio entrar en el parque, solos, y luego se perdieron lentamente entre los árboles.

Cuando el enfermo abandonó la lectura, se dedicó a ver la televisión. Sentado en la silla de ruedas, pasaba horas frente a la pantalla absorto en unas imágenes que no siempre entendía. A menudo Ana María Moix le llevaba películas antiguas de su hermano Terenci, en especial de su amada Marlene Dietrich. El poeta siempre había dicho que «Marlene es la última encarnación del héroe byroniano. La única mujer *dandy* que sabía perder con una sonrisa en los labios». Y ahora visionaba repetidamente *Shanghai Express* para refugiarse en aquel universo de países exóticos, embajadores y mujeres fatales. Recuerda Marsé que le llevó *Marruecos*, otra de sus películas favoritas, y le dijo: «"Mira, Jaime, está saliendo el guapo murciano en la tele." Era una broma nuestra, porque él solía decir de Gary Cooper: "¡Qué murciano guapísimo era ese tío!" El mayor piropo. Murciano. Pero aquella tarde me miró con unos ojos alucinados. No entendió nada.»

Sólo a veces se producía de nuevo el milagro de un estallido de lucidez. Fabián Estapé recuerda un hecho asombroso: «Jaime estaba jodidísimo. Pero una mañana pidió la pluma y el papel y se puso a escribir de un tirón su carta de renuncia a la compañía.» En realidad, fueron dos cartas enviadas a la empresa Gil y Carvajal de Levante, vinculada a su familia. El 29 de noviembre de 1989, este hombre –ahora sí seriamente enfermo– emitió su canto del cisne. El destinatario, su primo Santiago Gil de Biedma, no pudo reprimir la emoción al leer una misiva como ésta:

Querido Santi:

Aunque estas líneas puedan parecer protocolarias, por cuanto con ellas te comunico mi decisión, por motivos de salud, de cesar en mi cargo de Consejero-Secretario de esa Sociedad, en modo alguno puedo dejar de recordar cuán antigua y significativa relación familiar nos une a la Empresa.

Y, a este recuerdo, añadir nuestro agradecimiento a cuanto a ella dedicaron sus pioneros, nuestros queridos Padres (q.e.p.d.), a quienes, en una forma u otra, creo que los que les hemos sucedido hemos sabido, o al menos intentado, corresponder a los cimientos que nos legaron, los que, sin duda, conociendo tu capacidad profesional y la de tus colaboradores, han de seguir consolidándose como bien demuestra la satisfactoria marcha de nuestra querida Gil y Carvajal de Levante, que tan dignamente presides.

El texto proseguía con una solicitud y se cerraba con una emotiva despedida. Gil de Biedma ya no volvió a escribir más.

Antes de esta carta, las figuras de su vida ya habían ido desvaneciéndose en la cámara amnésica de su memoria. Los recuerdos no eran útiles para el cuerpo en el que se habían formado sus palabras. ¿Qué era aquello que le rodeaba? Aunque se entretenía a veces observando los objetos del salón, el poeta apenas era capaz de reconocerlos. Aquella diosa de madera noble, inmortalizada en la cubierta de «Colección particular», carecía de significado, igual que los poemas del libro. En la biblioteca, las fotografías también agonizaban sin remedio. Un hombre con el rostro cuarteado, una mujer de ojos oscuros, un general republicano, un caballero del siglo XVII... En otro tiempo fueron Auden, Bel, Gustavo, John Donne... Ahora, esos perfectos extraños danzaban en un cerebro enfermo a merced de las sombras. Dentro, las ideas más brillantes se habían solidificado como bloques de hielo.

El 13 de noviembre, Gil de Biedma cumplió sesenta años. Hubo un pequeño almuerzo en su apartamento al que asistieron varios amigos. Para entonces ya no podía leer los libros de su infancia. En otra época habría cogido con nostalgia el viejo ejemplar de *La pagoda de cristal*, del capitán Gilson. El libro más importante de su vida. Y seguramente se habría demorado en la visión de aquellas amadas cubiertas azules con el fin de hallar algún remoto eco de felicidad. Al fin y al cabo, en el poema «Después de la muerte de Jaime Gil de Biedma» había representado así el símbolo suyo de la muerte: una tarde de agosto, leyendo en el jardín, y la sombra de la Casa del Caño oscureciendo las páginas de un libro:

> Ojalá en el infierno
> de tus últimos días te diera esta visión
> un poco de dulzura, aunque no lo creo.

Pero en la larga ceremonia de los adioses, el enfermo se olvidó de los personajes de *La pagoda de cristal*. Quién sabe si no fue mejor así. Habría sufrido inútilmente releyendo la última escena que tanto le había conmovido en las tardes de posguerra: el coloso Ling, herido de muerte, despidiéndose del intrépido muchachito inglés, en la cubierta de un sampán iluminado por la luna.

Hace cuarenta años, nací en las turbulentas aguas del Hoang-Ho, y ahora me toca acabar mis días respirando las suaves brisas del tranquilo Pe-Kiang. Estos dos ríos vienen a ser la expresión simbólica de mi vida: el primero, alborotado, violento e indomable, como ninguno de los que cruzan el territorio de China, representa fielmente el impetuoso desenfreno de mis mocedades y edad viril, que me ha traído a este fin violento; y en el segundo, veo retratada la calma que siento al abandonar el mundo. Tal vez mis malos instintos se me han evaporado con la fuerza bruta, y el bien, oculto en el fondo de mi ser, ha surgido del fondo de mi alma, para conducirme a la bóveda inmensa de los cielos. Ahora que puedo descansar en paz, ponedme una almohada debajo de la cabeza.

A finales de noviembre murió su madre, doña Luisa Alba Delibes, a los noventa y dos años de edad. Según su hija Ani: «Mi hermano no se enteró demasiado de la muerte de mamá, y mamá no se hubiese enterado tampoco de la muerte de Jaime.» En cambio, Ana María Moix sostiene que la noticia liberó definitivamente a Gil de Biedma. «Jaime me dijo que se había quedado tranquilo, y que ya podía morirse en paz.» Por primera vez en su vida, había vencido una carrera contra el tiempo. Pero aquella muerte abría un doloroso interrogante sobre el futuro de la Casa del Caño.

Apenas un mes después, Carlos Barral murió de forma repentina a causa de una rotura de aneurisma de la aorta abdominal. Josep Madern fue el encargado de transmitirle la noticia al poeta, que mostró cierta perplejidad pero no hizo comentario alguno. Según el actor: «Jaime ya no se daba cuenta de las cosas.» Pero aquella noche Madern volvió del trabajo y le encontró sentado, como siempre, ante el televisor: «En las noticias acaban de decir que Carlos se ha muerto», dijo alzando los ojos. En opinión de Marsé: «Lo dijo como quien dice: "está lloviendo".» Tampoco ahora pareció haber acusado el golpe. Pero la enfermedad seguía concediéndole breves instantes de lucidez, que ahondaban la fisura entre el hombre que era y el que había sido. Al día siguiente, Ana María Moix fue a visitarle tras asistir al funeral de Barral. El enfermo le preguntó con mucho interés por la ceremonia y, también, por el estado anímico de Yvonne y los hijos del amigo muerto. Luego dijo:

–¿A quién han enviado de Madrid?

–Al director general del libro –repuso ella.

–Vaya mierda para Carlos.

En el último rincón de su mente persistía la indignación por el silencio institucional que había rodeado sus vidas. Pocos meses antes él mismo había sido propuesto por Rafael Alberti para el Premio Cervantes, el de mayor prestigio en las letras hispanas. «Aunque no era nada amigo de esas cosas y se burlaba mucho de los escritores de salón –dice Ana María Moix–, creo que ahora le hacía ilusión recibirlo.» De hecho, había declarado: «Si me lo dieran, no me vendría mal el dinero.» Pero cuando aquel otoño se falló el Cervantes, nadie dudaba en Madrid de que no iban a concedérselo por temor al escándalo. ¿Cómo iban a premiar a un homosexual que estaba muriendo de sida? En todo caso, la muerte de Barral precipitó –según la leyenda– su propia muerte. José Agustín Goytisolo dijo después: «Se dejó morir.»

A lo largo de aquel mes de diciembre, Gil de Biedma recibió las últimas visitas de familiares y amigos. Sentado en su eterna silla de ruedas, permanecía ausente ante el televisor. Ahora, un muchacho peruano se encargaba de su cuidado: lo lavaba, lo afeitaba, lo vestía y lo cargaba de un lado a otro del apartamento. Según el profesor Fabián Estapé: «Su hermano Luis me comentó: "Mi hermano está como un hombre de noventa años muy cansado y que se encuentra mal."» El sida le había producido incontinencia total. Cuentan que en la fase terminal su mirada se enturbió por completo y quedó reducido a un vestigio sobrecogedor de sí mismo. Pero el propio avance de la LMP le evitó tener absoluta conciencia del drama o, al menos, le arrebató los últimos restos de energía con los que a buen seguro habría seguido descargando las iras sobre sí mismo. Gracias a ello, Ana María Moix pudo decir de aquel hombre confuso y letárgico que: «Aceptó la muerte con serenidad.»

A principios de año el poeta entró en agonía y murió una semana después, el día 8 de enero, aniversario de Juan Marsé. Según el certificado de defunción falleció a las tres de la tarde a causa de «Paro cardíaco; síndrome de inmunodeficiencia adquirida.» Inmediatamente, Josep Madern llamó por teléfono a los íntimos... Y Luis Gil de Biedma, las hermanas, el cuñado Reventós, Ana María Moix, José María Castellet, Juan Marsé..., se personaron en Maestro Pérez Cabrero. Según la escritora: «Jaime no estaba tan destruido como las terribles imágenes del sida. Tenía una línea de cabeza muy potente y la conservó hasta el final.» Pero cuando Jorge Vicuña llegó más tarde al apartamento, la imagen del cadáver le produjo una fuerte impresión: «Jaime estaba solo en aquella habitación como un leño muerto.»

Durante varias horas permanecieron allí, conversando y bebiendo en una suerte de velatorio íntimo, ajenos al fragor eterno del mundo. Pero el mundo aguardaba fuera con sus teléfonos, sus periodistas, sus rituales... Alrededor de las nueve de la noche llegaron los empleados de Pompas Fúnebres y se produjo entonces una situación asombrosa. Recuerda Vicuña que «Cuando los de la funeraria sacaban a Jaime muerto, el telediario estaba dando la noticia y apareció él recitando un poema suyo. Fue un momento increíble. Nos quedamos todos helados. Verle vivo, oír su voz, en el centro del salón, mientras su cadáver pasaba delante de nosotros».

A la mañana siguiente una misteriosa mujer se presentó en el Cementerio del Norte para despedirse del poeta. «Era muy temprano. Aún no había llegado nadie y Jaime estaba solo en la capilla ardiente. Durante un par de horas estuve con él, pensando en el pasado. Y recordé lo que me había dicho la última vez que nos vimos: "Eres la única de todos nosotros que has llevado la vida que querías." Al verle muerto, una emoción incontenible me subió del alma porque comprendí que Jaime y yo podíamos haber convivido perfectamente. Al salir de allí, llegué a la conclusión de que el honor es haber vivido.» Aquella mujer era Mené Rocha. La chica de Filipinas.

Los instrumentos de que disponemos coinciden en señalar que el día de su muerte no fue demasiado frío, pero sí bastante nublado y con precipitaciones débiles y dispersas, ligeramente inglés. Mientras los íntimos iban acudiendo al tanatorio, todos los periódicos españoles daban la noticia y recogían las primeras reacciones del mundo de la cultura: «Un golpe prematuro y terrible para la literatura española de hoy» (Rafael Alberti). «Se me va una parte de mi vida con su muerte» (José Manuel Caballero Bonald). «Jaime era una persona divertidísima, la más divertida de todas» (Juan García Hortelano). «Estoy anonadado» (José Agustín Goytisolo). «Ha muerto uno de los mejores poetas en español desde el siglo XVII» (Luis Goytisolo). «Un buen amigo, un hombre cordial y decente» (Félix Grande). «Era como mi hermano y mi mejor amigo. Él me enseñó no sólo a amar la literatura sino la vida» (Juan Marsé). «Jaime era un señor y siempre sabía estar. Era un hombre infinitamente culto, un anglosajón que ya estaba de vuelta de todo» (Terenci Moix). «La poesía de Jaime Gil de Biedma es una de las mejores del siglo XX» (Ángel González). «Era como si hubiese diluido el tiempo, la estafa del tiempo, en el océano de la Literatura» (Salvador Pániker). «Nadie, en la poesía de este siglo, nos ha dejado tal cantidad de poemas y versos memorables» (Francisco Brines).

Otros testimonios no salieron en la prensa. El señor Monje, actual propietario del restaurante Via Veneto, asegura: «Yo sólo he conocido a dos personas que se adelantaron a su tiempo: Dalí y Gil de Biedma... Dalí porque hacía locuras que luego se han visto como normales. Y el señor Gil de Biedma porque tuvo el valor de ir a cenar con su amigo como lo hubiera hecho con una mujer. En aquella Barcelona él era el único y abrió caminos. Si le dijera cuántos vienen hoy...» Su hermana Ani, en cambio, sostiene que «Jaime no llegó a aceptar nunca su homosexualidad», extremo que comparten otros testimonios, como el del Alberto Oliart: «Fue un homosexual que superó el serlo, pero en el fondo nunca estuvo conforme con serlo. Hay una grieta que no superó. Y vivió aquello como una condena.» Pero ¿podía haberla aceptado siendo un Gil de Biedma? Según Juan Goytisolo: «El poblema suyo es que no supo romper con su clase social. Esto le limitó mucho en todos los aspectos, en su vida privada y hasta en su expresión poética. Fue la gran limitación de su vida. No llegó a liberarse.» Jorge Vicuña, acaso quien le conoció mejor, sigue creyendo que: «Toda su vida estuvo en contradicción con su naturaleza. No tuvo suerte, pobre chico. Todo le fue en contra en la vida. Fue una vida completamente fracasada. Pero Jaime fue un personaje irrepetible hasta en el detalle.»

Ese mismo día, un hombre de cuarenta años abre un periódico español en el avión que le conduce hacia China. Mientras hojea distraído las páginas de *El País*, lee la noticia de la muerte de Gil de Biedma y siente una punzada en el corazón. Es José Antonio Ribas, que viaja a Hong Kong en viaje de negocios e ignoraba la extrema gravedad del poeta. Su muerte le impulsa a escapar: quiere romper aquellas absurdas ventanillas y precipitarse sobre un lecho de nubes negras. Pero su destino es otro... Entonces el fotógrafo llamó a una azafata para pedirle una botella de *champagne* y la bebió entera mientras las lágrimas se deslizaban por sus mejillas. Hacía años que no lloraba como un niño. «Me dolió mucho... Me sabía muy mal el final, sobre todo aquel final... Le había querido muchísimo... Muchísimo...» Luego pidió otra botella, la de Jaime, y apuró hasta la última gota como si el amigo estuviera aún a su lado en un salón art nouveau de Via Veneto. Antes de caer profundamente dormido, alzó su copa vacía para brindar a nueve mil metros de altura sobre la infinita noche de Asia.

Durante varios días siguieron recogiéndose testimonios y escritos laudatorios en memoria del autor de *Las personas del verbo*. Su amiga Ana María Moix fue la primera en proclamar con valentía: «Lo que realmente resulta vergonzoso es que Jaime Gil de Biedma se haya muerto sin recibir ningún premio.» Pero como recuerda Ángel González: «Él era absolutamente incapaz de dar un solo paso para conseguir un galardón... Acaso poque el suyo era un compromiso puro con la literatura.» Antes que destacar esta rarísima virtud, cierto sector de la prensa se dedicó a revelar la verdadera naturaleza de su enfermedad y, en algún caso, a reprocharle veladamente su falta de valentía por haberla ocultado. Si los diarios de edición barcelonesa –*La Vanguardia, El Periódico* o *ABC*– daban el cáncer como causa de su fallecimiento o la sugerían bajo el eufemismo de «una grave enfermedad», la prensa madrileña –*El Independiente, El Mundo* o *Diario16*– hablaron abiertamente de sida. Según Jorge Vicuña: «Se ensañaron con Jaime por puro amarillismo. En otros casos no tuvieron huevos. La prensa española es así.» Marta Gil recuerda: «Fue un auténtico horror. Nos llamaban continuamente para preguntarnos sobre su vida privada. Eran como alimañas. Nunca he visto nada igual, era ensañarse con nuestro dolor. ¿Qué iba a decirles? ¿Que mi hermano se había bebido la vida? Tampoco lo habrían entendido.» Manuel Meler, por su parte, opina: «Aquello fue una vergüenza. Les faltó tiempo para manchar la memoria de Jaime como si fuera el único homosexual de este país».

La indiscreción de la prensa no tardó en cobrarse las primeras víctimas. Felisa, la fiel asistenta, no pudo reprimir el llanto ante el acoso de los periodistas y exclamó: «¡La que me espera en casa! Yo no había dicho ni a mi marido ni a mis hijos que él tenía esa enfermedad.» Pero el mayor perjudicado fue Madern, que quedó estigmatizado para siempre. Cuando un reportero madrileño le preguntó sobre el asunto, repuso airado: «Yo no tengo ganas de charlar sobre Jaime Gil de Biedma. Usted cuente lo que le dé la gana.» Esa misma mañana el actor se personó en la agencia literaria Carmen Balcells con Ana María Moix para entregar dos grandes bolsas que contenían treinta carpetas –la leyenda habla de dos mil folios inéditos– que Jaime había salvado de la quema. En junio de 2000 la señora Balcells declaró: «Será mejor no mitificar el contenido de las carpetas, porque en su mayoría son papeles sin el menor valor literario: facturas, cartas, cosas así...»

El miércoles 11 de enero de 1990 los restos mortales del poeta fueron incinerados en el Cementerio del Norte de Barcelona, en la localidad de Cerdanyola. Por indicación expresa de la familia la ceremonia religiosa fue oficiada parcialmente en latín. El sacerdote citó algunos versos de Khalil Gibran y destacó la sencillez que había caracterizado toda la trayectoria vital de Jaime Gil de Biedma. Además de sus familiares, asistieron al acto fúnebre, entre otros, el presidente del PSC, Joan Reventós, el *conseller* de Cultura de la Generalitat, Joan Guitart, y numerosos amigos y compañeros como Juan Marsé, Manuel Vázquez Montalbán, Jaime Salinas, José M.ª Castellet, Ana María Moix, Francisco Rico, Salvador Clotas, Joan Rigol, Mario Muchnik o Jorge Herralde. Acudieron también Manuel Meler; numerosos empleados de la Compañía de Tabacos y un grupo de monjas filipinas, ya que el difunto era cónsul honorífico de Filipinas en Barcelona.

Antes de terminar las exequias, el oficiante concluyó con una reflexión personal que sorprendió a aquellos que conocían bien al poeta: «Si Jaime Gil de Biedma pudiera hablar desde el más allá diría lo mismo que dicen los astronautas cuando regresan del espacio: que han visto una tierra pequeña, redonda, azul y hermosa, que es incomprensible que albergue tantas pugnas y desamores.» Según varios testigos, la imagen cuadraba poco con el difunto. «Es ridículo hablar de cielos, estrellas y astronautas. Todos conocíamos a Jaime», comentó Esther Tusquets. Un amigo íntimo cree que: «A Jaime tenían que haberlo despedido a los acordes de *Surabaya Johnny*, que le volvía loco, o del tango *Volver*, que era su favorito.» Probablemente todo eso es cierto. Pero nadie conocía entonces este párrafo de una lejana carta suya a Barral: «era muy bella aquella costumbre de los dioses griegos de convertir en constelaciones a los mortales y a los héroes para que no muriesen del todo. Creo que cada uno debiera hacer lo mismo con sus amantes y repartir entre las estrellas unos cuantos nombres queridos. Me imagino que, después de haber amado mucho, el firmamento nocturno se nos tornaría insólitamente familiar y cercano...».

El viernes 12 de enero Juan Marsé, su esposa Joaquina y Josep Madern llegaron a La Nava de la Asunción, a bordo de un viejo citroën *tiburón* que había pertenecido al escritor chileno Jorge Edwards. En el maletero transportaban la urna con las cenizas del poeta. Hasta La Nava se desplazaron también algunos parientes y amigos de Madrid, como el ex ministro Alberto Oliart, Natacha Seseña, Paco Mayans y su esposa, José Manuel Caballero Bonald y Ángel González. Recuerda éste: «Su hermano me dijo si quería entrar en la casa por última vez. Pero quise recordarla como siempre.» En realidad, la Casa del Caño había sido vendida tras la muerte de la madre y el Jardín de los Melancólicos se había agostado en su último invierno. Los amigos comprobaron con dolor que el antiguo jardín, las cuadras, la piscina y la pista de tenis estaban ocupados por el esqueleto de un edificio de pisos en construcción. Hoy, una lápida de granito descansa sobre la hierba de un parterre, rodeado por un grupo de viviendas adosadas. En ella puede leerse:

> Pero callad.
> Quiero deciros algo.
> Sólo quiero deciros que estamos todos juntos.
> A veces, al hablar, alguno olvida
> su brazo sobre el mío,
> y yo aunque esté callado doy las gracias,
> porque hay paz en los cuerpos y en nosotros.

Aquel día varios periodistas cubrieron la noticia y preguntaron a las gentes del pueblo por sus recuerdos del poeta. Tomás Marugán evocó entonces los años de la guerra civil, cuando a Jaime «le encantaba hacer el moscardón en clase y no dudaba en saltar a los charcos para salpicar a la gente». Austreberto Gutiérrez, el criado, recordó a su vez que Jaime le traía a menudo unos puros magníficos –«Me los hacía para mí, "Favoritos Austreberto" me ponía en la vitola»–, pero, respetuosamente, no reveló lo que le decía su señor: «Hazme caso, Austre, un día te vienes conmigo a Filipinas y verás qué mujeres hay allí. Las mujeres más guapas del mundo.» Mucho después, Austreberto me confesaría: «Luego fueron diciendo por ahí que si el señorito Jaime esto o lo otro. Pero yo estuve treinta años en esta casa, entrando cada mañana a su habitación para despertarle, poner la lumbre, darle la ropa...; ensillándole el caballo, sirviéndole la cena, y nunca vi nada, ¿sabe usté? Eso es como el dinero, que no se puede ocultar. A lo mejor era un tío que estaba ya harto de cosas, porque debía ser un lince para todo.»

Algún testigo sostiene que hubo un pequeño enfrentamiento entre la familia del poeta y Josep Madern para decidir quién debía portar la urna funeraria hasta el cementerio. Pero según Marsé: «no trascendió», y finalmente fue el actor quien encabezó la comitiva con las cenizas. Luego se entregó la pequeña urna de bronce a Tomás Marugán que, como sepulturero del pueblo, la depositó ceremoniosamente en el panteón familiar. Era un día frío, soleado, castellano. Y sólo el chasquido de las cámaras de los reporteros quebraba las plegarias. Recuerda Natacha Seseña que, al caer la losa, murmuró una antigua jaculatoria musulmana que a Jaime le gustaba mucho: «Dios refresque tu rostro.»

A raíz de la muerte de Alfonso Costafreda, había escrito:

«Un puñado de cenizas y unos cuantos buenos poemas son resumen suficiente de una vida.»

El epitafio valía para él.

Después de la ceremonia algunos amigos comieron en un mesón de Arévalo. Los Marsé, Ángel González, Natacha Seseña, Josep Madern... El menú –cochinillo y vino tinto– hubiera sido muy del agrado del poeta. En el cementerio desierto, bajo una lápida y varias coronas de flores, su cuerpo se reunió al fin con el de sus antepasados: los padres, la Tía Isabel Loca, y un montoncito de polvo casi invisible –el otro Jaimito–, que bien pudo haber sido el verdadero Jaime Gil de Biedma.

AGRADECIMIENTOS

Este libro es fruto de numerosas conversaciones sobre Jaime Gil de Biedma. Algunas fueron un breve intercambio de ideas, con un pie en el estribo de camino a otro lugar. Otras se produjeron y repitieron con variaciones muy útiles a lo largo de treinta años. Deseo expresar aquí mi gratitud a todos aquellos que me ayudaron a conocer mejor al poeta: Félix de Azúa, Segunda Ajo, Enrique Badosa, Carlos Barral, Yvonnette Barral, Túa Blesa, Carlos Bousoño, Francisco Brines, José Manuel Caballero Bonald, Borja Calzado, Jaime Camino, Dionisio Cañas, María Capella, Luis Carandell, Guillermo Carnero, Ramón Carnicer, José María Castellet, Mariano Castells, José Ángel Cilleruelo, Salvador Clotas, Colita, Julia Conesa, Natalia Cossío, Josep Costa, Alberto Emo, Arcadi Espada, Fabián Estapé, Juan Ferraté, Jesús Ferrero, Armand de Fluvià, Alberto Forcadell, Inés García Albí, Antonio García Castellá, Luis García Montero, Charo García Verde, Fernando Garí, Ana Gil de Biedma, Blanca Gil de Biedma, Carmen Gil de Biedma, Jaime Gil de Biedma, Marta Gil de Biedma, Mercedes Gil de Biedma, Pere Gimferrer, Ángel González, Gonzalo Goytisolo, José Agustín Goytisolo, Juan Goytisolo, Luis Goytisolo, Carlos Güell de Sentmenat, Austreberto Gutiérrez, Jorge Herralde, Lluís Homar, Yvonne Hortet, Andreu Jaume, José Olivio Jiménez, Eduardo Jordá, Elaine Kerrigan, Manuel Lombardero e hijo, Antonio López de Lamadrid, Doriann MacDermott, José Antonio Malla, Joaquín Marco, Luis Marquesán, Joaquina Marsé, Juan Marsé, Tomás Marugán, Ana María Matute, Francisco José Mayans, David Medalla, Manuel Meler, Ana María Moix, Terenci Moix, Vicente Molina Foix, Alberto Oliart, Felipe de Paco, Juan Planas, Jacinto Reventós, Juan Reventós, Francisco Rico, Carme Riera, Elvira Rocha, Isabel Rocha, Marisol Rocha, Josep Ros Ribas, Álvaro Rosal, Joan de Sagarra, Jaime Salinas, Olga Sallarés, Fernando Segura, Joan Manel Serrat, Natacha Seseña, Danubio Torres Fierro, Esther Tusquets, Horacio Vázquez-Rial, Sergio Vila-Sanjuán y Luis Antonio de Villena.

Hay, además, una buena veintena de interlocutores que han preferido permanecer en la sombra. Entre ellos, los dos grandes amores del poeta, cuya sinceridad y valentía nunca agradeceré bastante. Aparecen en el retrato con los nombres de Jorge Vicuña y José Antonio Ribas. De nuevo quiero admitir mi deuda con las hermanas de Jaime, por su gran apoyo, y a Carmen Balcells por su autorización para publicar fragmentos de la obra de Gil de Biedma.

Es un tópico viejo y verdadero que los libros son obra de varias personas. Quiero expresar mi gratitud, por último, a aquellos que compartieron esta travesía: Eva Acosta, Pere Bardagí, José Carlos Llop, familia Pallarés Picado, Pere Pineda, Fermí Puig y Hotel Majestic, Àlex Susanna, Amador Vega, Mónica Martín, Toni Munné, Silvia Lluís y las encantadoras de Circe. A mi familia dedico mención aparte, y recordando al poeta, a la afición en general.

M.D.
Nava de la Asunción – Otoño de 1999
Santuario de Delos – Otoño de 2004

BIBLIOGRAFÍA

Obras de Jaime Gil de Biedma

Poesía

Versos a Carlos Barral, edición del autor, Orense, 1952.
Según sentencia del tiempo, Publicaciones de la Revista Laye, Barcelona, 9 1953.
Compañeros de viaje, Joaquín Horta, Barcelona, 1959.
En favor de Venus, Collioure, Barcelona, 1965.
Moralidades, Joaquín Mortiz, México,1966.
Poemas póstumos, Poesía para todos, Madrid, 1968.
Colección particular, Seix Barral, Barcelona, 1969.
Las personas del verbo, Seix Barral, Barcelona, 1975.
Las personas del verbo, Seix Barral, Barcelona, 1982.

Prosa

Diario del artista seriamente enfermo, Lumen, Barcelona, 1974.

Ensayo y crítica literaria

«Pedro Salinas en su poesía», *Laye*, 17 1952.
Cántico: el mundo y la poesía de Jorge Guillén, Seix Barral, Barcelona, 1960.
El diablo mundo. El estudiante de Salamanca, José de Espronceda. Edición y prólogo de Jaime Gil de Biedma, Alianza, Madrid, 1966.
Ocnos, seguido de Variaciones sobre tema mexicano, Luis Cernuda. Edición y prólogo de Jaime Gil de Biedma, Taurus, Madrid, 1977.
El pie de la letra. Ensayos, 1955-1979, Crítica, Barcelona, 1980.
Quatre quartets, T. S. Eliot. Traducción de Àlex Susanna, prólogo de Jaime Gil de Biedma, Laertes, Barcelona, 1984.

ELIOT, T. S., *Función de la poesía y función de la crítica*, Seix Barral, Barcelona, 1955.
ISHERWOOD, Christopher, *Adiós a Berlín*, Seix Barral, Barcelona, 1967.

BIBLIOGRAFÍA BÁSICA

Los estudios dedicados a Jaime Gil de Biedma son bastante numerosos y han aparecido en diferentes publicaciones nacionales y extranjeras a lo largo de los últimos cincuenta años. Sería temerario consignarlos. He preferido, en cambio, incluir una bibliografía básica que me ha ayudado a trazar mi retrato, tal como lo conoce el lector.

AJO GARCÍA, Segunda, *Balada de versos*, edición de la autora, 2001.
ALEIXANDRE, Vicente, *Espadas como labios*, Castalia, Madrid, 1984.
AMODEA, Judith, *Nueva guía de los chakras*, Robin Books, Barcelona, 2000.
APOLLINAIRE, Guillaume, *Alcools*, Éditions de la Nouvelle Revue Française, París, 1927.
ARMISÉN, Antonio, *Jugar y leer. El verbo hecho tango de Jaime Gil de Biedma*, Prensas Universitarias de Zaragoza, Zaragoza, 1999.
ARNOLD, Matthew, *Essays in Criticism*, MacMillan and Co, Londres, 1893.
ASHBERY, John, *Una ola*, Lumen, Barcelona, 2003.
AUDEN, Wystan Hugh, *El mar y el espejo*, Bartleby, Madrid, 2001.
—, *Collected Poems*, Faber & Faber, Londres, 1991.
—, *Prólogos y epílogos*, Península, Barcelona, 2003.
AULLÓN DE HARO, *La obra poética de Gil de Biedma*, Verbum, Madrid, 1991.
AZÚA, Félix de, *Baudelaire*, Anagrama, Barcelona, 1999.
BARRAL, Carlos, *Almanaque (Entrevistas, debates)*, Cuatro Ediciones, Valladolid, 2000.
—, *Años de penitencia*, Barral, Barcelona, 1975.
—, *Los años sin excusa*, Barral, Barcelona, 1978.
—, *Los diarios. 1957-1989*, Anaya & Mario Muchnik, Madrid, 1993.
—, *Usuras y figuraciones*, Lumen, Barcelona, 1979.
BERRYMAN, John, *The Dream Songs*, Faber & Faber, Londres, 2001.
BLESA, Túa, *En el nombre de Jaime Gil de Biedma*, Diputación de Aragón, Zaragoza, 1996, 2 volúmenes.
BOCÁNGEL, *Sonetos completos*. Edición de Ramón Andrés, Planeta, Barcelona,1986.
BONET, Laureano, *El jardín quebrado. La escuela de Barcelona y la cultura del medio siglo*, Península, Barcelona, 1994.
—, *La revista «Laye». Estudio y antología*, Península, Barcelona, 1988.

BORGES, Jorge Luis, *Los conjurados*, Alianza, Madrid, 1985.

BRETÓN, Tomás, *La verbena de la Paloma*, Daimon, Barcelona, 1983.

BRINES, Francisco, *Poesía completa*, Tusquets, Barcelona, 1997.

BRODSKY, Joseph, *La canción del péndulo*, Versal, Barcelona, 1986.

CABALLERO BONALD, José Manuel, *La costumbre de vivir. Memorias*, Alfaguara, Madrid, 2001.

CABRÉ, Ángeles, *Gabriel Ferrater*, Omega, Barcelona, 2002.

CALABRÒ, Giovanna, *Le persone del verbo*, Liguori, Napoles, 2000.

CAMPBELL, James, *Talking at the Gates. A Life of James Baldwin*, Faber & Faber, Londres, 1991.

CANO, José Luis, *Los cuadernos de Velintonia*, Seix Barral, Barcelona, 1986.

CAÑAS, Dionisio, *Memorias de un mirón (Voyeurismo y sociedad)*, Plaza y Janés, Barcelona, 2002.

CARNERO, Guillermo, *Ensayo de una teoría de la visión. (Poesía 1966-1977)*, Hiperión, Madrid, 1983.

CERNUDA, Luis, *Antología*. Edición de José Mª Capote Benot, Cátedra, Madrid, 2001.

—, *Epistolario (1924-1963)*, Publicaciones de la Residencia de Estudiantes, Madrid, 2003.

—, *Poesía completa*, Barral editores, Barcelona, 1974.

—, *Prosa completa*, Barral editores, Barcelona, 1975.

DALMAU, Miguel, *La balada de Oscar Wilde*, Planeta, Barcelona, 2000.

—, *Los Goytisolo*, Anagrama, Barcelona, 1999.

DONNE, John, *Poesía erótica*, Barral editores, Barcelona, 1978.

ELIOT, T.S., *Collected Poems*, Faber & Faber, Londres, 1957.

—, *The Complete Poems and Plays*, Faber & Faber, Londres, 1982.

—, *Poesías reunidas*, Alianza, Madrid,1978.

ERIBON, Didier, *Reflexiones sobre la cuestión gay*, Anagrama, Barcelona, 2001.

ESTAPÉ, Fabian, *De tots colors. Memòries*, Edicions 62, Barcelona, 2000.

ESTRATÓN DE SARDES, *La musa de los muchachos*, Hiperión, Madrid,1980.

FERRÁN, Jaime, *Alfonso Costafreda*, Júcar, Madrid,1981.

—, *Antología personal*, Plaza y Janés, Barcelona, 1976.

FERRATÉ, Juan, *Jaime Gil de Biedma. Cartas y artículos*. Quaderns Crema, Barcelona, 1994.

FOUCAULT, Michel, *Historia de la sexualidad 1. La voluntad de saber,* Madrid, Siglo XXI, 1984.

FREUD, Sigmund, *Obras completas*, Biblioteca Nueva, Madrid, 1972.

GAOS, Vicente, *Antología del grupo poético de 1927*, Cátedra, Madrid, 1978.

GARCÍA HORTELANO, Juan, *El grupo poético de los años 50. Antología*, Taurus, Madrid, 1977.

GARCIA MONTERO, Luis, *Complicidades (Epistolario con Gil de Biedma)*, Litoral, Málaga, 1998.

GIL-ALBERT, Juan, *Drama patrio.* Tusquets, Barcelona, 1977.

—, *Memorabilia*, Tusquets, Barcelona, 1975.

GILSON, capitán, *La pagoda de cristal*, I.G. Seix & Barral Herms, Barcelona, 1937.

GIRALT RAVENTÓS, Emili, *La Compañía General de Tabacos de Filipinas*, Edición de la C.T.F., Barcelona, 1981.

GONZÁLEZ, Ángel, *Palabra sobre palabra*, Seix Barral, Barcelona, 1998.

GOYTISOLO, Juan, *Coto vedado*, Seix Barral, Barcelona, 1985.

GOYTISOLO, Luis, *Teoría del conocimiento*, Seix Barral, Barcelona, 1981.

GUASCH, Óscar, *La sociedad rosa*, Anagrama, Barcelona, 1991.

GUBERN, Román, *Viaje de ida*, Barcelona, Anagrama, 1997.

GUILLÉN, Jorge, *Antología*, Plaza y Janés, Barcelona, 1977.

JIMÉNEZ FRAUD, Alberto, *Residentes. Semblanzas y recuerdos*, Alianza, Madrid, 1989.

KEATS, John, *Odas y sonetos*, Hiperión, Madrid,1995.

LANGBAUM, Robert, *La poesía de la experiencia*, Comares, Granada, 1996.

LAPIERRE, Dominique, *Más grandes que el amor*, Planeta/Seix Barral, Barcelona, 2000.

LAURITSEN, J. y THORSTAD, D., *Los primeros movimientos en favor de los derechos homosexuales*, Tusquets, Barcelona, 1977.

LOWELL, Robert, *Día a día*, Losada, Madrid, 2003.

MACHADO, Antonio, *Poesías completas*, Espasa Calpe, Madrid, 1978.

MACHADO Manuel, *Poesía*. Selección de Andrés Trapiello, Planeta, Barcelona, 1993.

MARSÉ, Juan, *Si te dicen que caí*, Seix Barral-Novaro, México,1973

MARTÍ GÓMEZ, José, *La España del estraperlo*, Planeta, Barcelona, 1995.

MARTÍN GAITE, Carmen, *Usos amorosos de la postguerra española*, Anagrama, Barcelona, 1987.

MARTÍNEZ SARRIÓN, Antonio, *Jazz y días de lluvia. Memorias*, Alfaguara, Madrid, 2002.

MASOLIVER RÓDENAS, Juan Antonio, *Beatriz Miami*, Anagrama, Barcelona, 1991.

MATAMORO, Blas, *El tango*, Acento, Madrid, 1996.

MOIX, Ana María, «Jaime Gil de Biedma. El último de los clásicos», en *24x24 (Entrevistas)*, Península, Barcelona, 1972.

MOIX, Terenci, *El beso de Peter Pan. Memorias*, Planeta, Barcelona, 1998.

—, *Extraño en el Paraíso. Memorias*, Planeta, Barcelona,1998.

MOORE, Marianne, *Poesía reunida (1915-1951)*, Hiperión, Madrid, 1996.

NABÓKOV, Vladímir, *Pálido fuego*, Bruguera, Barcelona, 1977.

OLIART, Alberto, *Contra el olvido. Memorias*, Tusquets, Barcelona, 1998.

OLMEDA, Fernando, *El látigo y la pluma*, Oberon, Madrid,2004.

O'NEILL, Eugene, *Long Day's Journey into Night*, Yale University Press, New Haven, 1956.

OTERO, Blas de, *Pido la paz y la palabra*, Lumen, Barcelona,1980.

PANERO, Juan Luis, *Sin rumbo cierto. Memorias conversadas con F. Valls*, Tusquets, Barcelona, 2000.

PATER, Walter, *Selected Writings*, Columbia University Press, Nueva York, 1974.

PAZ, Octavio, *Memorias y palabras. Cartas a Pere Gimferrer 1966-1997*, Seix Barral, Barcelona, 1999.

PÉREZ ESCOHOTADO, Javier, *J. Gil de Biedma. Conversaciones*, El Aleph, Barcelona, 2002.

POUND, Ezra, *The Cantos*, Faber & Faber, Londres, 1981.

PROUST, Marcel, *Sodome et Gomorrhe*, Nouvelle Revue Française, Paris, 1922.

REICH-RAMICHI, *Siete precursores*. Galaxia Gutenberg, Barcelona, 2003.

Revista de Occidente, número monográfico. «Carlos Barral y Jaime Gil de Biedma: Poemas, cartas y otros textos inéditos», Madrid (julio-agosto 1990).

RIERA, Carme, *La escuela de Barcelona*, Anagrama, Barcelona, 1988.

RILKE, Rainer Maria, *El testamento*, Alianza, Madrid, 1976.

ROSALES, Luis, *Antología poética*, Alianza, Madrid, 1984.

ROVIRA, Pere, *La poesía de Jaime Gil de Biedma*, Edicions del Mall, Barcelona, 1986.

SALINAS, Jaime, *Travesías. Memorias (1925-1955)*, Tusquets, Barcelona, 2003.

SALINAS, Pedro, *Literatura española Siglo XX*, Alianza, Madrid, 1970.

—, *Poesía*, Alianza, Madrid, 1978.

SHAKESPEARE, William, *Sonetos*, Visor, Madrid,1991.

—, *The Narrative Poems*, Penguin, Londres, 1959.

—, *Titus Andronicus*, Vicens Vives, Barcelona, 1991.

SPENDER, Stephen, *Poemas*, Visor, Madrid, 1981.

STEINER, G. y BOYERS, R. (compiladores), *Homosexualidad: literatura y política*, Alianza, Madrid, 1985.

SUSANNA, Àlex, *Cuaderno veneciano*, Versal, Barcelona,1989.

SYLVESTER, David, *Entrevista con Francis Bacon*, Random House-Mondadori, Barcelona, 2003.

TÀPIES, Antoni, *Memoria personal*, Seix Barral, Barcelona,1983.

TORRES FIERRO, Danubio, *Estrategias sagradas. La España catalana (1976-1980)*, Seix Barral, Barcelona, 2001.

TOULET, Paul-Jean, *Contrarrimas*, Madrid, Pre-Textos, 1998.

VÁZQUEZ-RIAL, Horacio, *El soldado de porcelana*, Ediciones B, Barcelona, 1997.

VILLENA, Luis Antonio de, *Carne y tiempo (Lecturas e inquisiciones sobre Constantino Kavafis)*, Planeta, Barcelona, 1995.

—, *El libro de las perversiones*, Planeta, Barcelona,1992.

WILSON, Edmund, *Memorias del condado de Hecate*, Versal, Madrid, 1989.

YEATS, W.B., *Antología poética*, Siruela, Madrid, 1991.

Durante años ha circulado la idea de que Jaime Gil de Biedma concedió pocas entrevistas. Es falso. Existen alrededor de una cincuentena. La mitad de ellas fueron recogidas en el libro *Jaime Gil de Biedma. Conversaciones*, de Javier Pérez Escohotado. Incluyo aquí algunas otras de especial interés.

ARMADA, Alfonso, «No creo probable que vuelva a escribir un solo verso más», *El País* (12-XII-1988).

CALZADO, Borja, «El sonido de la sirena...», *La Vanguardia* (11-XII-1984).

CUESTA, Tomás, «La obsesión creadora de Jaime Gil de Biedma», *ABC. Sábado cultural* (7-IX-1985).

FUENTE, Ricardo de la, «Jaime Gil de Biedma se prepara a bien morir», *Clarín* (enero 1991).

HÍJAR, Marisa, «Gil de Biedma», *Diario 16* (12-VI-1983).

IRLES, Grardo, «Me aburre escribir», *Información. Suplemento cultural* (12-V-1983).

JORDÁ, Eduardo, «Cuestionario Proust», *El Día del Mundo. Baleares* (1985).

PAYERAS GRAU, Marisa, «Una entrevista con Jaime Gil de Biedma», Universidad de las Islas Baleares.

PUENTE, Antonio, «En la mayoría de las épocas los creadores son mediocres», *El Independiente* (14-IV-1989).

TORRES FIERRO, Danubio, «A favor de Jaime Gil de Biedma», *Claves*, nº 25 (septiembre, 1993).

VILARDEBÓ, Inmaculada, «La poesía española es decadente...», *ABC* (28-XI-1988)

Existe en preparación un libro de entrevistas completas a cargo de Alberto Forcadell.

ÍNDICE ONOMÁSTICO

A

Índice